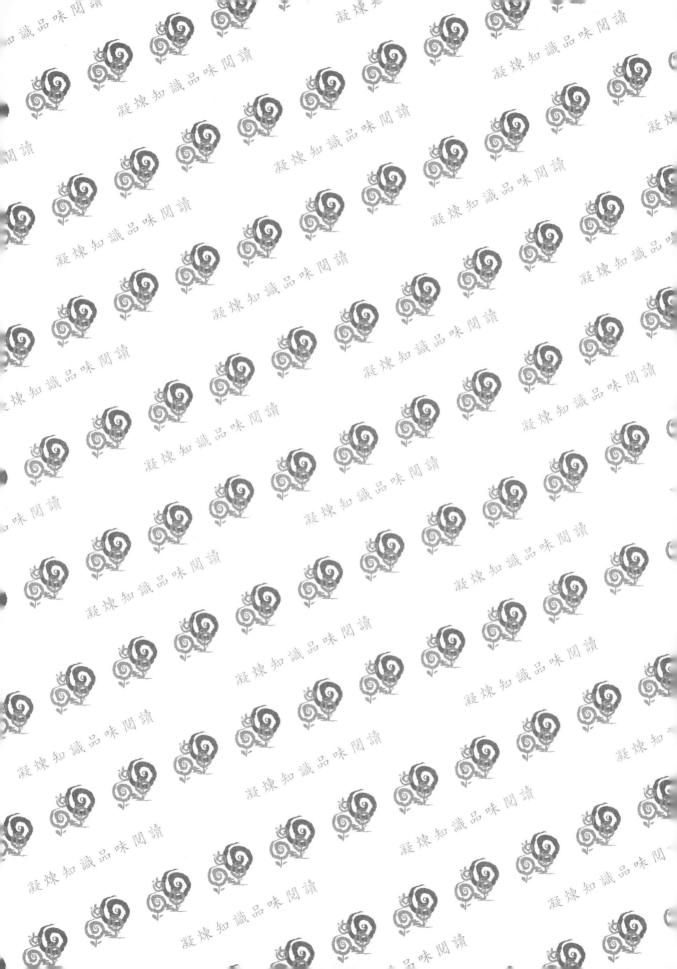

五南出版

醫護研究與資料分析

SPSS的應用

楊秋月　陳耀茂　編著

五南圖書出版公司　印行

　　本書是以想利用 SPSS 的讀者為對象，就量化分析的各種方法，包括統計方法、多變量分析的具體計算方法，盡可能以容易理解的方式來撰寫，適用於醫護相關學系及研究所的授課教材，以及研究人士實務上進行資料分析時作為輔助工具。本書列舉許多實務上的例題，希望讓讀者在學習上能更加容易。本書的基本架構如下：

1. SPSS 的基本操作放在第 1 篇當作基本篇，包括分割檔案、選擇觀察值、加權觀察值、聚集、計算變數、重新編碼變數、自動編碼、visual binning 等之資料整理與加工方法。

2. 統計的分析方法放在第 2 篇當作統計篇，內容包括資料的表徵方法（描述性統計）、統計的推論（估計及檢定）、變異數分析、迴歸分析、無母數統計等一般統計分析的方法。

3. 多變量分析方法放在第 3 篇當作應用篇，包括測量的信度與效度、主成分分析、因素分析、集群分析、區別分析、Logistic 迴歸分析、對數線性模型、典型相關分析、多元尺度法、多變量變異數分析、多變量共變數分析、Poisson 迴歸、Probit 分析、路徑分析、結構方程模型等較為廣泛的方法。

此外，第 2 篇及第 3 篇內文中的 Q&A 中，記述各種方法的數學原理，除揭示 SPSS 的用法外，也記載各種方法的原理、應用方法、分析結果的解釋。對 SPSS 的操作上有不明白之處，可提供快速導覽。

本書具體言之，是反映如下的讀者需求為目的所撰寫的。

(1) 在大學中曾學習過統計學，想利用軟體來計算的人。

(2) 對於如何判讀 SPSS 的輸出，未有足夠知識的人。

(3) 想了解 SPSS 基本用法的人。

(4) 想透過 SPSS 使用實際的資料學習多變量分析的基本原理的人。

(5) 對於論文或研究報告中出現的統計資料分析結果卻不知如何解釋而感到苦惱的人。

　　本書最大的特色在於各篇中均安排有 Q&A，在 SPSS 及資料分析的用法上感到困擾時，可提供協助，此外，本書中所舉的案例也提供數據檔提供讀者方便使用。

　　本書所記述的解析例，原則上是使用 SPSS 中文 22.0 版計算的。本書的主要目的是在於讓讀者理解統計學的基礎而使用 SPSS 作爲計算的手段。因此，讀者使用的版本只要不要太舊，基本上都不會有問題。一般來說，學習量化方法不一定經常需要最新的版本。

　　本書所探討的統計及多變量分析方法以及執行 SPSS 時所需的主要分析清單，其間關係整理如下：

篇	章	標題	SPSS・AMOS 的主要分析清單項目
I	1	SPSS 基本用法	【資料】【轉換】【統計圖】
II	2	資料的表徵	【敘述統計】【相關】【比較平均數】
	3	統計的推論	【比較平均數】【相關】
	4	變異數分析	【比較平均數】【一般線性模型】
	5	迴歸分析	【迴歸】
	6	無母數統計	【無母數檢定】
III	7	測量的信度與效度	【尺度】【相關】
	8	主成分分析	【資料縮減】
	9	因素分析	【資料縮減】
	10	集群分析	【分類】
	11	區別分析	【分類】
	12	Logistic 迴歸分析	【迴歸】
	13	次序迴歸分析	【二元 Logistic 迴歸】【區別分析】
	14	對數線性模型	【迴歸（序數）】
	15	存活分析	【存活分析】
	16	典型相關分析	【語法】
	17	多元尺度法	【尺度】
	18	多變量變異數分析	【一般線性模型（多變量）】
	19	多變量共變數分析	【一般線性模型（多變量）】
	20	廣義線性模型	【廣義線性模型】

篇	章	標題	SPSS‧AMOS 的主要分析清單項目
	21	Poisson 迴歸	【廣義線性模型】
	22	Probit 分析	【迴歸（機率值）】
	23	神經網路─多層感知器	【神經網路 (多層感知器)】
	24	神經網路─放射線基底函數	【神經網路（半徑式函數）】
	25	路徑分析	【IBM SPSS Amos】
	26	結構方程模式	【IBM SPSS Amos】
	27	決策樹	【分類 (樹)】
	28	類別迴歸分析	【迴歸（最適尺度）】
	29	PROCESS（中介變數與調節變數）	【Process】

  SPSS 包含有多種分析模組，如將各種分析模組全部包含在內時，會使本書增厚不少，筆者認為與其網羅 SPSS 的全部方法，不如將重點放在泛用性較高的分析方法進行解說，其他則請參閱相關書籍。

  使用本書時在統計學的授課中，「統計篇」的部分約略相當於半年的課程，而在多變量分析的授課中，「應用篇」的部分也約略相當於半年的課程，而「統計篇」加上「應用篇」的部分則相當於一年。在大學中對「敘述統計」、「統計檢定」、「變異數分析」、「複迴歸分析」等的基礎統計已有足夠的知識及對實際的資料有過應用的研究生，則可跳過「統計篇」直接進入「應用篇」。當然，如使用上有不明之處，也可多活用 Q&A 的說明。

  最後，希望能透過本書的學習來提升您資料分析的能力是作者的期待與榮幸。書中若有謬誤之處尚請不吝指正。

楊秋月、陳耀茂　謹誌

CONTENTS 目 錄

01章　SPSS 基本用法　　3

1.1　資料檔案的製作法　　3

1.2　資料的加工法　　22

02章　資料的表徵　　143

2.1　次數分配表　　143

2.2　簡單累計的圖形表現　　150

2.3　資料檔案的製作法　　165

2.4　交叉表與圖形表現　　170

2.5　相關係數　　178

2.6　層別的分析　　185

03章　統計推論　　205

3.1　有關平均值的推論　　205

3.2　關於變異數的推論　　211

3.3　有關相關係數的推論　　213

3.4　有關交叉表的推論　　216

3.5　比率的推論　　224

04 章　　變異數分析　　233

4.1　單因子變異數分析（一元配置變異數分析）　233

4.2　多重比較　237

4.3　二因子變異數分析（二元配置變異數分析）　240

4.4　多因子變異數分析（多元配置變異數分析）　250

4.5　直交表　252

05 章　　複迴歸分析　　273

5.1　簡單迴歸分析　273

5.2　複迴歸分析　286

5.3　非線性迴歸分析　321

5.4　多項式迴歸　334

06 章　　無母數統計　　349

6.1　簡介　349

6.2　適合度檢定　350

6.3　獨立性檢定　367

6.4　一致性檢定　373

6.5　Wilcoxon 的等級和檢定　382

6.6　Wilcoxon 的符號等級檢定　387

6.7　Kruskal‧Wallis 的檢定與多重比較　391

6.8　Friedman 檢定與多重比較　403

6.9　Kendall 一致性係數　411

6.10　Kappa 一致性係數　　　　　　　　　　　　　　414

6.11　常態性檢定（Shapiro-Wilk test）　　　　　　418

6.12　兩組獨立樣本 K-S 檢定　　　　　　　　　　　425

07章　測量的信度與效度　　　431

7.1　測量的信度　　　　　　　　　　　　　　　　431

7.2　測量的效度　　　　　　　　　　　　　　　　439

7.3　組內相關係數　　　　　　　　　　　　　　　444

08章　主成分分析　　　457

8.1　主成分分析的概要　　　　　　　　　　　　　457

8.2　基於相關矩陣的主成分分析　　　　　　　　　459

8.3　基於共變異數矩陣的主成分分析　　　　　　　469

8.4　利用主成分分析檢出多變量偏離值　　　　　　477

09章　因素分析　　　491

9.1　因素分析的概要　　　　　　　　　　　　　　491

9.2　因素的擷取　　　　　　　　　　　　　　　　496

9.3　因素的轉軸　　　　　　　　　　　　　　　　504

9.4　其他的分析　　　　　　　　　　　　　　　　514

10章　集群分析　　　523

10.1　觀察值的集群　　　　　　　　　　　　　　　523

10.2　變數的集群　　　　　　　　　　　　　　　　532

11 章　區別分析　　539

11.1　區別分析的概要　　539

11.2　解析例 1（3 組的情形）　　540

11.3　解析例 2（2 組時）　　551

11.4　關於區別分析其他問題 Q&A　　556

12 章　Logistic 迴歸分析　　561

12.1　二元 Logistic 迴歸　　561

12.2　多元 Logistic 迴歸　　576

13 章　次序迴歸分析　　587

13.1　簡介　　587

13.2　解析例　　587

13.3　次序迴歸分析　　592

14 章　對數線性模型　　603

14.1　基本模型　　603

14.2　Logit 對數線性模型　　615

15 章　存活分析　　621

15.1　簡介　　621

15.2　Kaplan-Meier Method　　626

15.3　比例風險模型　　631

16章　典型相關分析　643

16.1　概要　643

16.2　解析例　643

17章　多元尺度法　655

17.1　簡介　655

17.2　多元尺度法　663

18章　多變量變異數分析　673

18.1　多變量變異數分析　673

18.2　多重比較　686

18.3　兩因子 MANOVA　689

19章　多變量共變數分析　699

19.1　簡介　699

19.2　獨立樣本單因子多變量共變數分析（一個共變量）　700

19.3　獨立樣本單因子多變量共變數分析（兩個共變量）　709

19.4　獨立樣本二因子多變量共變數分析（交互作用不顯著）717

19.5　獨立樣本二因子多變量共變數分析（交互作用顯著）　729

20章　廣義線性模型　741

20.1　廣義線性模型　741

20.2　廣義估計方程式　764

21章 卜瓦松（Poisson）迴歸　775

1.1　簡介　775

1.2　Poisson 迴歸模型　776

1.3　Poisson 迴歸分析的步驟　780

22章 機率單位（Probit）分析　793

22.1　Probit 分析簡介　793

22.2　解析例　794

22.3　probit 分析的步驟　796

23章 神經網路——多層感知器　805

23.1　簡介　805

23.2　解析例　809

23.3　階層型神經網路的分析步驟　815

24章 神經網路——放射狀基底函數　827

24.1　簡介　827

24.2　解析例　832

25章 路徑分析　845

25.1　簡介　845

25.2　解析例　846

25.3　路徑分析　848

26 章　結構方程模型　865

26.1　結構方程模型基本概念　865

26.2　應用結構方程模型的理由　865

26.3　模型驗證的前提假設　866

26.4　模型架構與理論　867

26.5　SEM 建構流程　867

26.6　分析結果的評估　871

26.7　解析例　873

26.8　結構方程模式分析　875

27 章　決策樹　893

27.1　簡介　893

27.2　解析例　895

24.3　決策樹的分析步驟　898

28 章　類別迴歸分析　909

28.1　簡介　909

28.2　解析例　909

28.3　類別迴歸分析　914

29 章　PROCESS——調節變數與中介變數　931

29.1　調節變數與中介變數簡介　931

29.2　PROCESS 簡介　935

參考文獻　955

第 I 篇　基本篇

第1章　SPSS 基本用法

　　利用 SPSS 進行各種分析時，第一步的作業是製作資料檔案。選擇只符合於某條件的觀察值，或從既有的變數製作新變數的技術，即為進行第 2 章以後分析所需的技術。本章是在資料檔案的製作方法中介紹較具典型者，同時就資料的基本加工進行說明。

1.1　資料檔案的製作法

一、概要

　　即使想簡單地製作 SPSS 所使用的資料檔案，仍取決於原先的資料處於何種狀態，作業量是有不同的。圖 1.1 是以流程圖表示至分析開始前的步驟。如果已經有以 SPSS 處理格式（.sav）所製作的資料檔案，那麼只是開啟資料即可開始分析，若非如此，就需要以某種方法製作成 SPSS 格式的資料檔案。

　　本節主要是說明在 SPSS 格式的資料檔案中，變數的特性與數值要如何加以表現，雖然容易認為 SPSS 是只要選擇清單即可分析，但資料檔案如以錯誤的格式製作時，想要使用的解析方法就無法使用。考慮變數的特性之後再製作適合格式的資料檔案是非常重要的。

　　如圖 1.1 所示，資料檔案可以使用 SPSS 所製作的檔案，也可以將其他格式所製作的既有資料檔案轉換成 SPSS 格式的資料檔案。考慮資料的狀態、有無慣用的軟體等，再選擇作業量或輸入失誤最少的製作方法為宜。

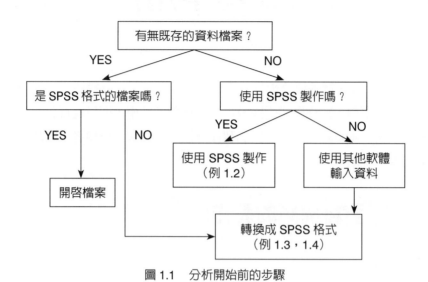

圖 1.1　分析開始前的步驟

二、資料檔案的製作與變數的表現

➲ 資料檔案的構成

　　已經存在有 SPSS 格式的資料時，只要連續按兩下資料檔案，SPSS 即會啓動。圖 1.2(a) 是 "升學時重視事項 . sav" 顯示 SPSS 格式資料的圖像例。圖像的執行檔是 ".sav" 或者讓 SPSS 啓動之後選擇【檔案】→【開啓】→【資料】，再選擇資料檔案。要啓動 SPSS，可以連按兩下桌面上的捷徑（圖 1.2(b)），或從開始清單中選擇【IBM SPSS Statistics 22】。

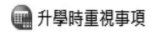

(a)SPSS 格式的資料檔案圖像例　　　　　　(b) 啓動 SPSS 的捷徑

圖 1.2　SPSS 的資料檔案的圖像例與啓動 SPSS 的捷徑

　　圖 1.3 是開啓 "升學時重視事項 . sav" 檔案的狀態。大學生爲對象，以 3 級讓他們回答決定升學對象時有關 5 個事項是否重視的資料。SPSS 的資料檔案是由資料視圖（圖 1.3(a)）與變數視圖（圖 1.3(b)）所構成，按下方的標籤（Tab）即可切換顯示。

　　「資料視圖」中之各列是表示觀察值。如果是意見調查時，一列表示一位回答者的資料。各行表示變數，行的最上方顯示變數名。習慣表格計算軟體的人，會覺得很像試算表（spreadsheet）。但是，表格計算軟體是在一張試算表上表現變數的特性與數值兩者，但在 SPSS 的資料視圖中所表現的只有數值而已，變數的特性則表現在變數視圖中。「變數視圖」是一列表示一個變數，各行所表現的則是「名稱」、「類型」等的變數特性。

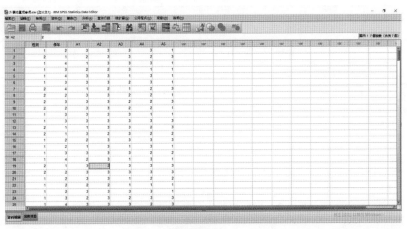

(a) 資料視圖

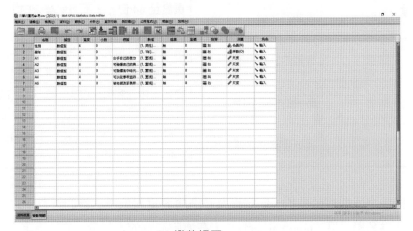

(b) 變數視圖

圖 1.3　構成 SPSS 資料檔案的兩個視圖（例：升學時重視事項 . sav）

⊃ 變數的特性與變數視圖

　　於變數視圖中所記述之變數的特性之中，「類型」與「測量」是表示變數依據何種的規則所測量的，亦即表示尺度（scale）。表 1.1 中是說明「尺度」的種類與變數視圖的「類型」與「測量」相對應的指定。表 1.2 表示變數視圖中除「類型」與「測量」以外有關主要特性之說明及注意事項。

表 1.1　尺度的種類與變數視圖中「類型」與「測量」之對應

尺度的種類	SPSS 的變數視圖中的指定	
	類型	測量
名義尺度（文字處理時）	字串	名義
名義尺度（數值化處理時）	數值型	名義
順序尺度（SPSS 一般是數值化後再處理）	數值型	次序
間隔尺度	數值型	尺度
比率尺度	數值型	尺度

表 1.2　變數視圖中有關主要特性的注意事項

變數視圖中的顯示	說明	注意事項
名稱	變數的名稱	長度至 64 位元，不可包含空白，不可與其他變數的名稱重複。
標籤	變數內容的說明	長度至 256 位元，可包含空白，與其他變數之註解重複也行。輸入並非必要。
數值	數值的內容說明	變數之中在名義尺度與順序尺度方面，記述各值所表示的內容。長度至 60 位元。
遺漏值	視為遺漏值之值的指定	於輸入之值中如有可視為遺漏值時（譬如 999），則要指定。

　　像性別或鄉鎮村里名，即為以某基準將測量對象所具備的特質予以分類的尺度，稱為名義尺度（nominal scale），在變數視圖的「測量」中是指定「名義」。至於「類型」，如使用「男性」、「女性」等的文字列時，是指定「字串」。如將「男性」設為 1、「女性」設為 2 那樣以數值化處理時，則指定「數值型」。被數值化的名義尺度，只是為了分類性質方便而分配數值而已，數值的大小並無意義。

　　像喝酒的尺度「完全不喝」、「有時喝」、「常喝」、「每天喝」，回答時有順序關係之尺度，稱為順序尺度（ordinal scale），變數視圖的「測量」水準是指定「次序」。SPSS 是將「完全不喝」設為 0，「有時喝」設為 1，…，如此地對應順序關係與數值的大小來設定，一般是當作「數值型」來處理。如照著用詞輸入當作「字串」處理時，無法表現順序關係。順序尺度即使計算「3. 每日喝」－「1. 有時喝」＝「2」，也無法設定 2 此值的意義。值的順序（大小）雖有意義，但差卻是沒有意義的尺度。

　　以數值所表現的變數之中，譬如，距離的 500M 與 800M 之差具有明確的意義，而且，距離 0 是指完全相同的地點。對於重量、時間、金額也是一樣。像這樣，數值之差與零之值均具有意義的尺度，稱為比例尺度（ratio scale）。溫度雖然也是以數值表示的變數，然而即使說是溫度 0 度，並非溫度不存在。像這樣，數值之差雖有意義，但零之值並無意義的尺度稱為間隔尺度（interval scale）。不管是「比例尺度」或是「間隔尺度」，變數視圖的「類型」指定「數值型」，「測量」則指定「尺度」。

例 1.1

⊃ 資料

　　表 1.3 中顯示 " 升學時重視事項 . sav"（圖 1.3）所包含的變數與尺度的種類及回答選項。由 A1 到 A5 的變數是以 3 等級評分。嚴格來說是順序尺度，可是，在問卷中以「1. 不重視」、「2. 很難說」、「3. 重視」選項中加上數字的狀態回答，因之 1 與 2 之差異、2 與 3 之差異幾乎視為相同，可當作間隔尺度來處理。

表 1.3　" 升學時重視事項 . sav" 所包含的尺度與尺度的種類及回答選項

變數	尺度的種類	回答選項
性別	名義尺度	1：男　2：女
學年	順序尺度	1：1 年　2：2 年　3：3 年 4：4 年　5：其他

變數	尺度的種類	回答選項
A1 合乎自己的學歷		
A2 可發揮自己的興趣、關心		1. 不重視
A3 可發揮高中時代的擅長科目	間隔尺度	2. 很難說
A4 可以從事希望的職業		3. 重視
A5 被老師及家長所勸誘		

⊃ 資料檔案中變數的表現

　　變數視圖（圖 1.3(b)）中，依據表 1.3 中所顯示的變數的尺度種類，可以指定「類型」與「測量」。

　　對於從 A1 到 A5 的變數，在變數視圖的「標籤」欄中有詳細的說明。如按一下各列的「數值」方框右側的 "…" 時，即出現「數值標籤」視窗（圖 1.4），顯示出數值與性質的對應。圖 1.4 是按一下變數視圖的第一列的「數值」方框右側的 "…" 後所出現的「數值標籤」視窗，顯示出 1 對應於 "男性"，2 對應於 "女性" 的情形。

　　另外，後面分析的各過程中畫面所出現的視窗，稱為「視窗」的時候也有。

圖 1.4 【數值標籤】的例子

　　資料視圖（圖 1.3(a)）中任一方框均顯示有數值，但由清單選擇【檢視】→【數值標籤】，於【數值標籤】中點選時，對於已數值化的名義尺度與順序尺

度來說，從變數視圖的【數值標籤】的指定，即可改變成利用文字的顯示（圖 1.5）。

　　或於資料視圖上方的圖像  按一下亦可切換顯示。

　　像意見調查等問卷調查的資料，因為拒絕回答或忘記記入而無法得到數值的情形也有。在變數視圖中的「遺漏值」方格中如未特別指定時，資料有遺漏的部分，如果是數值型的變數時，資料視圖的該方格中即顯示 "."（句點），如果是字串型變數時該方格即成為空白。

　　變數視圖的「遺漏值」方格中如指定有數值（譬如 99）時，資料視圖的外表上顯示有 99 的方格，必須視為遺漏值。

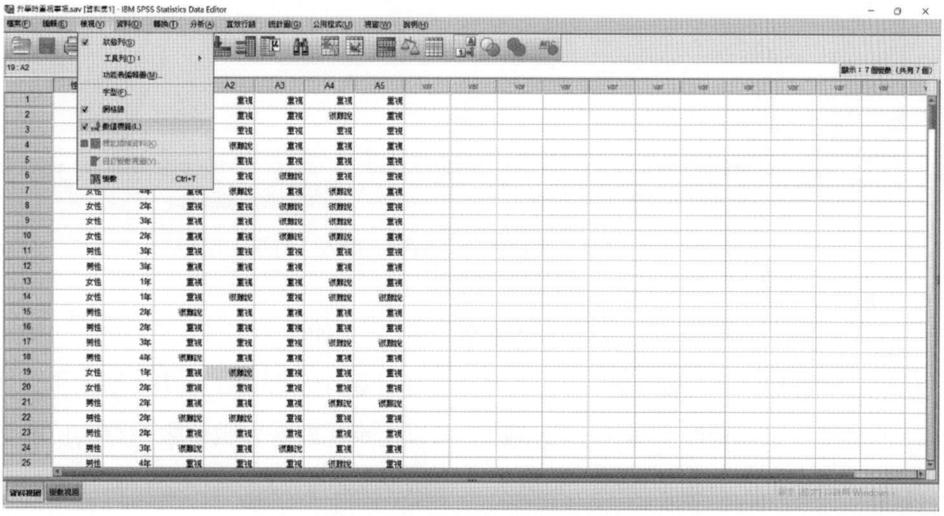

圖 1.5　資料視圖中讓數值標記顯示的狀態

三、使用 SPSS 製作資料檔案的方法

例 1.2

⊃ 資料

　　使用 SPSS 製作表 1.3 中的變數所構成的資料檔案（圖 1.3）。

➲ 製作方法

1. 變數視圖中的「名稱」、「類型」、「標籤」的輸入

選擇【檔案】→【開新檔案】→【資料】，再按「變數視圖」Tab。

變數視圖中的各列是對應各變數，譬如，表 1.3 的第一個變數「性別」的特性，是在變數視圖的第一列中加以表示。如在第一列的「名稱」方格中輸入變數名「性別」時，在「名稱」以外的方格中會出現數字或文字（圖 1.6）。

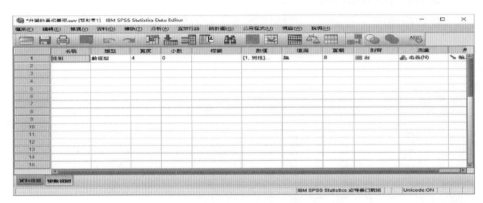

圖 1.6　以第一個變數的「名稱」輸入「性別」之後

「類型」方格的預設會顯示「數字的⋯」。如按一下「⋯」的部分時，會出現「變數類型」視窗（圖 1.7），可以指定「數字」型或「字串」型。指定「數字」型時，以「寬度」與「小數位數」可以指定比取得變數位數還寬的位數與適切的小數位數。譬如「性別」是取一位整數之值的變數，爲使之有寬裕，於「寬度」中轉入 "4"，於「小數位數」中輸入 "0"。指定「字串」時，於「字元數」中，可以輸入比文字列能取得之最大長度還大之值。

對於表 1.3 的「A1 合乎自己的學歷」～「A5 被老師及家長所勸誘」那樣具有較長的變數名，在「名稱」方格中輸入短的名稱，利用「標籤」方格可以輸入變數的補充說明。像「性別」那樣意義明確且短的變數名稱，也可以不使用「標籤」。此時「標籤」方格中保持空欄。

圖 1.7　「變數類型」視窗

2. 變數視圖中的「欄」、「對齊」、「測量」的輸入

「欄」與「對齊」，是資料視圖中指定變數的類型寬度與位置。在資料視圖中輸入作業容易顯示的寬度與位置即可。

「測量」是以表 1.1 作為參考指定變數尺度的種類。按一下「測量」方格右方的▼部分，從「量尺」、「順序」、「名義」之中指定適切的種類。圖 1.8 是在「性別」的測量中選擇「名義」之後的狀態。

	名稱	類型	寬度	小數	標籤	數值	遺漏	直欄	對齊	測量	角色
1	性別	數值型	4	0		{1, 男性}...	無	8	▣ 右	♣ 名義(N)	↘ 輸入
2	學年	數值型	4	0		{1, 1年}...	無	8	▣ 右	▦ 序數(O)	↘ 輸入
3	A1	數值型	4	0	合乎自己的學力	{1, 重視}...	無	8	▣ 右	✎ 尺度	↘ 輸入
4	A2	數值型	4	0	可發揮自己的與	{1, 重視}...	無	8	▣ 右	✎ 尺度	↘ 輸入
5	A3	數值型	4	0	可發揮高中時代	{1, 重視}...	無	8	▣ 右	✎ 尺度	↘ 輸入
6	A4	數值型	4	0	可以從事希望的	{1, 重視}...	無	8	▣ 右	✎ 尺度	↘ 輸入
7	A5	數值型	4	0	被老師及家長所	{1, 重視}...	無	8	▣ 右	✎ 尺度	↘ 輸入
8											

圖 1.8　選擇「測量」方格的尺度水準

3. 變數視圖中「數值」、「數值標籤」的輸入

數值型的名義尺度與順序尺度，在變數視圖中「數值」方格中可使數值與性質形成對應關係。譬如，在「性別」中，輸入 "1" 對應男性，"2" 對應女性。「數值」方格的預設中是顯示「數值… 」，但是如按一下「… 」的部分時，會出現「數值標籤」視窗。「數值」的欄中輸入 "1"，「數值標籤」的欄中輸入 " 男性 "，

之後按一下「新增」按鈕時，視窗下方的長方形部分即顯示「1 ＝ "男性"」。同樣，就女性來說，在「數值」與「數值標籤」的地方輸入完成後，按「新增」即形成與圖 1.4 的相同顯示，按一下「確定」鈕時「數值」方格的輸入即完成。

　　「A1」～「A5」的 3 級評定是相同的，因之將「A1」的「數值」方格內容複製到「A1」～「A5」的「數值」方格中，即可省下重複輸入作業。完成「A1」的「數值標籤」的指定時，在「A1」列的「數值」方格內右按一下再選擇「複製」（圖 1.9(a)）。以滑鼠選擇了「A2」～「A5」之範圍的「數值」方格後，右按一下選擇「貼上」，即可將「A1」方格的「數值」內容貼在「A2」～「A5」的數值方格中。

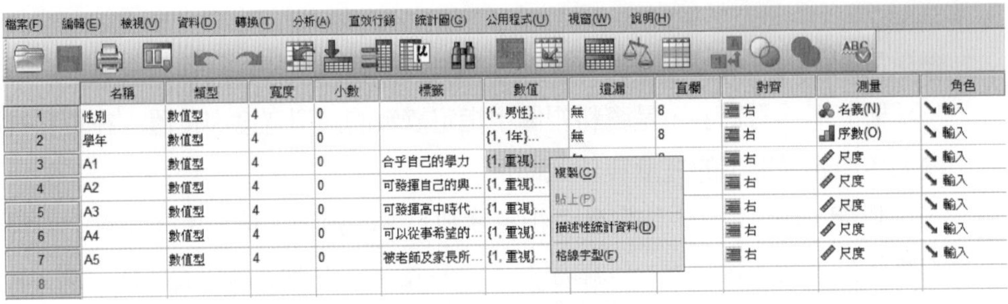

(a)「數值」方格的複製

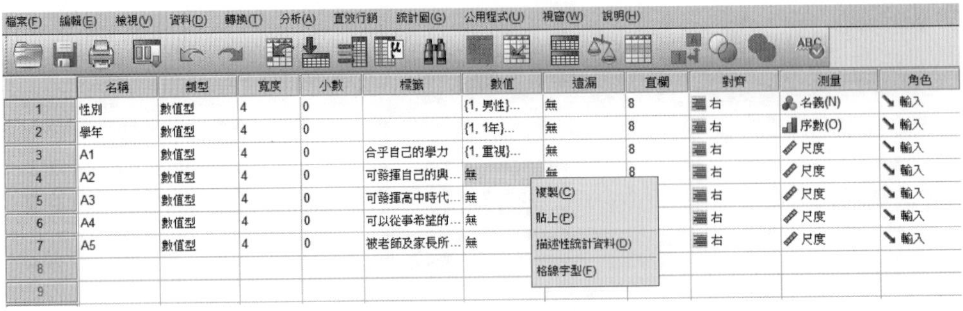

(b)「數值」方格的貼上

圖 1.9　「數值」方格的內容複製在其他變數的步驟

4. 資料視圖中數值的輸入

　　就表 1.3 的所有變數來說，變數視圖的輸入完成後，即成為與圖 1.3(b) 相同的狀態。其次，按一下「資料視圖」，就所有的觀察值將各變數之值輸入到資料視圖中。

5. 資料檔案的儲存

　　首次儲存所製作的資料檔案時，選擇【檔案】→【另存新檔】後指定存檔資料夾與檔名。之後的儲存，利用【檔案】→【儲存檔案】來進行。另外，資料檔案有時會因某些事故漏失中途的輸入作業，最好養成常做存檔的習慣。

四、將 EXCEL 格式的資料檔案轉換成 SPSS 格式的方法

例 1.3

⊃ 資料

　　將 EXCEL 格式的資料檔案 " 重視事項 _ tmp.xls" 轉換成 SPSS 格式的方法。" 重視事項 _ tmp.xls" 檔案的第一列輸入變數名稱，第二列以後每一列表示一個觀察值（圖 1.10）。

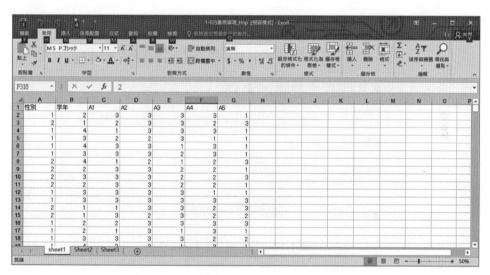

圖 1.10 　「重視事項 _ tmp.xls」的開頭部分

⊃ 製作方法

1. EXCEL 格式資料檔案的指定

　　於 SPSS 的資料視圖中，選擇【檔案】→【開啟舊檔】→【資料】時，會出

現【開啓舊檔】視窗。按一下「檔案類型」欄右方的「▼」之後，選擇「EXCEL (*.xls)」。在「檔案名稱」欄中選 " 重視事項 _ tmp.xls "，按一下「開啓」。如果 " 重視事項 _ tmp.xls" 在其他的視窗呈現開啓的狀態下進行此作業時，會出現警告「存取 excel 檔案中錯誤（以下省略）」，一定要關閉再執行。

2. 讀取範圍的指定

出現「開啓 EXCEL 資料來源」的視窗（圖 1.11）。

" 重視事項 _ tmp.xls" 檔案，因在第一列中輸入有變數名稱，故要勾選「從資料第一列開始讀取變數名稱」。EXCEL 檔案含有數個表時，於「工作單」欄中指定，表只有一張時參照預設即可。

「範圍」欄如引進所有的觀察值時，不需要特別的指定。此處，只引進最初的 10 個觀察值，於「範圍」中框選「A1：G11」。指定完成後，按「確定」。

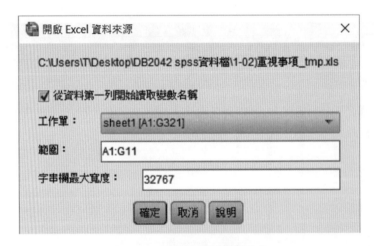

圖 1.11　讀取資料的範圍設定

圖 1.12 是指讀取最初的 10 個觀察值的狀態。觀察資料視圖時（圖 1.12(a)），從 10 個觀察值以下的列形成空白。利用【檔案】→【另存新檔】來儲存檔案。

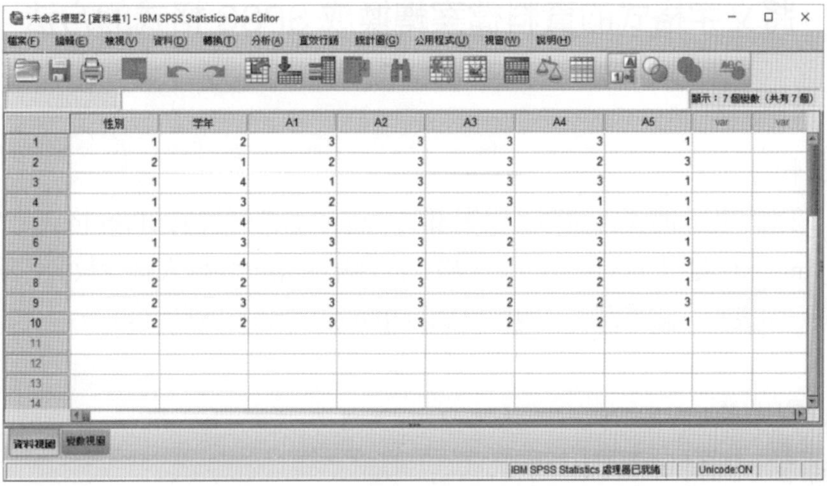

	性別	学年	A1	A2	A3	A4	A5	var	var
1	1	2	3	3	3	3	1		
2	2	1	2	3	3	2	3		
3	1	4	1	3	3	3	1		
4	1	3	2	2	3	1	1		
5	1	4	3	3	1	3	1		
6	1	3	3	3	2	3	1		
7	2	4	1	2	1	2	3		
8	2	2	3	3	2	2	1		
9	2	3	3	3	2	2	3		
10	2	2	3	3	2	2	1		
11									
12									
13									
14									

(a) 資料視圖

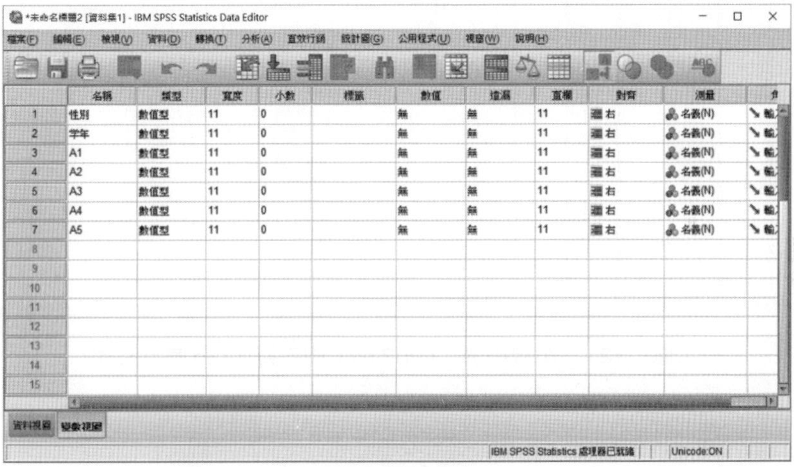

	名稱	類型	寬度	小數	標籤	數值	遺漏	直欄	對齊	測量	角
1	性別	數值型	11	0		無	無	11	靠右	名義(N)	輸
2	学年	數值型	11	0		無	無	11	靠右	名義(N)	輸
3	A1	數值型	11	0		無	無	11	靠右	名義(N)	輸
4	A2	數值型	11	0		無	無	11	靠右	名義(N)	輸
5	A3	數值型	11	0		無	無	11	靠右	名義(N)	輸
6	A4	數值型	11	0		無	無	11	靠右	名義(N)	輸
7	A5	數值型	11	0		無	無	11	靠右	名義(N)	輸

(b) 變數視圖

圖 1.12　讀取最多的 10 個觀察值之後的狀態

3. 變數視圖的輸入

觀察變數視圖時，「標籤」、「數值」仍未有任何輸入，「測量」是全部形成「尺度」的狀態（圖 1.12(b)）。與例 1.2 相同的作法，視需要變更變數的特性，作成與圖 1.3(b) 相同的狀態。

五、將文字格式的資料檔案轉換成 SPSS 格式的方法

例 1.4

⊃ 資料

　　將文字格式的資料檔案 "重視事項 _ tmp2.txt" 轉換成 SPSS 格式。" 重視事項 _ tmp.txt" 是以 Tab 區分的文字格式的檔案。第一列輸入有變數名，第 2 列以後每一列表示一個觀察值。變數之間以 Tab 加以區分（圖 1.13）。

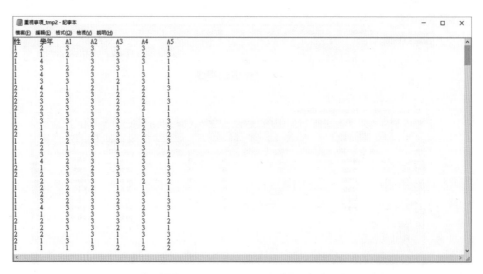

圖 1.13　「重視事項 _ tmp2.txt」的內容（Tab 區分文字）

⊃ 製作方法

1. 文字格式資料檔案的指定

　　選擇【檔案】→【開啓】→【資料】，指定 "重視事項_ tmp2.txt"，按一下「開啓」。以下，依據文字匯入精靈（text Import wijard）的指示來操作。

2. 文字匯入精靈（step 1/6）（圖 1.14）

　　視窗下方的長方形部分，是資料讀取狀態的顯示。圖 1.14 雖顯示出檔案的內容從上至第 4 列爲止，但是顯示面的捲軸也能顯示出第 5 列以後。「您的文字檔案符合預先定義的格式嗎？」的部分，照著預設的「否」，接著按「下一步」。

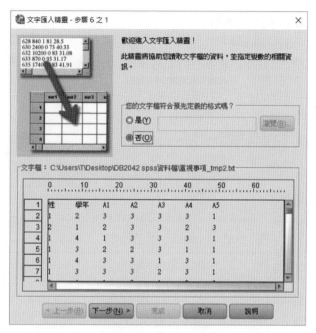

圖 1.14　「文字匯入精靈（step1/6）視窗」

3. 文字匯入精靈（step2/6）

"重視事項_tmp2.txt"是以鍵盤中的「Tab 鍵→│」區分的文字形成，因之對於「您的變數如何排列」選擇「分隔」。對於「變數名稱包含在檔案的最上層嗎？」選擇「是」。按「下一步」。至於「您的變數如何排列」選擇「分隔」時，參照章末的附錄（1. 分隔的文字檔的轉換）。

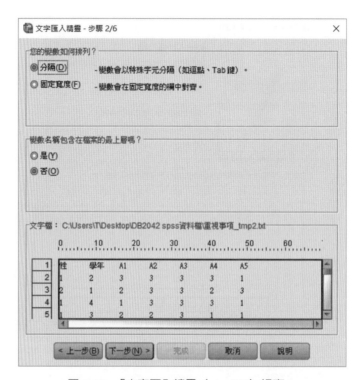

圖 1.15 「文字匯入精靈（step2/6）視窗」

4. 文字匯入精靈－分隔（step 3/6）

　　有關「資料的第一個觀察值開始於哪一行」、「您的觀察值要如何表示」、「您要匯入多少個觀察值」的三個項目，依據視窗內的說明選擇選項。分別選擇「2」、「每一行代表一個觀察值」、「全部個案」，再按「下一步」。

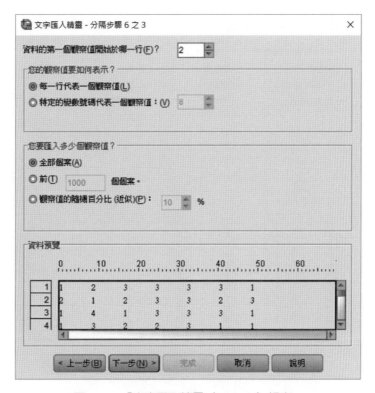

圖 1.16　「文字匯入精靈（step3/6）視窗」

5. 文字匯入精靈－分隔步驟（step4/6）（圖 1.17）

　　「變數間要顯示何種定界字元」能做複選，此處只在「Tab」勾選。

　　以「文字修飾詞為何」所指定的符號所圍者的數值，只讀取符號的內容。譬如，文字檔案中如「"男性"」以雙重引號所圍著的狀態下被輸入之情形，若選擇「雙重報價」，在雙重引號去除的狀況下只讀取「男性」的文字列。此處選擇「無」。

　　資料預覽中，顯示出執行目前的作業時所製作的 SPSS 格式的資料檔案的「資料視圖」的開頭部分。按一下「下一步」。

圖 1.17 「文字輸入精靈（step4/6）」視窗

6. 文字匯入精靈－自由格式（step5/6）

　　可以指定各變數的名稱與格式。想讀取與文字格式檔案的第一列所寫的變數名不同的名稱時，可以在「變數名稱」的地方指定。於「變數名稱」輸入「性別」，原來的文字檔案即變更「性」的變數名，按「下一步」。

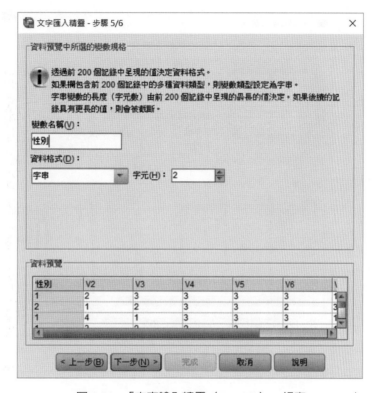

圖 1.18　「文字輸入精靈（step5/6）」視窗

7. 文字匯入精靈－分隔（step6/6）（圖 1.19）

「您要儲存此檔案格式以便日後使用嗎？」一般照預設的「否」點選即可。選擇「是」則需要另存檔名，以因應今後有可能變換相同格式的文字檔時。

對於「您要將語法貼上嗎？」來說，在選擇「否」的狀態下，如按一下「完成」，資料即以 SPSS 格式被讀取，因之另取檔名儲存。對於「您要將語法貼上嗎？」來說，選擇「是」的情形，請參照章末的附錄（2. 關於語法）。

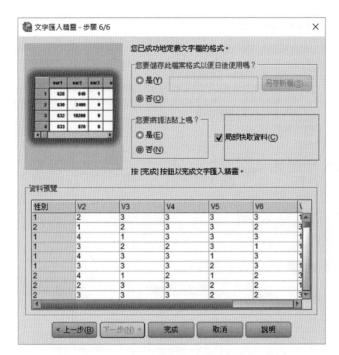

圖 1.19　「文字輸入精靈（step6/6）」視窗

8. 變數視圖的輸入

　　與例 1.12 相同的作法，視需要變更變數視圖的特性，作成與圖 1.3(b) 相同的狀態。

1.2　資料的加工法

一、概要

　　在資料的製作過程中，有時需將在數個檔案中所製作的資料，整理成一個檔案。或是在進行分析之際，需要變更某些資料檔案。熟知這些資料的加工方法在之後章節的分析中，是不可或缺的。

　　進行「觀察值的新增」時，於分擔輸入作業後將所作成的數個資料檔案整理成一個，或調查的實施學校有數所時，可結合各實施學校所作成的資料檔案。資料的新增，出現了增加資料視圖的列數。

　　進行「變數的新增」時，對於相同群體所實施的兩種調查的資料檔案可以整併成一個。變數的新增，是在資料視圖中出現行數的增加，在變數視圖中出現列數的增加。

　　進行「觀察值的選擇」時，像「醫學院在籍的三年生」或「回答所有項目的受試者」等，可以只將滿足特定條件的觀察值作為以後的分析對象。

　　進行「數值的計算」時，利用已有的變數的計算，即可製作新的變數。以計算的數式來說，可以進行使用數個變數的演算或使用函數。

　　進行「數值的重新編碼」時，對於已有的變數的特性值或值的範圍來說，可以製作對應新值的變數。但是，在「數值的計算」裡，以計算的數式來說，可以使用數個變數的演算或函數，而在「數值的重新編碼」裡，只基於一個變數，對應新的值。無法使用演算或函數。

　　進行「觀察值的排序」時，依從某變數的數值大小，可以在資料視圖中重排觀察值的顯示順序。譬如，利用「數值的計算」所計算出來的「合計分數」按遞減順序重排，即可排出合計分數低的學生。

二、檔案的結合──觀察值的新增

例 1.5

⊃ 資料

　　表 1.4 是針對大學生就"有關所學的專門領域中之感想"的 8 個要求項目回答的調查資料中所包含的變數。"適應度_1000 人.sav"包含有 1000 筆的資料，"適應度_671 人.sav"是包含著以追加調查所得到的 671 筆的資料。說明結合此兩個檔案為一個檔案的例子。又，為了說明起見，"適應度_671 人.sav"中的變數名輸入「性」。

表 1.4　「有關所學的專門領域中之感想」的調查資料所包含的變數與尺度的種類及回答選項

變數	尺度的種類	回答選項
性別（"適應度_671 人.sav"中的變數名是「性」）	名義尺度	1：男 2：女
學年	順序尺度	1：1 年 2：2 年 3：3 年 4：4 年 5：其他

變數	尺度的種類	回答選項
B1 符合自己的性格	間隔尺度	1. 不適用 2. 很難說 3. 適用
B2 符合自己的興趣與關心		
B3 可以發揮自己的能力		
B4 可以發揮高中時代的擅長科目		
B5 可以找到希望的職業		
B6 可以有自己要求的生活方式		
B7 學習目前的專長覺得榮幸		
B8 以重新學習新的自己的專門領域來說仍會選擇目前的專長		

⊃ 步驟

從開啓 "適應度_1000 人.sav" 的狀態,選擇【資料】→【合併檔案】→【新增觀察值】視窗(圖 1.20(a))。原來的檔案與新增的檔案,變數名不一致的變數(「性別」與「性」不一致),會顯示在「非配對的變數」欄中。不一致未被消除的變數,進行觀察值的新增後,所產生的資料檔案無法被讀取,因之要注意。

「非配對的變數」欄選擇「性(+)」,按一下「更名」,另一個視窗會出現,因之將變數名變更爲「性別」。「非配對的變數」欄中會顯示「性→性別(+)」,將兩者均移到「目前啓用的新資料檔案中的變數」欄中,選擇「配對」後,「非配對的變數」欄即成爲空白。

經以上的作業後,按「確定」,則 "適應度_671 人.sav" 檔案中已新增 671 筆的資料,因之,另取檔名(譬如 "適應度_1671 人.sav")。

(a) 變數不一樣者，當作未對應的變數加以顯示

(b) 讓變數名一致的作業

圖 1.20 觀察值的新增步驟

三、檔案的結合－變數的新增

例 1.6

⊃ 資料

　　表 1.4 所顯示的變數之中，從 B1 到 B5 的 5 個項目的回答資料列入在 "適應度 _5 項目 .sav" 中，而從 B6 到 B8 的 3 個項目的回答資料列入在 "適應度 _3 項目 .sav" 中。以下說明結合此兩個檔案成為一個檔案的例子。另外，各個檔案所紀錄的觀察值的排列順序當作相同。

⊃ 步驟

　　從已開啟 "適應度 _5 項目 .sav" 的狀態下，選擇【資料】→【合併檔案】→【新增變數】後，再指定含新增資料的檔案 "適應度 _3 項目 . sav"。出現【新增變數】視窗（圖 1.21）。新增的資料檔案的變數之中，原來的檔案所含的變數與變數名重複者，會顯示在「被排除的變數」欄。此欄中已顯示的變數則不新增。

　　經以上的作業後，按一下「確定」，"適應度 _5 項目 .sav" 檔案中已讀取 "適應度 _3 項目 .sav" 檔案內的 B6 到 B8 的 3 個變數。資料視圖中增加 3 個行，同時變數視圖增加 3 個列。另取檔名（譬如 "適應度 _8 項目 .sav"）儲存。

圖 1.21　變數的新增步驟

四、觀察值的選擇

例 1.7

◯ 資料

　　以例 1.6 所製作的 " 適應度 _8 項目 .sav" 所含的觀察值之中，選擇「醫學系中學籍為三年級生」的觀察值作為分析對象，以及選擇只「對所有項目回答的受試者」之觀察值作為分析對象的例子來說明。

◯ 步驟

　　從要分析的檔案已開啓的狀態下，點選【資料】→【選取觀察值】之後會出現【選取觀察值】的視窗（圖 1.22）。就「選取」而言，是選擇「如果滿足設定條件」。對於「未被選擇的觀察值為」來說，如選擇「已刪除」時即無法還原，因此弄錯條件的指定或指定其他的條件時會帶來困擾。如無特別的理由，可以照著預設的「過濾」。按「如果滿足設定條件」下方的【若 (I)】鈕。

圖 1.22　「選擇觀察值」視窗

　　會出現【選擇觀察值：IF】視窗（圖 1.23）。於右上的長方形的欄位中記述

條件式。顯示於左方的變數，按一下 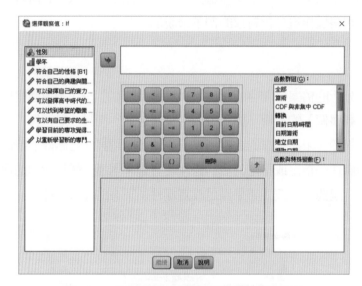，即顯示於右上的長方形欄位內。並且，數字或算術演算子或關係演算子，點選者即顯示於右上的長方形欄位中。

　　表 1.5 是說明條件式的記述中所使用之關係演算子的意義。並且，使用「函數」視窗所顯示的函數也可記述條件。關於函數的種類與用法請參照「help」。條件的定義結束時，按一下「繼續」。

圖 1.23 　「選擇觀察值：IF 條件的定義」視窗

表 1.5 　關係演算子的意義與使用例

關係演算子	意義	使用例	使用例的意義
<	未滿	A<2	A 比 2 小
<=	以下	A<=2	A 在 2 以下
>	大於	A>2	A 比 2 大
>=	以上	A>=2	A 在 2 以上
=	相等	A=2	A 等於 2
～=	不等	A～=2	A 不等於 2
&	而且	A>2&A<5	A 比 2 大且 A 比 5 小
|	或者	A<2|A>5	A 比 2 小或者比 5 大

　　圖 1.24 是指定「醫學系中學籍為三年級生」時的記述例。

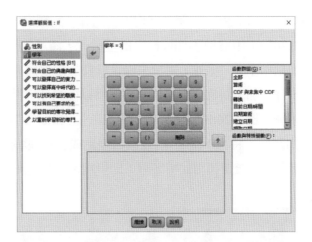

圖 1.24 「醫學系中學籍為三年級生」時的記述例

圖 1.25 是指定「B1～B8 的 8 項目任一者均不含遺漏值的觀察值」時的記述例。NMISS 是將作業中的資料檔案內的 1 個以上的變數名當作引數的數值型的函數，傳回有遺漏值的引數個數。

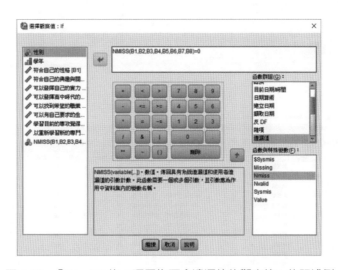

圖 1.25 「B1～B8 的 8 項目均不含遺漏值的觀察值」的記述例

條件的指定結束時，按「繼續」，會回到「選擇觀察值」視窗。在「若」鈕的右方，即顯示所指定的條件。

於此狀態下按一下「確定」，觀察值的選擇作業即結束。

　　圖 1.26 是只有「B1～B8 的 8 個項目均未含遺漏值的觀察值」被選擇的狀態。資料視圖（圖 1.26(a)）中增加了 "filter_$" 的變數行，滿足條件的觀察值顯示 1，未滿足的觀察值則顯示 0。另外，對於未滿足條件的觀察值來說，資料視圖的觀察值號碼顯示斜線。加上斜線之觀察值，不成為以後的分析對象。

　　觀察變數視圖（圖 1.26(b)），最終列中加上了 "filter_$" 的變數。標記的欄中記述所指定的條件。將 "filter_$" 的變數名變更成容易理解的名稱（譬如「無遺漏值」）再儲存，以後要使用此檔案時，即可指定「無遺漏值 =1」的條件式。

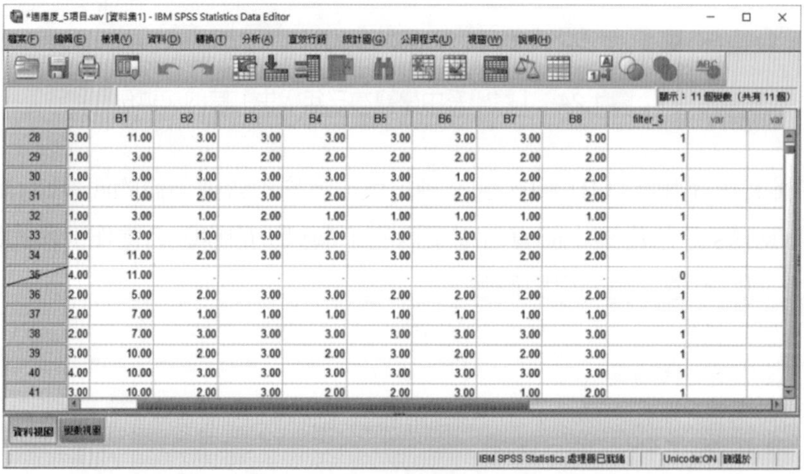

(a) 資料視圖

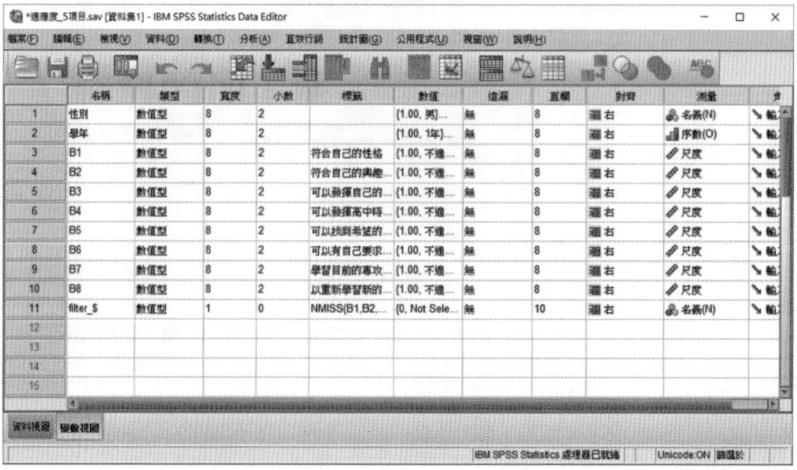

(b) 變數視圖

（B1～B8 的 8 個項目均未含遺漏值的觀察值）

圖 1.26　選擇觀察值已結束的狀態

五、數值的計算

例 1.8

◐ 資料

　　說明在"適應度_8項目.sav"中計算 8 個項目的回答值的合計後製作適應分數此種新變數的例子。

◐ 步驟

　　從已開啟要分析檔案的狀態下，點選【轉換】→【計算】。

　　出現【計算變數】的視窗（圖 1.27）在「目標變數」欄中，輸入此後要計算及製作的新變數的名稱（譬如「適應分數」）。輸入變數時，按一下「類型和標籤(L)」鈕，出現「計算變數：類型與註解」視窗（圖省略）後，再定義類型與標籤。「標籤」欄保持空白也行，但類型要從「數值」或「字串」之中選擇（此處選擇「數值型」）。按「繼續」，回到「計算變數」視窗。

　　「數值表示式(E)」欄中，組合變數名、數字、演算記號、函數後，再輸入數值運算式。數值運算式的輸入方式，與圖 1.25 中選擇觀察值的「選擇觀察值：IF」視窗中輸入條件式的方法相同。圖 1.27 的「數值表示式(E)」欄是將 B1 到 B8 的回答值之和利用函數 "SUM" 輸入適應分數的計算式的例子。當然在「數值表示式(E)」欄中輸入 "B1+B2+B3+B4+B5+B6+B7+B8" 的數式也行。

圖 1.27　「計算變數」視窗

如利用「若 (I)」鈕什麼也未指定時，以「計算變數」視窗所輸入的計算式，不管是否使用「選擇觀察值」機能來選擇，係針對所有的觀察值加以運用，可計算出新變數之值。可是，只針對合乎某條件的觀察值，想應用計算式的情形也有。譬如，只對從 B1 到 B8 的 8 個項目有效回答的觀察值，按一下「若 (I)」鈕，在出現的「計算變數：觀察值選擇條件」視窗中（圖省略），選擇「包含滿足條件時的觀察值」，在下方的長方形內輸入條件式（譬如，「無遺漏 =1」）即可。所輸入的條件式會顯示在「計算變數」視窗的「若 (I)」鈕的右方（參照圖 1.27）。按「確定」，即執行計算作業。

圖 1.28 是計算作業完成狀態的資料視圖。增加「適應分數」之新變數的行。圖 1.28 中，對於觀察值號碼 137 與 146，B1～B8 含有遺漏值，因之計算式不適用，即「適應分數」成爲遺漏值。

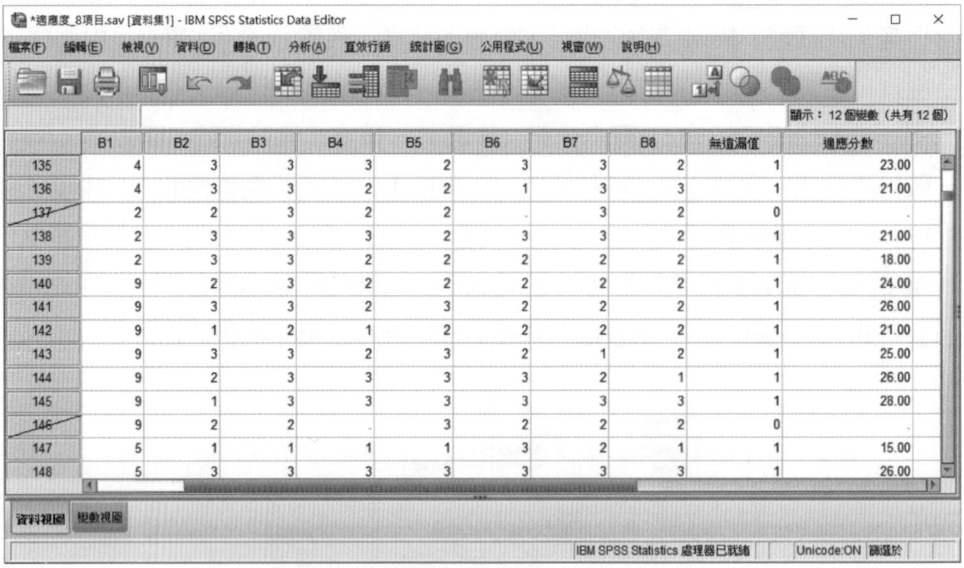

	B1	B2	B3	B4	B5	B6	B7	B8	無遺漏值	適應分數
135	4	3	3	3	2	3	3	2	1	23.00
136	4	3	3	2	2	1	3	3	1	21.00
137	2	2	3	2	2	.	3	2	0	.
138	2	3	3	3	2	3	3	2	1	21.00
139	2	3	3	2	2	2	2	2	1	18.00
140	9	2	3	2	2	2	2	2	1	24.00
141	9	3	3	2	3	2	2	2	1	26.00
142	9	1	2	1	2	2	2	2	1	21.00
143	9	3	3	2	3	2	1	2	1	25.00
144	9	2	3	3	3	3	2	1	1	26.00
145	9	1	3	3	3	3	3	3	1	28.00
146	9	2	2	.	3	2	2	2	0	.
147	5	1	1	1	1	3	2	1	1	15.00
148	5	3	3	3	3	3	3	3	1	26.00

圖 1.28　計算作業完成狀態的資料視圖

六、重新編碼

例 1.9

⊃ 資料

在 " 適應度 _8 項目 .sav" 中，基於（例 1.8）所製作的變數「適應分數」的範圍，將專業領域的適應程度對應低、中、高 3 級的例子予以說明。

⊃ 步驟

從已開啟要分析之檔案的狀態下，點選【轉換】→【重新編碼】→【成不同變數】。如選擇【成同一變數】時，原來的變數之值以重新編碼的新值寫上。將分數分成幾級時，如寫上新值時，使用原來的分數的分析就不可行。通常原來的變數照樣保留，到其他的變數輸出新值是可以的。

出現【重新編碼成不同變數】視窗。於「輸入變數 (V) →輸出變數」欄中，從左方的變數清單選擇原來的變數（輸入變數）。譬如，選擇「適應分數」後移動到欄中時，「輸入變數 (V) →輸出變數」的顯示會變成「數值變數→輸出變數」，下欄會顯示「適應分數→？」。輸入「輸出之新變數」的名稱（必須）與註解（可省略）之後（譬如，輸入「適應等級」），按一下「變更」鈕時，「數值變數→輸出變數」的下欄的顯示變成「適應分數→適應等級」按一下「若 (I)」鈕，也可以指定進行數值的重新編碼的條件，但此處不進行條件指定。在此狀態下點選「舊值與新值」（圖 1.29）。

因為出現【重新編碼成不同變數：舊值與新值】的視窗（圖 1.30）。

指定「舊值」與「新值」的對應。此處，將適應分數「15 分以下」對應「低」，「16～20」對應「中」，「21 以上」對應「高」。但輸出變數的「適應等級」按「1：低，2：中，3：高」加上數值標記當作數值型的變數處理。

在「舊值」中選擇「範圍」，指定「從最小值到 15」，「新值」中於「數值」中輸入「1」。按「新增」，「舊→新」欄所顯示「Lowest thru 15 → 1」。

同樣，於「舊值」中選擇「範圍」，指定「從 16 到 20」，「新值」中於「數值」中輸入「2」。按一下「新增」，「舊值→新值」欄即顯示「16 thru 20 → 2」。

圖 1.29 「重新編碼成不同變數」，輸入變數與輸出變數的指定結束的狀態

圖 1.30 「重新編碼成不同變數：舊值與新值」中新舊值的對應

於「舊值」中選擇「範圍」，指定「從 21 到最大值」，「新值」的數值中輸入「3」，按一下「新增」，「舊值→新值」欄中即顯示「21 thru Highest → 3」。而且，「適應分數」的遺漏值，即使新變數也分配遺漏值。

圖 1.30 是說明至目前的指定已結束的狀態。原來的變數（此處是「適應分數」）可能取得的所有值，在新變數的數值中是否已加以編碼，如已確認時，按「繼續」，回到【重新編碼成不同變數】視窗。

重新編碼的作業完成後的狀態的資料視圖中，增加了「適應等級」此新變數的行（圖 1.31(a)）。變數視圖中，增加了「適應等級」此新變數的列。圖 1.31(b) 是在變數視圖中，將「適應等級」的「小數位數」變更爲「0」，「數值」方格中指定「1：低，2：中，3：高」的對應，將「測量」當作「順序」等，變數的特性的變更即完成。

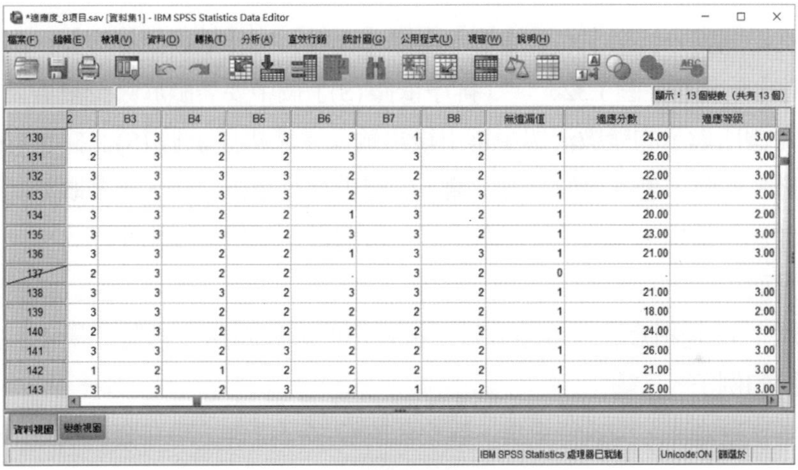

	2	B3	B4	B5	B6	B7	B8	無遺漏值	適應分數	適應等級
130	2	3	2	3	3	1	2	1	24.00	3.00
131	2	3	2	2	3	3	2	1	26.00	3.00
132	3	3	3	3	2	2	2	1	22.00	3.00
133	3	3	3	3	2	3	3	1	24.00	3.00
134	3	3	2	2	1	3	2	1	20.00	2.00
135	3	3	3	2	3	3	2	1	23.00	3.00
136	3	3	2	2	1	3	3	1	21.00	3.00
137	2	3	2	2	.	3	2	0	.	.
138	3	3	3	2	3	3	2	1	21.00	3.00
139	3	3	2	2	2	2	2	1	18.00	2.00
140	2	3	2	2	2	2	2	1	24.00	3.00
141	3	3	2	3	2	2	2	1	26.00	3.00
142	1	2	1	2	2	2	2	1	21.00	3.00
143	3	3	2	3	2	1	2	1	25.00	3.00

(a) 資料視圖

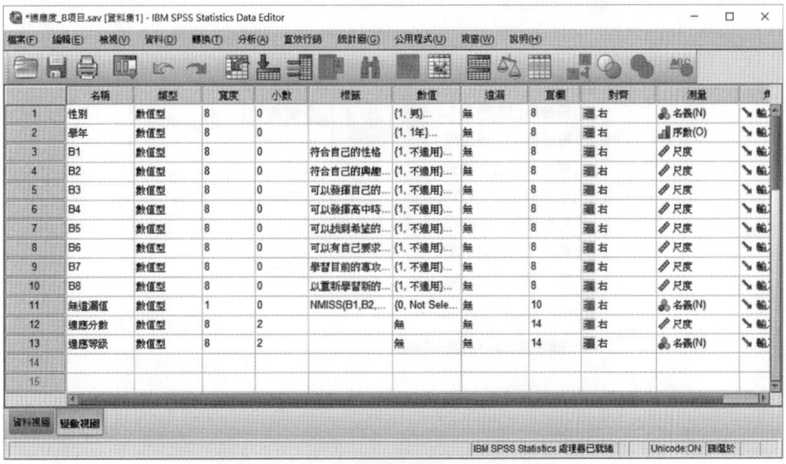

	名稱	類型	寬度	小數	標籤	數值	遺漏	直欄	對齊	測量
1	性別	數值型	8	0		{1, 男}...	無	8	靠右	名義(N)
2	學年	數值型	8	0		{1, 1年}...	無	8	靠右	序數(O)
3	B1	數值型	8	0	符合自己的性格	{1, 不適用}...	無	8	靠右	尺度
4	B2	數值型	8	0	符合自己的興趣...	{1, 不適用}...	無	8	靠右	尺度
5	B3	數值型	8	0	可以發揮自己的...	{1, 不適用}...	無	8	靠右	尺度
6	B4	數值型	8	0	可以發揮高中時...	{1, 不適用}...	無	8	靠右	尺度
7	B5	數值型	8	0	可以找到希望的...	{1, 不適用}...	無	8	靠右	尺度
8	B6	數值型	8	0	可以有自己要求...	{1, 不適用}...	無	8	靠右	尺度
9	B7	數值型	8	0	學習目前的專攻...	{1, 不適用}...	無	8	靠右	尺度
10	B8	數值型	8	0	以重新學習新的...	{1, 不適用}...	無	8	靠右	尺度
11	無遺漏值	數值型	1	0	NMISS(B1,B2,...	{0, Not Sele...	無	10	靠右	名義(N)
12	適應分數	數值型	8	2		無	無	14	靠右	尺度
13	適應等級	數值型	8	2		無	無	14	靠右	名義(N)
14										
15										

(b) 變數視圖

圖 1.31　從「適應分數」到「適應等級」數值重新編碼已結束的狀態

七、觀察值的重排

例 1.10

⊃ 資料

　　在 "適應度 _8 項目 .sav" 中，將例 1.8 中所製作的【適應分數】依遞升順序重排觀察值的例子予以說明。對同分的觀察值當作是按「學年」的數值依遞升順序重排。

⊃ 步驟

　　從已開啓分析檔案的狀態下，選擇【資料】→【觀察值排序】。出現【觀察值排序】的視窗（圖 1.32）。「排序依據 (S)」欄中要著眼於哪一變數要重排呢？可從左欄所顯示的變數清單中選出後再輸入。「排序依據 (S)」欄也可以指定數個變數。此時，著眼於最上方所輸入的變數進行重排之後，再著眼於其下所輸入的變數進行重排。關於「排序順序」，可選擇「遞增」（由小而大），「遞減」（由大而小）。

　　圖 1.32 是指定將「適應分數」按遞增的順序重排，再將「學年」按遞增順序重排的例子。

　　按「確定」，即執行重排。觀察值的順序已重排，可在資料視圖中確認。

圖 1.32　重排的條件的指定例

八、遺漏值的設定

所謂遺漏值是指沒有數據或非有效之值。通常不包含在分析中之值。

SPSS 有「系統遺漏值」與「自訂的遺漏值」2 種。數值型變數時，如方格中無數據時，被當作「系統遺漏值」加以認知，在資料編輯程式中顯示「‧」。

除此之外，使用者明示地將某值當作遺漏值設定時，當作「自訂的遺漏值」來處理。次數分配表或圖形等，雖顯示有遺漏值組，但不管是哪種遺漏值都是從統計處理中排除。

就「系統遺漏值」與「自訂的遺漏值」的區分方法來說明。「系統遺漏值」是指「沒有數據」而已。特別是在意見調查資料之中，即使是同樣「沒有數據」的情形，像是「未回答」、「因可不回答所以未回答」、「雖然回答但都是不正確的回答」等，被認為是具有「不同的意義」，在分析上需要區分它們。

將具有此種不同意義的遺漏值分別當作「自訂的遺漏值」來設定。除了當作遺漏值從分析中除去外，同時也能保有「遺漏之意」此種資訊。

另外，「系統遺漏值」只適用「數值型變數」，因之在文字型（字串）變數中想指定遺漏值時（譬如空白等），需要設定「自訂的遺漏值」。那麼，哪種數據要分配「系統遺漏值」或「自訂的遺漏值」呢？試一面觀察例子一面確認看看。

例 1.11

以下是中學生問卷調查的回答。

A 同學
Q1　　1 天的平均睡眠時間是？（8）小時
Q2　　一個月的零用錢是？（0）元／月
Q3　　上補習班嗎？ 是 不是
⇒回答「是」的人
Q3_s　一週上幾天？〈 〉天／週

B 同學
Q1 　 1 天的平均睡眠時間是？（0）小時
Q2 　 一個月的零用錢是？（5000）元／月
Q3 　 上補習班嗎？是 　 不是
⇒回答「是」的人
Q3_s 　 一週上幾天？〈 〉天／週

C 同學
Q1 　 1 天的平均睡眠時間是？（ ）小時
Q2 　 一個月的零用錢是？（5000）元／月
Q3 　 上補習班嗎？是 　 不是
⇒回答「是」的人
Q3_s 　 一週上幾天？〈1〉天／週

Q1 是處理時間的數值型變數，B 同學的 0 小時此種回答從常識上來想是不正確的回答。輸入與有效值不重複的「-1」，當作表示不正確回答的「自訂的遺漏值」來設定。C 同學的無回答可以當作「系統遺漏值」來處理。

Q2 是處理金額的數值型變數。上述 3 人的數據均為有效，因之照樣輸入。有「無回答」或「不正確回答」時，與 Q1 同樣處理。

Q3_s 只是針對 Q3 中回答「是」的人的一個子題。A 同學雖回答「是」，但 Q3_s 中並未記入，所以「不符合」。C 同學儘管回答「不是」卻記入於 Q3_s 中。或許是以前上補習班時的日數，但此處卻是「不正確的回答」。Q3_s 是處理日數的數值型變數，雖然將「無回答」當作系統遺漏值來處理也無大礙，但因為可以想到數種的遺漏值，因之為了容易了解，建議對「無回答」分配數值當作「自訂的遺漏值」來設定。按「無回答」＝「0」，「不符合」＝「99」，「不正確回答」＝「-1」等輸入。

在 SPSS 中可以設定的「自訂的遺漏值」，像指定個別之值時，最多是 3 個。指定數值的範圍（「從 -9 到 -1」等）或於數值的範圍中加上 1 個個別值的指定（「從 -9 到 -1」與「99」），可以選擇任一格式。

此處試觀察「系統遺漏值」或「自訂的遺漏值」如何反映在分析結果中。

圖 1.33 是設定遺漏值的例子。

	sex	grade	q1	q2	q3	q3_s	var	var
1	1	3	8.0	10,000	1	5.0		
2	1	3	-1.0	5,000	0	99.0		
3	2	3	6.5	.	1	3.0		
4	2	3	7.0	8,000	1	3.0		
5	2	3	.	8,000	0	-1.0		
6	1	2	8.0	5,000	1	2.0		
7	2	2	7.5	4,000	0	99.0		
8	2	2	6.0	5,000	-1	99.0		
9	2	2	9.0	3,000	1	3.0		
10	1	2	7.0	3,500	0	99.0		
11	2	1	6.0	3,000	0	99.0		
12	1	1	8.5	5,000	1	2.0		
13	2	1	8.0	0	1	.0		
14	2	1	8.0	2,500	0	99.0		
15	1	1	7.0	3,000	0	99.0		
16								
17								
18								

圖 1.33　設定遺漏值

如加上數值標籤時，即為圖 1.34。

	sex	grade	q1	q2	q3	q3_s	var
1	男	中學3年	8.0	10,000	是	5.0	
2	男	中學3年	不正確回答	5,000	不是	不符合	
3	女	中學3年	6.5	.	是	3.0	
4	女	中學3年	7.0	8,000	是	3.0	
5	女	中學3年	.	8,000	不是	不正確回答	
6	男	中學2年	8.0	5,000	是	2.0	
7	女	中學2年	7.5	4,000	不是	不符合	
8	女	中學2年	6.0	5,000	不正確回答	不符合	
9	女	中學2年	9.0	3,000	是	3.0	
10	男	中學2年	7.0	3,500	不是	不符合	
11	女	中學1年	6.0	3,000	不是	不符合	
12	男	中學1年	8.5	5,000	是	2.0	
13	女	中學1年	8.0	0	不是	無回答	
14	女	中學1年	8.0	2,500	不是	不符合	
15	男	中學1年	7.0	3,000	不是	不符合	
16							
17							

圖 1.34　自訂遺漏值

如輸入 q1, q2, q3_s 的統計量（平均，總合）與次數分配表時，即如下所示：

Statistics

		q1	q2	q3_s
N	Valid	13	14	6
	Missing	2	1	9
Mean		7.423	4,642.86	3,000
Sum		96.5	65,000	18.0

　　「系統遺漏值」與「自訂的遺漏值」的次數當作「遺漏值」顯示，可以確認出「平均」是將「總合」之值除以「有效」的次數而得。像這樣，「系統遺漏值」與「自訂的遺漏值」是從統計處理中除外的。以下的數字分配表，在有效值之下有「系統遺漏值」、「不正確回答」、「無回答」、「不符合」等的次數，這些均當作遺漏值分別加以顯示。

　　又，當作遺漏值所分配的數值如未加上「數值標記」時，即顯示數值。如設定「自訂的遺漏值」時，一定要進行數值標記的設定。

q1

		Frequency	Percent	Valid Percent	Cumulative Percent
Valid	6.0	2	13.3	15.4	15.4
	6.5	1	6.7	7.7	23.1
	7.0	3	20.0	23.1	46.2
	7.5	1	6.7	7.7	53.8
	8.0	4	26.7	30.8	84.6
	8.5	1	6.7	7.7	92.3
	9.0	1	6.7	7.7	100.0
	Total	13	86.7	100.0	
Missing	不正確回答	1	6.7		
	System	1	6.7		
	Total	2	13.3		
Total		15	100.0		

q2

		Frequency	Percent	Valid Percent	Cumulative Percent
Valid	0	1	6.7	7.1	7.1
	2,500	1	6.7	7.1	14.3
	3,000	3	20.0	21.4	35.7
	3,500	1	6.7	7.1	50.0
	4,000	1	6.7	7.1	78.6
	5,000	4	26.7	28.6	92.9
	8,000	2	13.3	14.3	100.0
	10,000	1	6.7	7.1	
	Total	14	93.3	100.0	
Missing	System	1	6.7		
Total		15	100.0		

q3_s

		Frequency	Percent	Valid Percent	Cumulative Percent
Valid	2.0	2	13.3	33.3	33.3
	3.0	3	20.0	50.0	83.3
	5.0	1	6.7	16.7	100.0
	Total	6	40.0	100.0	
Missing	不正確回答	1	6.7		
	無回答	1	6.7		
	不符合	7	46.7		
	Total	9	60.0		
Total		15	100.0		

➲ 「自訂的遺漏值」的設定方法

步驟 1 按一下想設定「自訂的遺漏值」的變數的「遺漏值」中的方格。即方格右端所出現的 ⋯ 。

步驟 2 於是出現如下【遺漏值】視窗。

(1) 想將「-1」與「99」設定成遺漏值時

　　點選「離散遺漏值」，分別於文字方格中輸入「-1」與「99」。

(2) 想將字串變數之值「其他」指定成遺漏值時

　　點選「離散遺漏值」，於文字方格中輸入「其他」，超過 8 位元的長字串變數時，無法指定「自訂的遺漏值」。

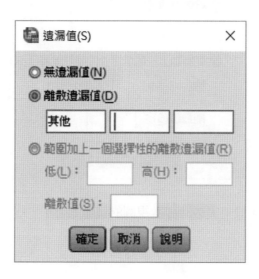

(3) 想將字串變數的空白值指定成遺漏值時

勾選「離散遺漏值」，於文字方格輸入 1 位元，空白值即當作遺漏值，若未輸入位元時，空白值即當作有效值。請注意以下之差異，出現逗點者空白值當作遺漏值。

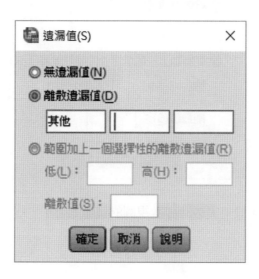

(a) 空白值照樣當作有效值時　　　　　(b) 空白值當作遺漏值時（出現逗點）

數值	遺漏
無	其他
無	無

數值	遺漏
無	其他,
無	無

　　從【分析】點選【描述性統計資料】再點選【次數】後，由輸出即可看出其間的不同。

(4) 從「-9」到「-1」的所有數值想指定成遺漏值時

　　點選「範圍加上一個選擇性的離散遺漏值」，於「低」輸入「-9」，於「高」輸入「-1」。此設定只能數值型變數才能進行。另外，除此範圍外要再加上一個值當作遺漏值時，也要在「離散值」中輸入。

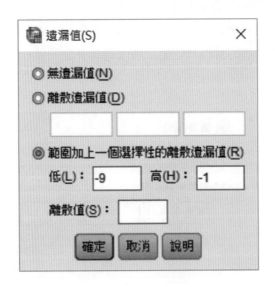

　　以本例來說，設定完成時變數視圖的畫面如下：

	Name	Type	Width	Decimals	Label	Values	Missing	Columns	Align	Measure
1	date	Date	10	0		None	None	10	Right	Scale
2	sex	Numeric	8	0		{1, 男}...	None	8	Right	Scale
3	grade	Numeric	8	0		{1, 中學1年}...	None	8	Right	Scale
4	q1	Numeric	8	1		{-1.0, 不正確回答}..	-1.0	8	Right	Scale
5	q2	Custom	8	0		None	None	8	Right	Scale
6	q3	Numeric	8	0		{-1, 不正確回答}..	-1	8	Right	Scale
7	q3_s	Numeric	8	1		{-1.0, 不正確回答}..	-1.0, 99.0, .0	8	Right	Scale
8										
9										
10										
11										
12										
13										
14										
15										

九、將不當資料之值變更為「-1」

以下為某電腦雜誌的意見調查（參考資料檔 1-1-9）。

例 1.12

問 1　**請告知您的性別（單選）。**

　　1. 男性（未婚）　2. 女性（未婚）　3. 男性（已婚）　4. 女性（已婚）

問 2　**請告知年齡（單選）。**

　　1. 未滿 19 歲　2. 20-29 歲　3. 30-39 歲　4. 40-49 歲　5. 50-59 歲

　　6. 60-69 歲　7. 70-79 歲　8. 80 歲以上

問 3　**請告知職業別（單選）。**

　　1. 營造業　2. 銷售員　3. 行政人員　4. 企劃　5. 管理職　6. 勞動業

　　7. 董事　8. 技術職（電腦）　9. 技術職（其他）　10. 設計

　　11. 會計師或律師　12. 醫師　13. 教師　14. 自營業　15. 公務員

　　16. 家庭主婦　17. 兼職者　18. 學生

問 4　**您家中電腦的品牌是什麼（可複選）。**

　　1. NEC　2. SONY　3. FUJITSU　4. IBM　5. HITACHI　6. COMPAQ

　　7. TOSHIBA　8. APPLE　9. PANASONIC　10. SONTIC　11. SHARP

問 5　（以下省略）。

譬如，想將變數〔q3（職種）〕之值「16」（家庭主婦）中的變數「q1」（性別・未已婚）的值「2」（女性未婚）的觀察值，變更為「-1」（不正確回答）。

此時可按下列步驟進行。

步驟 1 從【轉換】清單中選擇【重新編碼成同一變數】。

步驟 2 在「數值變數」的視窗中移入「q3」，按「若 (I)」。

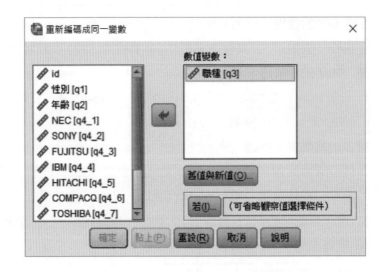

步驟 3 開啟【重新編碼成同一變數：設觀察值條件】視窗，勾選「包含滿足條件時的觀察值」，輸入條件式 "q1=2"，按「繼續」。

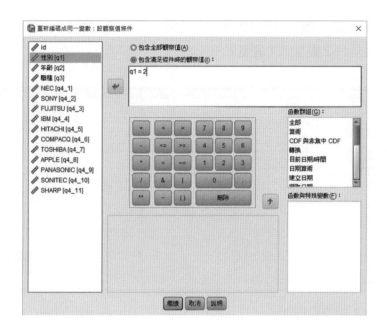

步驟 4 回到【重新編碼成同一變數：舊值與新值】視窗，接著按一下「舊值與
新值」。

在「舊值」中輸入 "16"，「新值」中輸入 "-1"，按一下「新增」。

之後按「繼續」即回到原來的畫面，最後按「確定」。如此一來只有滿足條件之觀察值才會變更。

	id	q1	q2	q3	q4_1	q4_2	q4_3	q4_4	q4_5	q4_6	q4_7	q4_8
4	4	3	5	2	2	3	4	3	3	4	4	
5	5	2	4	3	3	3	4	1	4	3	4	
6	6	3	5	3	3	2	5	2	4	3	5	
7	7	4	6	3	4	3	5	3	4	3	6	
8	8	2	7	4	5	2	6	2	4	4	7	
9	9	2	5	5	4	3	5	1	3	4	7	
10	10	2	6	6	4	2	6	1	3	4	4	
11	11	2	7	7	5	3	5	2	4	5	5	
12	12	2	5	5	4	2	6	3	3	5	4	
13	13	1	6	6	5	3	5	4	4	4	4	
14	14	1	6	8	4	2	6	4	3	5	4	
15	15	2	7	5	3	3	4	4	4	4	5	
16	16	3	7	9	4	2	6	3	3	4	4	
17	17	2	6	1	5	3	5	3	4	5	5	
18	18	2	6	1	4	2	6	5	5	4	4	
19	19	3	6	1	5	4	5	3	4	5	5	
20	20	2	7	4	6	3	4	4	4	4	4	
21	21	2	4	4	6	3	4	4	4	4	4	
22	22	2	4	4	6	3	4	4	5	4	4	
23	23	2	3	-1	5	4	3	4	3	6	5	
24	24	3	3	5	5	4	4	2	5	4	4	
25	25	3	4	4	5	4	3	2	7	5	5	
26	26	3	3	4	5	4	4	2	5	6	4	
27	27	2	4	4	5	4	4	2	6	5	5	
28	28	2	4	4	3	4	3	3	2	5	6	6

十、想將變數中的系統遺漏值換成「0」

譬如，輸入以下資料（參資料檔 1-1-10）。

步驟 1 從【轉換】清單中點選【重新編碼成同一變數】。

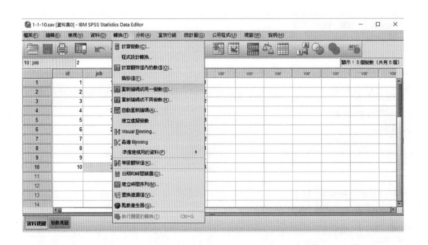

步驟 2 在【重新編碼成同一變數】視窗中，將變數移到右側方框內，按一下「舊值與新值」。

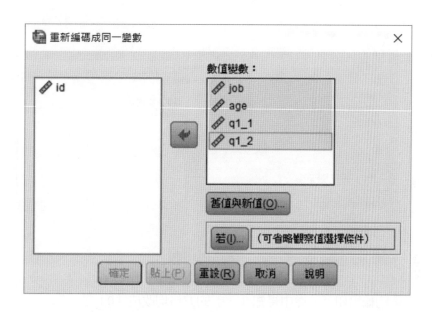

步驟 3 在左側的「舊值」中點選「系統或使用者遺漏值」，右側「新值為」的「數值」方框中輸入 "0"，再按「新增」。

步驟 4 在「舊值→新值」的方框中顯示所設定的內容。之後，按「繼續」回到【重新編碼成同一變數】畫面，再按「確定」。

所得的輸出如下。從中得知「‧」的方格均改成「0」了。

十一、時間數列遺漏值的編碼

時間數列資料有遺漏值時，以數列整體或周邊之值作為參考來編碼，當作新的時間數列資料來儲存。遺漏值的替換方法有：數列平均數、附近點的平均法、附近點的中央法、線性內插法、點上的線性趨勢。

以下說明資料加工的步驟。

步驟 1　從【轉換】點選【置換遺漏值】。

步驟 2　出現【置換遺漏值】視窗，將左側的「a」移到右側「新變數」的方框中。新的變數名稱如預設列出「a_1」，「方法」則列出「序列平均值」。如想變更時，可更改名稱與方法。

步驟 3　接著從左側將變數「a」再一次移入「新變數」的方框中。於是列出「a_2」的新變數名，方法則選擇「點的線性趨勢」。「鄰近點的範圍」數目照預設「2」，按一下「變更」。

以下重複此步驟，可列出對應 5 種方法的 5 個新變數「a_1」到「a_5」。最後按「確定」。

可得出如下輸出：

	period	a	a_1	a_2	a_3	a_4	a_5
1	1.00	1.00	1.00	1.00	1.00	1.00	1.00
2	2.00	3.00	3.00	3.00	3.00	3.00	3.00
3	3.00	.	5.00	4.25	4.50	5.00	4.20
4	4.00	7.00	7.00	7.00	7.00	7.00	7.00
5	5.00	6.00	6.00	6.00	6.00	6.00	6.00
6	6.00	8.00	8.00	8.00	8.00	8.00	8.00
7							

十二、異常值或輸入錯誤的發現

像不小心輸入負的年齡值，或應該輸入「2」的地方卻輸入「23」，或輸入「彰化」、「彰化市」當作同值的情形。

因異常值或輸入失誤造成的不正確數據，常常會使分析結果造成甚大的扭曲，當分析結束後才發現「數據有誤」，只得重來一次。在開始分析之前，先就所有的變數仔細地進行數據的過濾。此種不正確的數據可以用以下方法發現。

⊃ 類別資料

　　像「1」、「2」、「3」等資料所取的值確定時，利用次數分配表來確認是否輸入了原來不存在之值。

　　譬如輸入下表（參考資料 1-1-12），應該輸入「2」的地方卻輸入「23」。

	pres92	age	agecat	educ	degree	sex	var
1	3	79	4	12	1	1	
2	3	32	1	17	3	1	
3	3	50	3	6	0	2	
4	3	56	3	8	0	2	
5	3	51	3	17	3	2	
6	3	48	3	12	1	1	
7	3	29	1	13	1	2	
8	3	40	23	13	1	2	
9	3	46	3	13	1	2	
10	3	37	2	19	4	2	
11	3	43	2	16	4	2	
12	3	45	3	16	3	2	
13	3	53	3	16	3	2	
14	3	34	1	15	1	1	
15	3	32	1	19	4	1	
16	3	53	3	12	1	1	
17	1	27	1	17	3	1	

　　此時可製作次數分配表。作法是從【分析】點選【次數分配表】，將年齡「類別」、「agecat」輸入到「變數」中。並勾選「顯示次數分配表」，再按「確定」。

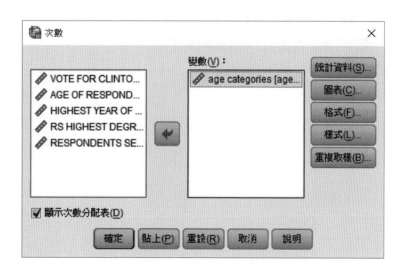

　　輸出如下，從中即可發現錯誤的輸入。

統計量

age categories

個數	有效的	1847
	遺漏的	0

age categories

		次數	百分比	有效百分比	累積百分比
有效的	lt35	438	23.7	23.7	23.7
	35-44	443	24.0	24.0	47.7
	45-64	617	33.4	33.4	81.1
	65 +	348	18.8	18.8	99.9
	23	1	.1	.1	100.0
	總和	1847	100.0	100.0	

⊃ 量尺資料

確認最大值與最小值或製作直方圖或盒形圖。

這是指年齡或購買金額等的數量性資料之情形。利用最大值與最小值，可以確認是否輸入超過正常範圍的資料。並且，利用直方圖或盒形圖可以了解資料的偏離情形。譬如，某特定之值非常多時，可以發覺是否有需要檢討，是否為正常資料呢？或因何種原因發生了不正確的偏差。

譬如輸入以下資料（參考資料檔 1-1-12-1）。

	id	customer	revenue	support	region	industry	var	var
2	2	1	$1,734	3	2	2		
3	3	2	$2,126	3	4	1		
4	4	2	$2,259	3	4	2		
5	5	2	$1,587	4	1	1		
6	6	1	$0	4	4	3		
7	7	2	$1,838	4	2	1		
8	8	1	$1,847	4	4	1		
9	9	1	$1,714	2	3	3		
10	10	2	$1,718	4	2	3		
11	11	2	$4,388	1	4	1		
12	12	2	$3,155	1	1	2		
13	13	2	$3,834	4	4	1		
14	14	2	$2,291	4	1	2		
15	15	2	$4,140	2	2	2		
16	16	2	$2,194	2	2	3		
17	17	2	$2,938	2	2	1		
18	18	1	$3,313	4	3	2		
19	19	2	$3,327	4	3	3		
20	20	1	$1,449	2	3	1		
21	21	2	$2,696	2	1	3		
22	22	2	$3,272	3	2	2		
23	23	1	$4,096	4	1	3		
24	24	1	$4,340	2	2	3		
25	25	1	$2,462	2	4	1		
26	27	2	$3,630	3	3	2		
27	28	2	$465	3	4	3		
28	29	1	$1,871	2	1	2		
29	30	2	$1,377	1	4	3		
30	31	1	$3,797	1	2	1		

1. 以最大值與最小值確認時，從【分析】中點選【描述性統計資料】→【次數】，於出現的視窗中點擊「統計資料」。

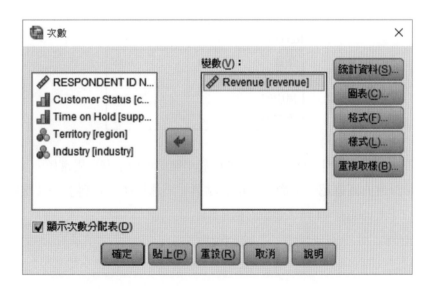

從中勾選「最大值」與「最小值」。

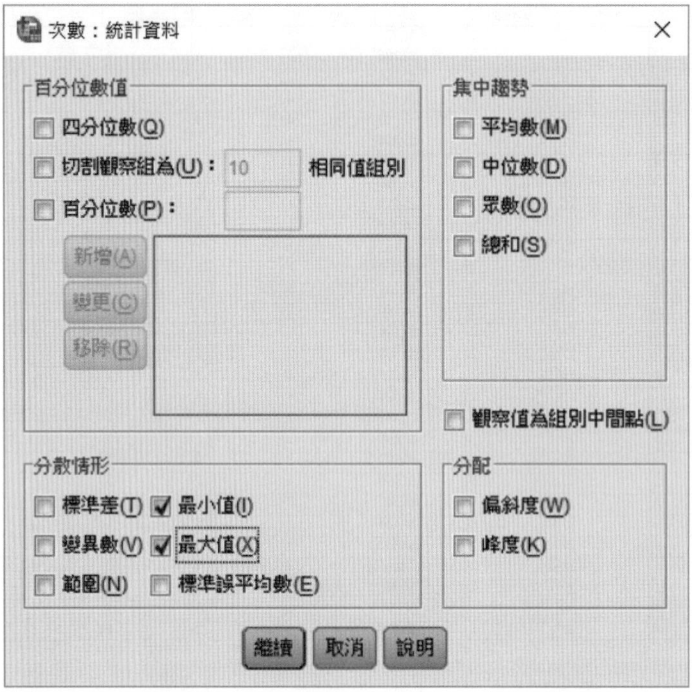

按「繼續」回到【次數】的視窗，再按「確定」可得輸出如下：

統計量

Revenue

個數	有效的	1488
	遺漏值	12
最小值		$13
最大值		$6,213

一面檢視資料一面觀察最大值與最小值即可從中發現異常值。

2. 以直方圖確認時，從【分析】點選【描述性統計資料】→【次數】再將「Revenue」移到「變數」中。

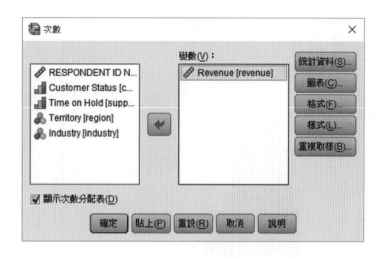

其次,點擊「圖表」,出現如下視窗後再點選「直方圖」。

得出輸出如下。由最右側即可發現異常值。

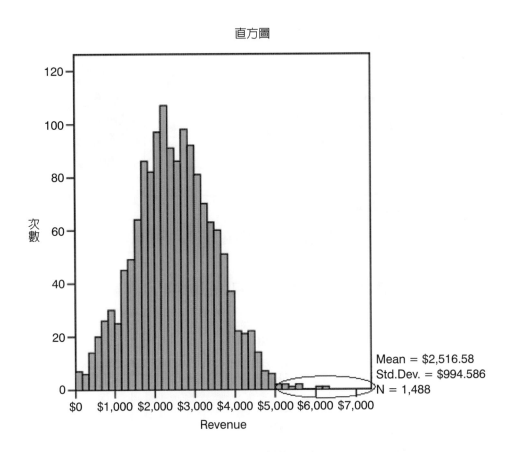

3. 以盒形圖確認時，從【統計圖】的【歷史對話記錄 (L)】中點選【盒形圖 (X)】。

出現如下視窗時，點選「簡單」選項，並於「圖表中資料為」的欄位中
點選「各個變數之摘要」。

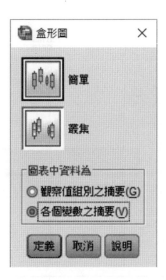

按一下「定義」，出現如下視窗，將 Revenue 移到「盒形圖表示 (B)」框
中。

按「確定」，得出輸出如下：

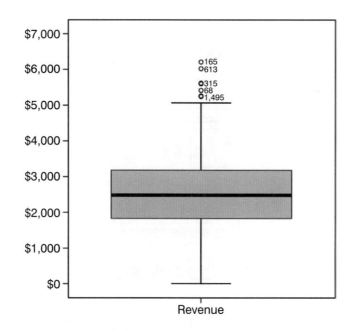

十三、不當資料的發現

⊃ 觀察值少時

鎖定 q1 "性別" 的變數被輸入 "23" 的不當觀察值時。

步驟 1 於資料編輯程式中點選變數 q1 "性別"。

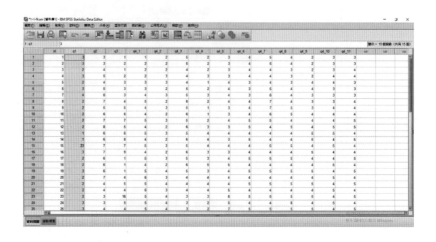

步驟 2　從【編輯】清單中選擇【尋找】。

開啟【尋找與置換－資料視圖】的視窗，於「尋找」的正文框中輸入"23"，按「尋找下一個」。如下，在資料編輯程式上與尋找內容一致的方格即出現反白。

步驟 3　如仍有「23」之值的觀察值時，接著在【尋找與置換－資料視圖】視窗中按一下「尋找下一個」。

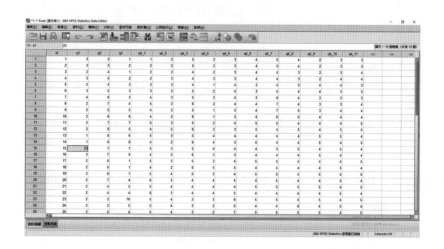

步驟 4　尋找結束時，按一下「關閉」鈕，【尋找與置換－資料視圖】視窗即關閉。

⊃ 觀察值多時

　　鎖定「pay」的變數之值在 100000 以上的觀察值時（參資料檔 1-1-24）。

步驟 1　從【資料】清單中選取【選取觀察值】。點選「如果滿足設定條件」，
　　　　　按一下「若 (I)」。

步驟 2　在【選擇觀察值：IF】視窗的右上方方框中輸入 "pay > 100000"，之後按
　　　　　「繼續」。

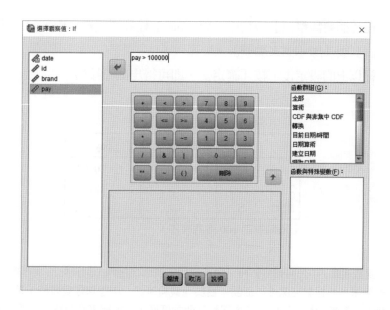

步驟 3　回到【選取觀察值】，按「確定」。

步驟 4　再從【分析】的【報表】中選擇【摘要觀察值】。

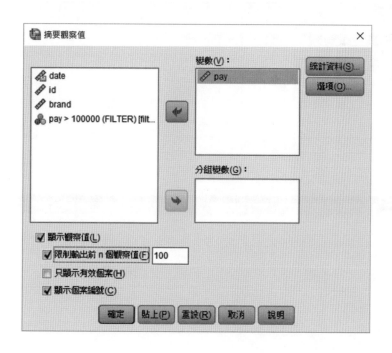

在【摘要觀察值】視窗中,將「pay」移到「變數」中,勾選「顯示觀察值」與「顯示個案編號」。

步驟 5 經以上的設定後,按「確定」,即可得出如下輸出。

觀察值摘要 [a]

	個案編號	pay
1	1	301020
2	6	157800
總計　　N		2

a. 限制為前 100 個觀察值。

註:於「變數視圖」中想移動變數時,按住灰色的號碼處拖移,列與列的境界線會顯示紅線,當紅線來到想移動之處後再放開。若於「資料視圖」中想移動變數時,按住灰色的變數名稱的上方處拖移,行與行的境界線會顯示紅線,當紅線來到想移動之處後再放開。

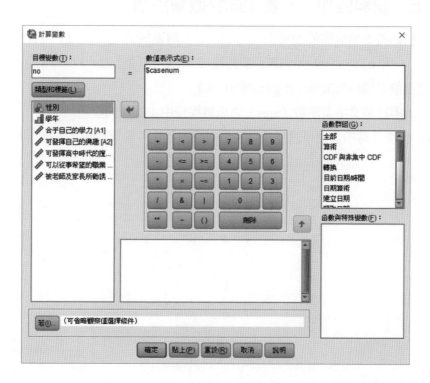

十四、觀察值設定連號

以「no」的變數名儲存由 1 開始的連號時，可按以下步驟進行（參資料檔 1-1-3）。

步驟 1 從【轉換】清單中選擇【計算變數】。

步驟 2 於開啓的【計算變數】視窗中，「目標變數」的方框中數入 "no"，「數
值表示式」則輸入 "$casenum"，按「確定」。資料視圖的右端即儲存輸
入連號的新變數。

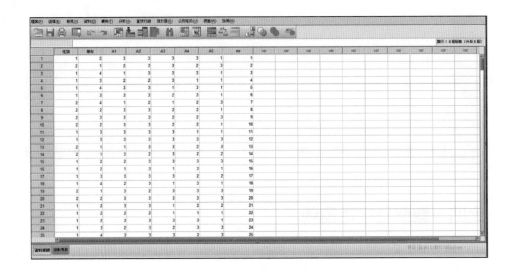

十五、資料的加工－變換成整數類別值

例如將 2 值變數的類別值「0」、「1」轉換成「1」、「2」。或將「1」、
「2」、「10」、「99」4 個類別值轉換成「1」、「2」、「3」、「4」。或將文
字型變數之值轉換成數值型的整數類別值。

此處試將文字型變數〔area〕之值轉換成由 1 排起的整數值。

步驟 1 從【轉換】清單選擇【自動重新編碼】。（參資料檔 1-1-15）。

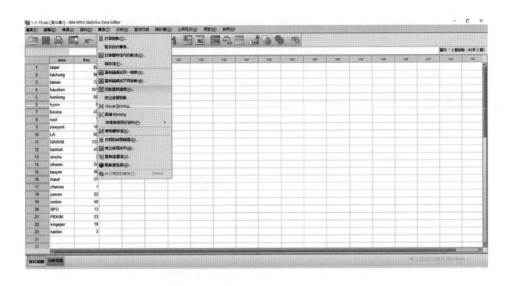

步驟 2　開啓【自動重新編碼】視窗。將「area」移入清單，在「新名稱」的正
　　　　　文框中輸入 "code"。

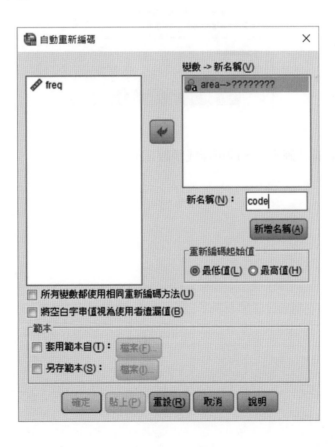

「重新編碼起始值」如點選「最低值」時，按字母順序且大寫字母先於小寫字母配置。如想相反配置時，則點選「最高值」。若是數值型變數，點選「最低值」時是由小而大，點選「最高值」是由大而小。

步驟 3 按「新增名稱」，則 area → ??? 即改變成 area → code。

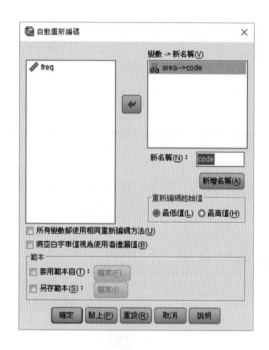

之後按「確定」，即可作成變數「code」。

點選「最低值」：

```
area into code
Old Value   New Value   Value Label

bankok          1        bankok
chanwa          2        chanwa
fukoka          3        fukoka
HAWAII          4        HAWAII
honkong         5        honkong
kaushon         6        kaushon
kyoto           7        kyoto
LA              8        LA
mauri           9        mauri
nankin         10        nankin
newyork        11        newyork
PEIKIN         12        PEIKIN
SFO            13        SFO
sinchu         14        sinchu
singapor       15        singapor
soul           16        soul
taichung       17        taichung
tainan         18        tainan
taipei         19        taipei
tauyen         20        tauyen
venton         21        venton
wharen         22        wharen
yenren         23        yenren
```

點選「最高值」：

```
area into code
Old Value   New Value   Value Label

yenren          1        yenren
wharen          2        wharen
venton          3        venton
tauyen          4        tauyen
taipei          5        taipei
tainan          6        tainan
taichung        7        taichung
soul            8        soul
singapor        9        singapor
sinchu         10        sinchu
SFO            11        SFO
PEIKIN         12        PEIKIN
newyork        13        newyork
nankin         14        nankin
mauri          15        mauri
LA             16        LA
kyoto          17        kyoto
kaushon        18        kaushon
honkong        19        honkong
HAWAII         20        HAWAII
fukoka         21        fukoka
chanwa         22        chanwa
bankok         23        bankok
```

十六、資料加工──將數值反轉

　　例如類別值具有順序性的連續整數值想將它反轉的情形也有。在問卷調查中，將詢問的方向性有意使之逆轉的逆轉項目，譬如由值「1」反轉成「5」，由「5」反轉成「1」的情形即與此相當。

　　雖然利用【重新編碼】→【成不同變數】的手續，將每一個類別值加以轉換也可設定，但類別值多需要花甚多時間時，可使用以下的「計算」手續即可簡單反轉。此處將變數〔q2〕的類別值由「1」到「8」，使之反轉看看。亦即使年齡大的一方先出現。（參資料檔 1-1-9）。

步驟 1 首先從【轉換】清單中選擇【計算變數】。

　　在【計算變數】的視窗中，於「目標變數」中輸入新變數值 "q2_r"，「數值表示式」中如下輸入 "9–q2"。

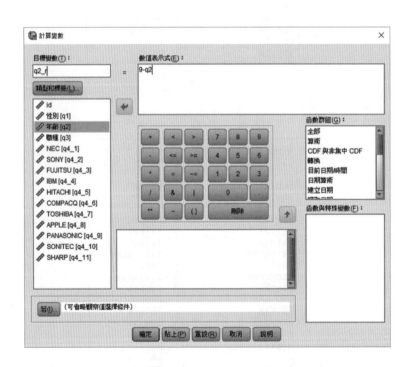

　　然後按「確定」。

　　類別值因到 8 為止，因之將它加 1 後從所得出之「9 減去變數〔q2〕之值，於是由「1」到「8」之值即反轉成由「8」到「1」，再儲存成新變數〔q2_r〕。

步驟 2　此時原先的變數〔q2〕中回答類別值以外之值，譬如「0」（無回答），
「-1」（不正確回答）等被輸入，新的變數分別以「9」、「10」之值加
以儲存。此時，使用【重新編碼】→【成同一變數】之程序，將「9」重
新改成「0」，「10」改成「-1」。

十七、資料的行與列的交換

依分析的目的，有時需要變更資料檔的構成。此處介紹行與列的交換方法。

有按各店舖顯示銷貨收入的資料。觀察值按 9 個店舖，變數按 12 個月份輸
入銷售金額。今將此資料的行與列交換，將觀察值當作月，變數當作店舖變換成
時間數列資料。

步驟 1　從【資料】清單中選擇【轉置】（參資料檔 1-1-16）。

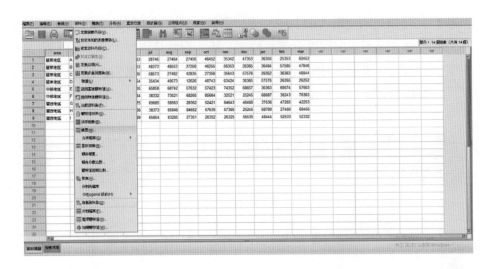

步驟 2 開啟【轉置】的視窗,於「變數」清單中移入想從變數轉換成觀察值的
變數,以變數名來說,如已有想使用之值的變數時,將該變數移入「命
名變數」。

本例,除「area」(地區)之外的 12 個月份的變數移入「變數」中,將
「shop」(店鋪名)移入「命名變數」。

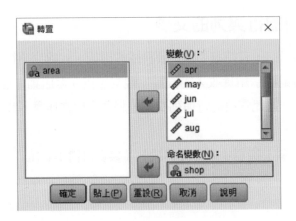

註:未將變數移入「命名變數」時,變換後的資料檔會自動地設定「Var001」、
「Var002」…的變數名。

步驟 3 按「確定」。

本例因未移入變數「area」,因之會出現確認該變數要被刪除的訊息。

步驟 4　按「確定」時，出現記述轉換內容的詳細輸出，新的資料檔顯示於資料
的編輯程式中。

原先的觀察值〔A〕到〔I〕的 9 個店鋪行列轉換成變數，轉換前的 12 個
月份的變數名當作數值追加〔case-lbl〕的變數，最後將新檔案另取檔名
儲存即可。

	CASE_LBL	A	B	C	D	E	F	G	H	I
1	apr	34262.00	30664.00	33471.00	23856.00	34256.00	34243.00	33221.00	34253.00	33241.00
2	may	55432.00	44324.00	44326.00	55432.00	33654.00	45673.00	44368.00	55432.00	66342.00
3	jun	33214.00	43674.00	44321.00	34567.00	43525.00	44352.00	33478.00	66543.00	43258.00
4	jul	33256.00	55432.00	34256.00	43276.00	54321.00	34567.00	55467.00	54321.00	34523.00
5	aug	33654.00	65432.00	34256.00	23489.00	23478.00	34267.00	43289.00	43256.00	45698.00
6	sep	44432.00	33323.00	43265.00	44356.00	66543.00	34245.00	56432.00	47895.00	33451.00
7	oct	65435.00	43256.00	56784.00	46578.00	76543.00	33456.00	53243.00	45632.00	44565.00
8	nov	65435.00	55434.00	54567.00	54321.00	12345.00	32123.00	32343.00	44325.00	55438.00
9	dec	34256.00	34589.00	23489.00	45345.00	45632.00	33332.00	33354.00	55432.00	33342.00
10	jan	44321.00	33453.00	33567.00	33332.00	44321.00	45764.00	54689.00	45678.00	45356.00
11	feb	44352.00	22342.00	44321.00	54345.00	34254.00	34521.00	21345.00	43211.00	23222.00
12	mar	43253.00	44323.00	23421.00	45632.00	33332.00	22212.00	32123.00	33245.00	34521.00
13										
14										
15										
16										
17										
18										
19										

十八、資料的聚集──按各組累計

試從各店鋪的銷貨收入按各地區合計銷貨收入製作新的資料檔（參資料檔
1-1-16）。

步驟 1　從【資料 (D)】清單選擇【聚集 (A)】。

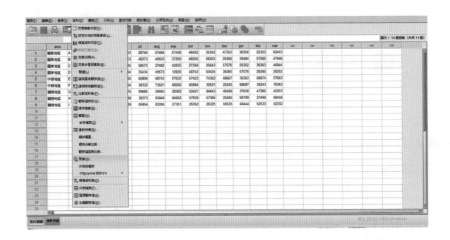

從資料 (D) 中選擇【聚集】，於是開啟【聚集資料】的視窗，將「area」
移入到「分段變數」中。

接著將想合計的銷貨收入的 12 個月份的變數移入「聚集變數」中。

於是「聚集變數」清單會以「變數名_1=MEAN（變數名）」的格式列出。

本例因對所有的變數想使用合計的累計函數，預設是設定 MEAN（平均
值），如累計函數不同時，可於清單中個別選擇，按「函數」鈕分別變更。

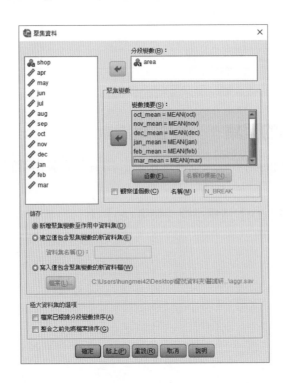

步驟 2 按「函數」鈕出現【聚集資料：聚集函數】視窗，點選「總和」後，按「繼續」。

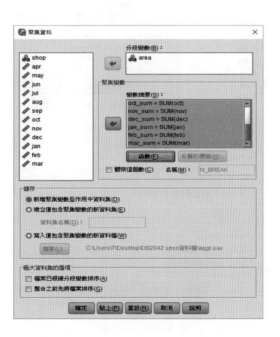

步驟 3 回到【聚集資料】畫面，可以確認「聚集變數」欄位的函數均改為「SUM」。

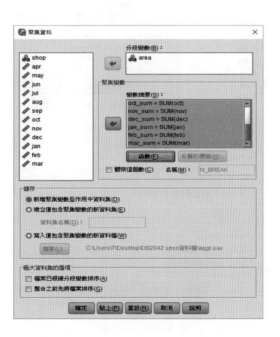

如想編輯聚集後的變數名與變數標記時，可在「聚集變數」欄位中選擇對象的設定，按一下右下方的「名稱與註解」。

步驟 4 開啓如下視窗，設定變數名稱與變數註解。

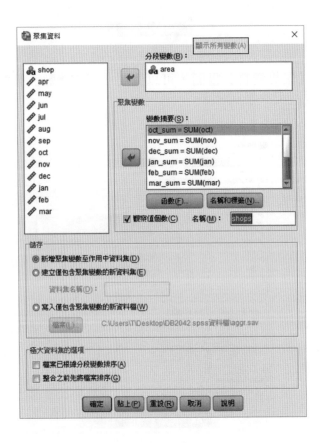

步驟 5 勾選「觀察值個數 (C)」，將「名稱」所設定的「N_BREAK」，輸入 "shops"。

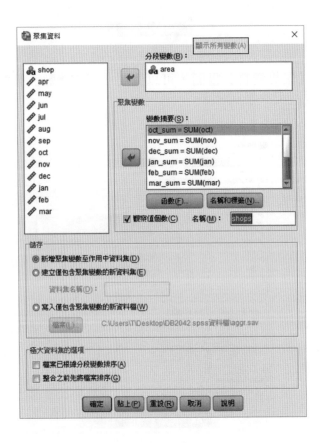

步驟 6 再點選「寫入僅包含聚集變數的新資料檔」，即以新的 "aggr.sav" 的資料檔儲存。如想變更檔名時，可點選「檔案」後變更設定。

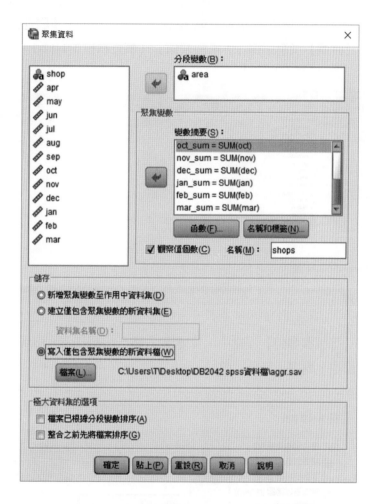

步驟 7 設定完成後，按「確定」即可得出各地區店鋪的銷貨收入之合計。

	area	apr	may	jun	jul	aug	sep	oct	nov	dec	jan	feb	mar	shops
1	中部地區	32404	39850	27415	52095	71132	62949	71544	53437	46951	52525	52459	68013	2
2	關西地區	68236	39877	51933	57971	69225	46788	45469	56111	42747	51623	42419	54347	3
3	關東地區	47766	49215	41704	42782	38263	30042	42202	47691	41915	39186	36387	45749	4
4														
5														
6														
7														
8														
9														
10														
11														
12														
13														
14														
15														

十九、設定觀察值的等級與分組

　　基於購買金額想以各具有 20% 的觀察值由少額至高額分成 5 級，或基於考試的分數由下位至上位以每 10% 分成 10 級。此時可按如下步驟進行。

步驟 1　由【轉換】清單選擇【等級觀察值】（參資料檔 1-1-12-1）。

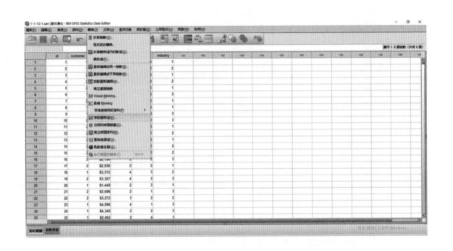

步驟 2　在【等級觀察值】視窗中，將變數「營收 [revenue]」移到右側「變數」方框中，點選「等級類型」。

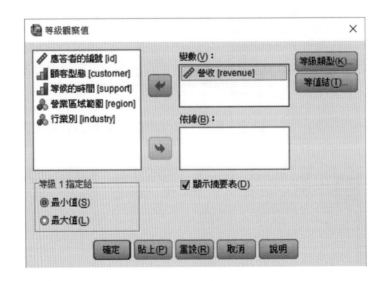

步驟 3　勾選並於「自訂 N 個等分」輸入 "5" 之後按「繼續」。

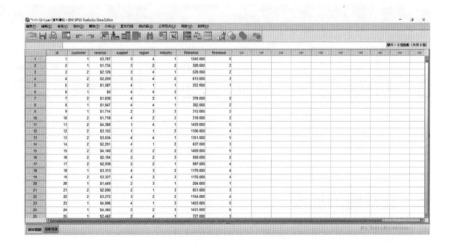

基於變數「revenue」之值出現已分成 5 組的新變數「Rrevenue」及
「Nrevenue (NTILES of revenue)」。

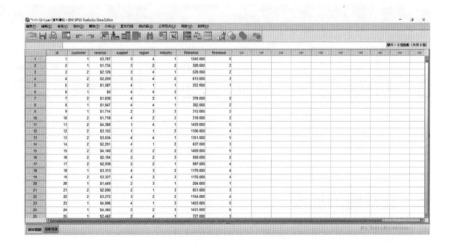

欲觀察 5 組的次數與最大值、最小值時，按【分析】→【報表】→【OLAP
多維度報表】，於「摘要變數」中輸入連續變數「營收 [revenue]」，「分
組變數」輸入類別變數「Nrevenue」，按「確定」。

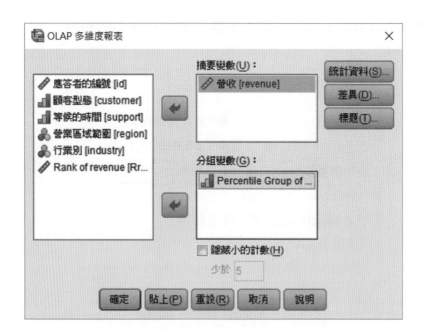

即可得出輸出。從所輸出的表中連按 2 次即可得出下表，點一下 ▼
即可出現各等級，從中可發覺各級已分組為 20%。

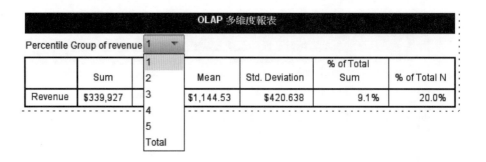

二十、觀察值的加權

下表是對某產品的偏好調查（參資料檔 1-1-16）。

	喜歡	討厭
A 組	2 名	3 名
B 組	1 名	4 名

	喜歡	討厭
C 組	3名	2名

　　SPSS 基本上是 1 個觀察值表示分析的一個單位，因之如下輸入時，就會形成與原本的資料有不同意義的資料構造。

〔錯誤的資料構造〕

	group	like	dislike	var
1	A	2	3	
2	B	1	4	
3	C	3	2	
4				

　　表中的資料對象全部是 15 名，由於具有各自所屬的組以及有關產品的偏好的 2 種資訊，因之正確的資料構造是針對 15 個觀察值有 2 個變數如下表的格式。

〔正確的資料構造〕

	group	pref	var
1	A	喜歡	
2	A	喜歡	
3	A	討厭	
4	A	討厭	
5	A	討厭	
6	B	喜歡	
7	B	討厭	
8	B	討厭	
9	B	討厭	
10	B	討厭	
11	C	喜歡	
12	C	喜歡	
13	C	喜歡	
14	C	討厭	
15	C	討厭	
16			
17			

　　可是要處理的觀察值數（次數）多時，以此種格式輸入所有的觀察值是非常

累人的。

　　此時，可使用「加權觀察值」的機能，如使用此機能時，對於具有相同資訊的觀察值，亦即針對交叉表中屬於同一方格的觀察值只要輸入 1 列即可解決。

步驟 1　於變數〔freq〕中輸入具有該資訊的觀察值的個數（方格的次數）。

	grop	pref	freq	var	var
1	A	喜歡	2		
2	A	討厭	3		
3	B	喜歡	1		
4	B	討厭	4		
5	C	喜歡	3		
6	C	討厭	2		
7					

步驟 2　指定此變數〔freq〕是表示次數的變數。由【資料】清單中點選【加權觀察值】，點選「觀察值加權依據 (W)」後，由左側的變數清單將「freq」移到「次數變數 (F)」的方框中。按「確定」後設定即完成。

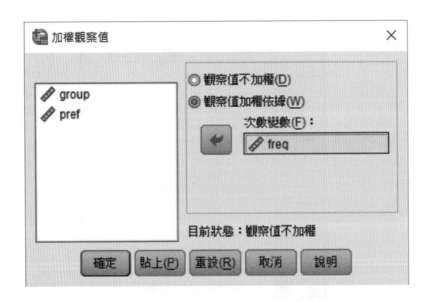

　　設定加權時，資料視圖的右下方顯示有「目前狀態：觀察值加權依據 freq」。觀察值的設定是否有效以此顯示即可確認。

在已進行觀察值的加權的狀態下，想輸出「group」與「pref」的交叉表時，可按照【分析】→【描述性統計資料】→【交叉表】操作即可得出如下輸出。

觀察值處理摘要

	觀察值					
	有效的		遺漏值		總和	
	個數	百分比	個數	百分比	個數	百分比
grop * pref	15	100.0%	0	.0%	15	100.0%

grop * pref 交叉表

個數

		pref		總和
		喜歡	討厭	
grop	A	2	3	5
	B	1	4	5
	C	3	2	5
總和		6	9	15

觀察值的加權除次數資料的輸入外，像想比較的組的樣本數有偏差時，按各組加權調整觀察值數，或某組的測量值要給予特定的加權再進行往後的計算等，均可加以使用。

二十一、不整合的發現

幾個變數即使分別是有效的資料，但組合在一起思考時，在邏輯上卻是無法保持聚集性的資料。譬如回答「女性（未婚）」但職業別卻選擇「家庭主婦」，

或回答「未使用過電腦」卻答得出「自家所具有的電腦品牌」。

　　在此種觀察值之中，被認為回答者有不當回答或不實回答，以及因詢問的方法不充分而混入詢問者未想到的資料等之情形。

　　像前者之錯誤或不實的資料有需要當作不正確回答，後者依分析的內容有需要採取將異質的資料從分析中刪除。

　　要發現此種變數與變數之關係中的不整合性，可製作交叉表（參資料檔 1-1-9)。

⊃ 交叉表的製作

步驟 1 從【分析】清單中選擇【描述性統計資料】再點選【交叉表】。

步驟 2 於【交叉表】視窗中，分別於「列」與「直欄」中移入變數。

註：「欄」與「列」移入數個變數時，可就所有列與欄的變數組合一次製作交叉表。

步驟 3 移入變數後按「確定」。

得出如下的交叉表。

職種 * 性別交叉列表

計數

		性別				總計
		男性（未婚）	女性（未婚）	男性（已婚）	女性（未婚）	
職種	營業職	0	3	2	0	5
	銷售職	1	0	2	0	3
	事務職	0	1	1	1	3
	企劃職	1	5	2	0	8
	管理職	0	3	1	0	4
	勞務技能職	1	1	0	0	2
	董事職	0	2	0	0	2
	技術職（電腦）	1	0	0	0	1
	技術職（其他）	0	0	1	0	1
	家庭主婦	0	1	0	0	1
總計		4	16	9	1	30

可以確認出回答「女性（未婚）」且「家庭主婦」的觀察值有 1 位。想在資料編輯程式中鎖定此觀察值時，可於【選擇觀察值：IF】中，選擇滿足「q1」（性別‧未婚）之值為「2」且「job」（職業別）之值為「16」之條件（q1=2 & job=16）之觀察值。

二十二、應從分析中刪除的資料

即使所輸入的值並無錯誤，但也有不適合於分析的資料。如以變數與觀察值的觀點來整理時，有以下的例子。

⊃ 變數

1. 有效值少時

譬如 1000 筆觀察值之中只有 1 成左右是有效值。雖然並無要有多少有效觀察值才可以分析的絕對基準，但將此種變數用於分析時，有需要考慮到有效觀察值是否足夠。

2. 只有單一或少數之值時

詢問有「1」到「5」的選項，回答者幾乎回答「5」。雖有需要檢討回答偏頗的原因，但將此種變數與其他的變數交叉分析並不太有意義。

確認這些，要使用次數分配表。

統計量

q1

個數	有效的	20
	遺漏值	0

q1

		次數	百分比	有效百分比	累積百分比
有效的	略爲不滿意	1	5.0	5.0	5.0
	滿意	19	95.0	95.0	100.0
	總和	20	100.0	100.0	

⮕ 觀察值

1. 不正經的回答

　　所有的項目均選第 1 選項，未好好回答的可能性甚高。像有此種情形的資料，要從分析中刪除此觀察值。

2. 遺漏值多

　　只回答意見調查的第 1 頁，之後即無回答時。

　　只有極少數變數有觀察值時，依分析者的判斷要從分析中排除。

　　確認這些，首先使用【轉換】清單的【計數（count）】將特定值或遺漏值出現的次數按每一遺漏值計算後製作新的變數。

步驟 1　從【轉換】清單中點選【計算觀察值內的數值】（參資料檔 1-1-26(1)）。

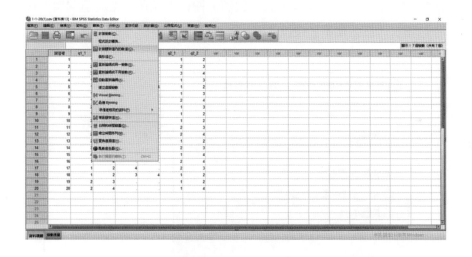

步驟 2　出現【觀察值內數值出現次數】視窗，於「目標變數」中輸入 " 遺漏值 "，「目標標籤」中輸入 " 遺漏值出現的次數 "。

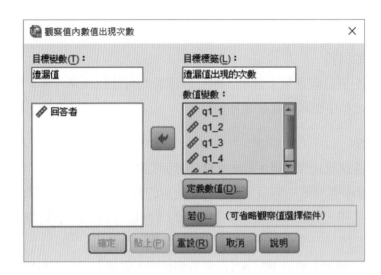

步驟 3 按一下「定義數值」，於「數值」欄位中點選「系統遺漏值」後按「新增」。按「繼續」後按「確定」。

其次從【分析】點選【描述性統計資料】後再點選【次數】，將遺漏值出現的次數移入「變數」中。按「確定」得出如下輸出。

統計資料

遺漏值出現的次數

N	有效	20
	遺漏	0

遺漏值出現的次數

		次數	百分比	有效的百分比	累積百分比
有效	0	2	10.0	10.0	10.0
	1	4	20.0	20.0	30.0
	2	9	45.0	45.0	75.0
	3	5	25.0	25.0	100.0
	統計	20	100.0	100.0	

從分析中刪除觀察值的方法有以下 2 種。

【方法 1】從資料中想刪除觀察值（參資料檔 1-1-9）。

步驟 1 在資料編輯程式上選擇想刪除的觀察值（按一下灰色的觀察值號碼處即可選擇）。選擇數個觀察值時，一面按 Ctrl 一面點選。

步驟 2 觀察值被選擇後按 Delete 鍵，或在觀察值號碼上右按一下選擇清除，觀察值即被刪除。

	id	q1	q2	q3	q4_1	q4_2	q4_3	q4_4	q4_5	q4_6	q4_7	q4_8
1	1	3	3	1	1	2	5	2	3	4	5	
2	2	3	3	2	2	2	5	2	3	4	5	
3	3	2	4	1	2	2	4	2	3	4	4	
4	4	3	5	2	2	3	4	3	3	4	4	
5	5	2	4	3	3	3	4	1	4	3	4	
6	6	3	5	3	3	2	5	2	4	3	5	
7	7	4	6	3	4	3	5	3	4	3	6	
8	8	2	7	4	5	2	6	2	4	4	7	
9	9	2	5	5	4	3	5	1	3	4	7	
10	10	2	6	6	4	2	6	1	3	4	6	
11	11	2	7	7	5	3	5	2	4	5	5	
12	12	2	8	5	4	2	6	3	3	5	4	
13	13	1	6	6	5	3	5	4	4	4	4	
14	14	1	6	8	4	2	6	4	3	5	4	
15	15	2	7	7	5	3	5	4	4	4	5	

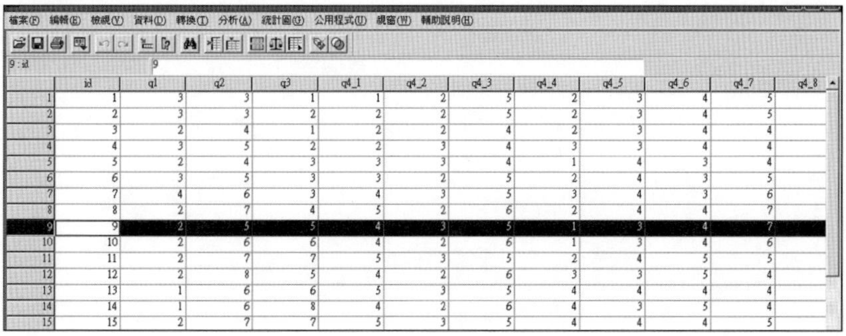

【方法 2】從分析中想刪除特定的觀察值

步驟 1 從【分析】清單點選【選取觀察值】。

步驟 2 在【選取觀察值】視窗中點選「如果滿足設定條件」，按一下「若(I)」。

步驟 3 在【選擇觀察值：IF】視窗中選擇想刪除資料以外的觀察值。亦即，想除去變數「q2」（19 歲以下）之值為「1」的觀察值時，輸入條件式 " ～(q2=1) "。

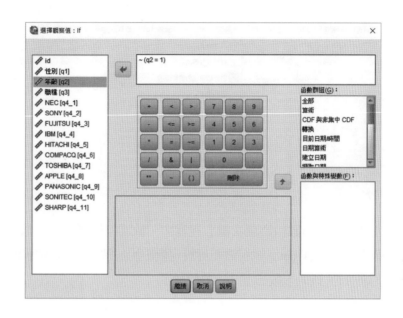

註：「～」是意指 NOT 的邏輯記號。因為否定括號內的條件式，因之「～(q2=1)」
　　是指〔並非 q2=1〕之意。

步驟 4　點選「繼續」鈕，回到【選取觀察值】視窗，按「確定」。

　　如想回到以所有的觀察值作為分析的對象時，於【選取觀察值】視窗中
點選「全部觀察值」，再按「確定」。

二十三、將數值的個數橫向計數

　　以 2 分法編碼多重回答的變數組的變數，計數數值「1」（選擇）的個數；
或就意見調查的所有項目，計數系統遺漏值的個數；或就數個商品的購買個數的
變數，計數購買 10 個以上商品。

步驟 1　從【轉換】清單選擇【計算觀察值內的數值】。

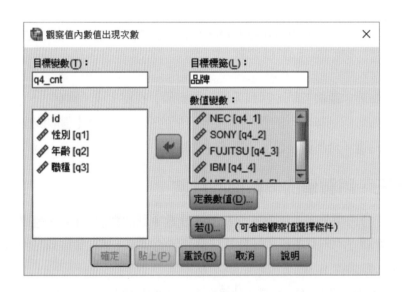

步驟 2 在【觀察值內數值出現次數】視窗中，於「目標變數」中輸入要做成變數之名稱「q4_cnt」，視需要可設定變數的註解。將 11 個變數「q4_1」～「q6_11」移入，按一下「定義數值」。

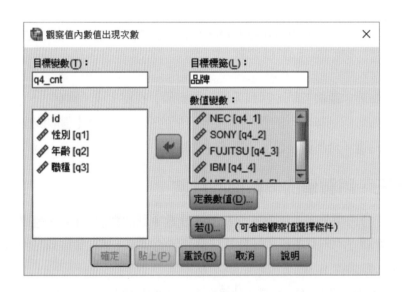

步驟 3 開啟【觀察值間數值的個數：欲計數的數值】視窗，於左側的「數值」方框中輸入 "1"，按「新增」。

步驟 4　按「繼續」，即回到【觀察值內數值出現次數】視窗，按「確定」即作
　　　　成新變數「q4_cnt」。

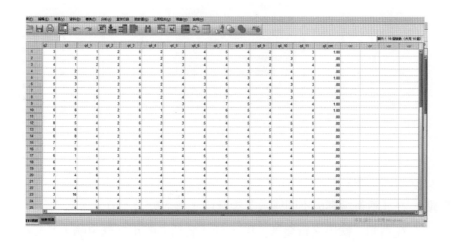

如只對滿足條件的觀察值計數時，除上述的設定外，於【觀察值內數值出現次數】視窗中按一下「若(I)」，再於【出現個數：觀察值選擇條件】設定條件式。

未滿足條件的觀察值，在新變數中即成為系統遺漏值。

二十四、將變數的數值分組化

根據既有的變數之值，將數值變更再分組化，當作新變數予以儲存。譬如，值「1」、「3」當作值「1」，值「2」、「4」當作值「2」予以分組。或將購買金額在 50 萬元以內當作「1」，50～100 萬元當作「2」，100 萬元以上當作「3」予以分組化。

根據變數〔q1〕（性別‧未已婚），將男性當作「1」，女性當作「2」，製作新變數〔sex〕。

步驟 1 從【轉換】清單選擇【重新編碼成不同變數】（參資料檔 1-1-9）。

步驟 2 在【重新編碼成不同變數】視窗中，移入變數「q1」。

在右側「輸出之新變數」中，於「名稱」的正文框中輸入 " sex "，視需要於「標籤」中輸入變數的註解。之後，按「變更」。

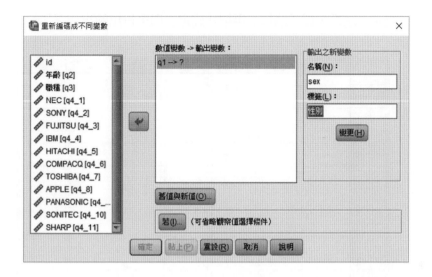

步驟 3　「q1-->？」的清單變成了「q1-->sex」。接著，按一下「舊值與新值」。
　　在出現的【重新編碼成不同變數：舊值與新值】視窗中，於「舊值→新值」正文框中，將舊值的「1」（男性未婚）設定成新值「1」，將「3」（男性已婚）設定成「1」，將「2」（女性未婚）設定成「2」，將「4」（女性已婚）設定成「2」。並且，在「舊值」中點選「系統或使用者遺漏值」，「新值」中點選「複製舊值」後，即新增於清單中。
　　經由此最後的設定，自訂遺漏值的「0」（無回答）「-1」（不正確回答）之值照樣儲存於新變數中。

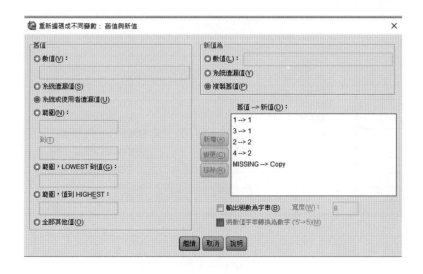

設定好之後，按「繼續」再按「確定」即可得出輸出如下。

	q4_7	q4_8	q4_9	q4_10	q4_11	sex	var
1	5	4	2	3	3	1	
2	5	4	2	3	3	1	
3	4	3	2	3	4	2	
4	4	3	2	4	4	1	
5	4	3	4	4	3	2	
6	5	4	4	3	3	1	
7	6	4	3	3	3	2	
8	7	4	3	3	4	2	
9	7	5	3	4	4	2	
10	6	5	4	4	4	2	
11	5	4	4	4	5	2	
12	4	5	4	5	5	2	
13	4	4	5	5	4	1	
14	4	4	5	4	5	1	
15	5	5	4	5	4	2	
16	4	4	5	4	4	1	
17	5	5	4	4	5	2	
18	4	4	4	5	4	2	
19	5	5	5	4	5	1	

二十五、將縱向資料轉換成橫向

　　顧客所購買的商品品牌或金額縱向輸入後，想將各商品品牌轉換成變數橫向資料，並且使每一觀察值為一人的顧客那樣累計。

　　今變數〔brand〕有「1」到「5」的 5 個值。首先製作新變數〔p_1〕～〔p_5〕，設法使想購買對應的商品品牌輸入「1」，未購買輸入「0」那樣進行變數的加工。（參資料檔 1-1-24）。

	date	id	brand	pay	var	var
1	03/15/05	1	1	301020		
2	03/15/05	1	2	34500		
3	03/15/05	1	5	3480		
4	03/16/05	2	3	15600		
5	03/16/05	2	3	2400		
6	03/16/05	3	1	157800		
7	03/16/05	3	2	55640		
8	03/17/05	2	4	600		
9						
10						
11						

步驟 1　從【轉換】選擇【計算變數】，「目標變數」輸入"p_1"，「數值表示式」
輸入"1"。

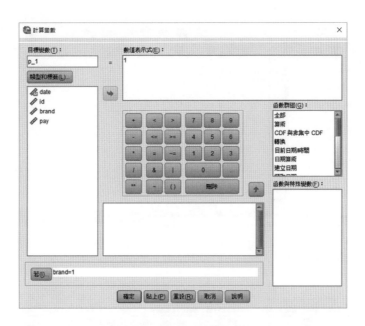

另外，點擊「若 (I)」按鈕，在出現的畫面中，再點選「包含滿足條件時
的觀察值」，於方框中設定"brand=1"。按「繼續」回到前畫面。

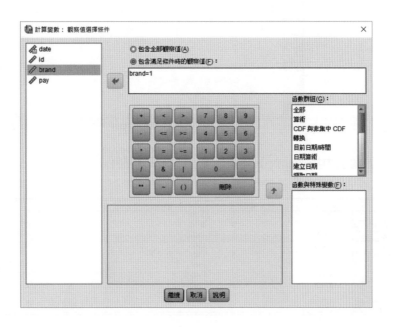

步驟 2 按一下「貼上」出現如下的語法畫面。

將語法變更：

於語法中按【執行】點選【全部】，即可製作「p_1」～「p_5」。

	date	id	brand	pay	p_1	p_2	p_3	p_4	p_5
1	03/15/05	1	1	301020	1	0	0	0	0
2	03/15/05	1	2	34500	0	1	0	0	0
3	03/15/05	1	5	3480	0	0	0	0	1
4	03/16/05	2	3	15600	0	0	1	0	0
5	03/16/05	2	3	2400	0	0	1	0	0
6	03/16/05	3	1	157800	1	0	0	0	0
7	03/16/05	3	2	55640	0	1	0	0	0
8	03/17/05	2	4	600	0	0	0	1	0
9									
10									

步驟 3 另外，按各顧客累計，製作最近的購買日、購買金額的合計以及各商品品牌購買數的資料。

從【資料】選擇【聚集資料】。因按各顧客累計，因之「分段變數」輸入 "id"，「聚集變數」欄位以函數將「date」設定為「最後一個（LAST）」，「pay」與「p_1」～「p_5」設定為「總和（SUM）」。

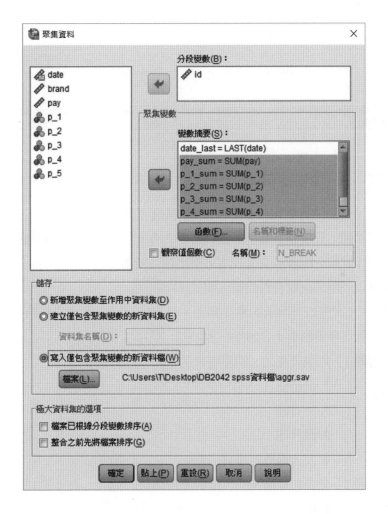

步驟 4 最後點選「寫入僅包含聚集變數的新資料檔 (W)」再按「確定」。如此，製作出按橫向加以變換，累計的顧客資料。

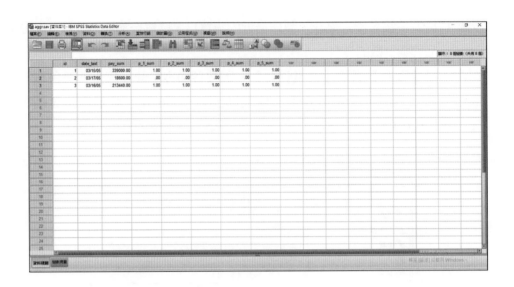

二十六、多重回應的輸入方式

對於一個詢問有數個回答時，SPSS 稱為「多重回應」。「多重回應」的輸入格式有 2 種，分別是「類別」法以及「二分」法。不管採用哪種格式以複選集而言，製作次數分配表或交叉表均可得出相同結果。

以下以一例來說明資料的輸入方式。

對 20 人實施如下所示的意見調查，得出如資料表所示的結果。試按詢問進行單純累計（參資料檔 1-1-26(1)）。

【詢問 1】以購買產品 x 的理由來說，在合適處幾個均可，以○圈選。

1. 價格便宜

2. 品質好

3. 設計佳

4. 友人推薦

【詢問 2】覺得和產品 x 的放置場所相類似的空間，請圈選 2 個合適者。

1. 辦公室

2. 家中的書房

3. 研究室

4. 學校的教室

回答者	詢問 1	詢問 1	詢問 1	詢問 1	詢問 2	詢問 2
1	1				1	2
2	2	3			2	3
3	3				3	4
4	1	3	4		1	3
5	1	2	3	4	1	2
6	1	3	4		1	3
7	1				2	4
8	2				1	3
9	1	4			1	2
10	2	4			1	2
11	1	3	4		2	3
12	2	4			2	4
13	2	4			1	2
14	3	4			2	3
15	4				1	4
16	1	4			2	4
17	1	2	4		2	3
18	1	2	3	4	1	2
19	2	3			1	2
20	2	4			1	4

【編碼法】

　　資料的輸入如下。詢問 1 最多可以有 4 個選項，故設 q1_1 到 q1_4，詢問 2 只能選出 2 個，故設 q2_1 到 q2_2。

	q1_1	q1_2	q1_3	q1_4	q2_1	q2_2	var
1	1	.	.	.	1	2	
2	2	3	.	.	2	3	
3	3	.	.	.	3	4	
4	1	3	4	.	1	3	
5	1	2	3	4	1	2	
6	1	3	4	.	1	3	
7	1	.	.	.	2	4	
8	2	.	.	.	1	3	
9	1	4	.	.	1	2	
10	2	4	.	.	1	2	
11	1	3	4	.	2	3	
12	2	4	.	.	2	4	
13	2	4	.	.	1	2	
14	3	4	.	.	2	3	
15	4	.	.	.	1	4	
16	1	4	.	.	2	4	
17	1	2	4	.	2	3	
18	1	2	3	4	1	2	
19	2	.	.	.	1	2	
20	2	.	.	.	1	4	

⊃ 分析步驟

步驟 1 從【分析】清單中點選【多重回應】再點選【定義變數集】。

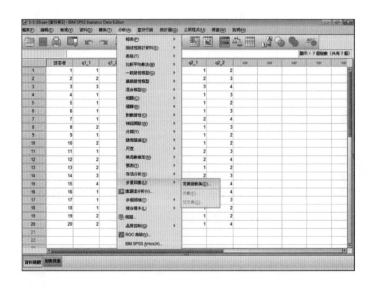

步驟 2 於「變數集內的變數」中，將構成集的變數移入，此處將 q1_1、q1_2、
　　　　q1_3、q1_4 移入。在「變數編碼為」中點選「類別」。範圍是從「1」

到「4」。

「名稱」設定為「q1」，「標籤」則可輸入 q1 的詢問內容。

步驟 3　之後按一下「新增」，於是右方方框中登錄了「$q1」。接著，以相同的做法登錄「$q2」，完成所有的登錄後，最後按「關閉」。再由【多重回應】中點選【次數】，開啟【多重回應次數分配表】將複選分析集「$q1」、「$q2」移入「表格(T)」方格中。按「確定」可得出輸出如下。

分別得出 q1、q2 的次數分配表。

$q1 Frequencies

		Responses		Percent of Cases
		N	Percent	
$q1^a	價格	10	23.3%	50.0%
	品質	10	23.3%	50.0%
	設計	9	20.9%	45.0%
	友人	14	32.6%	70.0%
Total		43	100.0%	215.0%

a. Dichotomy group tabulated at value 1.

$q2 Frequencies

		Responses		Percent of Cases
		N	Percent	
$q2^a	辦公室	12	30.0%	60.0%
	書房	14	35.0%	70.0%
	研究室	8	20.0%	40.0%
	教室	6	15.0%	30.0%
Total		40	100.0%	200.0%

a. Dichotomy group tabulated at value 1.

若點選「交叉表」時，將 q1、q2 移入「列」與「直欄」中，按「確定」即得出交叉表。

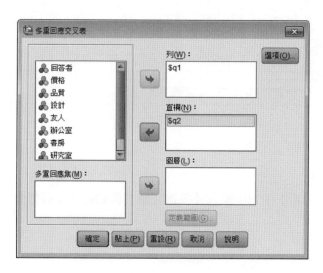

$q1*$q2 Crosstabulation

			$q2^a$				Total
			辦公室	書房	研究室	教室	
$q1^a$	價格	Count	6	8	4	2	10
	品質	Count	7	8	3	2	10
	設計	Count	5	6	6	1	9
	友人	Count	9	10	5	4	14
Total		Count	12	14	8	6	20

Percentages and totals are based on respondents.

a. Dichotomy group tabulated at value 1.

【二分法】

　　將詢問 1 及詢問 2 的選項當作變數。該選項如被選擇時則輸入 1，未被選擇時則輸入 0。

	價格	品質	設計	友人	辦公室	書房	研究室	教室	var	var
4	1	0	1	1	1	0	1	0		
5	1	1	1	1	1	1	0	0		
6	1	0	1	1	1	0	1	0		
7	1	0	0	0	0	1	0	1		
8	0	1	0	0	1	0	1	0		
9	1	0	0	1	1	1	0	0		
10	0	1	0	1	1	1	0	0		
11	1	0	1	1	0	1	1	0		
12	0	1	0	1	0	1	0	1		
13	0	1	0	1	1	1	0	0		
14	0	0	1	1	0	1	1	0		
15	0	0	0	1	1	0	0	1		
16	1	0	0	1	0	1	0	1		
17	1	1	0	1	0	1	1	0		
18	1	1	1	1	1	1	0	0		
19	0	1	1	1	1	1	0	0		
20	0	1	0	1	1	0	0	1		
21										
22										
23										

資料檢視 / 變數檢視

SPSS 處理器　已就緒

⊃ 分析步驟

步驟 1　從【分析】清單中點選【多重回應】再點選【定義變數集】。

步驟 2 將定義多重回應集的變數移入「變數集內的變數」中，此處先將價格、品質、設計、友人移入。在「變數編碼為」中點選「二分法」。「計數值」中輸入「1」。

「名稱」輸入「詢問 1」，「標籤」則可輸入詢問 1 的內容或空白。

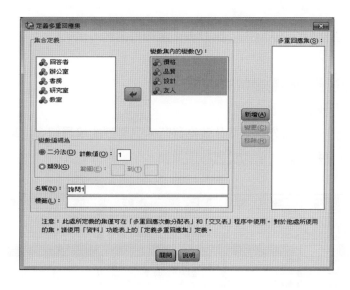

步驟 3 之後與編碼法的步驟相同。

　　輸出的結果相同。

二十七、刪除 · 移動變數的方法

◉ 於變數視圖中刪除變數的方法

　　首先選擇想刪除的變數。按一下左端灰色的號碼部分時，可以選擇該列，如選擇數行的連續變數（列）時，要按住並拖移。

　　於灰色的號碼部分之上按右鍵，點選清除時，所選擇的變數即被清除。

	名稱	類型	寬度	小數	標記	數值	遺漏	欄	對齊	測量
1	mpg	數字的	4	0	Miles per Gallon	無	無	8	右	尺度
2	engine	數字的	5	0	引擎排氣量 (立方	無	無	8	右	尺度
		數字的	5	0	馬力	無	無	8	右	尺度
		數字的	8	0	重量 (磅數)	無	無	8	右	尺度
		數字的	4	0	從 0 到 60 mph (每	無	無	8	右	尺度
		數字的	2	0	型式年份 (modulo	無	無	8	右	次序的
		數字的	1	0	製造地區	{1, 美國}...	無	8	右	次序的
		數字的	1	0	氣缸數	{3, 3 氣缸}...	無	8	右	次序的
9	filter_$	數字的	1	0	cylrec = 1 l cylrec =	{0, 不選定}...	無	8	右	次序的
10										
11										
12										
13										

（左側彈出選單：複製／貼上／清除／插入變數／貼上變數...）

　　或在選擇變數的狀態下，按 Delete 鍵即可清除。

◉ 於變數視圖中移動變數的方法

　　選擇想刪除的變數。

　　於灰色的號碼部分之上按住並拖移時，列與列的境界線會出現紅線，配合拖移去移動。當紅線移到所需位置時即放開。

	名稱	類型	寬度	小數	標記	數值	遺漏	欄	對齊	測量
1	mpg	數字的	4	0	Miles per Gallon	無	無	8	右	尺度
2	engine	數字的	5	0	引擎排氣量 (立方	無	無	8	右	尺度
3	horse	數字的	5	0	馬力	無	無	8	右	尺度
4	weight	數字的	8	0	重量 (磅數)	無	無	8	右	尺度
5	accel	數字的	4	0	從 0 到 60 mph (每	無	無	8	右	尺度
6	year	數字的	2	0	型式年份 (modulo	無	無	8	右	次序的
7	origin	數字的	1	0	製造地區	{1, 美國}...	無	8	右	次序的
8	cylinder	數字的	1	0	氣缸數	{3, 3 氣缸}...	無	8	右	次序的
9	filter_$	數字的	1	0	cylrec = 1 l cylrec =	{0, 不選定}...	無	8	右	次序的
10										
11										
12										

⊃ 於資料視圖中刪除變數的方法

首先選擇想刪除的變數。如點選變數名稱部分時，即可選擇該變數（行）。如選擇數行的連續變數（行）時，要按住並拖移。

於變數名稱之上按右鍵，點選清除時，所選擇的變數即被清除。

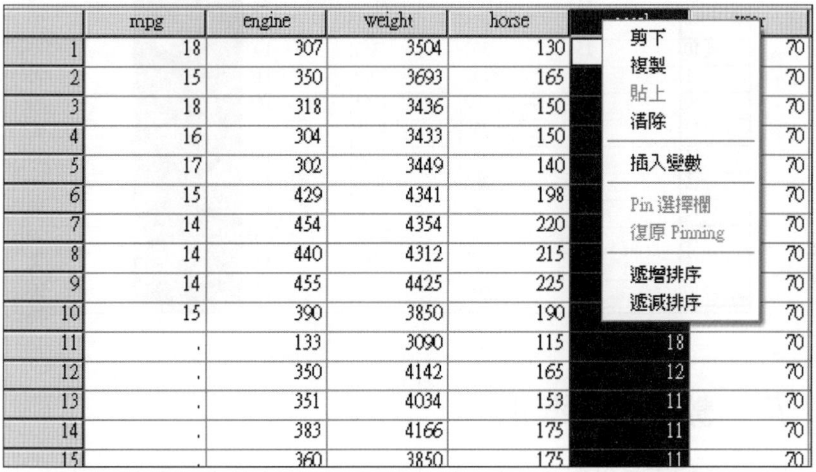

	mpg	engine	weight	horse		
1	18	307	3504	130		70
2	15	350	3693	165		70
3	18	318	3436	150		70
4	16	304	3433	150		70
5	17	302	3449	140		70
6	15	429	4341	198		70
7	14	454	4354	220		70
8	14	440	4312	215		70
9	14	455	4425	225		70
10	15	390	3850	190		70
11	.	133	3090	115	18	70
12	.	350	4142	165	12	70
13	.	351	4034	153	11	70
14	.	383	4166	175	11	70
15	.	360	3850	175	11	70

右鍵選單：
- 剪下
- 複製
- 貼上
- 清除
- 插入變數
- Pin 選擇欄
- 復原 Pinning
- 遞增排序
- 遞減排序

或在選擇變數的狀態下，按 Delete 鍵即可清除。

⊃ 於資料視圖中移動變數的方法

於變數名稱之上按住並拖移時，列與列的境界線會出現紅線，配合拖移去移動。當紅線移到所需位置時即放開。

	mpg	engine	weight	horse	accel	year
1	18	307	3504	130	12	70
2	15	350	3693	165	12	70
3	18	318	3436	150	11	70
4	16	304	3433	150	12	70
5	17	302	3449	140	11	70
6	15	429	4341	198	10	70
7	14	454	4354	220	9	70
8	14	440	4312	215	9	70
9	14	455	4425	225	10	70
10	15	390	3850	190	9	70
11	.	133	3090	115	18	70
12	.	350	4142	165	12	70
13	.	351	4034	153	11	70
14	.	383	4166	175	11	70
15	.	360	3850	175	11	70
16	15	383	3563	170	10	70
17	14	340	3609	160	8	70
18	.	302	3353	140	8	70
19	15	400	3761	150	10	70

二十八、數據的標準化

以下的數據表是針對 5 個科目（國語、數學、理科、社會、英語）輸入 5 位學生的考試成績，英語的滿分是 200 分，英語以外的科目是以 100 分爲滿分。

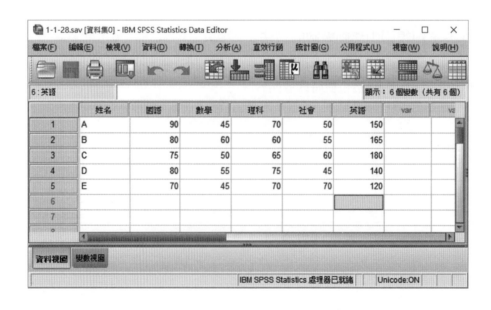

考試的成果由於各科目的難易度、變異、評價方法有所不同，譬如，數學

的 60 分與理科的 60 分是無法比較的。此時，有需要將數據標準化。進行標準化時，可以消去測量單位、變異大小的不同，以比較具有各種尺度的數據。

標準化計算方式如下。

$$標準化數值＝（數據－平均值）／標準差$$

依此所得出之標準化數值，即可變換成平均為 0，標準差為 1 的數據。SPSS 可從「敘述統計」進行標準化。

步驟 1 從清單選擇【分析 (A)】→【描述性統計資料 (E)】→【描述性統計資料 (D)】。將想標準化的變數移入「變數」清單中。勾選「將標準化的數值存成變數」。按「確定」。

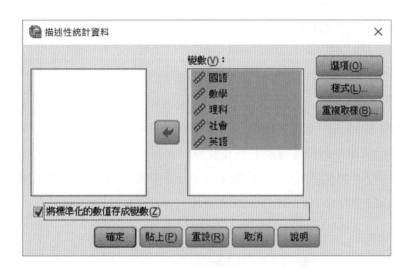

敘述統計

	個數	最小值	最大值	平均數	標準差
國語	5	70	90	79.00	7.416
數學	5	45	60	51.00	6.519
理科	5	60	75	68.00	5.701
社會	5	45	70	56.00	9.618
英語	5	120	180	151.00	23.022
有效的 N (完全排除)	5				

SPSS 檢視視窗即輸入描述性統計量，在 SPSS 資料編輯程式中即做出標準化數值。另外，新變數會自動地加上「Z」的第 1 個字母。

	Z國語	Z數學	Z理科	Z社會	Z英語
1	1.48324	-.92036	.35082	-.62385	-.0434
2	.13484	1.38054	-1.40329	-.10398	.6081
3	-.53936	-.15339	-.52623	.41590	1.2596
4	.13484	.61357	1.22788	-1.14373	-.4778
5	-1.21356	-.92036	.35082	1.45565	-1.3465
6					
7					

此外，考試中所熟悉的偏差值，是變成平均為 50，標準差為 10 的數據，使用標準化之值即可計算。

$$偏差值＝標準化之數值 \times 10 ＋ 50$$

使用 SPSS 的「計算」機能，試計算國語的偏差值。

步驟 1 從清單中選擇【轉換】→【計算】。在「目標變數」中輸入變數。此處填入「T國語」，「數值表示式」方格中輸入「Z國語*10＋50」，按「確定」。

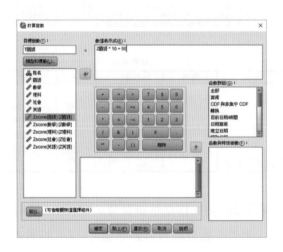

「T 國語」的數據即為偏差值。

二十九、變數集內變數的篩選

SPSS 由於對變數的個數並無限制，因之可以輸入許多的變數與觀察值。從所輸入的變數中，鎖定用於分析的變數，即可使之顯示在對話框的變數清單中。

今數據中有 6 個變數分別為「性別」、「地域」、「就學年數」、「父就學」、「母就學」、「配偶就學」。

步驟 1　從清單中選擇【公用程式】→【定義變數集】。

開啟【定義變數集】的對話框。

步驟 2 於「集合名稱」中輸入「家族就學年數」當作名稱（名稱任意）。在「變數集內的變數」中，移入想整理成一組的變數。譬如，「就學年數」、「父就學」、「母就學」、「配偶就學」。

步驟 3 按「新增變數集」（也可進行數個變數集的登錄）。按「關閉」。

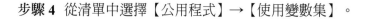

步驟 4 從清單中選擇【公用程式】→【使用變數集】。

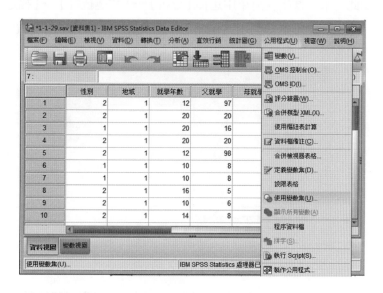

開啟【使用變數集】的對話框。

步驟 5 在【選擇要套用的變數集】清單中取消「ALLVARIABLES」、「NEWVARIABLES」。勾選步驟 3 中所追加之「家族就學年數」。

步驟 6 按一下「確定」。

如此一來，譬如從清單中選擇【分析】→【敘述統計】→【描述性統計量】時，變數清單中只顯示出登錄在〔家族就學年數〕中的變數。

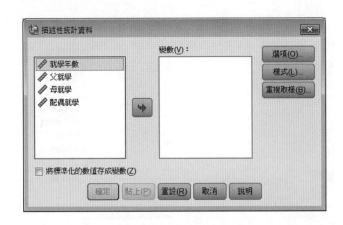

變數集的定義，可以當作資料資訊儲存。儲存資料時變數集的定義也可儲存，因之重新讀取資料時，不需要再登錄，並且，由於數個登錄是可能的，因之區分用於分析或圖形的變數集即可有效率地作業。

另外，事先被設定在變數集的「所有變數」或「新變數」如依情況利用時就會很方便。

三十、SPSS 函數

SPSS 函數是一個程式常式（routine），利用一個或若干個引數（argument）或稱參數（parameter）來呼叫該常式，每個 SPSS 函數均有一個關鍵名字，而且每個函數名稱絕對不可寫錯。函數的一般格式為：函數名稱（引數，引數，…… ）。某些函數只需要一個引數，有些需要二個或多個引數。當一個函數有一個以上之引數時，引數與引數之間應該以逗點（,）分開，如未用逗點分開將傳回錯誤訊息。

○ 計算變數

「計算變數」選項會根據其他變數的數值轉換，來計算某個變數的值。

1. 可以計算數值或字串（字串變數）變數的值。

2. 可以建立新變數或置換現有變數的值。對新變數來說，也可以指定它的變數類型和標記。

3. 可以根據邏輯條件選擇性地計算資料子集的值。

4. 可以使用超過 70 個內建函數（包括算術函數、統計函數、分配函數和字串函數）。

◯ 若要計算變數

從功能表選擇：

【轉換】→【計算變數】。

輸入單一目標變數的名稱。它可以是現有變數，也可以是即將新增到工作資料檔內的新變數。

若要建立運算式，請將組成成分貼入「數值運算式」欄位，或者直接輸入「輸入運算式」欄位中。

1. 貼上函數清單中的函數，並在標示問號的地方，填入參數。

2. 字串常數必須括在引號或括號中。

3. 數值常數必須輸入為美國格式，並以句點（.）代表小數點。

4. 對於新的字串變數，必須選取類型 & 與標記選項，指定它的資料類型。

◯ 函數

SPSS 所支援的函數類型很多，包括：

1. 算術函數

2. 統計函數

3. 字串函數

4. 日期與時間函數

5. 分配函數

6. 隨機變數函數

7. 遺漏值函數

1. 算術函數

函數	說明
ABS（數值表示式）數值	傳回數值表示式的絕對值，其中數值表示式需為數值。
ARSIN（數值表示式）數值	傳回以弧度表示的數值表示式之反正弦，其中數值表示式需估計至 -1 到 +1 間的數值。
ARTAN（數值表示式）數值	傳回以弧度表示的數值表示式之反正切，其中數值表示式需為數值。
COS（弧度）數值	傳回弧度的餘弦，其中弧度必須是以弧度表示的數值。
EXP（數值表示式）數值	傳回 e 的數值表示式次方，其中 e 是自然對數的底，而數值表示式是數值。大的數值表示式值可能會超過電腦的容量。
LN（數值表示式）數值	傳回數值表示式以 e 為底的對數，其中數值表示式必須是大於 0 的數值。
LNGAMMA（數值表示式）數值	傳回數值表示式完整 Gamma 函數的對數，其中數值表示式需為大於 0 的數值。
LG10（數值表示式）數值	傳回數值表示式以 10 為底的對數，其中數值表示式需為大於 0 的數值。
MOD（數值表示式, 模數）數值	傳回數值表示式除以模數所得的餘數。兩個引數都必須是數值，模數必須不等於 0。
RND（數值表示式）數值	傳回將數值表示式四拾五入的結果整數，其中數值表示式必須是數值。以 .5 結束的數字會從 0 捨去。
SIN（弧度）數值	傳回弧度的正弦，其中弧度必須是以弧度表示的數值。
SQRT（數值表示式）數值	傳回數值表示式的正平方根，其中數值表示式需為非負數的數值。
TRUNC（數值表示式）數值	傳回數值表示式向 0 截斷尾數而成整數的值。

例 1.13

試以平方根為例說明 SQRT（數值表示式）的用法。

輸入 v1 的數據之後，從工具列的【轉換】中點選【計算變數】。

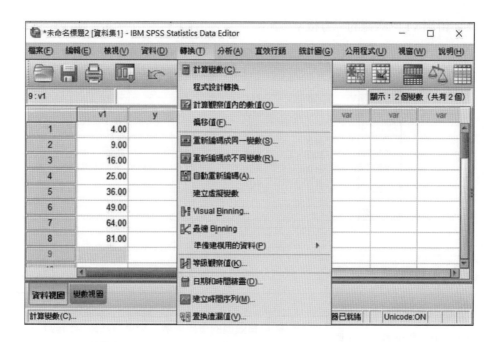

於「目標變數」中輸入 "y"。於「數值表示式」中輸入 "SQRT(V1)"，然後按「確定」。

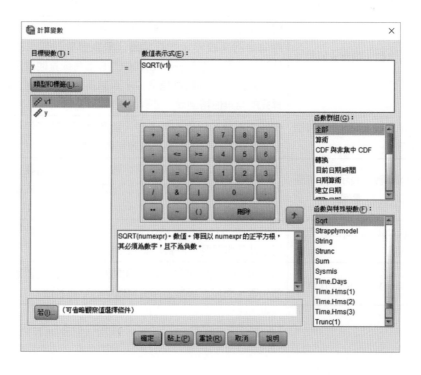

得出 v1 的數據的平方根 y。

	v1	y	var	var	var
1	4.00	2.00			
2	9.00	3.00			
3	16.00	4.00			
4	25.00	5.00			
5	36.00	6.00			
6	49.00	7.00			
7	64.00	8.00			
8	81.00	9.00			
9					
10					
11					

2. 統計函數

函數	說明
CFVAR（數值表示式，數值表示式 [,...]）數值	傳回引數是有效值的變異係數（標準差除以平均數）。這個函數需要二或多個引數，而且必須都是數值。可以指定此函數將評估的最小有效引數個數。
LAG（變數）數值或字串	傳回資料檔中，前一個觀察值的變數值。第一個觀察值會傳回遺漏值（數字變數）或空白（字串變數）。
LAG（變數，前移 n 位數）數值或字串	傳回檔案中前 n 位數個觀察值的變數值。第一個 n 位數觀察值會傳回系統界定的遺漏值（數字變數）或空白（字串變數）。注意：在無任何 EXECUTE 指令或其他讀取資料的指令介入的一系列轉換指令中，無論指令順序為何，都會在計算完所有其他轉換後，才計算落差函數。
MAX(value,value[,...]) 數值或字串	傳回引數是有效值的最大值。函數需要二或多個引數。可以指定此函數將評估的最小有效引數個數。
MEAN（數值表示式，數值表示式 [,...]）數值	傳回引數是有效值的算術平均數。這個函數需要二或多個引數，而且必須都是數值。可以指定此函數將評估的最小有效引數個數。
MIN(value,value[,...]) 數值或字串	傳回引數是有效值的最小值。函數需要二或多個引數。可以指定此函數將評估的最小有效引數個數。
NVALID(variable[,...]) 數值	傳回具有有效、非遺漏值的引數個數。這個函數需要一或多個引數，而且應該是工作資料檔中的變數名稱。

函數	說明
SD（數值表示式，數值表示式 [,...]）數值	傳回引數是有效值的標準差。這個函數需要二或多個引數，而且必須都是數值。可以指定此函數將評估的最小有效引數個數。
SUM（數值表示式，數值表示式 [,...]）數值	傳回具有有效值的引數總和。這個函數需要二或多個引數，而且必須都是數值。可以指定此函數將評估的最小有效引數個數。
VARIANCE（數值表示式，數值表示式 [,...]）數值	傳回引數具備有效值的變異數。這個函數需要二或多個引數，而且必須都是數值。可以指定此函數將評估的最小有效引數個數。

例 1.14

以下試以平均為例說明 MEAN（數值表示式，數值表示式 [,...]）的用法。

v1, v2, v3 的數據於資料編輯程式輸入之後，從工具列的【轉換】中點選【計算變數】。

出現如下畫面。於「目標變數」中輸入 "y"。於「數值表示式」中輸入 "MEAN (v1, v2, v3)"。然後按「確定」。

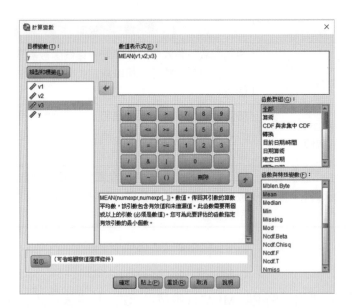

分別得出 3 組變數的平均值 y。

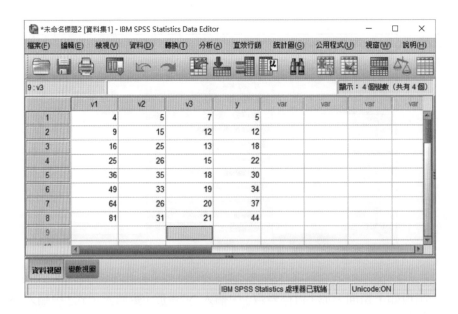

3. 字串函數

函數	說明
CONCAT（字串表示式，字串表示式，...）」字串	傳回其所有引述連成的字串，且需估計為字串。函數需要二或多個引數。
INDEX（文字變數，標籤）數值	傳回在文字變數中，指出標籤字串第一次出現在起始位置的整數。如果文字變數中都沒有標籤的話，就傳回 0。
INDEX（文字變數，標籤，標籤分割數）數值	請參閱前一個函數。您可以用第三個引數標籤分割數，將標籤分割成即將被搜尋的字串的字元個數。它必須是個整數，並且可以平分標籤長度。
LOWER（字串表示式）字串	傳回大寫字母變小寫，其餘字元不變的字串表示式。
LPAD（字串表示式，長度）字串	傳回字串表示式字串，但在字串左側填補空白，以延長到長度所指定的長度，其中長度必須是介於 1 到 255 之間的正整數。
LPAD（字串表示式，長度，字元）字串	與兩個引數的 LPAD 完全一樣，只是以字元填補字串表示式左側。選擇性的第三個引數字元是括在引號裡的單一字元，或會產生單一字元的字串表示式。
LTRIM（字串表示式）字串	傳回刪除任何前置空白的字串表示式字串。
LTRIM（字串表示式，字元）字串	與一個引數的 LTRIM 完全一樣，只是刪除前置的字元。選擇性的第二個引數字元是括在引號裡的單一字元，或會產生單一字元的字串表示式。
LENGTH（字串表示式）數值	傳回字串表示式的長度，其中字串表示式必須是字串運算式。這是系統定義的長度（末端空白也算在內）。若要取得不含末端空白的長度，請使用 LENGTH（RTRIM（字串表示式））。
RINDEX（文字變數，標籤）數值	傳回指出標籤字串在文字變數字串中，最後出現在起始位置的整數。如果文字變數中都沒有標籤的話，就傳回 0。
RINDEX（文字變數，標籤，標籤分割數）數值	請參閱前一個函數。可以用第三個引數標籤分割數，將標籤分割成即將被搜尋的字串的字元個數。它必須是個整數，並且可以平分標籤長度。
RPAD（字串表示式，長度）字串	傳回字串表示式字串，但在字串右側填補空白，以延長到長度所指定的長度，其中長度必須是介於 1 到 255 之間的正整數。
RPAD（字串表示式，長度，字元）字串	與兩個引數的 RPAD 完全一樣，只是以字元填補字串表示式右側。選擇性的第三個引數字元是括在引號裡的單一字元，或會產生單一字元的字串表示式。

函數	說明
RTRIM（字串表示式）字串	傳回刪除任何末端空白的字串表示式字串。這個函數一般用在較大的運算式中，因為字串在指定給變數時，都會在末端補上空格。
RTRIM（字串表示式, 字元）字串	與一個引數的 RTRIM 完全一樣，只是刪除末端字元。選擇性的第二個引數字元是括在引號裡的單一字元，或會產生單一字元的字串表示式。
STRUNC（字串表示式, 長度）字串	傳回字串被截成長度 (以位元組為單位) 並刪除任何尾隨空白的字串表示式。截斷會移除任何要截斷的字元片段。
UPCASE（字串表示式）字串	傳回小寫字母變大寫，其餘字元不變的表示式。

例 1.15

　　有關字串函數的應用，此處舉 STRUNC（字串表示式, 長度）的用法來說明。字串表示式是指變數名，長度是指取出文字的長度。

　　首先將字串輸入後，於工具列中點選【轉換】→【計算變數】。

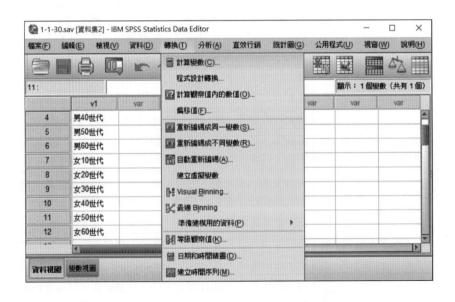

　　出現如下畫面。於「字串表示式」中輸入 STRUNC（v1, 3），「目標變數」中輸入「性別」。

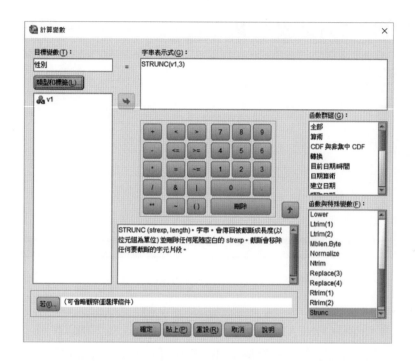

　　點一下「類型和標籤」，於【計算變數：類型與標籤】的對話框中，點選「字串」。

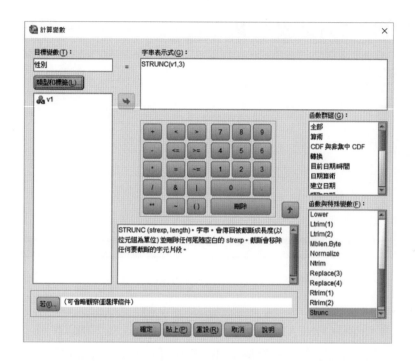

　　於是在資料視圖中出現性別欄。

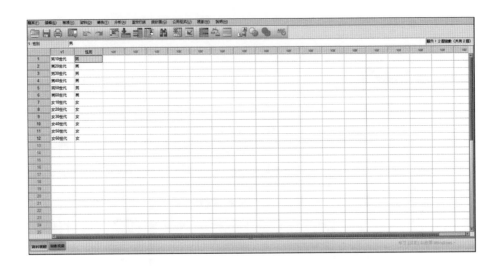

例 1.16

接著，再舉 CONCAT（字串表示式 , 字串表示式 ,...）加以說明。

首先輸入如下 2 組字串變數 a，b。點選【轉換】→【計算】。

	a	b	var
1	台中市	西屯區	
2	台中市	南屯區	
3	台中市	中區	
4			

出現【計算變數】對話框。爲了連結「變數 a，變數 b」，製作變數 ab，於「目標變數」輸入 "ab"。

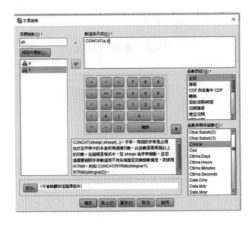

點選「類型和標籤」，於【計算變數：類型與標籤】對話框點選「字串」，
寬度設為 24（每字元為 4 位元）。然後按「確定」。

於是得出 2 變數組合的畫面。

	a	b	ab
1	台中市	西屯區	台中市西屯區
2	台中市	南屯區	台中市南屯區
3	台中市	中區	台中市中區
4			
5			
6			

4. 機率密度函數

下列函數會以量數值（也就是第一個引數）中的特定分配，指定密度函數的
數值。接下來的引數是分配的參數。請注意每個函數名稱中的句點。

函數	說明
PDF.BERNOULLI（量，機率）數值	傳回 Bernoulli 分配（以已知的機率參數）的值會等於量的機率。
PDF.BETA（量，形狀參數 1，形狀參數 2）數值	傳回 beta 分配（以已知的形狀參數）在量的機率密度。
PDF.BINOM（量 ,n, 機率）數值	傳回在連續的 n 次實驗中，每次成功的機率（而且成功次數等於量的機率）。當 n 等於 1 時，與 PDF.BERNOULLI 一樣。
PDF.BVNOR（量 1，量 2，相關）數值	傳回標準雙變數常態分配（以已知相關參數）在量 1 和量 2 的機率密度。
PDF.CAUCHY（量，位置參數，尺度參數）數值	傳回 Cauchy 分配（以已知的位置和尺度參數）在量的機率密度。
PDF.CHISQ（量，自由度）數值	傳回卡方分配（以自由度）在量的機率密度。
PDF.EXP（量，形狀參數）數值	傳回指數分配（以已知形狀參數）在量的機率密度。
PDF.F（量，分子自由度，分母自由度）數值	傳回 F 分配（以分子自由度和分母自由度）在量的機率密度。
PDF.GAMMA（量，形狀參數，尺度參數）數值	傳回 gamma 分配（以已知形狀和尺度參數）在量的機率密度。
PDF.GEOM（量，機率）數值	傳回已知成功機率時，試驗至成功的次數等於量的機率。
PDF.HALFNRM（量，平均數，標準差）數值	傳回半常態分配（以特定平均數和標準差）在量的機率密度。
PDF.HYPER（量，總數，樣本數，成功數）數值	傳回在從總數大小的範圍中隨機選取樣本數物件時，成功數內含指定的特性的物件個數等於量的機率。
PDF.IGAUSS（量，位置參數，尺度參數）數值	傳回反 Gaussian 分配（以已知位置和尺度參數）在量的機率密度。
PDF.LAPLACE（量，平均數，尺度參數）數值	傳回 Laplace 分配（以特定平均數和尺度參數）在量的機率密度。
PDF.LOGISTIC（量，平均數，尺度參數）數值	傳回 logistic 分配（以特定平均數和尺度參數）在量的機率密度。
PDF.LNORMal（量，a, b）數值	傳回對數常態分配（以特定參數）在量的機率密度。

函數	說明
PDF.NEGBIN（量，起始值，機率）數值	傳回當門檻參數為門檻且成功機率為機率時，需試驗至成功的次數等於量的機率。
PDF.NORMAL（量，平均數，標準差）數值	傳回常態分配（以特定平均數和標準差）在量的機率密度。
PDF.PARETO（量，起始值，形狀參數）數值	傳回 Pareto 分配（以特定門檻和形狀參數）在量的機率密度。
PDF.POISSON（量，平均數）數值	傳回 Poisson 分配（以指定的平均數或比例參數）的值會等於量的機率。
PDF.T（量，自由度）數值	傳回 Student's t 分配（以特定自由度）在量的機率密度。
PDF.UNIFORM（量，最小值，最大值）數值	傳回均勻分配（以特定最小值和最大值）在量的機率密度。
PDF.WEIBULL（量，a，b）數值	傳回 Weibull 分配（以特定參數）在量的機率密度。
NPDF.BETA（量，形狀參數 1，形狀參數 2，非中心參數）數值	傳回非中心 beta 分配（以已知形狀和非中心參數）在量的機率密度。
NPDF.CHISQ（量，自由度，非中心參數）數值	傳回非中心卡方分配（以自由度和特定非中心參數）在量的機率密度。
NPDF.F（量，分子自由度，分母自由度，非中心參數）數值	傳回非中心 F 分配（以分子自由度和分母自由度，與非中心參數）在量的機率密度。
NPDF.T（量，自由度，非中心參數）數值	傳回非中心 Student's t 分配（以特定自由度和非中心參數）在量的機率密度。

例 1.17

以下試舉常態分配為例說明 PDF.NORMAL（量，平均數，標準差）的用法。

先於變數 var0001 中於 100 行中輸入 1。

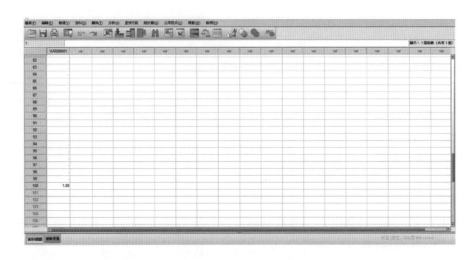

　　從工具列的【轉換】中點選【計算變數】。開啓計算變數的視窗後，於「數值表示式」中輸入 RV.NORMAL (0,1)，於「目標變數」中輸入 x 後按「確定」。

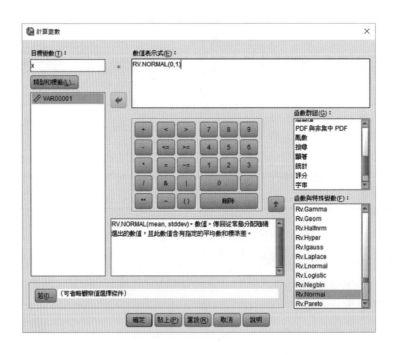

　　得出如下視窗。

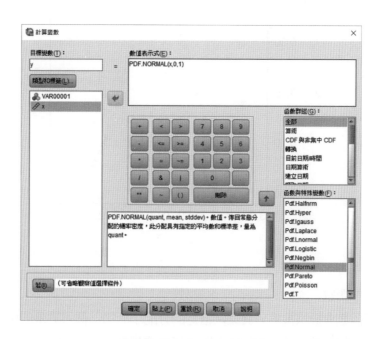

再次從【轉換】中點選【計算變數】，開啓計算變數的視窗。

從「函數與特殊變數」中選擇「PDF.NORMAL」，此處平均當作 0，標準
差當作 1，「目標變數」輸入 y 後，按「確定」。

資料編輯程式中即出現 y，接著，點選【統計圖】→【歷史對話記錄】→【散
佈圖點狀圖】，將 x，y 分別輸入後，按「確定」即可。

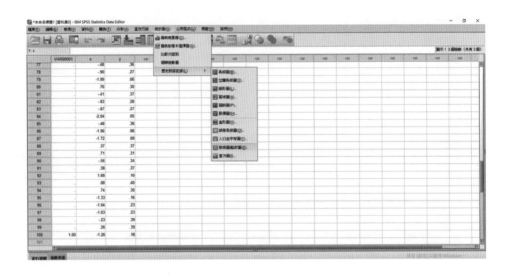

於是出現常態曲線的畫面。

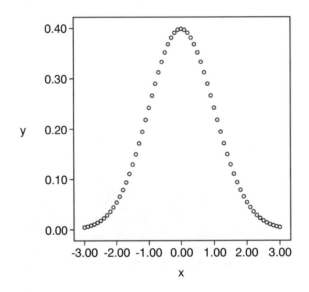

5. 累積分配函數

以下函數會提供機率，其亂數指定的分配小於第一個引數量的值。接下來的引數是分配的參數。請注意每個函數名稱中的句點。

函數	說明
CDF.BERNOULLI（量，機率）數值	傳回 Bernoulli 分配（利用指定的機率參數）的值會小於量的累積機率。
CDF.BETA（量，形狀參數 1，形狀參數 2）數值	傳回 Beta 分配（以已知的形狀參數）的值會小於量的累積機率。
CDF.BINOM（量，n，機率）數值	傳回 n 次試驗中的成功次數（以每個的成功機率）會小於或等於量累積機率。當 n 等於 1 時，這跟 CDF.BERNOULLI 一樣。
CDF.BVNOR（量 1，量 2，相關）數值	傳回標準雙變數常態分配（以已知相關）參數的值會小於量 1 和量 2 的累積機率。
CDF.CAUCHY（量，位置參數，尺度參數）數值	傳回 Cauchy 分配（以已知的位置和尺度參數）的值會小於量的累積機率。
CDF.CHISQ（量，自由度）數值	傳回卡方分配（以 自由度）的值會小於量的累積機率。
CDF.EXP（量，形狀參數）數值	傳回指數分配（以已知的形狀參數）的值會小於量的累積機率。
CDF.F（量，分子自由度，分母自由度）數值	傳回 F 分配（以分子自由度和分母自由度）的值會小於量的累積機率。
CDF.GAMMA（量，形狀參數，尺度參數）數值	傳回 gamma 分配（以已知的形狀和尺度參數）的值會小於量的累積機率。
CDF.GEOM（量，機率）數值	傳回已知成功機率時，試驗至成功的次數小於或等於量的累積機率。
CDF.HALFNRM（量，平均數，標準差）數值	傳回半常態分配（以指定的平均數和標準差）的值會小於量的累積機率。
CDF.HYPER（量，總數，樣本數，成功數）數值	傳回在從總數大小的範圍中隨機選取樣本數個物件時，成功數內含指定的特性的物件個數小於或等於量的累積機率。
CDF.IGAUSS（量，位置參數，尺度參數）數值	傳回反 Gaussian 分配（以已知的位置和尺度參數）的值會小於量的累積機率。
CDF.LAPLACE（量，平均數，尺度參數）數值	傳回 Laplace 分配（以指定的平均數和尺度參數）的值會小於量的累積機率。
CDF.LOGISTIC（量，平均數，尺度參數）數值	傳回 logistic 分配（以指定的平均數和尺度參數）的值會小於量的累積機率。

函數	說明
CDF.LNORMAL（量，a, b）數值	傳回對數常態分配（以指定的參數）的值會小於量的累積機率。
CDF.NEGBIN（量，起始值，機率）數值	傳回當門檻參數為門檻且成功機率為機率時，需試驗至成功的次數小於或等於量的累積機率。
CDFNORM（z 值）數值	傳回平均數 0、標準差 1 的隨機變數會小於 z 值的機率，z 值必須是數值。
CDF.NORMAL（量，平均數，標準差）數值	傳回常態分配（以指定的平均數和標準差）的值會小於量的累積機率。
CDF.PARETO（量，起始值，形狀參數）數值	傳回 Pareto 分配（以指定的門檻和形狀參數）的值會小於量的累積機率。
CDF.POISSON（量，平均數）數值	傳回 Poisson 分配（以指定的平均數或比例參數）的值會小於或等於量的累積機率。
CDF.SMOD（量，a, b）數值	傳回 Studentized 最大模組（以指定的參數）的值會小於量的累積機率。
CDF.SRANGE（量，a, b）數值	傳回 Studentized 範圍統計量（以指定的參數）的值會小於量的累積機率。
CDF.T（量，自由度）數值	傳回 Student's t 分配（以指定的自由度）的值會小於量的累積機率。
CDF.UNIFORM（量，最小值，最大值）數值	傳回均勻分配（以指定的最小值和最大值）的值會小於量的累積機率。
CDF.WEIBULL（量，a, b）數值	傳回 Weibull 分配（以指定的參數）的值會小於量的累積機率。
NCDF.BETA（量，形狀參數 1，形狀參數 2, 非中心參數）數值	傳回非中心 beta 分配（以已知的形狀和非中心參數）的值會小於量的累積機率。
NCDF.CHISQ（量，自由度，非中心參數）數值	傳回非中心卡方分配（以自由度和指定的非中心參數）的值會小於量的累積機率。
NCDF.F（量，分子自由度，分母自由度，非中心參數）數值	傳回非中心 F 分配（以分子自由度和分母自由度與非中心參數）的值會小於量的累積機率。
NCDF.T（量，自由度，非中心參數）數值	傳回非中心 Student's t 分配（以自由度和非中心參數）的值會小於量的累積機率。

例 1.18

以下試舉常態分配為例，說明CDF.NORMAL（量,平均數,標準差）的用法。

如前例的作法得出亂數 X 的數據後，從工具列的【轉換】中點選【計算變數】。「函數與特殊變數」中選擇「CDF.NORMAL」。若平均當作 0，標準差當作 1，「目標變數」輸入 z 後，按「確定」。

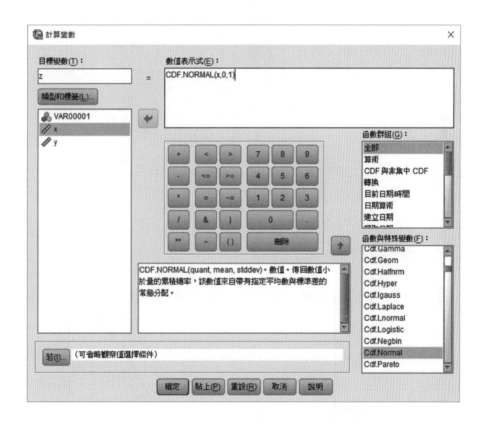

資料視圖中即出現 z，接著，點選【統計圖】→【歷史對話記錄】→【散佈圖點狀圖】，將 x，z 分別輸入後，按「確定」即可。

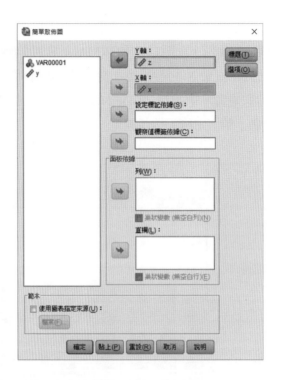

得出如下常態分配的累計曲線圖。

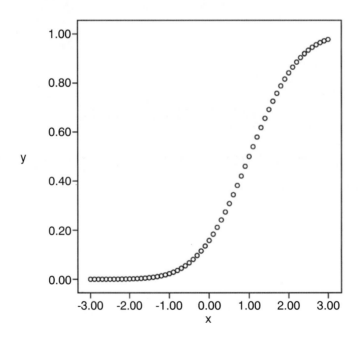

6. 遺漏值函數

函數	說明
NMISS（變數 [,...]）數值	傳回有遺漏值的引數個數。這個函數需要一或多個引數，而且應該是工作資料檔中的變數名稱。
MISSING（變數）邏輯	如果變數有遺漏值的話，就傳回 1 或 true。引數必須是工作資料檔中的變數名稱。
SYSMIS（數值變數）邏輯	如果數值變數的值是系統遺漏值的話，就傳回 1 或 true。數值變數引數必須是工作資料檔中數值變數的名稱。
VALUE（變數）數值或字串	傳回變數值，並且忽略變數的使用者遺漏值定義。變數必須是工作資料檔中的變數名稱。

例 1.19

試舉一例說明 SYSMIS（數值變數）邏輯的用法。

首先輸入數據，其中「·」表遺漏值。於工具列中點選【轉換】的【計算變數】，於「目標變數」輸入 " c "，於「數值表示式」輸入條件式 "SYSMIS(a)=0"（此意指變數 a 並非系統遺漏值），然後，按「確定」。

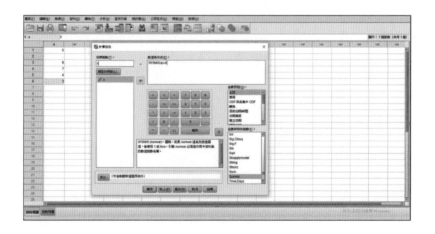

於是傳回 1 非遺漏值，而 0 為遺漏值之訊息。

	檔案(F) 編輯(E) 檢視(V) 資料(D) 轉換(T) 分析(A) 直效行銷 統計圖(G)				
6 : a	3				
	a	x	var	var	var
1	5	1.00			
2	.	.00			
3	6	1.00			
4	7	1.00			
5	4	1.00			
6	3	1.00			
7					
8					
9					

附　錄

1. 分隔的文字檔的轉換

在第 1.1 節五的例 1.4 製作方法的 3. 中，以「原來的資料格式」選擇了分隔時，一面觀察【文字匯入精靈—分隔（step4/6）】視窗的資料預覽，一面將變數的區分方式以滑鼠指定。

2. 關於語法

第 1.1 節五的例 1.4 製作方法的 7. 中，對於「您要將語法貼上嗎？」如選擇「是」時，語法編輯程式就會開啟，會顯示 1.～7. 所描述的一連串作業步驟的指令語言（圖 1.35）所顯示的指令語言群，即可利用【檔案】→【另存新檔】當作語法儲存。

所儲存的語法，如以 SPSS 的主視窗清單【檔案】→【開啟舊檔】→【語法】指定時，另一視窗「SPSS 語法編輯程式」會開啟並加以顯示。在此狀態下，如從「SPSS 語法編輯程式」的清單選擇【執行】→【全部】時，所顯示的語言群即被執行，形成與 7. 的完成狀態相同，關於語法，從語法編輯程式的清單選擇【輔助說明】→【command syntax refence】即可存取。

圖 1.35　重排的條件的指定例

第Ⅱ篇　統計篇

第2章　資料的表徵

　　所蒐集的資料本身不過是數值的集合，如確切地整理時，即可發現許多的資訊。本章針對變數的數值分類情形與變數間的關係，使用數值客觀地表達，或使用圖形以視覺的方式來表現予以說明。

2.1　次數分配表

一、概要

　　只著眼於資料檔案中的一個變數進行累計，稱為簡單累計。

　　關於以名義尺度或順序尺度所表示的變數－質變數，將變數所取得的各個值的觀察值個數－次數（frequency）－做成表，稱為次數分配表。譬如，「性別」的次數分配表是將「1. 男性」、「2. 女性」各個觀察值的個數做成表。

　　關於以比例尺度或間隔尺度所表現的變數－量變數，變數所取得的值是連續性而且非常多，因此將變數所取得的數值分成幾個組－階級（class），將屬於各階級的觀察值個數做成表當作次數分配表是一般的作法。

　　以附記在次數分配表之值來說，有從數值或階級之值由小而大累積次數的累積和－累積次數（cumulative frequency），或各個值或階級的次數占所有觀察值總數之比率－相對次數（relative frequency），或從數值或階級之值由小而大累積相對次數的累積和－累積相對次數（cumulative relative frequency）。

　　以 SPSS 所製作出來的次數分配表，除「次數」外，也有「百分比」、「有效百分比」、「累積百分比」。「百分比」之行，是將含遺漏值的所有觀察值當作分母所求出的相對次數，以百分比為單位所表示。「有效百分比」的行，是從所有的觀察值除去有遺漏值的觀察值之後的個數作為分母所求出的相對次數，以百分比為單位所表示者。

　　「累積百分比」的行，是將「有效百分比」由小的一方所累積之值加以表示者。可是，像「性別」、「居住」以數值化的名義尺度所表示的變數，由於值的大小無意義，因之由小的一方所累積的「累積百分比」並未特別有意義。所累積

的比率有意義的是以名義尺度以外的尺度所表示變數的次數分配表。

二、解析例

例 2.1

⊃ 資料

　　" 通學時間 .sav" 是在某大學通學的 95 人所得到的資料，包含有性別（1：男性，2：女性）、居住（1：自宅，2：外地）、通學時間（單位：分）的回答。

　　圖 2.1 是表示一部分的 " 通學時間 .sav" 的資料檢視與變數檢視。分別就此資料的「性別」與「居住」製作次數分配表。

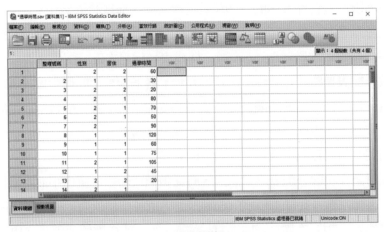

(a) 資料檢視

(b) 變數檢視

圖 2.1　" 通學時間 .sav" 的資料檢視與變數檢視

◐ 分析的步驟

　　選擇【分析 (A)】→【描述性統計資料 (E)】→【次數 (F)】時，會開啟【次數】視窗（圖 2.2）。左方的「方框中」是列舉檔案所包含的所有變數名稱（與標記）。從這些變數清單中選擇要進行累計的變數「性別」與「居住」後，移到右方的「變數」欄中。

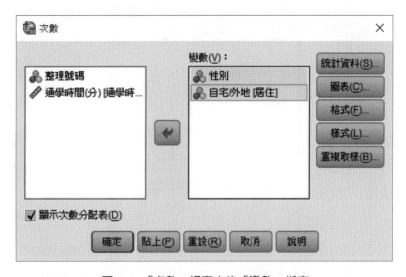

圖 2.2　「次數」視窗中的「變數」指定

　　按「確定」鈕後，另一個視窗（SPSS 瀏覽器）即開啟，顯示次數分配表（圖 2.3）。此新開啟的視窗可以利用【檔案】→【另存新檔】儲存。圖 2.3 是取名 "簡單累計 .spv" 名稱儲存的例子（"spv" 是 SPSS 瀏覽器的執行檔）。執行資料編輯程式工具列清單的【分析】與【圖形】即顯示於 SPSS 瀏覽器內。

　　SPSS 瀏覽器內的圖表也可使用其他的軟體製作（見附錄 1. 圖表的活用－與其他軟體的結合）。

◐ 結果

　　SPSS 瀏覽器（圖 2.3）被分成左右兩邊。分析結果輸出在右邊，左邊只顯示圖表的標題。變數如加上標記時，SPSS 瀏覽器內即顯示標記而非變數的名稱。

　　圖 2.3 內的「統計量」的表，分別就「性別」與「居住」的變數，顯示有效回答的觀察值的次數，以及無回答而成為遺漏值之觀察值的次數。對於「性別」

來說，全員雖回答 "1" 或 "2"，而對「居住」來說，未回答的人有 1 名。

　　「次數表」以下，分別提示「性別」、「居住」的次數分配表。關於「性別」來說，遺漏值的次數是 0，因之「百分比」與「有效百分比」是完全同值，但關於「居住」來說，因有遺漏值，所以是不同值。

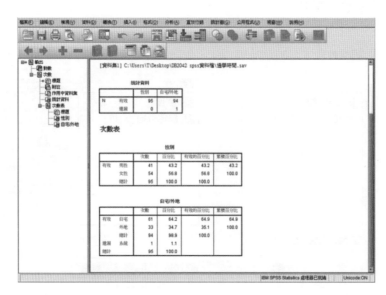

圖 2.3　SPSS 瀏覽器所顯示的「性別」與「居住」的次數表

　　「次數表」上也顯示有「累積百分比」，如方法的概要中所述，像「性別」或「居住」以數值化的名義尺度所表示的次數，由於值的大小無意義，因之數值由小而大累積的「累積百分比」並無特別的意義。

例 2.2

⊃ 資料

　　試就例 2.1 所使用的 "通學時間 .sav" 的「通學時間」製作次數分配表。表 2.1 顯示出利用與例 2.1 完全相同的步驟所製作的次數分配表。次數分配表的值並未等間隔排列，因之非常不易理解。為了掌握次數分配表的情形，將「通學時間」所取得的數值分成組，製作可以顯示各組所屬之觀察值的個數——次數——表。此處，將「通學時間」的取得值以 30 分為寬度，分成 7 個組來製作次數分配表（關於組的區分請參照章末的附錄 2.Sturges 的方式）。

表 2.1　通學時間的次數分配表 (1)

		次數	百分比	有效百分比	累積百分比
有效的	5	1	1.1	1.1	1.1
	10	7	7.4	7.4	8.5
	12	1	1.1	1.1	9.6
	15	6	6.4	6.4	16.0
	20	2	2.1	2.1	18.1
	25	1	1.1	5.3	19.1
	30	5	5.3	6.4	24.5
	40	6	6.3	4.3	30.9
	45	4	4.2	7.4	35.1
	50	7	7.4	8.5	42.6
	60	8	8.4	3.2	51.1
	70	3	3.2	6.4	54.3
	75	6	6.3	1.1	60.6
	80	1	1.1	20.2	61.7
	90	19	20.0	3.2	81.9
	100	3	3.2	4.3	85.1
	105	4	4.2	1.1	89.4
	110	1	1.1	7.4	90.4
	120	7	7.4	1.1	97.9
	150	1	1.1	1.1	98.9
	180	1	1.1	100.0	100.0
	總和	94	98.9		
遺漏值	系統界定的遺漏	1	1.1		
總和		95	100.0		

⊃ 分析的步驟

　　圖 2.4 是說明使用第 1 章 1.2 節的六中所介紹的「重新編碼」，將「通學時間」的數值屬於哪一組，製作出相對應的新變數（「通學時間_組」）的情形。

關於組的上限與下限之值的所屬來說，於「舊值 --> 新值」的欄中被記載於上方是較爲優先的。圖 2.4 是從值大的一方指定分組的對應，因之像「150 分以上 180 分未滿」，即爲包含下限值而上限值並未包含的設定。如已做成新變數「通學時間 _ 組」時，使用變數檢視的「數值註解」視窗，設定「數值註解」（圖 2.5）。

圖 2.4　從「通學時間」到「通學時間 _ 組」的數值的重新編碼

圖 2.5　「通學時間－組」的數值註解

完成處裡後，以同於例 2.2 的步驟製作次數分配表。亦即，選擇【分析 (A)】→【描述性統計資料 (E)】→【次數 (F)】，在【次數】視窗將「通學時間 _ 組」移到「變數」欄中，再按「確定」（圖 2.6）。就會顯示表 2.2 的次數分配表。

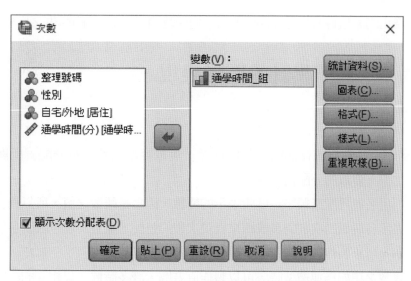

圖 2.6　「次數」視窗中的變數指定

表 2.2　通學時間的次數分配表 (2)

		次數	百分比	有效百分比	累積百分比
有效的	30 分未滿	18	18.9	19.1	19.1
	30 分以上 60 分未滿	22	23.2	23.4	42.6
	60 分以上 90 分未滿	18	18.9	19.1	61.7
	90 分以上 120 分未滿	27	28.4	28.7	90.4
	120 分以上 150 分未滿	7	7.4	7.4	97.9
	150 分以上 180 分未滿	1	1.1	1.1	98.9
	180 分以上	1	1.1	1.1	100.0
	總和	94	98.9	100.0	
遺漏值	系統界定的遺漏	1	1.1		
總和		95	100.0		

◯ 結果

　　次數分配表的看法，與例 2.1 所製作的次數分配表幾乎相同，在掌握分配的情形上，「累積百分比」之值具有意義此點是不同的。「累積百分比」是從最小的組將各組的「有效百分比」相加之值。譬如，通學時間至「30 分以上 60 分未

滿」為止的累積百分比是 42.6%，表示通學時間未滿 60 分的學生之比率。

2.2 簡單累計的圖形表現

一、概要

SPSS 準備有各種的圖形製作機能，可以容易理解次數分配表所顯示的次數、比率、變數的分配情形。

利用名義尺度或順序尺度所表示的變數，因為是離散之值，所以利用長條的高度表示各個值的次數的長條圖來表現次數的分配。並且，為了表現各個值的次數比率，可以製作長條圖或圓餅圖。

變數之值如為連續型時，可以製作直方圖，許多時候，以相等的組寬度將變數所取得的值區分，於橫軸上排列著長條而其高度是與次數成比例。組寬度不同的橫軸時，使長條的面積與次數成比例地來決定高度。

製作次數分配表或直方圖時，如何設定組是困難的問題。SPSS 的優點是能夠比手作業更容易地變更組的設定來製作直方圖。可以活用 SPSS 以嘗試錯誤的方式，去檢討沒有極端凹凸形狀的組並分割良好且容易理解的組。

次數分配表上所顯示的累積百分比之指標，也稱為累積相對次數（Cumulative relative frequency），以折線連結累積相對次數之曲線（累積相對次數）有助於掌握量之變數的分配情形。累積相對次數曲線的斜率，相當於相鄰階級間的次數差，斜率大的部分表示次數的增加大。累積相對次數曲線愈位於右側，表示次數分配愈靠近高值。亦即，以一條累積相對次數曲線可以表現一個直方圖的資訊。

二、解析例

例 2.3

⊃ 資料

就 " 通學時間 .sav" 的變數「居住」，製作「自宅」、「外地」的長條圖。

○ 製作步驟

1. 與次數分配表同時製作的方法

　　與例 2.1 相同的步驟（【分析】→【描述性統計資料】→【次數】）製作次數分配表的過程中，按一下【次數】視窗的「圖表」，開啟【次數：圖表】視窗（圖 2.7）。

　　「居住」是名義尺度，變數可取得之值只限於「1：自宅」、「2：外地」兩者。像這樣，變數可以取得之值是離散且少數時，在圖 2.7 的視窗中以「圖表類型」來點選「長條圖」為宜。「直方圖」是變數可以取得之值為連續時所選擇。「圖表值」如點選「次數」後，按「繼續」，即返回【次數】視窗。

　　此時再按「確定」，於 SPSS 瀏覽器中，與次數分配表一起輸出如圖 2.8(a) 圖形。圖 2.8(a) 的長條高度，表示圖 2.3 內的「次數表」的次數。

　　圖 2.7 視窗中「圖表值」點選「百分比」時，即輸出如圖 2.8(b) 的圖形。圖 2.8(b) 的長條高度是表示圖 2.3 內的「次數表」的「有效百分比」。譬如，如果是在不同大學實施相同調查的資料時，將比率作成圖形，可以不受觀察值的個數所左右而能比較大學之間的情形。

圖 2.7　圖表類型與圖表值的指定

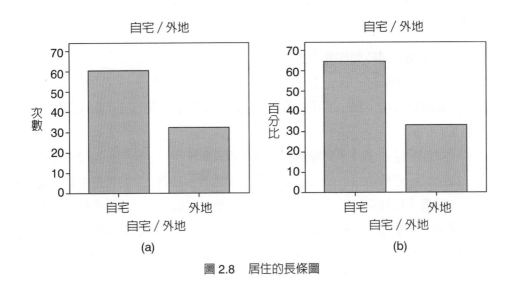

圖 2.8　居住的長條圖

2. 只製作長條圖的方法

　　與圖 2.8 相同的長條圖，選擇【統計圖】→【條形圖】也可製作。

　　在「長條圖」視窗中（圖 2.9）選擇「簡單」。「簡單」是只著眼於 1 個變數製作圖形時所指定。對於「圖表中資料為」來說，選擇「觀察值組別之摘要」。這是依變數之值分組進行累計之意。譬如，將「居住」的變數分割成「自宅」、「外地」2 組，再累計次數或比率。在目前指定已完成的狀態下，按一下圖 2.9 的「定義」，即出現圖 2.10 的視窗。

　　圖 2.10 是從左側所列舉的變數清單中選擇著眼的變數「自宅／外地 [居住]」，再移到「類別軸」欄中。「條形圖表示」則點選「觀察值個數」。在「選項」中選擇「顯示由遺漏值定義的組別」雖然也是可以的，但此處不選擇，按「確定」。

　　經由以上的步驟，SPSS 瀏覽器內即輸出與圖 2.8(a) 相同的圖形。在圖 2.10 中「條形圖表示」如選擇「觀察值的 %」時，即輸出與圖 2.8(b) 相同的圖形。另外，要將圖 2.8(b) 的縱軸的刻度所顯示的數值以整數顯示時，可以使用後述之例 2.5 所提出的「圖表編輯程式」，在圖形上加以變更。

　　並且，如圖 2.11 那樣在「面板依據」上指定質變數時（譬如，「欄」中指定「性別」），可按性別之值製作「居住」的長條圖（參照圖 2.12）。有關在「面

板依據」的「欄」中指定「性別」之情形，請各自嘗試看看。

圖 2.9 長條圖的種類設定

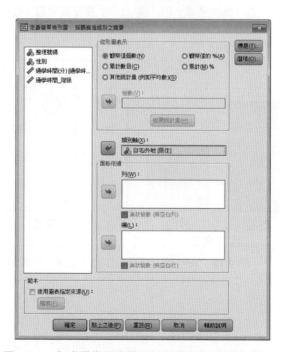

圖 2.10 作成長條圖的變數以及長條表現內容的設定

圖 2.11　在「面板依據」的「欄（L）」指定質變數「性別」的例子

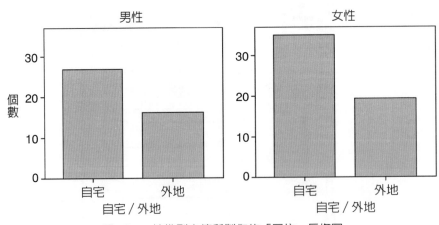

圖 2.12　按性別之值所製作的「居住」長條圖

例 2.4

◐ 資料

　就 " 通學時間 .sav" 的變數「居住」，製作顯示「自宅」與「外地」比率的圓餅圖（Pie Charts）。

◐ 製作的步驟

　選擇【統計圖 (G)】→【歷史對話記錄 (L)】→【圓餅圖 (P)】。

　開啟【圓餅圖】視窗（圖 2.13），選擇「圖表中資料為」的「觀察值組別之摘要」。這是意指利用變數之值分組後進行累計之謂。

　在【圓餅圖】視窗中按一下「定義」時，可開啟如圖 2.14 的【定義圓餅圖：採觀察值組別之摘要】視窗。圖 2.14 中，從左側所列舉的變數清單中，選擇著眼之變數「自宅 / 外地【居住】」再移到「定義圖塊依據」欄中。「圖塊表示」點選「觀察值的%」。若點擊「選項」中選擇「由遺漏值定義組別」也是可以的。

　按「確定」，即輸出圓餅圖（圖 2.15）。圖 2.15 是使用「圖表編輯程式」顯示相當於圖 2.3 內的「次數表」的「有效百分比」之數值。

　此外，以【分析】→【描述性統計資料】→【次數表】製作次數分配表之過程中，指定「圖表類型」的「圓餅圖」也可製作出相同的圖形，亦可製作出連遺漏值的比率也可顯示的圖形。

圖 2.13　「圓餅圖」視窗中選擇「圖表中資料為」

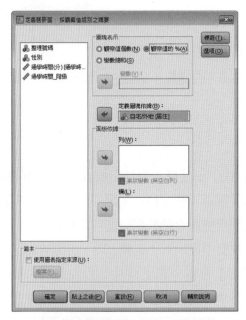

圖 2.14　指定作出圓餅圖的變數及在圓的分割中表現之值

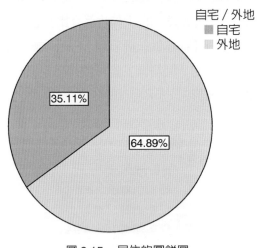

圖 2.15　居住的圓餅圖

例 2.5

⊃ 資料

　　製作 " 通學時間 .sav" 的變數「通學時間」的直方圖（Histogram）。

➲ 製作的步驟

1. 與次數分配表同時製作的方法

　　選擇【分析 (A)】→【描述性統計資料 (E)】→【次數 (F)】製作次數分配表
的過程中，按一下【次數表】視窗的「圖表」，即開啟圖 2.16 的【次數：圖表】，
點選「圖表類型」的「直方圖」。

圖 2.16　選擇「圖表類型」的直方圖

　　圖 2.17 是在 SPSS 瀏覽器中出現的直方圖。與圖 2.8 的圖形不同，長條與長
條之間無空隙。這是將通學時間當作連續量來處理的緣故。

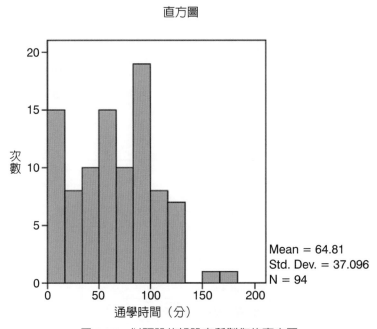

直方圖

圖 2.17　以預設的組設定所製作的直方圖

　　但 50 分之間被分成 3 個區間，以表現時間的組來說是不好的設定。有需要適切變更組的設定。

　　在 SPSS 瀏覽器的圖表中施加變更，可以使用圖表編輯程式。在 SPSS 瀏覽器內以滑鼠選擇想編輯的圖形後連按兩下，圖表編輯程式會在其他的視窗中開啟（圖 2.18）。

　　想變更的是圖形中相當於橫軸（x 軸）的組設定，因之，按一下圖 2.18 上部的「X」鈕。出現圖 2.19(a) 的視窗。或者，在圖表編輯程式內的直方圖的橫軸任一處也可出現圖 2.19(a) 視窗。

　　組的設定可於圖中的任一柱形連續點滑鼠右鍵兩下，再按一下左鍵並於「內容」中點選「Binning」（早期版本稱為直方圖選項）。圖 2.19(a) 是為了與表 2.2 的次數分配表形成相同組設定所指定的視窗。

　　「X 軸」中提供有指定錨定的值用以指定最初組的下限值。此處預設是設定成 0，因之不需要變更，維持「自動」。如果想變更時，選擇「自訂錨定值」再輸入值。此值必須是變數的最小值以下。這是為了使變數的最小值能存在於所屬組的一種限制條件。

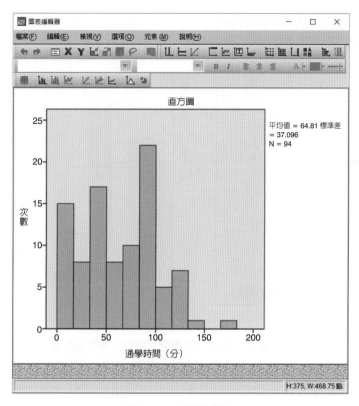

圖 2.18　圖表編輯器

　　「自訂」可以指定「區間數目」或「區間寬度」的任一者。「區間數目」是對應組的數目，「區間寬度」是對應組的寬度。圖 2.19(a) 是將「區間寬度」指定為 50 分的例子。如按一下「套用」，即在圖表編輯程式內的直方圖中反映變更而成為圖 2.19(b)。

　　圖 2.20(a) 是【內容】的對話框，在「尺度」中要指定的是橫軸上刻度的顯示設定，並非組的設定，這是需要注意的地方。

　　對於「範圍」來說，「最小值」、「最大值」、「主要增量」、「原點」之中，要依賴 SPSS 的自動設定者，則於「自動」欄中勾選；不依賴者，於「自動」欄去除勾選後再於「自訂」欄位中輸入數值。「最小值」與「最大值」是分別指定在橫軸中想顯示刻度的範圍的下限值與上限值。「最大值」與「最小值」之間要能包含所有的資料值。「主要增量」是指定橫軸上刻度增量的大小。橫軸的增量是從「最小值」所指定之值開始，按所指定的每一增量顯示出數值。「主要增

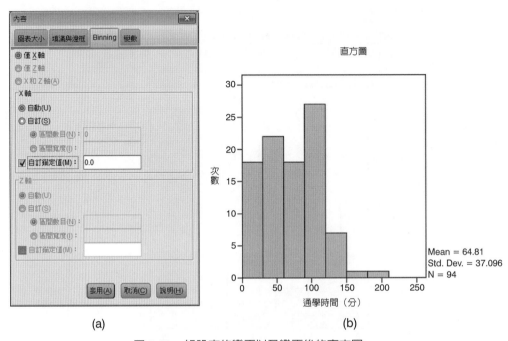

(a)   (b)

圖 2.19　組設定的變更以及變更後的直方圖

量」可以指定想要區分之值。「原點」是指定橫軸原點之值。「於原點顯示直線」勾選時，在原點所指定之值的地方顯示縱線。

　　圖 2.20(a) 是從 0 分到 210 分每隔 30 分顯示刻度的指定，同時「下邊界」與「上邊界」從預設的 "5" 變更為 "0" 的例子。按「套用」，即變更且反映在圖表瀏覽器內的直方圖中，成為如圖 2.20(b) 所示。

　　如關閉圖表瀏覽器時，在 SPSS 瀏覽器內即顯示如圖 2.20(b) 的直方圖。直方圖的組是包含下限值，但不包含上限值是需要注意的。譬如，圖 2.20(b) 的最下方的階級，下限值是 0，上限值是 30，但此意謂「0 分以上 30 分未滿」。

　　圖表瀏覽器，除此之外，也可以在圖表內以資料標記顯示次數之值，或變更軸的字型大小，或變更圖形的顏色。從圖表瀏覽器內所啟動的【性質】視窗中的變更如按「套用」時，變更即反映在圖表瀏覽器內所顯示的圖形中。SPSS 瀏覽器內的圖形，在關閉圖表瀏覽器之後即可反映變更。

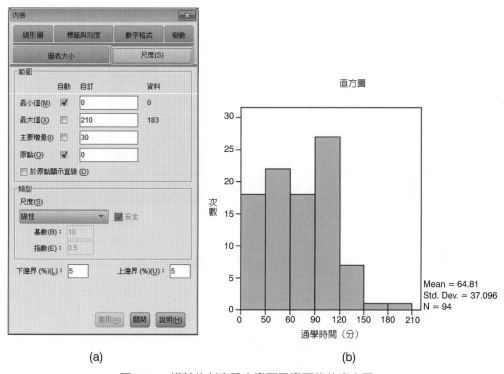

(a)　　　　　　　　　　　　　　(b)

圖 2.20　橫軸的刻度設定變更及變更後的直方圖

　　圖 2.21(a) 是將組的寬度設定成 10 分的直方圖。圖 2.21(b) 是將組的寬度設定成 60 分的直方圖。依組的設定不同，由直方圖所感受的印象也不同。組的區分方式如過細時，凹凸激烈，不易掌握整體分配的形狀；如過大時，也容易忽略細部的資訊。實際上，設定幾個組試作直方圖，掌握數值分配的情形，來尋找適切的組。

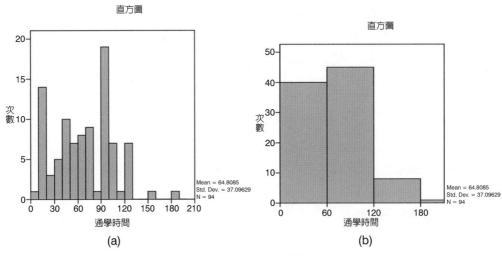

圖 2.21　組的設定不同的兩個直方圖

2. 只製作直方圖的方法

如從 SPSS 工具列中，選擇【統計圖 (G)】→【歷史對話記錄 (L)】→【直方圖 (I)】時，會開啓【直方圖】的視窗（圖 2.22）。

在左邊的方框中並未顯示字串型的變數。從變數清單中，將「通學時間」移到「變數」欄後，按一下「確定」。之後與 1. 的作法相同。

圖 2.22　作成直方圖的變數指定

例 2.6

⊃ 資料

製作 " 通學時間 .sav" 的變數「通學時間 _ 組」的累積相對次數曲線。

⊃ 製作的步驟

如從 SPSS 工具列中，選擇【統計圖 (G)】→【歷史對話記錄 (L)】→【線形圖 (L)】，會開啓【線形圖】視窗（圖 2.23）。

由於只著眼於 1 個變數的圖形，因之點選「簡單」，「圖表中資料為」則點選「觀察值組別之摘要」。

圖 2.23　線形圖的種類設定

在此狀態中按下「定義」時，開啓圖 2.24 的視窗。「類別軸」則指定例 2.4 中先作成的變數「通學時間 _ 組」，「線形圖表示」則指定「累加百分比」。接著，按「確定」，SPSS 瀏覽器中即顯示出如圖 2.25 的圖形。但圖 2.25 是在圖表瀏覽器中變更刻度與字型等之類的狀態。

圖 2.25 的折線，稱爲累積相對次數曲線，折線最陡峭的部分，對應相對次數突增的組。

圖 2.24　製作線形圖的變數及線形的內容指定

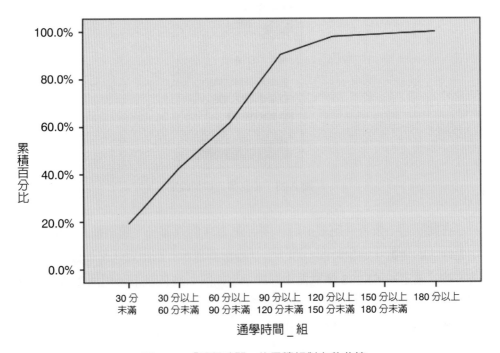

圖 2.25　「通學時間」的累積相對次數曲線

2.3 資料檔案的製作法

為了客觀地掌握分配的情形，以數值表現分配的中心傾向與分散的情形是很有效的。本節介紹將所蒐集資料的分配形狀等的特性，以數量的方式掌握及整理的指標－統計量（statistic）。

一、概要

1. 代表值──中心傾向的指標

只以一個值代表分配的情形時，表示分配中心的指標所使用的值即為代表值（average）。

(1) 平均數

作為代表值最常使用的是平均數（mean）。平均數是將觀察值的總和除以觀察值的總數（n）之後的值。變數 x 的各觀察值以 $x_1, x_2, \cdots$ 表示時，平均數 x_{mean} 為：

$$x_{mean} = (x_1 + x_2 + \cdots + x_n)/n \tag{2.1}$$

平均數是對各觀察值分配比重 1 並在數線上排列時，想成支點的位置－重心位置－會較為容易理解。分配左右對稱時，平均數與分配的中位數一致，但偏向左或右一方的分配，分配則為偏態。

(2) 中位數與百分位數

中位數（median）是將觀察值由小而大排列時位於正中之值。觀察值的總數為奇數時，以中位數為分界左右雙方的觀察值個數是相同的。觀察值的個數如為偶數時，位於正中的 2 個值的平均則當作中位數。不管分配左右對稱與否，中位數不受極端值所影響。

像中位數那樣，將觀察值由小而大排列以分割的想法所求出者即為百分位數（percentile）。由小的一方計數超過所有觀察值個數的 p（$0 < p \leq 100$）百分比而在第一個位置之觀察值之值稱為第 p 百分位數。經常使用的是相當於第 25、

第 50、第 75 百分位數的 3 個值，總稱為 4 分位數（quartile）。第 50 百分位數即為中位數，以 4 分位數區分時，即可分割為觀察值個數相等的 4 個組。

SPSS 也可求出分成 k 個組其個數相等之值。並且，指定 p 之值後，也可求出 p 百分位數。對於並未符合剛好位於含 p 百分比之觀察值的計算方法，請參章末的附錄 3. 百分位數的計算方法）。

(3) 眾數

眾數（mode）是在變數之值中次數最多的值。峰只有 1 個的分配，眾數即為有效的代表值，有數個峰的分配，代表分配的意義即淡薄。

2. 分散的指標

只是表示分配中心的指標，數值是集中在分配中央的周圍呢？還是從中央廣泛地分散呢？完全無法表現。表現分配的形狀，除了要有分配的中心傾向指標外，也需要分散的指標。

(1) 變異數

在考察觀察值的分散指標時，各觀察值之值與平均數之間隔即平均偏差（deviation form mean）是基本指標。以下將平均偏差略記為偏差（deviation）。

變數 x 在觀察值中的偏差 k，以 $x_k - x_{mean}$ 計算（x_{mean} 是平均數）。各觀察值 x_k 離平均數的距離愈大時，偏差 k 即變大。x_k 之值比平均數大時，偏差 k 即為正值，比平均數小時，偏差 k 即為負值。由於位於分配的重心是平均數，因之不管何種分配，如將所有的觀察值之偏差相加就會成為 0，因之不能成為分散程度的指標。

因此，將偏差平方變成正數再取平均者，即為變異數（variance）。偏離平均數之值愈多，偏差之平方和之值即變大。取平均是因為可以比較觀察值的個數不同時的資料之間的分散情形。

(2) 標準差

變異數是偏差的平方之平均，因之單位也是平方。譬如，變數 x 是「通學時間（分）」時，變異數的單位是分^2。為了與原來的測量單位一致，將變異數取平方根後之值即為標準差（standard deviation）。標準差是與平均數相同單位，因之平均數 ± 標準差的表現是可以的，容易掌握數據偏離中心的分散情形。譬

如，服從常態分配的變數，在平均數 ±1 標準差的範圍大約含 68%，平均數 ±2 標準差的範圍大約含 95% 的觀察值。

(3) 平均數的標準誤

譬如，從某小學六年級抽出 5 人計算身高的平均數進行數次作業時，平均數不一定經常相同。平均數取決於抽取的 5 人而有變動。從數據所求出的平均數其分散的指標即為平均數的標準誤（standard error of mean value）。平均數的標準誤是以標準差 $/ \sqrt{n}$ 來計算（n 是觀察值的總數）。由定義似乎可知，n 愈大，平均數的標準誤即變小。此意指蒐集較多的資料，平均數較為穩定。

3. 分配的形狀

(1) 偏度（skewness），是分配的非對稱性的指標，根據偏差的 3 乘和來計算。像常態分配那樣左右對稱時，分配其偏度是 0。如分配左高右低時，偏度即為正。左低右高時，偏度即為負。

(2) 峰度（kurtosis），是在分配的中心附近山峰的寬闊程度的指標，根據偏差的 4 乘和來計算。常態分配的鋒度是 0。高狹峰時，峰度是正；低闊峰時，峰度是負。

二、解析例

例 2.7

⊃ 資料

計算有關 "通學時間 .sav" 之變數「通學時間」的代表值與分散情形之統計量。SPSS 對於順序尺度、比率尺度、間隔尺度均能求出。

⊃ 分析的步驟

1. 只進行計算統計量的方法

選擇【分析 (A)】→【描述性統計資料 (E)】→【描述性統計資料 (D)】，會開啟【描述性統計資料】之視窗（圖 2.26）。如果是數值型時，「測量」水準即使是「名義」或「順序」的變數也可顯示，但對於以名義尺度或順序尺度所表示之變數去計算並無意義。

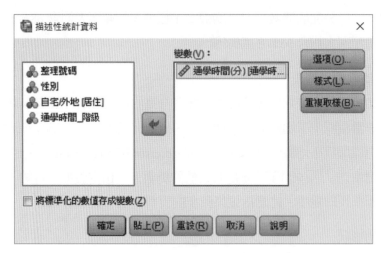

圖 2.26　「描述性統計資料」視窗中的變數指定

　　從圖 2.26 的變數清單，將「通學時間」移到「變數」欄中。如按一下「選項」，則開啓圖 2.27 視窗。從其中勾選想計算的統計量，再按「繼續」，即返回「描述性統計資料」視窗（圖 2.26）。按「確定」，在 SPSS 瀏覽器中會顯示計算結果（表 2.3）。

圖 2.27　指定要計算的統計量

表 2.3　通學時間的敘述統計量

	個數	最小值	最大值	平均數		標準差
	統計量	統計量	統計量	統計量	標準誤	統計量
通學時間（分）	94	5	180	64.81	3.826	37.096
有效的 N（完全排除）	94					

2. 與次數分配表的製作同時計算的方法

選擇【分析 (A)】→【描述性統計資料 (E)】→【次數 (F)】時，會開啟【次數】視窗。按一下視窗內的「統計量」，開啟圖 2.28 視窗。於其中勾選想計算的統計量。圖 2.28 相較圖 2.27 來說，能計算的統計量的種類較多。

按「繼續」，回到【次數】視窗。在此狀態下按一下「確定」，會顯示次數分配表與統計量的計算結果（表 2.4）。

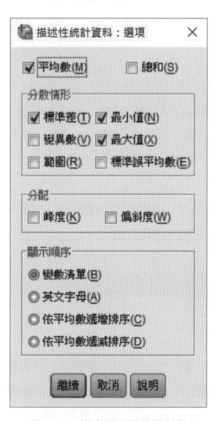

圖 2.28　指定要計算的統計量

表 2.4　通學時間的敘述統計量

統計量		
通學時間（分）		
個數	有效的	94
	遺漏值	1
平均數		64.81
平均數的標準誤		3.826
中位數		60.00
眾數		90
標準差		37.096
百分位數	25	37.50
	50	60.00
	75	90.00

⊃ 結果

　　觀察表 2.3 與表 2.4 時，平均數 64.81 與中位數 60.00 兩者較為接近，但眾數 90 與其他的 2 個中心傾向之指標相偏離。如果是完全左右對稱的分配時，3 個值是一致的。關於通學時間，可知是非對稱的分配。且標準差是 37.096，可知分配的變異相當地大。為了掌握分配的形狀，最好數量性的指標與視覺式的圖形（直方圖等）一併使用。

　　觀察表 2.4 時，中位數與 50 百分位數一致（關於百分位數的計算方法，參照章末的附錄 3. 百分位數的計算方法）。

2.4　交叉表與圖形表現

一、概要

　　在含有數個變數的資料中，如同時著眼於 2 個變數（許多時候，以名義尺度或順序尺度所表示的變數）進行累計時，針對 2 個變數之值的組合，計算次數或比率的表稱為交叉表（cross table）。2 個變數之值相交叉的方框稱為格（cell）。

　　各方格不僅是次數，也可按各列計算相對次數，或按各行記算相對次數，也可計算各方格的次數占所有資料的比率等均可顯示。本節解說以圖形表現交叉表中所顯示的比率。關於交叉表於第 3 章再行說明。

二、解析例

例 2.8

⊃ 資料

　　" 通學時間 .sav" 所含的 2 個質變數「性別」與「居住」，可以取得之值的組合有 2 種（男性 / 女性）×2 種（自宅 / 外地）= 4 種。製作此 2 個質變數的交叉表。

⊃ 分析的步驟

　　選擇【分析 (A)】→【描述性統計資料 (E)】→【交叉表 (C)】。

　　開啓【交叉表】視窗（圖 2.29）。從左方的變數清單中，至少分別將一個變數移到「列」欄與「直欄」中。此處，「性別」移到「列」中，「居住」移到「欄」中。

　　按一下「格式」，開啓圖 2.30【交叉表：儲存格顯示】視窗。勾選交叉表中想顯示的值。此處勾選「百分比」欄的「列」、「直欄」、「總計」。此 3 種值並不需要經常顯示於交叉表中，只要選擇符合目的的種類即可。譬如，想觀察從自宅通學的學生的比率是否因性別而有差異時，在圖 2.30 中只要選「列」即可。

　　在此狀態下，按「繼續」，返回到【交叉表】視窗。按「確定」，即開啓交叉表（表 2.5）。

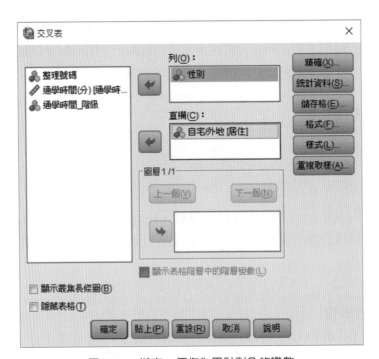

圖 2.29　指定 2 個作為累計對象的變數

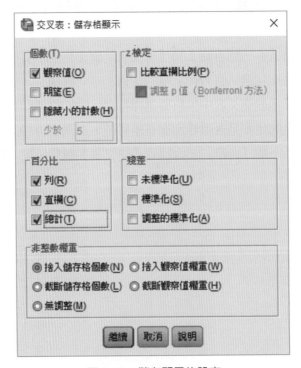

圖 2.30　儲存顯示的設定

表 2.5　性別與居住的交叉表

性別			自宅外地		總和
			自宅	外地	
性別	男性	個數	26	15	41
		性別的 %	63.4%	36.6%	100.0%
		自宅 / 外地的 %	42.6%	45.5%	43.6%
		總和的 %	27.7%	16.0%	43.6%
	女性	個數	35	18	53
		性別的 %	66.0%	34.0%	100.0%
		自宅 / 外地的 %	57.4%	54.5%	56.4%
		總和的 %	37.2%	19.1%	56.4%
總和		個數	61	33	94
		性別的 %	64.9%	35.1%	100.0%
		自宅 / 外地的 %	100.0%	100.0%	100.0%
		總和的 %	64.9%	35.1%	100.0%

⊃ 結果

　　表 2.5 的交叉表的縱方向，按「性別」的可能取得值「男性」、「女性」與「總和」加以區分。橫方向依「居住」的可能取得值「自宅」、「外地」與「總和」加以區分。亦即，交叉表縱方向與橫方向的區分，是對應圖 2.29 的「列」與「直欄」中已指定的變數。

　　表 2.5 中 2 個變數之值相交的各個方框，排列著 4 種值：「個數」、「性別的 %」、「自宅 / 外地的 %」、「總和的 %」。「個數」是對應 2 個變數之值的組合次數。「性別的 %」、「自宅 / 外地的 %」、「總和的 %」，則分別對應圖 2.30 的「百分比」欄的「列」、「直欄」、「總計」所勾選之值。「性別的 %」是分別按男學生與女學生求出居住型態的比率，橫方向的和是 100%。譬如，男學生中從自宅通學者有 63.4%，由外地通學者有 36.6%。

　　「自宅 / 外地的 %」是按居住型態別求出男女的比率，縱向之和爲 100%。譬如，由自宅通學的學生中，男學生的比率有 42.6%，女學生的比率有 57.4%。

　　「總和的 %」是求出 4 種組合的各個次數，占有效回答者人數的比率，所有方格之和是 100%。譬如，調查對象的學生之中，從自宅通學的女學生占 37.2%，顯示出是最多的組合。

例 2.9

⊃ 資料

　　" 通學時間 .sav" 利用圓餅圖來表現按性別所求出的居住型態的比率。具體言之，將表 2.5 的各方格的第 2 列所顯示的「性別的 %」之值利用圓餅圖來表現。

⊃ 分析的步驟

　　性別的圓餅圖，可在例 2.4 的圖 2.14 的視窗中將「性別」追加在「面板依據」的「列」或「欄」即可作出。

　　在【定義圓餅圖：採觀察值組別之摘要】視窗中（圖 2.31），以「定義圖塊依據」來說，指定「自宅 / 外地【居住】」。以「面板依據」來說，選擇「性別」，此意指按性別製作圓餅圖後排列之意。

　　於開啟的視窗中連續點選二次，即出現圖 2.32 的【圖表編輯器】視窗，於工具列中點選 圖像後出現【內容】視窗，點選「資料值標籤」，將「內容」中保留自宅 / 外地（居住）後關閉視窗。

　　目前的指定如已完成後再按「確定」，圖 2.33 的圓餅圖即輸出在 SPSS 瀏覽器中（圖 2.33 是在圖表瀏覽器中變更字型大小與填滿樣式後的狀態）。

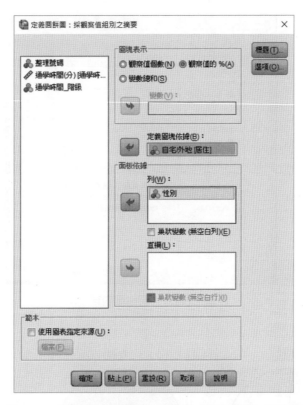

圖 2.31　「建立集群圓餅圖」視窗的「指定變數」的指定

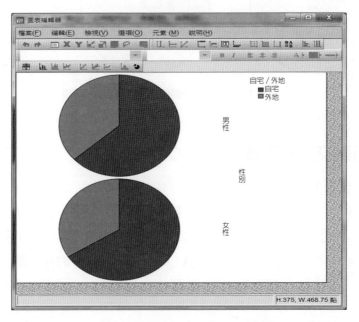

圖 2.32(1)　「建立集群圓餅圖」視窗的「圓餅圖」中的指定

圖 2.32(2)　圓餅圖內容設定

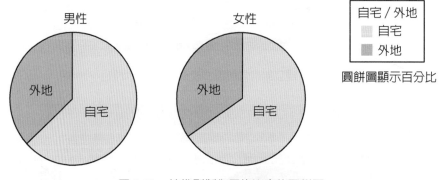

圖 2.33　按性別製作居住比率的圓餅圖

三、有關交叉表與圖餅表的 Q&A

Q　可否製作 3 個變數的交叉表？

A　與製作 2 個變數交叉表的作法一樣，選擇【分析】→【描述性統計資料】→
【交叉表】，開啟【交叉表】視窗。圖 2.34 是在「列」中指定「通學時間＿
階級」，「直欄」中指定「性別」，在「圖層 1/1」的變數欄中指定「自宅 /
外地【居住】」的例子。利用此即可按「圖層 1/1」中所指定的各個變數之

值（稱此為「層別」，詳細會在 2.6 節敘述），製作「通學時間_組」與「性別」的交叉表（參照表 2.6）。

圖 2.34　交叉表視窗中 3 個變數的指定例

表 2.6　3 個變數的交叉表的製作例

自宅／外地				性別		總和
				男性	女性	
自宅	通學時間_階級	30 分以上 60 分未滿	個數	2	9	11
			通學時間_階級內的 %	18.2%	81.8%	100.0%
		60 分以上 90 分未滿	個數	7	8	15
			通學時間_階級內的 %	46.7%	53.3%	100.0%
		90 分以上 120 分未滿	個數	12	13	25
			通學時間_階級內的 %	48.0%	52.0%	100.0%
		120 分以上 150 分未滿	個數	3	4	7
			通學時間_階級內的 %	42.9%	57.1%	100.0%
		150 分以上 180 未滿	個數	1	0	1
			通學時間_階級內的 %	100.0%	0%	100.0%

自宅／外地			性別		總和
			男性	女性	
	180 以上	個數	1	0	1
		通學時間 _ 階級內的 %	100.0%	0%	100.0%
	總和	個數	26	34	60
		通學時間 _ 階級內的 %	43.3%	56.7%	100.0%
外地	30 分未滿	個數	9	0	18
		通學時間 _ 階級內的 %	50.0%	50.0%	100.0%
	30 分以上 60 分未滿	個數	5	6	11
	通學時間 _ 階級	通學時間 _ 階級內的 %	45.5%	54.5%	100.0%
	60 分以上 90 分未滿	個數	0	3	3
		通學時間 _ 階級內的 %	0%	100.0%	100.0%
	90 分以上 120 分未滿	個數	1	0	1
		通學時間 _ 階級內的 %	100.0%	0%	100.0%
	總和	個數	15	18	33
		通學時間 _ 階級內的 %	45.5%	54.5%	100.0%

2.5　相關係數

一、概要

　　同時著眼於 2 個變數進行分析時，於橫軸與縱軸上分別取變數就各觀察值在相當於 2 個變數之值的組合處描點製作圖形 ── 散佈圖（scatter diagram）時，即能以視覺的方式掌握 2 個變數間的關係。散佈圖的點集合形成向右上升的直線時，呈現一方的變數值如果大，另一方的變數值也大的傾向。2 個變數之間有此種傾向稱為有正的相關關係。相反地，某一方的變數之值愈大而另一方的變數之值則愈小的傾向稱為有負的相關關係。

　　畫在散佈圖上的點的集合愈接近直線時，2 個變數之間的相關關係愈強。Pearson 的積差相關係數（Pearson's product moment correlation coeficient）─單稱為相關係數的情形甚多─是表示相關關係之強度的指標，值在 -1 與 $+1$ 之間。

相關係數 +1，是指所有觀察值的描點落在 1 條向右上升的直線上（Pearson 的積差相關係數的定義式在章末的附錄 5.Pearson 的積差相關係數中敘述）。

以相關係數 r 的絕對值與相關關係的強度的對應指標來說，一般認為 $0 \leq |r| \leq 0.2$ 是幾乎無相關，$0.2 \leq |r| \leq 0.4$ 是弱相關，$0.4 \leq |r| \leq 0.7$ 是有較強的相關，$0.7 \leq |r| \leq 1.0$ 是有強烈的相關。

有關母體的相關係數是否為零的檢定，會在第 3 章中敘述。本節探討對散佈圖的製作方法與相關係數的計算。

相關係數是畫在散佈圖上的點是否接近直線的指標。不一定是表示某一方的變數影響另一方變數的因果關係的強弱。描點即使是直線式，2 個變數的何者是原因有時也不得而知，描點即使不是直線，某一方的變數的數值有時會受另一方變數之影響。

二、解析例

例 2.10

⮞ 資料

"國數英分數 .sav"（假想資料）是 100 名學生的國語、數學、英語的考試分數（任一科的滿分均為 100 分）。製作各科考試分數的散佈圖。

⮞ 分析的步驟

1. 以每 2 科的考試分數製作 3 張圖的方法

選擇【統計圖 (G)】→【歷史對話記錄 (L)】→【散佈圖 / 點狀圖 (S)】開啓圖 2.35 的【散佈圖 / 點形圖】視窗，點擊【簡單散佈圖】圖示後按「定義」。開啓圖 2.36【簡單散佈圖】視窗。爲了製作國語分數與數學分數的散佈圖，於「X 軸」指定「國語分數」，於 Y 軸指定「數學分數」，之後按「確定」。

圖 2.37(a) 的散佈圖即於 SPSS 瀏覽器中輸出。同樣的方式，可以作出國語分數與英語分數的散佈圖（圖 2.37(b)），數學分數與英語分數的散佈圖（圖 2.37(c)）。

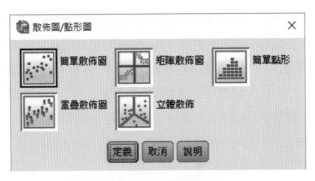

圖 2.35　散佈圖種類的指定

圖 2.36　簡單散佈圖視窗中的變數指定

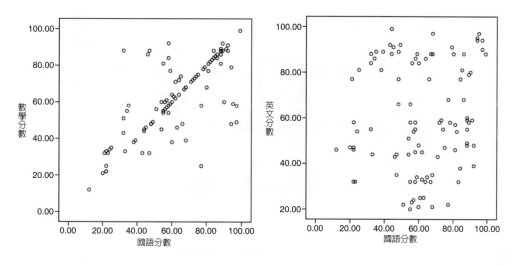

(a) 國語分數與數學分數的散佈圖　　　　(b) 國語分數與英語分數的散佈圖

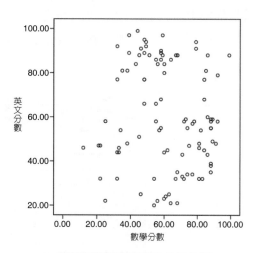

(c) 數學分散與英語分數的散佈圖

圖 2.37　國語、數學、英語分數的散佈圖

2. 將 3 科的所有組合當作 1 張圖形製作的方法

選擇【統計圖 (G)】→【歷史對話記錄 (L)】→【散佈圖／點狀圖 (S)】，開啓圖 2.38 的【散佈圖／點形圖】視窗，點擊【矩陣散佈圖】圖示並按一下「定義」。如選擇【矩陣散佈圖】時，將所指定的變數每 2 個加以組合的所有散佈圖即可當作 1 張圖形加以製作。

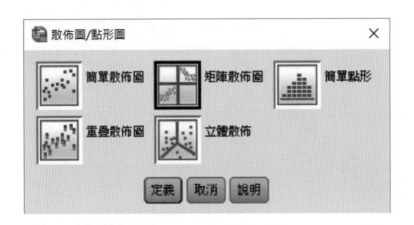

圖 2.38　指定散佈圖的種類

　　開啓圖2.39【散佈圖矩陣】視窗，以「矩陣變數」來說，指定「國語分數」、「數學分數」、「英語分數」3 個變數。按「確定」，圖 2.40 的散佈圖即可在 SPSS 瀏覽器中輸出。

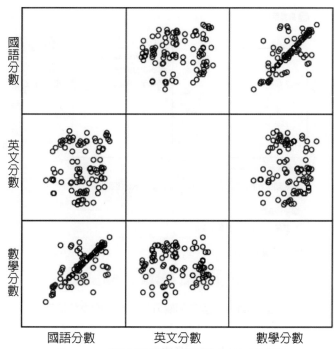

圖 2.39　指定散佈圖矩陣視窗中的矩陣變數

圖 2.40　3 個變數的矩陣散佈圖

例 2.11

⊃ 資料

　　" 國數英分數 .sav"（假想資料）中，計算各科考試分數間的相關係數。

⊃ 分析的步驟

　　選擇【分析 (A)】→【相關 (C)】→【雙變數 (B)】，開啟【雙變量相關分析】視窗（圖 2.41）。從左側的變數清單，將「國語分數」、「數學分數」、「英語分數」移到右方的「變數」欄中。按一下「確定」，表 2.7 即輸出於 SPSS 瀏覽器中。

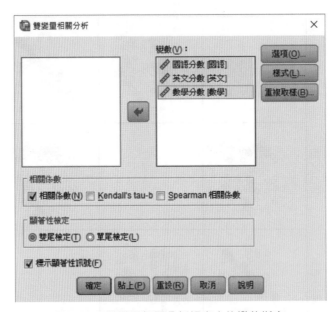

圖 2.41　雙變量相關分析視窗中的變數指定

表 2.7　所求出的相關係數

相關		國語分數	英文分數	數學分數
國語分數	Pearson 相關 顯著性（雙尾） 個數	1 100	.096 .340 100	.714** .000 100
英文分數	Pearson 相關 顯著性（雙尾） 個數	.096 .340 100	1 100	-.081 .422 100
數學分數	Pearson 相關 顯著性（雙尾） 個數	.714** .000 100	-.081 .422 100	1 100

** 在顯著水準為 0.01 時（雙尾），相關顯著。

⊃ 結果

　　由表 2.7 可知，英語分數與數學及國語的分數有較強的相關。與這些的相關係數相比時，國語與數學分數的相關弱。觀察圖 2.37 與圖 2.40 的散佈圖，可以

看出資料離直線的分散程度與相關係數的大小形成對應。

2.6　層別的分析

一、概要

　　從特性相異的群體所取得的資料如混在 1 個檔案中時，分配的形狀或相關關係的資訊被埋沒而看不出端倪的情形也有，此時著眼於某些變數按所分割的群體進行分析時，變數的分配形狀各群體出現不同，或群體內可看出強烈的相關關係。著眼於某些變數將 1 種資料分割成幾個群體稱為層別（stratification）。

　　就某個變數比較各群體的分配狀態時，利用盒形圖（box-and-whisker plot）來表現可發揮其功效。

二、解析例

例 2.12

⊃ 資料

　　"通學時間 .sav" 含有自宅通學學生以及由外地通學學生的資料。以居住型態－自宅 / 外地－層別，求出通學時間的統計量。並將通學時間的分配情形，製作出按層別顯示的圖形。

⊃ 分析的步驟

1. 層別的統計量與計算方法

　　居住型態別的通學時間的平均數與標準差，配合第 1 章第 1.2 節的例 1.7 所解說的「選擇觀察值」與第 2 章例 2.7-2 的統計量的計算方法也可求出，此處介紹另一方法。

　　選擇【資料 (D)】→【分割檔案 (F)】，開啓【分割檔案】視窗（圖 2.42）。點選【依群組組織輸出】，以層別的變數來說，將「自宅 / 外地【居住】」移到「群組依據」的欄中，並點選「依分組變數排序檔案」。這是因爲有需要將觀察值按「居住」（自宅 = 1，外地 = 2）之值的遞增順序重新排列。在此狀態下按

「確定」，觀察值即變成按「居住」的遞增順序排序，以後的分析是以「居住」之值加以層別再進行。如果檔案是已經重排完成的狀態時，在圖 2.42 的視窗中點選「檔案已排序」即可。

層別的分析完成後返回圖 2.42 的視窗，點選「分析所有觀察值，勿建立群組，有需要回到原來的狀態（層別化之前的狀態）。

表 2.8 是在結束「分割檔案」之後使用例 2.7-2 的方法，按居住型態別所求出的統計量。但表 2.8 對於「居住」之值為遺漏的觀察值所求出的統計量是省略的。

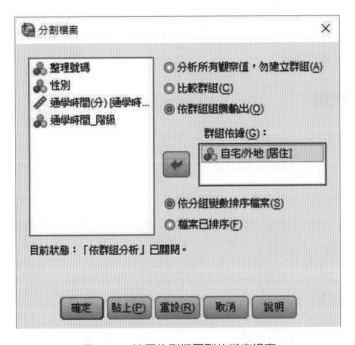

圖 2.42　按居住型態層別的指定視窗

表 2.8　以居住型態層別求出的通學時間的統計量

統計量 [a]				統計量 [a]		
通學時間（分）				通學時間（分）		
個數	有效的	60		個數	有效的	33
	遺漏值	1			遺漏值	0
平均數		84.25		平均數		28.70
中位數		90.00		中位數		20.00
眾數		90		眾數		10
標準差		28.683		標準差		20.228
百分位數	25	60.00		百分位數	25	11.00
	50	90.00			50	20.00
	75	100.00			75	40.00
a. 自宅／外地＝自宅				a. 自宅／外地＝外地		
(a) 從自宅的通學生				(b) 從外地的通學生		

2. 層別的直方圖製作方法

在第 2 章例 2.5-2 的圖 2.22 中，在「面板依據」「欄」中指定「自宅／外地【居住】」，即可製作如圖 2.43 的層別直方圖。由於階級設定與刻度設定相同，因之比較居住型態別的分配形狀是很容易的。

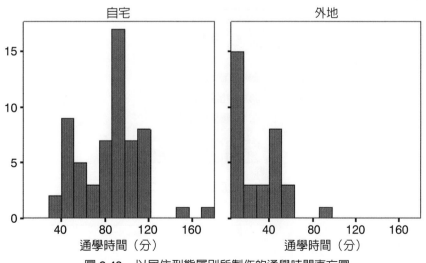

圖 2.43　以居住型態層別所製作的通學時間直方圖

3. 盒形圖的製作方法

　　盒形圖是能以較小的空間簡潔地整理及表現量變數分配情形的一種圖。1 個變數的分配可用 1 組的箱形及鬚來表現。想比較層別的分配時，是有用的表現方法。

　　選擇【統計圖(G)】→【歷史對話記錄(L)】→【盒形圖(X)】以開啓【盒形圖】的視窗（圖 2.44）。因只著眼於 1 個變數「通學時間」將分配作成圖形，所以點選「簡單」圖示。因為是觀察以居住型態分組的變數，所以點選「觀察值組別之摘要」。按「定義」，開啓「定義簡單盒形圖：採觀察值組別之摘要」視窗（圖 2.45）。變數是指定「通學時間」，「類別軸」指定「自宅／外地【居住】」。

　　就「觀察值標籤依據」而言，以盒形圖存在有偏離值或極值時所附加的註解來說，指定「整理號碼」。雖然也可利用「選項」指定顯示遺漏值組，但此處不指定。

　　以上的指定結束後按「確定」。圖 2.46 的盒形圖即輸出在 SPSS 瀏覽器中（圖 2.46 是經由圖表編輯程式的編輯而得）。

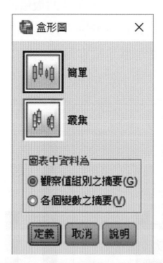

圖 2.44　盒形圖視窗中指定種類

圖 2.45　定義簡單盒形圖視窗中的變數與類別軸的指定

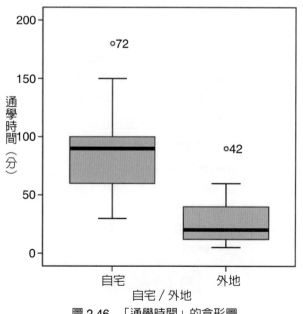

圖 2.46　「通學時間」的盒形圖

4. 莖葉圖的製作方法

欲將數據以次數分配表的格式整理時，也可以使用莖葉圖。

選擇【分析 (A)】→【描述性統計資料 (E)】→【探索 (E)】，開啓【探索】視窗（圖 2.47），在「因依變數清單」中輸入所需分析的變數名稱，按一下「圖形」，開啓【探索：圖形】視窗（圖 2.48），勾選「莖葉圖」。如想將因變數依另一個變項的不同類別分別繪製時，僅需在「因素清單」中（圖 2.47）列入分類變數即可。

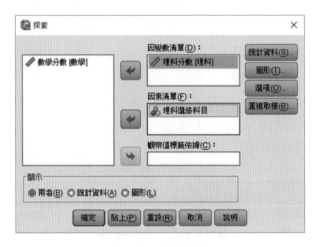

圖 2.47　探索視窗

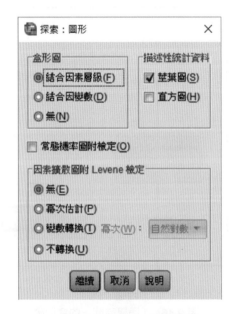

圖 2.48　探索：圖形視窗

莖葉圖

```
理科分數 Stem-and-Leaf Plot for
理科選修科目= 物理

 Frequency    Stem &  Leaf

     5.00      2 .  02234
     7.00      3 .  2223459
     7.00      4 .  3567789
     9.00      5 .  555788889
     8.00      6 .  00012457
     4.00      7 .  5789
     7.00      8 .  0123488
     7.00      9 .  0245779

 Stem width:      10.00
 Each leaf:        1 case(s)


理科分數 Stem-and-Leaf Plot for
理科選修科目= 生物

 Frequency    Stem &  Leaf

     1.00      1 .  2
     4.00      2 .  1225
     1.00      3 .  8
     4.00      4 .  4488
     9.00      5 .  144566789
     9.00      6 .  234678888
     5.00      7 .  12347
    10.00      8 .  1456688899
     3.00      9 .  124

 Stem width:      10.00
 Each leaf:        1 case(s)
```

⊃ 結果

　　就表 2.8 所示，以「居住」層別所求出的通學時間的平均數，「自宅」是 84.25 分，「外地」是 28.70 分，可知有相當大的差異。另外，關於「自宅」而言，平均數、中位數、眾數比較接近，通學時間的分配可以預估是比較對稱的。相對地，關於「外地」而言，眾數相對於平均數與中位數是非常地低，可以預估分配形狀歪斜。又根據表 2.4，通學時間的有效回答人數是 94 人，其中 1 名的「居住」為遺漏值，因之在層別分析中有效回答人數是 93 人。

　　觀察圖 2.43，「自宅」與「外地」通學時間的分配形狀不同是很明顯的。「自宅」通學時間在 90 分以上 105 分未滿處有一頂峰，形成山型的分配，相對地，「外地」的通學時間在 0 分以上 15 分未滿以及 15 分以上 30 分未滿的階級處有頂峰，隨著成為其他的階級，次數呈現單調減少。

　　盒形圖的中央盒子的下端、中央的粗線、上端的水平線是表示 25、50、75 百分位數。50 百分位數是中位數。依據表 2.8 所示，「自宅」的通學時間的 25、50、75 百分位數分別是 60、90、100，可知與圖 2.46 中的「自宅」的盒子下端、中央、上端之值一致。

　　由箱子一端呈現鬚狀延伸之前端的水平線，是表示從箱子的一端到 15× 箱子長度以內離中位數最遠的資料值。箱子的長度是第 75 百分位數與第 25 百分位數之距離，稱為四分位距（inter quartile range）。根據表 2.8 所示，「自宅」的通學時間的四分位距是 40。因之，鬚的上端之值，指的是在箱子的上端（100）+1.5× 四分位距（40）=160 以內離中位數（90）最遠處的資料，亦即是 150。觀察圖 2.46 時，鬚的上端是 150，與由表 2.8 所求出的值一致。對於圖 2.46 的另一個鬚，同樣的方式得出鬚的下端是 30，可以發現與由表 2.8 所求出之值一致。

　　從箱的上端或下端，在四分位距的 1.5 倍到 3 倍間存在有觀察值時，當作借外值（outlier）以○表示。另外，從箱的上端或下端，在遠離箱子長度的 3 倍處以上有觀察值時，當作極值（extreme value）以 * 表示。對界外值與極值來說，圖 2.45 的「觀察值標籤依據」中所指定的變數之值，是當作標籤加以表示。預設中觀察值號碼即為標籤。圖 2.46 中整理號碼 72 與 42 的觀察值是當作界外值加以描點。

　　以上，以居住型態層別製作表 2.8、圖 2.43、圖 2.46，顯然 2 種不同的分配是混在一起的。

例 2.13

➲ 資料

　　"數學理科分數 .sav"（假想資料）是 100 名學生的數學與理科的考試分數（每一科均以 100 分為滿分）。數學是全員考相同的問題，但對理科來說，是物理與生物任選一科來考試。表 2.9 顯示 "數學理科分數 .sav" 所含的變數。

　　以理科的選修科目層別求出數學與理科的考試分數的統計量與相關係數，同時也分層製作數學與理科考試分數的散佈圖。

表 2.9　"數學理科分數 .sav" 的變數清單

變數名	尺度的種類	備註
數學分數	間隔尺度	100 分滿分
理科分數		
理科選修科目	名義尺度	1：選修物理 2：選修生物

⊃ 分析的步驟

1. 層別的統計量的計算方法

　　理科選修科目別的統計量，以例 2.12 的方法也可求出，但此處介紹另一方法。

　　選擇【分析 (A)】→【比較平均數法 (M)】→【平均數 (M)】，開啓【平均數】視窗（參照圖 2.49）。以「自變數清單」來說，指定用於層別的變數「理科選修科目」。以「因變數清單」來說，指定「數學分數」與「理科分數」。

　　按「確定」，即於 SPSS 瀏覽器中輸出如表 2.10 所示的統計量。

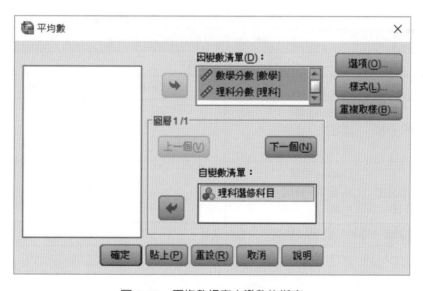

圖 2.49　平均數視窗中變數的指定

表 2.10　理科選修科目別的數學、理科分數的統計量

報表			
理科選修科目		理科分數	數學分數
物理	平均數	60.074	61.7407
	個數	54	54
	標準差	22.67311	20.36292
生物	平均數	63.6087	61.3261
	個數	46	46
	標準差	21.24197	20.59348
總和	平均數	61.7000	61.5500
	個數	100	100
	標準差	21.98737	20.36653

2. 層別的相關係數的計算方法

　　按理科的選修科目別計算數學與理科分數的相關係數，可以使用例 2.12 的方法（分割檔案或選擇觀察值均可）。分別就全員、物理選修者、生物選修者，計算數學分數與理科分數的相關係數之結果，如表 2.11 所示。

表 2.11　數學分數與理科分數的相關係數

(a) 數學分數與理科分數的相關係數（全員）			
相關			
		理科分數	數學分數
理科分數	Pearson 相關	1	.714**
	顯著性（雙尾）		.000
	個數	100	100
數學分數	Pearson 相關	.714**	1
	顯著性（雙尾）	.000	
	個數	100	100
** 在顯著水準為 0.01 時（雙尾），相關顯著。			

(b) 數學分數與理科分數的相關係數（物理選修者）		
相關 [a]		
		理科分數	數學分數

		理科分數	數學分數
理科分數	Pearson 相關 顯著性（雙尾） 個數	1 54	.587** .000 54
數學分數	Pearson 相關 顯著性（雙尾） 個數	.587** .000 54	1 54

** 在顯著水準為 0.01 時（雙尾），相關顯著。
[a] 理科選修科目＝物理

(c) 數學分數與理科分數的相關係數（生物選修者）		
相關 [a]		

		理科分數	數學分數
理科分數	Pearson 相關 顯著性（雙尾） 個數	1 46	.880** .000 46
數學分數	Pearson 相關 顯著性（雙尾） 個數	.880** .000 46	1 46

** 在顯著水準為 0.01 時（雙尾），相關顯著。
[a] 理科選修科目＝生物

3. 層別的散佈圖的製作方法 (1)

　　應用例 2.10 所解說的方法，分別就物理選修者與生物選修者可以製作數學與理科分數的散佈圖。亦即，在【簡單散佈圖】視窗（圖 2.36）中，於「面板依據」的「直欄」中指定「理科選修科目」，即可製作 2 張散佈圖（圖 2.50）。

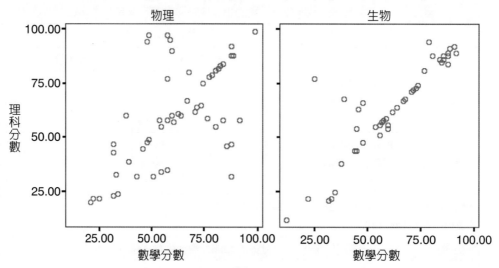

圖 2.50　以物理選修者與生物選修者層別所製作的數學分數與理科分數的散佈圖

4. 層別的散佈圖的製作方法 (2)

　　選擇【統計圖 (G)】→【歷史對話記錄 (L)】→【散佈圖／點形圖 (S)】，開啓【散佈圖／點形圖】視窗（圖 2.35）。點選「簡單散佈圖」按一下「定義」，開啓圖 2.51 的視窗。於「X 軸」指定「數學分數」，於「Y 軸」指定「理科分數」。在「設定標記依據」中指定「理科選修科目」。按「確定」，於 SPSS 瀏覽器中即可輸出圖 2.52 的散佈圖。（圖 2.52 是以圖表編輯器編輯後的狀態）。

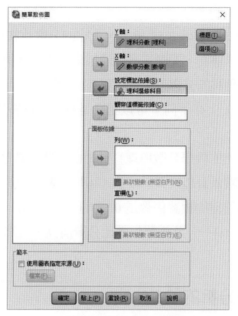

圖 2.51 簡單散佈圖視窗中變數的指定

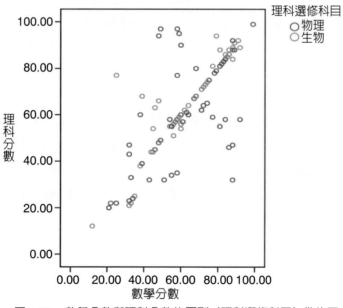

圖 2.52 數學分數與理科分數的層別（理科選修科目）散佈圖

⊃ 結果

　　就表 2.10、圖 2.50、圖 2.52 所示，生物的分數比物理的分數出現在高分的一方。數學是全員求解同一問題，但對理科來說依選修科目求解不同的問題──物理或生物，因之理科的分數分配依科目有可能不同。且物理選修者與生物選修者在數學分數的分配上亦不同，可以認為是具有不同特性的 2 個母體混雜在一起。

　　未分層下所求出的數學分數與理科分數的相關係數是 0.714（表 2.11(a)），數學與理科的相關關係看起來似乎較強。可是以理科的選擇科目分層後再計算相關係數時，數學與物理的相關係數是 0.587（表 2.11(b)），數學與生物的相關關係是 0.880（表 2.11(c)），此相關係數比分層前高，可知數學與生物的相關關係較強。

三、有關層別分析的 Q&A

Q 層別的累積相對次數曲線要畫在 1 張圖內，如何做才好？

A 將圖 2.25 的「通學時間」的累積相對次數曲線，按居住型態別製作畫在 1 張圖內的例子來說明。選擇【統計圖】→【線形圖】，開啟【線形圖】視窗（圖 2.53）。因為是將數個線形圖畫在 1 張圖內，因之點擊「複線圖」圖示。又，因為按層別製作折線，因之「圖表中資料為」點選「觀察值組別之摘要」。

　　按一下「定義」，開啟【定義複線圖】視窗（圖 2.54）中，於「類別軸」指定例 2.2 所作成的變數「通學時間＿組」，於「線形圖表示」中指定「累積百分比」，此作法與圖 2.24 相同，不同的是，「定義線形依據」中指定要層別的變數「自宅／外地【居住】」。按一下【確定】時，SPSS 瀏覽器內即可作出如圖 2.55 的圖形。

圖 2.53　層別的累積相對次數的製作方法 (1)

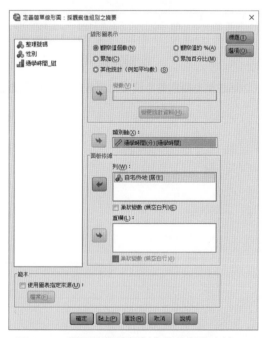

圖 2.54　層別的累積相對次數的製作方法 (2)

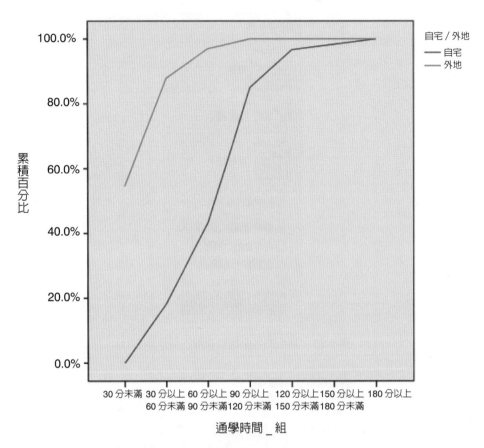

圖 2.55　以居住型態層別的累積相對次數曲線在 1 張圖內繪製的例子

附 錄

1. 圖表的活用 —— 與其他軟體的結合

SPSS 瀏覽器內的圖與表，可貼在以文書軟體或表計算軟體所製作而成的檔案中。在想複製的圖表部分，移動滑鼠按右鍵在所出現的清單中選擇「複製」或「物件複製」，然後在目的檔案內「貼上」即可。

同樣，按右鍵從所出現的清單選擇「匯出」時，開啓【匯出輸出】視窗（下圖），詳細指定格式後，即可另存新檔。下圖是將 SPSS 瀏覽器內的直方圖之圖形以 jpg 格式另存新檔的例子。儲存後的檔案，亦可從其他軟體開啓使用。

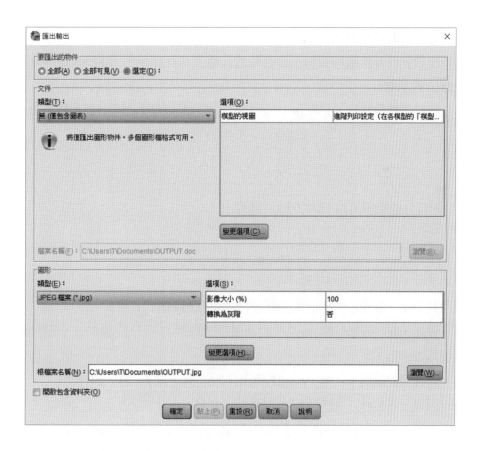

2. Sturges 的方式

次數分配表或直方圖的易讀性，取決於將圖分成數個組，或如何設定組的寬度所影響。以組數的指標來說，有以下所示 Sturges 的公式：

$$組數 ≒ 1 + \log_2 n = 1 + (\log_{10} n)/(\log_{10} 2)（n 是觀察值的總數）$$

例 2.2 所使用的 " 通學時間 .sav" 的觀察值總數是 95，如將 $n = 95$ 代入上述的公式時即為 7.56…，以組數的指標而言則顯示 8。

Sturges 的方式畢竟是一個指標，並非絕對的基準。設定組時，也要考量分組的良好與否。例 2.2 也考慮到分組的良好性而分成 7 組。

3. 百分位數的計算方法

位於 p 百分位數的資料不存在時的計算方法有許多，但 SPSS 是將以下的計算方法當作預設。

資料的總數當作 n，將 $(n + 1)p/100$ 之值分配成整數部份 j 與小數部分 g。

$$(n + 1)p/100 = j + g \tag{2.2}$$

p 百分位數利用以下的（2.3）式求出：

$$(1 - g)x_{(j)} + gx_{(j + 1)} \tag{2.3}$$

其中 $x_{(j)}$ 是表示由小而大的順序排列位於第 j 個的資料值。

譬如，在 " 通學時間 .sav" 中的通學時間的第 25 百分位數 37.5（參照表 2.4）是按以下求出。

將資料的總數 $n = 94$，$p = 25$ 代入（2.2）式，則 $j = 23$，$g = 0.75$。

因之，（2.3）式成為 $(1 - 0.75)x_{(23)} + 0.25x_{(24)}$

由表 2.1，將通學時間由小而大排列位於第 23 個之值是 30，位於第 24 個之值是 40，將 $x_{(23)} = 30$，$x_{(24)} = 40$ 代入（2.3）式，25 百分位數之值即可求出是 37.5。

4. 不偏變異數與樣本變異數

　　SPSS 所計算的變異數，稱為不偏變異數（unbiased variance），它是將偏差（各觀察值與平均數之差）的平方和除以觀察值總數 n 減 1 所得之值。計算式如（2.4）式所示：

$$不偏變異 = \{(偏差_1)^2 + (偏差_2)^2 + \cdots + (偏差_n)^2\}/(n-1) \qquad (2.4)$$

　　SPSS 是將所得到的資料視為來自母體的樣本。（2.4）式所求出之不偏變異數的期待值（平均），與母體中數值的變異數（母變異數）完全一致。因之當作估計母變異數的統計量來使用。

　　偏差的平方和除以 n 之後的變異數稱為樣本變異數（sample variance）。

$$樣本變異數 = \{(偏差_1)^2 + (偏差_2)^2 + \cdots + (偏差_n)^2\}/n \qquad (2.5)$$

　　（2.5）式所求出之樣本變異數的期待值，是母體變異數的 $(n-1)/n$ 倍。亦即，樣本變異數會有低估母體變異數之危險。

　　樣本數（觀察值總數）甚大時，$(n-1)/n$ 之值接近 1，樣本變異數與不偏變異數之值幾乎相同。實際上兩者之值的差異，只限於樣本數少的時候。

　　又，所取得的資料不視為樣本，視為母體的資料時，應使用樣本變異數。

5. Pearson 的積差相關係數

　　變數 X 與變數 y 的 Pearson 積差相關係數 r，可用（2.6）式加以定義。x_i 表變數 x 的第 i 個觀察值，偏差 x_i 意指 $x_i - x_{mean}$（x_{mean} 表變數 x 的平均數）。

$$r = \frac{\{(偏差\,x_1)(偏差\,y_1) + (偏差\,x_2)(偏差\,y_2) + \cdots + (偏差\,x_n)(偏差\,y_n)\}}{(x\ 的標準差)(y\ 的標準差)} \qquad (2.6)$$

　　x_i 與 y_i 分別與各自的平均數比較，兩方均大與兩方均小時，偏差 x_i 與偏差 y_i 之積即為正。這是對應散佈圖上的點形成向右下降的直線之傾向。反之，偏差 x_i 與偏差 y_i 之積即為負，對應散佈圖上的點形成向右下傾的直線之傾向。（2.6）式的分子，是變數 x 之偏差與變數 y 之偏差之積的平均，稱為共變異數。共變異

數如為正，變數 x 與變數 y 的散佈圖向右上升的傾向強，如為負，向右下降的傾向強。

在（2.6）式中，分子以分母（x 的標準差與 y 標準差之積）除之，不管變數 x、y 的單位為何，是為了使 r 之值在 $-1 \leqq r \leqq 1$。（2.6）式的分母的標準差是以 $\sqrt{}$ 樣本變異數求出。

第3章　統計推論

進行數量上的研究時，比較數個群中的平均值、變異數或比率（比例），考量變異數間的關係有多少。本章以檢討 2 個平均值之比較、2 個變異數之比較、相關係數的檢討、2×2 交叉表的檢討、2 個比率之比較等為中心，就統計的檢定與區間估計進行說明。

3.1　有關平均值的推論

一、概要

就同一變數而條件不同的 2 個平均值來說，在母體中是否有差異，以統計的方式來驗證的方法有 t 檢定。t 檢定中，區有無對應（獨立）的 t 檢定，及有對應（成對）的 t 檢定 2 種。「無對應」是指像實驗群與對照群，受試者（樣本）是包含在 2 個群中的某一群內。「有對應」是指針對同一受試者進行事前－事後測試，或從同一家族的患者與家族的成員中蒐集數據等，資料能成對取得。

t 檢定之結果，如顯著機率（p 值）比事前所設定的顯著水準（significant level）（冒險率）小，視為統計上顯著，可以想成是 2 個平均值有統計上的顯著差。相反的，顯著機率不小於顯著水準時，則可判斷 2 個平均值不能說有統計上的差異。

並非是 2 個平均值是否有統計上的顯著差，而是有多少的差異，以某種程度的寬度去估計者，即稱為區間估計（interval estimation）。信賴區間（confidential interval）即為區間估計的一種。譬如，平均值之差的信賴區間，是依據「在事前所設定的機率（譬如 95%）下，以包含母平均之差之值」之規則所製作的區間。「事前所設定之機率」稱為信賴係數。譬如，在信賴係數為 95% 時所製作的信賴區間，稱為 95% 的信賴區間。

二、解析例

例 3.1

➲ 資料

入院到外科病房，並接受腸或胃手術的患者，針對護士及醫生應對滿意度、手術前不安的程度、對手術的滿意度等進行調查。比較有接受過腸手術及胃手術之病患在手術不安的程度（平均值）。

➲ 資料輸入形式

輸入各變數的資料（圖 3.1）。「手術部位」的 1 表示「腸手術」，2 表示「胃手術」（各值可先加上標記）。「醫師應對滿意度」與「護士應對滿意度」都是探討：(1) 態度、用字遣辭；(2) 交談的容易性；(3) 對不安的安撫，從「5 非常滿意」到「1 非常不滿意」的 5 級評定所得的合計值。「手術前不安」是以 5 級評定手術前不安的程度之結果，對「手術滿意度」也是以 5 級評定，分數愈大，滿意度愈高。

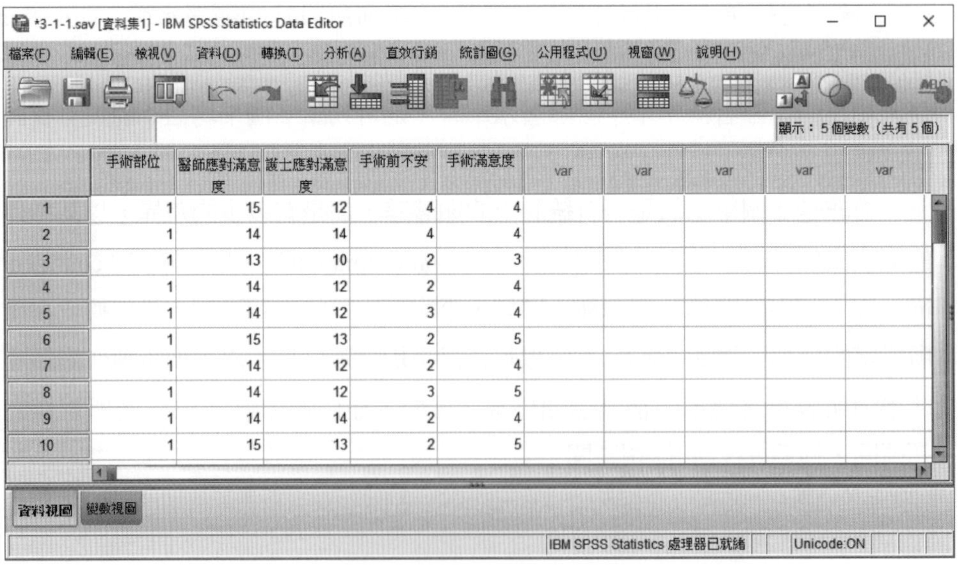

	手術部位	醫師應對滿意度	護士應對滿意度	手術前不安	手術滿意度	var	var	var	var	var
1	1	15	12	4	4					
2	1	14	14	4	4					
3	1	13	10	2	3					
4	1	14	12	2	4					
5	1	14	12	3	4					
6	1	15	13	2	5					
7	1	14	12	2	4					
8	1	14	12	3	5					
9	1	14	14	2	4					
10	1	15	13	2	5					

圖 3.1　輸入資料的一部分

◯ 分析的步驟

　　因為患者是屬於腸手術或是胃手術之中的一群，所以是無對應（獨立）的 t 檢定。首先點選【分析 (A)】→【比較平均數法 (M)】→【獨立樣本 T 檢定 (T)】，開啟圖 3.3 的視窗。將「手術前不安」移到「檢定變數」，「手術部位」移到「分組變數」中。接著，按一下「定義組別」，輸入 1 表示「組 1」即腸手術者，輸入 2 表示「組 2」即胃手術患者。「選項」可以設定信賴區間的信賴係數之值，初期設定是 95%。

圖 3.2　比較平均值之步驟

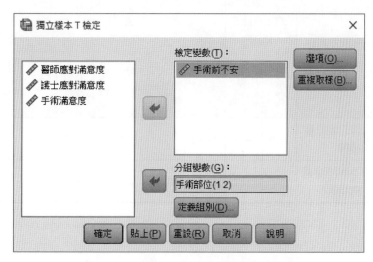

圖 3.3　獨立樣本 T 檢定中變異數選擇頁面

◐ 結果

　　各群的手術前不安的平均值如表 3.1 所示。腸手術者患者有 17 名，胃手術患者有 16 名。關於表 3.1，手術前不安程度的平均值，腸手術患者是 2.76，胃手術患者是 2.25，腸手術患者的不安程度稍高。為了檢討母體平均是否有差異，如觀察 t 檢定之結果（表 3.2）時，顯著機率是 0.477，不低於通常所設定的顯著水準 0.05 或 0.01。因此，可以判斷腸手術患者與胃手術患者的「手術前不安程度」並無統計上的顯著差異。

　　觀察 95% 信賴區間，下限是 −0.137，上限是 1.166，以 95% 的機率可以估計此區間包含母平均值之差的值。從母平均值無差異，亦即從信賴區間包含 0，也可以支持腸手術患者與胃手術患者在手術前不安的程度並無差異之判斷。

表 3.1　各群手術前不安的平均值與標準差

	手術部位	個數	平均數	標準差	平均數的標準誤
手術前不安	腸	17	2.76	.970	.235
	胃	16	2.25	.856	.214

表 3.2　無對應 t 檢定的結果與信賴區間

獨立樣本檢定									
		變異數相等的 Levene 檢定		平均數相等的 t 檢定					
		F 檢定	顯著性	t	自由度	顯著性（雙尾）	平均差異	標準誤差異	差異的 95% 信賴區間
									下限	上限
手術前不安	假設變異數相等	.519	.477	1.612	31	.117	515	.319	-.137	1.166
	不假設變異數相等			1.618	30.881	.116	.515	.318	-.134	1.164

例 3.2

⊃ 資料

在例 3.1 所使用的資料中，試比較「醫師應對滿意度」與「護士應對滿足度」。

⊃ 資料輸入形式

如圖 3.1 所示，同一受試者的「醫師應對滿意度」與「護士應對滿意度」使之屬於同一列地輸入資料。

⊃ 分析的步驟

因為是各患者使用同一項目評定「醫師應對滿足度」與「護士應對滿足度」，所以是使用成對的 t 檢定，如圖 3.2 所示，按【分析 (A)】→【比較平均數法 (M)】→【成對樣本 T 檢定 (P)】開啓如圖 3.4 的視窗。一併選擇「醫師應對滿意度」與「護士應對滿意度」，並移到「配對變數」的方框中。在選項中可以設定信賴區間的信賴係數值，初期設定是 95%。

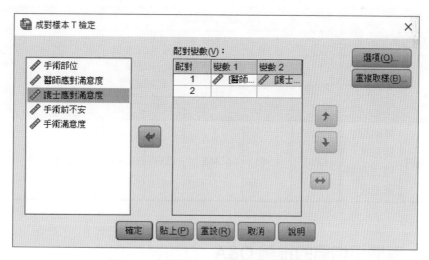

圖 3.4　成對樣本 T 檢定中變數選擇頁面

➲ 結果

　　將各變數的平均值表示在表 3.3 中。「醫師應對滿意度」的平均值是 14.03，「護士應對滿意度」是 12.97，顯示「醫師應對滿意度」較高，為了檢討母體平均值是否有差異，觀察 t 檢定之結果（表 3.4），顯著機率是 0.004，低於通常設定的顯著水準 0.05。因之，「醫師應對滿意度」與「護士應對滿意度」的分數，可以判斷有統計上的顯著差異。

　　觀察 95% 信賴區間，下限是 0.357，上限是 1.764，在 95% 的機率下此區間被估計出包含母平均值之差的值。由此結果，可以觀察出 2 個變數的平均值在統計上雖有顯著差異，但其差異幾乎沒有，或即使有也不足 2 分（1.764 - 0.357）。

表 3.3　各變數的平均數與標準差

成對樣本統計量		平均數	個數	標準差	平均數的標準誤
對組 1	醫師應對滿意度	14.03	33	.918	.160
	護士應對滿意度	12.97	33	1.489	.259

表 3.4　成對的 T 檢定結果與信賴區間

成對樣本檢定								
		成對變數差異					t	自由度	顯著性（雙尾）
		平均數	標準差	平均數的標準誤	差異的 95% 信賴區間				
					下限	上限			
對組 1	醫師應對滿意度 護士應對滿意度	1.061	1.983	.345	.357	1.764	3.072	32	.004

三、有關平均值的推論 Q&A

Q1　當檢定後不顯著時，如增加受試者人數（樣本數）據說會變成顯著，此看法是正確嗎？

A1 一般的統計檢定，效果愈大（如果是平均值之差的檢定時，指平均值之差愈大），以及受試者人數愈多，愈容易變成顯著。在此意義下，如增多受試者人數，就會變成顯著是正確的。可是，它畢竟是統計上的顯著性，在實質科學上並未保證是有意義的顯著性。即使效果的大小相同，樣本少時統計上也有可能不顯著，樣本多時統計上也有可能顯著，即使說增加樣本數可以得出統計上的顯著性，也並未表示實質科學的顯著性。統計的檢定，可以說依樣本數會使結果改變具有此種重大缺陷的方法。從此事實來看，在研究方面，不要僅依賴統計的檢定，估計信賴區間也是需要的。

Q2 要比較 3 個以上的平均值要如何做才好？

A2 使用第 4 章說明的變異數分析與多重比較法。從 3 個以上的平均值取出每對的平均值，分別進行 t 檢定是不適切的。發生檢定重複的問題，顯著水準的調整不甚妥當。

Q3 統計上的顯著與信賴區間之間有何關係呢？

A3 就 2 個平均值之比較來說，t 檢定在顯著水準 α 之下成為顯著，與 $100(1 - \alpha)\%$ 信賴區間不包含 0 是完全對應的。對於比率或相關係數的情形而言，信賴區間的估計因使用近似計算，雖然沒有嚴密的對應關係，但大致上檢定的顯著，與信賴區間不含 0 是對應的。

Q4 聽說 t 檢定是假設 2 個母體變異數之值是相同的，但此假定如不滿足時，會變成如何？

A4 要進行改良 t 檢定之後的 Welch 檢定，詳情參照下節。

3.2　關於變異數的推論

一、概要

　　2 個變數的變異數在母體中可否說是相同呢？以統計的驗證方法來說，有 F 檢定。譬如，無對應（不成對）的 t 檢定是將 2 個母體變異數相同當作前提條件，因之於 t 檢定之前要先進行母體變異數的等質性檢定。

　　為了判斷母變異數的等質性，進行 F 檢定之結果，如果顯著機率（P 值）比

事前所設定的顯著水準（冒險率）小，統計上當作顯著，不能說 2 個母變異數是同值。相反的，顯著機率不低於顯著水準時，即判斷 2 個母變異數不能說是相異的。

如果母變異數被認為不等值時，比較無對應（不成對）的 2 個平均值，是要觀察改良 t 檢定的 Welch 檢定（不假定等變異數時之檢定）之結果。

二、解析例

例 3.3

⊃ 資料

在例 3.1 中，比較腸手術患者與胃手術患者在手術前的不安程度，在 t 檢定中，檢討各群的母變異數是否相同。

⊃ 資料的輸入方式

與例 3.1 相同，先顯示如圖 3.1 的資料。

⊃ 分析的步驟

SPSS 及一般的統計分析軟體，進行無對應的 t 檢定時，會自動地進行變異數等質性的檢定。依從無對應的 t 檢定之步驟，如圖 3.2 所示，按【分析 (A)】→【比較平均數法 (M)】→【獨立樣本 T 檢定 (T)】進行，在圖 3.3 的視窗中將「手術前不安」移到「檢定變數」，「手術部位」移到「分組變數」中。

⊃ 結果

在表 3.2 中，觀察等變異性所使用 Levene 的檢定結果，顯著機率是 0.477，並未低於一般所使用的顯著水準 0.05，因之判斷母體變異數不能說是相異，之後，當觀察無對應 t 檢定之結果時，即觀察「假定等變異性」之列。如果，在等變異性的檢定中顯著機率低於顯著水準（0.05）時，之後的無對應 t 檢定之結果，就要看「不假定等變異性」的列。

三、有關變異數推論的 Q&A

Q1　除無對應 t 檢定之外，有其他變異數檢定的方法嗎？

A1　在進行 3 個以上平均值之比較的變異數分析中，也要假定變異數的等質性，因之要進行母變異數的等質性檢定。變異數的大小之比較，也有可能成為研究的對象。譬如，成長期中的飲食指導，過量或少食均不好，為了能攝取適量的飲食而進行指導時，想驗證其指導的效果，要比較指導前後受試者攝取能量的變異數。指導後的變異數若變小，即可認為指導有效果。

3.3　有關相關係數的推論

一、概要

在 2 個變數間可以看出一方的變數之值高而另一方的變數之值也高（或低）的傾向時，此 2 個變數之間可以說有相關。以評估線形的相關關係的指標有相關係數。相關係數之值在 1 與 –1 之間，相關係數是 –1 時謂完全負相關，0 時完全無相關，＋ 1 時則是完全正相關。有完全正相關時，就各樣本以 2 個變數之值為一組在 2 次平面上描點製作圖形（散佈圖），各點呈現向右上升的直線上排列。

檢定母體中的相關係數（母相關係數）是否為零的方法，有相關係數的檢定。相關係數的檢定是變換相關係數之值再進行 t 檢定。

進行相關係數的檢定之後，如顯著機率（p 值）比事前所設定的顯著水準（冒險率）小時，當作統計上有顯著差異，2 個變數之間的母相關係數想成不是零。相反地，顯著機率如不低於顯著水準時，則判斷母相關係數不能說不為零。

二、解析例

例 3.4

⊃ 資料

在例 3.1 的例子中試檢討看看「醫師應對滿意度」與「護士應對滿意度」相關係數在母體中能否為零。

⊃ 資料輸入形式

與例 3.1 相同，作法如圖 3.1 所示。

⊃ 分析的步驟

計算相關係數之間時也進行檢定時，按【分析 (A)】→【相關 (C)】→【雙變數 (B)】，開啓圖 3.5 的視窗，將「醫師應對滿意度」與「手術滿意度」移到「變數」框中，按「確定」。

初期設定是計算 Pearson 的相關係數，此外，也可以計算 Spearman 或 Kendall 的順位相關係數。以選項來說，也可輸出各項變數的平均值與標準差。

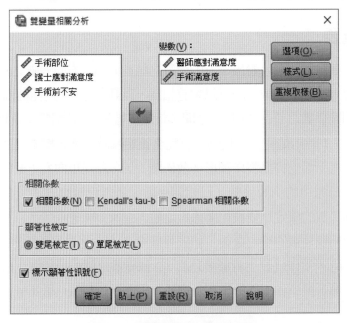

圖 3.5　相關係數的計算與檢定

⊃ 結果

各變數的平均值與標準差如表 3.5 所示，相關係數與其檢定結果如表 3.6 所示。觀察表 3.6 時，「醫師應對滿意度」與「手術滿意度」的相關係數是 0.414，得知有中程度的相關。且顯著機率是 0.017，低於一般顯著水準所設定的 0.05，

所以統計上有顯著差異。亦即，在母體中可以判斷「醫師應對滿意度」與「手術滿意度」的相關係數不為零。

另外，以相同方式檢驗，可得知「護士應對滿意度」與「手術滿意度」的相關係數是 0.201，顯著機率為 0.261，統計上不顯著，在母體中，「護士應對滿意度」與「手術滿意度」的相關係數不能說不為零（無相關）。

表 3.5　平均值與標準差

描述性統計量			
	平均數	標準差	個數
手術滿意度	3.94	.827	33
醫師應對滿意度	14.03	.918	33

表 3.6　相關係數與其檢定

相關		手術滿意度	醫師應對滿意度
手術滿意度	Pearson 相關	1	.414*
	顯著性（雙尾）		.017
	個數	33	33
醫師應對滿意度	Pearson 相關	.414*	1
	顯著性（雙尾）	.017	
	個數	33	33

*. 在顯著水準為 0.05 時（雙尾），相關顯著。

三、有關相關係數推論的 Q&A

Q1　相關係數的檢定如統計上顯著時，能否說 2 變數之間有相關關係？

A1　如 3.1 節的 A1 中所敘述的，統計上的檢定如受試者人數（樣本數）增多時，即使相關係數之值幾乎接近零，也可能成為顯著。像此種情形，即使說統計的檢定是顯著，2 變數之間也不能說有實質上的相關關係。直覺地判斷，當蒐集較多的樣本，相關係數之值幾乎是零時，則在母體中相關係數之值也被預估接近零。不要只看統計的結果，要看實際的相關係數之值是多少再解釋結果是有需要的。

Q2 就某種程度可以自我控制的慢性疾病進行研究併發症的發病，認為疾病的知識量愈多，併發症就愈少，在調查相關關係之後，與預測相反，得出了有關疾病的知識量愈多，併發症也愈多的結果，問分析是否有誤？

A2 所觀察的相關係數有可能是外表的相關（假相關）。所謂外表的相關，是指 2 個變數分別受有關係的第 3 變數之影響，2 個變數間的相關關係就會不自然地被觀察到。以目前的例子來說，罹患年數成為第 3 變數的可能性甚高。如果是罹患年數相同的患者群，雖然病症的相關知識量愈多，併發症愈少，但若罹患年數愈長，知識也增加，併發症也必然會變多，如有這種關係時，以整體來說，就會被觀察出疾病的知識量愈多，併發症也愈多的相關關係。此時，先按罹患年數區分，再進行研究是有必要的。

Q3 相關係數沒有信賴區間嗎？

A3 雖然是近似計算，但可估計相關係數的信賴區間。可是，很遺憾 SPSS 並未有模組。

3.4 有關交叉表的推論

一、概要

1. 何謂交叉表

針對名義尺度（或順序尺度）的變數而言，將各變數的水準組合資料製作成表，稱為交叉表（cross table）。許多時候，交叉表是將 2 個變數組合，記述 2 變數間的關係。2 個變數的水準數均為 2 的表，特別製作為 2×2 表或 4 交叉表。在交叉表中相當於各變數的水準組合的方框稱為格（cell）。

2. ϕ 係數

在交叉表中，以記述 2 個變數間之關係的指標來說，有所謂的關聯係數。對於 2×2 表來說，關聯係數提出有 ϕ 係數。ϕ(phi) 係數是對 2 個變數的 2 個水準分別分配一個值（譬如，一方的水準設為 1，另一方的水準設為 0）時的 2 個變數間的相關係數。

ϕ 係數與相關係數一樣，值取在 1 與 –1 之間。ϕ 係數愈大，表示 2 個變數

間之關聯愈強，ϕ 係數之值為 0 時，2 個變數之間表示無關聯。2 個變數無關聯，是指各行或各行的次數比為一定，此情形的 2 個變數可以說是獨立的。

3. Cramer's 關聯係數

比 2×2 大的交叉表，譬如在 3×4 的表中，也提出有記述 2 變數間之關係的指標，此即為 Crame's 關聯係數（V）（Cramer's V）。Cramer's 關聯係數（V）的值取在 0 到 1 之間。與 ϕ 係數的情形一樣，各列或各行的次數比為一定時，$V = 0$，可以說 2 個變數無關聯是獨立的。另外，對於 2×2 交叉表的情形來說，Cramer's 關聯係數（V）與 ϕ 係數的絕對值是相同之值。

4. χ^2 檢定

在母體中，交叉表中的 2 個變數是否獨立，以統計的檢定方法來說，有卡方（χ^2）檢定。

進行 χ^2 檢定的結果，顯著機率（P 值）如比事先所設定的顯著水準（冒險率）小時，當作在統計上是有顯著差的，想成 2 個變數並非獨立。相反地，顯著機率不小於顯著水準時，則判斷 2 個變數不能說不是獨立。

二、解析例

例 3.5

⇨ 資料

讓有過消化器官手術的患者，針對是否攝取某食物 A，與是否引起腸閉塞進行回答，調查食物 A 的攝取有無與腸閉塞的發生之關聯。

⇨ 資料輸入的形式

輸入各變數的資料（圖 3.6）。「食物攝取」及「腸閉塞」的 1 表示有，0 表示無。就這些值對（有）加上 + 的標記，（無）加上 － 的標記。

	id	食物攝取	腸閉塞	var	var
1	1	1	0		
2	2	1	0		
3	3	0	1		
4	4	0	0		
5	5	1	1		
6	6	0	1		
7	7	1	1		
8	8	0	1		
9	9	0	0		
10	10	0	1		
11	11	0	0		
12	12	0	0		
13	13	0	0		
14	14	1	1		
15	15	0	1		
16	16	0	0		
17	17	0	0		
18	18	0	0		
19	19	1	0		
20	20	1	0		
21	21	1	1		
22	22	0	0		
23	23	0	0		
24	24	0	0		
25	25	0	0		
26	26	0	0		
27	27	0	0		
28	28	0	1		
29	29	0	1		

資料檢視 變數檢視

圖 3.6　輸入資料的一部分

⊃ 分析的步驟

按【分析 (A)】→【描述性統計資料 (E)】→【交叉表 (C)】，開啟圖 3.7 的視窗，將 2 個變數投入到「列」與「直欄」中。進行卡方檢定時，在「統計量」的選項中選擇「卡方」。而且，為了計算 ϕ 係數與 Cramer's 關聯係數，在「統計量」的選項中選擇「phi(ϕ) 與 Cramer's」。

交叉表中不僅方格的次數，也想表示列中的百分比、行中的百分比、全體中的百分比時，在「格」的選項的「百分比」中，分別選擇橫列、直行、總和。

圖 3.7　交叉表的製作

○ 結果

　　表 3.7 是顯示結果，食物 A 攝取與腸閉塞的發生有無的交叉表。從中得知攝取食物 A 者，40 名中有 12 名，其中 7 名（58.3%）發生腸閉塞，另一方面，未攝取食物 A 者，40 名中有 28 名，其中有 10 名（35.7%）發生腸閉塞。

　　為了檢討食物 A 攝取與腸閉塞之發生是否有關聯，觀察卡方檢定的結果（表 3.8），漸近顯著機率（P 值）為 0.185，不低於一般設定顯著水準的 0.05，因之可知統計上並不顯著。

　　在表 3.8 中，「連續校正」的列，稱為 Yates 的連續校正，是將離散分配採取以連續分配近似的步驟再進行卡方檢定之結果。顯著機率比未進行連續修正時還大，觀察檢定結果時，建議也要觀察連續修正的結果。實際上顯著機率是 0.328 比 0.185 還大，可以判斷食物 A 的攝取與腸閉塞的發生並無關聯。

　　此外，ϕ 係數之值是 0.210（表 3.9）。因為是 2×2 表，Cramer 的關聯係數也與 ϕ 係數相同為 0.210。

表 3.7　交叉表

		腸閉塞		總和
		無	有	
食物攝取	無	18	10	28
	有	5	7	12
總和		23	17	40

*食物攝取 * 腸閉塞交叉表*

表 3.8　卡方檢定

卡方檢定

	數值	自由度	漸近顯著性（雙尾）	精確顯著性（雙尾）	精確顯著性（單尾）
Pearson 卡方	1.759^{b}	1	.185		
連續校正 ^{a}	.955	1	.328		
概似比	1.749	1	.186		
Fisher's 精確檢定				.296	.164
線性對線性的關聯	1.715	1	.190		
有效觀察值的個數	40				

a. 只能計算 2×2 表格

b. 0 格（.0%）的預期個數少於 5。最小的預期個數為 5.10。

表 3.9　Phi 係數與 Cramer 關聯係數

對稱性量數

		數值	顯著性近似值
以名義量數為主	Phi 值	.210	.185
	Cramer's V 值	.210	.185
有效觀察值的個數		40	

例 3.6

⊃ 資料

在護理系學生中，將來想前往內科、外科、精神科 3 科之中哪一科（系統），以及想在病房與門診中之何者任職（勤務型態），想調查其間之關聯。讓各受試者就科別系統與勤務型態兩者，各選出希望的一者。

⊃ 資料輸入形式

將各變數的資料輸入（圖 3.8）。「系統」的 1 表示內科，2 表示外科，3 表示精神科，以及「勤務型態」的 0 表示門診，1 表示病房。

	id	系統	勤務型態	var	var
1	1	3	1		
2	2	2	1		
3	3	1	0		
4	4	3	0		
5	5	1	1		
6	6	1	0		
7	7	3	0		
8	8	3	0		
9	9	3	1		
10	10	2	1		
11	11	1	1		
12	12	2	1		
13	13	1	0		
14	14	1	1		
15	15	1	1		
16	16	1	1		
17	17	2	0		
18	18	3	1		
19	19	1	0		
20	20	2	1		
21	21	3	0		
22	22	3	1		
23	23	3	0		
24	24	2	0		
25	25	2	0		
26	26	2	1		
27	27	2	1		
28	28	1	0		
29	29	1	1		

資料檢視 變數檢視

圖 3.8　輸入資料的一部分

⊃ 分析的步驟

與例 3.5 相同，按【分析 (A)】→【描述性統計資料 (E)】→【交叉表 (C)】，開啓【交叉表】視窗，將 2 個變數投入到「直欄」與「列」中。進行卡方檢定時，

在「統計量」選項中，選擇「卡方」。要計算 Cramer's 關聯係數時，在「統計量」選項中選擇「phi(ϕ) 與 Cramer's V」。

交叉表中不只是各方格的次數，也想表示列中的百分比、行中的百分比、全體中的百分比時，在「格」的選項中的「百分比」，分別選擇橫列、直行、總和。

⊃ 結果

從隨機所選出的 69 名學生得到回答。將回答整理如表 3.10 所示。69 名之中希望內科有 31 名，其中希望在病房服務者有 19 名（61.3%），希望精神科者有 13 名，其中希望在病房服務者有 6 名（46.2%）。

在母體方面，希望任職科別的系統與勤務型態有無關聯，亦即依系統的科別不同，希望在病房（門診）勤務的比率是否有差異，為了檢討進行了卡方檢定（表 3.11），顯著機率（P 值）是 0.044，可知統計上是顯著的。亦即，依系統之別，希望在病房（門診）服務的比率，可以判斷在統計上是有顯著差異。

另外，顯示希望科別的系統與勤務型態的關聯，其間的關聯係數是 0.301（表 3.12）。

表 3.10　交叉表

系統與勤務型態交叉表					
			勤務型態		總和
			門診	病房	
系統	內科	個數	12	19	31
		系統內的 %	38.7%	61.3%	100.0%
		勤務型態內的 %	52.2%	41.3%	44.9%
		總和的 %	17.4%	27.5%	44.9%
	外科	個數	4	21	25
		系統內的 %	16.0%	84.0%	100.0%
		勤務型態內的 %	17.4%	45.7%	36.2%
		總和的 %	5.8%	30.4%	36.2%
	精神科	個數	7	6	13
		系統內的 %	53.8%	46.2%	100.0%
		勤務型態內的 %	30.4%	13.0%	18.8%
		總和的 %	10.1%	8.7%	18.8%

系統與勤務型態交叉表			勤務型態		總和
			門診	病房	
總和		個數	23	46	69
		系統內的 %	33.3%	66.7%	100.0%
		勤務型態內的 %	100.0%	100.0%	100.0%
		總和的 %	33.3%	66.7%	100.0%

表 3.11　卡方檢定

卡方檢定			
	數值	自由度	漸近顯著性（雙尾）
Pearson 卡方	6.245[a]	2	.044
概似比	6.530	2	.038
線性對線性的關聯	.113	1	.737
有效觀察值的個數	69		

a.1 格（16.7%）的預期個數少於 5。最小的預期個數為 4.33。

表 3.12　Cramer 的關聯係數

對稱性量數		數值	顯著性近似值
以名義量數為主	Phi 值	.301	.044
	Cramer's V 值	.301	.044
有效觀察值的個數		69	

三、有關交叉表的推論 Q&A

Q1　樣本數少時，交叉表的分析也可以使用卡方檢定嗎？

A1　卡方檢定是以具有某種程度的樣本數作爲前提，因之樣本數少時，進行卡方檢定並不適切。此種情形（譬如，次數是 5 以下），建議採 Fisher 的精確檢定（直接法）（Fisher's exact test）。如果是 2×2 表的分析時，進行卡方檢定時也會輸出 Fisher 的精確檢定結果。在表 3.8 中，如觀察 Fisher 的直接法中的精確顯著水準（雙邊）時是 0.296，顯示統計上並不顯著。

Q2 ϕ 係數（或 Cramer's 的關聯係數）的值雖然接近 0，但統計上卻是顯著。2 個變數間可以說有關聯嗎？

A2 ϕ 係數（或 Cramer's 關聯係數）之值小但統計上是顯著，有可能是樣本數多的緣故。直覺地想，當蒐集較多的樣本，關聯係數幾乎是零時，在母體方面關聯係數之值被預估是接近零。儘管說統計上是顯著，2 個變數之間不應該是有關聯。不只是看統計的檢定結果，觀察各列或各行的次數比率，判斷實質上能否說有關聯是有需要的。

Q3 雖然曾說明過相關係數有外表上的相關之類的問題，在交叉表的情形中也會發生此種問題嗎？

A3 對於想檢定的 2 個變數分別受到第 3 個變數之影響時，會發生與假相關相同的問題，此稱為辛普生（Simpson）的詭論。被認為有第 3 變數存在時，有需要按第 3 變數的各水準，進行 2 變數的分析。為了進行此事，在圖 3.7 中，將第 3 變數投入「圖層」的方框中。

Q4 變數的水準像「重度的副作用、中度的副作用、輕度的副作用、無副作用」有順序性。此種情形的分析要如何進行？

A4 針對順序分類資料進行分析時，有比卡方檢定更適切的分析法。在無母數統計分析之中有處理順序分類資料者，在 SPSS 中按【分析】→【無母數統計檢定】進行，其中收納有幾種無母數分析法。

3.5　比率的推論

一、概要

　　針對某事件的發生率或贊成率等比率檢討時，許多時候是比較 2 個以上之比率或檢討其間有無差異。譬如，抽菸者與不抽菸者的肺癌發生率之比較，或附近居民對工廠建設的贊成率，在說明會之前後進行比較等。前者是無對應比率之比較，後者是有對應比率之比較。

　　在母體方面，比率上有無差異，以統計的驗證方法來說，在無對應之比率的比較方面，有 3.4 節說明的卡方檢定；在有對應之比率的比較方面，有 McNemar's 檢定或 Cochran 的 Q 檢定。McNemar 檢定是有對應的 2 組比率之比較；

Cochran 的 Q 檢定是適用於有對應的 3 組以上之比率的比較。

　　無對應之比率的檢定，譬如例 3.5，攝取食物 A 與否，是否引起腸閉塞，檢討其間的關聯，如改成攝取食物 A 之組與未攝取食物之組比較腸閉塞發生率之情形來掌握時，與交叉表的分析一樣進行卡方檢定即可。

　　進行檢定之結果，顯著機率（P 值）如比事先所設定的顯著水準（冒險率）小時，以統計上的顯著性來說，想成比率有差異。相反的，顯著機率如不低於顯著水準時，就不能說比率有差異。

二、解析例

例 3.7

⊃ 資料

　　在無小孩也不與雙親同住的 20 歲夫婦中，分別向夫與妻雙方打聽，如果與雙親同住時，希望與「夫的雙親」同住？還是希望與「妻的雙親」同住？想比較與「夫的雙親」及「妻的雙親」同住之比率。由於是從相同的夫妻蒐集資料，所以是有對應的資料。

⊃ 資料輸入形式

　　輸入各變數的資料後，如圖 3.9 所示。「夫」與「妻」的 0 表示希望與「妻的雙親」同住，1 表示希望與「夫的雙親」同住。

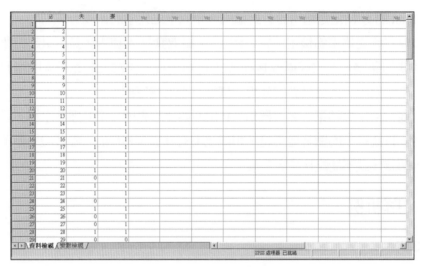

圖 3.9　輸入資料的一部分

⊃ 分析的步驟

　　為了觀察「夫」希望與「夫的雙親」同住的人數與比率，以及「妻」希望與「夫的雙親」同住的人數與比率，與3.4節一樣，按【分析】→【描述性統計資料】→【交叉表】開啟【交叉表】視窗，將「夫」與「妻」投入到交叉表的「直欄」與「列」中。並且，在「格」的選項中選擇總和的百分比。另外，比較「夫」與「妻」希望與「夫的雙親」同住的比率，在「統計量」選項中選擇 McNemar。

　　以其他的步驟來說，按【分析】→【無母數統計檢定】進行，選擇檢定的種類再執行的方法也有。如果是 McNemar 檢定時，進入到「成對樣本的檢定」，投入 2 個變數後，選擇 McNemar。

⊃ 結果

　　表 3.13 顯示由 112 組夫妻得出資料的結果。由表 3.13 可知 112 組夫妻之中，「夫」希望與「夫的雙親」同住的比率是 61.6%（69 組），「妻」希望與「夫的雙親」同住的比率是 25.0%（28 組）。另外，21.4%（24 組）的夫婦，「夫」和「妻」均希望與「夫的雙親」同住。

　　進行 McNemar 檢定的結果，如表 3.14 所示。觀此檢定結果時，顯著機率（P 值）顯示是 0.000，統計上是有顯著差異。因之，「夫」與「妻」希望與「夫的

「雙親」同住的比率可以判斷是有差異的。

表 3.13　交叉表

<table>
<tr><th colspan="3">夫＊妻交叉表</th><th colspan="2">妻</th><th rowspan="2">總和</th></tr>
<tr><th colspan="3"></th><th>與妻的雙親同住</th><th>與夫的雙親同住</th></tr>
<tr><td rowspan="4">夫</td><td rowspan="2">與妻的雙親同住</td><td>個數</td><td>39</td><td>4</td><td>43</td></tr>
<tr><td>總和的 %</td><td>34.8%</td><td>3.6%</td><td>38.4%</td></tr>
<tr><td rowspan="2">與夫的雙親同住</td><td>個數</td><td>45</td><td>24</td><td>69</td></tr>
<tr><td>總和的 %</td><td>40.2%</td><td>21.4%</td><td>61.6%</td></tr>
<tr><td colspan="2">總和</td><td>個數</td><td>84</td><td>28</td><td>112</td></tr>
<tr><td colspan="2"></td><td>總和的 %</td><td>75.0%</td><td>25.0%</td><td>100.0%</td></tr>
</table>

表 3.14　McNemar 檢定

<table>
<tr><th colspan="3">卡方檢定</th></tr>
<tr><th></th><th>數值</th><th>漸近顯著性（雙尾）</th></tr>
<tr><td>McNemar 檢定</td><td></td><td>.000[a]</td></tr>
<tr><td>有效觀察值的個數</td><td>112</td><td></td></tr>
</table>

a. 使用二項式分配

三、比率的推論 Q&A

Q1　比率是否沒有信賴區間？

A1　雖是近似計算，但可以估計比率的信賴區間或 2 個比率之差的信賴區間。
可是，SPSS 等廣受使用的統計分析軟體中很遺憾並未載入。
SPSS 在【分析 (A)】→【描述性統計資料 (E)】→【比率 (B)】之中雖有求信賴區間的選項，但它是在製作出許多比率資料時，估計其平均值的信賴區間。

Q2　比率差之值雖接近 0，統計上卻是顯著，2 個比率可以說有差嗎？

A2　比率差之值接近 0 統計上卻是顯著，想來有可能是樣本較多的緣故。直覺地來想，蒐集較多的樣本時，如比率差近乎 0 時，在母體方面，可以預估比率差之值接近 0。即使統計上是有顯著差，2 個比率也不應有甚大的差

異。估計信賴區間，而且，估計有何種程度的差異是有需要的。

Q3 對於成對的 3 組以上的比率要如何進行檢定？

A3 可從【分析】→【無母數檢定】→【歷史對話記錄】→【k 個相關樣本】的
視窗中，將檢定變數輸入後，點選「Cochran's Q 檢定」即可。

譬如，以下有 4 科目想檢定合格率是否依科目而有所不同（開啓資料檔
3-5-1-0）。

將 4 個科目 A,B,C,D 移入「檢定變數」中。並勾選 Cochran's Q 檢定。

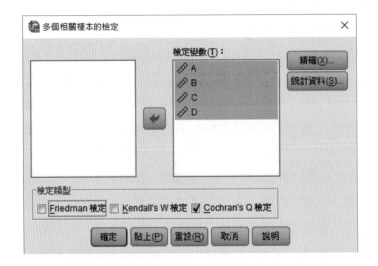

檢定的結果如下。

Cochran's Q 值是 4.000，其漸近顯著機率是 0.261，大於 0.05，因之判定合格率依科目並無顯著不同。

Cochran Test

Frequencies

	Value	
	0	1
A	4	16
B	10	10
C	6	14
D	8	12

Test Statistics

N	20
Cochran's Q	4.000[a]
df	3
Asymp. Sig.	.261

a. 1 is treated as a success.

附　錄

1. 獨立樣本 T 檢定的 t 統計量

　　將 2 個群的受試者人數、樣本平均、不偏變異數的正平方根之值（統計軟體常當作標準差所輸出之值），就第 1 群來說，當作 n_1，$\bar{x}_1$，s_1；就第 2 群來說，當作 n_2，$\bar{x}_2$，s_2 時，2 個變數中共同的母變異數的不偏估計量的正平方根 s 可以估計為

$$s = \sqrt{\frac{(n_1 - 1)s_1^2 + (n_2 - 1)s_2^2}{n_1 + n_2 - 2}} \tag{3.1}$$

　　但是，2 個群的母變異數之值當作是相同。使用此 s，2 個平均值之差的標準誤差 s_e 被估計為

$$s_e = s \times \sqrt{\frac{1}{n_1} + \frac{1}{n_2}} \tag{3.2}$$

　　使用這些值，獨立樣本 T 檢定的 t 統計量為

$$t = \frac{\bar{x}_1 - \bar{x}_2}{s_e} \tag{3.3}$$

　　此服從自由度 $n_1 + n_2 - 2$ 的 t 分配。

2. 成對樣本 T 檢定的 t 統計量

　　受試者人數當作 n，測量 1 的樣本平均當作 $\bar{x}_1$，測量 2 的樣本平均當作 $\bar{x}_2$，並且，測量 1 與測量 2 之差的不偏變異數的正平方根（統計軟體通常當作標準差所輸出之值）設為 s 時，此差的標準誤差 s_e 被估計為

$$s_e = \frac{s}{\sqrt{n}} \tag{3.4}$$

　　使用這些值，成對樣本 T 檢定的 t 統計量為

$$t = \frac{\bar{x}_1 - \bar{x}_2}{s_e} \tag{3.5}$$

此服從自由度 $n-1$ 的 t 分配。

3. 相關係數檢定的 t 統計量

受試者人數設為 n，樣本相關係數之值設為 r 時，檢定母相關係數 $\rho = 0$ 的 t 統計量為

$$t = \frac{r}{\sqrt{1-r^2}} \cdot \sqrt{n-2} \tag{3.6}$$

此近似地服從自由度 $n-2$ 的 t 分配。

4. 交叉表及無對應比率的檢定所需的卡方分配

在 $r \times c$ 交叉表中，方格 (i, j) 的次數設為 n_{ij}，第 i 列（$i = 1, ..., r$）的邊際次數設為 $n_{i.}$，第 j 行（$j = 1, ..., c$）的邊際次數設為 $n_{.j}$，總次數設為 n。各方格的估計期待次數 e_{ij} 以如下求出。

$$e_{ij} = \frac{n_{i.} \times n_{.j}}{n} \tag{3.7}$$

利用這些值，交叉表及無對應之比率的檢定所需的卡方統計量：

$$\chi^2 = \sum_{i=1}^{r} \sum_{j=1}^{c} \frac{(n_{ij} - e_{ij})^2}{e_{ij}} \tag{3.8}$$

此近似服從自由度 $(r-1)(c-1)$ 的卡方分配。
當 $r = c = 2$ 時，

$$\chi^2 = \frac{n(n_{11}n_{22} - n_{12}n_{21})^2}{(n_{11} + n_{12})(n_{21} + n_{22})(n_{11} + n_{21})(n_{12} + n_{22})} \tag{3.9}$$

近似服從自由度 1 的卡方分配。

5. 有對應之比率的檢定所需的檢定統計量

受試者人數設為 n。並且，兩個測量均為正反應的人數為 a，測量 1 為正反應，測量 2 為負反應的人數設為 b，測量 1 的負反應、測量 2 為正反應的人數設為 c，兩者均為正負反應的人設為 $d(a + b + c + d = n)$。

		測量 2		合計
		+	−	
測量 1	+	a	b	$a+b$
	−	c	d	$c+d$
合計		$a+c$	$b+d$	n

檢定有對應比率的檢定統計量以如下計算：

$$Q = \frac{(b-c)^2}{b+c} \tag{3.10}$$

此近似服從自由度 1 的卡方分配。

6. Cramer's V

當數據分成 k×1 的交叉表時，表示 2 個屬性 A 與 B 之關聯程度的有 Cramer's V，公式如下

$$V = \sqrt{\frac{\chi^2}{N \times \min\{k-1, l-1\}}} \quad (0 \leqq V \leqq 1) \tag{3.11}$$

7. ϕ (phi) 係數

已知 2×2 的交叉表如下：

A ＼ B	B1	B2	計
A1	a	b	$a+b$
A2	c	d	$c+d$
計	$A+c$	$b+d$	$a+b+c+d$

A, B 均為 2 值函數時的關聯係數表示如下：

$$\phi = \frac{ad-bc}{\sqrt{(a+b)(c+d)(a+c)(b+d)}} \quad (-1 \leqq \phi \leqq 1) \tag{3.12}$$

第4章　變異數分析

　　調查依變數如何隨著量的自變數之變化而發生改變時，通常使用迴歸分析，但自變數是質的變數時，按自變數可取得之各個值來比較平均之方法，亦即「變異數分析」（Analysis of Variance）是可以使用的。本章以數個組間的比較方法，就「變異數分析」及「多重比較」（multiple comparison）進行說明。

4.1　單因子變異數分析（一元配置變異數分析）

一、概要

　　一般測量值一定可以看出變動。此變動有因偶然的情形及某種原因造成之情形。以測量值的變異數計算此變動，將這些變異數分解成幾個原因，使用 F 檢定來調查數個群的母平均是否相等的方法稱為變異數分析。在被認為影響測量值的種種原因之中，在測量中列舉要比較的要因稱為因子（factor），該因子所採取的條件稱為水準（level）。因子數一個時稱為一元配置（one-way design），2個時稱為二元配置（two-way design），一般因子數 n 個時，稱為 n 元配置。並且，以相同的條件出現有觀測的重複（interation）時，其次數稱為重複數。

　　在一元配置中，水準數為 m，重複數為 r 時，可得出 $m \times r$ 個觀測值。譬如，以 3 個測量器分別進行 5 次相同的測量時，經常會測量出高值或低值的情形。想調查是否因測量器而使測量值有差異時，因子即為「測量器」，其水準數是 3，重複數即為 5。此時，即為檢定 3 群間（測量器間）母平均是否相等。

　　一元配置時，首先將數據整體的變動（總平方和）分解成 2 個要素。其一是各群內的變動（群內平方和），另一個是群與群之間的變動（群間變動）。群間母平均愈有差異，群間的變動即變大，群間平方和也變大。另一方面，群內平方和的大小，並不取決於群間的母平均之差異。這些平方和如構成它的獨立成分的個數愈多，將得出較大之值，因之將各平方和除以自由度（稱為均方（mean square）），求出其比再檢定母平均是否有差異。另外，群內平方和的均方、群間平方和的均方，也稱為群內變異數（或誤差變異數）、群間變異數。

　　誤差變異數的均方期待值愈小或估計的自由度愈大，檢定的精度愈佳。

二、解析例

例 4.1

⇒ 資料

　　生物受到放射線的曝晒時，對體內中所需元素（鐵含量等）的代謝會產生各種的變化。爲了調查放射線對血液中鐵含量的分配造成的影響，使用白老鼠進行實驗（自 Orafa et. al.（1996）的數據中摘錄）。針對不同實驗條件的 5 群老鼠（每一群 5 隻），觀察血球成分中鐵含量的比率（對所有血液中所占之比率）。5 群的實驗條件如下。第 1 群：曝露在致死量的一半量的放射線中白老鼠一日後的血液；第 2 群：曝露在致死量的一半量的放射線中白老鼠一週後的血液；第 3 群：曝露在致死量的放射線中白老鼠一日後的血液；第 4 群：曝露在致死量的放射線中白老鼠一週後的血液；第 5 群：未曝露在放射線的對照群的血液。另外，致死量是指觀察群幾乎全部死亡的曝露量。此實驗的結果，可得出如表 4.1 所示的資料。想使用變異數分析調查所有群的血球中之鐵含量的平均是否相同。

表 4.1　有關血球中鐵含量的實驗資料

實驗條件	1	2	3	4	5
鐵含量（血球中存在比率 %）	78.50	84.51	77.47	82.58	88.20
	73.61	84.21	84.93	79.10	90.93
	81.22	91.74	84.49	82.92	86.46
	86.38	82.98	77.08	81.76	82.86
	85.99	89.11	72.40	76.49	90.23
平均值	81.14	86.5	79.30	80.57	78.74
變異數	22.94	14.0	28.60	5.95	8.41
平方和	114.69	55.86	114.51	29.76	42.06
全體的平方和	81.87				

⇒ 資料輸入的形式
　　如圖 4.1 輸入。

	實驗條件	鐵份量	var	var
1	1.00	78.50		
2	1.00	73.61		
3	1.00	81.22		
4	1.00	86.38		
5	1.00	85.99		
6	2.00	84.51		
7	2.00	84.21		
8	2.00	91.74		
9	2.00	82.98		
10	2.00	89.11		
11	3.00	77.47		
12	3.00	84.93		
13	3.00	84.49		
14	3.00	77.08		
15	3.00	72.40		
16	4.00	82.58		
17	4.00	79.10		
18	4.00	82.92		
19	4.00	81.76		
20	4.00	76.49		
21	5.00	88.20		
22	5.00	90.93		
23	5.00	86.46		
24	5.00	82.86		
25	5.00	90.23		
26				
27				
28				

圖 4.1　輸入資料的一部分

◯ 分析的步驟

　　對表 4.1 的數據進行一元配置的變異數分析時，選擇【分析】→【比較平均數法】→【單向 ANOVA】，開啟【單向 ANOVA】視窗。「因變數清單 (E)」選擇「鐵含量」，「因素 (F)」則選擇「實驗條件」。單因子變異數分析時，因變數有需要是量變數，因子是類別變數（可替換成整數）。想進行等變異性的檢定時，按一下「選項 (O)」，選擇「統計量」之下的「變異數的同質性」。

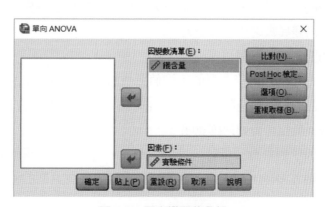

圖 4.2　單向變異數分析

● 結果

　　單因子變異數分析的結果，如表 4.2 所示。F 值為 4.062 甚大（$p = 0.014$），各群間的母平均在顯著水準 5% 下有顯著差異。因此，指出血球中的鐵含量因實驗條件而有不同，亦即，因放射線的曝露或曝露後的日數受到某種的影響。可是，哪一群與哪一群有差異，只從單因子變異數分析是無法得知的。

表 4.2　單因子變異數分析之結果

變異數同質性檢定

鐵含量

Levene 統計量	分子自由度	分母自由度	顯著性
1.182	4	20	.349

ANOVA

鐵含量

	平方和	自由度	平均平方和	F 檢定	顯著性
組間	289.934	4	72.483	4.062	.014
組內	356.864	20	17.843		
總和	646.798	24			

三、單因子變異數分析 Q&A

Q1　比較變異數一事為何能對母平均進行檢定呢？

A1　將全體測量值的變動分解為群內變動與群間變動。如果各群中的變異數設有相等的假定時，母平均之差愈大，群間的平均之差異也愈大，群間變異數對群內變異數之比也會變大。

Q2　平方和要如何計算呢？

A2　群間平方和是利用將各群的平均值與全體的平均值之差的平方合計求得，另外，群內平方和是將各個值與該群的平均值之差的平方合計求得。

Q3　各群變異數相等要如何確認呢？

A3　執行單因子變異數分析時，以選項而言，選擇「等變異性的檢定」。此檢定如無顯著差時，則假定各群的變異數相等（有共同的變異數），可以應

用單因子變異數分析。

Q4　各群的數據數不相等時變異數分析也能執行嗎？

A4　求群間平方和時因可反應各群的數據數，因之這些數即使不同也能執行。

4.2　多重比較

一、概要

　　虛無假設在單因子變異數分析中被否定時，可以說群間的母平均有差異。因此，其次要檢定哪一個群間母平均有差異。關於 3 個以上的群來說，2 群的組合如有 k 種，以顯著水準 α 進行 k 次的 t 檢定時，整體來說顯著水準會比 α 大。為了補救此問題，提出幾種檢定方法，可依目的活用各種的分析。在數個群間比較母平均時，針對數個配對或合併任意的群所形成的配對檢定母平均之差的有無，此方法一般稱為多重比較（multiple comparison）。以代表性的多重比較方法來說，有以下幾種：

1. Bonferroni method

　　關於 2 群間的母平均之差使用 t 檢定來檢定。此時，將全體的顯著水準 α 除以 2 群的組合數 k，以 α/k 當作各檢定的顯著水準。

2. Sidak method

　　在 Bonferroni 法中將各檢定的顯著水準當作 $1 - (1 - \alpha)^{1/k}$ 的方法。當 k 甚大時 $1 - (1 - \alpha)^{1/k}$ 近似 α/k。

3. Tukey method

　　各群的樣本大小相等（各群的數據數 = n）時，對於第 i 群與第 j 群的母平均之差，使用標準距（Standardized range）的分配進行檢定。

4. Duncan methed

　　基本上與 Tukey 法相同，在比較的 2 群的變異數不相等時，為了提高檢定力所修正的方法，與取決於自由度及群數 g 之值相比較。

5. Schèffe method

進行 2 群的比較，以及合併任意群所產生的所有可能的群間之比較所使用的方法。譬如，考察 5 群的平均值 m_1, m_2, m_3, m_4, m_5 時，最初的 2 群與最後的 3 群合併，進行 $(m_1 + m_2)/2 - (m_3 + m_4 + m_5)/3$ 等之檢定也包含在內。關於此種所有的可能合併（線形組合），使用 F 分配進行檢定。

6. Dunnett method

在數個群中，以特定的 1 群當作基準再與其他群進行比較的方法。一般作為基準的群當作第一群。檢定與第 i 群之間的母平均是否有異。統計量的觀測值與 Dunnett 的數表相比較再判定有無顯著差。

二、解析例

例 4.2

⟴ 資料

針對表 4.1 的資料進行多重比較。分析步驟是在進行單因子變異數分析時於「Post Hoc 檢定（事後的檢定）」選擇適切的多重比較方法（圖 4.3），在變異數分析的結果之後接著輸出多重比較之結果。想利用 Schèffe 的線性對比進行多重比較時，按一下「比對」。於係數的方框中依序輸入線性對比的係數。

圖 4.3　多重比較的方法指定

⮑ 結果

　　表 4.3 中顯示出利用 Tukey 法的多重比較之結果。由此結果可知，實驗條件 3 與 5 的平均有顯著的差異（p = 0.035 < 0.05）。實驗條件 3 是白老鼠曝露在致死量的放射線下 1 天後的血液，實驗條件 5 是對照群（白老鼠未曝露在放射線下的血液）。因此，說明曝露在致死量的放射線下曝露後的第一天影響容易出現。

表 4.3　多重比較之結果

多重比較						
依變數：鐵含量 Tukey HSD						
(I) 實驗條件	(J) 實驗條件	平均差異 (I-J)	標準誤	顯著性	95% 信賴區間	
					下界	上界
1.00	2.00	−5.37000	2.67157	.297	−13.3643	2.6243
	3.00	1.86600	2.67157	.954	−6.1283	9.8603
	4.00	.57000	2.67157	.999	−7.4243	8.5643
	5.00	−6.59600	2.67157	.138	−14.5903	1.3983
2.00	1.00	5.37000	2.67157	.297	−2.6243	13.3643
	3.00	7.23600	2.67157	.088	−.7583	15.2303
	4.00	5.94000	2.67157	.212	−2.0543	13.9343
	5.00	−1.22600	2.67157	.990	−9.2203	6.7683
3.00	1.00	−1.86600	2.67157	.954	−9.8603	6.1283
	2.00	−7.23600	2.67157	.088	−15.2303	.7583
	4.00	−1.29600	2.67157	.988	−9.2903	6.6983
	5.00	−8.46200*	2.67157	.035	−16.4563	−.4677
4.00	1.00	−.57000	2.67157	.999	−8.5643	7.4243
	2.00	−5.94000	2.67157	.212	−13.9343	2.0543
	3.00	1.29600	2.67157	.988	−6.6983	9.2903
	5.00	−7.16600	2.67157	.093	−15.1603	.8283
5.00	1.00	659600	2.67157	.138	−1.3983	14.5903
	2.00	1.22600	2.67157	.990	−6.7683	9.2203
	3.00	8.46200*	2.67157	.035	.4677	16.4563
	4.00	7.16600	2.67157	.093	−.8283	15.1603

*. 在 .05 水準上的平均差異很顯著。

三、多重比較 Q&A

Q1 比較數個群的母平均時，就每 2 群分別以顯著水準 α 檢定母平均之差爲何不適切呢？

A1 在單因子變異數分析中的虛無假設是「各群的母平均均相等」。因此，將檢定各組的顯著水準當作 α 進行檢定時，當此虛無假設正確時，各組合之中至少否定一個機率，顯然就會比 α 大。

Q2 一般比較數個群的母平均時，了解哪一群間的母平均有差異甚爲重要，因此不進行變異數分析，進行多重比較也行嗎？

A2 變異數分析是整體的顯著差檢定，因此變異數分析中可以看出顯著差時，繼之進行多重比較才有意義。但多重比較即使未假定群間的等變異性也有能執行的方法，因之只進行多重比較也是常有的事。

4.3 二因子變異數分析（二元配置變異數分析）

一、概要

2 因子變異數分析中，2 因子 A、B 的水準數分別是 a、b，在同一條件下的重複測量數設爲 r。此時，將有關 A、B 的各群間變動及誤差變動整理在變異數分析表中，調查因子 A、B 的主效果造成的變動及交互作用造成的變動，檢定這些效果之有無。$r = 1$ 時，稱爲「無重複的 2 因子變異數分析」，只針對 A、B 的主效果進行檢定。r 是 2 以上時，稱爲「有重複的 2 因子變異數分析」，不只是 A、B 的主效果對於 A 與 B 的交互效果之有無也要檢定。重複數如爲一定時，計算的過程及其解釋較爲容易。可是，重複數即使不固定也是可以的。且因子數爲 3 以上時，大多稱爲「多因子變異數分析」。

二、解析例

例 4.3

⊃ 資料

爲了調查藥劑對於糖尿病的效果，將 5 種藥劑用在白老鼠（腹腔內注射）身

上，依注射後不久、注射後第一天、注射後第三天，調查白老鼠血液中的葡萄糖濃度（mg/dl）。血液中的葡萄糖濃度愈低，可以認為降低血糖值有效果。此實驗的結果，得出如表 4.4 所示的資料。為了調查藥劑注射效果是否因藥劑間或注射後的日數而有不同，進行無重複 2 因子變異數分析。

表 4.4　藥劑注射後白老鼠血液中葡萄糖濃度（mg/dl）之資料

藥劑	注射後日數		
	0 日	**1 日**	**3 日**
A	247.8	240.6	310.0
B	258.9	237.1	274.5
C	232.9	203.3	222.0
D	230.7	111.8	102.3
E	236.8	90.0	91.6

● 資料輸入形式

　　如圖 4.4 輸入。

	藥劑	用藥後日數	葡萄糖濃度	var	var
1	A	.00	247.80		
2	A	1.00	240.60		
3	A	3.00	310.10		
4	B	.00	258.90		
5	B	1.00	237.10		
6	B	3.00	274.50		
7	C	.00	232.90		
8	C	1.00	203.30		
9	C	3.00	222.00		
10	D	.00	230.70		
11	D	1.00	111.80		
12	D	3.00	102.30		
13	E	.00	236.80		
14	E	1.00	90.00		
15	E	3.00	91.60		
16					
17					

圖 4.4　輸入資料

⊃ 分析的步驟

　　針對表 4.4 的資料進行無重複 2 因子變異數分析時，選擇【分析】→【一般線形模型】→【單變量】。對話框中，「依變數」選擇「葡萄糖濃度」，固定因子選擇「藥劑」與「用藥後日數」。於「模型」中選擇「自訂」選取之作用，再將因子移入即可。

⊃ 結果

　　進行 2 因子變異數分析之結果如表 4.5 所示。可針對「藥劑」與「用藥後日數」求出均方，分別與誤差的均方之比，即為 F 值。此結果，對於「藥劑」的 F 值被認為是有顯著差異（$p = 0.029 < 0.05$），但對於「用藥後日數」不認為有顯著差異（$p = 0.150$）。此結果指出，只能針對「藥劑」觀察主效果，葡萄糖濃度因用藥的藥劑而有不同。

表 4.5　無重複 2 因子變異數分析之結果

受試者間效應項的檢定					
依變數：葡萄糖濃度					
來源	型 III 平方和	自由度	平均平方和	F 檢定	顯著性
校正後的模型	53210.792[a]	6	8868.465	3.998	.038
截距	636704.811	1	636704.811	287.053	.000
用藥後日數	10780.489	2	5390.245	2.430	.150
藥劑	42430.303	4	10607.576	4.782	.029
誤差	17744.597	8	2218.075		
總和	707660.200	15			
校正後的總數	70955.389	14			

a. R 平方 =.750（調過後的 R 平方 =.562）

例 4.4

⊃ 資料

　　放射線照射的生物反應，可降低細胞的 DNA 合成能力。對白老鼠的脾臟細胞照射放射線後，在細胞的培養液中注入藥劑（某種的抗氧化劑），調查能否控制 DNA 合成能力的降低。另外，DNA 的合成能力以放射性同位元素的攝取量

（cpm）加以測量（攝取量的減少意謂 DNA 合成能力的降低）。利用此實驗，得出表 4.6 的結果。

表 4.6　放射線照射後有關白老鼠的 DNA 合成能力之資料

	照射		未照射	
	無注入	注入	無注入	注入
DNA 合成能力（×10³cpm）	152.81	150.83	163.56	171.49
	144.09	154.69	159.21	162.57
	148.62	157.42	156.03	185.77
	169.41	150.62	165.37	165.13
	133.49	146.13	159.95	166.29
	134.01	141.07	164.31	187.88
	176.39	142.73	161.74	161.38
	149.63	148.62	168.95	172.98
	156.82	152.85	167.02	196.36
	183.79	152.59	17.63	186.34
平均	154.91	149.75	163.78	175.62
不偏變異數	288.27	26.86	22.39	154.76
平方和	2594.43	241.76	201.53	1392.85
全體平均值	161.01			

○ 資料輸入形式

　　如圖 4.5 輸入。其中，有放射線照射 = 0，無 = 1，無注入藥劑 = 0，有 = 1。

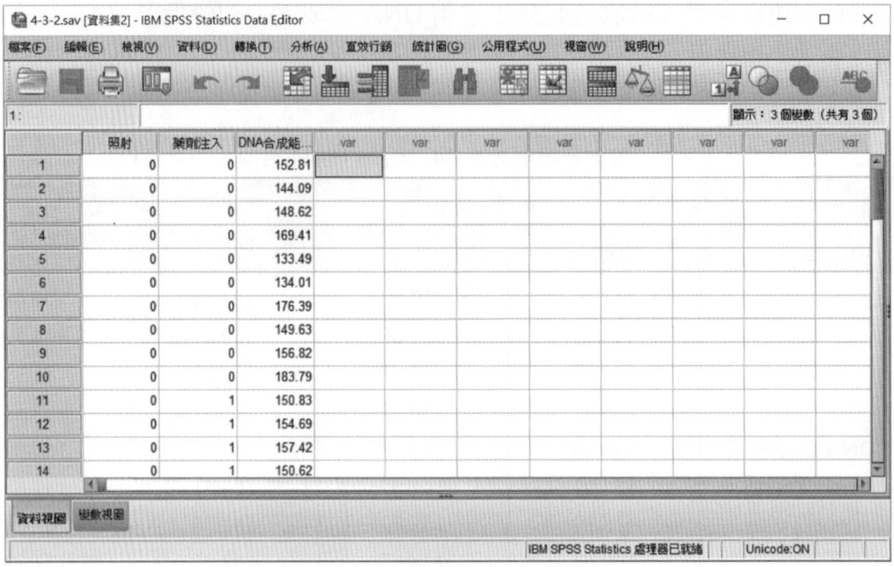

圖 4.5　輸入資料的一部分

○ 分析步驟

　　對於表 4.6 的資料進行有重複的 2 因子變異數分析時，可選擇【分析 (A)】
→【一般線性模型 (G)】→【單變量 (U)】。因變數選擇「DNA 合成能力」，固
定因子選擇 [照射] 與「藥劑注入」。欲觀察「照射」與「藥劑注入」的交互效
果時，可點選「圖形」將照射輸入水平軸，藥劑注入輸入個別線後按「確定」即
可。或於【模型】中選擇自訂，並將「照射」、「藥劑注入」、「照射 * 藥劑注
入」移入後按「確定」即可。

　　對於表 4.6 的資料亦可選擇【分析 (A)】→【混合模型】→【線形】，因變
數選擇「DNA 合成能力」，若「照射」與「藥劑注入」為固定因子[1]則將此 2 者
移到因子的方框之後選「固定」，若為變量因子則選「隨機」，詳細情形請參
《線形混合模型 SPSS 使用手冊》（鼎茂圖書發行）。

1　如有 3 種狗食，此即為固定因子。從許多狗食中取出 3 種狗食，此即為隨機因子或稱
　變量因子。

⊃ 結果

　　進行有重複的 2 因子變異數分析之結果，如表 4.7 所示。針對「照射」、「藥劑注入」的各主效果及這些之交互效果「照射＊藥劑注入」分別求出 F 值。結果，「照射」的主效果以及「照射」與「藥劑注入」的交互效果被認為有顯著差異（分別是 $p = 0.000$，$p = 0.021$）。橫軸當作放射線照射之有無，依藥劑注入之有無，分別繪製 DNA 合成能力的平均，其結果如圖 4.6 所示。得知 DNA 合成能力因放射線照射（＝1）與藥劑注入（＝1）的交互效果而有增加。

表 4.7　有重複的 2 因子變異數分析之結果

受試者間效應項的檢定					
因變數：DNA 合成能力					
來源	型 III 平方和	自由度	平均平方和	F 檢定	顯著性
校正後的模型	3850.129a	3	1283.376	10.430	.000
截距	1037023.548	1	1037023.548	8427.650	.000
照射	3016.301	1	3016.301	24.513	.000
藥劑注入	111.924	1	111.924	.910	.347
照射＊藥劑注入	721.905	1	721.905	5.867	.021
誤差	4429.805	36	123.050		
總和	1045303.483	40			
校正後的總數	8279.935	39			

a. R 平方 =.465（調過後的 R 平方 =.420）

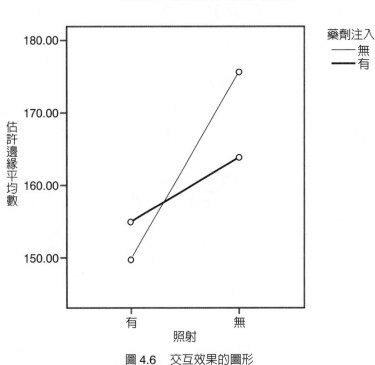

圖 4.6　交互效果的圖形

三、兩因子變異數分析 Q&A

Q1　將變異數分析中的交互作用合併到誤差，要如何做才好？

A1　假定列舉 2 個因子（*A*、*B*），進行有重複的二元配置實驗，得出如下的實驗數據。因子 *A* 的水準數是 2，因子 *B* 的水準數是 3，重複數是 2。

	B1	**B2**	**B3**
A1	19 17	15 12	21 19
A2	19 21	16 14	22 23

此種數據利用二元配置的變異數分析即可解析。因為有重複，不只是因子

A、B 的主效果，交互作用 $A \times B$ 的有無也要驗證。首先，以變異數分析解析此數據看看。

步驟 1 輸入如下的資料（參 4-3-2-1）。

	A	B	特性值	var
1	1.00	1.00	19.00	
2	1.00	2.00	15.00	
3	1.00	3.00	21.00	
4	1.00	1.00	17.00	
5	1.00	2.00	12.00	
6	1.00	3.00	19.00	
7	2.00	1.00	19.00	
8	2.00	2.00	16.00	
9	2.00	3.00	22.00	
10	2.00	1.00	21.00	
11	2.00	2.00	14.00	
12	2.00	3.00	23.00	

步驟 2 從清單中選擇【分析 (A)】→【一般線性模型 (G)】→【單變量 (U)】。

步驟 3「因變數」選擇「特性值」。「固定因素」選擇「A」與「B」。

步驟 4 按一下「模型 (M)」。點選「自訂」，於「模型 (M)」的方格中移入「A」，「B」，「A*B」。

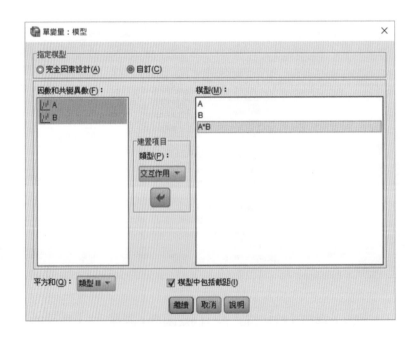

按「繼續」返回到前一個對話框。

按一下「確定」，即得出變異數分析的結果。

主旨間效果檢定

因變數：特性值

來源	第 III 類平方和	df	平均值平方	F	顯著性
修正的模型	114.667ᵃ	5	22.933	10.585	.006
截距	3960.333	1	3960.333	1827.846	.000
A	12.000	1	12.000	5.538	.057
B	102.167	2	51.083	23.577	.001
A*B	.500	2	.250	.115	.893
錯誤	13.000	6	2.167		
總計	4088.000	12			
校正後總數	127.667	11			

a. R 平方 = .898（調整的 R 平方 = .813）

交互作用 A×B 的顯著水準機率是 0.893，顯著水準如當作 0.05 時，它是不顯著的。此時，將交互作用併入誤差，再進行變異數分析。

SPSS 進行此種合併（pooling），雖在先前的步驟 4 中，將「A*B」移入「模型」的對話框中，但最好將此除去。然後再次進行變異數分析。

主旨間效果檢定

因變數：特性值

來源	第 III 類平方和	df	平均值平方	F	顯著性
修正的模型	114.167ᵃ	3	38.056	22.551	.000
截距	3960.333	1	3960.333	2346.864	.000
A	12.000	1	12.000	7.111	.029
B	102.167	2	51.083	30.272	.000
錯誤	13.500	8	1.688		
總計	4088.000	12			
校正後總數	127.667	11			

a. R 平方 = .894（調整的 R 平方 = .855）

誤差的平方和是 13.5，而此值是將最初的變異數分析中的誤差平方和與交互作用的平方和相加而得。此即為併入到誤差。自由度也是同樣地相加。

此處，請注意因子 A 的顯著機率，最初是不顯著的。可是，將交互作用併入誤差，再次重新進行變異數分析時，結果變成顯著。此即誤差的自由度增加後，使檢定力變好。又，像一元配置或二元配置等的要因配置實驗的情形，即使主效果不顯著也不併入誤差。要合併只有不顯著的交互作用而已。

另外，交互作用顯著時，因子 A 中 A1 與 A2 的何者較好或因子 B 中 B1、B2、B3 之中何者較好是無意義的。當交互作用存在時，要以組的方式來討論。譬如，可檢討 A1B1 與 A2B2 之中何者的特性值較高。

4.4 多因子變異數分析（多元配置變異數分析）

例 4.5

⊃ 資料

就例 4.3 的資料，並非各群 1 隻，而是對同一條件群分別就 3 種（X, Y, Z）白老鼠進行調查。如包含白老鼠之種類造成之不同時，可以應用 3 因子變異數分析。爲了調查藥劑的注射效果（葡萄糖濃度）是否因藥劑間、注射後日數、老鼠種類而有不同，進行無重複的 3 因子變異數分析。

表 4.8 藥劑注射後在不同白鼠種類的血液中有關葡萄糖的濃度（mg/dl）

注射後日數	白鼠種類	藥劑				
		A	B	C	D	E
0	X	271.8	370.1	254.2	234.5	203.6
0	Y	257.9	241.6	303.5	189.6	245.2
0	Z	213.7	165.1	141.1	268.0	261.6
1	X	283.1	359.5	274.6	105.2	87.9
1	Y	211.1	191.2	152.9	113.1	79.4
1	Z	227.5	160.5	182.3	117.2	102.6
3	X	342.8	448.3	320.3	111.1	118.6
3	Y	268.0	196.1	177.6	89.8	91.0
3	Z	319.3	179.2	168.2	105.8	65.3

● 資料輸入形式

圖 4.7　輸入資料的一部分

● 分析的步驟

　　針對表 4.8 的資料進行無重複 3 因子變異數分析時，可以選擇【分析 (A)】→【一般線性模型 (G)】→【單變量 (U)】。依變數選擇「葡萄糖濃度」，固定因子選擇「藥劑」、「注射後日數」、「白老鼠種類」。

● 結果

　　進行無重複 3 因子變異數分析之結果如表 4.9 所示。此結果，在 5% 顯著水準中。除了「注射後日數」與「白鼠種類」的交互效果（$p = 0.096$）之外，有關各效果及其他的交互效果被認為有顯著差異。

表 4.9　3 因子變異數分析的結果

受試者間效應項的檢定					
因變數：葡萄糖濃度					
來源	型 III 平方和	自由度	平均平方和	F 檢定	顯著性
校正後的模型	336759.108[a]	28	12027.111	11.362	.000
截距	1910032.022	1	1910032.022	1804.380	.000
藥劑	127279.224	4	31819.806	30.060	.000
注射後日數	32374.499	2	16187.250	15.292	.000
白鼠種類	48908.119	2	24454.060	23.101	.000
藥劑 * 注射後日數	53214.094	8	6651.762	6.284	.001
藥劑 * 白鼠種類	64951.328	8	8118.916	7.670	.000
注射後日數 * 白鼠種類	10031.844	4	2507.961	2.369	.096
誤差	16936.850	16	1058.553		
總和	2263727.980	45			
校正後的總數	353695.958	44			

a. R 平方 = .952（調過後的 R 平方 = .868）

4.5　直交表

例 4.6

直交表（**2 水準**）

　　所謂直交表，簡言之是為了減少實驗的次數所想出來的非常好的實驗方法。

　　譬如，4 個因子 A, B, C, D 分別被分成 2 個水準

$$
\begin{cases}
\text{因子 A} \cdots\cdots \text{水準 } A_1 \text{，水準 } A_2 \\
\text{因子 B} \cdots\cdots \text{水準 } B_1 \text{，水準 } B_2 \\
\text{因子 C} \cdots\cdots \text{水準 } C_1 \text{，水準 } C_2 \\
\text{因子 D} \cdots\cdots \text{水準 } D_1 \text{，水準 } D_2
\end{cases}
$$

　　所有組合的實驗次數如

$$2\times2\times2\times2 = 16$$

原先至少需要 16 次。但是利用直交表實驗，則只要 8 次就可以完成。

下表稱為 2 水準直交表。

行號 No	1 2 3 4 5 6 7	測量值
1	1　1　1　1　1　1　1	x1
2	1　1　1　2　2　2　2	x2
3	1　2　2　1　1　2　2	x3
4	1　2　2　2　2　1　1	x4
5	2　1　2　1　2　1　2	x5
6	2　1　2　2　1　2　1	x6
7	2　2　1　1　2　2　1	x7
8	2　2　1　2　1　1　2	x8
成分 記號	a　b　a　c　a　b　a 　　　b　　　c　c　b 　　　　　　　　　　c	
群號	1　　2　　　　3	

表 4.10　直交表例

號碼	因子 A	因子 B	因子 C	因子 D	測量值
1	A_1	B_1	C_1	D_1	X_{1111}
2	A_1	B_1	C_2	D_2	X_{1122}
3	A_1	B_2	C_1	D_2	X_{1212}
4	A_1	B_2	C_2	D_1	X_{1221}
5	A_2	B_1	C_1	D_2	X_{2112}
6	A_2	B_1	C_2	D_1	X_{2121}
7	A_2	B_2	C_1	D_1	X_{2211}
8	A_2	B_2	C_2	D_2	X_{2222}

● 資料

　　為了能找出減少某鋼材淬火彎曲的製造條件，選取 4 個因子 A, B, C, D，各因子均為 2 水準。交互作用假定 A×B，B×D 存在，而其他的交互作用可以忽略。試利用直交表計畫此實驗。

依據直交表將 A 配置於第 1 行，將 B 配置於第 2 行，則交互作用 A×B 配置於第 3 行，將 C 配置於第 4 行，交互作用 B×C 配置於第 6 行，將 D 配置於第 7 行。

使用直交表進行實驗之後，得出如下的測量值，數值愈小愈好。

表 4.11　直交表的測量值

號碼	條件 A	條件 B	條件 C	條件 D	測量值
1	A_1	B_1	C_1	D_1	$X_{1111}=0.24$
2	A_1	B_1	C_2	D_2	$X_{1122}=0.34$
3	A_1	B_2	C_1	D_2	$X_{1212}=0.38$
4	A_1	B_2	C_2	D_1	$X_{1221}=0.29$
5	A_2	B_1	C_1	D_2	$X_{2112}=0.51$
6	A_2	B_1	C_2	D_1	$X_{2121}=0.47$
7	A_2	B_2	C_1	D_1	$X_{2211}=0.23$
8	A_2	B_2	C_2	D_2	$X_{2222}=0.40$

對此數據，SPSS 的數據輸入類型如下。

⊃ 資料輸入形式

如圖 4.8 輸入（參數據檔 4-3-4）。

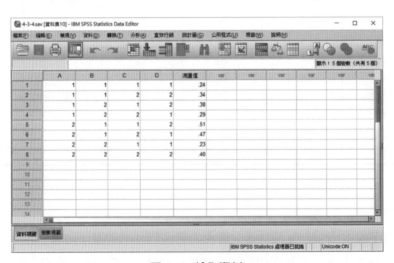

圖 4.8　輸入資料

○ 分析的步驟

步驟 1 點選【分析 (A)】，從【一般線性模型 (G)】的清單中，選擇【單變量 (U)】。

步驟 2 點選「測量值」變成藍色之後，按一下「因變數 (D)」的左方的 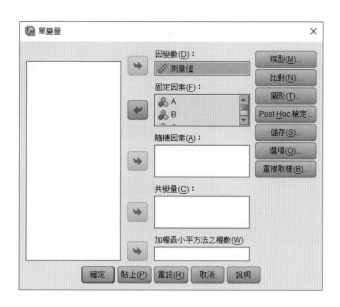。再點選因子 A，按住將滑鼠往下移時，即可將因素 B、因素 C、因素 D 一併變成藍色。按一下「固定因素 (F)」左邊的 ，即可全部移入方框中。其次，建立模型。點選畫面右上的「模型 (M)」。

步驟 3　點選「自訂 (C)」，從「因素與共變量 (F)」的方框中依序點選因子，再按一下 ➡。完成後，按「繼續」。

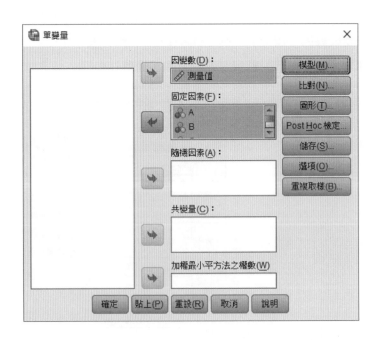

步驟 4　返回【單變量】視窗後，按「確定」。

○ SPSS 輸出

主旨間效果檢定

因變數：測量值

來源	第 III 類平方和	df	平均值平方	F	顯著性
修正的模型	.071[a]	6	.012	6.606	.289
截距	1.022	1	1.022	568.028	.027
A	.016	1	.016	9.000	.205
B	.008	1	.008	4.694	.275
C	.002	1	.002	1.361	.451
D	.020	1	.020	11.111	.186
A * B	.024	1	.024	13.444	.170
B * C	5.000E-5	1	5.000E-5	.028	.895
錯誤	.002	1	.002		
總計	1.096	8			
校正後總數	.073	7			

a. R 平方 = .975（調整的 R 平方 = .828）

　　將F值中較小的C與B×C併入誤差，亦即從模型中將C與B×C移除。「模型」成為如下。按「繼續」。

重做之變異數分析表得出如下。

主旨間效果檢定

因變數：測量值

來源	第 III 類平方和	df	平均值平方	F	顯著性
修正的模型	.069[a]	4	.017	12.009	.034
截距	1.022	1	1.022	713.337	.000
A	.016	1	.016	11.302	.044
B	.008	1	.008	5.895	.093
D	.020	1	.020	13.953	.033
A*B	.024	1	.024	16.884	.026
錯誤	.004	3	.001		
總計	1.096	8			
校正後總數	.073	7			

a. R 平方 = .941（調整的 R 平方 = .863）

A, D, A*B 均為 5% 顯著。

返回【單變量】視窗。按一下「選項」。將「A」「B」「D」及「A×B」移入顯示平均數中，勾選「比較主效果」，接著按「繼續」，返回原視窗，按「確定」。

註：在要因配置實驗中，主效果是不合併的，但利用直交表實驗中，主效果合併的也有，此時從技術的觀點進行檢討是需要的。

⊃ 輸出結果

1. A*B

因變數：DATA

A	B	平均數	標準誤差	95% 信賴區間	
				下界	上界
A1	B1	.290	.027	.205	.375
	B2	.335	.027	.250	.420
A2	B1	.490	.027	.405	.575
	B2	.315	.027	.230	.400

從 A*B 的組合效果知，AB 的估計值最小的母平均估計值是 A_1B_1。

2. D

估計值

因變數：DATA

D	平均數	標準誤差	95% 信賴區間	
			下界	上界
D1	.308	.019	.247	.368
D2	.408	.019	.347	.468

從 D 的主效果知，D 的估計值最小的母平均估計值是 D_1。

因之最適水準組合是 $A_1B_1D_1$。

3. A

估計值

因變數：DATA

A	平均數	標準誤差	95% 信賴區間	
			下界	上界
A1	.313	.019	.252	.373
A2	.402	.019	.342	.463

又，所有數據的平均值從 A 或 D 的估計值知

$= (A_1 + A_2) /2 = (D_1 + D_2) /2 = 0.358$

最適水準組合的母平均

$= (A_1B_1$ 的數據之平均值 $+ D_1$ 的數據之平均值$) -$ 所有數據的平均值

$= 0.290 + 0.308 - 0.358 = 0.240$

例 4.7

直交表（**3 水準**）

3 水準直交表的形式如下。

行號 No	1	2	3	4	5	6	7	8	9	10	11	12	13	數據
1	1	1	1	1	1	1	1	1	1	1	1	1	1	10
2	1	1	1	1	2	2	2	2	2	2	2	2	2	29
3	1	1	1	1	3	3	3	3	3	3	3	3	3	31
4	1	2	2	2	1	1	1	2	2	2	3	3	3	37
5	1	2	2	2	2	2	2	3	3	3	1	1	1	39
6	1	2	2	2	3	3	3	1	1	1	2	2	2	40
7	1	3	3	3	1	1	1	3	3	3	2	2	2	29
8	1	3	3	3	2	2	2	1	1	1	3	3	3	33
9	1	3	3	3	3	3	3	2	2	2	1	1	1	44
10	2	1	2	3	1	2	3	1	2	3	1	2	3	35
11	2	1	2	3	2	3	1	2	3	1	2	3	1	24
12	2	1	2	3	3	1	2	3	1	2	3	1	2	25
13	2	2	3	1	1	2	3	2	3	1	3	1	2	34
14	2	2	3	1	2	3	1	3	1	2	1	2	3	31
15	2	2	3	1	3	1	2	1	2	3	2	3	1	34
16	2	3	1	2	1	2	3	3	1	2	2	3	1	29
17	2	3	1	2	2	3	1	1	2	3	3	1	2	25
18	2	3	1	2	3	1	2	2	3	1	1	2	3	23
19	3	1	3	2	1	3	2	1	3	2	1	3	2	21

行號 No	1	2	3	4	5	6	7	8	9	10	11	12	13	數據
20	3	1	3	2	2	1	3	2	1	3	2	1	3	28
21	3	1	3	2	3	2	1	3	2	1	3	2	1	30
22	3	2	1	3	1	3	2	2	1	3	3	2	1	25
23	3	2	1	3	2	1	3	1	3	2	1	1	3	33
24	3	2	1	3	3	2	1	1	3	2	2	1	3	31
25	3	3	2	1	1	3	2	3	2	1	2	1	3	28
26	3	3	2	1	2	1	3	1	3	2	3	2	1	25
27	3	3	2	1	3	2	1	2	1	3	1	3	2	18
成分	a	b	a b	a b^2	c	a c	a c^2	b c	a b c	a b^2 c^2	b c^2	a b^2 c	a b c	

⊃ 資料

　　實驗的目的是在於找出提高某化學物質之黏度，今列舉 5 個因子 A, B, C, D, F，分別設定 3 水準，應考慮的交互作用是 A×B, A×C, B×C 三者。黏度愈高愈好。將 A 配置於第 1 行，B 配置於第 2 行，C 配置於第 5 行，D 配置於第 9 行，F 配置於第 10 行。（從直交表的成分知，第 3, 4 行是配置 A×B 的交互作用（a×b, a×b²），第 6, 7 行是配置 A×C 的交互作用（a×c, a×c²），第 8, 11 行是配置 B×C 的交互作用（b×c, b×c²），剩下的第 12, 13 行是誤差行）。

⮑ 資料輸入形式

	A	B	C	D	F	DATA
1	1	1	1	1	1	10.00
2	1	1	2	2	2	29.00
3	1	1	3	3	3	31.00
4	1	2	1	2	2	37.00
5	1	2	2	3	3	39.00
6	1	2	3	1	1	40.00
7	1	3	1	3	3	29.00
8	1	3	2	1	1	33.00
9	1	3	3	2	2	44.00
10	2	1	1	2	3	35.00
11	2	1	2	3	1	24.00
12	2	1	3	1	2	25.00
13	2	2	1	3	1	34.00
14	2	2	2	1	2	31.00
15	2	2	3	2	3	34.00
17	2	3	2	2	3	25.00
18	2	3	3	3	1	23.00
19	3	1	1	3	2	21.00
20	3	1	2	1	3	28.00
21	3	1	3	2	1	30.00
22	3	2	1	1	3	25.00
23	3	2	2	2	1	33.00
24	3	2	3	3	2	31.00
25	3	3	1	2	1	28.00
26	3	3	2	3	2	25.00
27	3	3	3	1	3	18.00

圖 4.9　輸入資料

⮑ 分析步驟

步驟 1 點選【分析 (A)】，從【一般線性模型 (G)】的清單之中，選擇【單變量 (U)】。

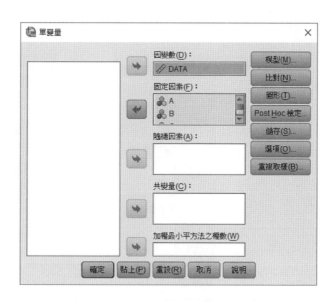

步驟 2 一面按滑鼠一面將測量值移到「依變數 (D)」的方框之中，因素 A、因素 B、因素 C、因素 D、因素 F 移到「固定因素 (F)」的方框中。其次，建立模型。點選畫面右上的「模型 (M)」。

步驟 3 點選【自訂 (C)】，從「因數和共變異數 (F)」的方框之中依序點選因子，再按一下 ![按鈕]。完成後，按「繼續」。

步驟 4 返回【單變量】視窗後，按「確定」。

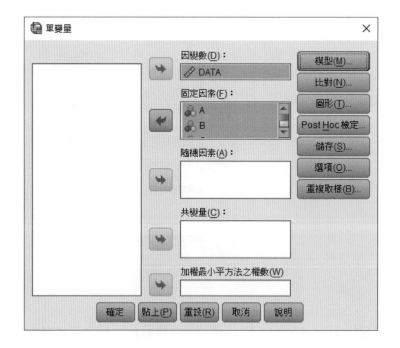

⊃ SPSS 輸出

主旨間效果檢定

因變數: DATA

來源	第 III 類平方和	df	平均值平方	F	顯著性
修正的模型	1277.259[a]	22	58.057	6.757	.038
截距	23173.370	1	23173.370	2696.901	.000
A	158.296	2	79.148	9.211	.032
B	295.630	2	147.815	17.203	.011
C	45.407	2	22.704	2.642	.186
D	181.630	2	90.815	10.569	.025
F	16.074	2	8.037	.935	.464
A * B	233.037	4	58.259	6.780	.045
A * C	303.926	4	75.981	8.843	.029
B * C	43.259	4	10.815	1.259	.414
錯誤	34.370	4	8.593		
總計	24485.000	27			
校正後總數	1311.630	26			

a. R 平方 = .974（調整的 R 平方 = .830）

主效果 A, B, D 與交互作用 A×B, A×C 是顯著的，將 F 值小的 F, B×C 合併，亦即從模型中將 F 與 B×C 移除。模型如下，按「繼續」。

重新製作之變異數分析表得出如下。

受試者間效應項的檢定

因變數：DATA

來源	型 III 平方和	df	平均平方和	F	顯著性
校正後的模式	1217.926[a]	16	76.120	8.124	.001
截距	23173.370	1	23173.370	2473.047	.000
A	158.296	2	79.148	8.447	.007
B	295.630	2	147.815	15.775	.001
C	45.407	2	22.704	2.423	.139
D	181.630	2	90.815	9.692	.005
A * B	233.037	4	58.259	6.217	.009
A * C	303.926	4	75.981	8.109	.004
誤差	93.704	10	9.370		
總數	24485.000	27			
校正後的總數	1311.630	26			

a. R 平方 = .929 (調過後的 R 平方 = .814)

C 的 F 值雖然小，但由於不忽略 A×C，所以不合併。在重新製作之變異數分析表中，主效果 A,B,D 與交互作用 A×B, A×C 是高度顯著。

返回【單變量】視窗，按「選項」。將 A, B, C, D, A×B, A×C 移入「顯示平均數」中，勾選「比較主效果」，接著再按「繼續」，返回到原視窗，按「確定」。

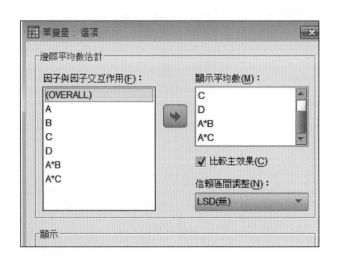

⇒ 輸出結果

估計的邊緣平均數得出如下:

1. A

估計值

因變數:DATA

A	平均數	標準誤差	95% 信賴區間	
			下界	上界
A1	32.444	1.020	30.171	34.718
A2	28.889	1.020	26.615	31.162
B3	26.556	1.020	24.282	28.829

所有數據之平均是 29.29{(32.444 + 28.889 + 26.556)/3}。

2-1. A*B

因變數:DATA

A	B	平均數	標準誤差	95% 信賴區間	
				下界	上界
A1	B1	23.333	1.767	19.395	27.271
	B2	38.667	1.767	34.729	42.605
	B3	35.333	1.767	31.395	39.271
A2	B1	28.000	1.767	24.062	31.938
	B2	33.000	1.767	29.062	36.938
	B3	25.667	1.767	21.729	29.605
A3	B1	26.333	1.767	22.395	30.271
	B2	29.667	1.767	25.729	33.605
	B3	23.667	1.767	19.729	27.605

2-2. A*C

因變數：DATA

A	C	平均數	標準誤差	95% 信賴區間	
				下界	上界
A1	C1	25.333	1.767	21.395	29.271
	C2	33.667	1.767	29.729	37.605
	C3	38.333	1.767	34.395	42.271
A2	C1	32.667	1.767	28.729	36.605
	C2	26.667	1.767	22.729	30.605
	C3	27.333	1.767	23.395	31.271
A3	C1	24.667	1.767	20.729	28.605
	C2	28.667	1.767	24.729	32.605
	C3	26.333	1.767	22.395	30.271

3. C

估計值

因變數：DATA

C	平均數	標準誤差	95% 信賴區間	
			下界	上界
C1	27.556	1.020	25.282	29.829
C2	29.667	1.020	27.393	31.940
C3	30.667	1.020	28.393	32.940

C 的主效果以 C_3 最大。

4. D

估計值

因變數：DATA

D	平均數	標準誤差	95% 信賴區間	
			下界	上界
D1	26.556	1.020	24.282	28.829
D2	32.778	1.020	30.504	35.051
D3	28.556	1.020	26.282	30.829

D 的主效果以 D_2 最大。

以下分別就 A_1, A_2, A_3 三種情形加以考慮。

1. A_1 的情形

$\mu(A_1B_2C_3D_2) = ($A_1B_2$ 的數據之平均值 + A_1C_3 的數據之平均值 + D_2 的數據之平均值$) - A_1$ 的數據之平均值 $-$ 所有數據的平均值

$= 38.37 + 38.3 + 32.8 - 32.4 - 29.30 = 48.1$

2. A_2 的情形

$\mu(A_2B_2C_1D_2) = ($A_2B_2$ 的數據之平均值 + A_2C_1 的數據之平均值 + D_2 的數據之平均值$) - A_2$ 的數據之平均值 $-$ 所有數據的平均值

$= 33.0 + 32.7 + 32.8 - 28.9 - 29.30 = 40.3$

3. A_3 的情形

$\mu(A_3B_2C_2D_2) = ($A_3B_2$ 的數據之平均值 + A_3C_2 的數據之平均值 + D_2 的數據之平均值$) - A_3$ 的數據之平均值 $-$ 所有數據的平均值

$= 29.7 + 28.7 + 32.8 - 26.6 - 29.30 = 35.3$

因之，最適的水準組合是 $A_1B_2C_3D_2$。

四、多因子變異數分析 Q&A

Q1 進行無重複 2 因子變異數分析時，由於 2 因子交互作用無法與誤差分離，因之將它當成誤差，但是對於無重複 3 因子變異數分析之情形要如何進行呢？

A1　對於無重複 3 因子變異數分析之情形，由於 3 因子交互作用與誤差無法分離因之將它當成誤差，至於其他任 2 因子交互作用仍可進行檢定它們的顯著與否，若是有重複 3 因子變異數分析，其情形與有重複 2 因子變異數分析之情形一樣，3 因子交互作用與誤差是可以分離的。

Q2　在有重複的二因子變異數分析中，測量的重複由不同的觀測者進行時，要如何進行？

A2　測量的重複由不同的觀測者進行時，將觀測者看成 1 個因子即可應用無重複的 3 因子變異數分析。SPSS 於指定變數時，將可視爲要因之變數指定爲固定因子，可視爲觀測者的重複時，指定爲變量因子。

Q3　在多因子變異數分析中，總變異量常被分解爲組間與組內兩大部分，因考慮到主效果與交互效果之間的相互關聯，或各組人數是否相等的問題，區分爲型 I 到型 IV 4 種平方和模型，SPSS 是以型 III 平方和爲內定選項，請說明這些模型的不同點？

A3　型 I 平方和是指當某一個變異源的平方和在計算時，會針對模型中已存在的其他變異源的相互關係而加以調整。型 II 平方和是指當某一個變異源的平方和在計算時，調整了模型中其他與該變異源無關聯的變異源的關係。型 III 平方和是指當某一個變異源的平方和在計算時，調整了它與模型當中其他所有變異源的關係，可以說是最嚴格的控制關係。型 IV 的特色是可以適用於當 ANOVA 當中存在有遺漏值的情況。

一般來說，ANOVA 採用型 III 是最嚴格的取向，也就是排除了所有其他效果的影響。相對的，型 I 平方和爲逐步法的方式，型 II 平方和爲部分排除效果的方式，型 III 的完全控制程序可以排除不平衡方格的變異數估計，所以型 III 平方和是較常用的主要原因。

Q4　當因子的變異比小於 1 時，如不併入誤差會如何？

A4　因子 A 的純變動 S'_A 是 $S'_A = S_A - f_A V_e$，誤差變動 S_e 的純變動 S'_e 爲 $S'_e = S_T - S'_A = S_e + f_A V_A$，$A$ 的貢獻率爲 $\dfrac{S'_A}{S_T} \times 100\%$，誤差 e 的貢獻率爲 $\dfrac{S'_e}{S_T} \times 100\%$，如未將變異數比小於 1 的因子併入誤差，該因子的純變動會成爲負值，就無法計算各因子的貢獻率了，所以要注意。

附　錄

1. 變異數分析的構造模型

在單因子變異數分析中，y_{ij} 表第 i 個水準中重複第 j 個的觀測值。在變異數分析中表現 y_{ij} 的模型可以考慮如下的線形模型：

$$y_{ij} = \mu + \alpha_i + \varepsilon_{ij} \tag{4.1}$$

其中，水準數設為 m 時，則 $\alpha_1 + \alpha_2 + \cdots + \alpha_m = 0$。此式稱為構造模型（structural model）。此處，μ 是平均值，α_i 表示因子造成的效果。並且，ε 是測量值 y_{ij} 具有的誤差，假定相互獨立地服從平均 $= 0$，變異數 σ^2 的常態分配。另外，有重複的二因子變異數分析中的構造模型，如設 y_{ijk} 當作因子 A、B 在條件 A_i、B_j 下第 k 次的測量時，即為

$$y_{ijk} = \mu + \alpha_i + \beta_j + \gamma_{ij} + \varepsilon_{ijk} \tag{4.2}$$

其中，α_i、β_j 表示因子 A, B 的主效果，γ_{ij} 表 A 與 B 的交互效果，ε_{ijk} 表誤差。無重複的二因子變異數分析時，$k = 1$，因為無法分離 γ_{ij} 與 ε_{ijk}，因之無法得出有關交互效果的資訊。關於此等構造模型來說，必須以下的假定成立才行，即觀測值是服從常態分配之機率變數的實測值，其機率變數的變異數相等，機率變數相互獨立。

2. 迴歸分析與變異數分析之結果

在迴歸分析方面，將反應變數的變異數，分割成預測值的變異數與誤差的變異數後再建構迴歸模型。預測值是利用 1 個以上的說明變數（量變數）的某個函數來說明，誤差是無法以說明變數說明的部分。同樣，在變異數分析方面，也是將反應變數的變異數，分割為能以說明變數（質變數）說明的部分與無法說明的部分後再假定構造模型。因此，基於變異數的分割進行有關平均偏差的解析，在此點上兩者本質上是相同的手法。通常，說明變異數是量變數時稱為迴歸分析，說明變數是質變數時稱為變異數分析。

3. 標準距

在多重比較的 Tukey 法中使用的標準距，是當群數為 k 時，使用各群之平均

值 m_1, m_2, $\cdots$, m_k 之中最大值的 Max（m_i）與最小值 Min（m_i）之差 R，及誤差變異數 V_e 來定義。譬如，比較第 i 群與第 j 群（i 不等於 j）時，求出

$$| m_i - m_j | / \sqrt{\frac{V_e}{n}} \tag{4.3}$$

再與標準距的百分點的自由度（$k, k(n-1)$）的顯著水準所對應之值相比較。

4. Schèffe 的檢定與聯合信賴區間

檢定具有 k 個共同變異數 σ^2 之常態母體的平均數中有哪些可能相等，哪些可能不相等，亦即同時檢定兩個母平均之間的差異。

假設 $H_0 : \sum c_i \mu_i = 0, (\sum c_i = 0)$

檢定統計量為

$$F = \frac{\left\{ \sum_{i=1}^{k} c_i \bar{x}_{i.} \right\}^2 / \phi_A}{V_e \left\{ \sum_{i=1}^{k} c_i^2 / n_i \right\}} \; , \; \phi_A = k - 1 \tag{4.4}$$

若 $F \geq F_\alpha(\phi_A, \phi_e)$，則否定 H_0。

又對所有的對比 $\sum_{i=1}^{k} c_i \mu_i$ 而言，在信賴水準 $1 - \alpha$ 的信賴區間為

$$\sum_{i=1}^{k} c_i \bar{x}_{i.} \pm \sqrt{\phi_A F_\alpha(\phi_A, \phi_e) V_e \{ \sum c_i^2 / n_i \}}$$

5. Bonferroni 的檢定與聯合信賴區間

假設 $H_0 : \mu_i = \mu_j \, (i, j = 1, \cdots k, i \neq j)$

$$(\bar{x}_{i.} - \bar{x}_{j.}) \pm t_{\alpha / k(k-1)}(\phi_e) \sqrt{\left(\frac{1}{n_i} + \frac{1}{n_j} \right) V_e}$$

檢定統計量為

$$t_0 = \frac{\bar{x}_{i.} - \bar{x}_{j.}}{\sqrt{\left(\frac{1}{n_i} + \frac{1}{n_j} \right) V_e}} \tag{4.5}$$

若 $t_0 \geq t_{\alpha / k(k-1)}$ 則否定 H_0。

第5章　複迴歸分析

　　為了進行預測或記述數個變量的相互關聯，基於此等之目的，將關心的一個變數以數個變數的線形組合方式來表示，求出此式子的手法即為迴歸分析（regression analysis）。此手法的活用範圍廣，但要注意事前的假定與注意點再活用。

5.1　簡單迴歸分析

一、概要

　　Pearson 的積率相關係數是 2 變數間之線性關聯強度的指標。如被認為有線性的關聯存在時，求出此直線的方法即為迴歸分析。利用的目的有以下兩種情形。一是對應某一方變數的數值變化，另一方的變數如何發生變化，以記述此種線性的關聯本身作為目的之情形，另一是利用所求出的直線，由一方預測另一方引導出手段作為主要目的之情形。

1. 簡單迴歸模型

　　針對 2 變數 x、y 之間的線性關聯，以利用 x 來說明 y 的式子來表示時，即為 $y = \alpha + \beta x$。α 是直線的截距，β 是斜率。實際上，相關係數的絕對值是 1，只要不完全排列在一直線上，各個觀察值就會偏離直線，因此，利用直線所預測的 y 與 y 的實測值之偏差 ε 加在式子時，即可表現成 $y = \alpha + \beta x + \varepsilon$。此即為簡單迴歸模型（Simple Regression model），x 的這一方稱為自變數（independent variable）或說明變數（explanatory variable），y 稱為依變數（dependent variable）或基準變數（criteria variable）。並且，截距 α 稱為常數，斜率 β 稱為 x 的迴歸係數（regression efficient）。

　　（此外，在第 2 節探討的複迴歸分析（multiple regression analysis）中，β 稱為偏迴歸係數，SPSS 不管是簡單迴歸或複迴歸均以相同程序執行，輸出的表中均統一稱為偏迴歸係數）。

　　為了估計 α、β，將所預測的 $\hat{y}$ 與 y 的實測值之差亦即殘差（residual）ε 的平均當作 0，殘差的平方和當作最小，使用最小平方法（least square method）求出

α 的估計量 a，β 的估計值 b 時，分別是

$$a = \overline{y} - b\overline{x}，b = \frac{s_y}{s_x}r_{xy} = \frac{s_{xy}}{s_x^2} \tag{5.1}$$

如此所求出之直線 $y = a + bx$ 稱為 x 對 y 的迴歸直線（regression line）。

2. 迴歸分析中的檢定

　　為了觀察能否利用迴歸直線顯著地說明依變數之值，可得出像表 5.1 的變異數分析表的檢定結果。簡單迴歸分析的變異數分析表，可以與單因子變異數分析表（表 4.2）同樣解釋。

表 5.1　變異數分析表

變異數分析 [b]					
模型	平方和	自由度	平均平方和	F 檢定	顯著性
1 　迴歸 　　殘差 　　總和	5255548.0 10113922 15369470	1 68 69	5255547.967 148734.148	35.335	.000 [a]

a. 預測變數：（常數），身高
b. 依變數：肺活量

　　單因子變異數分析可以想成是按因子的水準比較平均此變數的變動可以被說明的程度，而此情形是表示利用迴歸直線的預測值可說明依變數的變動到何種程度。

　　相當於單因子變異數分析的「組間」之部分即為「迴歸」，相當於「組內」的部分即為殘差。簡單迴歸分析中變異數分析的檢定結果，與自變數及依變數之間的相關係數的無相關檢定是相同的結果。

　　就迴歸分析中其他的檢定來說，有針對迴歸直線的截距（常數）與斜率（偏迴歸係數）的檢定。斜率的檢定是基於斜率為 0 的虛無假設，斜率不為 0 是意指依變數之值取決於自變數之值發生變化。關於截距的檢定，是基於截距 = 0 的虛無假設，換言之，是否通過原點（0, 0）的檢定。

3. 殘差的分析

　　在迴歸分析中，就殘差來說，期待值為 0，平方和最小的條件雖然在求

迴歸式的階段中有所滿足，但事實上對殘差來說仍有其他被假定的條件（參Q&A2），為了檢定迴歸直線的適切性，有需要檢討利用迴歸式對依變數的預測值與實際值之偏差亦即殘差。

　　SPSS 中以檢討殘差來說，準備有序列相關的檢定手法即 Durbin-Watson 檢定，有無過大殘差按各觀察值診斷的方法；以及組合依變數、標準化之預測值、標準化殘差等再製作散佈圖進行確認的方法。關於具體例請參照 Q&A。

二、解析例

例 5.1

⊃ 資料

　　人的肺活量與身高有關。肺活量本身是呼吸機能的指標，如果能由身高預測個人的標準肺活量之值時，利用與實際值之差即可預估呼吸器的狀態（實際上主要所使用是按男女別將年齡也加入的預測式）。此處，試求出由身高預測肺活量的迴歸式。

　　針對 30〜49 歲的成人女性 70 名，測量出身高（cm）與肺活量（ml），如圖 5.1 所示。於進行簡單迴歸分析之前，先選擇【統計圖】→【散佈圖／點】，以身高為 x 軸，以肺活量為 y 軸，製作散佈圖如圖 5.2 所示。

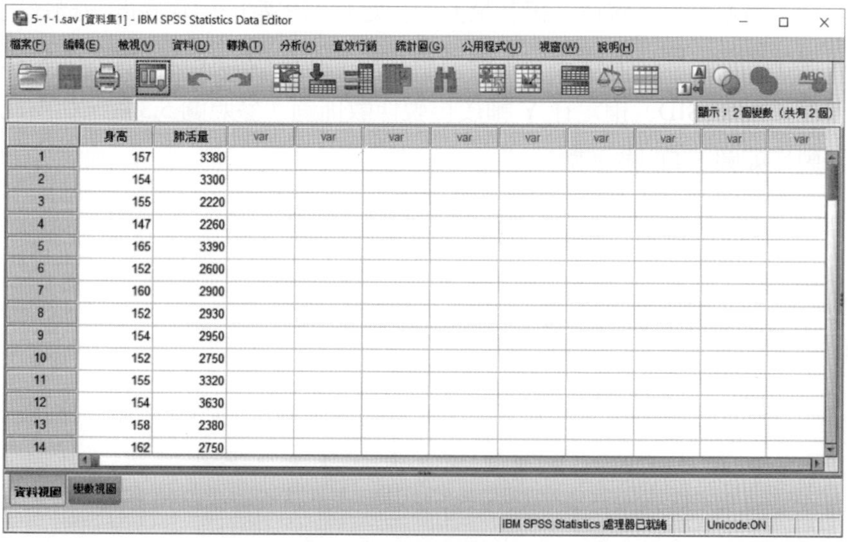

圖 5.1　身高與肺活量的資料（一部分）

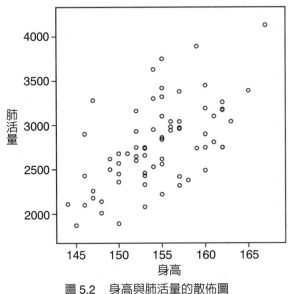

圖 5.2　身高與肺活量的散佈圖

⊃ 分析的步驟

　　在此資料中，以肺活量作爲依變數，以身高作爲自變數，進行簡單迴歸時，可選擇【分析 (A)】→【迴歸 (R)】→【線性 (L)】。在對話框中，「依變數」指定「肺活量」，「自變數」指定「身高」。

　　在子清單中，此處在「統計量」中指定迴歸係數的信賴區間、描述統計量。於【線性迴歸：圖形】視窗中，將標準化預測值（*ZPRED）指定在 X 軸，標準化殘差（*ZRESID）指定在 Y 軸後再製作散佈圖（參照圖 5.3）。利用此指定，即可製作如圖 5.4 的散佈圖。

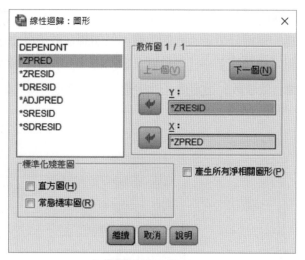

圖 5.3　圖形的指定

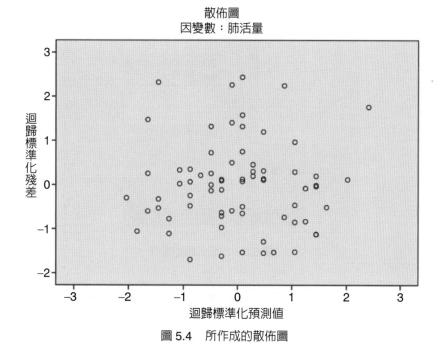

圖 5.4　所作成的散佈圖

　　利用迴歸式求出的預測值與殘差等分別就各個觀察值求出，如要當作新變數儲存時，可在「儲存」中指定。

○ 畫出迴歸直線的散佈圖之製作法

　　雖然與前述的迴歸分析是不同的步驟，但如想在散佈圖上也畫出迴歸直線的圖形時，可利用【統計圖】→【散佈圖】。於圖 5.5 中將 X 軸（自變數）指定為「身高」，Y 軸（依變數）指定為「肺活量」，按確定。

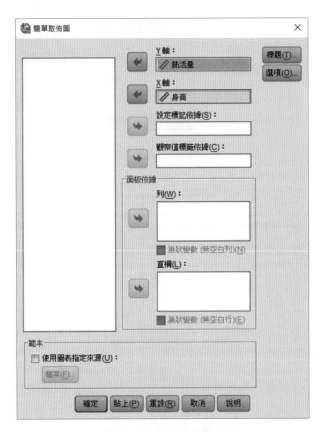

圖 5.5-1　散佈圖的製作

　　於圖上連按兩下，出現編輯畫面。點一下新增最適線圖像 ，從畫面中點一下線性。

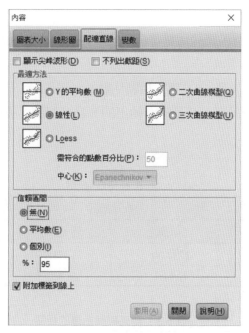

圖 5.5-2　配適直線

如圖 5.6 那樣，即可於散佈圖中加入迴歸直線、迴歸式及決定係數（R^2）。

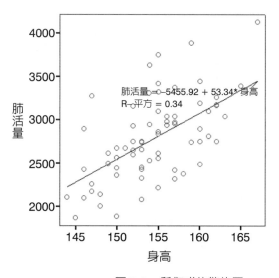

圖 5.6　所作成的散佈圖

⊃ 結果

　　以圖 5.1 的資料，將肺活量當作依變數進行簡單迴歸分析之結果，得出以下的輸出。

　　「敘述統計」（表 5.2）與「相關係數」（表 5.3），如未在「統計量」子清單中勾選「描述統計量」時是不會輸出的。身高與肺活量的相關係數是 0.585，可知有強烈的相關。

表 5.2　敘述統計

敘述統計			
	平均數	標準差	個數
肺活量	2787.00	471.960	70
身高	154.54	5.174	70

表 5.3　身高與肺活量的相關

相關係數			
		肺活量	身高
Pearson 相關	肺活量	1.000	.585
	身高	.585	1.000
顯著性（單尾）	肺活量	.	.000
	身高	.000	.
個數	肺活量	70	70
	身高	70	70

　　表 5.4 的「已選入變數或已刪除變數」的輸出，在簡單迴歸中並無意義。於 5.2 節的複迴歸分析中解說。

表 5.4　選入變數或已刪除變數

選入／刪除的變數 [b]			
模型	選入的變數	刪除的變數	方法
1	身高 [a]	.	選入

a. 所有要求的變數已輸入

b. 依變數：肺活量

　　「模型摘要」的 R 是依變數的預測值與實測值的相關係數，在簡單迴歸分析中，與依變數及自變數的相關係數的絕對值相同，R 平方（R^2）是表示依變數的變異有多少部分是能以迴歸式說明之比率，稱爲決定係數（coefficient of determination）（表 5.5）。決定係數在以下的「變異數分析」（表 5.6）中，是將迴歸平方和除以全體平方和來求解。本例中，$R^2 = 0.342$，是指使用身高的迴歸式可以說明肺活量的變異部分達 34%。調整過後的 R 平方，會在複迴歸分析中說明。估計值的標準誤，是變異數分析的殘差的均方的正平方根。

表 5.5　模型摘要

模型摘要 [b]				
模型	R	R 平方	調過後的 R 平方	估計的標準誤
1	.585[a]	.342	.332	385.661

a. 預測變數：（常數），身高
b. 依變數：肺活量

　　「變異數分析」表的迴歸與殘差的各平方和除以自由度，稱爲平均平方和（簡稱均方）。迴歸的自由度是自變數的個數（在簡單迴歸分析中是 1），殘差的自由度是觀察值個數－迴歸的自由度－1，此處是 68。在無法利用迴歸式預測的虛無假設（$R = 0$）下，檢定統計量 F 的值（迴歸的均方 ÷ 殘差的均方），可從服從自由度（1,68）的 F 分配即可求出顯著機率。此處，P 是 0.000，在顯著水準 5% 下可判斷迴歸是顯著的。

表 5.6　變異數分析

變異數分析 [b]					
模型		平方和	自由度	平均平方和	F 檢定	顯著性
1	迴歸	5255548.0	1	5255547.967	35.335	.000[a]
	殘差	10113922	68	148734.148		
	總和	15369470	69			

a. 預測變數：（常數），身高
b. 依變數：肺活量

從表 5.7，可以讀取迴歸直線式子的係數。「未標準化係數」的「B 之估計值」是常數及偏迴歸係數的估計值。此處，從常數的「B 之估計值」可以估計截距 α 是 -5455.9，從身高的「B 之估計值」可以估計偏迴歸係數（斜率）β 是 53.3。亦即，由迴歸式可以求出肺活量（ml）$= -5455.9 + 53.3 \times$ 身高（cm）。

表 5.7　係數的估計結果

係數 [a]							
模型	未標準化係數		標準化係數	t	顯著性	迴歸係數 B 的 95% 信賴區間	
	B 之估計值	標準誤	Beta 分配			下限	上限
1　常數	−5455.915	1387.449		−3.932	.000	−8224.526	−2687.304
身高	53.337	8.973	.585	5.944	.000	35.432	71.242

a. 依變數：肺活量

由此式知，身高如增加 1cm 時，肺活量即增加 53.3ml，譬如，身高是 160cm 時，可以預測出肺活量 $= -5455.9 + 53.3 \times 160 = 3072.1$ (ml)。

「B 之估計值」右方的「標準誤」是常數與偏迴歸係數之標準誤。旁邊顯示檢定統計量之 t 值的「t」與「顯著性」，是利用常數及偏迴歸係數為 0 的虛無假設之檢定所求得。此情形顯著機率均為 0.000，以顯著水準 5% 判斷時是顯著的，可以說都不是零。其右方「迴歸係數 B」的 95% 信賴區間是常數與偏迴歸係數的 95% 信賴區間。

表中的標準化係數「Beta」，相當於依變數與自變數均已標準化時的偏迴歸係數（或者偏迴歸係數乘上自變數的標準差除以依變數的標準差求得）。亦即，此處可以顯示身高增加 1 標準差份量，肺活量即增加 0.585 標準差份量（自變數只有 1 個的簡單迴歸分析時，標準化係數「Beta」與相關係數相同）。

對殘差的分析來說，如檢討各個已標準化的預測值與殘差的散佈圖（圖5.4）時，可得知殘差是分散於正的一方，看不出有大的問題。

三、簡單迴歸分析 Q&A

Q1　將 x 對 y 的迴歸式 $y = a + bx$ 變形為 $x = \dfrac{(y-a)}{b}$ 時，可以當作由 y 預測 x 嗎？

A1 乍見認為好像沒有問題，但不能使用。於進行歸分析時，試考察如何求出殘差。在 x 對 y 的迴歸直線中，殘差是 y 的實測值與預測值（迴歸式）之偏差，在 y 對 x 的迴歸直線中，殘差是 x 的實測值與預測值之偏差，因而由迴歸直線求偏差之方向不同。因之，由 x 與 y 之中的一者說明另一者，即可畫出 2 條迴歸直線。此 2 條迴歸直線成為相同的直線，是 x 與 y 的相關係數的絕對值是 1，只有完全排列在直線上的情形而已。

如果是為了預測而求出預測式時，形成由一方預測另一方的方式，由於變數被固定再利用，因之是不成問題的。但關心 2 變量之關聯時，就要注意。譬如，在先前的例 5.1，雖解讀出身高每增加 1cm，肺活量即增加 53.3ml，但相反的，肺活量每增加 100ml，身高增加多少 cm，想對此記述時，並非 $(1 \div 53.3) \times 100 = 1.8$cm，有需要將自變數 x 與依變數 y 顛倒，解讀所求出的迴歸直線（身高 cm = 136.67 + 0.006× 肺活量 ml）才行。

Q2 殘差要如何確認才好？

A2 進行迴歸分析時，是否滿足模型上對殘差所建立的假定呢？圖示誤差即可簡明地檢討。

為了利用簡單迴歸模型求迴歸直線，誤差 ε_i 有如下的假定：

(1) 各個觀察值的殘差，全部服從期待值 = 0，變異數 = 一定（未知）的常態分配。

(2) 各個觀察值的殘差 $\varepsilon_1, \varepsilon_2, \cdots, \varepsilon_n$ 相互獨立。

亦即，此假定未能滿足時，可以認為迴歸模型不適切。譬如，觀察出很難認為服從常態分配的甚大殘差，或將觀察值依觀測順序排列後，殘差有週期性，這些假定即不被認為有所滿足，如殘差散佈圖呈現隨機時，即視為殘差滿足所建立的假定。

以實際分析殘差的參考來說，介紹有名的 Anscombe 的數值例（表 5.8）。

表 5.8　Anscombe 的數值例

X	Y1	Y2	Y3	X4	Y4
10.0	8.04	9.14	7.46	8.0	6.58
8.0	6.95	8.14	6.77	8.0	5.76
13.0	7.58	8.74	12.74	8.0	7.71

X	Y1	Y2	Y3	X4	Y4
9.0	8.81	8.77	7.11	8.0	8.84
11.0	8.33	9.26	7.81	8.0	8.47
14.0	9.96	8.10	8.84	8.0	7.04
6.0	7.24	6.13	6.08	8.0	5.25
4.0	4.26	3.10	5.39	19.0	12.50
12.0	10.84	9.13	8.15	8.0	5.56
7.0	4.82	7.26	6.42	8.0	7.91
5.0	5.68	4.74	5.73	8.0	6.89

　　如求出由 X 對 Y_1，由 X 對 Y_2，由 X 對 Y_3，由 X_4 對 Y_4 的 4 條迴歸直線時，所有的式子均為 $y = 3.0 + 0.5x$，R^2 也都是 0.667。並且，X 與 X_4，$Y_1 \sim Y_4$ 具有幾乎相等的平均與標準差，因此，如觀察敘述統計或迴歸分析及其檢定結果時，4組的迴歸幾乎看不出差異。只要顯示散佈圖，這些數據的組間差異雖然很明顯，但只觀察迴歸分析結果時就會疏忽。

　　由散佈圖及迴歸分析之結果，將標準化的預測值與標準化殘差的散佈圖顯示如圖 5.7 所示。觀此殘差的圖形時，差異就會明顯。

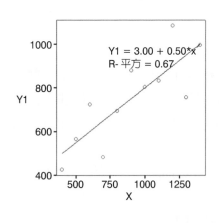

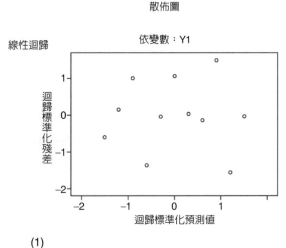

(1)

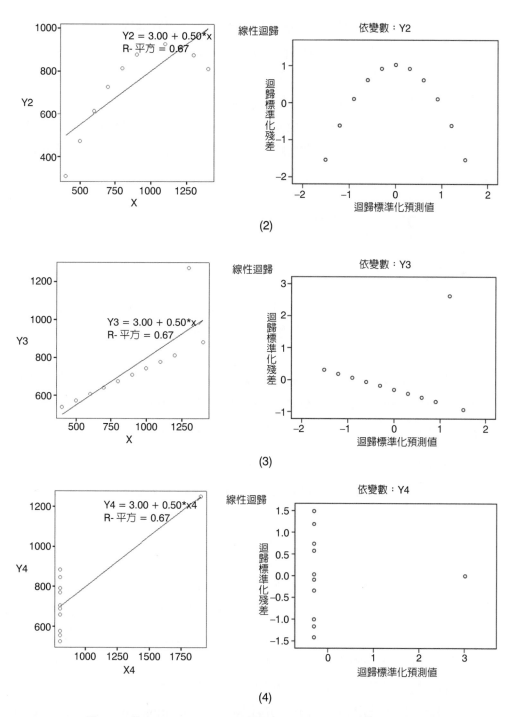

圖 5.7　是由 Anscombe 的數值例得出之散佈圖、迴歸直線、殘差圖

　　圖 5.7 的 (1) 是沒有特別問題的情形；(2) 可以說是在曲線的關聯中適配線形模型的例子；(3) 是除去一個觀察值（第 3 個）時排列在一直線上的情形，此 1 筆有需要檢討是否偏離值；(4) 是除去 1 筆（第 8 個）的觀察值時 X_4 與 Y_4 看不出關聯，與 (3) 相同有需要檢討是否應除去此 1 筆。

　　在實際的解析中，即使是此種極端的情形，確認殘差即可掌握有此種問題的傾向。但在迴歸分析之前，像散佈圖或各變異數的分配類型等，如能養成好好斟酌基本資料的習慣，就不會有太大的失誤。

5.2　複迴歸分析

一、概要

　　複迴歸分析可以想成是簡單迴歸分析的擴充，亦即增加數個自變數的情形。SPSS 是以相同的程序執行，簡單迴歸分析是在複迴歸分析中只指定 1 個自變數的情形。

　　雖然是一個自變數卻仍無法充分預測依變數之值，如再將其他的變數當作自變數加入時，即可使更佳的預測出現。預測並非是主要目的，除去自變數間相互之影響外，可以當作觀察這些自變數與依變數之間關聯的方法來利用。

1. 複迴歸模型

　　將簡單迴歸模型擴充，將自變數增加爲 k 個 $(x_1, x_2, \cdots, x_k)$，在複迴歸模型

$$y = \alpha + \beta_1 x_1 + \beta_2 x_2 + \cdots + \beta_k x_k + \varepsilon \tag{5.2}$$

中，常數 α 與 k 個自變數的各個偏迴歸係數（partial regression coefficient）$\beta_1 \sim \beta_k$ 利用最小平方法估計。利用所求出的迴歸式，所得出的預測值與實測值的相關係數，即爲複迴歸分析中的複相關係數（multiple correlation coefficient）R。此 R^2 稱爲（複）決定係數。利用複迴歸式可以說明多少依變數的變異，雖能以複決定係數評價，但對於預測式的好壞程度來說，如考量使用較多的自變數造成的負面效果後，即可使用調整自由度的複相關係數（multiple correlation coefficient adjusted for the degree of freedom）的平方進行評價。

2. 複迴歸分析中的檢定

　　複相關係數的顯著性檢定，與簡單迴歸分析一樣，也是與迴歸的變異數分析表的檢定相同。且各偏迴歸係數與常數的顯著性，也是針對值是否為零的虛無假設加以檢定。

3. 變數的選擇

　　利用數個自變數時，如利用對預測幾乎無貢獻的變數，效率不好。想觀察關聯時，從一開始只投入已規劃好的自變數之後就一直不變的情形，以及只選擇對預測有幫助的自變數，亦即變數選擇法（Variable Selection）。且進行變數選擇法可迴避多重共線性（multicollinearity）的問題。

　　基本上，有加入自變數之操作與刪去的操作，加入時，在加入目前的自變數群中選擇可以提高預測的變數，刪除時，在所利用的自變數之中，除去對預測貢獻最低的變數。SPSS 可以利用 F 值或 P 值機率指定是否進行投入或刪除的基準。又 SPSS 的預設基準略為嚴格（譬如，在投入時 F 值機率是 5%），因此，如果不略為放鬆指定，也有自變數一個都未被選擇的情形。

　　以變數選擇的方法來說，尋找要投入的自變數，已投入時，調查有無可從已利用的所有自變數中除去的變數，接著再尋找可以追加的變數的逐步迴歸法（變數增減法）是一般的作法。SPSS 中可以指定的變數選擇法有：將所指定的自變數全部使用的強制投入法、逐步迴歸法、依序除去自變數的變數減少法、只進行依序追加自變數的變數增加法等，均是可行的方法。另外，變數減少法及強制刪除法等減少自變數的手法，是一旦未投入自變數時就無法使用。按每一個變數集（Block），依序指示應用所指定的變數選擇法是可行的，但變數集 2 以下，刪除的指定是可行的。

二、解析例

例 5.2

⊃ 資料

　　在利用身高預測肺活量的簡單迴歸分析中，再將體重加入自變數之後，試預測肺活量。資料是在例 5.1 中加入體重，如圖 5.8 所示。

	肺活量	身高	體重	Var	Var
1	3380	157	50		
2	3300	154	52		
3	2220	155	54		
4	2260	147	59		
5	3390	165	59		
6	2600	152	54		
7	2900	160	60		
8	2930	152	47		
9	2950	154	65		
10	2750	152	46		
11	3320	155	52		
12	3630	154	55		
13	2380	158	45		
14	2750	162	66		
15	3040	163	88		
16	2560	155	60		
17	2620	155	68		
18	2750	162	49		
19	2860	155	44		
20	3160	152	46		
21	3260	162	57		
22	4130	167	53		
23	2970	157	47		
24	2980	156	80		
25	3170	162	54		
26	3190	160	60		
27	2330	153	61		
28	3100	155	68		
29	3450	160	48		

◀ ▶ \ 資料檢視 \ 變數檢視 /

圖 5.8　圖 5.1 的資料追加體重

以【分析(A)】→【相關(C)】→【雙變量(B)】求相關係數，即為表 5.9 所示。

表 5.9　肺活量、身高、體重的相關係數

相關				
		肺活量	身高	體重
肺活量	Pearson 相關	1	.585**	.141
	顯著性（雙尾）		.000	.244
	個數	70	70	70
身高	Pearson 相關	.585**	1	.418**
	顯著性（雙尾）	.000		.000
	個數	70	70	70
體重	Pearson 相關	.141	.418**	1
	顯著性（雙尾）	.244	.000	
	個數	70	70	70

** 在顯著水準為 0.01 時（雙尾），相關顯著。

⊃ 分析的步驟

　　將肺活量當作依變數，身高與體重當作自變數進行複迴歸分析，與簡單迴歸分析一樣，選擇【分析(A)】→【迴歸(R)】→【線性(L)】。此處，於先前的例 5.1 的指定中加入體重當作自變數。將變數的選擇方法照樣當作「強制投入法」（18 版起改成「輸入」）。

⊃ 結果

　　因未進行變數選擇，因之得出只輸入身高與體重的 2 個自變數的結果。

　　由表 5.10 知，$R = 0.596$，比只將身高當作自變數的簡單迴歸分析的 $R = 0.585$ 大些，而調整後的 R 平方（調整自由度的複相關係數的平方）是由 0.355 變成 0.336，幾乎未增加，很難說追加體重後預測會變好。

表 5.10　模型摘要

模型摘要 [b]				
模型	R	R 平方	調過後的 R 平方	估計的標準誤
1	.596[a]	.355	.336	384.716

a. 預測變數：（常數），體重，身高。
b. 依變數：肺活量

　　請觀察表 5.11，體重的偏迴歸係數是 −7.519，顯著機率是 0.252，在顯著水準 5% 下無法判斷是否是顯著。偏迴歸係數本身，像身高的係數與簡單迴歸分析的結果（表 5.7）有若干的改變。這是追加了自變數後，自變數間的相互關聯有了變化。

表 5.11　係數的估計結果

係數 [a]						
模型		未標準化係數		標準化係數	t	顯著性
		B 之估計值	標準誤	Beta 分配		
1	（常數）	−5775.993	1411.512		−4.092	.000
	身高	58.090	9.851	.637	5.897	.000
	體重	−7.519	6.509	−1.25	−1.155	.252

a. 依變數：肺活量

體重的偏迴歸係數不顯著，是 –7.519。體重與肺活量之相關是 0.141，幾乎無相關。成為負值也許覺得有異。可是，如想想偏相關係數時似乎可以明白，體重與身高有正的相關，因之除去身高的影響後如考慮體重與肺活量的關聯時，觀察出與相關係數之傾向有不同方向之影響也並非異常。但是，此情形將體重追加於自變數幾乎沒有意義，只利用身高就很足夠。

另外，在實際的解析中，依變數與自變數的相關符號與偏迴歸係數不一致，在解釋上有問題時，應質疑多重共線性，並進行診斷。在自變數間的相關高時，多重共線性即有問題，未進行變數選擇時，應該要進行確認為宜。

例 5.3

⊃ 資料

「生活習慣病」指生活習慣與健康有種種的關係，定量性地評價生活習慣是很重要的。利用 7 個尺度測量生活習慣的 LPC 式生活習慣調查資料，試由生活習慣預測年齡。資料是由 20 歲到 80 歲的男性 400 名，所利用的尺度說明如表 5.12 所示，分數愈高其尺度所意指的傾向即愈強（圖 5.9）。

表 5.12　生活習慣尺度的意義

尺度的名稱	意義
精神的活潑性	自發性、外向性高的傾向（自發性尺度與外向性尺度）
知的行動力	有關健康的資訊蒐集或對料理的關心、巧思（健康資訊尺度與對料理的進取性尺度）
生活的踏實性	重視傳統的生活方式。義理人情的重視（傳統形尺度與情緒不安定尺度）
身心的不安性	身體上的訴求多，精神狀態容易不安定的傾向（多愁訴尺度與情緒不安定尺度）
不希望的飲食生活	肉類、脂肪成分多的飲食，多攝取鹽分之傾向（肉油脂尺度與高鹽分尺度）
運動實施	進行運動之傾向
疾病次數	容易生病之傾向

	年齡	精神的活潑性	知的行動力	生活的踏實性	身心的不安性	不希望的飲食生活	運動實施	疾病次數
1	82	7	2	17	2	9	1	1
2	81	13	8	18	3	10	3	4
3	81	13	12	18	10	12	6	6
4	81	18	11	22	6	12	6	9
5	81	18	15	21	6	10	4	9
6	81	6	8	20	0	8	2	4
7	80	19	4	17	11	7	1	6
8	80	17	10	23	17	6	4	12
9	79	10	9	21	13	9	2	5
10	79	13	5	14	1	4	5	5
11	78	12	13	16	12	15	7	8
12	78	4	1	11	22	8	0	9
13	78	4	1	10	7	12	1	9
14	78	10	4	17	4	16	5	9
15	77	8	6	18	13	11	4	9
16	77	8	9	20	20	11	4	12
17	77	9	15	19	5	7	3	7
18	77	14	6	17	3	7	8	11
19	75	8	6	19	8	4	0	7

圖 5.9　年齡與 7 個生活習慣尺度資料的一部分

⊃ 分析的步驟

選擇【分析 (A)】→【迴歸 (R)】→【線性 (L)】，「依變數」指定年齡。在「統計量」勾選「R^2 改變量」。變數選擇的方法，是在「自變數」之下的「方法」中選擇「逐步迴歸法」。「選項」中雖然可以變更「逐步法的基準」，但此處按照預設。

殘差的分析是使用「統計圖」，與簡單迴歸分析一樣，指定繪製標準化殘差與標準化預測值的散佈圖，以及指定「標準化殘差圖」的「直方圖」與「常態機率圖」。

⊃ 結果

自變數與依變數的相關係數如表 5.13 所示。與年齡較有相關的是「生活的踏實性」與「疾病次數」之尺度。

表 5.13 變數間的相關係數

		年齡	精神的活潑性	知的行動力	生活的踏實性	身心的不安性	不希望的飲食生活	運動實施	疾病次數
年齡	Pearson 相關	1	−.031	.070	.342**	.021	−.165**	.051	.297**
	顯著性（雙尾）		.531	.165	.000	.677	.001	.307	.000
	個數	400	400	400	400	400	400	400	400
精神的活潑性	Pearson 相關	−.031	1	.282**	.383**	−.188**	−.067	.369**	−.193**
	顯著性（雙尾）	.531		.000	.000	.000	.181	.000	.000
	個數	400	400	400	400	400	400	400	400
知的行動力	Pearson 相關	.070	.282**	1	.217**	.038	.007	.351**	.096
	顯著性（雙尾）	.165	.000		.000	.448	.889	.000	.054
	個數	400	400	400	400	400	400	400	400
生活的踏實性	Pearson 相關	.342**	.383**	.217**	1	−.096	−.071	.200**	.012
	顯著性（雙尾）	.000	.000	.000		.055	.155	.000	.804
	個數	400	400	400	400	400	400	400	400
身心的不安性	Pearson 相關	.021	−.188**	.038	−.096	1	.160**	−.111**	.482**
	顯著性（雙尾）	.677	.000	.448	.055		.001	.027	.000
	個數	400	400	400	400	400	400	400	400
不希望的飲食生活	Pearson 相關	−.165**	−.067	.007	−.071	.160**	1	.069	.032
	顯著性（雙尾）	.001	.181	.889	.155	.001		.170	.523
	個數	400	400	400	400	400	400	400	400
運動實施	Pearson 相關	.051	.369**	.351**	.200**	−.111*	.069	1	−.034
	顯著性（雙尾）	.307	.000	.000	.000	.027	.170		.498
	個數	400	400	400	400	400	400	400	400
疾病次數	Pearson 相關	.297**	−.193**	.096	.012	.482**	.032	−.034	1
	顯著性（雙尾）	.000	.000	.054	.804	.000	.523	.498	
	個數	400	400	400	400	400	400	400	400

**. 在顯著水準為 0.01 時（雙尾），相關顯著。

*. 在顯著水準為 0.05 時（雙尾），相關顯著。

逐步法的結果（表 5.14），5 個自變數滿足條件而被追加，本例中並無被除去的變數。實際上隨著變數的追加，預測會形成如何地改變，可在「模型摘要」之輸出中解讀（表 5.15）。最終的複相關係數是 $R = 0.498$。

表 5.14　利用逐步法選擇變數之結果

		選入／刪除的變數 [a]	
模型	選入的變數	刪除的變數	方法
1	生活的踏實性	.	逐步迴歸分析法（準則：F- 選入的機率 <=.050，F 刪除的機率 >=.100）。
2	疾病次數	.	逐步迴歸分析法（準則：F- 選入的機率 <=.050，F 刪除的機率 >=.100）。
3	不希望的飲食生活	.	逐步迴歸分析法（準則：F- 選入的機率 <=.050，F 刪除的機率 >=.100）。
4	精神的活潑性		逐步迴歸分析法（準則：F- 選入的機率 <=.050，F 刪除的機率 >=.100）。
5	身心的不安性		逐步迴歸分析法（準則：F- 選入的機率 <=.050，F 刪除的機率 >=.100）。

a. 依變數：年齡

表 5.15　模型摘要

					變更統計量				
模型	R	R 平方	調過後的 R 平方	估計的 標準誤	R 平方 改變量	F 改變	分子自 由度	分母自 由度	顯著性 F 改變
1	.342[a]	.117	.115	10.72985	.117	52.787	1	398	.000
2	.451[b]	.203	.199	10.20753	.086	42.773	1	397	.000
3	.475[c]	.226	.220	10.07437	.023	11.564	1	396	.001
4	.490[d]	.240	.233	9.99052	.015	7.676	1	395	.006
5	.498[e]	.248	.238	9.95400	.007	3.904	1	394	.049

a. 預測變數：（常數），生活的踏實性
b. 預測變數：（常數），生活的踏實性，疾病次數
c. 預測變數：（常數），生活的踏實性，疾病次數，不希望的飲食生活
d. 預測變數：（常數），生活的踏實性，疾病次數，不希望的飲食生活，精神的活潑性
e. 預測變數：（常數），生活的踏實性，疾病次數，不希望的飲食生活，精神的活潑性，身心的不安性
f. 依變數：年齡

「變異數分析」的結果也在逐步法的每一個階段中輸出（表 5.16）。

表 5.16　變異數分析表

變異數分析 [f]					
模型		平方和	自由度	平均平方和	F 檢定	顯著性
1	迴歸	6077.304	1	6077.304	52.787	.000[a]
	殘差	45821.593	398	115.130		
	總和	51898.898	399			
2	迴歸	10533.977	2	5266.989	50.550	.000[b]
	殘差	41364.920	397	104.493		
	總和	51898.898	399			
3	迴歸	11707.668	3	3902.556	38.451	.000[c]
	殘差	40191.230	396	101.493		
	總和	51898.898	399			
4	迴歸	12473.786	4	3118.446	31.244	.000[d]
	殘差	39425.112	395	99.810		
	總和	51898.898	399			
5	迴歸	12860.581	5	2572.116	25.959	.000[e]
	殘差	39038.316	394	99.082		
	總和	51898.898	399			

a. 預測變數：（常數），生活的踏實性
b. 預測變數：（常數），生活的踏實性，疾病次數
c. 預測變數：（常數），生活的踏實性，疾病次數，不希望的飲食生活
d. 預測變數：（常數），生活的踏實性，疾病次數，不希望的飲食生活，精神的活潑性
e. 預測變數：（常數），生活的踏實性，疾病次數，不希望的飲食生活，精神的活潑性，身心的不安性
f. 依變數：年齡

解讀「係數」表（表 5.17）時，最終所求出的複迴歸式是：

年齡的預測值 = 42.3 + 1.10×（生活的踏實性）+ 1.18（疾病次數）– 0.44×（不希望的飲食生活）– 0.41×（精神上的活潑性）– 0.23×（身心的不安定性）

譬如，各個尺度的分數分別是生活的踏實性 17，疾病次數 6，不希望的飲食生活 6，精神上的活潑性 13，身心的不安定性 11，即為

$$42.3 + 1.10 \times 17 + 1.18 \times 6 - 0.44 \times 6 - 0.41 \times 13 - 0.23 \times 11 = 57.5$$

可以預測出年齡是 57.5 歲。

　　觀察標準化偏迴歸係數,「生活的踏實性」與年齡最有關聯,接著是「疾病次數」愈高,年齡即愈增加的必然結果。「不希望的飲食生活」與「精神的活潑性」是與年齡減少的方向有關聯。「身心的不安定性」在簡單相關係數中幾乎與年齡無關,但與「疾病次數」有正的相關,如除去「疾病次數」之影響時,「身心的不安定性」高可以解釋為與年齡減少的方向有關聯。

表 5.17　係數的估計結果

模型		未標準化係數		標準化係數	t	顯著性
		B 之估計值	標準誤	Beta 分配		
1	(常數)	38.558	2.450		15.737	.000
	生活的踏實性	1.008	.139	.342	7.265	.000
2	(常數)	33.391	2.461		13.568	.000
	生活的踏實性	.998	.132	.339	7.555	.000
	疾病次數	1.089	.167	.293	6.540	.000
3	(常數)	38.129	2.800		13.617	.000
	生活的踏實性	.966	.131	.328	7.392	.000
	疾病次數	1.108	.164	.298	6.735	.000
	不希望的飲食生活	−.471	.138	−.151	−3.401	.001
4	(常數)	41.063	2.972		13.817	.000
	生活的踏實性	1.118	.141	.379	7.944	.000
	疾病次數	1.009	.167	.272	6.045	.000
	不希望的飲食生活	−.485	.137	−.155	−3.529	.000
	精神的活潑性	−.394	.142	−.135	−2.771	.006
5	(常數)	42.329	3.030		13.972	.000
	生活的踏實性	1.097	.141	.372	7.807	.000
	疾病次數	1.184	.188	.319	6.285	.000
	不希望的飲食生活	−.442	.139	−.142	−3.191	.002
	精神的活潑性	−.412	.142	−.141	−2.904	.004
	身心的不安性	−.230	.116	−.101	−1.976	.049

a. 依變數:年齡

　　殘差如圖 5.10 所示,幾乎形成常態分配,關於此點並不成為問題。且標準化的預測值與標準化殘差的散佈圖(圖 5.11)雖可看出在預測值低的一方殘差的變異有略大的傾向,但並不是問題。

依變數:年齡

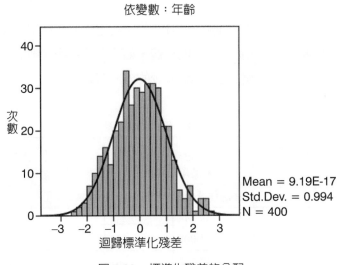

Mean = 9.19E-17
Std.Dev. = 0.994
N = 400

圖 5.10　標準化殘差的分配

散佈圖

依變數:年齡

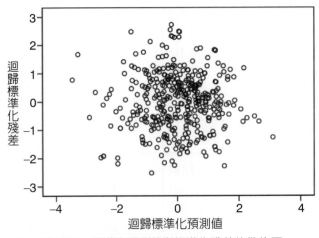

圖 5.11　標準化預測值與標準化殘差的散佈圖

例 5.4

當自變數中並非全是量變數而混有質變數如名義尺度或次序尺度的類別變數時，此時需引進虛擬變數。

⊃ 資料

下列資料是甲國近 17 年的所得 Y 與公債購買量 X 的資料，其中第 8 年至第 13 年是戰時，試：(1) 建立直線迴歸方程式 $\hat{Y} = b_0 + b_1 X$；(2) 試引進虛擬變數建立迴歸方程 $\hat{Y} = b_0 + b_1 X + b_2 D$，式中 D 表戰時、和平的虛擬變數。

年別	1	2	3	4	5	6	7	8	9	10	11	12	13	14	15	16	17
Y	2.6	3.0	3.6	3.7	3.8	4.1	4.4	7.1	8.0	8.9	9.7	10.2	10.1	7.9	8.7	9.1	10.1
X	2.4	2.8	3.1	3.4	3.9	4.0	4.2	5.1	6.3	8.1	8.8	9.6	9.7	9.6	10.4	12.0	12.9
D	0	0	0	0	0	0	0	1	1	1	1	1	1	0	0	0	0

⊃ 資料輸入形式

以 D 表虛擬變數，1 表示戰時，0 表示平時，資料輸入如下。

迴歸式表示如下：

$$\hat{Y} = b_0 + b_1 X + b_2 D \begin{cases} D = 1 \quad , \quad 戰時 \\ D = 0 \quad , \quad 平時 \end{cases}$$

	年別	公債購買量	所得	D	Var
1	1	2.4	2.6	0	
2	2	2.8	3.0	0	
3	3	3.1	3.6	0	
4	4	3.4	3.7	0	
5	5	3.9	3.8	0	
6	6	4.0	4.1	0	
7	7	4.2	4.4	0	
8	8	5.1	7.1	1	
9	9	6.3	8.0	1	
10	10	8.1	8.9	1	
11	11	8.8	9.7	1	
12	12	9.6	10.2	1	
13	13	9.7	10.1	1	
14	14	9.6	7.9	0	
15	15	10.4	8.7	0	
16	16	12.0	9.1	0	
17	17	12.9	10.1	0	
18					

● 分析的步驟

　　將所得 Y 當作依變數，首先將公債購買量 X 當作自變數進行簡單迴歸分析，其次將公債購買量 X 與 D 當作自變數進行複迴歸分析，與簡單迴歸分析一樣，選擇【分析 (A)】→【迴歸 (R)】→【線性 (L)】。此處，將變數的選擇方法照樣當作「強制投入法」。

● 結果

　　只以 X 與 Y 建立迴歸式得出輸出如下。

模式摘要

模式	R	R 平方	調過後的 R 平方	估計的標準誤
1	.921[a]	.848	.838	1.1562

a. 預測變數：(常數), 公債購買量

變異數分析[b]

模式		平方和	自由度	平均平方和	F 檢定	顯著性
1	迴歸	111.706	1	111.706	83.558	.000[a]
	殘差	20.053	15	1.337		
	總和	131.759	16			

a. 預測變數：(常數), 公債購買量
b. 依變數：所得

係數[a]

模式		未標準化係數		標準化係數		
		B 之估計值	標準誤	Beta 分配	t	顯著性
1	(常數)	1.570	.634		2.477	.026
	公債購買量	.759	.083	.921	9.141	.000

a. 依變數：所得

　　另外，以 X、D 與 Y 建立迴歸式得出輸出如下：

模式摘要b

模式	R	R 平方	調過後的 R 平方	估計的標準誤
1	.998ª	.995	.995	.2094

a. 預測變數：(常數), D, 公債購買量
b. 依變數：所得

變異數分析b

模式		平方和	自由度	平均平方和	F 檢定	顯著性
1	迴歸	131.145	2	65.573	1495.916	.000ª
	殘差	.614	14	.044		
	總和	131.759	16			

a. 預測變數：(常數), D, 公債購買量
b. 依變數：所得

係數ª

模式		未標準化係數		標準化係數	t	顯著性
		B 之估計值	標準誤	Beta 分配		
1	(常數)	1.290	.116		11.164	.000
	公債購買量	.681	.015	.826	43.987	.000
	D	2.304	.109	.396	21.059	.000

a. 依變數：所得

　　PRE_1 是表 X 對 Y 的預測值，PRE_2 是表示 X 與 D 對 Y 的預測值，從兩者的比較得知，PRE_2 比較接近實績值 Y。

	年別	公債購買量	所得	D	PRE_1	PRE_2	var
1	1	2.4	2.6	0	3.39224	2.92511	
2	2	2.8	3.0	0	3.69599	3.19768	
3	3	3.1	3.6	0	3.92379	3.40210	
4	4	3.4	3.7	0	4.15160	3.60653	
5	5	3.9	3.8	0	4.53129	3.94723	
6	6	4.0	4.1	0	4.60722	4.01537	
7	7	4.2	4.4	0	4.75909	4.15166	
8	8	5.1	7.1	1	5.44252	7.06933	
9	9	6.3	8.0	1	6.35376	7.88703	
10	10	8.1	8.9	1	7.72061	9.11357	
11	11	8.8	9.7	1	8.25216	9.59056	
12	12	9.6	10.2	1	8.85965	10.13569	
13	13	9.7	10.1	1	8.93559	10.20383	
14	14	9.6	7.9	0	8.85965	7.83128	
15	15	10.4	8.7	0	9.46715	8.37641	
16	16	12.0	9.1	0	10.68213	9.46668	
17	17	12.9	10.1	0	11.36555	10.07995	
18							

三、複迴歸分析 Q&A

Q1 何謂自由度調整後的複相關係數的平方？

A1 複迴歸分析於評價「預測的好壞」時，使用複相關係數（或其平方的複決定係數 R^2）是需要注意的。新的變數當作自變數追加在複迴歸式時，追加前的殘差與要追加之變數的相關只要不是 0，迴歸中所說明的部分會增加，複相關係數即使是些許也一定增加。

並且，與觀察值個數相比，自變數的個數變多時，複相關係數就會有過大評估的問題。極端的情形，自變數只有 1 個，如只存在 2 個觀察值時，可畫出通過 2 點的直線，能完全以迴歸直線說明。3 個觀察值時，如利用 2 個自變數時，一般的情形以一個平面所有的觀察值可以被說明。自變數的個數接近觀察值個數，就會變成被各個觀察值過度牽引的迴歸式，會讓複相關係數發生過大評估的問題。

因此，利用觀察值個數與自變數個數補正的調整自由度的複相關係數的平方（調整自由度的複決定係數）。如果增加自變數時，到某處為止自由度調整後之複相關係數的平方會一直增加，但從某點起就開始減少。以此作為基準想成變數追加的結束基準，但 SPSS 無法指定。

觀察值個數設為 N，自變數個數設為 P，複相關係數設為 R 時，自由度調整後複相關係數的平方 $\hat{R}^2$：

$$\hat{R}^2 = 1 - \frac{N-1}{N-P-1}(1-R^2) \tag{5.3}$$

Q2 何謂多重共線性？要如何解決？

A2 所謂多重共線性是在自變數間存在有相關強的配對，以及一個自變數能以其他的自變數群強烈說明（亦即，將自變數的一個當作依變數，以其他的自變數說明時的複相關係數接近 1）時，偏迴歸係數形成不安定之現象。

以極端的例子來說明，投入在自變數的 x_1, x_2 是完全相關，有 $x_1 = x_2$ 的關係時，$y = \alpha + \beta_1 x_1 + \beta_2 x_2$ 的偏迴歸係數 β_1, β_2 的和雖然固定，但各個值不會確定是可以理解的。雖與預測的精度無關，但偏迴歸係數的解釋困難，卻是大問題。

如在複迴歸分析中進行變數選擇時，相關強的變數的一方如被引進時，另一方就不具有較多新的說明部分，因之不易被選入自變數中。因此，如進行變數選擇時，多重共線性的問題可以相當的迴避。但在所求的複迴歸的解釋上，自動被選擇的變數也有解釋困難的時候。此時，可參考變數問題的相關係數或後述的共線性的診斷結果，也可考慮以手動選擇變數。

以上，以：(1) 進行變數選擇或求自變數間的相關係數等方法確認共線性；(2) 發生多重共線性的自變數的何者不投入，此等方法作為基本上的解決方法來採用。又，SPSS 以如下的方法求出可以判斷多重共線性的參考資料。在「統計量」子清單中勾選「共線性診斷」，在係數的摘要表中以共線性統計量來說，會顯示允差（tolerance）與 VIF（Variance inflation factor）（表 5.18），也會輸出「共線性診斷」的摘要表。通常，讀取允差，此值小時（大概在 0.2 以下），可判斷多重共線性因該自變數而發生，除去為宜。所謂允差，將該自變數以剩餘的自變數預測時，複決定係數如當作 R^2 時，即為 $1 - R^2$，允差 0.2 相當於複決定係數 0.8（複相關係數接近 0.9）。另外，VIF 只是允差的倒數。

表 5.18　共線性的統計量被追加後之係數的估計

係數 [a]							
模型	未標準化係數		標準化係數	t	顯著性	共線性統計量	
	B 之估計值	標準誤	Beta 分配			允差	VIF
1　（常數）	−5775.993	1411.512		−4.092	.000		
身高	58.090	9.851	.637	5.897	.000	.826	1.211
體重	−7.519	6.509	−.125	−1.155	.252	.826	1.211

a. 依變數：肺活量

在模型的解釋上，無論如何也想利用有多重共線性的變數時，事前在自變數群中進行主成分（或因子分析），把所擷取的因子當作自變數群進行複迴歸分析的方法也有。此時，所擷取的因子（如果是直交解時）之間是無相關，因之不會發生多重共線性的問題。並且，將所求出的複迴歸式從因子轉換成利用原來的變數之表現再解釋也是可以的。

此外，為了檢查數據中有無異常值，可於線性迴歸的視窗中點選「儲存」，於是出現各種的統計量，試著勾選「Cook's 值」、「槓桿值（leverage）」、「共變異數比值」，當 Cook's 值或影響量數愈大，表示該值的數據有可能是異常值，而共變異數比趨近 1 表示該數據的影響力小。

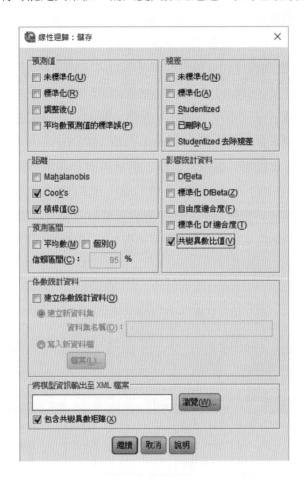

Q3 實施複迴歸分析時，會發生自變數自動被刪除的現象，這是什麼原因呢？

A3 以強制進入法執行複迴歸分析時，所指定的幾個自變數（說明變數），常有會自動被刪除的情形。以發生此種現象的原因來說，可以想到如下 3 種情形。

(1) 當所有的數據均為同值（標準差是 0）時，該變數會自動從解析的對象中刪除。

(2) 自變數的個數為 p，觀測對象的個數設為 n，當處於 $p > n - 1$ 的狀況時，有 $p - (n - 1)$ 個自變數會自動被刪除。

(3) 當存在完全多重共線性時，成為其原因的變數之中的一個會自動被刪除。

以下以實際的例子來說明。Y 是依變數，X 是自變數。

(1) 的數據例

X1	X2	X3	Y
3	3	22	29
3	3	25	33
3	4	43	54
3	6	61	72
3	7	46	64
3	8	57	71

變數 X1 之值均為 3。如將此種變數仍然列入自變數中實施複迴歸分析，即會顯示如下的訊息。

警告

有關 Y 依變數的模式，以下變數為常數，或漏了相關：X1。
將從分析中刪除它們。

接著，將 X1 自動刪除，利用 X2 與 X3 執行迴歸分析。

係數[a]

模式		未標準化係數		標準化係數	t	顯著性
		B 之估計值	標準誤	Beta 分配		
1	(常數)	3.965	3.329		1.191	.319
	X2	2.076	1.028	.235	2.019	.137
	X3	.925	.137	.788	6.762	.007

a. 依變數：Y

(2) 的數據例

X1	X2	X3	X4	X5	X6	X7	Y
22	13	43	19	2	12	16	117
33	15	42	22	1	22	27	109
32	12	42	16	9	30	14	122
34	13	36	10	8	15	19	128
29	14	33	12	5	22	18	102

本例中自變數的個數 p 是 7，觀測對象的個數 n 是 5，形成 $p > n - 1$。因此，為了成為 $p = n - 1$，從 7 個自變數之中有 3 個自變數會自動被刪除，然後輸出如下的迴歸式。

係數ª

模式		未標準化係數		標準化係數	t	顯著性
		B 之估計值	標準誤	Beta 分配		
1	(常數)	35.453	.000		.	.
	X1	2.608	.000	1.226	.	.
	X3	1.578	.000	.679	.	.
	X6	-1.414	.000	-.962	.	.
	X7	-1.669	.000	-.805	.	.

a. 依變數：Y

排除的變數ᵇ

模式		Beta 進	t	顯著性	偏相關	共線性統計量 允差
1	X2	ª	.	.	.	.000
	X4	ª	.	.	.	.000
	X5	ª	.	.	.	.000

a. 模式中的預測變數：(常數), X7, X3, X6, X1

b. 依變數：Y

又，此時所求出的迴歸式並無意義。當 $p = n - 1$ 時，貢獻率必然是 100%。實務上成為 $p < n - 1$ 是有需要的。

(3) 的數據例

X1	X2	X3	X4	X5	Y
5	10	22	12	66	35
6	12	25	11	64	39
5	10	43	34	23	84
6	12	61	21	18	65
7	14	46	16	38	58
8	16	57	22	21	74
9	18	51	13	36	61
6	12	67	21	12	73
8	16	21	12	67	43
7	14	41	33	26	90

在本例中，X1 與 X2 的相關係數是 1。並且，X3, X4, X5，3 個變數之間成立著 X3 + X4 + X5 = 100 的線性關係。此種情形，X1 與 X2 之中的一者，以及 X3, X4, X5 之中的一者會自動被刪除。

係數[a]

模式		未標準化係數		標準化係數	t	顯著性
		B 之估計值	標準誤	Beta 分配		
1	(常數)	20.966	6.964		3.010	.024
	X2	1.642	.308	.234	5.326	.002
	X4	1.604	.137	.721	11.735	.000
	X5	-.325	.053	-.366	-6.161	.001

a. 依變數：Y

排除的變數[b]

模式		Beta 進	t	顯著性	偏相關	共線性統計量
						允差
1	X1	[a]	.	.	.	.000
	X3	[a]	.	.	.	.000

a. 模式中的預測變數：(常數), X5, X2, X4

b. 依變數：Y

X1 是在 X1 與 X2 的關係下被刪除，X3 在 X3, X4, X5 的關係下被刪除。

亦即，此迴歸式是由（X2, X4, X5）所構成，但使用（X1, X3, X4），（X1, X3, X5），（X1, X4, X5），（X2, X3, X4），（X2, X3, X5）的任一組合均是有相同貢獻率的迴歸式。

SPSS 中有此機能是值得稱許的，如投入存在有完全多重共線性的數據時，解析在中途會自動停止的此種軟體是經常可以見到的。

當 $p = n - 1$ 時，利用迴歸式的貢獻率必然成為 100% 的性質，以複迴歸分析求解聯立方程式。

$$5a - 2b = 11$$

$$2a + 3b = 12$$

想要求解上述的聯立方程式，先如下輸入數據。

a	b	y
5	-2	11
2	3	12

接著，將 a, b 當作自變數，y 當作依變數執行複迴歸分析，但由於迴歸式必須通過原點，因之將對話框的「選項」中的「迴歸式中含有常數項」的勾選除去。

偏迴歸係數是方程式的解，所得的解是 $a = 3$，$b = 2$。

係數^{a,b}

模式		未標準化係數		標準化係數	t	顯著性
		B 之估計值	標準誤	Beta 分配		
1	A	3.000	.000	.992	.	.
	B	2.000	.000	.443	.	.

a. 依變數：Y

b. 穿過原點的線性迴歸

Q4 使用迴歸式，計算新所得出的資料的預測值，要如何做才好？

A4 假定將如下的數據輸入到 SPSS。

	年齡	身高	體重
1	32	174	63
2	34	171	65
3	26	171	56
4	41	180	73
5	21	157	40
6	31	168	59
7	27	162	53
8	28	166	60
9	15	163	46
10	33	164	59
11	45	173	.
12	28	171	.
13	19	163	.
14	37	168	.
15	31	166	.

　　考慮使用 10 人（觀察值 1～10）的資料，將自變數當作「年齡」、「身高」，依變數當作「體重」進行複迴歸分析。想使用年齡與身高之值，製作出預測體重的式子。同時，對於體重未知的 5 人（觀察值 11～15），想利用所做出的迴歸式預測體重之值。

　　此時的步驟如下。

步驟 1　由清單中選擇【分析 (A)】→【迴歸 (R)】→【線性 (L)】。開啟【線性迴歸】的對話框。

步驟 2　將「體重」移到「依變數」，「年齡」與「身高」移到「自變數」。

步驟 3　按「儲存」。開啟【線性迴歸：儲存】的對話框。勾選「預測值」的「未標準化」，按「繼續」。

　　　　如按「確定」，即執行迴歸分析。

　　在資料編輯程式的最後一行得出〔Pre_1〕的新變數，顯示出利用迴歸式所求出的預測值。

	年齡	身高	體重	PRE_1	var
1	32	174	63	64.01784	
2	34	171	65	63.47410	
3	26	171	56	57.62638	
4	41	180	73	74.60785	
5	21	157	40	44.61180	
6	31	168	59	59.27555	
7	27	162	53	52.34036	
8	28	166	60	55.74554	
9	15	163	46	44.23733	
10	33	164	59	58.06326	
11	45	173	.	72.85183	
12	28	171	.	59.08831	
13	19	163	.	47.16119	
14	37	168	.	63.66134	
15	31	166	.	57.93844	
16					
17					

使用所作成的迴歸式，想預測依變數之值，或想驗證迴歸式時也可使用。

今假定有 20 人的年齡、身高、體重的數據。與先前一樣，考察以〔年齡〕、〔身高〕預測〔體重〕之迴歸式。通常是使用 20 人的資料實施迴歸分析，但想驗證迴歸式時，不使用所有的資料，分成製作迴歸式的資料以及驗證的資料，然後執行迴歸分析。具體言之，將此 20 人隨機分成 2 組，使用一方的 10 人的資料，製作迴歸式，以其式子預測剩下的 10 人的體重（實務上，此種驗證只在資料數甚多時才進行）。

	年齡	身高	體重
1	26	165	48
2	33	178	68
3	45	173	65
4	32	174	63
5	34	171	65
6	41	180	73
7	21	157	40
8	26	171	56
9	19	163	54
10	28	171	59
11	28	166	60
12	31	166	59
13	29	170	59
14	15	163	46
15	35	173	62
16	37	168	61
17	38	169	62
18	33	164	59
19	27	162	53
20	31	168	59

步驟 1 從清單中選擇【資料 (D)】→【選擇觀察值 (S)】。在【選取觀察值】的
對話框中，點選「觀察值的隨機樣本 (D)」，按「樣本 (S)」。

步驟 2 將「樣本大小」輸入「近似於「50」% 全部觀察值」，按「繼續」。

步驟 3 「確定」，未被選擇的觀察值號碼呈現斜線。且產生新變數〔filter_$〕，
未選擇的資料出現「0」，已選擇的資料出現「1」。

	年齡	身高	體重	filter_$	var
1	26	165	48	1	
2	33	178	68	1	
3	45	173	65	0	
4	32	174	63	1	
5	34	171	65	1	
6	41	180	73	0	
7	21	157	40	1	
8	26	171	56	1	
9	19	163	54	1	
10	28	171	59	1	
11	28	166	60	1	
12	31	166	59	1	
13	29	170	59	0	
14	15	163	46	1	
15	35	173	62	0	
16	37	168	61	0	
17	38	169	62	0	
18	33	164	59	1	
19	27	162	53	0	
20	31	168	59	1	

步驟 4 再次開啟【選取觀察值】對話框，將選取狀況還原成「全部觀察值(A)」。

步驟 5 從清單中選擇【分析 (A)】→【迴歸 (R)】→【線性 (L)】。開啟【線性迴歸】。

步驟 6 於「依變數」投入「體重」，於「自變數」投入「年齡」與「身高」。於「選擇變數」中投入「filter_$」變數，按「規則」。於「定義選擇變數的規則」的「數值」中輸入「1」（使用符合選擇規則的條件之觀察值製作迴歸式。未符合的觀察值，則用於驗證）。按「繼續」，返回原視窗。

步驟 7 按「儲存」，開啟【線性迴歸：儲存】對話框。勾選「預測值」的「未標準化」，按「繼續」。按一下「確定」，即執行迴歸分析。

	年齡	身高	體重	filter_$	PRE_1	PRE_2
1	26.00	165.00	48.00	1	53.79924	54.71105
2	33.00	178.00	68.00	1	68.22765	67.54670
3	45.00	173.00	65.00	0	71.76175	66.40818
4	32.00	174.00	63.00	1	64.50150	63.89557
5	34.00	171.00	65.00	1	63.40707	61.86814
6	41.00	180.00	73.00	0	74.72758	71.31118
7	21.00	157.00	40.00	1	44.49220	46.63321
8	26.00	171.00	56.00	1	58.46109	59.79998
9	19.00	163.00	54.00	1	47.91755	51.20509
10	28.00	171.00	59.00	1	59.69758	60.31702
11	28.00	166.00	60.00	1	55.81271	56.07625
12	31.00	166.00	59.00	1	57.66745	56.85181
13	29.00	170.00	59.00	0	59.53886	59.72739
14	15.00	163.00	46.00	1	45.44456	50.17101
15	35.00	173.00	62.00	0	65.57927	63.82297
16	37.00	168.00	61.00	0	62.93089	60.09925
17	38.00	169.00	62.00	0	64.32611	61.20592
18	33.00	164.00	59.00	1	57.35000	55.67254
19	27.00	162.00	53.00	0	52.08656	52.42511
20	31.00	168.00	59.00	1	59.22140	58.54812

　　將資料隨機分成 2 組時，將其中的一方取成 A 組，另一方取成 B 組。於先前的例中，「filter_$」變數之值為 1 的觀察值即為 A 組，0 的觀察值即為 B 組。

　　以 A 組的資料製作迴歸式（出現 PRE_1），並以 B 組的資料驗證迴歸式，但以 B 組的資料製作迴歸式也行（出現 PRE_2）。試比較以 A 組所做成的迴歸式（−90.476 + 0.618* 年齡 + 0.777* 身高）以及以 B 組的資料所製作成的迴歸式（−90.956 + 0.259* 年齡 + 0.848* 身高）。如迴歸式的偏迴歸係數有較大的不同時，迴歸式的可能性即值得懷疑。

　　當資料數少時，不分成各 50%，也可考慮以 90% 的資料製作迴歸式，以剩下的 10% 資料用於驗證的方法。換言之，可以依資料數來決定。

　　以下再舉一個逐步迴歸分析的例子。

例 5.5

　　生物學家想研究動物心臟手術後其存活時間 y（單位：天）與手術前的身體狀況，如血塊分數（x_1）、體能指標（x_2）、肝功能分數（x_3）、氧氣檢定分數（x_4）、體重（x_5）的關係，蒐集 50 隻開過刀的動物資料如下：試以逐步迴歸法建立迴歸式（參資料檔 5.2.4）。

⊃ 資料

序號	x_1 血塊分數	x_2 體能指標	x_3 肝功能分數	x_4 氧氣檢定分數	x_5 體重	y 手術後存活時間
1	63	67	95	69	70	2986
2	59	36	55	34	42	950
3	59	46	47	40	47	950
4	54	73	63	48	44	1459
5	59	71	74	47	61	1969
6	54	82	75	46	47	1975
7	60	91	65	67	73	2506
8	61	50	28	39	53	722
9	59	87	94	64	75	3524
10	59	88	70	64	68	2509
11	63	63	50	58	68	1766

序號	x_1 血塊分數	x_2 體能指標	x_3 肝功能分數	x_4 氧氣檢定分數	x_5 體重	y 手術後存活時間
12	62	79	51	46	75	2048
13	59	89	14	53	72	1042
14	54	50	26	36	40	19
15	62	70	57	60	68	2038
16	59	58	69	53	50	1792
17	58	53	59	51	46	1290
18	53	90	37	30	48	1534
19	61	23	51	42	47	803
20	59	70	68	58	58	2063
21	60	61	81	52	56	2312
22	59	62	56	59	55	1597
23	58	53	68	46	46	1848
24	68	82	72	84	94	3118
25	58	55	40	50	48	834
26	59	82	43	48	63	1830
27	53	69	48	26	40	819
28	64	44	10	47	59	596
29	57	63	56	59	51	1359
30	59	78	74	57	62	2386
31	58	59	53	49	52	1349
32	58	53	80	48	48	1866
33	51	79	68	42	39	1378
34	56	20	98	51	42	1396
35	57	65	59	46	51	1649
36	58	52	70	39	47	1627
37	58	50	55	39	46	1139
38	54	23	80	33	41	879
39	65	93	70	94	95	2928
40	60	59	60	51	57	1663

序號	x₁ 血塊分數	x₂ 體能指標	x₃ 肝功能分數	x₄ 氧氣檢定分數	x₅ 體重	y 手術後存活時間
41	53	81	74	35	46	1908
42	60	37	66	53	45	1423
43	56	76	86	54	52	2444
44	57	93	82	66	62	2715
45	58	72	60	51	55	1699
46	55	86	84	72	53	2440
47	61	83	31	40	72	1432
48	60	92	25	32	75	1441
49	60	60	67	45	56	1947
50	65	83	55	55	89	2451

⊃ 分析步驟

選擇【分析 (A)】→【迴歸 (R)】→【線性 (L)】，「依變數」指定手術後存活時間。在對話框的「統計量」子清單中，勾選「R 平方變量」。變數選擇的方法，是在「自變數」之下的「方法 (M)」中選擇「逐步迴歸分析法」。

按一下「選項」，點選「使用 F 值 (F)」，於「登錄 (E)」中輸入「4.00」，於「刪除 (A)」中輸入「3.99」，按「繼續」，返回【線性迴歸】視窗。再按一下「統計量」，勾選「模型適合度 (M)」，於迴歸係數中勾選「估計值 (E)」，按「繼續」再按「確定」。

在使用逐步迴歸分析時，先設 $F_{in} = 4.00$，$F_{out} = 3.99$。

於向前選取法中，其偏 F 值中最大者，且大於 F_{in} 者即選入，又於向後選取法中偏 F 值小於 F_{out} 則去除。

步驟 1　在所有的預測變數中選出對 y 最有解釋能力者進入模型，其選取的方式

是 $F_k = \max_{1 \le j \le 5} F_j$，其中 $F_j = \dfrac{MSR(x_j)}{MSE(x_j)}$，譬如以 x_1 進行簡單迴歸時

$$F_1 = \frac{MSR(x_1)}{MSE(x_1)} = \frac{2867646.696}{457045.184} = 6.28$$

其他 4 個預測變數的 F 值分別為

$F_2 = 27.98$，$F_3 = 37.45$，$F_4 = 53.95$，$F_5 = 33.2$

由於 F_4 是其中最大者，而且其值大於 $F_{in} = 4.00$，故第 1 步驟選 x_4。

表 5.19　選入／刪除的變數 [a]

模型	選入的變數	刪除的變數	方　　法
1	x_4		逐步迴歸分析法 （準則：F- 選入 >=4.000，F- 刪除 <=3.990）

模型	選入的變數	刪除的變數	方　　法
2	x_3		逐步迴歸分析法 （準則：F- 選入 >=4.000，F- 刪除 <=3.990）
3	x_5		逐步迴歸分析法 （準則：F- 選入 >=4.000，F- 刪除 <=3.990）
4		x_4	逐步迴歸分析法 （準則：F- 選入 >=4.000，F- 刪除 <=3.990）
5	x_2		逐步迴歸分析法 （準則：F- 選入 >=4.000，F- 刪除 <=3.990）
6	x_1		逐步迴歸分析法 （準則：F- 選入 >=4.000，F- 刪除 <=3.990）
7		x_5	逐步迴歸分析法 （準則：F- 選入 >=4.000，F- 刪除 <=3.990）

[a] 依變數：y。

表 5.20　係數 [a]

模型		未標準化係數		標準化係數	t	顯著性	偏 F 值	偏相關
		B 之估計值	標準誤	Beta 分配				
1	（常數）	−264.358	280.130		−.944	.350	.89	
	x_4	39.413	5.366	.727	7.345	.000	53.95	.727
2	（常數）	−717.785	248.689		−2.886	.006	8.33	
	x_4	29.675	4.848	.548	6.121	.000	37.46	.666
	x_3	15.663	3.211	.437	4.878	.000	23.79	.580
3	（常數）	−1699.177	193.000		−8.804	.000	77.51	
	x_4	1.706	4.448	.031	.383	.703	.15	.056
	x_3	24.147	2.239	.673	10.786	.000	116.33	.847
	x_5	33.052	3.843	.644	8.601	.000	73.97	.785
4	（常數）	−1704.097	190.818		−8.931	.000	79.75	
	x_3	24.640	1.816	.687	13.568	.000	184.08	.893
	x_5	34.129	2.598	.665	13.137	.000	172.58	.887
5	（常數）	−1908.610	133.905		−14.254	.000	−203.16	
	x_3	24.341	1.247	.678	19.517	.000	380.90	.945

模型		未標準化係數		標準化係數	t	顯著性	偏 F 值	偏相關
		B 之估計值	標準誤	Beta 分配				
	x_5	24.208	2.238	.472	10.816	.000	116.98	.847
	x_2	11.934	1.628	.320	7.333	.000	53.77	.734
6	（常數）	−6753.823	768.902		−8.784	.000	77.15	
	x_3	25.877	.947	.721	27.328	.000	746.83	.971
	x_5	-2.694	4.542	−.052	−.593	.556	.35	−.088
	x_2	22.959	2.107	.615	10.898	.000	118.77	.852
	x_1	94.773	14.916	.453	6.354	.000	40.37	.688
7	（常數）	−6342.612	330.060		−19.217	.000	369.27	
	x_3	25.753	.917	.718	28.084	.000	788.73	.972
	x_2	21.844	.946	.585	23.089	.000	533.11	.959
	x_1	86.525	5.358	.413	16.149	.000	260.78	.922

註：t 之平方即為偏 F 值。

表 5.21　排除的變數 [h]

模型		Beta 進	t	顯著性	偏相關	偏 F 值
1	x_1	−.058[a]	−.495	.623	−.072	.24
	x_2	.384[a]	4.142	.000	.517	17.15
	x_3	.437[a]	4.878	.000	.580	23.79
	x_5	.288[a]	2.307	.026	.319	5.32
2	x_1	.199[b]	1.891	.065	.269	3.57
	x_2	.479[b]	8.408	.000	.778	70.69
	x_5	.644[b]	8.601	.000	.785	73.97
3	x_1	−.200[c]	−2.569	.014	−.358	6.60
	x_2	.321[c]	7.342	.000	.738	53.91
4	x_1	−.187[d]	−2.451	.018	−.340	6.01
	x_2	.320[d]	7.333	.000	.734	53.77
	x_4	.031[d]	.383	.703	.056	.15
5	x_1	.453[e]	6.354	.000	.688	40.37
	x_4	.048[e]	.864	.392	.128	.75

	模型	Beta 進	t	顯著性	偏相關	偏 F 值
6	x_4	$-.025^f$	$-.584$	.562	$-.088$	.34
7	x_5	$-.052^g$	$-.593$	.556	$-.088$	.35
	x_4	$-.027^g$	$-.625$	.535	$-.093$	.39

[a] 預測變數：（常數）x_4, x_3。   [b] 預測變數：（常數）x_4, x_3。
[c] 預測變數：（常數）x_4, x_3, x_5。   [d] 預測變數：（常數）x_3, x_5。
[e] 預測變數：（常數）x_3, x_5, x_2。   [f] 預測變數：（常數）x_3, x_5, x_2, x_1。
[g] 預測變數：（常數）x_3, x_2, x_1。   [h] 依變數：y。

步驟 2　選取除 x_4 外其他 4 個預測變數中偏 F 值最大且通過 $F_{in} = 4.00$ 者，
即選取 x_k 其偏 F 值 $F_{k|4} = \max_{\substack{1 \le j \le 5 \\ j \ne 4}} F_{j|4}$，譬如

$$F_{1|4} = \frac{MSR(x_1 \mid x_4)}{MSE(x_1, x_4)} = \frac{SSE(x_4) - SSE(x_1, x_4)}{MSE(x_1, x_4)} = \frac{11679261.57 - 11618735.77}{247207.144}$$

$$= \frac{60525.80}{247207.144} = 0.24$$

其他 3 個偏 F 值分別為

$F_{2|4} = 17.15$，$F_{3|4} = 23.79$，$F_{5|4} = 5.32$

所以第 2 步驟選入 x_3，因其偏 F 值是 4 個之中最大且其偏 F 值通過 $F_{in} = 4.00$。

步驟 3　先討論已在模型中的二個變數 x_3, x_4 之一是否要被排除在模型之外，因為
$F_{4|3}^* = 37.46$，$F_{3|4}^* = 23.79$ 都大於 $F_{out} = 3.99$，故兩個預測變數 x_3, x_4 都存在
模型內，接著繼續向前選取，三個在模型外的變數 x_5, x_1, x_2，其偏 F 值分
別為

$F_{5|3,4}^* = 73.97$，$F_{1|3,4}^* = 3.576$，$F_{2|3,4}^* = 70.694$

因 x_5 的偏 F 值是三個偏 F 值中最大者，且大於 $F_{in} = 4.00$，所以第三步驟
選入 x_5。

步驟 4　進行向後選取檢查

$F_{3|4,5}^* = 116.33$，$F_{4|3,5}^* = 0.15$

因 $F_{4|3,5} < F_{out} = 3.99$，故 x_4 從模型中去除，也就是在模型中剩 x_3, x_5。

步驟 5　向前選取，計算

$F_{1|3,5}^* = 6.007$，$F_{2|3,5}^* = 53.77$，$F_{4|3,5}^* = 0.15$

事實上，$F_{4|3,5}^*$ 可以不用再考慮，因剛在第四步中被去除。因此，此步驟選入 x_2 而模型中變成有 x_2, x_3, x_5 三個預測變數。

步驟 6 檢查

$$F_{3|2,5}^* = 380.90 \ , \ F_{5|2,3}^* = 116.98$$

因這些偏 F 值都比 $F_{out} = 3.99$ 大，故再向前選取，計算

$$F_{1|3,5}^* = 6.007 \ , \ F_{4|2,3,5}^* = 0.746$$

所以再選入 x_1。

步驟 7 檢查

$$F_{2|1,3,5}^* = 118.77 \ , \ F_{3|1,2,5}^* = 746.83 \ , F_{1|2,3,5}^* = 40.37 \ , \ F_{5|1,2,3}^* = 0.35 \ ,$$

因 $F_{5|1,2,3}^*$ 值最小且小於 $F_{out} = 3.99$，所以 x_5 又被去除，再進行檢查

$$F_{4|1,2,3}^* = 0.391 \ , F_{5|1,2,3}^* = 0.352$$

因兩個偏 F 值都小於 $F_{in} = 4.00$，所以選取過程到此結束，而最後選取的預測變數是 x_1, x_2, x_3。

由模型摘要表 5.22 可知，以 R 平方與調整後的 R 平方來說，模型 7 是最好的。

表 5.22　模型摘要

模型	R	R 平方	調過後的 R 平方	估計的標準誤
1	.727[a]	.529	.519	493.273
2	.829[b]	.687	.674	406.170
3	.938[c]	.880	.872	254.224
4	.938[d]	.880	.875	251.907
5	.972[e]	.945	.941	172.897
6	.985[f]	.971	.968	126.916
7	.985[g]	.971	.969	126.019

[a] 預測變數：（常數）x_4, x_3。　　　　[b] 預測變數：（常數）x_4, x_3。
[c] 預測變數：（常數）x_4, x_3, x_5。　　[d] 預測變數：（常數）x_3, x_5。
[e] 預測變數：（常數）x_3, x_5, x_2。　　[f] 預測變數：（常數）x_3, x_5, x_2, x_1。
[g] 預測變數：（常數）x_3, x_2, x_1。

由變異數分析表 5.23 知，各模型對預測均有幫助。

表 5.23　變異數分析 [h]

模型		平方和	自由度	平均平方和	F 檢定	顯著性
1	迴歸	13,126,554.0	1	13,126,553.955	53.948	.000[a]
	殘差	11,679,261.6	48	243,317.949		
	總和	24,805,815.5	49			
2	迴歸	17,052,035.6	2	8,526,017.820	51.681	.000[b]
	殘差	7,753,779.879	47	164,974.040		
	總和	24,805,815.5	49			
3	迴歸	21,832,838.8	3	7,277,612.930	112.604	.000[c]
	殘差	2,972,976.731	46	64,629.929		
	總和	24,805,815.5	49			
4	迴歸	21,823,336.1	2	10,911,668.058	171.954	.000[d]
	殘差	2,982,479.403	47	63,457.009		
	總和	24,805,815.5	49			
5	迴歸	23,430,726.7	3	7,810,242.234	261.271	.000[e]
	殘差	1,375,088.818	46	29,893.235		
	總和	24,805,815.5	49			
6	迴歸	24,080,967.6	4	6,020,241.898	373.749	.000[f]
	殘差	724,847.929	45	16,107.732		
	總和	24,805,815.5	49			
7	迴歸	24,075,301.6	3	8,025,100.525	505.335	.000[g]
	殘差	730,513.946	46	15,880.738		
	總和	24,805,815.5	49			

[a] 預測變數：（常數）x_4, x_3。　　[b] 預測變數：（常數）x_4, x_3。
[c] 預測變數：（常數）x_4, x_3, x_5。　　[d] 預測變數：（常數）x_3, x_5。
[e] 預測變數：（常數）x_3, x_5, x_2。　　[f] 預測變數：（常數）x_3, x_5, x_2, x_1。
[g] 預測變數：（常數）x_3, x_2, x_1。　　[h] 依變數：y。

註：(1) F 值：$F_j = \dfrac{MSR(x_j)}{MSE(x_j)}$ ，

偏 F 值：$F_{j|i} = \dfrac{MSR(x_j \mid x_i)}{MSE(x_j, x_i)} = \dfrac{SSE(x_i)\_SSE(x_i, x_j)}{MSE(x_i, x_j)}$ ，以下類推。

(2) $F_{in} = 0.05$，顯著機率小於 0.05 則進入；$F_{out} = 0.1$，顯著機率大於 0.1 則去除。

(3) 諸變數之偏 F 值大於 4 的有 2 個以上時，選其中最大者進入；諸變數之偏 F 值小於 3.99 的有 2 個以上時，選其中最小者刪除。

5.3 非線性迴歸分析

一、前言

使用表 5.24 的數據，利用 SPSS 進行非線性迴歸分析。

以下的數據是從 1790 年到 1960 年為止調查美國的耕作面積（單位 100 萬畝）與人口調查（單位 100 萬人）所得者。人口與耕作面積隨著年度如何變化呢？

⊃ 資料

表 5.24　美國的人口與耕作面積之變化

No.	年	十年單位	耕作面積	人口調查
1	1790	0	1.5	3.895
2	1800	1	3.6	5.267
3	1810	2	5.8	7.182
4	1820	3	9.4	9.566
5	1830	4	13.1	12.834
6	1840	5	20.5	16.985
7	1850	6	44.7	23.069
8	1860	7	60.2	31.278
9	1870	8	84.5	38.416
10	1880	9	104.5	49.924
11	1890	10	133.6	62.692
12	1900	11	162.4	75.734
13	1910	12	189.3	91.812
14	1920	13	209.6	109.806
15	1930	14	215.2	122.775
16	1940	15	242.7	131.669
17	1950	16	274.9	150.697
18	1960	17	327.1	178.464

迴歸模型可分成以下 3 種。

1. 線性迴歸模型

$$Y = b_0 + b_1 x_1 + b_2 x_2$$

2. 可以變換成線性迴歸模型之非線性迴歸模型

$$Y = e^{b_0 + b_1 x_1 + b_2 x_2} \implies \log Y = b_0 + b_1 x_1 + b_2 x_2$$

$$Y = b_0 + b_1 x_1 + b_2 x_2^2 \implies Y = b_0 + b_1 x_1 + b_2 x_3 \text{（設 } x_3 = x_2^2 \text{）}$$

3. 不能變換成線性迴歸模型之非線性迴歸模型

$$Y = b_0 + e^{b_1 x_1} + e^{b_2 x_2}$$

對表 5.24 的數據而言，哪一個模型最適？先描畫散佈圖。配適此曲線的模型是什麼呢？

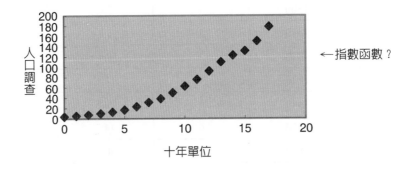

←指數函數？

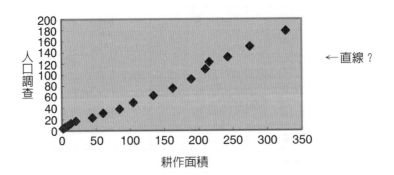

←直線？

如觀察十年單位與人口調查的散佈圖時，增加的狀態像指數函數，因之讓人聯想：

人口調查 $= e^{\text{常數} \times (\text{十年單位})} \leftarrow Y = e^{cT}$

另外，耕作面積與人口調查的散佈圖，看起來幾乎是直線，因之當作

人口調查 $=$ 常數 $+$ 常數 $\times$ 耕作面積 $\leftarrow Y = a + bx$

基於以上，決定列舉如下的非線性迴歸模型，即

人口調查 $= a + b \times$ 耕作面積 $+ e^{c \times (\text{十年單位})}$

此 a、b、c 稱為參數。

但是，當進行非線性迴歸分析時，必須先決定此參數 a、b、c 的起始值。

【參數起始值的決定方法】

譬如，雖說麻煩但起始值如設為 $a = 0$，$b = 0$，$c = 0$，大致上會失敗。

因為非線性迴歸模型 $Y = a + bx + e^{cT}$ 是由以下 2 個部分所構成的。

部分 1……$Y = e^{cT}$

部分 2……$Y = a + bx$

因此，利用 SPSS 的曲線估計，試著決定 3 個參數的起始值。

部分 1：點選【分析 (A)】→【迴歸 (R)】→【曲線估計 (C)】。

開啓對話框後，勾選「指數模式 (E)」，按「確定」。

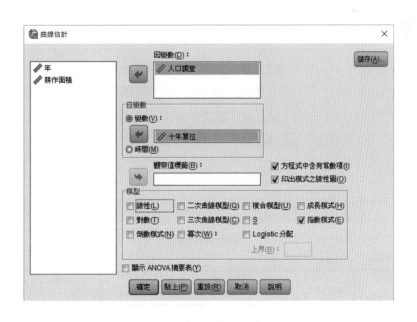

輸出結果爲

模型總計及參數評估

因變數: 人口調查

方程式	模型摘要					參數評估	
	R 平方	F	df1	df2	顯著性	常數	b1
指數模式	.976	657.051	1	16	.000	5.153	.228

自變數爲 十年單位。

因之，c 的起始值設爲 $c = 0.228$。

部分 2：點選【分析 (A)】→【迴歸 (R)】→【曲線估計 (C)】

開啓【曲線估計】對話框後，如下輸入，

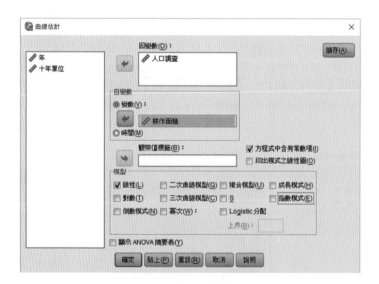

輸出結果爲

模型總計及參數評估

因變數: 人口調查

方程式	模型摘要					參數評估	
	R 平方	F	df1	df2	顯著性	常數	b1
線性	.989	1457.016	1	16	.000	.901	.526

自變數爲 耕作面積。

　　因之，a 與 b 的起始值設爲

　　$a = 0.901$，$b = 0.526$

○ 數據輸入型式

　　表 5.24 的數據，如下輸入：

	年	十年單位	耕作面積	人口調查	var	var	var	var
1	1790	0	1.5	3.895				
2	1800	1	3.6	5.267				
3	1810	2	5.8	7.182				
4	1820	3	9.4	9.566				
5	1830	4	13.1	12.834				
6	1840	5	20.5	16.985				
7	1850	6	44.7	23.069				
8	1860	7	60.2	31.278				
9	1870	8	84.5	38.416				
10	1880	9	104.5	49.924				
11	1890	10	133.6	62.692				
12	1900	11	162.4	75.734				
13	1910	12	189.3	91.812				
14	1920	13	209.6	109.806				
15	1930	14	215.2	122.775				
16	1940	15	242.7	131.669				
17	1950	16	274.9	150.697				
18	1960	17	327.1	178.464				
19								

顯示：4 個變數（共有 4 個）

○ 統計處理步驟

　　點選【分析 (A)】，從清單之中選擇【迴歸 (R)】→【非線性 (N)】。

開啓【非線性迴歸】視窗後,將人口調查移到「因變數 (D)」,按「參數 (A)」。

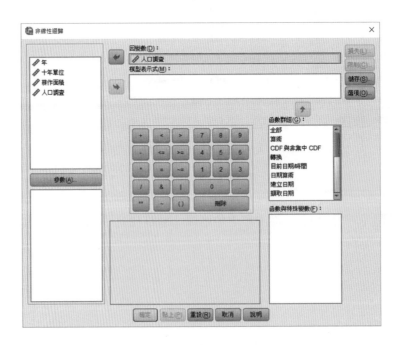

此模型因使用 3 個參數 a、b、c，因之將 a 輸入到「名稱 (N)」。接著，將 0.9012 輸入到「起始值 (S)」。

按一下「新增 (A)」，將參數 b、c 也同樣輸入並按「新增 (A)」。

3 個參數皆新增完成，如下圖所示後，按一下「繼續」。

返回至【非線性迴歸】對話框。於「模型表示式 (M)」中輸入模型運算式。

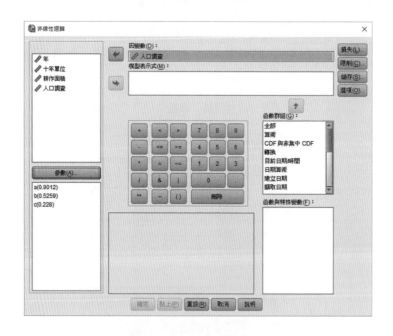

$a + bx$ 的部分，是使用畫面中央計算部分與「模型表示式 (M)」的左邊的

如下輸入，不要忘了乘算的 * 符號！

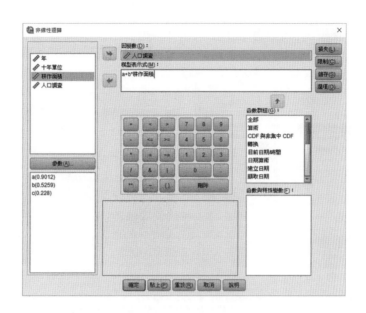

其次，指數函數在「函數與特殊變數 (F)」中應有 EXP（數值表示式），點選它之後，按一下「函數群組 (G)」上方的 ↑，即成為 EXP（？）。

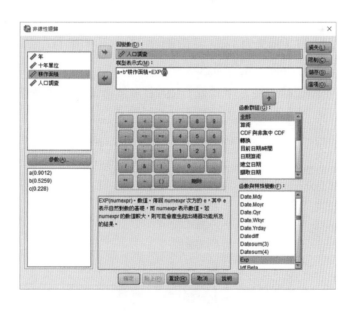

緊接著，按一下參數 C（0.228），再按「模型表示式 (M)」左方的 ➡，再

按一下 ＊。繼續按「十年單位」，再按「模型表示式 (M)」左方的 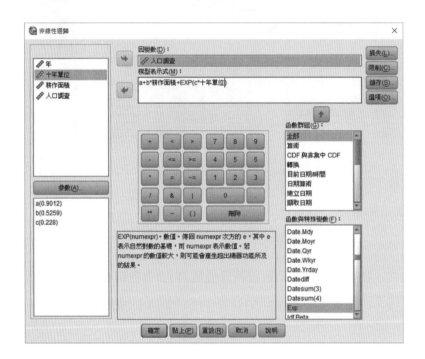 。

對話框右上方「損失 (L)」，「限制 (C)」，「選項 (O)」等按鈕，然而最初進行非線性迴歸分析時，先全部忽略。

想知道預測值時，按一下「儲存 (S)」，然後勾選「預測值 (P)」。按「繼續」。

返回之前的對話框，按「確定」即可。

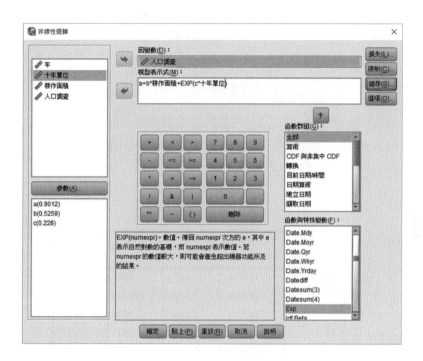

○ SPSS 輸出－1

參數評估

參數	估計	標準錯誤	95% 信賴區間 下限	95% 信賴區間 上限
a	2.902	1.437	-.161	5.965
b	.394	.021	.350	.438
c	.231	.009	.212	.250

變異數分析[a]

來源	平方和	df	均方
迴歸	123045.371	3	41015.124
殘差	194.657	15	12.977
未校正總數	123240.028	18	
校正後總數	53293.925	17	

應變數：人口調查

a. R 平方 = 1 - (殘差平方和) / (校正平方和) = .996。

⊃ 輸出結果－1

所求的非線性迴歸形式是

人口調查 = 2.902 + 0.3939* 耕作面積 + $e^{0.232*}$ 十年單位

R squared = 決定係數 R^2

$$R\ squared = 1 - \frac{194.65}{53293.92} = 0.99635$$

R squared = 0.99635 接近 1，可知此非線性迴歸式配適佳。

參數 a、b、c 的起始值，事實上，從此處開始反複計算。

參數 a，b，c 的最終估計值如下。

疊代歷程[b]

疊代號碼[a]	殘差平方和	參數		
		a	b	c
1.0	6229.677	.901	.526	.228
1.1	194.669	2.910	.394	.231
2.0	194.669	2.910	.394	.231
2.1	194.657	2.902	.394	.231
3.0	194.657	2.902	.394	.231
3.1	194.657	2.902	.394	.231
4.0	194.657	2.902	.394	.231
4.1	194.657	2.902	.394	.231

透過數值計算導數。

a. 主要疊代數顯示在小數的左側，次要疊代數顯示在小數的右側。

b. 執行在 8 個模型估計和 4 個導數估計之後停止，因為連續的殘差平方和之間的相對縮減最多為 SSCON = 1.000E-8。

如疊代的殘差平方和在基準以下時，計算中止，此時的值即為所求參數的估計值。

求參數間的相關係數。

參數相關性估計值

	a	b	c
a	1.000	-.678	.448
b	-.678	1.000	-.918
c	.448	-.918	1.000

譬如，B 與 C 的相關係數是 –0.918。此值的絕對值接近 1，有相當強的關係。因此，去除 B 與 C 之中的任一個也許比較好。

➲ SPSS 輸出－2

	年	十年單位	耕作面積	人口調查	PRED_	var	var	var
1	1790	0	1.5	3.895	4.49			
2	1800	1	3.6	5.267	5.58			
3	1810	2	5.8	7.182	6.77			
4	1820	3	9.4	9.566	8.60			
5	1830	4	13.1	12.834	10.58			
6	1840	5	20.5	16.985	14.15			
7	1850	6	44.7	23.069	24.51			
8	1860	7	60.2	31.278	31.65			
9	1870	8	84.5	38.416	42.53			
10	1880	9	104.5	49.924	52.05			
11	1890	10	133.6	62.692	65.59			
12	1900	11	162.4	75.734	79.54			
13	1910	12	189.3	91.812	93.43			
14	1920	13	209.6	109.806	105.56			
15	1930	14	215.2	122.775	112.98			
16	1940	15	242.7	131.669	130.38			
17	1950	16	274.9	150.697	151.34			
18	1960	17	327.1	178.464	182.32			
19								

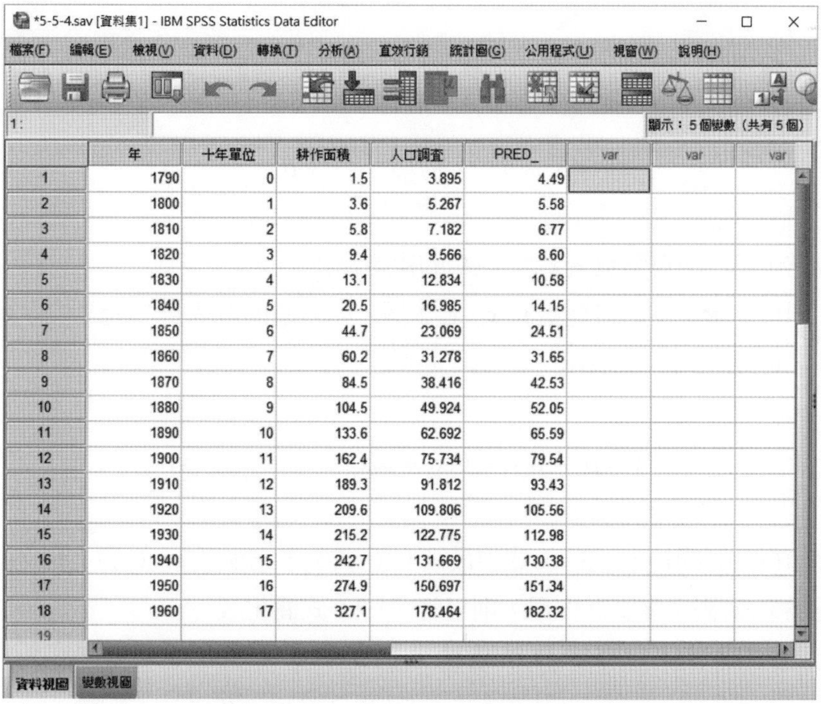

➲ 輸出結果－2

pred 是指預測值。

各觀察值的預測值，被輸出在資料檔案的地方。

5.4　多項式迴歸

　　當依變數 y 的因素只有一個自變數 x，但是 y 與 x 的關係式不是線性，而是二次的多項式，如

$$y = \beta_0 + \beta_1 x + \beta_2 x^2 \tag{5.4}$$

時可令 $x_1 = x$，$x_2 = x^2$，則（5.4）式可改寫爲

$$y = \beta_0 + \beta_1 x_1 + \beta_2 x_2 \tag{5.5}$$

成爲複迴歸模型。一般一元式 $p-1$ 次多項式迴歸式可寫成

$$y = \beta_0 + \beta_1 + x + \beta_2 x^2 + \cdots + \beta_k x^{p-1} \tag{5.6}$$

它也可看成自變數 $x, x^2, \cdots, x^{p-1}$ 的複迴歸式。

　　同樣，影響 y 的自變數有 x_1, x_2 2 個，如考慮的關係爲二元二次多項式迴歸模型，可以（5.7）式表示

$$y = \beta_0 + \beta_1 x_1 + \beta_2 x_2 + \beta_3 x_1^2 + \beta_4 x_2^2 + \beta_5 x_1 x_2 \tag{5.7}$$

　　值得注意的是，（5.7）式中最後一項 x_1, x_2，它表示 x_1, x_2 對 y 有交互作用，如認爲 x_1, x_2 對 y 無交互作用，則可將（5.7）式簡化成

$$y = y = \beta_0 + \beta_1 x_1 + \beta_2 x_2 + \beta_3 x_1^2 + \beta_4 x_2^2 \tag{5.8}$$

　　其他更多元或更高次的多項式迴歸也可對應列出。

　　以下舉一例說明。

例 5.6

某公司溫度與製造成本之間的關係，蒐集數據得出如下。

成本	51	49	50	51	49	50	48	49	50	50
溫度	146	147	147	147	148	148	149	149	149	150
成本	49	50	49	50	50	51	50	51	52	53
溫度	150	150	151	151	152	152	153	153	154	154

⊃ 資料輸入形式

	溫度	製造成本
1	146.00	51.00
2	147.00	49.00
3	147.00	50.00
4	147.00	51.00
5	148.00	49.00
6	148.00	50.00
7	149.00	48.00
8	149.00	49.00
9	149.00	50.00
10	150.00	48.00
11	150.00	49.00
12	150.00	50.00
13	151.00	49.00
14	151.00	50.00
15	152.00	50.00
16	152.00	51.00
17	153.00	50.00
18	153.00	51.00
19	154.00	52.00
20	154.00	53.00

⊃ 數據分析

1. 畫散佈圖

將製造成本與溫度畫成散佈圖，發現製造成本與溫度形成二次的關係。通常曲線形成拋物線時，大多適配二次式。由下圖可知，製造成本與溫度之間的關係可適配二次多項式進行迴歸分析。

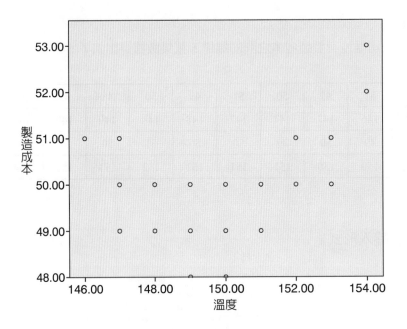

2. 與其使用線性式不如試著使用二次曲線更佳。二次迴歸式設為

$$y = \beta_0 + \beta_1 x + \beta_2 x^2 \qquad (5.9)$$

◯ 統計分析步驟

步驟 1 從【分析 (A)】選擇【迴歸 (R)】，再從次選單中選擇【非線性 (N)】。

步驟 2　於對話框中將製造成本輸入「依變數」中，於「模型運算式」中如下輸入。

步驟 3　點選「參數」開啓【非線性迴歸：參數】對話框後，再如下輸入，此處起始值均設爲 0。再按「繼續」。

⊃ 輸出結果

參數估計值

參數			95% 信賴區間	
	估計	標準誤差	下界	上界
b0	3630.450	702.706	2147.870	5113.030
b1	-47.920	9.361	-67.670	-28.170
b2	.160	.031	.095	.226

迴歸式從估計值得出為

$$y = 3630.45 - 47.92x + 0.16x^2$$

ANOVA[a]

來源	平方和	df	均方
迴歸	50020.407	3	16673.469
殘差	9.593	17	.564
未修正的總數	50030.000	20	
校正後的總數	30.000	19	

依變數：製造成本

a. R 平方 = 1 - (殘差平方和) / (相關平方和) = .680。

從 ANOVA 知，判定係數為 $R^2 = 0.680$。

可再嘗試增加次數，驗證模型的適配性是否可再提高，但不要只為了追求 R^2 大，而放入很高的次數，數學上我們知道二點決定直線，三點決定一拋物線（二次式），依此類推，如給 10 筆資料（除非有重複的 x 值），只要找 9 次多項式，就能完全經過此 10 個點。也就是 9 次迴歸線所得殘差都是 0，因此 SSE 也是 0，所以 $R^2 = 0$。

例 5.7

某公司銷售收入與銷售單價與占有率之間的關係，蒐集數據得出如下：

品名	銷售單價	銷售收入	占有率
a1	100	371200	18.48
a2	130	156130	7.77
a3	150	147750	7.36
a4	220	144100	7.18
a5	280	118440	5.90
a6	240	82320	4.10
a7	230	77280	3.85
a8	200	72800	3.62
a9	260	17680	.88
a10	240	47520	2.37
a11	250	65000	3.24
a12	300	52800	2.63
a13	300	45000	2.24
a14	350	30800	1.53
a15	290	54230	2.70
a16	260	62400	3.11
a17	270	42660	2.12
a18	280	41440	2.06
a19	240	67920	3.38
a20	120	62400	3.11
a21	140	1400	.07
a22	120	28320	1.41
a23	120	18000	.90
a24	120	36000	1.79
a25	150	27150	1.35
a26	220	72160	3.59
a27	220	24860	1.24
a28	150	27600	1.37
a29	150	11100	.55
a30	150	2100	.10

設自變數有 2 個，分別為銷售單價 x_1 與占有率 x_2，而依變數銷售收入 y 受 x_1，x_2 的影響為二次式，即假設迴歸式為

$$y = \beta_0 + \beta_1 x_1 + \beta_2 x_2 \beta_3 x_1^2 + \beta_4 x_2^2 + \beta_5 x_1 x_2 \tag{5.10}$$

仿照例 5.4 的作法，將「依變數」與「模型運算式」與「參數」如下輸入。

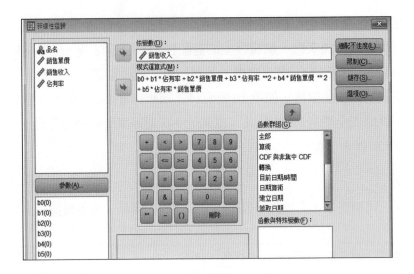

輸出的結果如下。

參數估計值的相關

	b0	b1	b2	b3	b4	b5
b0	1.000	-.437	-.971	.201	.912	.552
b1	-.437	1.000	.279	-.918	-.137	-.928
b2	-.971	.279	1.000	-.042	-.978	-.434
b3	.201	-.918	-.042	1.000	-.066	.732
b4	.912	-.137	-.978	-.066	1.000	.279
b5	.552	-.928	-.434	.732	.279	1.000

ANOVA[a]

來源	平方和	df	均方
迴歸	2.781E11	6	4.636E10
殘差	84231.629	24	3509.651
未修正的總數	2.781E11	30	
校正後的總數	1.437E11	29	

依變數：銷售收入

a. R 平方 = 1 - (殘差平方和) / (相關平方和) = 1.000。

所得迴歸式為

$$y = 1.000 - 0.437x_1 - 0.971x_2 + 0.201x_1^2 + 0.912x_2^2 + 0.552x_1x_2 \qquad (5.11)$$

判定係數為 $R^2 = 1.000$。

附　錄

1. 爲了將類別資料當作自變數利用（虛擬變數的利用）

　　雖然只對自變數爲量變數的情形進行說明，但也有將質變數應用在迴歸分析（當然也對其他的許多分析手法）的方法。對於自變數利用質變數的方法來說，有熟知的數量化理論，相當於複迴歸分析的方法是數量化 I 類。SPSS 中也可以進行與數量化 I 類幾乎相同的分析。

　　此即是利用虛擬變數（dummy variable）的方法。譬如，像性別分成 2 類的質變數之情形，可製作當男性時值爲 0，女性時值爲 1 的變數（雖然不一定是 0，1 也能分析，但此較爲方便）。可將此變數照樣當作自變數來利用。

　　3 類以上的質變數也同樣可以利用虛擬變數的方法列入分析中。此方法是利用「類別數 –1」的虛擬變數。譬如，像有 3 類的抽菸習慣（目前抽菸，過去抽菸，不抽菸）的質變數時，變換爲虛擬變數 x_1（目前抽菸 1，其他 0），虛擬變數 x_2（過去抽菸 1，其他 0），將此 2 個虛擬變數投入分析中。以第 3 個虛擬變數來說不使用 x_3（不抽菸 1），是因爲 x_1，x_2 決定時，x_3 必然確定（譬如，$x_1 = 1$，$x_2 = 0$ 時，則 $x_3 = 0$），因之有多重共線性之問題，所以不能進行複迴歸分析。

　　但是，數量化 I 類時，像係數或顯著性檢定等，將一組的虛擬變數一併表示時，與複迴歸分析有少許的不同。並且，進行變數選擇時，當指定自變數時，適切使用各「變數集」（block）的指定，從一個質變數所作成的虛擬變數群，有需要指定使之以一組的方式移入、刪除。

2. 偏相關係數與部分相關係數

　　偏迴歸係數與偏相關係數（partial correlation coefficient）的名稱很相似，或許容易混淆。並且，偏相關係數與部分相關係數（part correlation coefficient）有「除去其他變數之影響後⋯」相同的說明，也許無法明確理解差異。

　　試考察 x_1，x_2 二個自變數的最簡單情形。如依變數設爲 y，以 x_1、x_2 預測 y 的複相關係數是：

$$R_{y.x_1x_2} = \sqrt{\frac{r_{yx_1}^2 + r_{yx_2}^2 - 2r_{x_1x_2}r_{yx_1}r_{yx_2}}{1 - r_{x_1x_2}^2}} \tag{5.12}$$

從 y 與 x_1 分別除去 x_2 的影響後，y 與 x_1 的偏相關係數是

$$r_{y|x_2.x_1|x_2} = \frac{r_{yx_1} - r_{x_1x_2}r_{yx_2}}{\sqrt{(1 - r_{x_1x_2}^2)(1 - r_{yx_2}^2)}} \tag{5.13}$$

只由 x_1 除去 x_2 的影響，觀察 y 與 x_1 之關聯的部分相關係數是

$$r_{y.x_1|x_2} = \frac{r_{yx_1} - r_{x_1x_2}r_{yx_2}}{\sqrt{(1 - r_{x_1x_2}^2)}} \tag{5.14}$$

又由（5.14）式，成立以下關係

$$r_{y.x_1|x_2} = r_{y|x_2.x_1|x_2}\sqrt{(1 - r_{yx_2}^2)} \tag{5.15}$$

可知部分相關係數其絕對值不會超過偏相關係數。

求偏相關係數、部分相關係數時，在 SPSS 迴歸分析的「統計量」子清單中指定「部分／偏相關」。於是，在輸出中有各自變數與依變數的相關係數，以及與除去其他自變數之效果後之依變數之間的偏相關係數、部分相關係數也會加入。

試利用例 5.2 實際確認看看。複迴歸分析時，於「統計量」子清單指定「部分／偏相關」時，「係數」的輸出即為表 5.25 所示。

表 5.25 「偏相關／部分相關」被追加之係數的估計結果

		係數 a							
	模型	未標準化係數		標準化係數	t	顯著性	相關		
		B 之估計值	標準誤	Beta 分配			零階	偏	部分
1	（常數）	−5775.993	1411.512		−4.092	.000			
	身高	58.090	9.851	.637	5.897	.000	.585	.585	.579
	體重	−7.519	6.509	−.125	−1.155	.252	.141	−.140	−.113

a. 依變數：肺活量

身高與肺活量的偏相關係數：(1) 使用其他的自變數群（此處只有體重）求出預測肺活量的迴歸式時之殘差當作 E_1，開啓【線型】的對話框按「儲存」，選擇「殘差」（未標準化）；(2) 從其他的自變數群（此處只有體重）求出預測身高之迴歸式時的殘差設爲 E_2 時，變成 E_1 與 E_2 的相關係數（此處是 0.585，見表 5.26），此即從身高、肺活量雙方除去體重的結果。

另外，部分相關係數即爲 E_2 與依變數（肺活量）的相關係數（此處是 0.579，見表 5.26）。亦即，只在身高的一方除去體重的效果。雖有些差微，但可以確認部分相關係數的絕對值比偏相關係數小。

另外，標準偏迴歸係數與偏相關係數，如將 (1) 的迴歸式的判定係數設爲 R^2_1，(2) 的判定係數設爲 R^2_2 時，具有如下之關係。

$$\text{偏相關係數} = \sqrt{\frac{1 - R_1^2}{1 - R_2^2}} \times \text{標準偏迴歸係數} \tag{5.16}$$

表 5.26　2 個迴歸式的殘差及肺活量間的相關關係

		肺活量	Unstandardized Residual	Unstandardized Residual
肺活量	Pearson 相關	1	.990[**]	.579[**]
	顯著性（雙尾）		.000	.000
	個數	70	70	70
Unstandardized Residual	Pearson 相關	.990[**]	1	.585[**]
	顯著性（雙尾）	.000		.000
	個數	70	70	70
Unstandardized Residual	Pearson 相關	.579[**]	.585[**]	1
	顯著性（雙尾）	.000	.000	
	個數	70	70	70

**. 在顯著水準為 0.01 時（雙尾），相關顯著。

3. 預測值的信賴區間，迴歸直線的信賴區間

　　在執行 SPSS 迴歸分析的過程中，以「儲存」子清單進行新變數的儲存之項目中，以「預測區間」來說，可以分別設定「平均值」與「個別」，可以求出任意信賴係數的信賴區間（儲存所指定的信賴區間的上限與下限的 2 個變數）此兩者之不同予以簡單說明。

　　「平均值」時，是對應某 x 的預測值 $a + bx$ 之平均值的信賴區間，可以想成是迴歸直線本身的信賴區間，相對地，「個別」是加上迴歸直線的誤差，就個別的觀察值求預測值的信賴區間，此「個別」包含觀察值的變異，因之信賴區間變寬。

　　以例 5.1 製作圖 5.6 時，在「適合度」的設定視窗中，如指定「預測線」、「平均」、「個別」時，對應 x_1 的迴歸直線的信賴區間、個別的預測值的信賴區間，可加入到散佈圖中。觀察如此所製作的圖 5.12 時，個別的預測值的信賴區間較寬，以及 x 愈偏離平均值，不管平均的信賴區間或個別的信賴區間也都變得愈寬。

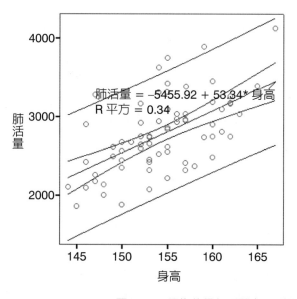

圖 5.12　平均的信賴區間與個別的信賴區間

4. 迴歸診斷

只聚集健診被判定「高血壓」的人，進行健康教育之後再度測量血壓，因為「已顯著地下降」，因之被認為健康教育有效果，假定有此種的事例。

事實上，此種結果與「是否眞正有效果」無關，它是有此處解說之迴歸效果（regression effect）所帶來的情形。或者儘管全部不是迴歸效果，卻有過大評估效果的情形。就這些情形加以解說。

迴歸效果的現象，於 19 世紀中由高爾登（F. Galton）所發現。他發現父母親的身高與孩子們的身高有類似性，此類似性稱為相關。在其分析之中，發現了如下的迴歸效果，即身高較高的雙親組，其孩子們的平均身高雖然高，卻比雙親的平均低，身高較低的雙親組，其孩子們的平均身高雖低，卻比父母親的平均高，在各個組中，孩子們身高的平均值是從雙親的平均身高趨向全體的平均之方向。

試以最初的例子來想。第 1 次測量值當作 x，第 2 次測量值當作 y，如眞正想成健康教育效果（亦即第 1 次與第 2 次的分配相同）時，則 $\bar{x} = \bar{y}$，$s_x^2 = s_y^2$。此時，由第 1 次的測量值 x 預測第 2 次的測量值 y 時，利用簡單迴歸分析的迴歸直線是

$$\hat{y}_i = \bar{y} - \frac{s_{xy}}{s_x^2}\bar{x} + \frac{s_{xy}}{s_x^2}x_i \tag{5.17}$$

在沒有效果的設定（$\bar{x} = \bar{y}$，$s_x^2 = s_y^2$）之下，可以將 (5.17) 式修改為

$$\hat{y}_i = \bar{x} - \frac{s_{xy}}{s_x s_y}\bar{x} + \frac{s_{xy}}{s_x s_y}x_i = \bar{x} + r_{xy}(x_i - \bar{x}) \tag{5.18}$$

第 1 次測量值離平均之偏差乘上相關係數 r_{xy}（$r_{xy} = \frac{s_{xy}}{s_x s_y}$）加上平均值，即為第 2 次的測量值的期望值。亦即，各個觀察值偏離第 1 次的測量值之平均在大（或小）的方向的距離，即變小 r_{xy} 倍。個人的血壓測量值如果完全沒有偶然的變動時，重複測量的相關即為 $r_{xy} = 1$，但事實上（因處理之變量而有不同）測量時的偶然誤差，與第 2 次測量值之間的相關，會比 1 小。假定是 $r_{xy} = 0.8$ 時，比平均大 20 的人，其第 2 次測量值的期待值比第 1 次的測量值即低 4。

　　圖 5.13 是虛構，假想最高血壓的第 1 次與第 2 次的測量值的平均與變異數相等，相關係數大約 0.8。在 100 個觀察值之中，只對第 1 次的測量值在 140 以上者，與第 2 次的測量值進行成對的 t 檢定之結果，如表 5.27 所示。雖然勉強不顯著，但的確平均值是降低的。

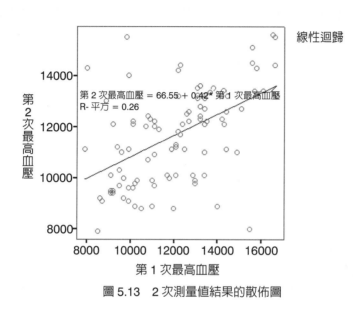

圖 5.13　2 次測量值結果的散佈圖

表 5.27　成對時之 t 檢定的結果

成對樣本檢定								
		成對變數差異						
		平均數	標準差	平均數的標準誤	差異的 95% 信賴區間		t	自由度	顯著性（雙尾）
					下界	上界			
成對 1	第 1 次最高血壓 - 第 2 次最高血壓	3.81000	20.52626	2.05263	−.26285	7.88285	1.866	99	.066

　　以直覺的方式來說明時，因測量值的偶然變動，第 1 次是高值的人，在第 2 次有變低的傾向，第 1 次是低值的人，第 2 次出現高值的人是可以理解的，此即為發生迴歸效果。

　　那麼要怎麼辦才好？首先要盡力減少測量時的偶然誤差（確保測量精密度，每次在相同條件下測量等），直到可以明顯確認比迴歸效果還大的效果前，不要

主張「有效果」。

並且，不只是所介入的群，比較全體的第 1 次與第 2 次的平均值，如平均值降低時，即可認為主張是正確的。

「健康教育之結果，去年需要指導的群，今年檢查成績顯著地改善，但因為出現許多新的需要指導的人，整個鄉鎮的成績持平」，此是真正有效果嗎？質疑是理所當然的。

第6章 無母數統計

6.1 簡介

無母數統計方法有下列五種特質：

1. 其所推論的對象，不限定母體分配的形狀。

2. 其所推論常不是母體的任何母數。

3. 其常按大小或出現先後順序排列的資料進行分析。

4. 當母體分配形狀為未知，其推論的效率即不如假設母體分配為已知的各種統計方法，故無母數統計方法適用於母體形狀未知或母體常變動之事件的推論上。

5. 就按大小或出現先後順序排列的資料進行分析，常以中位數代表其中心位置，以位差代表離散程度，故無母數統計適用於事件只知其出現順序或等級（rank）而不知確切數值的推論上。

無母數統計方法中常用的一些檢定方法：

1. 一組樣本之情形

(1) 適合度檢定：可使用卡方檢定法或 Kalmogorov-Smirnov 檢定法。

(2) 獨立性檢定：採卡方檢定法。

(3) 符號檢定法：檢定單一母體的中位數 η。

(4) Wilcoxcon 符號等級檢定法：檢定單一母體中位數 η 是否為某一特定值 η_0（亦可檢定 2 組成對樣本的平均水準是否有差異）。

(5) 連檢定法：檢定樣本的出現是否具有隨機性。

2. 二組相關樣本的情形

(1) Wilcoxcon 符號等級檢定法：檢定 2 組成對抽取的樣本是否來自相同的母體。

(2) Wilcoxcon 等級和檢定法：檢定二個獨立的母體分配是否為相同的母體分配。

3. 二組獨立樣本的情形

(1) 中位數檢定法：檢定 k 組（$k \geq 2$）獨立樣本之母體是否具有相同之中位數或兩樣本所來自的母體是否相同。

(2) Mann-Whithey U 檢定法：檢定 $k(k \leq 2)$ 組獨立樣本是否來自同一母體，或檢定兩獨立樣本所來自母體是否具有相同的變異數。

(3) Kolmgorov-Smirnov 兩組樣本檢定法：檢定兩獨立樣本是否自同一母體抽出。

4. k 組相關樣本之情形

Friedman 檢定法：檢定 k 組成對樣本是否來自相同的母體。

5. k 組獨立樣本之情形

(1) 中位數檢定法的推廣：檢定 k 組獨立樣本是否從同一母體或從具有相同之中位數之母數抽出。

(2) 卡方檢定法：進行齊一性檢定，即檢定兩組或 k 組樣本之平均水準是否一致。

(3) Kruskal-Wallis H 檢定法：檢定 k 組獨立樣本是否自同一母體抽出。

以下就這些常用的方法利用 SPSS 加以說明。

6.2 　適合度檢定

例 1：表 **6.1** 的數據是針對黃果蠅的子孫 **1204** 隻的遺傳因子進行觀察的結果。

表 6.1　黃果蠅的遺傳法則

野性型雌	野性型雄	白眼雄
592 隻	331 隻	281 隻

⊃ 資料

使用表 6.1 的數據，利用 SPSS 進行適合度檢定。

黃果蠅在理論上可以說是以野性型雌：野性型雄：白眼雄＝ 2：1：1 的比例

繁衍子孫。

　　因此，想知道的事情是「理論的比 2：1：1 與利用實驗的比 592：331：281」在統計上是否相同。

　　變數果蠅的地方將類型從數字變成字串。變數果蠅數的地方，【資料 (D)】→【加權觀察值 (W)】。

● 資料輸入形式

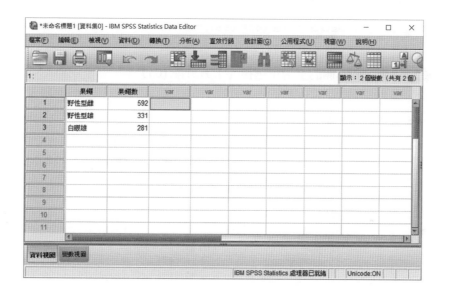

● 分析的步驟

步驟 1　統計處理是從前述的狀態選擇【分析 (A)】→【無母數檢定 (N)】→【歷史對話記錄 (L)】→【卡方】。開啟【卡方檢定】對話框。

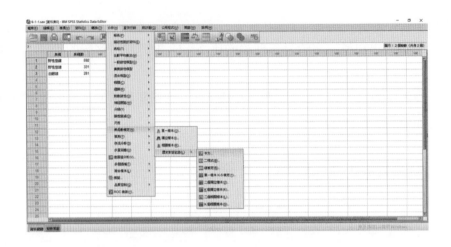

步驟 2　接著，從右側的子清單選擇【卡方分配 (C)】。

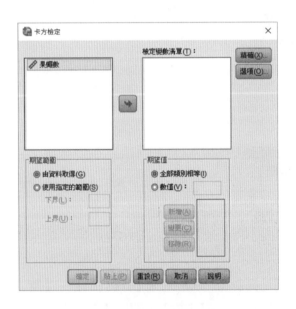

步驟 3　按一下「果蠅數」變成藍色之後，再按一下 。
　　　　其次，按一下「期望值」的「數值 (V)」。

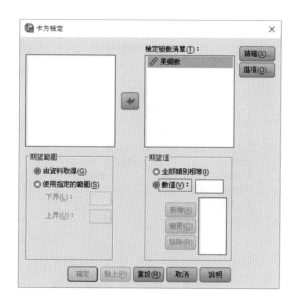

步驟 4 期待次數是 2：1：1，事實上必須以 1：1：2 的順序輸入。
因此，首先從鍵盤輸入 1 到「數值 (V)」的右框中。

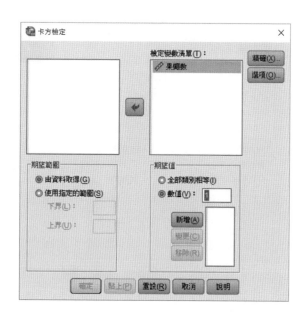

步驟 5 按一下「期望值」欄位中的「新增 (A)」。1 移到「新增 (A)」的右框中。

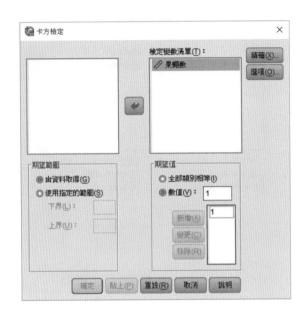

步驟 6 接著，從鍵盤輸入 1 到「數值 (V)」的右框中，按「新增 (A)」。

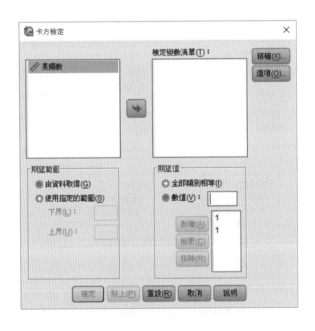

步驟 7 最後以鍵盤將 2 輸入到「數值 (V)」的右框中，按一下「新增 (A)」。像這樣，縱向變成 1，1，2 時，按一下「確定」即告結束。

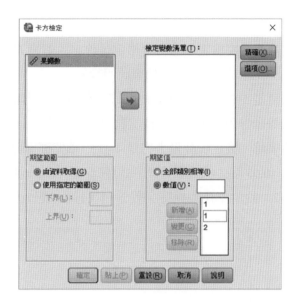

註：輸入數值 1：1：2 或輸入 0.25：0.25：0.5 或輸入 25：25：50 均可，但要由小而大輸入。

➲ SPSS 輸出

表 6.1 的適合度檢定，輸出如下。

果蠅數

	觀察 N	預期為 N	殘差
281	281	301.0	-20.0
331	331	301.0	30.0
592	592	602.0	-10.0
總計	1204		

檢定統計資料

	果蠅數
卡方	4.485[a]
df	2
漸近顯著性	.106

a. 有 0 個儲存格 (0.0%)
其期望頻率小於 5。
最小期望儲存格頻率
為 301.0。

⊃ 結果

此卡方檢定是適合度檢定。適合度檢定是檢定「假設 H_0：實測次數與期待次數相同」，以此檢定來判斷是否能捨棄此假設。

當輸入數據時是 592，331，281 的順序，但觀察輸出結果時，則是 281，331，592 按小的等級排列。因此，期待次數也必須要按 1，1，2 輸入。

觀察輸出結果時，檢定統計量卡方是 4.485，此時的顯著機率是 0.106。因此，顯著水準 $\alpha = 0.05$ 時，依據顯著機率 0.106 > $\alpha = 0.05$，假設無法捨棄。換言之，實測次數 592：331：281 與期待次數 2：1：1 可以想成相同。

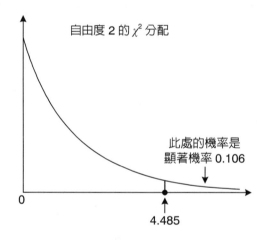

註：使用 Exact Tests（Option）時，即可求出精確顯著機率。

　　Exact Tests 不需要對期待次數加上條件，經常可以利用。

　　對於實際次數分配與理論分配是否配合適當，可依 Pearson 近似式進行檢定：

(1) 當 n 夠大時，$\sum\limits_{i=1}^{k} \dfrac{(o_i - e_i)^2}{e_i}$ 才會近似於 $\chi^2(k - m - 1)$，因此卡方分配只適用於大樣本，$\sum\limits_{i=1}^{k} o_i = \sum\limits_{i=1}^{k} e_i = n$，$o_i$ 為第 i 組的樣本觀測次數，e_i 為第 i 組的期待次數。

(2) 當 $e_i \geq 5$ 時，上式才成立，因此當 $e_i < 5$ 時，必須與下一組合併直到 $e_i \geq 5$ 為止，因此組數亦必須相對減少。

例 2：此處試舉一例說明數據是否服從二項分配。

調查 100 戶家裡有 4 個小孩的家庭，得男孩數的分配如下：

男孩數	0	1	2	3	4
家庭數	1	17	49	27	6

試以 $\alpha = 0.05$ 檢定男孩數的分配是否適合 $p = 0.5$ 的二項分配。

$$\begin{cases} H_0: 此分配適合 p = 0.5的二項分配 \\ H_1: 此分配不適合 p = 0.5的二項分配 \end{cases}$$

各組機率為 $\dbinom{4}{x} 0.5^x (1 - 0.5)^{4-x} = \dbinom{4}{x}(0.5)^4$

◯ 資料

x	o_i	各組機率 p_i	$e_i = np_i$
0	1 ⎫ 18	0.0625	6.25 ⎫ 31.25
1	17 ⎭	0.2500	25.00 ⎭
2	49	0.3750	37.00
3	27	0.2500	25.00
4	6	0.0625	6.25

因此，想知道的事情是「理論次數與利用實驗次數」在統計上是否相同。

將類型從數字變成字串。變數「次數 o_i」的地方，進行【資料 (D)】→【觀察值加權 (W)】。

○ 資料輸入形式

	男孩數	家庭數
1	一人以下	18
2	兩人	49
3	三人	27
4	四人	6

○ 分析的步驟

步驟 1 統計處理是從前述的狀態選擇【分析 (A)】→【無母數檢定 (N)】→【歷史對話記錄 (L)】→【卡方】。

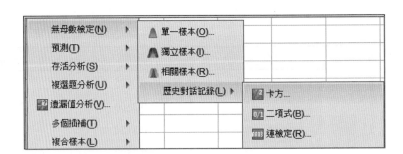

步驟 2 開啟【卡方檢定】對話框。

步驟 3　按一下「家庭數」變成藍色之後，再按一下  。

步驟 4　期待次數是 31.25：37.00：25.00：6.25，必須對應實際數據的大小順序
輸入。

因此，首先從鍵盤輸入 6.25 到「數值 (V)」的右框中。

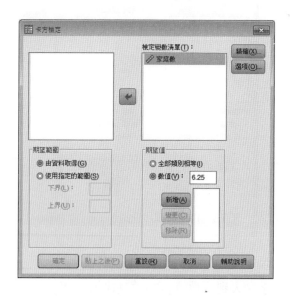

步驟 5　其次，按一下「期望值」欄位之中的「新增 (A)」。6.25 移到「新增

(A)」的右框中。

步驟 6 接著，從鍵盤輸入 25.00 到「數值 (V)」的右框中，按「新增 (A)」。

步驟 7 依序將數字輸入到「數值 (V)」的右框中，像這樣，縱向顯示 6.25, 25.00,
31.25, 37.00 時，按一下「確定」即告結束。

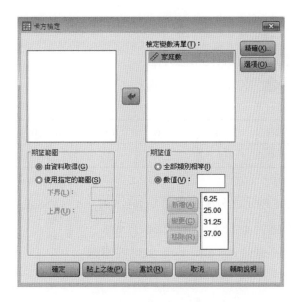

○ SPSS 輸出

家庭數

	觀察個數	期望個數	殘差
6	6	6.3	-.3
18	18	31.4	-13.4
27	27	25.1	1.9
49	49	37.2	11.8
總和	100		

檢定統計量

	家庭數
卡方	9.629[a]
自由度	3
漸近顯著性	.022
精確顯著性	.022
點機率	.000

a. 0 個格 (.0%) 的
期望次數少於 5。
最小的期望格次數
為 6.3。

顯著機率小於 0.05，拒絕虛無假設，顯示此分配可能不適合二項分配。

例 3：再舉一例說明數據服從常態分配。

110 名工人裝配零件的時間分配如下：

時間	0～2	2～4	4～6	6～8	8～10	10～12	12～14
人數	4	10	25	35	24	10	2

試以 $\alpha = 0.05$ 檢定此分配是否可為 $\mu = 6.87$，$\sigma = 2.58$ 的常態分配。

H_0：此分配適合 $\mu = 6.87$，$\sigma = 2.58$ 的常態

H_1：此分配不適合 $\mu = 6.87$，$\sigma = 2.58$ 的常態

時間	o_i	$z = \dfrac{t - 6.87}{2.58}$	累加機率 $P(Z \leq z)$	各組機率 p_i	$e_i = np_i$
0 以下	0	–	–	0.0039	0.43 ⎫
0～2	4 ⎫14	–2.66	0.0039	0.0255	2.81 ⎬14.70
2～4	10 ⎭	–1.89	0.0294	0.1041	11.46 ⎭
4～6	25	–1.11	0.1335	0.2334	25.68
6～8	35	–0.34	0.3669	0.3031	33.34
8～10	24	0.44	0.6700	0.2169	23.85
10～12	10 ⎫	1.21	0.8869	0.0898	9.88 ⎫
12～14	2 ⎬12	1.99	0.9767	0.0204	2.24 ⎬12.44
14 以上	0 ⎭	2.76	0.9971	0.0029	0.32 ⎭
	110			1.0000	

將上表中不足 5 的數字合併直到大於 5。再將數字由小而大輸入資料編輯中。數類型從數字變成字串。變數「人數」的地方，【資料 (D)】→【觀察值加權 (W)】。

◌ 資料輸入形式

	人數	var
1	12	
2	14	
3	24	
4	25	
5	35	

◌ 分析的步驟

步驟 1　統計處理是從前述的狀態選擇【分析 (A)】→【無母數檢定 (N)】→【歷史對話記錄 (L)】→【卡方】。

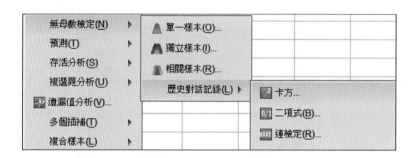

步驟 2　開啓【卡方檢定】對話框。

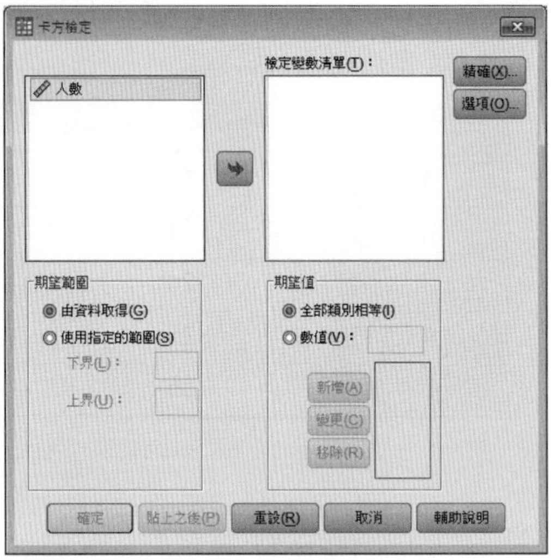

步驟 3　按一下「人數」變色之後，再按一下 ➡ 。
其次，點選「期望值」欄位中的「數值 (V)」。

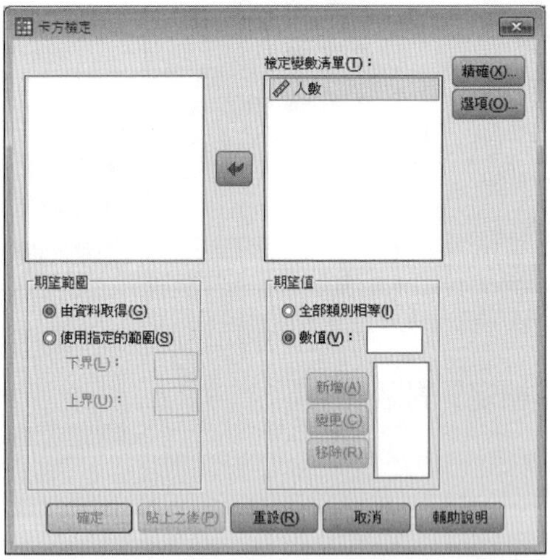

步驟 4　期待次數是 14.70：25.68：33.34：23.85：12.44，因此，首先從鍵盤輸入 14.70 到「數值 (V)」的右框中。仍然是由小而大輸入。

　　像這樣，縱向顯示一覽數字時，按一下「確定」即告結束。

● SPSS 輸出

人數

	觀察個數	期望個數	殘差
12	12	12.4	-.4
14	14	14.7	-.7
24	24	23.8	.2
25	25	25.7	-.7
35	35	33.3	1.7
總和	110		

檢定統計量

	人數
卡方	.151[a]
自由度	4
漸近顯著性	.997
精確顯著性	.998
點機率	.000

a. 0 個格 (.0%) 的
期望次數少於 5。
最小的期望格次數
為 12.4。

顯著機率 0.998 大於 0.05，接受虛無假設，顯示此分配適合常態分配。

例 4：另舉一例說明二項檢定的方法。

⮞ 資料

投擲硬幣 50 次出現正面 33 次，反面 17 次。試以 $\alpha = 0.05$ 雙邊檢定此硬幣正面出現的機率 p 是否為 0.5。

⮞ 資料輸入形式

	硬幣	次數	var
1	正面	33	
2	反面	17	

⮞ 分析步驟

步驟 1 按【分析 (A)】→【無母數檢定 (N)】→【歷史對話記錄 (L)】→【二項式 (B)】。

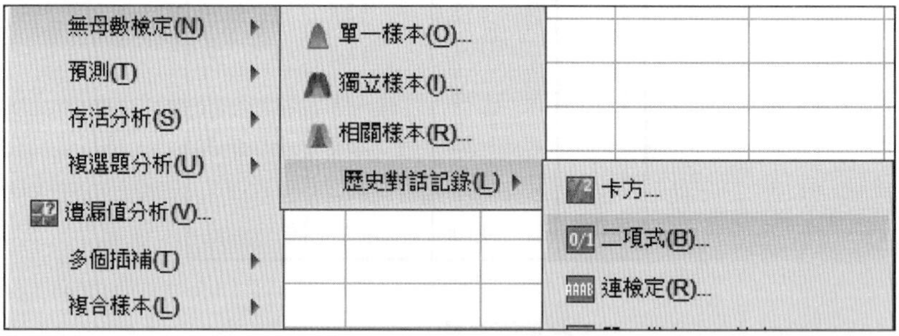

步驟 2 開啟【二項式檢定】對話框，將次數移到「檢定變數清單 (T)」中。將「檢定比例 (E)」設為 0.5。按「確定」。

◌ SPSS 輸出

二項式檢定

		類別	個數	觀察比例	檢定比例	漸近顯著性 (雙尾)
次數	組別 1	33	33	.66	.50	.033[a]
	組別 2	17	17	.34		
	總和		50	1.00		

a. 以 Z 近似為基礎。

　　顯著機率小於 0.05，拒絕虛無假設（出現正面的機率是 0.5），所以判定出現正面的機率不是 0.5，顯示硬幣不公正。

6.3　獨立性檢定

◌ 資料

　　使用表 6.2 的數據，利用 SPSS 進行獨立性的檢定。

　　以下的數據是以美國大學生為對象所進行的有關出身地與婚前性行為的意見調查。想知道的事情是出生地與婚前性行為的想法之間有無某種關聯。

表 6.2　出身地與婚前性行為

出身地 ＼ 詢問	贊成婚前性行為	沒意見	反對婚前性行為
東部	82 人	121 人	36 人
南部	201 人	373 人	149 人
西部	169 人	141 人	28 人

　　以此種數據來說，一般而言「交叉累計前的意見調查表」即為原來的數據。

　　即使每一張的意見調查表當作數據輸入到檔案，SPSS 也照樣可以進行獨立性的檢定。換言之，一面進行交叉累計一面也可以同時進行獨立性檢定。可是，數據已蒐集當作交叉摘要表時，必須如下輸入數據。人數要加權。

⊃ 資料輸入形式

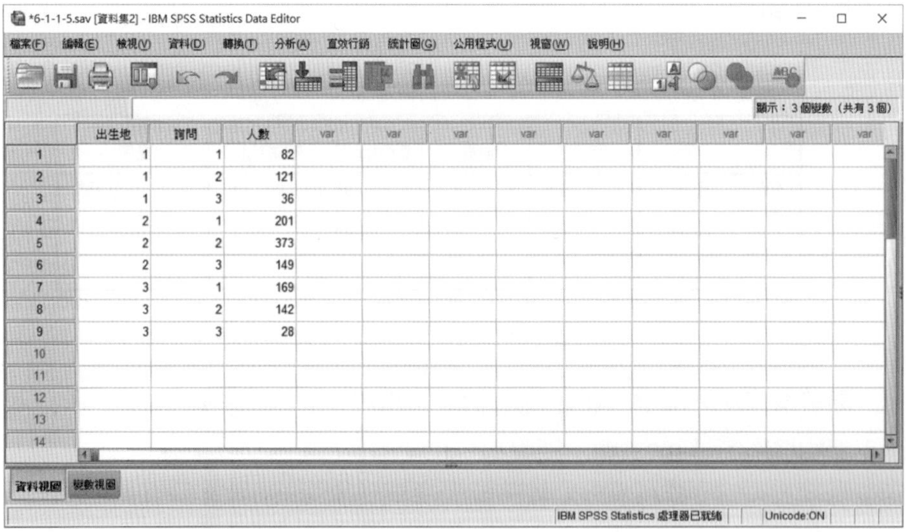

⊃ 分析步驟

步驟 1　按【分析 (A)】。

步驟 2　進行獨立性的檢定時，按【描述性統計資料 (E)】。接著，按【交叉表 (C)】。

步驟 3　開啓【交叉表】對話框。

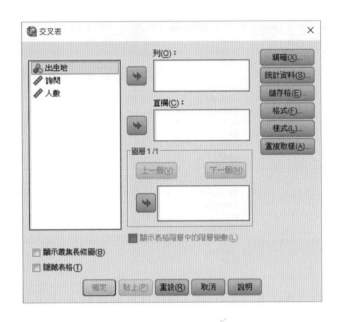

步驟 4 點選「出生地」，按「列 (O)」左側的 ⟶ ，「出生地」即移到「列 (O)」的方框中。

步驟 5 點「詢問」，按「直欄 (C)」左側的 ⟶ ，同樣「詢問」移到「直欄 (C)」

的方框中。

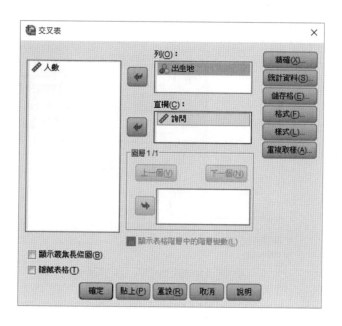

步驟 6 點「統計資料 (S)」，開啓【交叉表：統計資料】對話框，勾選「卡方 (H)」。按「繼續」。

步驟 7 返回【交叉表】對話框。之後，按「確定」，即開始統計處理。

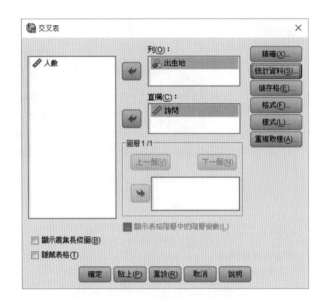

● SPSS 輸出

表 6.2 的獨立性檢定，輸出如下。

出生地*詢問 交叉列表

計數

		詢問			總計
		贊成	未定	反對	
出生地	東部	82	121	36	239	←①
	南部	201	373	149	723
	西部	169	142	28	339
總計		452	636	213	1301

卡方測試

	數值	df	漸近顯著性（2 端）
皮爾森 (Pearson) 卡方	58.748ª	4	.000	←②
概似比	59.436	4	.000	←③
線性對線性關聯	21.551	1	.000
有效觀察值個數	1301		

a. 0 資料格 (0.0%) 預期計數小於 5。預期的計數下限為 39.13。

● 結果

①這是常見的交叉摘要表。

②獨立性的檢定是檢定「假設 H_0：2 個屬性獨立」的手法。在此數據中，2 個屬性即為「出生地」與「詢問的回答」（對婚前性行為的想法）。

　　如觀察 pearson 的卡方時，檢定統計量是 58.748，此時的顯著機率（雙邊）是 0.000。

　　因此，顯著水準設為 $\alpha = 0.05$ 時，依據顯著機率 $0.000 < \alpha = 0.05$，捨棄假設。換言之，學生的出生地與婚前性行為的看法之間可知有某種的關聯。

③概似比是指

$$\lambda = \frac{在參數空間的部分空間上的概似函數的最大值}{參數空間上的概似函數的最大值}$$

通常在 $0 \leq \lambda \leq 1$ 之間移動。

對於概似比 λ 而言，$-2\log\lambda$ 當作概似比檢定的檢定統計量。

＊使用 Exact Test（option）時，並非漸進顯著機率，可以求出「精確顯著機率」。

6.4　一致性檢定

例 1：使用表 6.3 的數據，利用 SPSS 進行一致性的檢定。

● 資料

以下的數據是調查淡水溼地與關渡溼地賞鳥的結果。

表 6.3　淡水溼地與關渡溼地

	千鳥	鷸鳥	鷺鷥
淡水溼地	210 隻	2500 隻	110 隻
關渡溼地	350 隻	3800 隻	230 隻

由此數據想知道的是：在淡水溼地與關渡溼地中千鳥、鷸鳥、鷺鷥的飛來數比例是否相同？

千鳥　　鷸鳥　　鷺鷥
210　：2500　：110 ⎫
　　　　　　　　　　⎬ 此比率是否相同？
350　：3800　：230 ⎭

🢒 資料輸入形式

此數據的輸入步驟與第 6.3 節的數據輸入步驟幾乎完全相同，一面觀察第 6.3 節的步驟一面輸入。應該可以簡單得出。應注意的地方是「溼地與鳥的地方是輸入文字以及加權」。

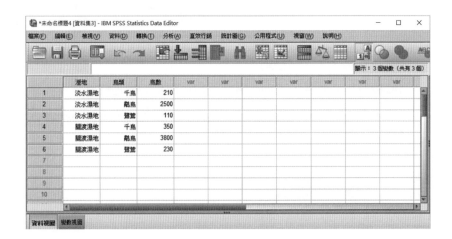

🢒 分析步驟

步驟 1 要自【分析 (A)】中進行一致性的檢定時，按【描述性統計資料 (E)】→【交叉表 (C)】。

步驟 2 開啓【交叉表】對話框。

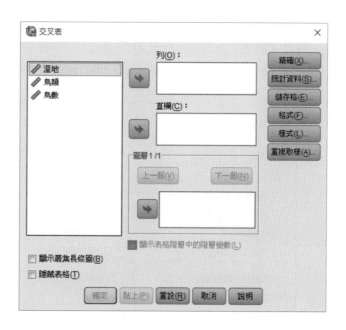

步驟 3 點選「溼地」，按「列 (O)」左側的 。接著，再選「鳥類」，按「直欄 (C)」左側的 。

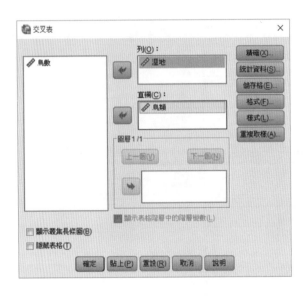

步驟 4　按「統計資料 (S)」，開啓【交叉表：統計資料】對話框。勾選「卡方 (H)」，再按「繼續」。

返回步驟 3 的對話框後，按一下「確定」即告完成。

⊃ SPSS 輸出

表 6.3 的一致性檢定，輸出如下。

溼地 * 鳥類 交叉表

個數

		鳥類			總和
		千鳥	鷿鷉	鷸鳥	
溼地	淡水溼地	210	110	2500	2820
	關渡溼地	350	230	3800	4380
總和		560	340	6300	7200

卡方檢定

	數值	自由度	漸近顯著性 (雙尾)	
Pearson卡方	7.982ª	2	.018	
概似比	8.149	2	.017	←①
有效觀察值的個數	7200			

a. 0格 (.0%) 的預期個數少於 5。最小的預期個數為 133.17。

⊃ 結果

①一致性的檢定是檢定以下的假設

「假設 H_0：飛來淡水溼地的千鳥、鷸鳥、鷺鷥的比率與飛來關渡溼地的千鳥、鷸鳥、鷺鷥的比率相同」。

觀察輸出結果時，Pearson 卡方的檢定統計量是 7.982，此時的顯著機率是 0.018。

因此，顯著水準設為 $\alpha = 0.05$ 時，依據顯著機率 $0.018 < \alpha = 0.05$，假設被捨棄。換言之，淡水溼地與關渡溼地的 3 種鳥類的比率是不同的。

但換個角度思考：

飛來淡水溼地的千鳥、鷸鳥、鷺鷥的比例如果相同時，「溼地的屬性」與「鳥的屬性」之間沒有任何關聯，換言之，「2 個比例相同 = 2 個屬性獨立」。

因此，一致性的檢定也可以想成是獨立性的檢定。

例 2：此處再舉一例說明有關百分比同質性之一致性檢定。

⊃ 資料

以下的數據是某高中學生輔導室調查 42 位高一學生、46 位高二學生、37 位高三學生有無閱讀金庸武俠小說的經驗，下表是此項調查的資料，試檢定三個年級學生閱讀過武俠小說的人數百分比是否相同。

	高一	高二	高三
有	27	34	28
無	15	12	9

⊃ 資料輸入形式

此數據的輸入步驟與第 6.3 節的數據輸入步驟幾乎完全相同，一面觀察第 6.3 節的步驟一面輸入。應該可以簡單得出。應注意的地方是「人數要加權」。

經驗	年級	人數
有	高一	27
有	高二	34
有	高三	28
無	高一	15
無	高二	12
無	高三	9

⊃ 分析步驟

步驟 1 進行一致性檢定時要自【分析 (A)】 →【描述性統計資料 (E)】 →【交叉表 (C)】。

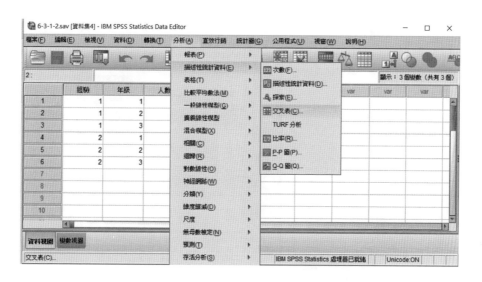

步驟 2 開啟【交叉表】對話框，出現交叉表畫面。

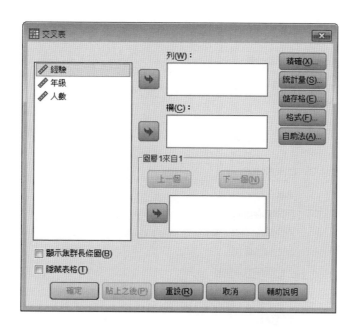

步驟 3 點選「經驗」，按「列 (W)」左側的 。接著，再選「年級」，按「欄 (C)」左側的 。

步驟 4 按「統計資料 (S)」，開啟【交叉表：統計資料】對話框。勾選「卡方 (H)」，再按「繼續」。

返回步驟 3 的對話框後，按一下「確定」即告完成。

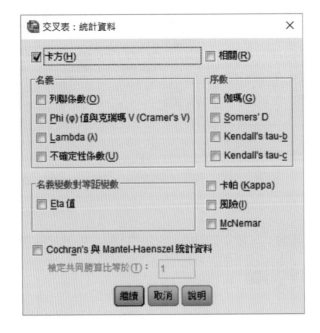

➲ SPSS 輸出

經驗 * 年級 交叉表

個數

		年級			總和
		高一	高二	高三	
經驗	有	27	34	28	89
	無	15	12	9	36
總和		42	46	37	125

卡方檢定

	數值	自由度	漸近顯著性 (雙尾)	
Pearson卡方	1.506[a]	2	.471	←①
概似比	1.481	2	.477	
線性對線性的關連	1.277	1	.259	
有效觀察值的個數	125			

a. 0格 (.0%) 的預期個數少於 5。 最小的預期個數為 10.66。

➲ 結果

①一致性的檢定是檢定以下的假設

「假設 H_0：閱讀過武俠小說的高一、高二、高三學生的比率相同」。

觀察輸出結果時，Pearson 卡方的檢定統計量是 1.506，此時的顯著機率是 0.471。

顯著水準設為 $\alpha = 0.05$ 時，依據顯著機率 $0.471 > \alpha = 0.05$，因此假設不被捨棄。換言之，閱讀過武俠小說的高一、高二、高三的學生比率是相同的。

Wilcoxon 的等級和檢定

使用表 6.4 的數據，利用 SPSS 進行 Wilcoxon 的等級和檢定。

○ 資料

以下的數據是以最受女大學生打工歡迎的服務生與招待員的日薪所進行的調查結果。

表 6.4　服務生與招待員的日薪

組 A1		組 A2
服務員的日薪（元）		招待員的日薪（元）
850		1400
1000		1500
1100		2200
950		2000
1200		2500
900		2300
1050		1600
800		

想知道的是「2 個組之間是否有差異」，然而無法期待 2 個母體是常態性時，試進行無母數檢定。

○ 資料輸入形式

獨立的 2 個母平均之差的檢定結果，與 Wilcoxon 的等級和檢定之結果是否一致呢？

當數據輸入完成後，試著進入到無母數檢定的統計處理。

● 分析步驟

步驟 1 當想進行 Wilcoxon 的等級和檢定時，可按【分析 (A)】→【無母數檢定 (N)】→【歷史對話記錄 (L)】→【二個獨立樣本 (2)】。

步驟 2 開啟【兩個獨立樣本檢定】對話框。

點選「日薪」，按一下「檢定變數清單 (T)」左側的 ，日薪即進入「檢定變數清單 (T)」的方框中。

步驟 3 點選「組」，即變成藍色，再按一下「分組變數 (G)」的左側的 。

步驟 4 「分組變數 (G)」欄位即顯示「組別（？？）」。接著，以滑鼠按一下「定義組別 (D)」。

步驟 5 開啟【兩個獨立樣本：…】對話框，於「組別 1(1)」輸入 "1"，「組別 2」輸入 "2"。按「繼續」。

步驟 6 返回【兩個獨立樣本檢定】對話框後，按一下「確定」時，即告完成。

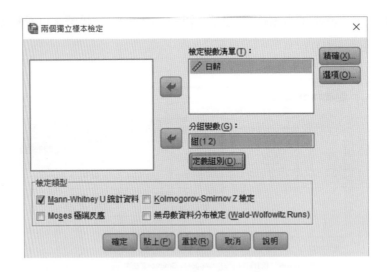

註：Kruskal-wallis 檢定：調查 3 個以上組間有無差異。

　　Friedman 檢定：調查有對應的 3 個以上組間有無差異。

　　Wilcoxon 等級和檢定：調查 2 個組間有無差異。

　　Wilcoxon 符號等級檢定：調查有對應的 2 組間有無差異。

⊃ SPSS 輸出

　　表 6.4 的 Wilcoxon 的等級和檢定，輸出如下。

Mann-Whitney 檢定

等級

	組	N	平均等級	等級總和
日薪	服務員	8	4.50	36.00
	招待員	7	12.00	84.00
	總計	15		

檢定統計資料[a]

	日薪
Mann-Whitney U 統計資料	.000
Wilcoxon W	36.000
Z	-3.240
漸近顯著性（雙尾）	.001
精確顯著性[2*（單尾顯著性）]	.000[b]

a. 變數分組：組

b. 未針對同分值更正。

沒有 Exact Test（選擇）時，精確顯著機率不會表示。

⊃ 結果

Mann-Whitney U 檢定與 Wilcoxon 的等級和檢定是完全相同的檢定。但檢定統計量稍有差異。

Wilcoxon 的等級和檢定是檢定以下假設，即

「假設 H_0：2 個組別的分配位置相同」不使用平均值取代之，考慮使用中位數。

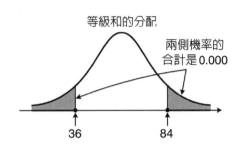

等級和的分配

兩側機率的合計是 0.000

36　84

觀察輸出結果時，Wilcoxon 的檢定統計量 W 是 36.0，此時的正確顯著機率（雙邊）是 0.000。

顯著水準設為 $\alpha = 0.05$ 時，基於顯著機率 $0.000 < \alpha = 0.05$，所以假設被捨棄，因之可知服務生與招待員的日薪有差異。

求正確顯著機率是需要 Exact Test（Option）！

可如近似常態分配時，檢定統計量 Z 是 −3.240，此時的顯著機率（雙邊）是 0.001。

可知假設 H_0 仍然被捨棄。

當存在同等級時，必須稍修正檢定統計量。

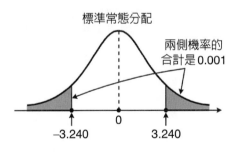

標準常態分配

兩側機率的合計是 0.001

−3.240　0　3.240

6.6　Wilcoxon 的符號等級檢定

使用表 6.5 的數據，利用 SPSS 進行 Wilcoxon 的符號等級檢定。

⊃ 資料

以下的數據是調查 7 位女性利用蘋果瘦身的體重變化。利用蘋果瘦身真的能

減少體重嗎？

表 6.5　蘋果瘦身的效果

	瘦身前的體重（kg）	瘦身後的體重（kg）
小英	53.0	51.2
小美	50.2	48.7
小芬	59.4	53.5
小莉	61.9	56.1
小珠	58.5	52.4
小蘭	56.4	52.9
小玲	53.4	53.3

つ 資料輸入形式

　　成對的 2 個母平均之差的檢定結果，與 Wilcoxon 的符號等級檢定之結果是否一致呢？

◆ 分析步驟

步驟 1 進行 Wilcoxon 的符號等級檢定時，選擇【分析 (A)】→【無母數檢定 (N)】→【歷史對話記錄 (L)】→【二個相關樣本 (L)】。

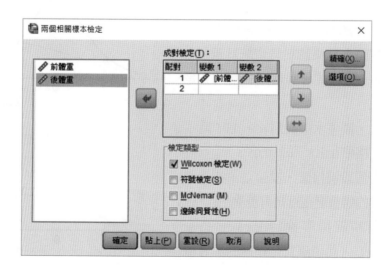

步驟 2 開啟【兩個相關樣本檢定】對話框後，點選「前體重」與「後體重」，進入「成對檢定 (T)」中。按確定。

⊃ SPSS 輸出

表 6.5 的 Wilcoxon 的符號等級檢定,輸出如下。

等級

		個數	等級平均數	等級總和
減肥後體重 - 減肥前體重	負等級	7ᵃ	4.00	28.00
	正等級	0ᵇ	.00	.00
	等值結	0ᶜ		
	總和	7		

a. 減肥後體重 < 減肥前體重
b. 減肥後體重 > 減肥前體重
c. 減肥前體重 = 減肥後體重

檢定統計量ᵇ

	減肥後體重 - 減肥前體重
Z 檢定	-2.366ᵃ
漸近顯著性 (雙尾)	.018

a. 以正等級為基礎。
b. Wilcoxon 符號等級檢定

⊃ 結果

Wilcoxon 的符號等級檢定是檢定以下假設。

「假設 H_0:成對的 2 組間無差異」

觀察輸出結果時,檢定統計量為 $Z = -2.366$,此時的顯著機率(雙邊)是 0.018。

因此,顯著水準設為 $\alpha = 0.05$ 時,依據顯著機率 $0.018 < \alpha = 0.05$。

因之假設被捨棄。換言之,瘦身前與瘦身後的體重變化可知有差異。

進行精確機率檢定 Exact Test(Option)。此值確實是精確的顯著機率!

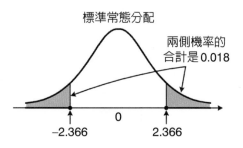

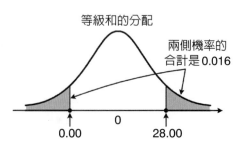

6.7 Kruskal・Wallis 的檢定與多重比較

一、Kruskal・Wallis 的檢定

使用表 6.6 的數據，利用 SPSS 進行 Kruskal・Wallis 的檢定。

➲ 資料

以下的數據是針對 3 種麻醉藥 A, B, C 測量麻醉的持續時間（分）。

表 6.6　3 種麻醉藥的持續時間

麻醉藥 A	麻醉藥 B	麻醉藥 C
43.6 分	27.4 分	18.3 分
56.8 分	38.9 分	21.7 分
27.3 分	59.4 分	29.5 分
35.0 分	43.2 分	15.6 分
48.4 分	45.9 分	9.7 分
42.4 分	22.2 分	16.0 分
25.3 分	52.4 分	7.5 分
51.7 分		

想了解 3 種麻醉藥的持續時間是否有差異，但當母體的常態性與等變異性有疑問時，適用無母數檢定。

註：常態性的檢定 H_0：數據的母體服從常態分配
　可利用 Kolmogorov-Smirnov 檢定或適合度檢定，但利用常態機率最容易了解。
　等變異性的檢定 H_0：$\sigma_1^2 = \sigma_2^2 = \cdots \sigma_k^2$
　可利用 Levene 檢定。

➲ 資料輸入形式

使用此數據也可以進行一元配置的變異數分析，因之如果與 Kruskal・Wallis 的檢定結果比較時，也許會發現有趣之處。

【資料視圖】

【變數視圖】

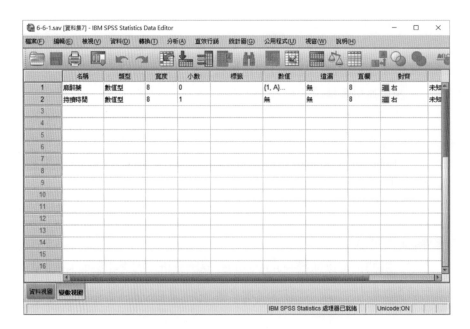

⊃ 分析步驟

步驟 1　當進行 Kruskal‧Wallis 的檢定時，點選【分析 (A)】→【無母數檢定 (N)】
→【歷史對話記錄 (L)】→【K 個獨立樣本 (K)】。

步驟 2　開啓【多個獨立樣本的檢定】對話框。點選「持續時間」，按一下「檢
定變數清單 (T)」左側的 ⬀。

步驟 3 接著點選「麻醉藥」，這一次按「分組變數 (G)」左側的 ⇒ 。

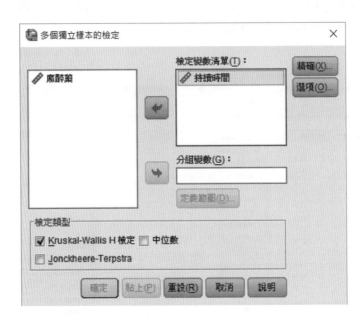

步驟 4「分組變數 (G)」欄位即顯示「麻醉藥（？？）」。接著按「定義範圍 (D)」。

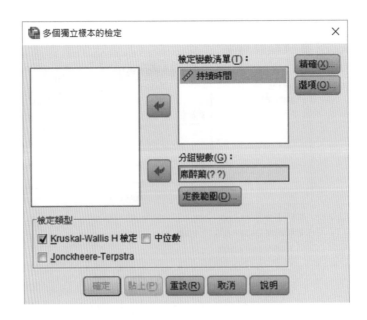

步驟 5　開啓【多個獨立樣本：…】對話框。「最小值 (N)」輸入 "1"，「最大值 (X)」輸入 "3"。換言之，數據被分成 3 組。按「繼續」。

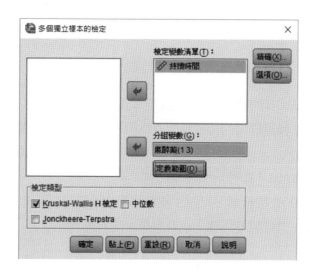

步驟 6　返回【多個獨立樣本的檢定】對話框，按一下「確定」完成設定。

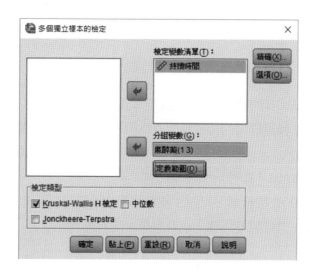

◐ SPSS 輸出

　　表 6.6 的資料輸出如下。

Kruskal-Wallis 檢定

等級

	麻醉藥	個數	等級平均數
持續時間	A	8	15.25
	B	7	13.57
	C	7	5.14
	總和	22	

檢定統計量[a,b]

	持續時間
卡方	10.089
自由度	2
漸近顯著性	.006

a. Kruskal Wallis 檢定
b. 分組變數：麻醉藥

註：利用精確機率檢定時，並非是近似值，可以計算真正的顯著機率。數據數很少時，利用卡方分配作為檢定統計量的近似其適配並不太好，因之要進行精確機率檢定。

● 結果

Kruskal·Wallis 的檢定，是檢定以下的假設：

假設 H_0：3 種麻醉藥的持續時間互為相等。檢定統計量是 10.089，此時的顯著機率是 0.006，

顯著機率 0.006 < 顯著水準 $\alpha = 0.05$

因之，假設 H_0 被捨棄，可知 3 種麻醉藥的持續時間是有差異的。

但是，哪一個麻醉藥與哪一個麻醉藥之間有差異呢？

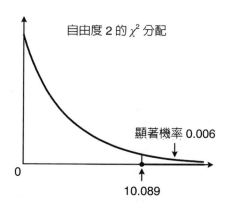

自由度 2 的 χ^2 分配

顯著機率 0.006

0

10.089

註：Kruskal-wallis 檢定：調查獨立的 3 個以上組間有無差異。
　　Friedman 檢定：調查有對應的 3 個以上組間有無差異。
　　Wilcoxon 等級和檢定：調查獨立的 2 個組間有無差異。
　　Wilcoxon 符號等級檢定：調查有對應的 2 組間有無差異。

二、多重比較

如利用 Bonferroni 的不等式來修正時，即可利用無母數檢定進行多重比較。
Kruskal・Wallis 的檢定是 Wilcoxon 的等級和檢定的一般化。以下 3 組的組合

$$\begin{cases} A \text{ 與 } B \\ A \text{ 與 } C \\ B \text{ 與 } C \end{cases}$$

進行各自的 Wilcoxon 的等級和檢定，顯著機率比 $\dfrac{\alpha}{3} = \dfrac{0.05}{3}$ 小的組合，即可下結論說有顯著差異。

⊃ 分析步驟

步驟 1　自【分析 (A)】的【無母數檢定 (N)】的清單中選擇【歷史對話記錄 (L)】的【二個獨立樣本 (2)】。

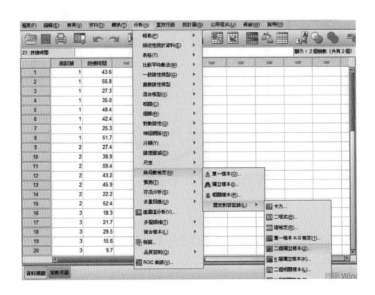

步驟 2 開啟【多個獨立樣本的檢定】對話框後，將「持續時間」移到「檢定變數清單 (T)」中，「麻醉藥」移到「分組變數 (G)」，即顯示為「麻醉藥（？？）」。接著按一下「定義範圍 (D)」。

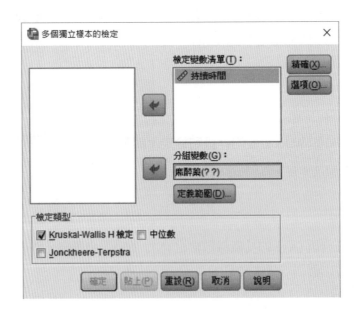

步驟 3 開啟【多個獨立樣本：…】對話框。想調查的組合是「麻醉藥（1, 2）」與「麻醉藥（1, 3）」與「麻醉藥（2, 3）」。接著，將 1 輸入到「最小值

(N)」的右方，將 2 輸入到「最大值 (X)」的右方。點選「繼續」。

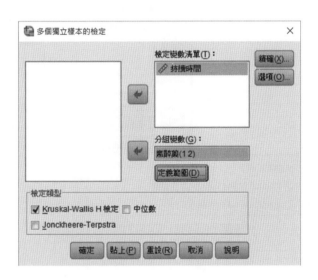

步驟 4　返回到【多個獨立樣本的檢定】對話框，「分組變數 (G)」即顯示為「麻醉藥（1, 2）」。按「確定」鈕即開始計算。

步驟 5　重複步驟 1 至步驟 4 的操作，唯在步驟 3 的「最大值 (X)」輸入 3。

步驟 6「分組變數 (G)」變成「麻醉藥（1, 3）」，點選「確定」。因此，組 1 與
組 3 的組合即開始進行 Wilcoxon 等級和檢定。

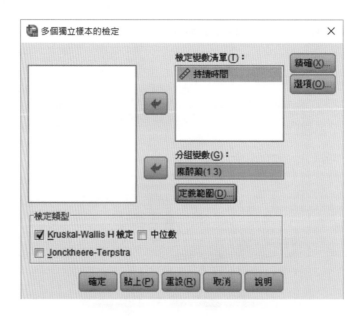

步驟 7 同樣，依前述步驟 1 至步驟 3 的操作方式，將「分組變數 (G)」的欄位變
更成「麻醉藥（2, 3）」後計算，針對所有組合的 Wilcoxon 等級和檢定即
結束。

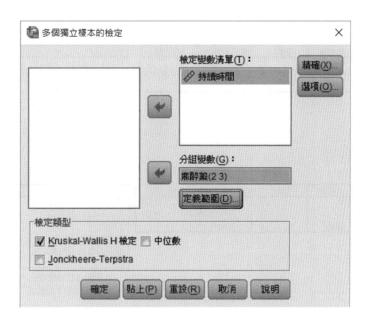

○ SPSS 輸出

　　Kruskal‧Wallis 檢定的多重比較輸出如下。

NPar 檢定

Mann-Whitney 檢定

等級			
	麻醉藥	個數	等級平均數	等級總和
持續時間	A	8	8.50	68.00
	B	7	7.43	52.00
	總和	15		

檢定統計量[b]

	持續時間
Mann-Whitney U 統計量	24.000
Wilcoxon W 統計量	52.000
Z 檢定	-.463
漸近顯著性 (雙尾)	.643
精確顯著性 [2*(單尾顯著性)]	.694[a]

　　a. 未對等值結做修正。
　　b. 分組變數：麻醉藥

←①

等級

	麻醉藥	個數	等級平均數	等級總和
持續時間	A	8	11.25	90.00
	C	7	4.29	30.00
	總和	15		

檢定統計量[b]

	持續時間
Mann-Whitney U 統計量	2.000
Wilcoxon W 統計量	30.000
Z 檢定	-3.009
漸近顯著性 (雙尾)	.003
精確顯著性 [2*(單尾顯著性)]	.001[a]

← ②

a. 未對等值結做修正。
b. 分組變數：麻醉藥

等級

	麻醉藥	個數	等級平均數	等級總和
持續時間	B	7	10.14	71.00
	C	7	4.86	34.00
	總和	14		

檢定統計量[b]

	持續時間
Mann-Whitney U 統計量	6.000
Wilcoxon W 統計量	34.000
Z 檢定	-2.364
漸近顯著性 (雙尾)	.018
精確顯著性 [2*(單尾顯著性)]	.017[a]

← ③

a. 未對等值結做修正。
b. 分組變數：麻醉藥

⊃ 結果

　　想對 3 種麻醉藥進行多重比較，如將①②③的精確顯著機率與顯著水準 $\alpha = 0.05$ 分別比較時，就不是多重比較。

　　因此，為了進行多重比較，必須利用 Bonferroni 的不等式進行修正。此作法並非太難，將所輸出的①②③的精確顯著機率與 $\frac{\alpha}{3} = \frac{0.05}{3}$ 分別比較即可。

　　因此，滿足精確顯著機率$< \frac{\alpha}{3} = \frac{0.05}{3} = 0.0167$的組合是 A 與 C。

　　B 與 C 的精確顯著機率是 0.017，照這樣有無差異並不清楚。

　　無母數檢定時，要利用 SPSS 的精確顯著機率（Exact Tests）。

註：Mann-Whitney 檢定與 Wilcoxon 的等級和檢定，名稱雖然不同，但檢定結果是相同的。
　　Mann-Whitney 檢定是調查 2 個組間有無差異（與 Wilcoxon 的等級和檢定相同）。
　　H_0：2 個組相同
　　Mann-Whitney 的統計檢定量設為 MW，Wilcoxon 的等級和檢定統計量設為 W 時，則
$$MW = W - \frac{N(N+1)}{2}$$
　　W 表 2 個組的等級和小的一方，N 是該組的數據數。

6.8　Friedman 檢定與多重比較

一、Friedman 檢定

使用表 6.7 的數據，利用 SPSS 進行 Friedman 檢定。當母體的常態性有問題時，要進行無母數檢定。

⊃ 資料

以下的數據是調查因用藥造成的心跳數。

表 6.7　因用藥造成的心跳數

時間 患者名	用藥前	1 分後	5 分後	10 分後
陳一	67	92	87	68
林二	92	112	94	90
張三	58	71	69	62
李四	61	90	83	66
王五	72	85	72	69

⊃ 資料形式

當數據輸入完成，即進入到無母數檢定的統計處理。

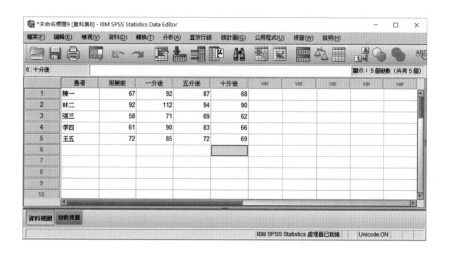

⊃ 分析的步驟

步驟 1 按一下【分析 (A)】，從【無母數檢定 (N)】的清單中，選擇【歷史對話記錄 (L)】的【K 個相關樣本 (S)】。

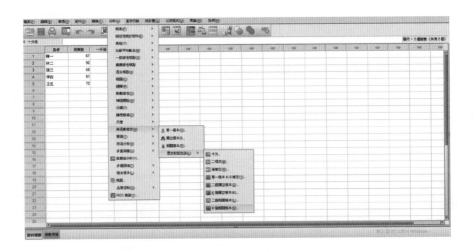

步驟 2 開啓【多個相關樣本的檢定】對話框後，點選「用藥前」，然後按一下。

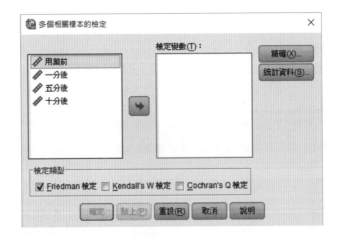

步驟 3「用藥前」即移動到「檢定變數 (T)」。同樣，將所有的變數依序移到「檢定變數 (T)」。

步驟 4 接著按「確定」即完成。

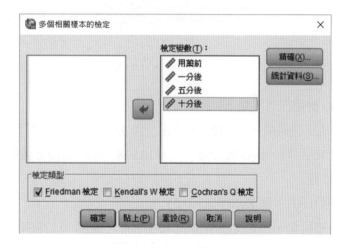

◯ SPSS 輸出結果

表 6.7 的資料輸出如下。

Friedman 檢定

等級

	平均等級
用藥前	1.50
一分後	4.00
五分後	2.90
十分後	1.60

檢定統計資料[a]

N	5
卡方	12.918
df	3
漸近顯著性	.005

←①

a. Friedman 檢定

◆ 結果

Friedman 檢定的假設是

「假設 H_0：用藥前、1 分後、5 分後、10 分後的心跳數沒有差異」

觀察輸出結果時，檢定統計量卡方 = 12.918，此時的顯著機率是 0.005。

因此，依據

顯著機率 0.005 < 顯著水準 α = 0.05

假設 H_0 被捨棄，因之從用藥前到 10 分後的心跳數可知有差異。

亦即，心跳數因用藥而有改變！

那麼，與用藥前的心跳數出現差異是幾分後呢？

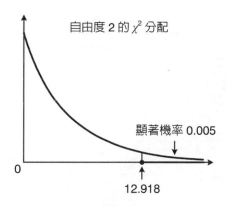

自由度 2 的 χ^2 分配

顯著機率 0.005

0

12.918

二、多重比較

　　像反覆測量的數據或時間性測量的數據，利用 Turkey 的方法對所有的組合進行多重比較被認為不太有意義。

　　將用藥前當作控制組（Control）想進行多重比較時，可利用 Bonferroni 的不等式進行修正。

　　因此，就以下 3 種組合：用藥前與 1 分後、用藥前與 5 分後、用藥前與 10 分後，分別進行 Wilcoxon 的符號等級檢定，顯著機率比 $\frac{\alpha}{3}\left(\frac{0.05}{3}\right)$ 小的組合，即可下結論說有顯著差異。

⊃ 分析步驟

步驟 1　按一下【分析 (A)】，從【無母數檢定 (N)】的清單之中，選擇【歷史對話記錄 (L)】的【二個相關樣本 (L)】。

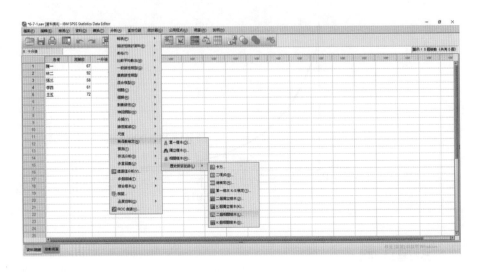

步驟 2　開啓【兩個相關樣本檢定】對話框後，點選「用藥前」與「一分後」，
　　　　再按一下 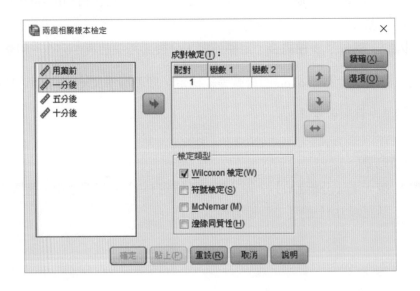。

步驟 3　「成對檢定 (T)」顯示「用藥前──一分後」。
　　　　同樣，「用藥前」與「五分後」、「用藥前」與「十分後」也移到右方的
　　　　「成對檢定 (T)」方框之中。

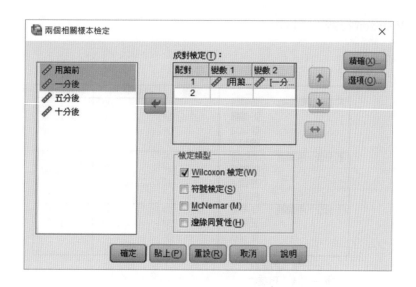

步驟 4 按一下「確定」。

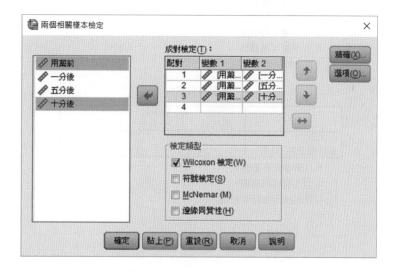

⊃ SPSS 輸出

資料輸出如下。

Wilcoxon 符號等級檢定

等級

		個數	等級平均數	等級總和
一分後 - 用藥前	負等級	0ª	.00	.00
	正等級	5ᵇ	3.00	15.00
	等值結	0ᶜ		
	總和	5		
五分後 - 用藥前	負等級	0ᵈ	.00	.00
	正等級	4ᵉ	2.50	10.00
	等值結	1ᶠ		
	總和	5		
十分後 - 用藥前	負等級	2ᵍ	2.50	5.00
	正等級	3ʰ	3.33	10.00
	等值結	0ⁱ		
	總和	5		

a. 一分後 < 用藥前
b. 一分後 > 用藥前
c. 用藥前 = 一分後
d. 五分後 < 用藥前
e. 五分後 > 用藥前
f. 用藥前 = 五分後
g. 十分後 < 用藥前
h. 十分後 > 用藥前
i. 用藥前 = 十分後

檢定統計量ᶜ

	一分後 - 用藥前	十分後 - 五分後	十分後 - 用藥前
Z 檢定	-2.032ª	-2.023ᵇ	-.674ª
漸近顯著性 (雙尾)	.042	.043	.500 ← ✔

a. 以負等級為基礎。
b. 以正等級為基礎。
c. Wilcoxon 符號等級檢定

⮕ 結果

此檢定是 Wilcoxon 的符號等級檢定，假設分別為

「假設 H_0：用藥前與 1 分後的心跳數相等」

「假設 H_0：用藥前與 5 分後的心跳數相等」

「假設 H_0：用藥前與 10 分後的心跳數相等」

因此，想進行多重比較時，利用 Bonferroni 的不等式，顯著機率比 $\frac{\alpha}{3} = \frac{0.05}{3}$ 小的組合視為有差異。

但是，觀察輸出結果時，顯著機率分別為 0.042, 0.043, 0.500，任一者均比 0.05/3 大，因之利用 Bonferroni 的多重比較，對任一組合之間不能說有差異。

前述的 Friedman 檢定，雖然說至少有一組合之間出現差異，但變異數分析的結果與多重比較的結果不一定經常會一致。

然而，利用 Scheffe 法的多重比較可以說與變異數分析的結果是一致的。

6.9　Kendall 一致性係數

Kendall 一致性係數（Kendall's coefficient of concordance）適用於 k 個變項之等級一致性程度，代表三個評分等級以上的信度指標，Kendall 等級相關主要用於兩位評分者評定 N 個人的成績或 N 個人的作品，或同一位評審者前後兩次評 N 個人的作品或 N 個人的成績，它適用於兩個變項等級間的一致性程度，可是被視為 Kendall 一致性係數的一種特例。Kendall 一致性係數適用於 k 個評分者評 N 個人的成績或 N 個人的作品，如果 k 等於 2 時，就變成 Kendall 等級相關。

⊃ 資料

企業模擬競賽時，5 位評審評 10 位參賽同學的名次等級如下。試問 5 位評審評選結果的一致性為何？

表 6.8　參賽者的得分

評分者	V1	V2	V3	V4	V5	V6	V7	V8	V9	V10
A	3	9	8	1	6	4	10	2	5	7
B	7	8	6	2	5	3	9	1	10	4
C	3	9	5	1	6	4	10	2	7	8
D	5	10	9	3	4	2	8	1	6	7
E	6	9	7	3	4	2	10	1	8	5

⇒ 資料形式

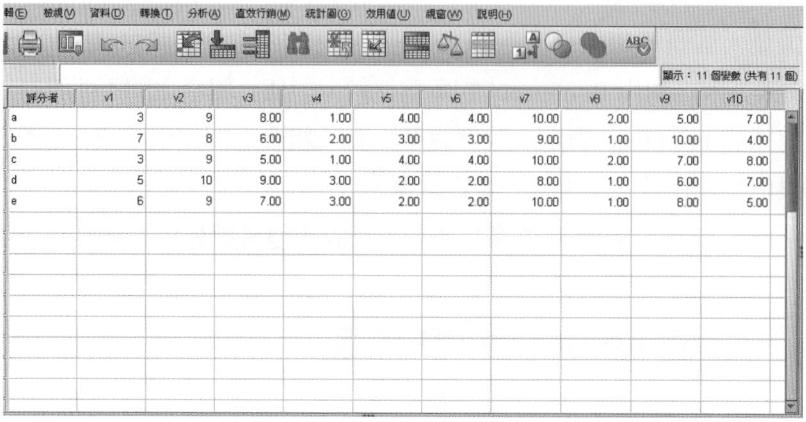

⇒ 分析步驟

步驟 1【分析 (A)】→【無母數檢定 (N)】→【歷史對話記錄 (L)】→【K 個相關樣本 (K)】。

步驟 2 在【多個相關樣本的檢定】的對話視窗中，將左邊 10 個變數選入右邊「檢定變數 (T)」中，「檢定類型」勾選「Kendall's 檢定 (K)」選項，按「確定」。

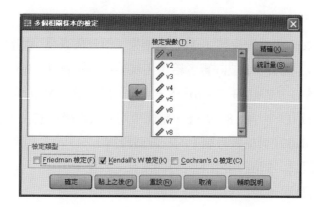

◯ SPSS 輸出結果

等級

	等級平均數
v1	4.80
v2	9.00
v3	7.20
v4	2.40
v5	3.50
v6	3.50
v7	9.40
v8	1.40
v9	7.40
v10	6.40

檢定統計量

個數	5
Kendall's W 檢定[a]	.850
卡方	38.239
自由度	9
漸近顯著性	.000

a. Kendall 和諧係數

⊃ 結果

上表爲 Kendall W 一致性係數檢定結果。第一個表爲平均數等級結果，以第一位受試者 V1 而言，5 位評審者給予名次等級分別爲 3、7、3、5、6，整體平均名次等級爲 $(3 + 7 + 3 + 5 + 6) \div 5 = 4.80$；以受試者 V10 而言，5 位評審者給予名次等級分別爲 7、4、8、7、5，整體平均名次等級爲 $(7 + 4 + 8 + 7 + 5) \div 5 = 6.40$。在 Kendall 和諧係數考驗中的統計假設爲：

H_0 虛無假設：5 位評審者的評分間沒有一致性。

H_1 對立假設：5 位評審者的評分間有一致性。

在第二個檢定統計表中，Kendall W 一致性係數值 = 0.850，顯示 5 位評審者的評分間有顯著相關存在，卡方值 = 38.239，顯著性之 p 值 (=.000) 小於 .05，統計檢定拒絕虛無假設，接受對立假設，亦即 5 位評審者的評分結果頗爲一致，其中以 V8 的等級平均數最低爲 1.40，名次最佳，5 位評審者的評分結果等級分別給予 2、1、2、1、1；次佳名次是 V4，其等級平均數爲 2.40；而以 V7 的名次最差，其等級平均數爲 9.40，5 位評審者的評分結果等級分別給予 10、9、10、8、10。

6.10 Kappa 一致性係數

「Kappa 一致性係數」（Kappa coefficient of agreement）適用於檢定類別變項間一致性的程度。如果兩個變項均屬於次序變項（變項資料可以排出次序或等級），則變項間的一致性程度可以採用等級相關，等級相關常被用來作爲評分者的信度指標。如果評分者所評定的資料不能排定出次序或等級，只能把它歸類到某一個類別時，應採用「Kappa 一致性係數」。Kappa 一致性係數的公式如下：

$$K = \frac{P(X) - P(E)}{1 - P(E)}$$

$P(X)$ 爲評分者實際評定爲一致性的次數百分比、$P(E)$ 爲評分者理論上評定爲一致性的最大可能次數百分比。

● 資料

　　有二位醫師想對病患的疾病型態加以分類，他們觀察 100 位病患的疾病型態，並將其各自歸類，二位醫師歸類的結果如表 6.9 所示。試問二位醫師歸類的一致性為何？

表 6.9　二位醫師對病患的分類

		第二位醫師		
		型態一	型態一	型態三
第一位醫師	型態一	23	6	9
	型態二	7	20	3
	型態三	8	4	20

● 資料形式

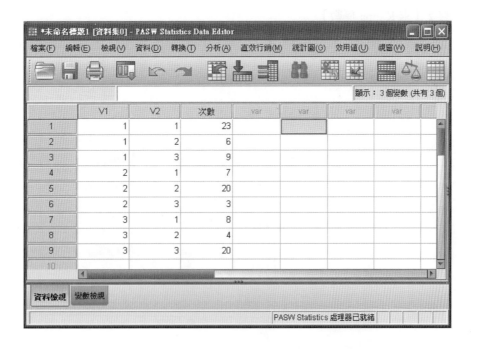

⊃ 分析步驟

步驟 1 【觀察值加權】

　　【資料 (D)】→【加權觀察值 (W)】，點選「觀察值加權依據 (W)」，將「次數」變項選入右邊「次數變數 (F)」欄位中，按「確定」。

步驟 2 【求 Kappa 係數】

　　【分析 (A)】→【描述性統計資料 (E)】→【交叉表 (C)】，將清單變項「v1」選入右邊「列」，將清單變項「v2」選入右邊「直欄」，按「統計資料 (S)」。

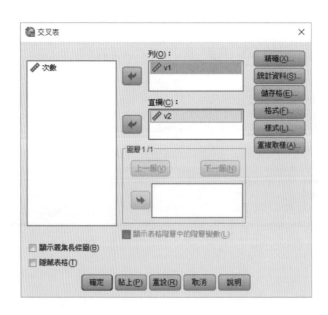

步驟 3 開啓如下的【交叉表：統計資料】對話框

勾選「卡方(H)」及「卡帕（Kappa）」→按「繼續」→「確定」。

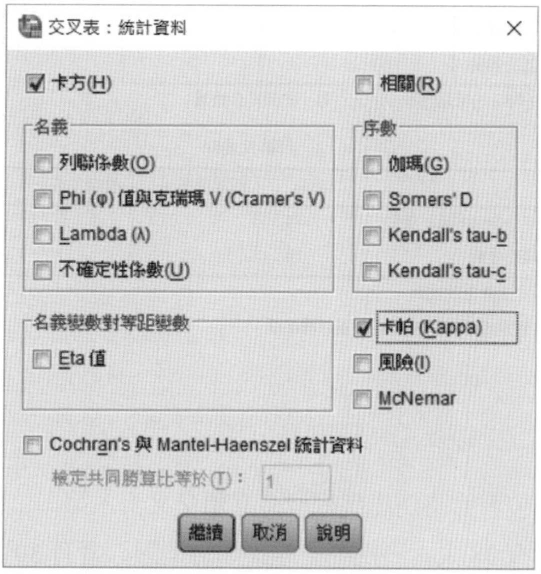

○ SPSS 輸出結果

觀察值處理摘要

	觀察值					
	有效的		遺漏值		總和	
	個數	百分比	個數	百分比	個數	百分比
V1 * V2	100	100.0%	0	.0%	100	100.0%

V1 * V2 交叉表

個數

		V2			總和
		1	2	3	
V1	1	23	6	9	38
	2	7	20	3	30
	3	8	4	20	32
總和		38	30	32	100

卡方檢定

	數值	自由度	漸近顯著性（雙尾）
Pearson卡方	42.126[a]	4	.000
概似比	39.501	4	.000
線性對線性的關連	13.420	1	.000
有效觀察值的個數	100		

a. 0格 (.0%) 的預期個數少於 5。 最小的預期個數為

對稱性量數

		數值	漸近標準誤[a]	近似 T 分配[b]	顯著性近似值
同意量數	Kappa 統計量數	.442	.073	6.238	.000
有效觀察值的個數		100			

a. 未假定虛無假設為真。

b. 使用假定虛無假設為真時之 漸近標準誤。

⊃ 結果

　　上表中為二位醫師將病患疾病型態歸類交叉表。第一位醫師將病患疾病型態歸類為型態一者有 38 人、將疾病型態歸類為型態二者有 30 人、將疾病型態歸類為型態三者有 32 人；第二位醫師將病患疾病型態歸類為型態一者有 38 人、將疾病型態歸類為型態二者有 30 人、將疾病型態歸類為型態三者有 32 人。第一位評定者及第二位評定者將病患的疾病均歸類為型態一有 23 人，將疾病型態均歸類為型態二者有 20 人，將疾病型態均歸類為型態三者有 20 人。

　　卡方檢定結果，卡方值等於 42.126，$df = 4$，$p = .000 < .05$，達到顯著水準。應拒絕虛無假設，可知二位醫師評定的疾病型態間並不獨立，而是有所關聯。

　　對稱性量數檢定結果顯示。Kappa 一致性係數值等於 .442，$p = .000 < .05$，達到 .05 顯著水準，拒絕虛無假設 $H_0：K = 0$；即二位評定者對於疾病型態的歸類一致性程度相當高。

6.11　常態性檢定（Shapiro-Wilk test）

Shapiro-Wilk test 是檢定數據是否服從常態分配的方法。

試以下面的數據為例，檢定身高是否服從常態分配。此處分成

1. 1 樣本的檢定：檢定身高是否服從常態分配的方法。

2.2 樣本的檢定：檢定男性的身高是否服從常態分配，或女性的身高是否服從常態分配的方法。

(1) 樣本的檢定時，將身高想成 1 個變數來進行檢定。在相關‧迴歸分析或多變量分析中幾乎是使用 1 樣本的檢定。

(2) 樣本的檢定是設想將身高分成男女兩群來檢定時可以應用。

● 資料輸入

● 分析步驟

步驟 1　選擇【分析（A）】→【描述性統計資料 (E)】→【探索 (E)】。

步驟 2　1 樣本檢定時，將身高移到「因變數清單 (D)」，囚變數即使數個也行。

　　　　2 樣本檢定時，將身高移到「因變數清單 (D)」，性別移到「因素清單 (F)」中。又，因變數即使數個也行。

（1 樣本）

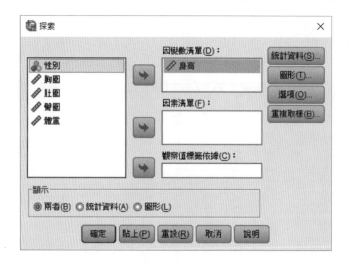

（2 樣本）

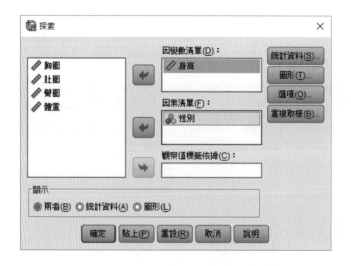

步驟 3　1 樣本檢定或 2 樣本檢定均按「圖形 (T)」，開啓【探索：圖形】對話框，

再勾選「常態機率圖附檢定 (O)」，之後按「繼續」。

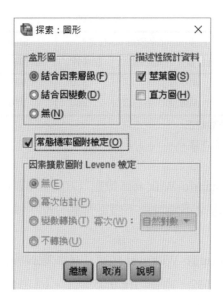

● 輸出結果

　1 樣本時：

常態檢定

	Kolmogorov-Smirnov檢定[a]			Shapiro-Wilk 常態性檢定		
	統計量	自由度	顯著性	統計量	自由度	顯著性
身高	.072	110	.200[*]	.987	110	.357

a. Lilliefors 顯著性校正

*. 此為真顯著性的下限。

2 樣本時：

常態檢定

性別		Kolmogorov-Smirnov檢定[a]			Shapiro-Wilk 常態性檢定		
		統計量	自由度	顯著性	統計量	自由度	顯著性
身高	男	.087	77	.200[*]	.987	77	.631
	女	.105	33	.200[*]	.975	33	.632

a. Lilliefors 顯著性校正

*. 此為真顯著性的下限。

　　1 樣本時：從 Shapiro-Wilk test 檢定（H_0：數據服從常態分配）中知，$p = 0.357$，大於 0.05，因之不能說是不服從常態分配，換言之，認為服從常態分配也無錯誤。

　　2 樣本時：從 Shapiro-Wilk test 檢定（H_0：數據服從常態分配）中知，男的 $p = 0.631$，女的 $p = 0.632$，兩者均在 0.05 以上，因之不能說是不服從常態分配，換言之，認為服從常態分配也行。

　　若以直方圖表現身高時，不管 1 樣本或 2 樣本也可看出服從常態分配。

　　1 樣本時：

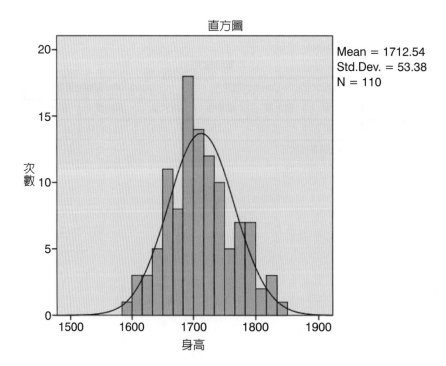

2 樣本時：

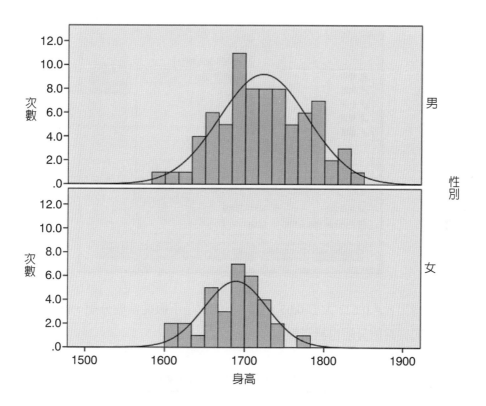

註：欲檢定單一樣本之數據是否服從常態或其他分配，可使用 [無母數統計] 的方法，按如
　　下方式進行，所得出之結論亦同。

步驟 1　選擇【分析 (A)】→【無母數檢定 (N)】→【歷史對話記錄 (L)】→【單
　　　　　一樣本 K-S 檢定 (1)】。

步驟 2 「檢定分配」勾選「常態 (N)」，並點選「精確 (X)」後按「繼續」。

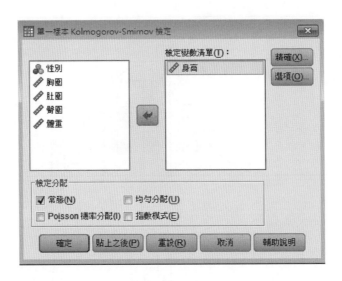

得出 $p = 0.622$ 大於 0.05，因之不能說是不服從常態分配，換言之，認為服從常態分配也無錯誤。

單一樣本 Kolmogorov-Smirnov 檢定

		身高
個數		110
常態參數 [a,b]	平均數	1712.54
	標準差	53.380
最大差異	絕對	.072
	正的	.064
	負的	-.072
Kolmogorov-Smirnov Z 檢定		.753
漸近顯著性 (雙尾)		.622
精確顯著性 (雙尾)		.597
點機率		.000

a. 檢定分配為常態。

b. 根據資料計算。

6.12 兩組獨立樣本 K-S 檢定

檢定兩獨立樣本是否自同一母體抽出，可以使用 Kolmgorov-Smirnov 兩組樣本檢定法。以下試舉一例說明。

甲廣播公司要招考播音員，共有 100 人報考，男性 45 人，女性 55 人，播報半小時新聞的錯字分配如下：

錯字	1-5	6-10	11-15	16-20	21-25	26-30	31-35
男	1	2	2	5	10	2	5
女	10	3	12	5	10	14	1

試以 $\alpha = 0.05$ 檢定男女在錯字率上是否有顯著差異。

● 資料形式

	性別	錯字	var
1	1	1	
2	1	2	
3	1	2	
4	1	5	
5	1	10	
6	1	2	
7	1	5	
8	2	10	
9	2	3	
10	2	12	
11	2	5	
12	2	10	
13	2	14	
14	2	1	

⊃ 分析步驟

步驟 1 先將錯字進行加權。從【資料 (D)】中選擇【加權觀察值 (W)】。

步驟 2 選擇【分析 (A)】→【無母數統計 (N)】→【歷史對話記錄 (L)】→【二
個獨立樣本 (2)】。

步驟 3 將「錯字」移到「檢定變數清單 (T)」中，將「性別」移到「分組變數 (G)」
中。按「定義組別 (D)」。

步驟 4 分別輸入 1, 2。按「繼續」。

步驟 5 勾選「Kolmogorov-Simirnov Z 檢定」。接著按「精確 (X)」。

步驟 6 按「繼續」，再按「確定」。

◯ 輸出結果

二樣本 Kolmogorov-Smirnov 檢定

次數

	性別	N
錯字	1	27
	2	55
	總計	82

檢定統計資料[a]

		錯字
最極端差異	絕對	.473
	正	.000
	負	-.473
Kolmogorov-Smirnov Z 檢定		2.012
漸近顯著性（雙尾）		.001
精確顯著性（雙尾）		.000
點機率		.000

a. 變數分組：性別

顯著機率小於 0.05，拒絕虛無假設，表示男女在錯字上有顯著差異。

第Ⅲ篇　多變量分析篇

第 7 章　測量的信度與效度

　　與身高、體重或血糖值等的物理性資料、生理資料不同，測量人的心理特性或能力等的構成概念時，需要討論測量是否有信度、效度。本章就測量心理上的構成構念時，所需之測量的信度與效度進行說明。

7.1　測量的信度

一、概要

1. 何謂信度

　　所謂信度（reliability）是考察尺度對實際測量的對象其被測量的精確度達到何種程度的一種想法，指的是尺度分數或項目分數在各受試者的一致程度。此處所說的一致性，是指再一次進行相同的測量是否可得出相同之值，對相同的項目是否有相同的回答等。要注意的是，信度只涉及尺度分數（項目分數）一致的程度，測量什麼並未列入信度之中。信度只是表示測量值一致的程度，並未討論該測量值是針對什麼、測量什麼，以及它作為研究是否切題中肯，即為後述的效度的話題。

　　評估測量的信度之指標，定義有信度係數（Reliability coefficient）。建立觀測分數的真正分數與誤差之和的模型，並假定誤差的平均是 0，同時誤差之間以及真正分數與誤差之間無相關時，信度係數可定義為真正分數的變異數與觀測分數的變異數之比（參照附錄（7.3）式）。由定義似乎可以明白，信度係數之值在 0 與 1 之間。值愈接近 1，表示測量的信度愈高。

　　測量的信度愈高，個人的觀測分數愈穩定。以表示個人的觀測分數可能變動多少之指標來說，有測量的標準誤（Standard error of measurement）。這是 1 減掉信度係數之值後取開方再乘上觀測分數的標準差所計算的，信度係數愈高，測量的標準誤之值即愈小。

2. 信度係數的估計

在信度係數的定義之中，能從數據計算的是觀測分數的變異數，真正分數的變異數是不得而知的。因此可以考慮幾種估計信度係數的方法。

首先是利用重現性的方法。信度是尺度分數在各受試者的一致程度，在心理分數（真正分數）未改變之期間再次實施相同的測量，蒐集 2 次的資料。如此一來，2 次的尺度分數間之相關係數，即為使用該尺度所測量的信度係數的估計值。如此方式所估計的信賴係數稱為再檢查信度係數（test-retest reliability coefficient）。

像能力檢查或學力測驗等之情形，一旦解答方法知道後，進行同樣的測量變得極為輕鬆。對於此種情形，並非 2 次進行相同的測量，第 2 次項目雖然不同但內容要使用同等的項目進行測量。此等 2 個尺度分數間的相關係數，即為使用該尺度測量的信度係數的估計值。如此所估計的信度係數稱為平行檢查信度係數。

利用項目分數的內部一致性來估計信度係數之值的方法也可以考慮。測量某心理特性之尺度，一般的情形是由與該特性有關聯的數個項目所取代。因為是與相同特性有關聯之項目，對這些項目之回答在各受試者理應具有一致的傾向。此種傾向稱為內部一致性，基於此內部一致性所估計的信度係數，經常使用 Chronbach 的 α 係數，計算式參考本章的附錄（7.5）式。

二、解析例

例 7.1

⊃ 資料

將自己的事情向他人談即所謂的「自我開示」。適度的進行自我表示，是圓滑地進行與人之間（特別是初次見面的人）的溝通所需要的。此處為了開發老年所使用的「自我開示尺度」，針對 100 位老年人間隔 2 週實施 2 次如表 7.1 的問卷，使用所蒐集的資料，檢討測量的信度。

表 7.1　問卷

| 就以下的各項目，針對初次見面的人，您自已開口說話到什麼程度呢？
在以下的 1～5 之中，請在合適的地方加上○。
1. 自己完全不開口說話
2. 自己不太開口說話
3. 很難說
4. 某種程度地自己開口說話
5. 自己主動開口說話 |

項目	自己主動 開口說話				自己完全不 開口說話
1. 自己的興趣	5	4	3	2	1
2. 出身地	5	4	3	2	1
3. 孫子的事情	5	4	3	2	1
： ：			：		

⤷ 資料輸入的形式

在 SPSS 編輯程式中如圖 7.1 輸入。「item1」到「item9」的變數是表示各項目。「自我開示合計」是 9 個項目分數的合計。計算合計分數時，按【轉換】→【計算】進行，製作如圖 7.2 所示即可。「自我開示再檢查」是 2 週後再檢查時的合計分數（2 週後各項目的分數省略）。

	OBS	item1	item2	item3	item4	item5	item6	item7	item8	item9	自我開示 合計	自我開 示	開口次…	外向性	var
1	1.00	5.00	3.00	4.00	2.00	5.00	4.00	3.00	3.00	3.00	32.00	31.00	8.00	37.00	
2	2.00	2.00	2.00	3.00	2.00	2.00	2.00	2.00	3.00	3.00	21.00	25.00	4.00	36.00	
3	3.00	1.00	3.00	4.00	4.00	3.00	5.00	2.00	3.00	2.00	27.00	25.00	5.00	31.00	
4	4.00	3.00	3.00	4.00	2.00	2.00	3.00	2.00	3.00	2.00	24.00	24.00	4.00	34.00	
5	5.00	4.00	3.00	4.00	3.00	2.00	2.00	2.00	3.00	2.00	26.00	24.00	3.00	22.00	
6	6.00	2.00	4.00	2.00	3.00	1.00	3.00	3.00	2.00	2.00	22.00	23.00	4.00	31.00	
7	7.00	1.00	2.00	2.00	2.00	2.00	2.00	2.00	4.00	2.00	21.00	24.00	3.00	24.00	
8	8.00	2.00	3.00	2.00	2.00	1.00	4.00	3.00	3.00	3.00	23.00	22.00	4.00	20.00	
9	9.00	1.00	2.00	3.00	2.00	4.00	3.00	3.00	4.00	3.00	23.00	23.00	4.00	23.00	
10	10.00	1.00	2.00	2.00	2.00	4.00	3.00	3.00	3.00	2.00	22.00	22.00	7.00	30.00	
11	11.00	2.00	4.00	3.00	2.00	1.00	2.00	1.00	2.00	2.00	19.00	14.00	5.00	26.00	
12	12.00	4.00	3.00	4.00	3.00	3.00	3.00	2.00	3.00	2.00	27.00	27.00	4.00	20.00	
13	13.00	1.00	2.00	3.00	3.00	4.00	3.00	4.00	3.00	2.00	25.00	23.00	6.00	26.00	

圖 7.1　輸入資料

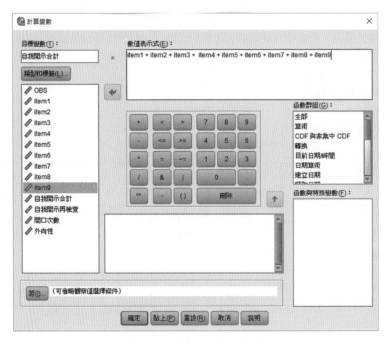

圖 7.2　合計分數的計算

⊃ 分析的步驟

　　計算 α 係數時，按照【分析】→【尺度】→【可靠度分析 (R)】進行。開啓如圖 7.3 的對話框，將分析的項目由左方的方框移到右方「項目」的方框中。並且，確認「模型」成爲「Alpha 值」（初期設定是 Alpha）。在「統計資料 (S)」選項中出現有「刪除項目後的量尺摘要」，可先點選。這是除去各項目後，只利用剩下的項目計算 α 係數之值會變成多少的選項。另外，也點選「項目」、「尺度」的選項，即會顯示各項目及合計分數的平均值與標準差。

　　估計再檢查信度係數時，要計算「自我開示合計」與「自我開示再檢查」的相關係數。按【分析】→【相關】→【雙變量】進行，點選「自我開示合計」與「自我開示再檢查」2 個變數後按「確定」。

〔註〕Relialility 的翻譯，SPSS 翻成可靠度，但本文中仍使用信度來說明。

圖 7.3　Alpha 係數的計算

⊃ 結果

　　首先，各項目及合計分數的平均值與標準差，如表 7.2 所示。可以推估出任一項目的平均值均接近 3，標準差在 1 前後，回答並未包含極端的 1 或 5 的不適切項目。

表 7.2　各項目及合計分數的平均值與標準差

項目統計量				尺度統計量			
	平均數	標準差	個數	平均數	變異數	標準差	項目的個數
intem1	2.5900	1.18998	100	24.5200	24.596	4.95939	9
intem2	2.6800	1.05294	100				
intem3	3.1400	.91032	100				
intem4	2.5800	.95537	100				
intem5	2.6100	1.06263	100				
intem6	3.2000	.93203	100				
intem7	2.5700	.89052	100				
intem8	2.5500	.82112	100				
intem9	2.6000	1.01504	100				

　　表 7.3 是 α 係數的估計值。9 項目全體的 Cronbach's α 值是 0.724。此 9 項目

可以預估有某種程度的內部一致性。如觀察各項目被刪除時的 α 係數時，不管哪一項目被刪除，α 係數之值均比 0.724 小，因之任一項目均不需要刪除，使用 9 個項目建構老年人所用的自我開示尺度可以認為是適當的。

測量的標準誤被計算出是 $4.959 \times \sqrt{(1-0.724)} = 2.605$。

註：標準差和標準誤：標準誤是資料描述中常見的字眼，由於它和標準差僅有一字之差，因此許多人常把它和標準差混為一談，其實它們代表著不同的意義。標準差是用來描述資料的分散程度，標準差就像平均值一樣，是對資料的一種描述。但標準誤則不然，標準誤（standard error）基本上是估計值的抽樣分布的標準差，可用來描述估計值與母群體真值之間的誤差。

表 7.3　尺度的 α 係數與各項目被刪除時的 α 係數

信度統計量		項目總和統計量				
Cronbach's Alpha 值	項目的個數		項目刪除時的尺度平均數	項目刪除時的尺度變異數	修正的項目總相關	項目刪除時的 Cronbach's Alpha 值
.724	9	intem1	21.9300	19.803	.319	.719
		intem2	21.8400	20.237	.343	.711
		intem3	21.3800	19.450	.538	.677
		intem4	21.9400	19.208	.534	.676
		intem5	21.9100	20.669	.290	.721
		intem6	21.3200	19.775	.477	.687
		intem7	21.9500	20.957	.349	.708
		intem8	21.9700	20.716	.429	.697
		intem9	21.9200	20.115	.379	.704

「自我開示合計」與「自我開示再檢查」的相關係數，亦即「再檢查信度係數」如表 7.4 所示，可估計為 0.753。

表 7.4　再檢查信度係數

相關			
		自我開示合計	自我開示再檢查
自我開示合計	Pearson 相關 顯著性（雙尾） 個數	1 100	.753** .000 100
自我開示再檢查	Pearson 相關 顯著性（雙尾） 個數	.753** .000 100	1 100

**. 在顯著水準為 0.01 時（雙尾），相關顯著。

三、測量的信度 Q&A

Q1 信度係數的估計法有幾種，要使用何者為宜呢？

A1 雖然任一種方法估計信度係數都是不錯的，但一致性的掌握方式略為不同。一旦解決方法知道了，下一次執行時就會非常順利，這無法使用再檢查信度係數。測量的心理特性容易改變時，不管是再檢查信度係數或平行檢查信度係數均不合適，α 係數因為能以一次測量即可計算，這些情形均能使用。

如果是建立尺度的研究，至少有需要以 2 種方法估計信度係數。許多時候，似乎可以使用 α 係數與再檢查信度係數。

並且，一般來說估計值依樣本的取法值會發生變動，依樣本的大小而異，變動的大小是不同的（愈是大的樣本，變動的大小即愈小）。因之，於報告信度係數之值，不只是信度係數，樣本數及測量的標準誤差也要報告。

Q2 估計信度係數有 Kuder-Richardson 的公式，這是什麼呢？

A2 各項目的分數是 1 或 0，亦即正確回答是 1，錯答是 0 時，求 α 係數的公式（計算式參附錄的 4.）。

Q3 信度係數之值要多少才算可以呢？

A3 一般來說，像能力檢查或學力檢查等要在 0.8 以上，性能檢查等要在 0.7 以上，可是，信度係數之值要多少才好，是隨測量的目的而改變的。利用尺度分數比較幾個群的平均值時，此種程度的信度也許可以說是沒有問題

的，但求尺度分數間的相關時也許還不足夠。比較平均時，如信度低可利用增多受試者人數來彌補，但信度低的測量值之間的相關係數會比眞正的相關係數之值還小（相關係數的稀釋）。

Q4 3 項目的 α 係數之值超過 0.8。以此當作尺度可以嗎？

A4 項目數少時，效度有可能會變低，因之需要注意。α 係數是基於與相同的心理特性有關聯的項目具有一致性之傾向所進行的回答來評估信度，如果具有完全相同的項目，即使是 2、3 個項目，也可使 α 係數之值變大。可是，此時已完全相同的 2、3 個項目所掌握的心理特性就會變得非常狹隘的範圍，效度會變低。

Q5 在許多的項目（譬如 50 個項目）下，α 係數之值變成 0.9。這可以當作尺度嗎？

A5 項目數變多時，從求 α 係數的計算式來看，一般來說 α 係數之值會變大。如聚集幾十個項目時，α 係數之值會變得非常高。可是，此時就可能會損及效度。針對幾十個項目回答，受試者會疲勞，中途生厭而馬虎回答或停止回答，注意力降低、跳過項目等。果眞成爲如此，不論 α 係數之值有多高，都不能說是有效度的測量。許多的心理檢查或性格檢查，對一個心理特性似乎使用 10 個項目左右，至多 20 項左右的項目數，使信度係數成爲 0.8 或 0.7 來建構尺度。

Q6 聽說 α 係數是信度係數下限的估計值，這是什麼意思呢？

A6 從資料所計算的 α 係數之值，是信度係數之眞值的下限估計值。畢竟是估計值，所以信度係數的眞值，不一定會比由資料所計算的 α 係數還高。

Q7 測量標準誤的意義是什麼？它是用來做什麼？

A7 測量標準誤是用來解釋一個人測驗分數之信度的方法，假如在標準的情境下，對同一受試者使用同一種測驗或其複本測驗，重複測量很多次，由於機會誤差的影響，則每次所得到的分數會不同，但仍會形成常態分配，而這個分配的標準差，即爲測量標準誤。信度愈高，測量標準誤就愈小；信度愈低，測量標準誤就愈大。因爲不可能對同一受試者重複測量相當多次，所以可用統計方法，直接由測驗的信度來計算測量標準誤，其公式如下：

$$SE_{means} = S_x = \sqrt{1 - r_{xx}}$$

上式中，SE_{means} 為測量標準誤，S_x 為測量分數的標準差；r_{xx} 為測驗的信度係數 。若測量分數的標準差為 10，信度是 .75，根據上式計算得知其測量標準誤為 5，如 A 生智力測驗得 100 分，則解釋 A 生的 IQ 分數時，就需考慮其可能的誤差範圍，即以統計上的「信賴區間」來說明這個人實得分數的範圍，在常態分配的假設下，A 生真正的 IQ 分數有 68.26% 的機率會落在實得分數上下一個測量標準誤之間（100±5，即為 95～105）。而有 95.44% 的機率會落在實得分數上下二個測量標準誤之間（100±2×5，即為 90～110）。即範圍愈大時，估計的正確性愈高。因此，採用測量標準誤來解釋個人分數，是以「一段分數」的範圍（a band of scores）來表示，並非以一個固定分數來表示。

7.2　測量的效度

一、概要

1. 何謂效度

效度（Validity）是考察問卷或測驗等的尺度（scale）是否可以測量出研究者想要了解的特質，當尺度可以測量出想要測量之構成概念就認為具有效度。尺度分數或項目分數意謂正確反映想測量的心理特性的程度 。因此，確認效度的方法，被認為是蒐集尺度分數（項目分數）使能正確反映想要測量的特質的證據。就測量而言，使用有效度的尺度獲得高信度資料甚為重要。

2. 內容效度

內容效度（content validity）是評估尺度（問卷或測量等）所含的項目可以涵蓋研究對象的心理特性或能力到何種程度。譬如，測量對工作壓力的問卷確認其內容效度，是否只注意與上司的人際關係呢？其他像工作的內容或與同事的關係、待遇、福利保健等必須考慮的事項是否妥切地包含在內進行檢討。任誰都能看得懂的內容效度稱為「表面性效度」，由專家判斷的內容效度稱為「邏輯性效

度」。

3. 基準關聯效度

譬如，像是職業能力檢查與就業後之營業成績，或是對飲食有多少注意與體檢時身體質量指數（BMI: Body Mass Index）（註：BMI = 體重（kg）/ 身高（m²））之值等，蒐集被認爲與想測量的構成概念有關聯的外在基準（稱爲基準變數）的資料，以尺度分數與基準變數之資料的關聯強度所評估的效度稱爲「基準關聯效度」（criterion referenced validity）。與基準變數之關聯愈強，意謂愈有效度。以相關係數表示關聯的強度時，其相關係數稱爲「效度係數」。

將基準關聯效度再細分時，像職業適應性檢查與營業成績等其基準值將來可取得時，稱爲「預測性效度」（predict validity），對飲食注意的程度與 BMI 等尺度分數同時可取得基準值時，稱爲「併存性效度」（concurrent validity）。

4. 建構效度

建構效度（construct validity）是基於尺度分數就某構成概念進行解釋時，支持該解釋的證據之謂。譬如，目前有想要測量某個心理特性的一個尺度，以及測量相同心理特性的另一個尺度，利用 2 個尺度所測量的尺度分數間假定有強烈的相關係數時，即成爲妥切測量想作爲對象的心理特性的一個證據，此種效度稱爲「收斂性效度」。另一方面，測量理論上被視爲關聯弱的另一個心理特性的尺度分數，與目前想測量的心理特性的尺度分數之間可以看出弱的相關係數時，可以說呈現出能妥切測量作爲對象的心理特性的一個證據，稱此爲「區別效度」。譬如您開發了另一種智力測驗，此測驗就要與魏氏智力量表有高相關（收斂效度），和其他非智力測驗測出來的分數結果有低相關（區別效度）。

並且，確認是否與既有的理論或以往的經驗相抵觸，也可以說是利用建構效度來確認效度。

另外，先前所說明的內容效度、基準關聯效度，如果當作是明示解釋適切性證據的一種型態來掌握時，在建構效度的範圍內討論是可行的，此處不考慮許多的效度議題，統一地在建構效度的架構上討論。

二、解析例

例 7.2

⊃ 資料

　　考察例 7.1 所使用的老年人「自我開示尺度」的效度。以基準變數來說，在一定時間（15 分）與面談者談話之中，受試者有幾次談到自己的事情，使用「開口次數」來計數。並且，在對一般成年人的研究中，認為自己的開示度高的人，外向性也愈高，因之，也要觀察與「外向性」尺度（1 到 5 的 5 級法 10 項目，值愈高顯示愈外向）的分數之間的相關。

⊃ 資料輸入形式

　　圖 7.1 中的「開口次數」與「外向性」2 個變數，是確認效度所使用的變數。

⊃ 分析的步驟

　　計算「自我開示合計」與「開口次數」及「外向性」之間的相關係數。爲愼重起見，也計算「開口次數」與「外向性」之間的相關係數。按【分析】→【相關】→【雙變量】進行，如圖 7.4 所示，選擇 3 個變數後按「確定」。以選項來說，若想要檢查出平均值與標準差，也可以輸入各變數的平均值與標準差。

圖 7.4　相關係數的計算

⊃ 結果

　　各變數的平均值與標準差之值，就「開口次數」而言，平均值是 4.51，標準差是 2.047，就「外向性」而言，平均值是 29.53，標準差是 4.972。

　　變數間的相關係數如表 7.5 所示，「自我開示合計」與「開口次數」的相關係數，亦即以「開口次數」作為基準變數時的效度係數之值是 0.476。這是中程度的相關，此結果顯示出自我開示度高時，開口次數也有高的傾向。

　　並且，「自我開示合計」與「外向性」的相關係數是 0.404，此結果也支持在老年人中，自我開示度高的人，也有外向性的傾向。

　　由上述，在使用「開口次數」與「外向性」2 個變數的情形中，用於老人「自我開示」的尺度在效度上可以獲得確認。

表 7.5　相關係數

相關		自我開示合計	開口次數	外向性
自我開示合計	Pearson 相關 顯著性（雙尾） 個數	1 100	.476** .000 100	.404** .000 100
開口次數	Pearson 相關 顯著性（雙尾） 個數	.476** .000 100	1 100	.282** .005 100
外向性	Pearson 相關 顯著性（雙尾） 個數	.404** .000 100	.282** .005 100	1 100

**. 在顯著水準為 0.01 時（雙尾），相關顯著。

三、測量的效度 Q&A

Q1　信度高時，效度也高嗎？

A1　信度是考察尺度實際在測量的構成概念有多精確地被測量的一種概念，因此，所測量的構成概念與是否就是想測量的對象無關。相對地，效度是考察是否適切掌握想測量的對象的一種概念。因此，不管測量的信度有多

高，如果是測量不切題的對象時，效度會變低。效度高，信度一定高，但信度高不一定效度高，信度不是效度的保證，測量如果沒有信度，自然就不會有效度。

Q2 信度低，效度也會高嗎？

A2 為了適切掌握想測量的構成概念，需要進行高精確的測量。測量的精確度低誤差大的測量，無法適切地掌握想測量的對象。為了進行效度高的測量，進行信度高的測量是需要的。因之，並無所謂的信度雖低而效度卻高之事。但是，過度地提高信度時，有時會損及效度（7.1 節 Q5 參照），因之，略為降低信度，確保效度是有可能的。

Q3 想測量某心理特性，購買心理調查書籍研讀後，發現出被報告為高信度、高效度的尺度。自己的研究也想要使用它，但有何要注意的地方？

A3 信度、效度是取決於對哪種母體進行測量而定。因之，需要確認是以何種母體為對象。將外國所做成的尺度譯成本國語使用時，如果與自己的對象母體不同時，信度、效度有需要重新確認。

　　信度、效度的高或低，是針對尺度分數或項目分數來說明，尺度本身並無普遍性的信度或效度。在使用該尺度的測量上考察有無信度、效度是適切的討論方式。針對某母體來說即使尺度可以進行信度、效度高的測量，但它對其他母體而言當被使用時，也不一定可以進行信度、效度高的測量。

Q4 不管效度如何區分，不管是以建構效度來統一地討論也好，要顯示何種的證據才可以確認效度呢？

A4 為了效度的確認所蒐集的各種證據，不過是滿足必要條件而已，要顯示什麼才算是足夠是很難一概而論的。但是，回到效度的定義，如想考察「尺度實際在測量的構成概念，可以妥切掌握自己想作為對象的心理特性或能力到何種程度」時，與反映想作為對象之構成概念的外在基準的關聯性，亦即基準關聯效度被認為必須顯示出來才行。

7.3 組內相關係數（Intraclass correlation）

一、簡介

在臨床醫學或是醫學研究中，測量（measure）可用來判斷疾病或傷害的嚴重度，也用來評估治療的效果。一個好的測量必須具備三個要件：

1. 必須不會受到時間影響，也就是說，如果沒有任何變化下不能因為隔天測量就出現不同的結果。
2. 必須測量出欲測量的程度，也就是說測量工具的刻度必須是可以檢測出變化。
3. 如果有介入項目，則測量必須是具有分辨介入前後變化之能力。

因此，測量工具必須具有信度（reliability），此包含有評分者內信度（intra-rater reliability），以及評分者間信度（inter-rater reliability）。在早期，這個信度大多採用皮爾森相關係數（Pearson correlaiton coefficient）來表示，但這在統計學的觀念上是不正確的。因為皮爾森相關係數的 r 值是基於一個前提假設，亦即二個變項是獨立的（independent）。因此，如果是觀察一個班級學生的身高與年齡的相關性，則可以檢定皮爾森 r 值，因為身高與年齡是兩個不同的變項。然而，若是觀察重複測量的兩次測試值的話，那就不正確，因為二者的關係是相依的（dependent）。

在臨床實際應用和調查中，經常可以遇到某些觀察值是由醫生主觀評定得出的（如量表評分等），不同醫生對同一對象評估比較一致時，該指標比較理想，反之則較差，這就是指標對觀察值的一致性（agreement）。

一致性的測量是對相同的觀察對象，或對不同對象在進行多次測量後數值的接近程度。它所採用的方法因資料數據類型而有所不同，對於名義的分類變量（categorical, nominal）係採用 Kappa 值，等級分類變量（categorical, ordinal）係採用加權 Kappa 值，但對於計量資料，則採用組內相關係數（Intra-correlation coefficient, ICC）。

ICC 在量化數據上是評分者間信度的有用估計，因為它是高度靈活的。皮爾森相關可以是一個有效的評分者間信度，但只有當你有兩個和只有兩個評分者之間有意義的配對。如果你有更多呢？如果你的評分者不同呢？這正是 ICC 需要

考量的地方（注意，如果你有定性數據，例如分類數據或等級數據，你不會使用 ICC）。

在 1979 年，統計學者 Shrout 與 Fleiss 提出 ICC 計算公式，以配合不同狀況的重複測量相關性分析。使用 ICC 有下列的優點：

1. 可以計算重複測量的相依變項之相關性，亦即欲求相關性的兩個變項可以是相依的（dependent）。

2. 可以計算小樣本（small sample size）的相關性，尤其是小於 15 個受試者的研究，可以使用 ICC，不會受到小樣本的影響。

ICC 被定義為測量技術可以透過多位評分者重複測量相同對象或在不同時間點由一位觀察者進行測試—再測試試驗（test-retest trial）來確保一致性結果的程度。ICC 會隨著以下幾種原因而改變。評分者是包括所有評分者或是由可能的評分者中隨機抽出來的；受試者是否包括所有受試者或是只是由隨機抽樣選出；信度的驗證是建立在個別的評分者或是所有評分者的平均。

ICC 有兩種不同類型的信度，一是一致性（consistency），另一是絕對協定（absolute agreement）。例如，三位評分者獨立評估 20 位學生申請獎學金的比例為 0 到 100。第一位評分者特別苛刻，第三位評分者特別寬鬆，但每位評分者計分一致。三位評分者給予的實際分數之間必須存在差異。如果目的是排名申請人並選擇 5 位學生，並在整個評分過程中保持「一致性」，評估者之間的差異可能不會產生顯著不同的結果。然而，如果目的是選擇高於或低於預設的標準絕對分數的學生，則三位評分者的分數在數學水平上需要絕對相似。因此，我們希望在前一種情況下評價能達到「一致性」，而在後一種情況下實現「絕對協定」。

ICC 被定義為受試者之間的變異性與總變異性的比率，包括受試者變異性和誤差變異性。

對於結果的測量來說，如果我們評估重複測量的一致性，則重複被認為是不涉及任何誤差的固定因子，並且可以應用以下等式：

$$ICC（一致性）＝受試者變異性 /（受試者變異性 ＋ 測量誤差）$$

對於結果的測量來說，如果我們評估重複測量的絕對協定，則需要對重複變異性進行計數，因為該因子被視為如以下等式中的隨機因子：

ICC（絕對協定）＝受試者變異性／（受試者變異性＋重複變異性＋測量誤差）

換言之，一致性是評分者的變異性（Rater variability）沒有放進分母中，而絕對協定是評分者的變異性有放進分母中。

ICC 亦有兩種焦點，一是聚焦於單一評分者的單一測量值，一是聚焦於一群評分者的平均數。對於估計而言，一群評分者的平均數會比單一評分者更接近眞實分數，據此，以組內相關技術計算信度係數時，你會發現聚焦於一群評分者的信度較高，而且很可能與單一評分者信度的差距「很大」。

ICC 的公式共有六個，前者（模型）數字爲 1, 2, 3 而 1 與 2 表隨機，3 表混合。後者（焦點）數字爲 1, k，1 表單一測量值（single measurement）而 k 表在數個測量所得的平均值（average of several measurements）之相關性計算。

ICC 以其三種模型（1, 2, 3）與兩種焦點（1, k）總共可配對成六種，評分者間信度模型說明如下（直欄爲評分者，橫列爲受試者，因爲是評分者間信度，所以欄至少爲 2）。

ICC（1, 1）：**受試者爲隨機抽出**，每一位隨機抽出的受試者被不同的評分者評分，而這些**評分者也爲隨機抽出**，焦點在於單一評分者信度（例如，同樣量表由另一位評分者來評分的結果如何）。

ICC（2, 1）：**受試者爲隨機抽出**，每一位隨機抽出的受試者被相同的評分者評分，而這些**評分者也爲隨機抽出**，焦點在於單一評分者信度（例如，同樣量表由另一位評分者來評分的結果如何）。

ICC（3, 1）：**受試者爲隨機抽出**，每一位隨機抽出的受試者被相同的評分者評分，而這些評分者爲研究所能得到的所有評分者（**固定評分者**），焦點在於單一評分者信度（例如，同樣量表由另一位固定評分者來評分的結果如何），此模型不希望結果能泛論至眼前研究以外的評分者。

ICC（1, k）：**受試者爲隨機抽出**，每一位隨機抽出的受試者被不同的評分者評分，而這些**評分者也爲隨機抽出**，焦點在於 k 位評分者信度（例如，同樣量表由 k 位評分者來評分的平均結果如何，換句話說，如果 k=3 那麼每一次的實測都要尋求 3 位評分者）。

ICC（2, k）：**受試者爲隨機抽出**，每一位隨機抽出的受試者被相同的評分者評分，而這些**評分者也爲隨機抽出**，焦點在於 k 位評分者信度（例如，同樣量表

由 k 位評分者來評分的平均結果如何，換句話說，如果 k=3 那麼每一次的實測都要尋求 3 位評分者）。

ICC（3, k）：**受試者為隨機抽出**，每一位隨機抽出的受試者被相同的評分者評分，而這些評分者為研究所能得到的所有評分者（**固定評分者**），焦點在於 k 位評分者信度（例如，同樣量表由 k 位固定評分者來評分的平均結果如何，換句話說，如果 k=3 那麼每一次的實測都要尋求 3 位評分者），此模型不希望結果能泛論至眼前研究以外的評分者。

將上述整理成下表：

公式 （**Model**）	測量變數性質	本研究評分者總數	每一受試者的評分者數
ICC（1, 1）	單一評分者的測量值	n	數目為 k 且 1 < k < n；每一受試者之評分者不一定相同，但數目一定
ICC（2, 1）	單一評分者的測量值	n	數目為 k 且 k < n；每一受試者之評分者一定相同
ICC（3, 1）	單一評分者的測量值	n	數目為 n，且每一受試者之評分者一定相同
ICC（1, k）	k 位評分者的平均值	n	數目為 k 且 n > k > 1；每一受試者之評分者不一定相同，但數目一定
ICC（2, k）	k 位評分者的平均值	n	數目為 k 且 n > k > 1；每一受試者之評分者一定相同
ICC（3, k）	k 位評分者的平均值	n	數目為 n，且每一受試者之評分者一定相同

至於要如何建立可接受的評分者間 ICC 信度呢？我們可以從評分者人數（n）與受試者人數（即參與對象 S）來探討。一般我們希望 n 不要太少，因之 n = 2～3 是個最低可接受的選擇，S 要多少呢？別忘了 ICC 是建立於 ANOVA 架構上，所以常態分配是一個假設前提。

Cicchetti（1994）對 ICC 值的判定建議如下：

 · 小於 0.40——差

 · 在 0.40 與 0.59 之間——普通

 · 在 0.60 與 0.74 之間——好

‧在 0.75 與 1.00 之間——非常好

以下將上述進行 ICC 時需考量的事項匯總整理如下：

1. 確定您需要的 ICC 類別

(1) 確定對所有受試者是否有相同的評分者（例如 3 位評分者，總是相同的 3 位評分者）。如果不是，使用 ICC(1)，即 SPSS 中的「單向隨機」（One-Way Random）。

(2) 確定你是否有一群固定評分者。如果是，使用 ICC(3)，即 SPSS 中的「雙向混合」（Two-Way Mixed）。

(3) 如果你沒有使用 ICC(1) 或 ICC(3)，你需要 ICC(2)，即 SPSS 中的「雙向隨機」（Two-Way Random）。

註：One-way random: 只考慮對象效果

　　Two-way random: 同時考慮評分者效果與對象效果

　　Two-way mixed: 與 (2) 差別在評分者效果，限於當下研究所選之評分者

2. 確定最終將使用的值

(1) 如果是單個體，則需要 ICC（＃，1），即 SPSS 中的「單一測量」。

(2) 如果是平均值，則需要 ICC（＃，k），即 SPSS 中的「平均測量」。

3. 確定最終想要的信度的數值集

(1) 一致性：評估者之間的系統差異是無關的。

(2) 絕對協定：系統性差異是相關的。

(3) 如果要將其後的值用於其他分析，您可能需要評估一致性（consistency）。

(4) 如果你想知道個人分數的信度，你可能想要評估絕對協定（absolute agreement）。

例如，配對評分（2, 4），（4, 6）和（6, 8）完全一致，一致性為 1.0，但絕對協定為 0.6667。

二、解析例

⮕ 資料

　　為了鑑定某精神量表是否可行，請 5 位醫生給 3 位病人用同一表在同一時間內評分（表 7.6），究竟醫生之間評分的一致性如何？

表 7.6　醫生評分表

患者序號	醫生評分				
	1	**2**	**3**	**4**	**5**
1	24	25	23	25	23
2	8	9	9	8	7
3	10	15	18	17	15

⮕ 資料輸入型式

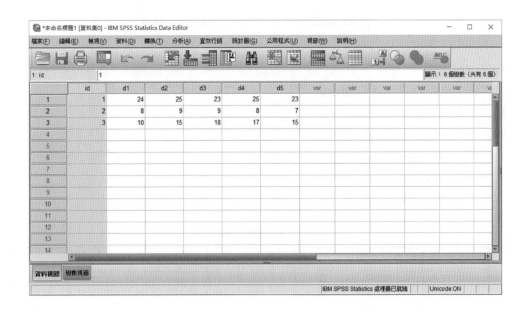

⮕ 分析的步驟

　　在輸入的數據集中，從【分析 (A)】選單中，選擇【尺度 (S)】，點擊【可

靠性分析】。將所有的分析變量右移以進行分析。點擊「**統計資料**」，勾選「**組內相關係數 (T)**」。指定您的「模型 (D)」（單向隨機，雙向隨機，雙向混合）和「類型 (P)」（一致性，絕對協定）。此處，3 位受試者是隨機選出而 5 位醫師是固定，「模型 (D)」選擇雙向混合，「類型 (P)」選擇一致性，最後，點擊「繼續」和「確定」。

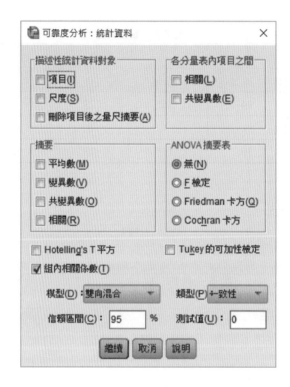

◯ 結果

組內相關係數

	組內相關性[b]	95% 信賴區間		使用 True 值 0 進行 F 值測試			
		下限	上限	數值	df1	df2	顯著性
單一測量	.947[a]	.735	.999	90.163	2	8	.000
平均值測量	.989[c]	.933	1.000	90.163	2	8	.000

雙向混合效果模型，其中人員效果是隨機的，而測量效果是固定的。

a. 估計值是相同的，交互作用效果是否存在。

b. 使用一致性定義的類型 C 組內相關係數。測量間變異數從分母變異數中排除。

c. 此估計值是假設交互作用效果不存在時計算的，因為它不是可估計的值。

　　當受測目標間沒有差異時，ICC 的值會接近 1，顯示總變異全來自受試者自身的不同。評分者間信度是指 2 位或 2 位以上評分者於同一時間點（或短期間內，個案特性未有改變）對同一個案獨立評估，評估結果之一致性，可使用組內相關係數（ICC）來驗證。ICC 值 ≧ 0.75 顯示具有良好的評分者間信度。

本章參考文獻

1. Armitage P , Colton T. Encyclopedia of biostatistics . England: John Wiley & Sons Ltd, 1998.1502-1503.

2. 趙躍進，一致性檢驗方法及應用。中華預防醫學雜誌，1991, 25: 238-240。

3. 黃正南，一致係數的公式及其與相關係數的關係。中國衛生統計，1995, 12:1-3。

4. 文萬青，重複性和眞實性的評價方法。中華預防醫學雜誌，1995, 29: 235-237。

5. 顏文偉，檢驗一致性的統計方法。中華神經精神科雜誌，1986, 19: 367-371。

6. Fisher RA. Statistical methods for research workers. 13th ed . Britain: Oliver and Biyd Ltd, 1958. 211-215.

7. Shrout PE & Fleiss JL. Intraclass correlations: uses in assessing rater reliability. Psychol Bull 1979; 86:420-428.

附　錄

1. 信度係數的定義

　　首先要建立觀測分數（X）是眞正分數（T）與誤差（E）之和的模型。

$$X = T + E \tag{7.1}$$

　　觀測分數亦即指資料。眞正分數是表示被測量的人之心理特性的眞正程度。此處，如假定誤差的平均值是 0，以及眞正分數與誤差的相關係數是 0（無相關）時，觀測分數的變異數（σ_X^2），眞正分數的變異數（σ_T^2），誤差的變異數（σ_E^2）之間成立如下關係。

$$\sigma_X^2 = \sigma_T^2 + \sigma_E^2 \tag{7.2}$$

　　亦即，觀測分數的變異數是眞正分數的變異數與誤差的變異數相加而得。使用此關係可以如下定義信度係數。

$$信度係數 = \frac{\sigma_T^2}{\sigma_X^2} = \frac{\sigma_T^2}{\sigma_T^2 + \sigma_E^2} \tag{7.3}$$

2. 再檢查信度係數

　　第一次測量的觀測分數、眞正分數、誤差分數設爲 X_1，T_1，E_1；第 2 次測量的觀測分數、眞正分數、誤差設爲 X_2，T_2，E_2。第 2 次的測量中，如果眞正分數沒有變化時，可以當作 $T_1 = T_2 = T$。E_1 與 E_2 的平均均當作 0，變異數均當作 σ_E^2。並且，T_1 與 E_1，T_1 與 E_2，T_2 與 E_1，T_2 與 E_2，E_1 與 E_2 的各個相關係數假定是 0（無相關）時，X_1 與 X_2 的相關係數即與信度係數的定義是一致。

$$X_1 與 X_2 的相關係數 = \frac{\sigma_T^2}{\sigma_T^2 + \sigma_E^2} \tag{7.4}$$

因之，2 次的測量值間的相關係數即為信度係數的估計值。

3. α 係數

項目數設為 m，各項目的變異數設為 σ_i^2，合計分數的變異數設為 σ_T^2 時，α 係數可以如下計算。α 係數是取 1 以下之值。

$$\alpha \text{ 係數} = \frac{m}{m-1} \times \left(1 - \frac{\sum \sigma_i^2}{\sigma_T^2}\right) \tag{7.5}$$

A	B	C	D	E	F	G	H	I	J	K	L
	項目										
受試者	1	2	3	4	5	6	7	8	9	10	合計
1	4	3	3	2	1	1	3	3	3	1	24
2	4	2	3	5	4	2	4	1	2	1	28
3	5	5	2	3	4	5	3	3	4	3	37
4	4	3	3	5	3	5	2	3	3	4	35
5	4	3	1	5	3	4	1	5	5	3	34
6	3	4	2	5	4	4	2	2	4	5	35
7	5	5	5	5	5	4	5	5	2	5	46
8	1	1	3	2	3	2	2	3	3	3	23
9	2	3	4	2	1	3	4	3	4	2	28
10	1	4	3	3	4	2	3	4	5	3	32
11	5	4	3	5	3	5	5	5	5	5	45
12	4	2	1	3	1	1	3	2	1	1	19
13	2	3	3	2	4	2	2	1	2	4	25
14	2	4	3	2	2	4	1	3	4	2	26
15	3	1	2	3	1	2	1	2	3	1	19
變異數	1.92	1.55	1.07	1.84	1.84	2	1.78	1.71	1.52	2.27	69.543

$$1.92 + 1.55 + 1.07 + \cdots + 2.27 = 17.5$$
$$\alpha = 10/(10-1) \times (1 - (17.5/69.5)) = 0.83$$

4. Kuder-Richardson's formula

項目數設為 m，各項目的答對人數占總人數之比率設為 p_i，合計分數的變異數設為 σ_T^2 時，α 係數可以如下計算（KR-20）：

$$\alpha \text{ 係數} = \frac{m}{m-1} \times \left(1 - \frac{\sum p_i(1-p_i)}{\sigma_T^2}\right) \tag{7.6}$$

並且，各項目的正答幾乎相等時，使用 p_i 的平均值 $\bar{p}$ 可以更簡便地估計 α 係數（KR-21）：

$$\alpha \text{ 係數} = \frac{m}{m-1} \times \left(1 - \frac{m\bar{p}(1-\bar{p})}{\sigma_T^2}\right) \tag{7.7}$$

	A	B	C	D	E	F	G	H	I	J	K	L	M	N
1	Kuder and Richardson's formula 20													
2	受試者	項目												
3		Q1	Q2	Q3	Q4	Q5	Q6	Q7	Q8	Q9	Q10	Q11	Total	
4	1	1	1	1	1	1	1	1	1	1	1	1	11	
5	2	1	1	1	1	1	1	1	1	0	1	0	9	
6	3	1	0	1	1	1	1	1	1	1	0	0	8	
7	4	1	1	1	0	1	1	0	1	1	0	0	7	
8	5	0	1	1	1	1	0	0	0	1	0	0	6	
9	6	1	1	1	0	1	1	1	1	0	0	0	6	
10	7	1	1	1	1	0	0	1	0	0	0	0	5	
11	8	0	1	1	1	1	0	0	0	0	0	0	5	
12	9	1	1	0	1	1	0	0	0	0	1	0	4	
13	10	1	0	0	1	0	1	0	0	0	0	0	3	
14	11	1	1	0	0	0	0	0	0	0	0	0	3	
15	12	1	0	0	1	0	0	0	0	0	0	0	2	
16	Total	10	9	9	9	8	6	5	5	4	3	1	69	
17														
18	p	0.833333	0.75	0.75	0.75	0.666667	0.5	0.416667	0.416667	0.333333	0.25	0.083333		
19	q	0.166667	0.25	0.25	0.25	0.333333	0.5	0.583333	0.583333	0.666667	0.75	0.916667		
20	pq	0.138889	0.1875	0.1875	0.1875	0.222222	0.25	0.243056	0.243056	0.222222	0.1875	0.076389	2.145833	
21														
22	k	11												
23	Σpq	2.145833												
24	var	6.520833												
25	α	0.738019												
26														

式中，

B22 = COUNTA (B3:L3)

B24 = VAR.P (M4:M15)

B25 = (B22/(B22-1)*(1-B23/B24)

α 係數為 0.738

第8章　主成分分析

　　針對多數的樣本將所得出的多變數的資料加以綜合化，掌握資料的整體特徵，一面使資料的損失控制到最小，一面將資料歸納且整理成最能代表全體特徵的少數特性值的組，即爲統計資料解析的主要目的。本章列舉其代表性的手法，亦即主成分分析。

8.1　主成分分析的概要

　　將身體檢查中各種的特徵值合成後的綜合性健康診斷指標，基於老齡者與傷病者的各種障礙與症狀的綜合性需要看護，在入學考試中將數個資料的考試成績合成後的綜合學力指標，或像第 1 章對大學專業領域有關適合度的項目予以綜合化後的綜合適合度等，主成分分析是想綜合數個變數製作合成變數時所使用。擬製作合成變數 f，全部包含 p 種變數 x_i（$i = 1, 2, \cdots, p$）。此合成變數的作法可以想到許多，但以最簡單的作法來說，使用適當的比重係數 w_i 將各變數線性結合後考察合成變數是很自然的作法。

$$f = w_1 x_1 + w_2 x_2 + \cdots + w_p x_p \tag{8.1}$$

　　譬如，入學考試時，可以利用此合成變數之值決定合格者。此時，爲了更明確地識別受試者的學力，f 的變異數盡可能地增大，使受試者之間的差異更明確出現是最好的，但是，爲了增大變異數，無限制地加大比重係數是不行的，因之需要有可以限制比重係數大小的條件。

　　當有了上述的問題時，在比重係數的平方和成爲 1 的條件之下，即

$$\lambda^k + w_2^2 + \cdots w_p^2 = 1 \tag{8.2}$$

　　使 f 的變異數成爲最大來決定比重係數即爲主成分分析。此時，合成變數 f 稱爲主成分（principal component），其值稱爲主成分分數（principal component score）。利用主成分分析所得出的最大的主成分稱為第 1 主成分。除了與比重係數的大小有關的條件外，再加上在與所得出的第 1 主成分無相關的（相關係數為 0）條件下，使變異數最大所決定出來的合成變數稱為第 2 主成分。同樣，與各主成分無相關之下所決定的合成變數，依變異數的大小順序依序稱為第 3、第 4、……第 p 主成分。各主成分分數的變異數稱為該主成分的特徵值（eigen value）。各主成分的特徵值對特徵值總合的比率稱為該主成分的貢獻率（proportion）。貢獻率是表示各主成分可說明全體的資訊有多少的一種指標，為歸納資料時的尺度。

　　主成分分析的結果，除了會受到各變數 x_i 之間的相關程度之影響外，同時也會受到各變數的變異數大小所影響。譬如，在健康診斷中測量身高與體重時，以 cm 或是以 mm 表示身高呢？以 kg 或是 g 表示體重呢？如改變單位的取法時，變數的變異數是有所不同的。想製作可以合成身高與體重的指標以便綜合地判定身體的大小時，應該重視身高與體重的何者呢？對於此事並無一般性的基準，任一者均相同程度地處理是極為自然的。可是，要使用哪種單位可以相同程度地處理身高與體重，一般是不明的。像這樣進行分析時，包含變異數大小之影響是不適當的，或者變異數大小的資訊並不重要時，將各變異數標準化，使變異數成為 1，平均成為 0，再進行主成分分析。此方法是指依據此變數間的相關程度，亦即各變數間的相關係數之值進行分析的方法，稱為基於「相關矩陣」（correlation matirix）的主成分分析。其次，滿分分別設定為 100 的國文與數學，進行學力考試之結果，以數學分數的變異數比國語分數的變異數大的情形來檢視。此考試如果是重視數學成績的入學考試時，利用數學的成績更可以辨別受試者的學力，因之將未標準化之下的國語與數學的分數合成後，基於綜合分數進行選拔是可以被考慮的。像這樣，在分析時，希望包含著有關變異數大小的資訊時，不將變異數標準化進行主成分分析的時候也有。此方法稱為基於「共變異數矩陣」（covariance matrxi）的主成分分析。此二種方法何者較優並無定論，取決於分析的目的，再判斷選擇哪一方法較為適當是非常重要的。

8.2 基於相關矩陣的主成分分析

一、解析例

例 8.1

➲ 資料

使用 100 位學生學科考試（國語、社會、數學、理科、英語）的分數資料，檢視利用主成分分析將各科成績合成以表示綜合學力指標的問題。但各科的滿分均爲 100 分。

➲ 資料輸入的形式

在 SPSS 資料編輯程式中選擇資料視圖，如圖 8.1 輸入受試者 ID 的號碼與各科的考試分數。變數 subject1～subject5 全部是數值型，分別表示國語、社會、數學、理科、英語的分數。在圖 8.2 的變數視圖中指定好變數類型，並輸入變數標記爲宜。

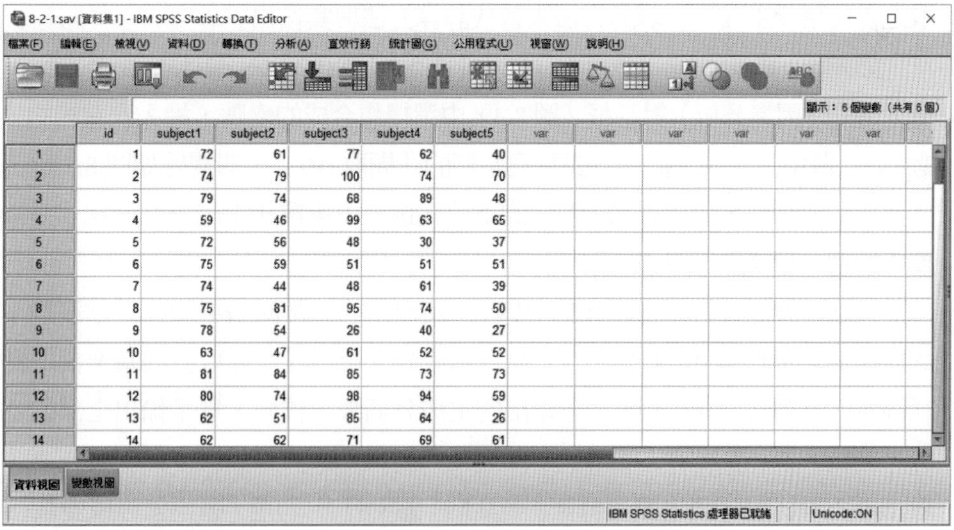

	id	subject1	subject2	subject3	subject4	subject5	var	var	var	var	var	var
1	1	72	61	77	62	40						
2	2	74	79	100	74	70						
3	3	79	74	68	89	48						
4	4	59	46	99	63	65						
5	5	72	56	48	30	37						
6	6	75	59	51	51	51						
7	7	74	44	48	61	39						
8	8	75	81	95	74	50						
9	9	78	54	26	40	27						
10	10	63	47	61	52	52						
11	11	81	84	85	73	73						
12	12	80	74	98	94	59						
13	13	62	51	85	64	26						
14	14	62	62	71	69	61						

圖 8.1 考試分數的輸入

圖 8.2　變數類型的指定與變數標記的輸入

⊃ 分析的步驟

　　SPSS 並無只進行主成分分析的獨立選項，而是在因素分析中的各種因素萃取之中使用「主成分」解的方法來替代計算方法與其輸出。

　　如圖 8.3 所示，按【分析 (A)】→【維度縮減 (D)】→【因素 (F)】進行，在所開啓的【因素分析】對話框（圖 8.4）中選擇想合成的變數，投入到右側的「變數 (V)」欄中。其次，按一下對話框右側的「擷取 (E)」，即開啓如圖 8.5 所示的「擷取」對話框，於「方法 (M)」的下拉式選單中選擇「主成分」。在「分析」欄中點選「相關性矩陣 (R)」。

　　因之，即變成針對標準化的分數 $\tilde{x}_i$（將原來的分數減去平均除以標準差，使之變換成爲平均爲 0，變異數 1）進行主成分分析，在「擷取」的基準欄中點選「固定因素數目 (N)」，輸入想輸出的主成分個數。首先，爲了輸出全部的主成分，先輸入 5，按一下「繼續」，即返回「因素分析」對話框，此次按一下「分數 (S)」，顯示出「產生因素分數」對話框（圖8.6）。勾選「因素儲存成變數 (S)」及「顯示因素分數係數矩陣 (D)」後按「繼續」。最後在「因素分析」對話框中按「確定」。

圖 8.3　主成分分析的步驟

圖 8.4　變數的選擇

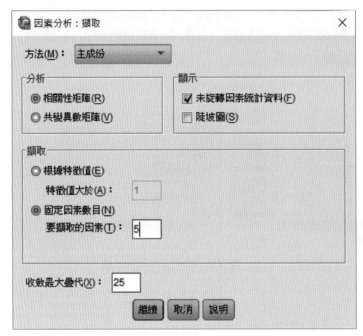

圖 8.5　主成分分析的設定

圖 8.6　係數的顯示

⊃ 結果

　　從第 1 主成分到第 5 主成分的各主成分設爲 $f^{(k)}(k = 1, 2, \cdots, 5)$ 時，有關各特徵值（主成分分數的變異數）$\lambda^{(k)}$ 的結果，顯示於表 8.1 的「解說總變異量」的「初始特徵值」欄中，首先「總和」欄中顯示有特徵值，而其右方旁邊的「變異數的 %」欄中的數值稱爲貢獻率，各主成分的特徵值對特徵值的總和來說占多少百分比之比率。變異數（特徵值）愈大的主成分，學力特性的辨識力愈高，如被解釋爲能說明資料具有較多的資訊時，此即表示對資料的說明有多少貢獻。如著眼第 1 主成分時，特徵值是 3.178，特徵值的總和是 5，貢獻值是 63.564%，「累積%」欄的數值，是將貢獻率從第 1 主成分依序加到第 5 主成分的累積比率，稱爲累積貢獻率（Cumulative proportion）。爲了將資料縮減及歸納，只採用少數的主成分，省略其他的主成分，通常大多採用的特徵值在 1 以上或累積貢獻率超過 80% 爲止的主成分。以本例來說，採特徵值在 1 以上的基準時，是至第 1 主成分爲止，採累積貢獻率超過 80% 的基準時，是至第 3 主成分爲止。

　　關於比重係數的結果顯示於表 8.2 的「成分矩陣」或表 8.3 的「主成分分數係數矩陣」。但是，「成分矩陣」是顯示對應第 k 主成分的比重係數 $w_i^{(k)}$ 乘上特徵值 $\lambda^{(k)}$ 的平方根之值 $l_i^k = \sqrt{\lambda^{(k)}} \times w_i^{(k)}$，「主成分分數係數矩陣」是顯示比重係數除以特徵值的平方根之值 $m_i^{(k)} = w_i^{(k)} / \sqrt{\lambda^{(k)}}$，因之需要注意。對應「成分矩陣」的各主成分之值除以它的特徵值即爲「主成分分數係數矩陣」之值，$l_i^{(k)}$ 是沿用因子分析中的名稱，稱爲因子負荷量的也有，其平方和顯示於「解說總變異量」（表 8.1）的「轉軸平方和負荷量」的「總和」欄中。

　　將「成分矩陣」的第 1 行到第 5 行，分別除以對應的第 1 主成分到第 5 主成分的特徵值的平方根之後的比重係數 $w_i^{(k)}$ 表示於表 8.4 中。使用此比重係數時，第 1 主成分即可利用標準分數 $\tilde{x}_i$，如下顯示：

第 1 主成分 $f^{(1)} = 0.405 \times$（國語 $\tilde{x}_1$）+ 0.460（社會 $\tilde{x}_2$）+ 0.440（數學 $\tilde{x}_3$）+
$$0.464（理科 \tilde{x}_4）+ 0.464（英語 \tilde{x}_5）$$

此比重係數的平方和

$$(0.405)^2 + (0.460)^2 + (0.440)^2 + (0.464)^2 + (0.464)^2 = 0.999817 \rightarrow 1$$

表 8.1　有關主成分的特徵值及係數的平方和之結果

成份	解說總變異量					
	初始特徵值			平方和負荷量萃取		
	總和	變異數的 %	累積 %	總和	變異數的 %	累積 %
1	3.178	63.564	63.564	3.178	63.564	63.564
2	.658	13.158	76.722	.658	13.158	76.722
3	.490	9.796	86.518	.490	9.796	86.518
4	.377	7.544	94.061	.377	7.544	94.061
5	.297	5.939	100.000	.297	5.939	100.000

擷取法：主成分分析。

表 8.2　當作成分矩陣所表示的比重係數 $l_i^{(k)}$

成分矩陣 [a]					
	成分				
	1	2	3	4	5
國語	.723	.540	.419	.055	−.087
社會	.821	.262	−.323	−.251	.300
數學	.784	−.444	.282	.180	.277
理科	.827	−.318	.045	−.357	−.293
英語	.827	.007	−.358	.388	−.191

擷取法：主成分分析。

a. 擷取了 5 個成分。

表 8.3　當作主成分分數係數矩陣所表示的比重係數 $m_i^{(k)}$

成分分數係數矩陣					
	成分				
	1	2	3	4	5
國語	.227	.821	.856	.145	−.294
社會	.258	.398	−.660	−.666	1.011
數學	.247	−.675	.576	.477	.934
理科	.260	−.483	.091	−.948	−.986
英語	.260	.010	−.730	1.030	−.645

擷取法：主成分分析。

表 8.4　比重係數 $w_i^{(k)}$

	第 1 主成分	第 2 主成分	第 3 主成分	第 4 主成分	第 5 主成分
國語	0.405	0.666	0.599	0.089	−0.160
社會	0.460	0.323	−0.462	−0.409	0.551
數學	0.440	−0.547	0.403	0.293	0.509
理科	0.464	−0.392	0.064	−0.582	−0.537
英語	0.464	0.008	−0.511	0.632	−0.351

因為省略小數點以下的部分，如果忽略所發生的計算的誤差值，的確成為 1。第 2 主成分也是一樣。並且，成分矩陣的各列之值的平方和，亦即某科目 i 的係數的平方和也成為 1。

$$\{l_i^{(1)}\}^2 + \{l_i^{(2)}\}^2 + \cdots \{l_i^{(3)}\}^2 = 1 \tag{8.3}$$

這表示科目 i 的分數 $\tilde{x}_i$ 的變異數之值。此處變異數被標準化，變異數成為 1。

圖 8.6 的「產生因素分數」，勾選「因素儲存成變數」時，資料編輯程式視窗中即追加新的變數，如圖 8.7 輸出主成分分數的資料。此處，fac 1_1～fac 2_1，…fac 5_1 分別對應第 1，第 2，…第 5 主成分，但這些是已標準化的主成分分數 $\tilde{f}^{(k)}$（將原來的主成分分數 $f^{(k)}$ 減去平均除以標準差，變換成平均 0，變異數 1），這是需要注意的。此標準化的主成分分數與各科目的標準分數之關係，可以使用表 8.3 的「主成分分數係數矩陣」之值表示。就第 1 主成分來表示：

$$第 1 主成分 \tilde{f}^{(1)} = 0.227 \times (國語 \tilde{x}_1) + 0.258 \times (社會 \tilde{x}_2) + 0.247 \times (數學 \tilde{x}_3) + 0.260 (理科 \tilde{x}_4) + 0.260 \times (英語 \tilde{x}_5)$$

第 2 主成分以下也可以同樣表示。今以受試者 ID 屬於第 1 號的學生為例時，此學生的國語、社會、數學、理科、英語的標準分數分別為 0.399，−0.276，0.549，0.165，−0.942。將這些值代入上式計算主成分分數時，即為

$$0.227 \times (0.399) + 0.258 \times (−0.276) + 0.247 \times (0.549) + 0.260 \times (0.165) + 0.260 \times (−0.942) = −0.047052$$

因為省略小數點以下的部分，如果忽略發生的計算上誤差值時，可以確認與所輸出的主成分分數得出相同的結果。

	id	subject1	subject2	subject3	subject4	subject5	FAC1_1	FAC2_1	FAC3_1	FAC4_1	FAC5_1	var	var
1	1.00	72.00	61.00	77.00	62.00	40.00	-.0472	-.24270	1.54231	-.6225	.56104		
2	2.00	74.00	79.00	100.00	74.00	70.00	1.2081	-.43824	.02593	-.0419	1.0431		
3	3.00	79.00	74.00	68.00	89.00	48.00	.78405	.11936	.91625	-2.402	-.6601		
4	4.00	59.00	46.00	99.00	63.00	65.00	.00170	-2.1378	.93405	1.8645	-.5685		
5	5.00	72.00	56.00	48.00	30.00	37.00	-.9451	1.22246	1.13012	.67023	1.0203		
6	6.00	75.00	59.00	51.00	51.00	51.00	-.2814	.86406	.75968	.28550	-.3885		
7	7.00	74.00	44.00	48.00	61.00	39.00	-.6735	.10950	1.98625	-.2106	-1.829		
8	8.00	75.00	81.00	95.00	74.00	50.00	.92335	-.19229	.70833	-1.407	1.7424		
9	9.00	78.00	54.00	26.00	40.00	27.00	-1.090	1.82711	1.61975	-.6832	-.2616		
10	10.00	63.00	47.00	61.00	52.00	52.00	-.6217	-.57411	.79239	.99030	-.8394		
11	11.00	81.00	84.00	85.00	73.00	73.00	1.3250	.58625	-.23936	-.2786	.70513		
12	12.00	80.00	74.00	98.00	94.00	59.00	1.3225	-.72316	1.21184	-1.465	-.2961		
13	13.00	62.00	51.00	85.00	64.00	26.00	-.5371	-1.4733	2.18674	-.9764	.65373		
14	14.00	62.00	62.00	71.00	69.00	61.00	.15674	-.87176	-.14705	-.0419	-.3089		
15	15.00	58.00	59.00	84.00	65.00	51.00	-.0621	-1.4554	.43161	-.0584	.39245		
16	16.00	64.00	69.00	15.00	46.00	31.00	-.9759	1.54419	-.49497	-1.945	.41661		
17	17.00	71.00	72.00	21.00	67.00	53.00	-.0945	1.36754	-.86716	-1.760	-1.271		
18	18.00	64.00	68.00	7.00	33.00	67.00	-.7301	2.09703	-2.1863	.78116	-.5462		
19	19.00	71.00	56.00	48.00	36.00	62.00	-.5022	1.00856	.05259	1.8051	-.2139		
20	20.00	95.00	95.00	93.00	74.00	85.00	2.0722	1.60682	-.22000	.07871	1.0807		
21	21.00	73.00	60.00	94.00	67.00	63.00	.52578	-.77469	1.10458	.83618	-.0638		
22	22.00	77.00	73.00	51.00	34.00	63.00	-.0248	1.91978	-.44930	1.1701	1.2332		
23	23.00	65.00	57.00	48.00	45.00	49.00	-.6468	.40407	.18920	.43319	-.0218		
24	24.00	60.00	67.00	79.00	42.00	32.00	-.5288	-.31836	.69636	-.4380	2.8188		
25	25.00	82.00	72.00	96.00	76.00	70.00	1.1935	-.10774	.85585	.24753	.02832		
26	26.00	40.00	47.00	13.00	30.00	29.00	-2.148	-.20631	-.94931	-.3101	.05171		
27	27.00	69.00	58.00	66.00	53.00	32.00	-.5194	-.00396	1.54853	-.6787	.78898		
28	28.00	52.00	61.00	49.00	64.00	50.00	-.4859	-.84117	-.81002	-.8788	-.4640		
29	29.00	85.00	64.00	24.00	33.00	63.00	-.3431	2.86219	-.03480	1.3100	-.6001		

資料檢視 / 變數檢視 /　　　　　　　　　　　　　　　　　　　　SPSS 處理器 已就緒

圖 8.7　主成分分數的輸出

⊃ 結果的圖形顯示與解釋

觀察表 8.2 的「成分矩陣」時，第 1 主成分的係數全部為正數，大小也接近 0.8，幾乎相同。因此，第 1 主成分分數是將各科目幾乎均等地相加，整體而言，表現考試非常好或不太好的總分之意義甚強。像這樣，第 1 主成分大多是表現綜合全體的量性意義，具有此種性質的因子稱為「大小」的因子（size factor）。以目前的情形來說，所謂學力的「大小」，是意指綜合學歷的高低程度，其次，觀察第 2 主成分的係數時，國語與社會的係數是正值，數學與理科的係數是負值。因此，國語與社會分數高的人，第 2 主成分即低。英語的係數幾乎是接近 0 值，如將此解釋為不偏文科與理科任一方具有中間意義的科目時，第 2 主成分分數可以解釋為區分文科與理科的尺度。像這樣，第 2 主成分以下出現質性意義居多。第 3 主成分以下也要一面觀察係數之值一面進行解釋，貢獻率小，資料具有的資訊的說明力即小，所以大多不易有明確的解釋。

　　像圖 8.8 將第 1 主成分取成橫軸，第 2 主成分取成縱軸，將各個「成分矩陣」的值描點，即容易掌握各科的特徵與相互的關係。點的距離遠的國語與數學可以認為具有相當不同的性質。並且，乍見被認為有關相同的語言能力的國語與英語的距離也是比較大的。這是英語的考試，主要是測量文法、字彙、閱讀等的學習力，相對地，國語的考試，被推測即使是與語感的敏銳度或解讀心情力等單純的語學力有所不同之要素也要測量不是也有影響嗎？其次，將各受試者的第 1 及第 2 主成分分數描點，即如圖 8.9 所示。可以看出第 1 主成分分數高的人，綜合的學力也高，第 2 主成分分數正的人是文科系，負的人是理科系。

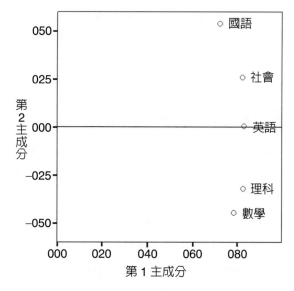

圖 8.8　科目的比重係數（$l_i^{(1)}, l_i^{(2)}$）的描點

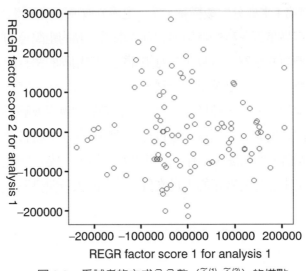

圖 8.9　受試者的主成分分數 $(\tilde{f}^{(1)}, \tilde{f}^{(2)})$ 的描點

二、基於相關矩陣的主成分分析 Q & A

Q1　僅管第 2 主成分的分數在正的方向大，但國語與社會的文科分數卻低，相反地，儘管第 2 主成分的分數在負的方向大，但數學與理化的理科分數卻低的人也有，為什麼呢？

A1　將第 2 主成分看成是表示有關文科或理科之能力高低的絕對性尺度是不行的。在比較某個人的文科能力與理科能力時，解釋成表示哪一方較高的相對性關係是較為自然的。在第 1 主成分中所表示的綜合學力高的人，該人縱使是文科系，比綜合學力低的理科系的人來說，數學與理化的分數高是有可能的，但相反的，即使是理科系，比學力低的文科系的人來說，國語與社會的分數高也是有可能的。

Q2　主成分分析是綜合數個變數製作合成變數，雖然是盡可能地以少數的變數來歸納資料，但其他有何種的利用法呢？

A2　主成分分析的利用法有許許多多，譬如進行複迴歸分析時也可利用。複迴歸分析是以數個說明變數說明目的變數之值的變動作為目的，但幾個說明變數之間有非常高的相關時，說明變數的共變異數矩陣的行列式是接近 0 值，此時，迴歸係數事實上無法計算，或者即使能計算也只能得出信度

低的值，此等事情有可能會發生。此種問題稱爲多重共線性或稱線性重合（ulticollinearity）的問題。多重共線性的處理法有幾種，其中之一是對所有的說明變數進行主成分分析，把所得到的主成分分數當作說明變數再用於迴歸分析中的情形也有。此種方法稱爲主成分迴歸（principal component regression）。另外，如 8.4 節所敘述的進行多變量偏離值的檢出時，也可以利用主成分分析。

8.3　基於共變異數矩陣的主成分分析

一、解析例

例 8.2

⊃ 資料

　　使用與前節相同的學科考試的分數資料。

⊃ 資料輸入的形式

　　與前節相同如圖 8.1 輸入受試者 ID 與各科目的分數。

⊃ 分析的步驟

　　與前節相同，如圖 8.3 按【分析 (A)】→【維度縮減 (D)】→【因素 (F)】進行，在【因素分析】對話框中將 5 科所有的分數當作變數來選擇。在圖 8.5 的「擷取」對話框中，於「方法 (M)」的下拉式選單中選擇「共變異數矩陣 (V)」。因之，即針對未標準化的原來分數 x_i 進行主成分分析。又，圖 8.6 的「產生因素分數」對話框的設定也與前節相同。

⊃ 結果

　　有關各主成分分析的特徵值之結果，如表 8.5 在「解說總變異量」的原始資料的「初始特徵值」欄中顯示。與選擇「相關矩陣」之情形一樣，「總和」、「變異數的 %」、「累積 %」分別表示特徵值、貢獻率、累積貢獻率。

　　有關比重係數的結果顯示於表 8.6 的「成分矩陣」的「原始資料」欄或表 8.7

的「主成分分數係數矩陣」中，「成分矩陣」顯示有對應第 k 個主成分的比重係數 $w_i^{(k)}$ 乘上特徵值 $\lambda_i^{(k)}$ 的平方根之後的值 $l_i^{(k)} = \sqrt{\lambda^{(k)}} w_i^{(k)}$，「主成分分數係數矩陣」顯示有比重係數乘上變數 x_i 的標準差 s_i（參照表 8.9）再除以特徵值的平方根之後的值 $m_i^{(k)} = s_i w_i^{(k)} / \sqrt{\lambda^{(k)}}$。「成分矩陣」的「重新量尺化」欄中之值是將「原始資料」欄之值除以各變數的標準差後之值 $l_i^{(k)}/s_i$。並且，$l_i^{(k)}$ 及 $l_i^{(k)}/s_i$ 的各個平方和顯示於「解說總變異量」（表 8.5）的「平方和負荷量萃取」的「總和」欄中。從「成分矩陣」之值所計算的比重係數 $w_i^{(k)}$ 如表 8.8 所示。使用此比重係數時，第 1 主成分可利用變數 x_i 如下表示：

第 1 主成分 $f^{(1)} = 0.231 \times$（國語 x_1）$+ 0.253 \times$（社會 x_2）$+ 0.726 \times$（數學 x_3）$+$
$\qquad 0.435 \times$（理科 x_4）$+ 0.407$（英語 x_5）

此比重係數的平方和即為

$$(0.231)^2 + (0.253)^2 + (0.726)^2 + (0.435)^2 + (0.407)^2 = 0.99932 \to 1$$

省略了小數點以下，因之如忽略所出現的計算之誤差時，可以看成是 1。第 2 主成分以下也是一樣。並且「成分矩陣」的「原始資料」欄中的各列之值的平方和，亦即某科目 i 的係數的平方和，與該科目的分數 x_i 的變異數之值一致。「成分矩陣」的「重新量尺化」欄之值，因為是「原始資料」欄的各個數值除以各科的標準差，所以各列之值的平方和即為 1。

如圖 8.10 資料編輯程式中輸出有已標準化的主成分分數 $\tilde{f}^{(k)}$。此標準化的主成分分數，使用各科的標準分數與「主成分分數係數矩陣」之值可以表示成

第 1 主成分 $\tilde{f}^{(1)} = 0.090 \times$（國語 $\tilde{x}_1$）$+ 0.093 \times$（社會 $\tilde{x}_2$）$+ 0.571 \times$（數學 $\tilde{x}_3$）$+$
$\qquad 0.230 \times$（理科 $\tilde{x}_4$）$+ 0.214 \times$（英語 $\tilde{x}_5$）

舉例來說，如受試者 ID 為第 1 號的學生將各科標準分數帶入上式時，即為

$0.090 \times (0.399) + 0.093 \times (-0.276) + 0.571 \times (0.549) + 0.230 \times (0.165) + 0.214 \times$
$(-0.942) = 0.160083$

　　省略小數點以下，因之如忽略計算上的誤差時，可以確認與所輸出的主成分分數有相同的結果。

表 8.5　有關主成分的特徵值及係數的平方和之結果

解說總變異量						
		初始特徵值 [a]			平方和負荷量萃取		
成分		總和	變異數的 %	累積 %	總和	變異數的 %	累積 %
原始	1	1105.090	68.483	68.483	1105.090	68.483	68.483
	2	221.966	13.755	82.238	221.966	13.755	82.238
	3	121.659	7.539	89.777	121.659	7.539	89.777
	4	107.114	6.638	96.415	107.114	6.638	96.415
	5	57.850	3.585	100.000	57.850	3.585	100.000
重新量尺化	1	1105.090	68.483	68.483	2.956	59.112	59.112
	2	221.966	13.755	82.238	.733	14.667	73.778
	3	121.659	7.539	89.777	.389	7.780	81.559
	4	107.114	6.638	96.415	.563	11.268	92.827
	5	57.850	3.585	100.00	.359	7.173	100.000

擷取法：主成分分析。

a. 分析共變數矩陣時，原始和重新計算的解擁有相同的初始特徵值。

表 8.6　以成分矩陣所表示的比重係數

成分矩陣 [a]										
	原始					重新量尺化				
	成分					成分				
	1	2	3	4	5	1	2	3	4	5
國語	7.685	4.856	−1.218	8.627	−2.776	.596	.377	−.094	.669	−.215
社會	8.405	5.724	.175	1.695	6.637	.685	.467	.014	.138	.541
數學	24.146	−9.626	−2.406	.540	.519	.925	−.369	−.092	.021	.020
理科	14.468	2.533	9.373	−1.620	−1.423	.824	.144	.534	−.092	−.081
英語	13.529	8.157	−5.148	−5.186	−1.950	.772	.466	−.294	−.296	−.111

擷取法：主成分分析。

a. 擷取了 5 個成分。

表 8.7　以主成分分數係數矩陣所表示的比重係數

成分分數係數矩陣 [a]					
	成分				
	1	2	3	4	5
國語	.090	.282	–.129	1.039	–.619
社會	.093	.316	.018	.194	1.407
數學	.571	–1.133	–.516	.132	.234
理科	.230	.200	1.353	–.265	–.432
英語	.214	.644	–.741	–.848	–.591

擷取方法：主成分分析。

a. 係數已標準化。

表 8.8　比重係數

	第 1 主成分	第 2 主成分	第 3 主成分	第 4 主成分	第 5 主成分
國語	0.231	0.326	–0.110	0.834	–0.365
社會	0.253	0.384	0.016	0.164	0.873
數學	0.726	–0.646	–0.218	0.052	0.068
理科	0.435	0.170	0.850	–0.157	–0.187
英語	0.407	0.547	–0.467	–0.501	–0.256

	id	國語	社會	數學	理科	英語	FAC1_1	FAC2_1	FAC3_1	FAC4_1	FAC5_1	var
1	1.00	72.00	61.00	77.00	62.00	40.00	.15968	-1.1699	.58109	1.18733	-.02110	
2	2.00	74.00	79.00	100.00	74.00	70.00	1.33741	-.42003	-.21260	.11545	.84757	
3	3.00	79.00	74.00	68.00	89.00	48.00	.56201	.31093	2.44942	1.11593	.11985	
4	4.00	59.00	46.00	99.00	63.00	65.00	.75504	-1.8651	-.72611	-1.2117	-1.7883	
5	5.00	72.00	56.00	48.00	30.00	37.00	-.96768	-.51666	-1.1912	1.59110	.03344	
6	6.00	75.00	59.00	51.00	51.00	51.00	-.41212	.25039	-.25068	.90001	-.72798	
7	7.00	74.00	44.00	48.00	61.00	39.00	-.61469	-.35506	1.07525	.99666	-2.2691	
8	8.00	75.00	81.00	95.00	74.00	50.00	1.00548	-.86470	.72538	1.17070	1.65849	
9	9.00	78.00	54.00	26.00	40.00	27.00	-1.41337	.26377	.37439	2.26469	-.59003	
10	10.00	63.00	47.00	61.00	52.00	52.00	-.34300	-.70713	-.31080	-.26957	-1.4974	
11	11.00	81.00	84.00	85.00	73.00	73.00	1.12000	.61142	-.18288	.55265	.87419	
12	12.00	80.00	74.00	98.00	94.00	59.00	1.42459	-.50693	1.76602	.73960	-.15295	
13	13.00	62.00	51.00	85.00	64.00	26.00	.04367	-2.4852	1.25510	.91149	-.19386	
14	14.00	62.00	62.00	71.00	69.00	61.00	.31538	-.25110	.45206	-.75506	-.36049	
15	15.00	58.00	59.00	84.00	65.00	51.00	.37400	-1.3929	.34568	-.51455	.03942	
16	16.00	64.00	69.00	15.00	46.00	31.00	-1.50946	1.03682	1.04670	1.03464	1.42155	
17	17.00	71.00	72.00	21.00	67.00	53.00	-.76260	2.05527	1.54939	.29354	.22536	
18	18.00	64.00	68.00	7.00	33.00	67.00	-1.42135	2.53255	-1.3214	-.56781	.34108	
19	19.00	71.00	56.00	48.00	36.00	62.00	-.59002	.44865	-1.7768	.20951	-.90903	
20	20.00	95.00	95.00	93.00	74.00	85.00	1.63582	1.30684	-.89610	1.29864	1.10686	
21	21.00	73.00	60.00	94.00	67.00	63.00	.87751	-1.0088	-.35445	.14867	-.92978	
22	22.00	77.00	73.00	51.00	34.00	63.00	-.36740	.90215	-2.0681	.95880	.79569	
23	23.00	65.00	57.00	48.00	45.00	49.00	-.66546	-.03184	-.47176	.23534	-.28944	
24	24.00	60.00	67.00	79.00	42.00	32.00	-.19422	-1.8867	-.53208	1.01559	2.02266	
25	25.00	82.00	72.00	96.00	76.00	70.00	1.27859	-.22922	-.06960	.59860	-.42445	
26	26.00	40.00	47.00	13.00	30.00	29.00	-2.12134	-.22498	.14676	-.91795	.49242	
27	27.00	69.00	58.00	66.00	53.00	32.00	-.34012	-1.2326	.46939	1.36615	.17114	
28	28.00	52.00	61.00	49.00	64.00	50.00	-.44259	-.00288	1.06595	-1.0791	.30123	
29	29.00	85.00	64.00	24.00	33.00	63.00	-.98326	2.00460	-1.7043	1.33968	-.83824	

資料檢視　變數檢視

圖 8.10　主成分分數的輸出

⊃ 結果的圖形顯示與解釋

　　如觀察表 8.6 的「成分矩陣」時，第 1 主成分之係數皆為正。因此，即使基於「共變異數矩陣」，第 1 主成分分數可以看成是表示整體的考試成績之類的綜合分數。但係數之值的變異數大，因之各科分數對綜合分數的影響程度是不同的。對於第 2 主成分的係數來說，只有數學在負的方向有較大之值為其特徵。於橫軸取第 1 主成分，於縱軸取第 2 主成分，將這些係數描點時即如圖 8.11 所示，得知數學與其他以外的科目是明顯分離的。但是，對第 2 主成分而言，如想到理化的值為正，或像英語與社會被要求知識的科目之值是正的較大，需要計算或邏輯思考的數學之值是負的較大時，第 2 主成分是不易想出單純地在區分文科與理科。分析結果只要看不出顯著的特徵，因子的解釋就要慎重進行，如果直接進行解釋時，第 2 主成分解釋為將知識型分割在正的方向，計算或邏輯型分割在負的方向的尺度，或具體的知識分割在正的方向，抽象的思考分割在負的方向的尺度，想來是適當的。並且，將受試者的第 1 及第 2 主成分分數描點即如圖 8.12 所示，可以看成是依照圖中的位置區分學力的類型。

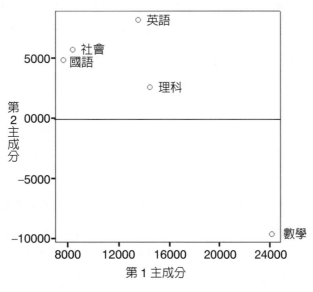

圖 8.11　科目的比重係數 $(l_i^{(1)}, l_i^{(2)})$

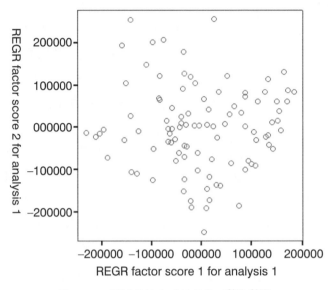

圖 8.12　受試者的主成分分數 $(\widetilde{f}^{(1)}, \widetilde{f}^{(2)})$

二、相關矩陣的方法與共變異數矩陣方法的比較

　　如 8.1 節所述，主成分分析受到變數間的相關程度或變數的變異數大小所影響。基於「相關矩陣」的方法與基於「共變異數矩陣」的方法，因資訊處理的方式不同，會得出不同的結果。此處，一面觀察相關或變異數的特徵，一面比較兩者的結果。

　　表 8.9 是各科分數的基本統計量，表 8.10 是將各科的分數間的相關係數與共變數分別顯示於右上的非對角部分與左下的非對角部分。首先，如著眼於各科目的變異數時，可知數學的變異數最大，理科與英語的變異數幾乎相同，國語與社會的變異數幾乎相同。其次，就科目的相關來觀察時，數學與理科的相關係數最大，其次是社會與英語的相關係數也很大。表 8.11 是將成分矩陣的第 1 主成分與第 2 主成分之值，分成基於「相關矩陣」與基於「共變異數矩陣」的情形來表示。但是，為了以相同的基準比較相關矩陣的情形與共變異數矩陣之情形，對共變異數矩陣之值顯示出重新量尺化後的結果。觀察第 1 主成分時，相關矩陣的各值，集中在 0.8 的附近，而共變異數矩陣時，數學之值最大，其次，理科與英語之值也大，接著才是社會與國語之值。此與先前所見到的變異數中的特徵是相同

的，且對第 2 主成分來說，相關矩陣的各科目的值雖有變異，而共變異數矩陣時，變異數最大的數學之值卻偏向負的一方。像這樣，共變異數矩陣的結果，與相關矩陣之情形不同，原先的變數的變異數大小是有強烈的影響。對第 3 主成分以下，相關矩陣與共變異數矩陣的情形雖得出不同的結果，但此處省略。並且，表 8.12 雖然也對相關矩陣與共變異數矩陣之情形表示各主成分的貢獻率，但強烈受到變異數影響的共變異數矩陣，與相關矩陣的情形相比，可知第 1 主成分及第 2 主成分的貢獻率變大，相反地，第 3 主成分以後的貢獻率卻變小。

　　數據的單位系不一致時，使用相關係數矩陣，另一方面，數據的單位系一致時，雖然也能使用相關係數矩陣，但最好使用共變異數矩陣。

表 8.9　各科目分數的基本統計量

敘述統計				
	個數	平均數	標準差	變異數
國語	100	66.8600	12.89430	166.263
社會	100	64.3800	12.26210	150.359
數學	100	62.6500	26.11605	682.048
理科	100	59.1000	17.55712	308.253
英語	100	56.4900	17.51449	306.757
有效的 N（完全排除）	100			

表 8.10　各科目分數間的相關係數與共變異數

	國語	社會	數學	理科	英語
國語		0.559	0.430	0.451	0.489
社會	88.377		0.474	0.583	0.641
數學	144.961	151.781		0.656	0.561
理科	102.044	125.588	300.809		0.583
英語	110.524	137.761	256.719	179.324	

* 右下的非對角成分是表相關矩陣，左下的非對角成分是表共變異數

表 8.11　成分矩陣之值的比較

	第 1 主成分		第 2 主成分	
	相關矩陣	共變異數矩陣	相關矩陣	共變異數矩陣
國語	0.723	0.596	0.540	0.377
社會	0.821	0.685	0.262	0.467
數學	0.784	0.925	−0.444	−0.369
理科	0.827	0.824	−0.318	0.144
英語	0.827	0.772	0.007	0.466

* 共變異數矩陣之值是已重新量尺化者

表 8.12　貢獻率的比較

	第 1 主成分	第 2 主成分	第 3 主成分	第 4 主成分	第 5 主成分
相關矩陣	63.564	13.158	9.769	7.544	5.939
共變異數矩陣	68.483	13.755	7.539	6.638	3.585

三、基於共變異數矩陣 Q&A

Q　在學科考試的分析中，雖然第 1 主成分分數解釋成表示考試成績的綜合分數，但是與只是將各科的分數相加的單純合計之不同處是什麼呢？

A　為了簡單起見，基於未標準化的分數來考察看看。因此，將基於共變異數矩陣的第 1 主成分分數與合計分數相比較。第 1 主成分分數利用表 8.8 所示的第 1 主成分之比重係數 $w_i^{(1)}$ 可以表示為

第 1 主成分分數 = 0.231×（國語的分數）= 0.253×（社會的分數）+
0.726×（數學的分數）+ 0.435×（理科的分數）
+ 0.407×（英語的分數）

各科目的比重是不同的，而單純的合計分數可以看成是將所有科目的分數乘上相等的比重分數再相加而得，為了比較起見，合計分數的情形如使比重係數的平方和成為 1 時，

$$合計分數 = \frac{1}{\sqrt{5}} \times (國語的分數) + \frac{1}{\sqrt{5}} \times (社會的分數) + \frac{1}{\sqrt{5}} \times (數學的分數)$$

$$+ \frac{1}{\sqrt{5}} \times (理科的分數) + \frac{1}{\sqrt{5}} \times (英語的分數)$$

此時如計算第 1 主成分分數與合計分數的相關係數時，是 0.984 非常的高，從表示綜合的考試成績之尺度的意義來看，第 1 主成分與合計分數幾乎看不出差異。另一方面，第 1 主成分分數的變異數是 1104（計算時省略小數點以下部分，因之與表 8.5 之值有若干之不同）。合計分數的變異數是 962，第 1 主成分分數的變異數較大，可知是更容易識別受試者的尺度。因此，想增大變異數時，像總分那樣並非各科的配分均相同，把經由主成分分析所得到的比重係數分配給各科目是最適當的配分方式。

8.4　利用主成分分析檢出多變量偏離值

一、概要

在統計資料解析中，為了得出信度高的結果，先檢出偏離值（outlier）是很重要的。針對多數樣本所測量的數個變數的資料，亦即有多變量資料時，只是個別地觀察每一個變數，雖然不會成為偏離值，但綜合地觀察多變數時，得出甚大偏離全體之值的情形也有。此種值稱為多變量偏離值（multivariate outlier）。以 2 變量的情形為例，圖 8.13 是針對多數的人將所測量的血壓的上下之值以散佈圖表示。以圖中的箭頭所表示者，雖然血壓的上下之值分別包含在正常範圍，但以散佈圖來看時，卻處於相當偏離全體之位置，成為多變量偏離值。

變數的個數較多時，利用主成分分析就各樣本計算「槓桿比」（leverage）是有效的，槓桿比是把所有有關主成分的已標準化主成分分數的平方和除以樣本數來求出。今，變數的個數及樣本數分別設為 p，n 時，

$$槓桿比 = (把所有有關主成分的已標準化的主成分分數的平方和) \div (樣本數)$$

$$= \frac{\{\tilde{f}^{(1)}\}^2 + \{\tilde{f}^{(2)}\}^2 + \cdots \{\tilde{f}^{(p)}\}^2}{n} \tag{8.4}$$

但槓桿比只在樣本數比變數的個數多，亦即 $p < n$ 時才被定義。槓桿比的可能範圍是在 0 與 1 之間，其平均值是與變數的個數除以樣本數之值 p/n 相一致。就各樣本所計算的槓桿比值愈大，該樣本的測量值偏離全體的平均即愈大。槓桿比在多少以上時，該樣本的測量值即視為偏離，雖無明確的基準，但通常槓桿比在平均值的 2 倍以上，亦即 $2p/n$ 以上或 0.5 以上時，當作偏離值。

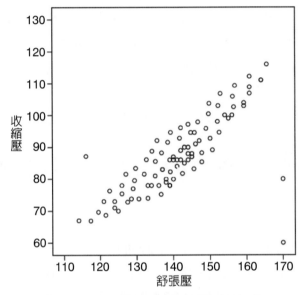

圖 8.13　多變量偏離值例（2 變量的情形）

二、解析例

例 8.3

⊃ 資料

針對 8.2 節所使用的學科考試的分數資料進行主成分分析，再計算槓桿比（leverage）。

從槓桿比檢出有關 5 科目分數的多變量偏離值。

◗ 資料輸入形式

與 8.2 節一樣如圖 8.1 輸入受試者 ID 與各科目的分數。

◗ 分析的步驟

依據 8.2 節所敘述的步驟，基於相關矩陣進行分析，如圖 8.7，將主成分分數（fac1_1，fac2_1，fac3_1，fac4_1，fac5_1）當作變數的計算選項。如圖 8.14 按【轉換(T)】→【計算變數(C)】，開啟「計算變數」的視窗，於「目標變數(T)」欄中輸入 "leverage"，在「數值表示式(E)」欄中如圖 8.15 所示，輸入槓桿比的計算式，最後按「確定」。

圖 8.14　變數的計算步驟

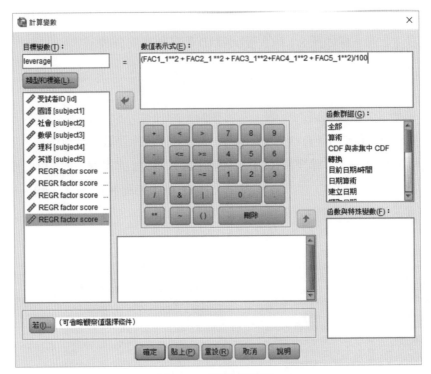

圖 8.15　計算式的輸入

● 結果

　　如圖 8.16 所示，於資料編輯程式中已備妥 leverage（槓桿比）此名稱的變數，並算出槓桿比，但此處，槓桿比之值的設定至小數點第 3 位為止。表 8.13 是依據槓桿比的遞升順序顯示槓桿比之值與各科目的分數，今如採用前述的 $2p/n$ 當作偏離值的基準，由於變數的個數 p 是 5，受試者 n 是 100，所以槓桿比之值在 0.100 以上者，即為多變量偏離值。

　　圖 8.17 是顯示槓桿比的次數分配，得知 0.100 以上之值是在全體中有較大的偏離。圖 8.18 是將被判定為偏離值的 6 位的各科目的分數表示成圖形，圖 8.19 是表示槓桿比最小的 6 位的各科目的分數。觀此圖時，槓桿比小的受試者並未因科目造成分數的變異，任一科目大致取得相同的分數，但被判定為偏離值的 6 位的分數，得知因科目而有甚大的變異。特別是槓桿比最大的 ID 即 85 的受試者，國語、社會、理科分別是 86、57、68，相對地，數學與英語最低是 26、37，可

以看出不管文科科目或理科科目，分數的變異數都很大。

	id	subject1	subject2	subject3	subject4	subject5	FAC1_1	FAC2_1	FAC3_1	FAC4_1	FAC5_1	leverage	var	var	var
1	1.00	72.00	61.00	77.00	62.00	40.00	-.0472	-.24270	1.54231	-.62248	.56104	.031			
2	2.00	74.00	79.00	100.00	74.00	70.00	1.2081	-.43824	.02593	-.04189	1.0431	.027			
3	3.00	79.00	74.00	68.00	89.00	48.00	.78405	.11936	.91625	-2.4016	-.6601	.077			
4	4.00	59.00	46.00	99.00	63.00	65.00	.00170	-2.1378	.93405	1.86453	-.5685	.092			
5	5.00	72.00	56.00	48.00	30.00	37.00	-.9451	1.22246	1.13012	.67023	1.0203	.052			
6	6.00	75.00	59.00	51.00	51.00	51.00	-.2814	.86406	.75968	.28550	-.3885	.016			
7	7.00	74.00	44.00	48.00	61.00	39.00	-.6735	.10950	1.98625	-.21056	-1.829	.078			
8	8.00	75.00	81.00	95.00	74.00	50.00	.92335	-.19229	.70833	-1.4067	1.7424	.064			
9	9.00	78.00	54.00	26.00	40.00	27.00	-1.090	1.82711	1.61975	-.68318	-.2616	.077			
10	10.00	63.00	47.00	61.00	52.00	52.00	-.6217	-.57411	.79239	.99030	-.8394	.030			
11	11.00	81.00	84.00	85.00	73.00	73.00	1.3250	.58625	-.23936	-.27858	.70513	.027			
12	12.00	80.00	74.00	98.00	94.00	59.00	1.3225	-.72316	1.21184	-1.4654	-.2961	.060			
13	13.00	62.00	51.00	85.00	64.00	26.00	-.5371	-1.4733	2.18674	-.97638	.65373	.086			
14	14.00	62.00	62.00	71.00	69.00	61.00	.15674	-.87176	-.14705	-.04189	-.5089	.011			
15	15.00	58.00	59.00	84.00	65.00	51.00	-.0621	-1.4554	.43161	-.05844	.39245	.025			
16	16.00	64.00	69.00	15.00	46.00	31.00	-.9759	1.54419	-.49497	-1.9455	.41661	.075			
17	17.00	71.00	72.00	21.00	67.00	53.00	-.0945	1.36754	-.86716	-1.7800	-1.271	.073			
18	18.00	64.00	68.00	7.00	33.00	67.00	-.7301	2.09703	-2.1863	.78116	-.5462	.106			
19	19.00	71.00	56.00	48.00	36.00	62.00	-.5022	1.00856	.05259	1.80514	-.2139	.046			
20	20.00	95.00	95.00	93.00	74.00	85.00	2.0722	1.60682	-.22000	.07871	1.0807	.081			
21	21.00	73.00	60.00	94.00	67.00	63.00	.52578	-.77469	1.10458	.83618	-.0638	.028			
22	22.00	77.00	73.00	51.00	34.00	63.00	-.0248	1.91978	-.44930	1.17014	1.2332	.068			
23	23.00	65.00	57.00	48.00	45.00	49.00	-.6468	.40407	.18920	.43319	-.0218	.008			
24	24.00	60.00	67.00	79.00	42.00	32.00	-.5288	-.31836	.69636	-.43796	2.8188	.090			
25	25.00	82.00	72.00	96.00	76.00	70.00	1.1935	-.10774	.85585	.24753	.02832	.022			
26	26.00	40.00	47.00	13.00	30.00	29.00	-2.148	-.20631	-.94931	-.31013	.05171	.057			
27	27.00	69.00	58.00	66.00	53.00	32.00	-.5194	-.00396	1.54853	-.67874	.78898	.038			
28	28.00	52.00	61.00	49.00	64.00	50.00	-.4859	-.84117	-.81002	-.87878	-.4640	.026			
29	29.00	85.00	64.00	24.00	33.00	63.00	-.3431	2.86219	-.03480	1.31004	-.6001	.104			

資料檢視　變數檢視

圖 8.16　槓桿比的計算結果

表 8.13　槓桿比較大的 10 位的槓桿比值與考試分數

	id	subject1	subject2	subject3	subject4	subject5	leverage	var	var	var	var	var	var
1	85	86.00	57.00	26.00	68.00	37.00	.132						
2	87	65.00	38.00	35.00	50.00	64.00	.126						
3	31	93.00	54.00	88.00	76.00	70.00	.120						
4	18	64.00	68.00	7.00	33.00	67.00	.106						
5	29	85.00	64.00	24.00	33.00	63.00	.104						
6	54	74.00	53.00	8.00	31.00	57.00	.101						
7	4	59.00	46.00	99.00	63.00	65.00	.092						
8	24	60.00	67.00	79.00	42.00	32.00	.090						
9	13	62.00	51.00	85.00	64.00	26.00	.086						
10	70	71.00	43.00	73.00	65.00	59.00	.084						
11	48	75.00	86.00	42.00	78.00	76.00	.083						
12	20	95.00	95.00	93.00	74.00	85.00	.081						
13	36	35.00	43.00	8.00	25.00	33.00	.078						
14	7	74.00	44.00	48.00	61.00	39.00	.078						
15	9	78.00	54.00	26.00	40.00	27.00	.077						
16	3	79.00	74.00	68.00	89.00	48.00	.077						
17	72	50.00	56.00	64.00	77.00	69.00	.076						
18	43	88.00	70.00	82.00	53.00	84.00	.076						
19	16	64.00	69.00	15.00	46.00	31.00	.075						
20	17	71.00	72.00	21.00	67.00	53.00	.073						
21	94	47.00	71.00	57.00	63.00	74.00	.073						
22	78	67.00	67.00	32.00	77.00	61.00	.072						
23	82	77.00	58.00	56.00	58.00	26.00	.072						
24	49	39.00	59.00	52.00	38.00	37.00	.071						
25	33	51.00	67.00	44.00	68.00	35.00	.071						
26	22	77.00	73.00	51.00	34.00	63.00	.068						
27	71	49.00	50.00	72.00	36.00	54.00	.067						
28	97	69.00	84.00	94.00	92.00	92.00	.065						
29	8	75.00	81.00	95.00	74.00	50.00	.064						

資料檢視　變數檢視

表 8.14　槓桿比較小的 10 位槓桿比值與考試分數

	id	subject1	subject2	subject3	subject4	subject5	leverage	var	var	var	var	var	var	var
1	23	65.00	57.00	48.00	45.00	49.00	.008							
2	81	56.00	55.00	57.00	53.00	48.00	.009							
3	14	62.00	62.00	71.00	69.00	61.00	.011							
4	95	66.00	72.00	66.00	56.00	58.00	.011							
5	61	55.00	62.00	50.00	49.00	44.00	.014							
6	96	62.00	59.00	64.00	66.00	46.00	.014							
7	59	74.00	71.00	91.00	78.00	67.00	.015							
8	64	59.00	63.00	54.00	45.00	59.00	.016							
9	6	75.00	59.00	51.00	51.00	51.00	.016							
10	89	61.00	63.00	61.00	66.00	68.00	.018							
11	41	70.00	77.00	77.00	78.00	66.00	.018							
12	30	68.00	61.00	47.00	39.00	50.00	.018							
13	45	52.00	56.00	53.00	49.00	55.00	.018							
14	65	60.00	65.00	47.00	58.00	41.00	.019							
15	25	82.00	72.00	96.00	76.00	70.00	.022							
16	32	75.00	71.00	42.00	59.00	57.00	.022							
17	90	74.00	80.00	84.00	71.00	63.00	.022							
18	15	58.00	59.00	84.00	65.00	51.00	.025							
19	55	58.00	53.00	72.00	49.00	56.00	.025							
20	63	73.00	78.00	98.00	72.00	76.00	.026							
21	28	52.00	61.00	49.00	64.00	50.00	.026							
22	40	75.00	73.00	98.00	71.00	59.00	.027							
23	11	81.00	84.00	85.00	73.00	73.00	.027							
24	88	69.00	72.00	77.00	52.00	71.00	.027							
25	2	74.00	79.00	100.0	74.00	70.00	.027							
26	21	73.00	60.00	94.00	67.00	63.00	.028							
27	84	83.00	81.00	75.00	78.00	66.00	.029							
28	53	68.00	72.00	88.00	56.00	58.00	.030							
29	51	63.00	64.00	45.00	62.00	70.00	.030							

資料檢視 ∖ 變數檢視 ∕

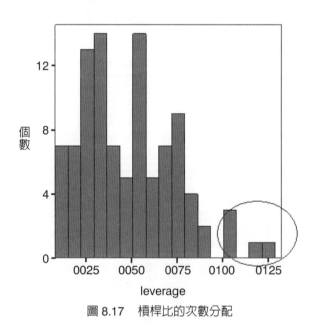

圖 8.17　槓桿比的次數分配

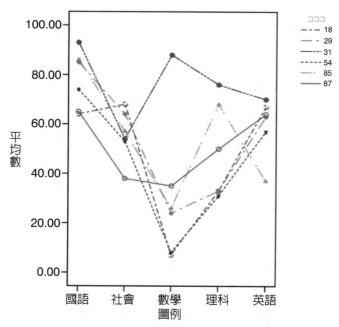

圖 8.18　槓桿比較大的 6 位的考試分數的變異

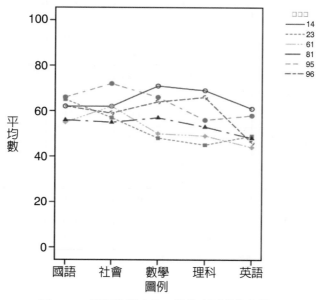

圖 8.19　槓桿比較小的 6 位的考試分數的變異

註：點選統計圖→線形圖→複線圖→各變數摘要，於線形圖顯示中輸入 5 個變數，類別軸輸
　　入 ID。

　　表 8.15 是將被判定為偏離值的 ID，分別是 85、87、31、18、29、54 等 6 位受試者的資料去除後，所顯示之各科目的分數間的相關係數。與使用表 8.10 所表示的所有受試者的分數所計算的相關係數相比，數學與理科的相關係數從 0.656 到 0.636 有若干的減少，而其他的相關係數都很大。且表 8.16 及表 8.17 是除去偏離值之後，基於相關矩陣進行主成分分析時所顯示的特徵值與成分矩陣。分別與表 8.1 及表 8.2 所顯示的基於所有受試者的資料之結果相比較時，除去偏離值後各變數間的相關整體來說有變高的結果，得知第 1 主成分的貢獻率變大，以及成分矩陣的第 1 主成分之值也變大。像這樣，除去偏離值後相關係數及基於它的主成分分析的結果會發生改變。

表 8.15　除去偏離值時各科目的分數間的相關係數

相關		國語	社會	數學	理科	英語
國語	Pearson 相關 顯著性（雙尾） 個數	1 94	.642** .000 94	.528** .000 94	.495** .000 94	.516** .000 94
社會	Pearson 相關 顯著性（雙尾） 個數	.642** .000 94	1 94	.490** .000 94	.619** .000 94	.682** .000 94
數學	Pearson 相關 顯著性（雙尾） 個數	.528** .000 94	.490** .000 94	1 94	.636** .000 94	.621** .000 94
理科	Pearson 相關 顯著性（雙尾） 個數	.495** .000 94	.619** .000 94	.636** .000 94	1 94	.635** .000 94
英語	Pearson 相關 顯著性（雙尾） 個數	.516** .000 94	.682** .000 94	.621** .000 94	.635** .000 94	1 94

**. 在顯著水準為 0.01 時（雙尾），相關顯著。

表 8.16　除去偏離值時的各科目的特徵值及貢獻率

成份	初始特徵值			平方和負荷量萃取		
	總和	變異數的 %	累積 %	總和	變異數的 %	累積 %
1	3.350	66.991	66.991	3.350	66.991	66.991
2	.586	11.725	78.717	.586	11.725	78.717
3	.472	9.438	88.155	.472	9.438	88.155
4	.359	7.186	95.341	.359	7.186	95.341
5	.233	4.659	100.000	.233	4.659	100.000

解說總變異量

萃取法：主成分分析。

表 8.17　除去偏離值時的成分矩陣之值

成分矩陣 [a]

	成分				
	1	2	3	4	5
國語	.771	.492	.365	.040	.169
社會	.842	.316	−.304	.027	−.313
數學	.798	−.386	.391	−.143	−.201
理科	.830	−.284	−.119	.449	.124
英語	.849	−.120	−.281	−.367	.225

萃取方法：主成分分析。

a. 萃取了 5 個成分。

　　最後以「共變異數矩陣」爲基準進行主成分分析，從所得出的主成分分數計算槓桿比，如圖 8.18 所示。基於「相關矩陣」使用由主成分分析所得出的主成分分數所求出的槓桿比，如圖 8.16 所示，如比較此兩圖形時，主成分分數之值是不同的，但對槓桿比來說，卻得出完全相同之值。像這樣，槓桿比是不會受到採用「相關矩陣」或是「共變異數矩陣」而有不同，是一普遍性的指標。

	id	subject1	subject2	subject3	subject4	subject5	FAC1_1	FAC2_1	FAC3_1	FAC4_1	FAC5_1	leverage	var	var	var
1	1	72	61	77	62	40	.15968	-1.1699	.58109	1.18733	-.0211	.03001			
2	2	74	79	100	74	70	1.33741	-.42003	-.21260	.11545	.84757	.02687			
3	3	79	74	68	89	48	.56201	.31093	2.44942	1.11593	.11985	.16368			
4	4	59	46	99	63	65	.75504	-1.8651	-.72611	-1.2117	-1.788	.08332			
5	5	72	56	48	30	37	-.96768	-.51666	-1.1912	1.59110	.03344	.02046			
6	6	75	59	51	51	51	-.41212	.25039	-.25068	.90001	-.7280	.01557			
7	7	74	44	48	61	39	-.61469	-.35506	1.07525	.99666	-2.269	.07889			
8	8	75	81	95	74	50	1.00548	-.86470	.72538	1.17070	1.6585	.06261			
9	9	78	54	26	40	27	-1.4134	.26377	.37439	2.26469	-.5900	.07597			
10	10	63	47	61	52	52	-.34300	-.70713	-.31080	-.26957	-1.497	.02903			
11	11	81	84	85	73	73	1.12000	.61142	-.18288	.55265	.87419	.02692			
12	12	80	74	98	94	59	1.42459	-.50693	1.76602	.73960	-.1529	.08365			
13	13	62	51	85	64	26	.04367	-2.4852	1.25510	.91149	-.1939	.09024			
14	14	62	62	71	69	61	.31538	-.25110	.45206	-.75506	-.3605	.00955			
15	15	58	59	84	65	51	.37400	-1.3929	.34568	-.51455	.03942	.02388			
16	16	64	69	15	46	31	-1.5095	1.03682	1.04670	1.03464	1.4215	.07592			
17	17	71	72	21	67	53	-.76260	2.05527	1.54939	.29354	.22536	.08662			
18	18	64	68	7	33	67	-1.4213	2.53255	-1.3214	-.56781	.34108	.06566			
19	19	71	56	48	36	62	-.59002	.44865	-1.7768	.20951	-.9090	-.0419			
20	20	95	95	93	74	85	1.63582	1.30684	-.89610	1.29864	1.1069	.06576			
21	21	73	60	94	67	63	.87751	-1.0088	-.35445	.14867	-.9298	.02630			
22	22	77	73	51	34	49	-.36740	.90215	-2.0681	.95880	.79569	-.0634			
23	23	65	57	48	45	49	-.66546	-.03184	-.47176	.23534	-.2894	.00478			
24	24	60	67	79	42	32	-.19422	-1.8867	-.53208	1.01559	2.0227	.08569			
25	25	82	72	96	76	70	1.27859	-.22922	-.06960	.59860	-.4244	.02225			
26	26	40	47	13	30	29	-2.1213	-.22498	.14676	-.91795	.49242	.05639			
27	27	69	58	66	53	32	-.34012	-1.2326	.46939	1.36615	.17114	.03634			
28	28	73	52	61	49	64	-.44259	-.00288	1.06595	-1.0791	.30123	.02662			

資料檢視 ╱ 變數檢視 ╱

三、利用主成分分析檢出多變量偏離值 Q&A

Q 請說明從共變異數矩陣得出主成分分數（平均 0 變異數 1）所計算的槓桿比與從相關矩陣得出主成分分數（平均 0 變異數 1）所計算槓桿比相等的理由。

A 此問題的說明有些複雜，有興趣的人士，可就以下的證明過程進行解說。

n 個樣本具有對應 p 個變數的測量值時，p 個測量值減去平均值之後的值當作各成分的 $n \times p$ 矩陣設為 X，以及分別以測量值的標準差除之後的標準分數當作成分的 $n \times p$ 矩陣設為 Z。此時，$X = (x_1, x_2, \cdots, x_p)$ 的行向量所建立的空間 $S(X)$ 與 $Z = (z_1, z_2, \cdots, z_p)$ 行向量所建立的空間 $S(Z)$ 是相同的，因之在各目的空間上所定義的直交射影矩陣 $P(X)$ 與 $P(Z)$ 也是相同的。

由此性質，將依據共變異數矩陣及相關矩陣時的主成分分數矩陣分別設為 F_X、F_Z 時，以此等行向量所建立的空間 $S(F_X)$，$S(F_Z)$ 是等於由 X 及 Z 的行向量所建立的空間 $S(X)$ 及 $S(Z)$。槓桿比是以 n 次方陣的直交射影矩陣的對角成分所表示，在主成分分數之間成立如下關係，

$$(1/n)(F_X)'F_X = (1/n)(F_Z)'F_Z = I_P \text{（單位矩陣）} \tag{8.5}$$

基於以 $(1/n)(F_X)'F_X$ 的對角元素所計算的共變異數矩陣的槓桿比，與基於以 $(1/n)(F_Z)'F_Z$ 的對角元素所計算的相關矩陣的槓桿比，可知是相等的。

附　錄

1. 關於特徵值問題

　　導出主成分有多種方法，而就其中之一的特徵值問題的解法來整理。今假定就多數的樣本分別得出有關 p 種變數 x_i（$i = 1, 2, \cdots, p$）的測量值，檢測以（8.1）式所表示的合成變數 f。主成分分析是在（8.2）式（如 8.1 節所述）的條件下使 f 的變異數最大來求比重係數之組的問題。如將 R 當作各變數的相關矩陣，以 W 當作以比重係數作為成分的向量，λ 當作常數時，此問題可歸結於求滿足稱為特徵方程式的 W 與 λ 之問題。

$$RW = \lambda W \tag{8.6}$$

　　此問題稱為有關矩陣 R 的特徵值問題，所得到的 λ、W 分別稱為特徵值、特徵向量。其解與變數的個數相同有 p 種，最大的特徵值稱為第 1 主成分的特徵值，亦即第 1 主成分分數的變異數，對該特徵值而言滿足特徵方程式的特徵向量的成分，即為第 1 主成分中的比重係數。接著第 2 大的特徵值與對應的特徵向量的成分，分別是第 2 主成分的特徵值與比重係數，第 3 個以下也是同樣。像這樣，求解由相關矩陣所表示的特徵方程式再求主成分的方法，是基於相關矩陣的主成分分析。變數 x_i 的相關矩陣 R，與標準化之變數 $\tilde{x}_i$ 的共變異數矩陣是相等的，所以上述的特徵值問題，也可以說是標準化之變數的共變異數矩陣的特徵值問題。並且，也可想成是未標準化之變數的共變異數矩陣的特徵值問題，求解此特徵值問題並求主成分的方法，即為基於共變異數矩陣之主成分分析。

　　p 個特徵值 $\lambda^{(1)}$, $\lambda^{(2)}$, $\cdots$, $\lambda^{(p)}$ 均為非負，對應這些特徵值的特徵向量分別設為 $w^{(1)}$, $w^{(2)}$, $\cdots$, $w^{(p)}$ 時，不同的特徵值所對應的特徵向量相互直交，亦即，特徵向量 $w^{(k)}$ 的成分設為 $w_1^{(k)}, w_2^{(k)}, \cdots, w_p^{(k)}$ 時，當 $j \neq k$ 時，關係如下：

$$\begin{aligned}
(w^{(j)},\ w^{(k)}) &= \sum_{i=}^{p} w_i^{(j)} w_j^{(k)} \\
&= w_1^{(j)} w_1^{(k)} + w_2^{(j)} w_2^{(k)} + \cdots w_p^{(j)} w_p^{(k)} \\
&= 0
\end{aligned} \tag{8.7}$$

譬如，

$$R = \begin{pmatrix} 1 & 0.5 \\ 0.5 & 1 \end{pmatrix}$$

此矩陣的特徵值及特徵向量分別為 $\lambda^{(1)} = 3/2$，$\lambda^{(2)} = 1/2$

$$w^{(1)} = \frac{1}{\sqrt{2}} \begin{pmatrix} 1 \\ 1 \end{pmatrix}，\; w^{(2)} = \frac{1}{\sqrt{2}} \begin{pmatrix} 1 \\ -1 \end{pmatrix}$$

顯然可知 $(w^{(1)}, w^{(2)}) = 0$。

第9章　因素分析

　　從顏色、形狀、食物的偏好、喜歡的歷史上人物到歌星、影星的喜好，人對各種對象的嗜好是多樣的。同樣地，像「什麼事均積極行動」、「縱使損及自己也不會疏忽友人的苦境」、「每日有規劃的運動」等，如仔細地觀察人的日常行動時，每個人的反應並非全然隨機發生，可以看出某種的規則。決定此種富有變化的人類行為之要因稱為因素（factor），如果是形狀的偏好時，「安定－不安定」、「單純－複雜」、「直線－曲線」即為因素，如果是規定人類行為的性格時，「內向性－外向性」、「情緒安定性－不安定性」、「自發性」、「共鳴性」等，即為因素。

9.1　因素分析的概要

　　本節解說因素分析的概要，另外，有關因素分析的模型會在附錄中解說。

一、概要

1. 何謂因素分析模型－觀測變數與潛在變數

　　以分析所處理的變數來說，像考試的分數、食品的攝取重量、東西的偏好程度等，可以直接測量或利用觀察知道值的變數，以及像個人的能力或嗜好、想法概念或特質之存在，即使明確但不能直接測量的變數。前者稱為觀測變數（observed variable），後者稱為潛在變數（latent variable）。因素分析是分析幾個觀測變數群的相關關係，求出比觀測變數的個數還少的潛在變數作為目的。像因素分析之情形，在潛在變數之中對數個觀測變數共同發生作用之要因稱為共同因素（common factor），對各個觀測變數個別發生作用之要因稱為獨自因素（unique factor）。對幾個變數進行因素分析，假定得出 2 個共同因素時，某觀測變數可以表示為：

$$\text{觀測變數} = a \times \text{「共同因素 1」} + b \times \text{「共同因素 2」} + \text{「獨自因素」} \qquad (9.1)$$

通常有二種假定：共同因素與獨自因素無相關，獨自因素間相互無相關。

假定「共同因素 1」與「共同因素 2」無相關的因素分析模型稱為直交模型（orthogonal model）；假定「共同因素 1」與「共同因素 2」有相關時的因素分析模型稱為斜交模型（oblique model）。

並且，a 是因素 1 而 b 是因素 2 對各個變數的影響強度（相關係數），稱為因素負荷量（factor loading）。直交解時，各個變數顯示有受到各因素的影響強度，將因素視為座標軸時，即相當於其上的座標，依其數值的大小，推測所得到的潛在因素具有何種的意義而成為有用的資訊源。

2. 共同性與獨自性

共同性（communality）是顯示各個變數被擷取的因素，可以說明到何種程度的一種指標。在直交解時，即為各變數所擷取的因素的負荷量的平方所相加者，比該變數的變異數（許多時候是 1）小。另一個比該變數的變異數小的部分，即相當於獨自性（uniqueness）。換言之，觀測變數的變異數之中，可以被共同因素說明的變異數的比率稱為共同性，無法被說明的（剩餘的）變異數的比率稱為獨自性。一般來說，與其他變數相關高的變數，共同性即高；與其他的變數只有非常低的相關之變數，共同性即低；因之，當用於因素分析的變數間的相關係數矩陣已知時，即可計算共同性的估計值。最常使用的共同性的估計值是各個變數與其他的所有變數的複相關係的平方所計算而得的 SMC（squared multiple correlation）。另外，共同性被估計為 1，意指獨自性即為 0，此時的因素分析在實質上即相當於進行主成分分析。

3. 因素的貢獻率

共同性是各個變數能被因素說明的比率，相對地，貢獻率（Proportion）是表示各因素可說明分析中所使用之變數到何種程度的一種值。貢獻率的計算方法有幾種方法，而直交解時，SPSS 是將各因素的因素負荷量的平方和除以變數的個數求出。

4. 因素的轉軸

將所得到的因素，利用以原點為中心進行轉軸，即可以接近於某個變數只以一個或少數個因素加以解釋的單純構造的狀態。愈接近單純構造狀態的因素，因

素的解釋就愈容易。此可分為所有的因素在直交的條件下進行的直交轉軸，以及因素之間有相關的斜交轉軸。關於因素的轉軸容於第 9.3 節介紹，單純構造容於本章的 Q&A 詳述。

5. 因素分數

分析中所使用的變數與所得到的因素之關係強度，依變數而有不同。因此，考慮變數與因素的關聯程度後可以製作新的變數，此即為因素分數（factor score）。關於因素分數容於第 9.4 節詳述。

二、解析例

➲ 資料

將進食的行為以飲食的水準來想時，存在有我們的飲食文化所培養起來的一定模型。例如飯搭配味噌湯是典型的日本早餐，但麵包搭配味噌湯的組合就有點異樣。相反的，麵包搭配牛奶或乳酪等乳產品是可行的組合，但飯搭配乳產品就是奇怪的組合。像這樣，對某食物而言，有常配套攝取的食品，以及甚少一起配套攝取的食品。再將食品群組化後的食品群之間，潛藏著來自於文化或傳統的某種要因。

以下的資料是從 1980 年代於日本各地調查食物攝取狀況的結果，考慮到性別、年齡之後再摘錄一部分。此處所使用的年齡是調查的年齡，並非目前的年齡。調查是平常連續 3 日間的平均值當作 1 日份的資料。分析上是將所攝取的食品群組化，想成 14 個食品群來使用。將 SPSS 的結果表示於表 9.1（為了使輸出的位數一致，將一部分加以修正）。

➲ 資料輸入形式

與其他的資料一樣，輸入在 SPSS 資料編輯程式中，如表 9.2 所示。性別當作整數（男性：1，女性：2），年齡是將 30 年歲當作 1，40 年歲當作 2，50 年歲當作 3，60 年歲當作 4 予與編碼化。食品群別的攝取量是以克為單位，因之將所測量的值照樣輸入即可。使用所輸入的資料求出的相關係數如表 9.3 所示。

表 9.1 14 種食品的敘述統計量

敘述統計					
	個數	最小值	最大值	平均數	標準差
米	300	0	698.0	280.20	137.712
麵包	300	0	267.0	6.95	22.329
麵其他	300	0	357.0	38.78	49.402
馬鈴薯	300	0	358.0	50.96	57.964
點心	300	0	192.0	31.68	35.907
油脂	300	0	67.0	9.00	8.503
大豆	300	.0	83.0	19.983	12.7996
果實	300	.0	855.0	113.985	145.4515
綠黃蔬菜	300	.0	417.0	48.940	59.5867
淡色蔬菜	300	.0	1191.0	209.783	137.0351
魚貝	300	.0	351.1	62.131	56.1680
肉類	300	.0	122.0	10.360	20.8323
蛋	300	.0	128.3	36.665	25.8659
乳製品	300	.0	402.0	53.303	82.2396
有效的 N（完全排除）	300				

表 9.2 輸入資料的一部分

表 9.3　14 種食品間的相關係數矩陣

相關														
	米	麵包	麵其他	馬鈴薯	點心	油脂	大豆	果實	綠黃蔬菜	淡色蔬菜	魚貝	肉類	蛋	乳製品
米	1	−.059	.137	.209	.154	.055	.349	.164	−.051	.410	.117	−.226	.168	−.079
麵包	−.059	1	−.047	−.002	.164	.115	−.015	.004	.090	−.050	.061	.164	.017	.099
麵其他	.137	−.047	1	.075	.106	.104	.063	.183	.068	.173	.067	−.029	.085	.085
馬鈴薯	.209	−.002	.075	1	.126	.192	.068	.094	.032	.231	.033	.129	.058	−.016
點心	.154	.164	.106	.126	1	.164	.170	.184	.091	.185	.190	−.012	.268	.060
油脂	.055	.115	.104	.192	.164	1	.130	.151`	.324	.325	.100	.271	.251	.312
大豆	.349	−.015	.063	.068	.170	.130	1	.151	.102	.234	.115	−.084	.122	−.036
果實	.164	.004	.183	.094	.184	.151	.151	1	.166	.097	.206	.065	.227	.159
綠黃蔬菜	−.051	.090	.068	.032	.091	.324	.102	.166	1	.231	.244	.258	.179	.234
淡色蔬菜	.410	−.050	.173	.231	.185	.325	.234	.097	.231	1	.120	.008	.207	.126
魚貝	.117	.061	.067	.033	.190	.100	.115	.206	.244	.120	1	.097	.230	.069
肉類	−.226	.164	−.029	.129	−.012	.271	−.084	.065	.258	.008	.097	1	.104	.228
蛋	.168	.017	.085	.058	.268	.251	.122	.227	.179	.207	.230	.104	1	.136
乳製品	−.079	.099	.085	−.016	.060	.312	−.036	.159	.234	.126	.069	.228	.136	1

⊃ 分析的步驟

　　針對表的資料進行因素分析時，選擇【分析 (A)】→【維度縮減 (D)】→【因素 (F)】。選擇移入變數。

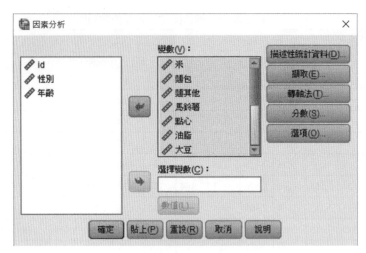

圖 9.1　因素分析的對話框

因素的擷取

一、擷取的方法

　　從觀測變數群擷取因素稱為因素的擷取（extraction）。利用因素分析所得出的因素，即為潛在變數，在數學上並非唯一的決定。以下是 SPSS 中的因素擷取法：

1. 主成分分析（**Principal components**）

　　使用第 8 章所說明的主成分分析擷取因素的方法。使用相關係數矩陣時，共同性當作 1。

2. 主軸因素法（**Principal-axis factoring**）

　　經常使用的因素擷取法，就各個變數而言去除該變數後以所有的變數當作說明變數，將所求出的這些複相關係數的平方（SMC），當作共同性的初期估計值放在對角線上為相關係數矩陣擷取因素，將所得到的因素的共同性再次放在對角成分上，重複因素的擷取，共同性的變化量達到收斂基準以下為止，反覆實施的方法，也有稱為反覆主軸因素法。

3. 未加權最小平方法（Unweight least squares）

原先資料的共變異數矩陣與從所擷取的因素所算出的共變異數矩陣的各元素之差的平方和，使之最小來擷取因素的方法。又，上述的因素法可以得到收斂值時，與最小平方法的解一致。

4. 一般化最小平方法（Generalized least squares）

對未加權的最小平方法加上權重，使不受到變數的變異數之影響。

5. 最大概似法（Maximum likelihood）

從因素負荷量等的估計值所求出的概度（Likelihood）指標使之最大之下擷取因素的方法。優點是可以計算適合度，最近常被使用。又，一般化最小平方法及最大概似法，從相關係數矩陣所得出的因素負荷量，與由共變異數矩陣所得出的因素負荷量是相同的。具有此種性質之解稱為尺度不變解。

6. Alpha 法

使因素的 α 信度係數達到最大來擷取因素的方法。

7. Image 法

根據 Gattman 的印象（image）理論擷取因素的方法。

二、分析例

1. 因素的擷取

圖 9.2 的「因素分析」對話框開啟之後，按「擷取」，即開啟因素擷取的對話框。從前述的方法中選擇擷取法。選項中可以選擇是使用相關矩陣或共變異數矩陣。「擷取」的基準可以選擇最小的特徵值或因素個數。對於進行分析的資料來說，再度進行分析時，指定因素數較具效率。進行主軸因素法或最小平方法等反覆估計時，可以指定最大的反覆次數。進行分析顯示出反覆次數不足時，再度分析時最好要重新指定。以輸出的選項來說，可以指定轉軸前因素（初始解）的顯示之有無，以及陡坡圖的顯示有無。

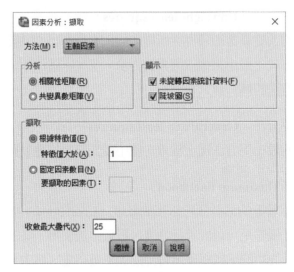

圖 9.2　因素擷取的對話框

2. 因素數的決定

　　就表 9.2 的資料進行因素分析（因素擷取法：主軸因素法，最小的特徵值：1）的結果，得出如表 9.4、表 9.5、圖 9.3 所示的輸出。就因素矩陣來說，按負荷量的順序進行重排。也顯示出因素數及被因素所解釋之變異量的變化的陡坡圖。

(1) 解說總變異量（表 9.4）

　　用於分析的變數是 14 個，理論上可得出 14 個因素，顯示出各個因素當全體的變異量的多少百分比。因為對因素加上條件進行分析，所以對於只符合條件的因素占全體的變異量有多少百分比也可求出。

(2) 因素的陡坡圖（圖 9.3）

　　縱軸取因素的特徵值，橫軸取因素數，以折線連結而成。直線的斜率變成平坦之前選取因素被視為可行，從此陡坡圖來觀察時，因素數 3 可以說是合適的。

表 9.4　14 個因素的特徵值與累積貢獻率

解說總變異量						
因素	初始特徵值			平方和負荷量擷取		
	總和	變異數的 %	累積 %	總和	變異數的 %	累積 %
1	2.735	19.535	19.535			
2	1.803	12.875	32.411			
3	1.173	8.379	40.789			
4	1.083	7.738	48.527			
5	.982	7.011	55.538			
6	.932	6.660	62.197	2.078	14.840	14.840
7	.856	6.115	68.312	1.183	8.448	23.288
8	.818	5.845	74.157	.488	3.487	26.775
9	.733	5.232	79.390	.299	2.139	28.914
10	.689	4.924	84.314			
11	.646	4.617	88.931			
12	.570	4.074	93.004			
13	.548	3.913	96.917			
14	.432	3.083	100.000			

擷取法：主軸因素擷取法。

因素陡坡圖

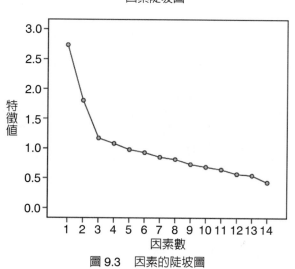

圖 9.3　因素的陡坡圖

3. 因素數設為 3 的結果

基於圖 9.3 的陡坡圖的結果，將因素數指定「3」再度進行分析。表 9.5 中顯示共同性。表 9.6 是因素數設為 3 的平方和負荷量（$2.057 = (0.590^2) + (0.570^2) + \cdots + (0.095^2)$）。表 9.7 顯示因素負荷量。此為未進行後述的轉軸之解，稱為初始解或依據因素擷取法的主軸因素解。

表 9.5　14 種食品的共同性

共同性		
	初始	擷取
米	.339	.592
麵包	.079	.059
麵其他	.070	.065
馬鈴薯	.127	.113
點心	.165	.204
油脂	.291	.469
大豆	.166	.195
果實	.152	.211
綠黃蔬菜	.230	.285
淡色蔬菜	.322	.494
魚貝	.136	.225
肉類	.215	.313
蛋	.183	.252
乳製品	.167	.213

表 9.6　特徵值與累積貢獻率與擷取後的平方和負荷量

解說總變異量						
因素	初始特徵值			平方和負荷量擷取		
	總和	變異數的 %	累積 %	總和	變異數的 %	累積 %
1	2.735	19.535	19.535	2.059	14.708	14.708
2	1.803	12.875	32.411	1.176	8.397	23.105
3	1.173	8.379	40.789	.454	3.246	26.351
4	1.083	7.738	48.527			
5	.982	7.011	55.538			
6	.932	6.660	62.197			

解說總變異量						
因素	初始特徵值			平方和負荷量擷取		
	總和	變異數的 %	累積 %	總和	變異數的 %	累積 %
7	.856	6.115	68.312			
8	.818	5.845	74.157			
9	.733	5.232	79.390			
10	.689	4.924	84.314			
11	.646	4.617	88.931			
12	.570	4.074	93.004			
13	.548	3.913	96.917			
14	.432	3.083	100.000			

擷取法：主軸因素擷取法。

表 9.7　14 種食品的因素負荷量（轉軸前）

因素矩陣 [a]			
	因素		
	1	2	3
淡色蔬菜	.590	−.225	−.308
油脂	.570	.295	−.239
蛋	.458	.033	.203
綠黃蔬菜	.427	.319	.014
果實	.387	.001	.249
點心	.387	−.064	.224
魚貝	.355	.050	.311
大豆	.338	−.281	.051
馬鈴薯	.275	−.083	−.175
麵其他	.241	−.084	.018
米	.426	−.638	−.053
肉類	.206	.513	.085
乳製品	.298	.348	−.050
麵包	.095	.208	.082

擷取方法：主軸因素。

a. 擷取了 3 個因素，需要 12 疊代。

4. 利用最大概似法的因素擷取

就表 9.2 的資料，使用「最大概似法」進行因素分析的結果，顯示於表 9.8～表 9.11 中。

對於表 9.8 的因素負荷量、表 9.10 的共同性及表 9.11 的解說總變異量來說，與前面所表示的主軸因素法幾乎相同，但不同的是表 9.9 中所表示的「適合度檢定」。檢定以 χ^2 檢定進行，虛無假設是「模型適合資料」，因之未被否定時，不能說模型不適合資料。表 9.9 的顯著機率是 0.282，因素數 3 的模型符合前述的條件。增加因素數進行同樣的處理，求出此適合度檢定不成為顯著的最小的因素數時是可以的，但此資料的情形，因素數如為 4 以上時，適合度檢定雖不顯著，但在因素擷取的途中，共同性超過 1 的信息會輸出。如此所得出的解是不合適的，因素數當成 2 時，適合度檢定即顯著，因之利用最大概似法也是以因素數 3 為最合適。

表 9.8　14 種食品的因素負荷量（最大概似法）

因素矩陣 [a]			
	因素		
	1	**2**	**3**
淡色蔬菜	.644	−.065	−.250
米	.579	−.525	−.011
油脂	.491	.432	−.195
蛋	.422	.146	.231
大豆	.400	−.192	.076
點心	.362	.040	.239
果實	.348	.092	.297
馬鈴薯	.307	−.016	−.155
麵其他	.248	−.016	.037
肉類	.077	.533	−.057
綠黃蔬菜	.336	.424	.037
乳製品	.214	.410	−.039
麵包	.039	.214	.084
魚貝	.309	.126	.346

擷取方法：最大概似。

a. 擷取了 3 個因素。需要 5 個疊代。

表 9.9　利用最大概似法的適合度檢定

適合度檢定		
卡方	自由度	顯著性
57.390	52	.282

表 9.10　14 種食品的共同性

共同性		
	初始	擷取
米	.339	.611
麵包	.079	.054
麵其他	.070	.063
馬鈴薯	.127	.118
點心	.165	.189
油脂	.291	.466
大豆	.166	.203
果實	.152	.218
綠黃蔬菜	.230	.294
淡色蔬菜	.322	.481
魚貝	.136	.231
肉類	.215	.294
蛋	.183	.253
乳製品	.167	.215

擷取法：最大概似。

表 9.11　特徵值與累積貢獻率

解說總變異量						
成分	初始特徵值			平方和負荷量擷取		
	總和	變異數的 %	累積 %	總和	變異數的 %	累積 %
1	2.735	19.535	19.535	1.998	14.272	14.272
2	1.803	12.875	32.411	1.229	8.778	23.050
3	1.173	8.379	40.789	.464	3.311	26.361

解說總變異量						
成分	初始特徵值			平方和負荷量擷取		
	總和	變異數的 %	累積 %	總和	變異數的 %	累積 %
4	1.083	7.738	48.527			
5	.982	7.011	55.538			
6	.932	6.660	62.197			
7	.856	6.115	68.312			
8	.818	5.845	74.057			
9	.733	5.232	79.390			
10	.689	4.924	84.314			
11	.646	4.617	88.931			
12	.570	4.074	93.004			
13	.548	3.913	96.917			
14	.432	3.083	100.000			

擷取法：最大概似。

9.3 因素的轉軸

一、概要

　　因素分析最具特徵之處即在於因素的轉軸，是以前述的方法將因素（初期解）轉軸，得出更爲容易解釋之因素。

　　假定得出 2 個因素，可利用此 2 個因素製作 2 次元的因素空間（因素平面），亦即所有的變數被投影在 1 個因素平面上。可是以構成平面來說，最好有不平行的 2 條直線，只要能將原點固定，軸即可自由決定。如圖 9.4 所示，f_1 與 f_2 的組合，比 F_1 與 F_2 的組合、變數與因素的關係更爲清楚；稱此構造爲「單純構造」。爲了得出此種因素而對因素施加轉軸。如圖 9.5，去除因素之間直交的限制，即能更容易地製作單純構造。因素之間加上直交的限制進行轉軸稱爲「直交轉軸」，不加限制的轉軸作爲「斜交轉軸」。過去幾乎是直交轉軸，但最近斜交轉軸逐漸成爲主流。直交轉軸時，因素負荷量如圖 9.6 所示，變數是被配置在空

間上的點，向各因素軸畫垂足雖可決定，但斜交轉軸時，如圖 9.7 所示，平行地射影在因素軸的「因素樣式」（a_1, a_2）與向因素軸畫垂足的「因素結構」（b_1, b_2）的 2 個負荷量是存在的。一般在解釋因素時，因素樣式（factor pattern）比因素結構（factor structure）更經常使用。且斜交轉軸可算出所擷取的所有因素的貢獻率，但無法求出各個因素的貢獻率。

SPSS 轉軸法如下：

1. 最大變異法（Varimax）

使因素負荷量的平方的變異數為最大之下進行轉軸的方法，在直交轉軸中是最常使用的轉軸法，以結果來說，某變數只對特定的因素可得出高負荷量，其他因素的負荷量小，容易得出此單純構造。

2. Quartimax 法

是直交轉軸的一種，使因素負荷量的 4 次方成為最大的轉軸法，目的是說明各個變數的因素數盡可能變少。

3. Equamax 法

直交轉軸的一種，介於 Varimax 轉軸與 Quartimax 轉軸性質之間的轉軸法。

4. 直接 Oblimin 法

斜交轉軸的一種，使後述的因素樣式變得單純的轉軸法。

5. Promax 法

這是斜交轉軸的一種，把經 Varimax 轉軸所得出的因素矩陣的各要素平方後的矩陣作為對象進行 Proclastis 轉軸的一種轉軸法。與直接 Oblimin 法相比，收斂快。以直交轉軸來說，Varimax 使用頻率最高；以斜交轉軸來說，1990 年以後 Promax 法被利用的頻率最高。

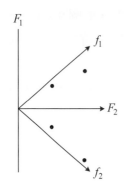

圖 9.4　直交轉軸（因素之間直交）

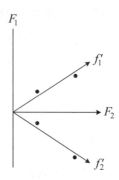

圖 9.5　斜交轉軸（因素之間形成角度 60 度）

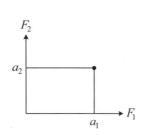

圖 9.6　因素負荷量（直交解）

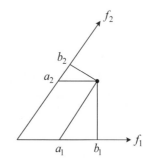

圖 9.7　因素樣式與因素結構

二、解析例

　　因素數 3 的轉軸，成為在 3 次元空間上的轉軸，略為難懂。以下為了使說明簡單，將因素數當成 2 進行解說。

1. 轉軸法的選擇

　　按「轉軸」開啓「轉軸法」的對話框（圖 9.8）。有 6 種方法選擇，任一種轉軸法對於轉軸後之解的顯示，以及轉軸後的因素負荷圖的顯示，均可以指定有無。

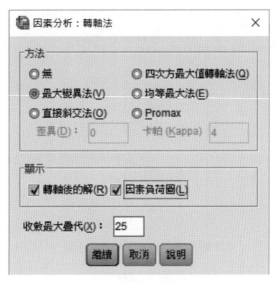

圖 9.8　轉軸的對話框

2. 直交轉軸

以直交轉軸（orthogonal rotation）為例進行最大變異轉軸。

針對表 9.2 的資料進行因素分析（擷取法：主軸因素法，因素數：2，轉軸法：Varimax 轉軸）。以結果來說，表 9.12 顯示轉軸前的因素矩陣，表 9.13 顯示 Varimax 轉軸後的因素矩陣，表 9.14 顯示因素轉換矩陣。另外，圖 9.9 是將表 9.12 所顯示的因素負荷量以因素圖顯示，圖 9.10 是將表 9.13 所顯示的因素負荷量以因素圖顯示。轉軸前的解是第 1 因素在許多食品中得出正的負荷量，顯示「以米為中心的多食傾向」，第 2 因素是「近代的食品」對「傳統的食品（米）」之因素，相對的經轉軸所得到的因素，第 1 因素可以當作「傳統的食品（日式）」，第 2 因素當作「近代的食品（西式）」。進行轉軸使傾向變得明確，解釋變得容易。另外，SPSS 對於所擷取的因素在 3 以內時會輸出所有因素的因素圖，4 以上時會輸出上位 3 個的因素圖。

表 9.12　14 種食品的因素負荷量（轉軸前）

因素矩陣 ª		
	因素	
	1	2
淡色蔬菜	.557	−.197
油脂	.553	.279
蛋	.453	.032
綠黃蔬菜	.433	.325
果實	.382	−.061
點心	.381	.001
魚貝	.343	−.282
大豆	.343	.047
馬鈴薯	273	−.080
麵其他	.244	−.083
米	.438	−.651
肉類	.207	.510
乳製品	.301	.350
麵包	.096	.206

擷取方法：主軸因素。

a. 擷取了 2 個因素，需要 14 疊代。

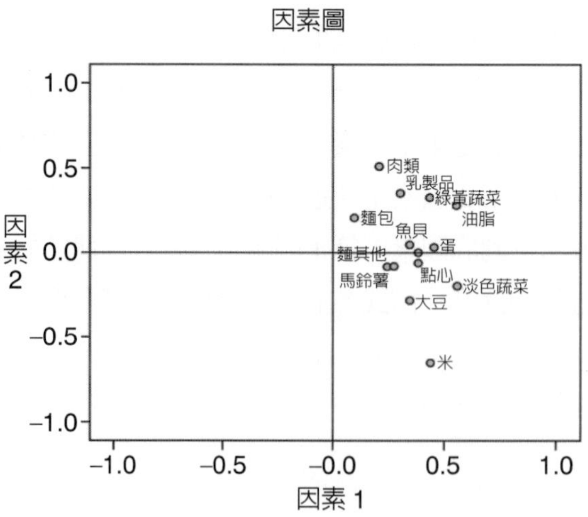

因素圖

圖 9.9　主軸因素解（不轉軸）的因素圖

表 9.13 14 種食品的因素負荷量（轉軸前）

	因素矩陣 [a]	
	因素	
	1	2
米	.693	−.368
淡色蔬菜	.584	.090
大豆	.436	−.086
蛋	.385	.242
點心	.365	.126
果實	.336	.181
魚貝	.280	.203
馬鈴薯	.279	.058
麵其他	.254	.042
肉類	−.058	.548
油脂	.356	.507
綠黃蔬菜	.229	.491
乳製品	.100	.451
麵包	−.012	.227

表 9.14 Varimax 轉軸的因素轉換矩陣

	因素轉換矩陣	
因素	1	2
1	.882	.472
2	−.472	.882

擷取方法：主軸因素。

旋轉方法：含 Kaiser 常態化的 Varimax 法。

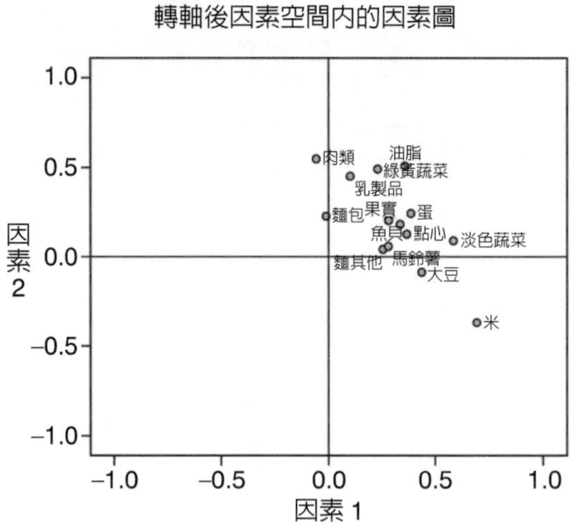

圖 9.10　Varimax 轉軸後的因素圖

3. 斜交轉軸

　　進行 Promax 轉軸作為斜交轉軸（oblique rotation）。以比較對象來說，也擷取直交解（Varimax 轉軸）。針對表 9.2 的資料，進行因素分析（擷取法：主軸因素法，因素數：2，轉軸法：Varimax 轉軸及 Promax 轉軸）。另外，此處減少分析所使用的變數，縮減成 11 個副食品進行分析。表 9.15 顯示轉軸前的因素矩陣，表 9.16 是顯示 Varimax 轉軸後的因素矩陣，表 9.17 顯示「樣式矩陣」，表 9.18 顯示「結構矩陣」。而且，斜交轉軸是因素之間存在相關，因之將其值表示在表 9.19 中。

　　利用表 9.16 的 Varimax 轉軸所得到的因素矩陣與表 9.18 的結構矩陣相比較，兩者非常類似，雖然被認為是同樣的例子，但 Promax 轉軸的結果，因素與食品之間，出現強烈的關係。此傾向特別是在第 2 因素甚為顯著，淡色蔬菜、蛋、果實、魚貝類、馬鈴薯類等許多變數的負荷量接近 0 值。第 1 因素負荷量大的食品是我國傳統一直在攝取的食品，第 2 因素負荷量大的食品可以想成是明治以後頻繁被攝取的近代食品。但是，這些食品之間也顯示並非完全沒有關係。換言之，第 1 因素與第 2 因素之間的相關係數由表 9.19 可知是 0.471，如求出 $\cos\theta = 0.471$ 的 θ 時，可以求出 θ 為 61.5°。

　　對於結構矩陣來說，某因素中因素負荷量大的變數，在其他因素中一般來說

負荷量也有較大的傾向，因之有不易解釋之現象，故一般使用因素模型的樣式矩陣（Pattern matrix）。

圖 9.11 是顯示 Varimax 轉軸後的因素圖，圖 9.12 是顯示 Promax 轉軸後的因素圖。但關於直交轉軸的 Varimax 轉軸的圖 9.11 並無問題，對於進行斜交轉軸的 Promax 轉軸的圖 9.12 是比實際更為強調第 2 因素的圖。

表 9.15　11 種食品的因素負荷量（轉軸前）

因素矩陣 ª		
	因素	
	1	2
油脂	.611	−.168
綠黃蔬菜	.505	−.172
蛋	.462	.142
淡色蔬菜	.459	.179
乳製品	.376	−.297
點心	.366	.305
果實	.365	.116
魚貝	.349	.111
馬鈴薯	.235	.062
肉類	.327	−.443
大豆	.263	.345

擷取方法：主軸因素。

a. 擷取了 2 個因素，需要 9 疊代。

表 9.16　11 種食品的因素負荷量（Varimax 轉軸後）

轉軸後因素矩陣 ª		
	因素	
	1	2
點心	.477	.013
淡色蔬菜	.463	.168
蛋	.441	.198
大豆	.425	−.086
果實	.350	.153
魚貝	.335	.147
馬鈴薯	.218	.109

轉軸後因素矩陣 [a]		
	因素	
	1	**2**
肉類	−.047	.549
油脂	.349	.529
乳製品	.086	.471
綠黃蔬菜	.266	.463

擷取方法：主軸因素。

旋轉方法：含 Kaiser 常態化的 Varimax 法。

a. 轉軸收斂於 3 個疊代。

轉軸後因素空間內的因素圖

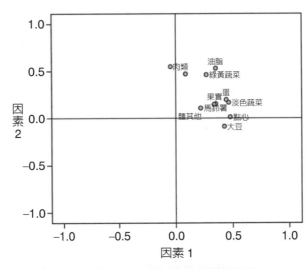

圖 9.11　Varimax 轉軸後的因素圖

表 9.17　11 種食品的因素模型（Promax 轉軸後）

樣式矩陣 [a]		
	因素	
	1	**2**
點心	.520	−.115
大豆	.490	−.209
淡色蔬菜	.462	.050
蛋	.429	.099

樣式矩陣 [a]		
	因素	
	1	2
果實	.342	.074
魚貝	.327	.071
馬鈴薯	.209	.060
肉類	−.204	.616
乳製品	−.036	.495
油脂	.235	.488
綠黃蔬菜	.163	.437

擷取方法：主軸因素。

旋轉方法：含 Kaiser 常態化的 Promax 法。

a. 轉軸收斂於 3 個疊代。

表 9.18　11 種食品的因素構造（Promax 轉軸後）

結構矩陣		
	因素	
	1	2
淡色蔬菜	.490	.277
蛋	.476	.301
點心	.466	.129
大豆	.392	.021
果實	.377	.235
魚貝	.360	.225
馬鈴薯	.237	.159
油脂	.465	.599
肉類	.086	.520
綠黃蔬菜	.369	.514
乳製品	.197	.478

擷取方法：主軸因素。

旋轉方法：含 Kaiser 常態化的 Promax 法。

表 9.19 因素間的相關矩陣

因素相關矩陣		
因素	1	2
1	1.000	.471
2	.471	1.000

擷取方法：主軸因素。

旋轉方法：含 Kaiser 常態化的 Promax 法。

轉軸後因素空間內的因素圖

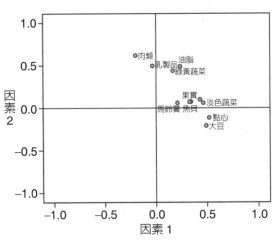

圖 9.12 Promax 轉軸後的因素圖

9.4 其他的分析

一、概要

1. 因素分數的計算

　　進行因素分析，可以就各因素求出每一個變數的負荷量。從因素來看，存在著關聯強（可以清楚解釋）的變數與關聯不強的變數，考慮此影響，可以製作以關聯強度加權的新變數。作成的變數稱為因素分數（factor score），其他的分析亦可使用。因素分數可以製作出只被擷取因素的個數，一般用於迴歸分析。

二、分析例

　　進行因素分數的求出時，按圖 9.13 中所顯示的因素分析的「分數」。如選擇「因素儲存成變數」，即可儲存目前使用檔案中 factor1, factor2, …的變數名。

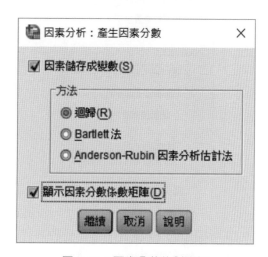

圖 9.13　因素分數的對話框

　　以「選項」來說有選擇「遺漏值」的處理方法（圖 9.14）。「完全排除觀察值」是即使分析所用的變數之中的一者有遺漏值時即從分析排除。「成對方式排除」是求出相關係數矩陣或共變異數矩陣時，只有與遺漏值的組合配對才被排除。換言之，每一個變數的人數即有不同，就有遺漏值的對象來說也是幾個變數用於分析。可是，此時有遺漏值的觀察值無法求出因素分數。「用平均數置換」是取代遺漏值而使用該變數的平均值的方法，於計算相關係數等時使用的偏差（各個值減去平均值）因為成為 0，雖分析中可以使用，但對分析結果不會有影響。

　　另一個選項，也準備有係數顯示格式。此處如選擇「依據因素負荷排序」時，所輸出的因素矩陣，並非是所投入的變數之排序，而是以因素負荷量的順序重排後再輸出。

圖 9.14　選項的對話框

　　將表 9.13，圖 9.10 所顯示的 14 種食品當作變數進行 Varimax 轉軸時的因素分數，以第 1 因素為橫軸，第 2 因素為縱軸，製作成散佈圖，如圖 9.15 所示。圖中男性是○，女性是△，依性格改變標記（marker），男性位於下方，女性位於上方，因性別造成的差異非常明顯。如前述，第 2 因素是近代式（洋式）食品的因素，女性攝取肉類、乳製品、綠黃色蔬菜等的近代式食品，相對地，男性並不太接受此類的食品。

　　表 9.20 顯示有男女別的第 1 因素、第 2 因素的平均值、標準差，表 9.21 顯示有 t 檢定的結果。只有第 2 因素被認為有性別造成的差異，前述的傾向即使以統計的方式也可顯示。

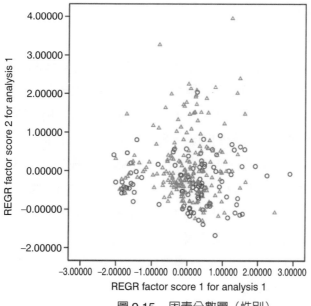

圖 9.15　因素分數圖（性別）

表 9.20　男女別因素分數的平均值與標準差

組別統計量					
	性別	個數	平均數	標準差	平均數的標準誤
REGR factor score 1 for analysis	男	100	.0910383	1.06089116	.10608912
	女	200	−.0455191	.74965505	.05300862
REGR factor score 2 for analysis	男	100	−.2875613	.61106268	.06110627
	女	200	.1437807	.87241101	.06168877

表 9.21　因素分數的平均值的男女差異的檢定

獨立樣本檢定									
		變異數相等的 Levene 檢定		平均數相等的 t 檢定					
		F 檢定	顯著性	t	自由度	顯著性（雙尾）	平均差異	標準誤差異	差異的 95% 信賴區間
									下界	上界
REGR factor score 1 for analysis 1	假設變異數相等	12.777	.000	1.288	298	.199	.13655744	.10600860	−.07206287	.34517775
	不假設變異數相等			1.151	149.954	.251	.13655744	.11859517	−.09777597	.37089085
REGR factor score 2 for analysis 1	假設變異數相等	7.854	.005	−4.429	298	.000	−.43134198	.09738841	−.62299814	−.23968582
	不假設變異數相等			−4.968	266.113	.000	−.43134198	.08683018	−.60230354	−.26038043

三、因素分析 Q&A

Q1 因素分析與主成分分析有何不同？

A1 在數學上，主成分分析是從資料求出變數的相關係數矩陣的特徵值、特徵向量，相對地，因素分析是在相關係數矩陣的對角線成分放入共同性進行計算。主成分分析所得到的解（初始解）是照樣使用，相對地，因素分析是對初始解進行轉軸作成新的因素，雖然也有人如此主張，但是並沒有不行將主成分分析的結果進行轉軸的理由。SPSS 的主成分分析與因素分析是使用相同的程式，簡單地說，主成分分析是盡可能做出少數的合成變數是「目的」所在，經由分析所得到的主成分才是「結果」。另一方面，因素分析是導出觀測變數背後的構成概念等的數個潛在變數為目的，所得到的因素即意謂「原因」。因此，這些變數是因素的結果。

Q2 因素數要如何決定才好呢？

A2 關於此並無嚴格的規定。從分析的目的來看時，因素數盡可能少是比較好的，但愈少捨去的資訊量即愈多，其間的權衡取捨是困難所在。以先驗式（a priori）決定的方法來說，有採用特徵值在 1 以上的因素的方法，在理論上也是正確，SPSS 也是當作因素擷取的基準，但有因素數變多的傾向。以一個指標來說，即為 Cattell（1966）所提出的一個圖形判斷方法，如圖 9.3 所示的陡坡圖（scree plot）。這是在縱軸取成因素的特徵值，橫軸取成因素數，製作折線圖。特徵值的大小在最初的數個會急速地減少，陡坡圖也是在該部分急速下降，之後傾斜即趨緩。選擇在緩和的傾斜開始前的因素。在因素的擷取方法中選擇最大概似法時，即可使用最大概似比檢定的方法（參照結果一項）。此時，可以採用檢定結果不顯著的最小因素數。並且，也有從分析結果判斷的方法。此即，針對用於分析的所有變數，在可以得出具有某一定以上值的負荷量的因素為止，可增加因素的個數。而且，在一個因素中，高負荷量的變數只有 1 個、2 個時，倒是認為應該減少因素。可是，此時必須注意，變數一起分析是否沒有問題呢？好好地判斷是有需要的。就本書的例子來說，不管是對象者個人之值也好，將對象者的身高與體重等一起分析是不理想的，一起分析後，縱使說無法得出身高或體重的因素，增加因素數也是有問題的。

Q3 單純構造是何種形式呢？

A3 就分析所使用的各變數來說，觀察各因素的負荷量時，盡可能只有一個（不可能時極少數個）的絕對值大，而多數的絕對值小的排列狀態。

Thurstone（1945）如下定義。

1. 因素負荷量矩陣的各列至少有一個以 0 為元素。

2. 共同因素數設為 m 時，各行至少有 m 個以 0 為元素。

3. 在因素負荷量矩陣的任意 2 行中，有若干變數只包含於一方，而另一方並未包含。

4. 具有 4 個以上的共同因素時，有關因素負荷量矩陣的任意 2 行，並未共有大半的變數，只共有極少數的變數。

Q4 將 3 次元的圖形變更為 2 次元時，要如何進行？

A4 先在圖上連按兩次即出現圖表編輯器畫面，點選【編輯 (E)】→【選取 Z 軸】，出現「內容」對話框，選擇【變數】→「Z 軸」→「排除」，再按「套用」。

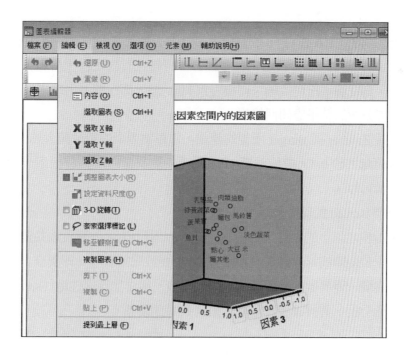

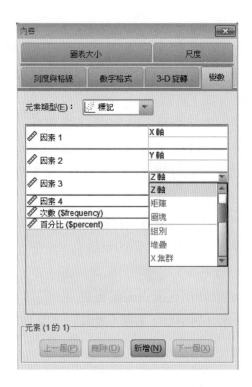

若想追加 $x = 0$ 或 $y = 0$ 的直線，可在圖表編輯畫面上方點選圖像 <!-- icon -->，出現「性質」對話框，點選「參考線」，將軸位置設定為平均數，按「套用」後，即在圖上出現縱軸，同樣點選圖像 <!-- icon -->，即在圖上出現橫軸。

Q5 因素分析的結果應如何檢視？

A5 依據 Zaltmar 與 Burger 所提的建議，當每個因素的特徵值大於 1，且其因素負荷量大於 0.3，並能解釋 40% 以上的變異量時，則該因素分析的結果便相當可取。

Q6 何謂 Bartlett 的球形檢定？

A6 是指檢定以下的假說是否成立，即虛無假設 H_0：母變異數共變異數矩陣等於單位矩陣的常數倍。當接受 H_0 時，變數間無關聯（即獨立）相互獨立且服從同一變異數的常態分配的隨機變數，稱之為球面性地（spherical）服從常態分配。當假設被否定時，指變數間有關聯。

附　錄

1. 因素分析模型

p 個變數（x_j, $j = 1, 2, \cdots, p$）是 m 個（m 比 p 小）共同因素 $f_1, f_2, \cdots, f_m$ 與各變數特有的獨自因素的成分 ε_j 的線性組合，亦即可以表示為

$$x_j = \lambda_{j1}f_1 + \lambda_{j2}f_2 + \cdots \lambda_{jm}f_m + \varepsilon_j \ (j = 1, 2, \cdots, p) \tag{9.2}$$

但 x_j 的平均是 0。並且，在因素分析的變量模型中 m 個共同因素 $f_1, f_2, \cdots, f_m$ 與各變數的獨自因素 ε_j（$j = 1, 2, \cdots, p$）均視為機率變數，因之各自的期待值假定為 $E(f_i) = 0$, $E(\varepsilon_j) = 0$，並且，m 個共同因素 $f_1, f_2, \cdots, f_m$ 的變異數是 1。

在 x_j 之中除去獨自成分 ε_j 後的部分，亦即利用共同因素說明的部分設為

$$t_j = \lambda_{j1}f_1 + \lambda_{j2}f_2 + \cdots \lambda_{jm}f_m \ (j = 1, 2, \cdots, p) \tag{9.3}$$

則 $x_j = t_j + \varepsilon_j$，變數 x_j 可以分解為利用 m 個共同因素所決定的部分與誤差部分之和。另外，共同因素 $f_1, f_2, \cdots, f_m$ 的所有組合無相關時稱為直交解，允許相關時稱為斜交解。此處假設以下 2 個假定：

(1) 共同因素 f_j（$j = 1, 2, \cdots, p$）與獨自因素 ε_k（$k = 1, 2, \cdots, p$）無相關

(2) 對應不同的 2 個變數 x_j 與 x_k（$j \neq k$）的獨自因素 ε_j 與 ε_k 無相關

由 (1) 及 (2) 的假定，可知 Cov $(\varepsilon_j, \varepsilon_k) =$ Cov $(t_j, \varepsilon_k) = 0$（$j \neq k$），因之可以導出 Cov $(x_j, x_k) =$ Cov(t_j, t_k)（$j \neq k$）

並且。將 $V(t_j)$ 除以 x_j 的變異數 $V(x_j)$ 後，$h_j^2 = V(t_j)/V(x_j)$ 稱為共同性，$0 \leq h_j \leq 1$ 是成立的。此處，將 x_j 的變異數 $V(x_j)$ 假定為 1 時，直交解為

$$h_j^2 = V(t_j) = \lambda_{j1}^2 + \lambda_{j2}^2 + \cdots + \lambda_{jm}^2 \tag{9.4}$$

$V(\varepsilon_j) = 1 - h_j^2$ 稱為獨自性。

此外，x_j 與 x_k 的相關係數設為 r_{jk} 時，則

$$x_{jk} = \lambda_{j1}f_{k1} + \lambda_{j2}f_{k2} + \cdots \lambda_{jn}f_{km} \tag{9.5}$$

此外，變數間之相關係數與因素、變數間的因素負荷量之間有如下關係：

$$R = AA' + E \tag{9.6}$$

式中 R 表示變數間的相關係數矩陣，A 表因素負荷量矩陣，E 表獨自因素矩陣，故可知因素負荷量是在與相關係數之關係中所決定的。

上記是在 1930 年代由 Thurstone 所提倡的因素分析，被稱爲多因素模型，以它的特殊情形來說，可以說是因素分析的創始者 Spearman 於 1904 年所提倡的 $m = 1$ 的 1 因素模型。

第 10 章　集群分析

相貌相似或動作相似，類似或不類似的表現經常加以使用。集群分析（Cluster analysis）是將類似性予以數量化，將個體或變數的親近性使之明確的探索式解析手法（Arabie, P. elal (1987), Hartigan, J.A. (1975)）。許多統計分析手法，是將變數的特性或變數間的關係明確，而其中也有將個體間的關係明確的不同分析法。

SPSS 中包含有 3 種方法，將觀察值按類似度的順序一個一個地去合併的階層式方法、將觀察值分組作為目的的 Two step 集群方法及大規模檔案的集群方法等。階層式的方法，適合用於分析觀察值個數少，各個觀察值能辨別的情形，而觀察值個數多、各個觀察值的辨識困難時，適合於 Two step 集群方法與大規模檔案的集群方法。本章就階層式方法進行解析，關於後面兩種方法，說明於附錄，視需要可供參考。

10.1　觀察值的集群

一、概要

就各種資料來說，將距離近的個體間合併，製作新的群（cluster），視為一個個體，再度搜尋距離近的個體或群，再合併當作新的群。重複此作業直到達到最終層次的一個群為止。

1. 距離與類似度

成為 2 個個體的非類似度之指標即為距離。以 SPSS 所使用的非類似度的指標來說，可以使用以下 8 種。

歐幾里得距離、歐幾里得距離平方、Cosine、Pearson 相關、Chebychev、都市區塊（block）、Minkowski 及 Customize。

以下就較具代表性的指標進行說明。

(1) 歐幾里得距離

使用畢氏定理求出，是數學中所使用的一般性距離。

(2) 歐幾里得距離平方

歐幾里得距離的平方值。

(3) Cosine

從原點連結個體的兩個向量所形成角的餘弦之值。

(4) Pearson 相關

將變數間所求出的相關係數應用於個體間。個體間將各變數之值標準化所求出之值。

變數是次數時，可以利用卡方測度、phi 平方測度。

變數是 2 值資料時，可以使用前述的歐幾里得距離、歐幾里得距離平方、其他等合計 27 種的指標。

2. 集群化

集群化的基準，亦即決定群間距離的方法，可以想到各種方法。

(1) 群間平均連結法（between-groups linkage method）

群間之距離是以群內的個體與另一個群內的個體間的所有距離的平均值來定義的方法。

(2) 群內平均連結法（within groups linkage method）

將屬於各群個體的平均值之間的距離當作 2 群間的距離。

(3) 最遠鄰法（furtherest neighbour method）

以兩個群之間最遠點之間的距離當作群間的距離。

(4) 重心法（centroid method）

將 2 個群為重心當作代表群的點的方法。

(5) Ward's 法

Ward 所提出的方法，群之間合併時所發生的資訊量的損失使之最小來合併的方法。

3. 樹形圖及冰柱圖

圖示個體或群合併的過程有樹形圖（Dendogram）或冰柱圖。SPSS 的輸出

是將冰柱圖當作預設。

4. 變數的集群

　　與觀察值之集群同樣的方法，也可以進行變數的集群，針對 p 個變數使用觀察值為 n 人的資料，進行變數的集群時，視為變數 n 個，觀察值為 p 人再進行前面所敘述的階層式方法（參照第 10 章第 10.2 節）。

二、解析例

⊃ 資料

　　許多的疾病，存在著地域性。舉一例來說，心臟疾病的死亡率，在日本海地區低，在近畿、東京就很高。使用這些疾病的狀況，試檢討日本 47 個都道府縣的類似性，都道府縣有 47 個並不多，但由於聽到都道府縣名時即做可某種程度想像，因之適合當作階層式集群分析的例子。

　　此處所使用的資料，是日本在平成 15 年（2004 年）的 47 個都道府縣的死因別死亡率（每 10 萬人）。用於分析的疾病是基於疾病大分類，分別是感染症、新生物（癌、其他）、糖尿病、精神及行動的障礙、高血壓性疾病、心臟疾病（高血壓性除外）、呼吸器官疾病、消化器官疾病、腎臟衰竭、衰老、意外事故、自殺等 12 種疾病群。

⊃ 資料輸入形式

　　與其他的資料一樣，在 SPSS 的資料檢視中，輸入資料如表 10.1 所示。都道府縣名均有標記，因之當作最初的資料。之後，將死因別的死亡率照樣輸入即可。

⊃ 分析的步驟

　　針對表 10.1 的資料，進行分析時，選擇【分析 (A)】→【分類 (Y)】→【階層叢集分析法 (H)】。在對話框中將各疾病移到「變數」，將「地區代號」移到「觀察值標籤依據(C)」中。「叢集」的對象，此次的情形，是先指定好觀察值。想將變數集群時，可以點選「變數 (V)」（後述）。在「顯示」欄中有「統計資料 (I)」、「圖形 (L)」的選項，是否於對話框中進行指定輸出呢？通常可於兩處中勾選。

表 10.1　資料輸入的一部分

	地區代號	感染症	新生物	糖尿病	精神障礙	高血壓	心臟病	腦血管疾病	呼吸器官疾病	消化器官疾病	腎不全	衰老	意外	自殺
21	21	16.70	245.3	9.70	2.40	3.50	139	108	125	25.4	15.70	27.30	35.7	26.30
22	22	17.00	239.5	12.50	3.50	4.60	127	114	110	28.6	13.50	27.40	33.8	21.10
23	23	16.80	218.3	7.80	2.80	2.80	115	84.7	93.0	24.7	11.90	17.00	29.9	22.30
24	24	17.90	248.2	12.90	3.70	4.50	140	116	122	30.9	16.00	35.70	40.0	24.90
25	25	14.70	228.3	7.60	3.70	3.00	115	84.7	114	27.4	11.70	13.90	31.4	24.50
26	26	17.80	256.6	9.20	3.20	3.20	130	98.8	119	30.6	16.60	15.10	23.1	23.20
27	27	18.80	257.0	9.50	2.50	6.60	115	77.0	108	34.6	14.30	9.50	23.3	25.30
28	28	17.70	262.1	10.30	3.30	3.90	125	88.5	116	34.0	15.70	19.20	31.4	23.30
29	29	16.20	250.5	7.80	2.70	3.90	129	88.1	111	28.1	14.90	16.30	28.1	20.70
30	30	24.20	300.6	13.60	4.50	3.80	169	111	142	36.2	22.00	42.70	34.3	25.80
31	31	21.10	312.0	12.50	4.10	5.40	158	141	137	35.9	17.00	23.40	44.6	23.90
32	32	23.00	317.1	9.60	6.10	7.50	162	139	167	36.3	23.00	39.80	42.1	31.60
33	33	18.10	261.0	9.70	3.80	3.60	145	118	155	36.5	20.30	27.00	42.7	20.50
34	34	19.10	262.8	10.60	3.40	4.60	134	106	135	33.0	17.70	20.20	32.4	22.80
35	35	19.90	308.2	11.30	6.00	5.00	162	137	168	38.9	18.40	23.40	34.7	27.50
36	36	21.30	287.6	17.70	3.90	5.20	169	132	179	40.5	25.50	26.80	41.8	20.30
37	37	19.20	269.5	10.80	2.90	4.00	157	105	165	38.2	21.20	28.00	44.8	22.30
38	38	17.80	284.6	13.10	3.70	4.70	177	125	153	38.7	20.50	30.10	46.4	26.70
39	39	20.60	288.1	10.90	4.50	4.70	171	162	172	41.2	25.50	21.40	46.5	29.40
40	40	19.10	273.5	9.30	3.80	6.90	105	89.5	127	33.6	14.30	13.70	35.4	26.90
41	41	20.40	305.4	10.70	3.90	6.90	129	123	155	35.2	14.70	16.90	38.3	24.90
42	42	19.50	302.3	9.10	3.70	7.30	146	115	154	36.0	20.30	16.40	32.8	30.00
43	43	21.50	269.9	9.70	3.80	5.60	139	117	153	36.8	22.40	24.10	33.8	26.90
44	44	19.70	284.9	11.60	5.90	6.60	154	122	155	35.5	17.40	19.90	37.4	25.50
45	45	16.50	273.1	9.90	3.70	5.30	149	123	146	34.6	17.60	17.20	36.6	31.80
46	46	20.60	291.9	13.00	4.70	5.10	151	145	169	40.6	19.90	20.10	40.2	27.20
47	47	17.80	179.7	9.10	3.80	3.60	91.0	63.8	107	33.0	10.50	11.50	23.9	26.10
48														

資料檢視　變數檢視

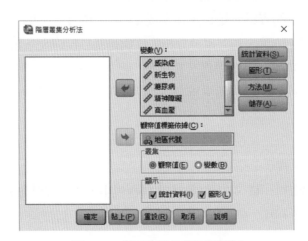

圖 10.1　階層集群分析的對話框

1. 統計資料

　　勾選「群數凝聚過程」時，即可輸出各個體、群合併的過程（表 10.3）。勾選「近似性矩陣」時，即輸出分析中所使用的距離矩陣。

2. 圖形

　　開啓「圖形」對話框（圖 10.2），可以勾選「樹狀圖 (D)」及冰柱圖製作的

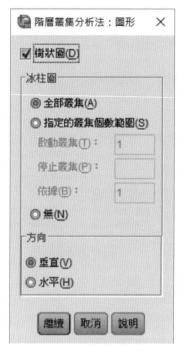

圖 10.2　圖形的對話框

有無。對冰柱圖來說，可以從垂直、水平的 2 方向選擇製作的方向。冰柱圖如觀察值個數愈大，圖就會愈大，所以需要注意。一般大多使用樹狀圖。

3. 方法

　　開啓【方法】對話框（圖 10.3）中指定集群合併的方法。於「叢業方法 (M)」的下拉式選單指定「Ward's 方法」。

　　SPSS 中對於重心法、中位數法、Ward's 法，即使只指定歐基里得距離也會自然成爲歐基里得距離平方。

　　本資料的情形，像新生物的全國平均是 253，精神及行動的傷害是 3.3，值依死因的差異甚大，可使用「標準化 (S)」之值進行分析。其指定也在此對話框中進行。

圖 10.3　方法的對話框

◯ 結果

　　首先，就所處理的觀察值顯示其資訊（表 10.2）。

　　以表格形式顯示群被合併的過程（表 10.3）。已被結合的群會在所顯示的「群 1」與「群 2」出現，之後成為「群 1」的號碼。係數是顯示群間的距離，要被合併的各群顯示於前面已出現的階段，已被合併的群顯示於其次要出現的階段。具體來說，首先開始的是第 11 群（琦玉縣）與第 14 群（神奈川縣），合併後成為新的群（第 11 群），此時，2 個群的距離利用 Ward's 法所求出的係數是 0.789，是所有群的組合之中位於最近的位置。其次，同樣第 8 群（茨城縣）與第 22 群（靜岡縣）合併，成為第 8 群。此時群間的係數（距離）是 1.890。接著，經由合併所作出的第 8 群，於階段 9 與第 9 群（扇木縣）合併，第 9 群在此首次出現，而第 8 群在階段 2 已出現，因之於「群初次出現」之欄中的「群 1」欄顯示 2，「群 2」欄中出現 0。此時，新合併後的群的號碼，於參與合併的 2 個群（第 8 群與第 9 群）之中，值取較小的 8。以下，至階段 46 為止重複此操作，最終即被合併成一個群。

　　此合併的狀況也可在新指定的圖形中顯示。SPSS 的預設是冰柱圖，但因較占版面，此處只顯示樹狀圖（圖 10.4）。此即為以圖顯示合併的情形，橫線的長

表 10.2 用於分析的觀察值資訊

觀察值處理摘要[a]					
觀察值					
有效		遺漏		總和	
個數	百分比	個數	百分比	個數	百分比
47	100.0	0	.0	47	100.0

a. 歐幾里得距離平方使用的

表 10.3 群的凝聚過程

	組合集群			先出現的階段集群		
階段	集群 1	集群 2	係數	集群 1	集群 2	下一階段
1	11	14	.789	0	0	26
2	8	22	1.890	0	0	10
3	28	34	3.032	0	0	23
4	33	37	4.280	0	0	37
5	23	25	5.739	0	0	22
6	26	29	7.228	0	0	21
7	2	3	9.004	0	0	25
8	7	20	10.910	0	0	17
9	8	9	12.847	2	0	14
10	35	46	14.795	0	0	27
11	12	13	17.005	0	0	26
12	10	45	19.610	0	0	24
13	42	43	22.288	0	0	30
14	35	44	25.160	9	0	32
15	27	40	28.225	0	0	38
16	18	21	31.313	0	0	27
17	6	7	34.513	0	8	31
18	19	24	37.773	0	0	33
19	31	38	41.188	0	0	28
20	17	41	44.635	0	0	24
21	1	26	48.609	0	6	23
22	4	23	52.595	0	5	29
23	1	28	56.772	21	3	41
24	10	17	61.355	12	20	30

此表標題列 群數凝聚過程

群數凝聚過程						
	組合集群			先出現的階段集群		
階段	集群 1	集群 2	係數	集群 1	集群 2	下一階段
25	2	16	66.326	7	0	36
26	11	12	71.777	1	11	29
27	8	18	77.508	10	16	33
28	31	39	83.631	19	0	32
29	4	11	90.081	22	26	34
30	10	42	96.637	24	13	38
31	6	15	103.261	17	0	42
32	31	35	110.080	28	14	37
33	8	19	117.134	27	18	41
34	4	47	125.725	29	0	45
35	30	36	135.288	0	0	40
36	2	5	146.228	25	0	42
37	31	33	158.473	32	4	39
38	10	27	170.753	30	15	43
39	31	32	185.524	37	0	40
40	30	31	201.269	35	39	44
41	1	8	217.753	23	33	43
42	2	6	235.909	36	31	44
43	1	10	267.125	41	38	45
44	2	30	316.612	42	40	46
45	1	4	400.817	43	34	46
46	1	2	598.000	45	44	0

度是按合併的群間的係數（距離）成比例地製作。後半要合併的群間距離，在大的群間之合併有誇張顯示之嫌，在分為小的群時，它的性質反而是合適的。

　　以此例的分析結果來說，可大略地分為人口已經很多或人口在增加的都道府縣（埼玉～岐阜）所形成的群Ⅰ，以及人口有減少傾向的都道府縣（和歌山～秋田）所形成的群Ⅱ。並且，群Ⅰ又可分為年青人口多，死亡率整體來說是低的都道府縣（埼玉～沖繩）所形成的群 (1)。以及死亡率略高的都道府縣，甚且可再分成由新生物與心臟疾病高的都道府縣（大阪～佐賀）所形成的群 (2)，心臟疾病與腦血管疾病高的都道府縣（山梨～岐阜）所形成的群 (3)，除此之外，死亡

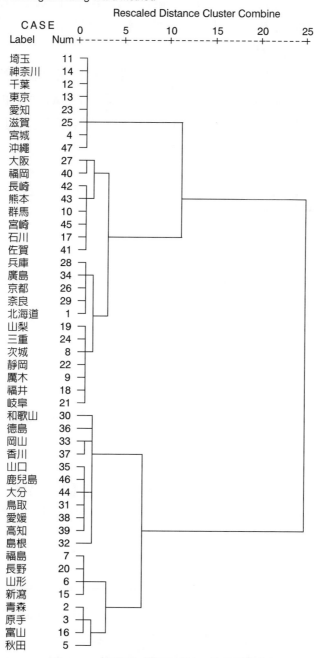

****** HIERARCHICAL CLUSTER ANALYSIS ******

Dendrogram using Ward Method

圖 10.4　樹狀圖（將資料以 Z 分數標準化）

率上特徵少的都道府縣（兵庫～北海道）所形成的群 (4)。其次在群 II 中，可分為心臟疾病的死亡率高的都道府縣（和歌川～香川）所形成的群 (5)，呼吸器官的疾病死亡率高的都道府縣（山口～島根）所形成的群 (6)，腦血管疾病死亡略高的都道府縣（福島～秋田）所形成的群 (7)。

這是根據疾病別的死亡率所分類的結果，群 (1) 是大都市圈，群 (2) 是九州，群 (3) 是北海道、近畿，群 (4) 是北關東與中部，群 (5) 是瀨戶內海的東部，群 (6) 是山陰、四國西部、九州，群 (7) 是東北、信越，雖然並不完全但與實際的地域性是一致的。

10.2　變數的集群

一、概要

與將觀察值合併的方法相同的步驟，可將變數集群。關於合併時所使用的距離與類似度、集群化的方法，請參照本章第 10.1 節。

二、解析例

⊃ 資料

使用第 9 章的表 9.2 所顯示的食物攝取資料，檢討食品間的類似性。

⊃ 分析的步驟

與前一節的觀察值的集群同樣進行。但是，點選【階層叢集分析法】對話框中的「叢集」欄中的「變數 (B)」（圖 10.5）。其他部分則相同。

⊃ 結果

表 10.4 顯示所處理觀察值的資訊，表 10.5 是顯示群分析過程，圖 10.6 顯示樹狀圖。這些與前述的觀察值的集群是相同的。使用圖 10.6 所顯示的樹狀圖來說明時，攝取量的平均未滿 50g 的油脂類、大豆食品、肉類等形成 1 個群，攝取量平均 50～100g 的魚貝類、馬鈴薯類、乳製品形成一個群。此 2 個群被合併之後，其次，攝取量小的果實被合併，攝取量的平均值超過 200g 的米與淡色蔬菜

圖 10.5　階層叢集分析的對話框

表 10.4　用於分析的觀察值資訊

觀察值處理摘要 [a]					
觀察值					
有效		遺漏		總和	
個數	百分比	個數	百分比	個數	百分比
300	100.0	0	.0	300	100.0

a. 歐幾理得距離平方使用的

表 10.5　群凝聚過程

	組合集群			先出現的階段集群		
階段	集群 1	集群 2	係數	集群 1	集群 2	下一階段
1	6	7	98345.000	0	0	2
2	6	12	171614.500	1	0	3
3	2	6	215778.333	0	2	5
4	5	13	443899.300	0	0	5
5	2	5	511915.950	3	4	6
6	2	3	1011655.2	5	0	7

群數凝聚過程

群數凝聚過程						
	組合集群			先出現的階段集群		
階段	集群 1	集群 2	係數	集群 1	集群 2	下一階段
7	2	9	1451255.0	6	0	8
8	2	4	1536491.7	7	0	9
9	2	11	1640036.6	8	0	10
10	2	14	2556575.0	9	0	12
11	1	10	8142972.3	0	0	13
12	2	8	8457053.9	10	0	13
13	1	2	19469685	11	12	0

****** HIERARCHICAL CLUSTER ANALYSIS ******

Dendrogram using Ward Method

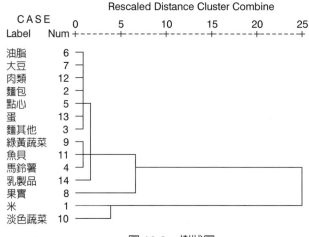

圖 10.6　樹狀圖

所形成的群合併。集群分析因只使用變數之值的資訊，因之得出的結果與第 8 章所顯示的因子分析的結果不同。

三、集群分析的 Q&A

Q1 階層集群分析法，以類似度、距離的測量方法來說，準備有各種的方法，要如何使用才好？

A1 對各種類似度、距離來說有利也有弊，無法斷言使用何者較好。集群分析說穿了是探索式的分析方法，不妨作各種的嘗試。大致上，使用歐基里得距離或其平方是無可厚非的。畢氏定理的計算較為大眾熟悉，可以使用任一種合併方法為其優點。更嚴密的作法是先考慮變數間的相關係數再使用要被計算的變數的馬哈拉諾畢斯距離（Maharanobis distance）。這可當作第 8 章以主成分分析所得出的所有主成分分數的歐基里得距離求出。

Q2 階層集群分析的合併方法準備有各種方法，有哪些不同呢？

A2 群之間的合併基礎不同，依所使用的合併方法不同，結果也會有所不同。最鄰近法是每次合併時被合併的群間距離變小，結果不一定是合併相近的個體間形成新群，因連鎖性會發生與遠離的個體一起形成群的連鎖效果（chain effect）。而且重心法與中位數法，大的群與一個個體合併時，群的代表點會落入合併前的大群之中，發生距離逆轉的情形。

附　錄

1. 距離、類似度的計算

用於分析的變數設為將 $(j = 1, \cdots, p)$ ，個體 a 的變數 x_j 的值設為 $x_{aj}(j = 1, \cdots, p)$ 。此時個體 a 與 b 的距離：

歐基里得距離（Euclid） d_1

$$d_1(a, b) = \sqrt{\sum_{j=1}^{p} (x_{aj} - y_{bj})^2}$$

都市區塊距離法 d_2

$$d_2(a, b) = \sum_{j=1}^{p} \left| x_{aj} - x_{bj} \right|$$

Minkowski 距離 d_3

$$d_3(a, b) = \sqrt[k]{\sum_{j=1}^{p} \left| x_{aj} - x_{bj} \right|^k}$$

Pearson 相關 s_1

$$s_1(a, b) = \frac{\sum_{j=1}^{p} (x_{aj} - \overline{x}_a)(x_{bj} - \overline{x}_b)}{\sqrt{\sum_{j=1}^{p} (x_{aj} - \overline{x}_a)^2}} \frac{1}{\sqrt{\sum_{j=1}^{p} (x_{bj} - \overline{x}_b)^2}}$$

2. Two step 集群分析與 K-mean 集群分析

如 10.1 及 10.2 節所述及的階層集群分析，是將觀察值或變數較接近的相互之間，依序合併作成最後一個群之此種重視集群化的過程，相對地，Two step 集群分析，是將分析對象分割成群為目的。亦即，可以了解分析中所處理的對象是由幾個群所構成。K-mean 集群分析，也與 Two step 集群一樣，將分析對象分割成群為目的的分析方法。與 Two step 集群相比，它的處理快，但只能處理連續變數為其缺點。

Two step 集群分析、K-mean 集群分析，均是針對分組及組的中心的資訊為

主要的輸出，有關各個觀察值的輸出幾乎不進行。總之，此後的群別比較是爲了進一步地分析而進行分類爲其目的，分析所用的觀察值的個數甚多，識別各個觀察值不易時所使用。

第11章 區別分析

　　在高中的升學指導中，對於擅長數學的學生如投考理學院、擅長國文的學生如投考文學院，錄取的可能性高。那麼對於數學或國語均擅長的學生來說，是要推薦投考文學院或理學院好呢？除了數學、國語之外，英語、理化、地理、公民的擅長或不擅長，對選擇大學的學院也有相當的影響。像這樣，取決於高中時代的各科的特性或學校內的成績，要投考文學院、理學院，甚至是法學院、管理學院、商學院、工學院、醫學院等的哪一個學院時，合格率何者較高呢？此外，像由定期診斷所得到的檢查資料，判定是否染上特定的疾病？從植物的枝葉或花瓣的形狀特性來指定品種的問題也有。將所給予的個體具有的數個資訊分解成幾個要素，利用比重的加權，分析該個體屬於哪一個群的多變量分析手法，稱為區別分析（discriminant analysis）。

　　本章，使用區別的對象為 3 組的情形介紹一般的例子，之後再對特定的 2 組的用法，使用具體的資料進行說明。

11.1　區別分析的概要

　　有由 p 個變數所構成的 k 組母體，已知屬於哪一組的樣本，其合計可得出 n 個狀況（p 當作比 n 小），就此進行檢視。此時，所得出的新樣本，是從哪一組所取得並不清楚時，以判定它原本所屬之組的統計方法來說可以使用區別分析。此方法大略區分有 2 個步驟。首先，使用已知屬於哪一組的樣本，建構識別組間的規則；接著對新的未知樣本應用此規則再區別是屬於哪一組。

　　這是建立前半的規則，第 i 個樣本的 p 個變數為 $x_{i1}, x_{i2}, \cdots, x_{ip}$ 時，準備好任意的係數 $a_1, a_2, \cdots, a_p$，檢視線形的合成變數

$$g_i = a_1 x_{i1} + a_2 x_{i2} + \cdots + a_p x_{ip} \ (i = 1, 2, \cdots, n) \tag{11.1}$$

　　就 n 個樣本計算此合成變數時，將所求出的 n 個合成變量 $\{g_i, i = 1, 2, \cdots, n\}$ 的變動的平方和，與變異數分析時所使用的技巧相同，可以分解成

$$總平方和 (S_T) = 組間平方和 (S_B) + 組內平方和 (S_W) \tag{11.2}$$

另一方面，此方法的目的是「要能清楚識別組」，換句話說，將組間的變動盡可能加大，相反地，將組內的變動盡可能變小來找出係數 $a_1, a_2, \cdots, a_p$，即可達成此目的。亦即，將此以平方和的關係表示時，檢視此 2 個平方和的相對大小（稱為相關比，觀察類別數據與量數據之關聯度，此值愈大，組間愈有差異）：

$$\eta^2 = S_B/S_T \tag{11.3}$$

從此相關比最大之下決定係數 $a_1, a_2, \cdots, a_p$ 是一樣的。此方式稱為典型區別分析（canonical discriminant analysis）。另外，如此所決定的 (11.1) 式稱為區別函數，$a_1, a_2, \cdots, a_p$ 稱為區別係數（嚴格來說是典型區別係數）。

此處詳細的計算過程省略，此問題最後歸結於平方和積和矩陣的特徵值問題。此時，特徵值 λ 與相關比 η^2（典型相關係數的平方）之間有如下的關係。

$$\eta^2 = \lambda/(1 + \lambda) \tag{11.4}$$

組數是 m 個時，(11.1) 式所定義的區別函數全部可得出 $(m-1)$ 個，隨之可得出 $(m-1)$ 組的區別係數。如可求出能清楚識別組的區別係數 $a_1, a_2, \cdots, a_p$ 時，使用它對所構成的區別函數代入目前的樣本之值，再分別求出各組的重心。

求出區別函數後，如蒐集了組未知的新樣本時，求出該樣本與各組重心之距離，區別它是屬於距離最小的組。最後，以整體來說，再評估可以區別的程度。

11.2　解析例 1（3 組的情形）

⊃ 資料

此處以 Fisher（1936）的菖蒲資料為例，說明區別分析的例子。此資料是針對 3 品種的菖蒲：Iris Setosa、Iris Versicolor、Iris Verginica 各 50 株，觀測花瓣寬度（petal width）、花瓣長度（petal length）、花萼長度（sepal length）、花萼寬

度（sepal width）4 個變數，使用此 4 個變數，如何能識別 3 品種（組）進行考察。

⊃ 資料輸入形式

　　使用 SPSS 的資料編輯程式，輸入各變數的資料如圖 11.1 所示。在「品種名」此欄中輸入花萼的各品種，在「品號」此欄中輸入各品種的號碼。這是在執行 SPSS 的區別分析程式時，以品號指定品種，此處各品種分別為 1，2，3。又，輸入的資料是以「Fisher Iris.Sav」檔名儲存後來說明。

圖 11.1　資料輸入畫面的一部分

⊃ 分析的步驟

　　如圖 11.2 所示，按【分析 (A)】→【分類 (Y)】→【區別 (D)】的順序開啟「區別分析」對話框，如圖 11.3 所示，可以指定區別分析所使用的變數與選項。

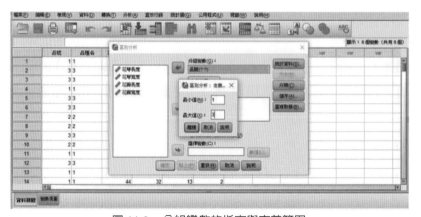

圖 11.2　區別分析的啓動步驟

　　在【區別分析】視窗的左側之框內，目前解析對象的資料檔所含的變數內顯示區別分析可能利用的變數清單。此變數清單選擇顯示組號之變數即「品號」後，按一下「分組變數」欄左側的右三角形按鈕，將「品號」移到「分組變數」欄中。此時顯示「品號（？？）」這是區別分析所使用的組號未被定義，因之按一下下方的「定義範圍」，以組號指定「分組變數」中的哪一個組用於區別分析。此處，3 品種均用於解析。最小值指定「1」，最大指定「3」（圖 11.3）。如進行此指定時，「分組變數」欄中即顯示「品號（1　3）」，可知組號已被定義。

　　另外，只指定「分組變數」未指定其範圍時，即無法執行區別分析，【區別分析】對話框上的「確定」鈕，會出現淡色而呈現無法選擇的狀態。

圖 11.3　分組變數的指定與定義範圍

其次，指定用於區別分析的「自變數 (I)」（圖 11.4）。從左側框內所顯示的變數名之中指定用作自變數的 4 個變數（花萼長度、花萼寬度、花瓣長度、花瓣寬度），按一下「自變數 (I)」方框左側的右三角形鈕時，將這些變數均移到「自變數 (I)」欄中，當作自變數加以指定。另外，一面按住 ctrl 鍵依序點選變數名，即可同時選擇數個變數，這是指定許多變數時的小技巧。

此次想全部使用 4 個變數來建構區別函數，因之點選「一同輸入自變數 (E)」。可是，具有較多的自變數的資料作為對象想進行解析時，從中想只使用影響力較大的一些變數來建構區別函數時，可以使用「逐步迴歸分析法」。

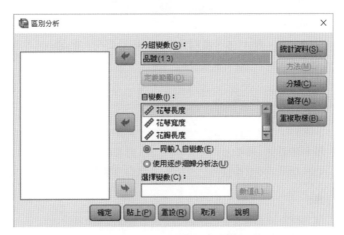

圖 11.4　自變數的指定

其次按【區別分析】對話框的「統計資料 (S)」，可以指定幾個選項（圖 11.5）。以「描述性統計資料」的選項來說，有計算各自變數的基礎統計量（平均數），以及各自變數中組間的平均值是否可以認為相等的檢定（單變量 ANOVA）。此次，為了求出多組的線形區別函數的係數，勾選「Fisher's 線性區別函數係數」，以及為了顯示出計算典型區別分數所使用的區別函數的係數，勾選「未標準化」。

另外，各組的自變數的共變異數矩陣是否被認為相同之檢定（Box's M），以及想表示相關矩陣或共變異數矩陣等各種的矩陣時，可於符合的選項中勾選。

按【區別分析】對話框的「分類 (C)」可以指定幾個選項（圖 11.6）。此處，為了顯示各樣本被預測的組號以及各典型區別函數的區別分數等而勾選「逐觀察

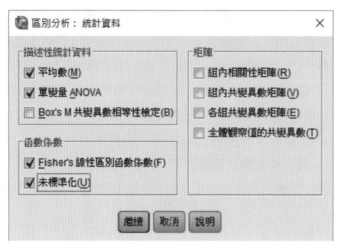

圖 11.5　區別分析的「統計資料」指定

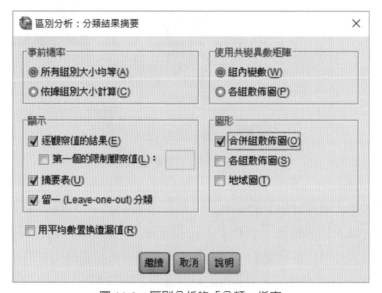

圖 11.6　區別分析的「分類」指定

值的結果 (E)」，並且，為了顯示實際的組與所預測的組的區別結果作成分叉表而勾選「摘要表 (U)」。勾選「留一（leave-one-out）分類」。這是將某一個樣本刪除後，建構典型區別函數，對所求的函數讓該樣本區別的作業，針對所有的樣本進行驗證效度的方法，可稱為驗證「交差效度」（Cross-Validation）。為了以視窗的方式掌握區別的狀況，讓區別分數在一張圖上顯示也可勾選「合併組散

佈圖 (O)」。

最後按【區別分析】對話框的「儲存」，指定幾個選項。此處所指定的計算結果，是對目前成為解析對象的資料檔當作新變數而被追加。此次，勾選「預測的組群 (P)」以儲存經由所求出的區別函數所預測的組號，以及勾選「區別評分 (D)」以儲存各典型區別函數的區別分數（圖 11.7）。這些計算結果，可以利用在後續處理的解析與其他的程式中。

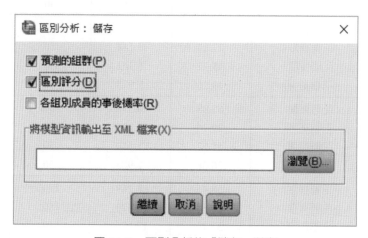

圖 11.7　區別分析的「儲存」指定

完成選項後，按【區別分析】對話框的「確定」，即執行區別分析的計算。

⊃ 結果

觀察解析所使用的 4 變數的特性，因顯示出讀取資料的有效／無效數，在確認資料已按照意圖讀取之後，觀察取名為「組別統計量」的輸出（表 11.1），顯示出各變數的每一組以及所有組的平均值與標準差。譬如，觀察「花瓣寬度」，可知這些統計量的特性各組是不同的。由輸出（表 11.2）取名為「各組平均數的相等性檢定」右端的「顯著機率」均為 .000%，也可得知各變數的平均值不能說是相同的。

另外，如想顯示共變異數矩陣時，可在圖 11.5 的「矩陣」欄位中勾選「各組共變異數矩陣 (E)」與「全體觀察值的共變異數 (T)」。

表 11.1　各組的多變量的平均值與標準差

組別統計量					
				有效的 N（列出）	
品號		平均數	標準差	未加權	加權
1	花萼長度	50.10	3.536	50	50.000
	花萼寬度	34.28	3.791	50	50.000
	花瓣長度	14.62	1.737	50	50.000
	花瓣寬度	2.46	1.054	50	50.000
2	花萼長度	59.36	5.162	50	50.000
	花萼寬度	27.64	3.141	50	50.000
	花瓣長度	43.22	5.362	50	50.000
	花瓣寬度	13.26	1.978	50	50.000
3	花萼長度	65.88	6.359	50	50.000
	花萼寬度	29.74	3.225	50	50.000
	花瓣長度	55.52	5.519	50	50.000
	花瓣寬度	20.06	2.903	50	50.000
總和	花萼長度	58.45	8.269	150	150.000
	花萼寬度	30.55	4.373	150	150.000
	花瓣長度	37.79	17.776	150	150.000
	花瓣寬度	11.93	7.569	150	150.000

表 11.2　各組的多變量的平均值之差的檢定

各組平均數的相等性檢定					
	Wilks' Lambda 值	F 檢定	分子自由度	分母自由度	顯著性
花萼長度	.383	118.522	2	147	.000
花萼寬度	.596	49.882	2	147	.000
花瓣長度	.065	1061.559	2	147	.000
花瓣寬度	.077	878.766	2	147	.000

　　針對具有此種特性的變數進行典型區別分析。首先觀察特徵值，這是表示多組的識別程度的尺度（表 11.3），第 1 特徵值的貢獻率是 99.0%，呈現壓倒性比率，可知幾乎只要使用第 1 典型區別函數即可區別。並且，觀察由此所導出的典型相關係數時，在總平方和之中組間的平方和所占的比率，第 1 典型區別函數是 98.3% 非常高，第 2 典型區別函數是 47.2% 較弱，有甚大的差異。亦即，由這些

顯示此次的 3 個品種可以說幾乎能以第 1 典型區別函數的大小來分離（另外，使用
(11.4) 式時，從特徵值 28.757 可求出典型相關係數 $\sqrt{28.757/(1+28.757)} = 0.983$）。

　　其次從以下 2 個典型區別函數的係數（表 11.4）的大小／正負關係來觀察各
變數如何影響。這些係數事實上是對應上述的特徵值的特徵向量，在第 1 典型區
別函數中，可知「花瓣」是正，「花萼」是負，花瓣愈大，花萼愈小，函數值亦
即區別分數即愈大。另一方面，雖然說明力小不太需要解釋，但仍就第 2 典型區
別函數來觀察時，「寬度」均為正，「花瓣的長度」是負的影響，且「花萼的長
度」幾乎是不會影響的變數，寬度愈大的菖蒲，即有愈大的區別分數。

表 11.3　各典型區別函數的影響力

特徵值				
函數	特徵值	變異數的 %	累積 %	典型相關
1	28.757[a]	99.0	99.0	.983
2	.287[a]	1.0	100.0	.472

a. 分析時會使用前 2 個典型區別函數。

表 11.4　典型區別函數的係數

標準化的典型區別函數係數		
	函數	
	1	2
花萼長度	−.359	.093
花萼寬度	−.518	.695
花瓣長度	.887	−.431
花瓣寬度	.608	.581

　　由上述的典型區別函數所得出的各樣本的區別分數，是使用各個函數中的大
小關係進行區別，因之不管原點取在何處，表示的意義不變。因此，此處表現
成圖形時，從各樣本能在原點的周圍描點，變換成使平均成為 0 之後再使用，
如此所得到的典型區別函數的係數即為表 11.5 所示。且使用此係數所計算的各
樣本的區別分數，顯示在計算結果中取名為「依觀察值計算統計量」表右端的
「區別分數」的各個函數中（表 11.6）。將這些各樣本的區別分數描點時，即如

表 11.5　變換成平均為 0 的典型區別函數的係數

典型區別函數係數		
	函數	
	1	2
花萼長度	−.070	.018
花萼寬度	−.153	.205
花瓣長度	.195	−.095
花瓣寬度	.287	.274
（常數）	−2.049	−7.005

未標準化係數

表 11.6　各觀察值的統計

依觀察值計算統計量											
觀察值個數		實際組別	預測組別	最高組別				第二高組別			區別分數
				P(D>d|G=g)		P(G=g|D>d)	到重心的 Mahalanobis 距離平方	組別	P(D>d|G=g)	到重心的 Mahalanobis 距離平方	函數 1	函數 2
				P	自由度						
原始的	1	1	1	.945	2	1.000	.112	2	.000	83.011	−7.269	−.125
	2	3	3	.267	2	**1.000**	2.639	2	.000	27.092	6.352	1.835
	3	3	3	.273	2	.999	2.596	2	.001	17.622	4.951	2.070
	4	1	1	.506	2	1.000	1.363	2	.000	103.291	−8.227	.795
	5	3	3	.745	2	.994	.589	2	.006	10.943	4.715	.876
	6	3	3	.832	2	.997	.368	2	.003	11.738	5.179	−.045
	7	2	2	.910	2	.998	.189	2	.002	12.321	2.204	−.937
	8	2	2	.269	2	.974	2.628	2	.026	9.843	2.274	.829
	9	3	3	.315	2	.891	2.309	2	.109	6.504	4.369	−.598
	10	2	2	.584	2	1.000	1.075	2	.000	16.367	1.363	.202
	11	1	1	.462	2	1.000	1.546	2	.000	68.179	−6.435	−.760
	12	3	3	.659	2	.990	.833	2	.010	9.937	4.941	−.269
	13	1	1	.768	2	1.000	.527	2	.000	96.233	−7.944	.196
	14	1	1	.815	2	1.000	.408	2	.000	76.094	−6.893	−.343
	15	2	2	.750	2	1.000	.576	2	.000	20.523	1.178	−1.129
	16	3	3	.395	2	.883	1.860	2	.117	5.910	4.153	−.039
	17	2	2	.170	2	1.000	3.549	2	.000	31.701	.255	−1.774
	18	1	1	.773	2	1.000	.515	2	.000	93.011	−7.712	.727
	19	1	1	.383	2	1.000	1.921	2	.000	68.004	−6.422	−.928
	20	3	3	.737	2	1.000	.609	2	.000	19.939	6.157	.344
	21	1	1	.589	2	1.000	1.060	2	.000	73.095	−6.553	.992
	22	1	1	.561	2	1.000	1.155	2	.000	73.339	−6.742	−.757

圖 11.8 所示,像這樣,製作成圖形時,即可以視窗的方式掌握各組的位置關係。如觀此圖時,可知第 1 組位於左偏,而第 2 組與第 3 組幾乎左右分離處於比較接近的位置。圖中各組的重心位置顯示於表 11.7 中。

另外,在圖 11.7 的「儲存」對話框中,勾選了「區別評分 (D)」,因之於計算對象檔案(資料檢視)的右側以「Dis 1-1」(針對分析 1 由函數 1 得出的區別分數)與「Dis 2-1」(針對分析 1 由函數 2 得出的區別分數)的變數名當作新變數分別追加各自的區別分數。如儲存好此檔案時,於今後的解析或在其他軟體中利用區別分數時是有幫助的。

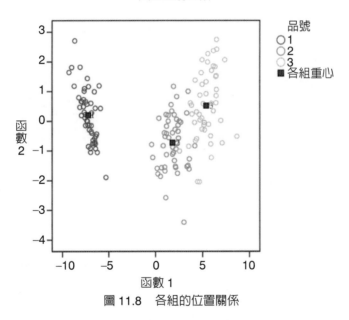

圖 11.8　各組的位置關係

表 11.7　各組的重心位置

各組重心的函數		
	函數	
品號	1	2
1	−7.218	.206
2	1.822	−.728
3	5.396	.522

註:末標準化的典型區別函數,以組別平均數加以評估

　　使用所得到的典型區別函數判定各樣本所屬的組時，此例 150 筆的分類結果如表 11.8 所示。觀此表知，原本屬於第 1 組的 50 筆，即使是預測也全部正確判斷在第 1 組。可是，第 2 組之內的 2 筆，被預測是第 3 組，以及第 3 組的 2 筆，相反地被預測是在第 2 組，誤判率是 2.7% (= 4/150)。

　　下方的「交叉驗證」，是將矚目的 1 筆除去以剩餘的樣本建構區別函數，針對所求出的函數再將這 1 筆套用求出區別結果，而此是針對所有的樣本執行的結果。亦即，就矚目的 1 筆，首先想成未被測量者，以少 1 筆的資料建構區別函數，之後將此 1 筆想成組未明要被測量的新樣本，讓所得到的區別函數來判定後之結果。觀此表時，與前述的區別結果相同，看不出差異。

　　經整理之後，由此次的資料所得到的區別函數可清楚識別各組，誤區別率也低，可以預料新取得樣本時也幾乎可以正確區別。

表 11.8　典型區別分析的區別結果

分類結果 [b.c]						
			預測的各組成員			
		品號	1	2	3	總和
原始的	個數	1	50	0	0	50
		2	0	48	2	50
		3	0	2	48	50
	%	1	100.0	.0	.0	100.0
		2	.0	96.0	4.0	100.0
		3	.0	4.0	96.0	100.0
交叉驗證 [a]	個數	1	50	0	0	50
		2	0	48	2	50
		3	0	2	48	50
	%	1	100.0	.0	.0	100.0
		2	.0	96.0	4.0	100.0
		3	.0	4.0	96.0	100.0

a. 只針對分析中的那些觀察值進行交叉驗證。在交叉驗證時，每個觀察值都是以它本身以外其他所有觀察值的函數加以分類

b. 97.3% 個原始組別觀察值已正確分類。

c. 97.3% 個交叉驗證組別觀察值已正確分類。

11.3　解析例 2（2 組時）

　　爲了解組之間有多接近或者有多偏離，3 組（以上）的情形是繪製如前節所示的散佈圖再確認。與此相同，以 2 組的資料作爲對象時，將所得到的區別分數以各組的直方圖表示，即可了解組間的位置。也許覺得話題有些前後相反，但以下以繪圖方法爲中心，列舉 2 組來說明。

➲ 資料與其輸入形式

　　在前節所用的菖蒲資料中，使用第 2 組的 Iris Versicolor 與第 3 組的 Iris Verginica 進行區別分析。變數與前節相同，使用 4 變數。使用的資料，抽取第 2 組與第 3 組的 2 組資料以檔名「Fisher Iris 2G. Sav」儲存後來進行說明。

➲ 分析的步驟

　　區別分析內的變數指定、統計量等選項的選擇與前節相同。以進行區別分析的結果來說，區別分數在資料檔案的右行以「分析 1 函數 1 的區別分數【Dis 1-1】」的變數名被追加的部分開始說明。

　　如圖 11.9 所示，按【統計圖 (G)】→【歷史對話記錄 (L)】→【直方圖 (I)】的順序指定，開啓如圖 11.10 所示的【直方圖】對話框。其中可以指定描畫直方圖的變數與選項。

圖 11.9　直方圖的啓動步驟

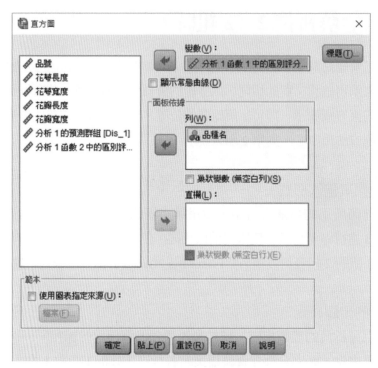

圖 11.10　直方圖的繪製

　　目前解析對象的資料檔案所包含的變數內，顯示能利用變數的清單。從此變數清單之中選擇描畫直方圖的變數即「分析 1 函數 1 中的區別分數【Dis 1-1】」後，按「變數 (V)」方框左側的右三角鈕時，「分析 1 函數 1 中的區別分數【Dis 1-1】」移到「變數」的欄中，可知此當作變數已被指定。為了可以按各組繪製直方圖，選擇識別組的變數即「品種名」，按一下「面板依據」框內的「列 (W)」左側的右三角鈕，再指定面板變數。此處指定「列」的理由，是將各組的直方圖縱向排列，容易掌握區別分數的分配位置關係。

　　完成選項後，按「確定」，即可繪製直方圖。

⊃ 結果

　　各組的各變數的平均與標準差、共變異數矩陣等與前例相同，此處省略說明。針對此 2 組的數據進行區別分析的結果，在總平方和之中，組間平方和所占的比率（典型相關係數）是 86.2%，為一相當大之值（表 11.9）。觀察區別函數

的係數（表11.10）時，花瓣是「正」，花萼是「負」，花瓣大、花萼小的菖蒲，可知區別分數愈大。並且，使平均成為 0 進行變換時的典型區別函數的係數，以及當時的各組的重心位置，分別如表 11.11、表 11.12 所示。「儲存」的對話框（圖 11.7）中，因為指定區別分數的儲存，以此區別函數所計算的區別分類即被追加在原來的資料的右側（圖 11.11）。

表 11.9　典型區別函數的影響力

特徵值				
函數	特徵值	變異數的 %	累積 %	典型相關
1	2.882[a]	100.0	100.0	.862

a. 分析時會使用前 1 個典型區別函數。

表 11.10　典型區別函數的係數

標準化的典型區別函數係數	
	函數
	1
花萼長度	−.404
花萼寬度	−.416
花瓣長度	.803
花瓣寬度	.831

表 11.11　平均當作 0 時的典型區別函數的係數

典型區別函數係數	
	函數
	1
花萼長度	−.070
花萼寬度	−.131
花瓣長度	.148
花瓣寬度	.334
（常數）	−4.746

註：未標準化係數

表 11.12　各組的重心位置

各組重心的函數	
	函數
品號	1
2	–1.680
3	1.680

註：未標準化的典型區別函數，以組別平均數加以評估

	品號	品種名	花萼長度	花萼寬度	花瓣長度	花瓣寬度	Dis_1	Dis1_1	var	var	var
1	3	Iris Verginica	67	31	56	24	3	2.82651			
2	3	Iris Verginica	69	31	51	23	3	1.61446			
3	3	Iris Verginica	65	30	52	20	3	1.16828			
4	3	Iris Verginica	58	27	51	19	3	1.56620			
5	2	Iris Versicolor	57	28	45	13	2	-1.38703			
6	2	Iris Versicolor	63	33	47	16	2	-1.15971			
7	3	Iris Verginica	49	25	45	17	3	.90061			
8	2	Iris Versicolor	70	32	47	14	2	-2.18650			
9	3	Iris Verginica	63	25	50	19	3	1.33081			
10	2	Iris Versicolor	58	26	40	12	2	-2.26824			
11	3	Iris Verginica	63	27	49	18	3	.58766			
12	2	Iris Versicolor	50	23	33	10	2	-3.02068			
13	3	Iris Verginica	64	28	56	21	3	2.42403			
14	2	Iris Versicolor	58	27	41	10	2	-2.92010			
15	2	Iris Versicolor	60	29	45	15	2	-1.05794			
16	3	Iris Verginica	58	27	51	19	3	1.56620			
17	3	Iris Verginica	64	31	55	18	3	.88141			
18	2	Iris Versicolor	49	24	33	10	2	-3.08144			
19	3	Iris Verginica	60	22	50	15	3	.59386			
20	2	Iris Versicolor	52	27	39	14	2	-1.45883			
21	2	Iris Versicolor	58	27	39	12	2	-2.54639			
22	3	Iris Verginica	69	32	57	23	3	2.36958			
23	2	Iris Versicolor	59	30	42	15	2	-1.56154			
24	3	Iris Verginica	56	28	49	20	3	1.61445			
25	3	Iris Verginica	67	25	58	18	3	1.89814			
26	2	Iris Versicolor	63	23	44	13	2	-1.30058			
27	2	Iris Versicolor	63	25	49	15	2	-.15467			
28	2	Iris Versicolor	51	25	30	11	2	-3.45988			
29	3	Iris Verginica	69	31	54	21	3	1.38835			

資料檢視 / 變數檢視

圖 11.11　區別分類

將此區別分類以各組的直方圖顯示，如圖 11.12 所示。下方的直方圖是表示第 2 組的區別分數之分配，上方的直方圖是表示第 3 組的區別分數之分配。觀察這些時，第 2 組主要位於負領域，第 3 組位於正領域。譬如，就第 2 組來觀察時，判斷組的歸屬的境界「原點 (0, 0)」，超越「原點」位於右側有 2 筆，這些是誤判。同樣，第 3 組有 2 筆超越「原點」位於左側而被誤判，而大多數的樣本均正確被判斷，誤區別率是 4.0%(= 4/100)。又，此次 100 筆的分類結果即爲表 11.13 所示，被誤判的樣本可知各有 2 筆，這些在直方圖上超越原點位於相反位置的樣本。

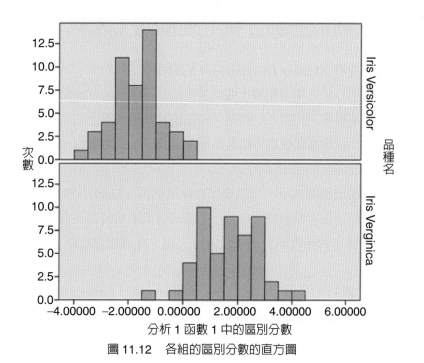

分析 1 函數 1 中的區別分數

圖 11.12　各組的區別分數的直方圖

表 11.13　區別結果

分類結果 b.c					
		品號	預測的各組成員		總和
			2	3	
原始的	個數	2	48	2	50
		3	2	48	50
	%	2	96.0	4.0	100.0
		3	4.0	96.0	100.0
交叉驗證 a	個數	2	48	2	50
		3	2	48	50
	%	2	96.0	4.0	100.0
		3	4.0	96.0	100.0

a. 只針對分析中的那些觀察值進行交叉驗證。在交叉驗證時，每個觀察值都是以它本身以外
　 其他所有觀察值的函數加以分類

b. 96.0% 個原始組別觀察值已正確分類。

c. 96.0% 個交叉驗證組別觀察值已正確分類。

11.4 關於區別分析其他問題 Q&A

1. 線性區別分析（Linear Discriminant Analysis）

典型區別分析是使用相關比成為最大的基準求出區別函數，但以其他的基準來說，計算出與各組的重心之距離，再區別其距離為最小的組的想法也有。此處所說的距離，並非是歐幾里得距離，而是考慮分配的變異程度的馬哈拉諾畢斯距離（Mahalanobis's generalized distance）。

基於此想法展開式子，可以導出各組被稱為「Fisher's 線性區別函數」，此函數因為是顯示從常數項減去之值（如想成負的距離時容易理解），因之符號相反，代入各樣本值後再區別出現最大值之組。m 個組存在時，可得出 m 個分類函數。

SPSS 在圖 11.5 的「統計資料」對話框中，勾選「Fisher's 線性區別函數係數」時，即可顯示此分類函數的係數（表 11.14）。計算、儲存已使用此係數的區別分數，在區別分析內並無指定，使用主清單的【轉換 (T)】內的【計算】等所得到的係數為基礎有需要各自去計算。

表 11.14　Fisher 的線性區別函數的係數

分類函數係數			
	函數		
	1	2	3
花萼長度	2.299	1.651	1.425
花萼寬度	2.255	.686	.396
花瓣長度	−1.480	.369	.947
花瓣寬度	−1.616	.726	2.096
（常數）	−84.541	−72.375	−101.227

註：Fisher's 線性區別函數

2. 2 組的區別分析中的直方圖的畫法

以下介紹將第 11.3 節所說明的直方圖（圖 11.12）整理在 1 張圖的方法。SPSS 是使用「長條圖的叢集化顯示」，2 組（以上）的資料可畫在一張圖上。因之，有需要在描畫前指定等級寬度後將數值變數「類別化」。具體言之，可以

按以下的步驟描畫。

　　首先是類別化的方法，指定【轉換 (T)】→【Visual Binning（連續變數類別化）】，會開啓【Visual Binning】對話框。在對話框左側的框內，顯示出目前解析對象的資料檔案所包含的變數中能指定類別化的變數清單。從左側框內選擇「分析 1 函數 1 中的區別分數【Dis 1-1】」，按一下右三角鈕時，於「變數至 Bin(B)」欄移入了所指定的變數，可知此當作類別化對象即被指定。按一下「繼續」，重新返回【Visual Binning】對話框，即可指定類別化的參數（圖 11.13）。「掃描變數清單」框內，選擇「分析 1 函數 1 中的區別分數【Dis 1-1】」時，會顯示大略的直方圖與最小值、最大值，因之檢視要分割成何種程度。此次，假定從以 0.5 的刻度來區分。將已類別化的參數儲存時的變數名輸入到「已 Bin 的變數」欄中。此處是以「Cate Dis」輸入，變數名可按喜好取名。按一下視窗右下的「製作分割點」，即可指定有關分割點的選項，此處在「等寬的區間」的「區間」處的「第一個分割點的位置」輸入「–4.0」，以及「寬度」輸入「0.5」，按「套用」。「分割點數目」的「數值」欄即自動設定區分的數值，但是即使照此描畫而區間的說明用標籤也只加上類別號碼，不易理解。因此，爲了加上容易理解的標籤，按右下的「製作標籤 (A)」，標籤欄中即可設定區間寬

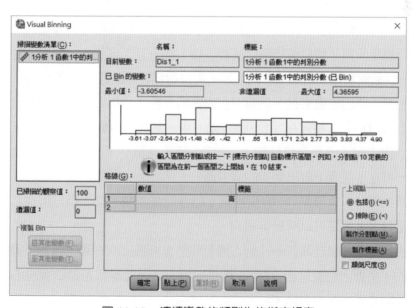

圖 11.13　連續變數的類別化的指定視窗

度。如果小數點以下的位數多而不易看時，要一個一個修正（圖 11.13）。最後按一下「確定」鈕，即會顯示「Binning 規格將建立一個變數」的警告視窗，而對此也按「確定」。資料右端追加新變數「Cate Dis」，類別號碼也被追加（圖 11.14）。

	品號	品種名	花萼長度	花萼寬度	花瓣長度	花瓣寬度	Dis_1	Dis1_1	CateDis	var	var
1	3	3	67	31	56	24	3	2.82651	15		
2	3	3	69	31	51	23	3	1.61446	13		
3	3	3	65	30	52	20	3	1.16828	12		
4	3	3	58	27	51	19	3	1.56620	13		
5	2	2	57	28	45	13	2	-1.38703	7		
6	2	2	63	33	47	16	2	-1.15971	7		
7	3	3	49	25	45	17	3	.90061	11		
8	2	2	70	32	47	14	2	-2.18650	5		
9	3	3	63	25	50	19	3	1.33081	12		
10	2	2	58	26	40	12	2	-2.26824	5		
11	3	3	63	27	49	18	3	.58766	11		
12	2	2	50	23	33	10	2	-3.02068	3		
13	3	3	64	28	56	21	3	2.42403	14		
14	2	2	58	27	41	10	2	-2.92010	4		
15	2	2	60	29	45	15	2	-1.05794	7		
16	3	3	58	27	51	19	3	1.56620	13		
17	3	3	64	31	55	18	3	.88141	11		
18	2	2	49	24	33	10	2	-3.08144	3		
19	3	3	60	22	50	15	3	.59386	11		
20	2	2	52	27	39	14	2	-1.45883	7		
21	2	2	58	27	39	12	2	-2.54639	4		
22	3	3	69	32	57	23	3	2.36958	14		
23	2	2	59	30	42	15	2	-1.56154	6		
24	3	3	56	28	49	20	3	1.61445	13		
25	3	3	67	25	58	18	3	1.89814	13		
26	2	2	63	23	44	13	2	-1.30058	7		
27	2	2	63	25	49	15	2	-.15467	9		
28	2	2	51	25	30	11	2	-3.45988	3		
29	3	3	69	31	54	21	3	1.38835	12		
30	3	3	72	36	61	25	3	2.89750	15		
31	2	2	56	29	36	13	2	-2.77628	4		

圖 11.14　追加於右端的類別號碼

以此一連串的作業可以完成區別分類的類別化，因之試繪圖看看。選擇【統計圖】→【長條圖】，即開啓【長條圖】對話框，可以指定長條圖的形狀。此處選擇「叢集」與「觀察值組別之摘要」後，按一下「定義」。開啓【定義叢集長條圖：採觀察值組別之摘要】對話框，可以指定各種的選項（圖 11.15）。首先，以題示直方圖的變數來說，係類別化的區別分數「分析 1 函數 1 的區別分數（帶狀）【CateDis】」指定在「類別軸 (X)」中。其次，以顯示組的變數來說將「品種名」指定在「定義叢集依據 (B)」中。最後，按一下「確定」，即如圖 11.16 所示，可在 1 張圖上畫出 2 組的直方圖。

觀此圖時，以原點 (0, 0) 爲境第 2 組分配在左側，第 3 組分配在右側，原點附近交雜著 4 筆是可以清楚得知的。

主選單的【統計圖】→【直方圖】雖然也可畫出直方圖，但想描畫如此處所顯示的 1 張圖上有數個組（SPSS 稱爲面板）時，此操作是無法實現的。要注意不要受制於直方圖的名稱。

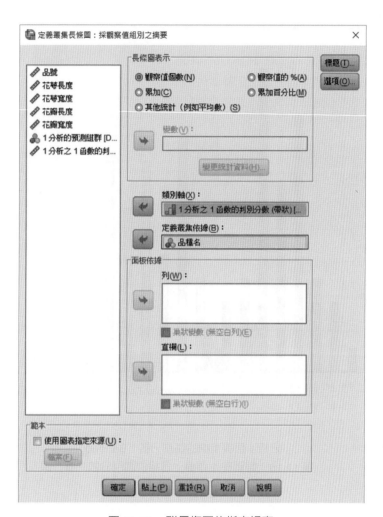

圖 11.15　群長條圖的指定視窗

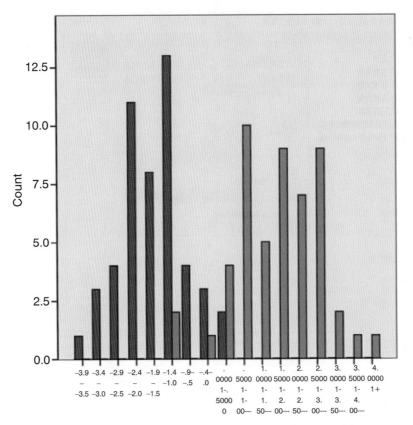

分析 1 函數 1 中的區別分數（Banded）

圖 11.16　整理在 1 張圖上各組的區別分數的直方圖

第12章　Logistic 迴歸分析

目的變數或反應變數的可能值為 2 時，關於其中一方的值取成機率，進行 Logit 變換，且假定能以說明變數的線性組合的形式加以表示的模型是經常被使用的。此模型不僅自然科學，在行為科學、人文科學、社會科學中均能應用。本章使用 SPSS Regression Model 的 Logistic 迴歸模型進行說明。

12.1　二元 Logistic 迴歸

一、概要

作為觀察對象並非是量的值，只以質的特性作為觀測資料得出的情形也有。對象為全體中的個體是否具備某種特質的特性，或者只觀測是否屬於某一類別時，所得出的資料一般稱為質性資料。以處理此種質性資料的統計方法來說，有迴歸分析與交叉表。本章探討應用迴歸分析的方法。

一般迴歸分析可探討 1 個反應變數（依變數）與 1 個以上的說明變數（自變數）的關係，以數學的方式進行模型化。此時，反應變數 Y 的可能值有 2 個，觀測值是其中 2 者之 1 的情形稱為二值變數（binary variable）。譬如，生物個體的生死、機械故障的有無等均為質性資料，視實際狀況變數的可能值可以分配 0 或 1。此時，樣本全體之中 $Y = 1$ 的個體比率設為 p，就 p 與說明變數 X 來說，以 α, β 作為參數，稱為 Logistic 迴歸模型。

$$\ln[p/(1-p)] = \alpha + \beta X \tag{12.1}$$

其中 ln 是以 e 為底的對數（自然對數）。也可以擴張成說明變數為 2 個以上的情形，關於 k 個說明變數可表示：

$$\ln[p/(1-p)] = \alpha + \beta_1 X_1 + \beta_2 X_2 + \cdots + \beta_k X_k \tag{12.2}$$

$\beta_1, \beta_2, \cdots, \beta_k$ 是參數，可利用最大概似法（參本章附錄）估計。左邊的 $\ln[p/(1$

$-p$)] 稱爲 p 的 Logit。如同上述，反應變數是 2 值變數時，特別稱爲二元 Logistic 迴歸模型（binary Logistic regression model）。又，以 (12.2) 式所表示的模型，一般稱爲多元 Logistic 迴歸模型（multiple logistic model）。

利用 Logistic 迴歸分析可以估計說明變數對反應變數有多大的影響。基於說明變數預測反應變數，或估計各說明變數之間的 odds 比 [1]，也是有效的方法。

二、解析例

例 12.1

⊃ 資料

表 12.1 的資料是觀察某新藥有無服用以及患者發病後在 1 年之內的生存或死亡。就此資料，使用 Logistic 迴歸分析調查新藥服用的有無，以及在 1 年以內生存 · 死亡的關係，想知道此藥有無延長壽命的效果。

表 12.1　資料

		1 年以內的生死		計
		生存（0）	死亡（1）	
新藥服用	無（0）	7	13	20
	有（1）	13	6	19
計		20	19	39

⊃ 資料輸入形式

資料輸入形式的一部分顯示於圖 12.1 中。就各變數來說，設新藥無服用 =

---

[1]　對機率 p 來說，$P/1-p$ ＝事件發生之機率事件 / 未發生之機率，稱為 odds（勝算）。如正面發生的機率是 0.9，則勝算是 9。反之，負面的勝算是 1/9。$0 \leqq odds < \infty$。又對兩事件 p_1, p_0 來說，$\frac{p_1}{1-p_1} / \frac{p_0}{1-p_0}$ 稱為 odds 比（勝算比）。當 odds 比 ≒ 1 時，即 p_1 ≒ p_0，表示發生與未發生的機率各半，顯示兩事件無關。當 odds 比 ≒ 0 時，表發生的機率為 0。

0，新藥有服用 = 1，生存 = 0，死亡 = 1 的數值。

圖 12.1　輸入資料的一部分

⇨ 分析的步驟

選擇【分析 (A)】→【迴歸 (R)】→【二元 Logistic(G)】。以「因變數 (D)」而言，選擇「生死」，「共變量 (C)」選擇「新藥服用」。因共變量（指分析時間接利用或輔助用的變量）只有 1 個，所以「方法 (M)」選擇「Enter（強制投入法）」。而且，「新藥服用」雖然是類別變數，但是因取 0 或 1 之值，故不需要區別指定當作類別變數（參照圖 12.2）。「選項」如選擇「Exp(*B*) 的信賴區間」時，即可求出 odds 比的信賴區間（參本章附錄）。

圖 12.2　變數的指定

⊃ 結果

　　於表 12.2 中顯示結果。新藥服用的係數是 $B = -1.392$，可知向減少死亡的方向在作用著。而且，顯著機率 $p = 0.041$，顯示在 5% 顯著水準下此係數顯著地不是 0。並且，$Exp(B) = 0.249$（OR < 1），此值說明服用新藥群中的死亡率 p_1 與未服用群中的死亡率 p_0 的 odds 比，其 95% 信賴區間是落在 0.065 到 0.944 之間，顯示比 1 小（$p_1 < p_0$），當得出 95% 信賴區間（CI）後，觀察 1 是否落在 CI 內，如果是，表示兩群間的勝算沒有顯著差異；若不是，則表示兩群間有顯著差異。因此，服用新藥與未服用新藥有顯著差異，此說明服用新藥至少是有延長壽命的效果。在解讀服用新藥群與死亡結果的相關性時，如 OR = 1 表示無論有無服用新藥，發生死亡結果的可能性一樣；如 OR > 1 表示服用新藥導致死亡結果的風險增加；如 OR < 1 表示服用新藥導致死亡結果的風險減少。

表 12.2　二項 Logistic 迴歸分析的結果

		B	S.E.	Wald	自由度	顯著性	Exp(*B*)	EXP(*B*) 的 95.0% 信賴區間	
變數在方程式中									
								下界	上界
步驟 1[a]	新藥服用	−1.392	.681	4.183	1	.041	.249	.065	.944
	常數	.619	.469	1.744	1	.187	1.857		

a. 在步驟 1 中選入的變數：新藥服用。

例 12.2

⊃ 資料

　　關於例 12.1 的資料，不僅新藥服用的有無，也同時調查性別（男 1；女 2），年齡（歲），血中的血紅素含量（Hb）（g/dl），血中白血球數（WBC）（×1000/ul）。結果如表 12.3 所示。針對此資料進行二元 Logistic 迴歸分析，調查上述各要因包含新藥服用與 1 年間的生死之關係。

表 12.3　有關新藥服用效果的資料

性別（男1，女2）	年齡（歲）	Hb（血紅素含量 g/dl）	WBC（白血球數 ×1000/ul）	新藥服用（無 0，有 1）	1 年內生存、死亡（生存 0，死亡 1）
1	42	14.30	7.70	0	1
1	45	15.30	8.60	1	0
1	46	16.70	7.00	0	1
1	48	11.30	7.00	0	1
1	52	11.70	14.20	1	0
1	52	12.20	12.50	0	0
1	53	13.20	8.90	0	1
1	54	13.60	7.60	0	1
1	57	13.10	5.20	1	0
1	60	13.90	8.00	0	1
1	61	13.70	5.90	1	0
1	63	8.50	7.00	1	1
1	63	9.80	6.10	0	1
1	64	12.00	10.90	1	0

性別 （男1，女2）	年齡 （歲）	Hb（血紅素 含量 g/dl）	WBC（白血球 數 ×1000/ul）	新藥服用（無 0，有 1）	1 年內生存、死亡 （生存 0，死亡 1）
1	72	11.80	5.40	0	0
1	72	11.90	5.80	1	0
1	73	15.60	6.10	0	1
1	73	14.10	6.80	1	0
1	73	7.70	9.10	1	0
2	34	13.60	3.50	1	0
2	39	12.70	5.90	0	1
2	41	11.00	7.50	1	1
2	45	9.90	6.00	1	1
2	52	12.10	4.20	0	0
2	54	10.50	7.00	1	1
2	54	11.40	6.30	0	0
2	55	14.00	9.70	1	0
2	57	10.80	5.40	0	1
2	59	12.40	7.00	0	0
2	61	10.00	6.20	0	1
2	61	13.10	6.80	0	0
2	62	9.80	7.50	0	1
2	63	9.30	5.80	1	0
2	66	6.80	7.20	1	1
2	66	13.00	6.10	1	1
2	69	11.60	7.50	0	0
2	69	12.80	7.80	1	0
2	71	14.50	6.80	1	0
2	72	12.60	4.40	0	1

⊃ 2 資料輸入形式

　　如圖 12.3 輸入。

	性別	年齡	Hb	WBC	新藥服用	生死	Var	Var	Var	Var	Var	Var
1	1.00	42.00	14.30	7.70	.00	1.00						
2	1.00	45.00	15.30	8.60	1.00	.00						
3	1.00	46.00	16.70	7.00	.00	1.00						
4	1.00	48.00	11.30	7.00	.00	1.00						
5	1.00	52.00	11.70	14.20	1.00	.00						
6	1.00	52.00	12.20	12.50	1.00	.00						
7	1.00	53.00	13.20	8.90	.00	1.00						
8	1.00	54.00	13.60	7.60	.00	1.00						
9	1.00	57.00	13.10	5.20	1.00	.00						
10	1.00	60.00	13.90	8.00	.00	1.00						
11	1.00	61.00	13.70	5.90	1.00	.00						
12	1.00	63.00	8.50	7.00	1.00	1.00						
13	1.00	63.00	9.80	6.10	.00	1.00						
14	1.00	64.00	12.00	10.90	1.00	.00						
15	1.00	72.00	11.80	5.40	.00	.00						
16	1.00	72.00	11.90	5.80	1.00	.00						
17	1.00	73.00	15.60	6.10	.00	1.00						
18	1.00	73.00	14.10	6.80	1.00	.00						
19	1.00	73.00	7.70	9.10	1.00	.00						
20	2.00	34.00	13.60	3.50	1.00	.00						
21	2.00	39.00	12.70	5.90	.00	1.00						
22	2.00	41.00	11.00	7.50	1.00	1.00						
23	2.00	45.00	9.90	6.00	.00	1.00						
24	2.00	52.00	12.10	4.20	.00	.00						
25	2.00	54.00	10.50	7.00	1.00	.00						
26	2.00	54.00	11.40	6.30	.00	.00						
27	2.00	55.00	14.00	9.70	.00	.00						
28	2.00	57.00	10.80	5.40	.00	1.00						
29	2.00	59.00	12.40	7.00	.00	.00						

資料檢視 變數檢視

圖 12.3　輸入資料的一部分

◯ 分析的步驟

　　選擇【分析 (A)】→【迴歸 (R)】→【二元 Logistic (G)】。「因變數 (D)」是選擇「生死」，「共變量 (C)」是選擇「性別」、「年齡」、「Hb」、「WBC」、「新藥服用」。性別因取 1（男）或 2（女）之值，當作類別共變量來定義。但以類別變數定義時，參數若以數值小者（參考類別（R）：第一個）即男當作參考組（0）來設定時，即可求出女之實驗組（1）的係數，參表 12.5(a)；（若參考類別（R）：最後一個即女當作參考組（0）來設定時，即可求出男之實驗組（1）的係數，參表 12.5(b)，(a) 與 (b) 之間除係數的符號相反及常數不同外，其餘均相同。所有的變數包含在模型時，選擇輸入法（強制進入法）進行解析（參表 12.5(a)）。如選擇變數時，則選擇逐步減少法（LR）（參表 12.6）。

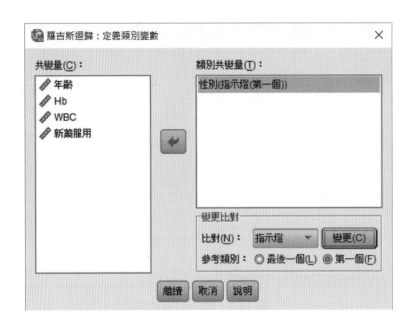

按一下「儲存」，勾選「機率」、「各組成員」、「Cook's」、「槓桿值」。按「繼續」。

按一下「選項」，勾選「Hosmer-Lemeshow 適合度」、「Exp(*B*) 之信賴區

間 (X)」，按「繼續」後，再按「確定」。

⊃ 結果

　　首先，表 12.4 的模型係數的 Omnibus 檢定是對「虛無假設 H_0：所求出的 logistic 迴歸式對預測無幫助」進行檢定，顯著機率 0.065 小於 0.1，否定此假設；換言之，有幫助。Hosmer 和 Lemeshow 的適合度檢定是對「虛無假設 H_0：Logistic 迴歸模型是適合的」，顯著機率 0.568 大於 0.1，因之不否定假設，所求出的模型是適合數據的。對數概似小的模型可以認為配適佳，Nagelkerke 是 Cox & Snell 的改良版，均是表示配適良好與否之值。所有的共變量包含於模型時的參數估計值、顯著機率、Exp(*B*) 等表示於表 12.5 中。就性別來說，是顯示與女性（性別（1））有關的係數（男性為參考組）。年齡、血紅素、白血球數均當作連續量處理，因係數是負，所以是在控制死亡的方向作用。與新藥服用（＝1）有關的係數也是負，所以新藥服用有控制死亡的作用。這些共變量之中，在 5% 顯著水準下可以看出有顯著差的只有「新藥服用」，說明新藥服用有延長壽命的效果。

　　另外，表 12.6 是說明利用向後條件（變數減少法）的參數估計值。從步驟

1 到步驟 5 為止顯著機率小的變數每一步驟均減少 1 個，最後變數只留下新藥服用。參數及 odds 比的估計值及信賴區間，與例 12.1 所得到的結果相同。並且，使用各步驟的模型預測死亡數的結果，顯示於表 12.7 中。死亡數被正確預測的比率（正分類百分比），從步驟 1 到步驟 5 下降約 7 成。表 12.7 是對應表 12.6 的各步驟求出的正答率，譬如步驟 1 生存的正答率是 0.7（14/20），死亡的正答率是 0.789（15/19）。表 12.8 中 pre-1 是表預測機率，0～0.5 表生存，0.5～1 表死亡，pgr-1 是表預測結果是屬於生存或死亡，coo-1 是表示某個數據對該分析結果有何種程度影響之量，此值大時即有偏離值的可能性，lev-1 稱為影響量數，是表示某數據對預測之影響大小，此值比 0.5 大時，該數據最好從分析中除去。

表 12.4　二項 Logistic 迴歸分析的結果 (1)

模型係數的 Omnibus 檢定			
	卡方	df	顯著性
步驟 1　步驟	10.399	5	.065
區塊	10.399	5	.065
模型	10.399	5	.065

模型摘要			
步驟	−2 對數概似	Cox & Snell R 平方	Nagelkerke R 平方
1	43.641[a]	.234	.312

a. 因為參數估計值變化小於 .001，所以估計工作在疊代數 5 時終止。

Hosmer 和 Lemeshow 檢定			
步驟	卡方	df	顯著性
1	6.714	8	.568

表 12.5(a)　二項 Logistic 迴歸分析的結果 (2)

		B	S.E.	Wald	自由度	顯著性	Exp(*B*)	EXP(*B*) 的 95.0% 信賴區間	
變數在方程式中									
								上界	下界
步驟 1[a]	性別（1）	−.787	.899	.767	1	.381	0.455	.078	2.650
	年齡	−.064	.039	2.716	1	.099	.938	.870	1.012
	Hb	−.363	.207	3.093	1	.079	.695	.464	1.042
	WBC	−.251	.210	1.437	1	.231	.778	.515	1.173
	新藥服用	−1.672	.798	4.390	1	.036	.188	.039	.898
	常數	11.004	4.923	4.997	1	.025	60127.387		

a. 在步驟 1 中選入的變數：性別，年齡，Hb，WBC，新藥服用。

表 12.5(b)　二項 Logistic 迴歸分析的結果 (2)

		B	S.E.	Wald	自由度	顯著性	Exp(*B*)	EXP(*B*) 的 95.0% 信賴區間	
變數在方程式中									
								上界	下界
步驟 1[a]	性別（1）	.787	.899	.767	1	.381	2.197	.0377	12.791
	年齡	−.064	.039	2.716	1	.099	.938	.870	1.012
	Hb	−.363	.207	3.093	1	.079	.695	.464	1.042
	WBC	−.251	.210	1.437	1	.231	.778	.515	1.173
	新藥服用	−1.672	.798	4.390	1	.036	.188	.039	.898
	常數	10.217	4.449	5.274	1	.022	27371.094		

a. 在步驟 1 中選入的變數：性別，年齡，Hb，WBC，新藥服用。

表 12.6　二項 Logistic 迴歸分析的結果 (3)

		B	S.E.	Wald	自由度	顯著性	Exp(*B*)
變數在方程式中							
步驟 1[a]	性別（1）	.787	.899	.767	1	.381	2.197
	年齡	−.064	.039	2.716	1	.099	.938
	Hb	−.363	.207	3.093	1	.079	.695

變數在方程式中						
		B	S.E.	Wald	自由度	顯著性	Exp(*B*)
步驟 2[a]	WBC	−.251	.210	1.437	1	.231	.778
	新藥服用	−1.672	.798	4.390	1	.036	.188
	常數	10.217	4.449	5.274	1	.022	27371.094
	年齡	−.056	.037	2.281	1	.131	.946
	Hb	−.291	.182	2.567	1	.109	.747
步驟 3[a]	WBC	−.173	.186	.864	1	.353	.841
	新藥服用	−1.614	.774	4.346	1	.037	.199
	常數	8.683	3.880	5.010	1	.025	5904.655
	年齡	−.054	.036	2.204	1	.138	.947
	Hb	−.291	.181	2.587	1	.108	.748
步驟 4[a]	新藥服用	−1.670	.762	4.810	1	.028	.188
	常數	7.384	3.574	4.269	1	.039	1609.280
	Hb	−.225	.168	1.790	1	.181	.798
	新藥服用	−1.614	.729	4.906	1	.027	.199
步驟 5[a]	常數	3.444	.2178	2.502	1	.114	31.318
	新藥服用	−1.392	.681	4.183	1	.041	.249
	常數	.619	.469	1.744	1	.187	1.857

a. 在步驟 1 中選入的變數：性別，年齡，Hb，WBC，新藥服用。

表 12.7　二項 Logistic 迴歸分析的結果 (4)

分類表[a]				
		預測		
		生	死	
觀察		.00	1.00	百分比修正
步驟 1	生 .00	14	6	70.0
	死 1.00	4	15	78.9
	概要百分比			74.4
步驟 2	生 .00	12	8	60.0
	死 1.00	5	14	73.7
	概要百分比			66.7

分類表 [a]			
		預測	
		生　　死	百分比修正
觀察		**.00** **1.00**	
步驟 3	生　　.00	13　　7	65.0
	死　　1.00	5　　14	73.7
	概要百分比		69.2
步驟 4	生　　.00	12　　8	60.0
	死　　1.00	7　　12	63.2
	概要百分比		61.5
步驟 5	生　　.00	13　　7	65.0
	死　　1.00	6　　13	68.4
	概要百分比		66.7

a. 分割值為 .500

表 12.8　二項 Logistic 迴歸分析的結果 (5)

	性別	年齡	Hb	WBC	新藥服用	生死	PRE_1	PGR_1	COO_1	LEV_1
1	1	42	14.30	7.70	0	1	.76791	1	.04838	.13799
2	1	45	15.30	8.60	1	0	.22166	0	.05799	.16918
3	1	46	16.70	7.00	0	1	.56115	1	.20929	.21112
4	1	48	11.30	7.00	0	1	.88895	1	.01339	.09683
5	1	52	11.70	14.20	1	0	.14154	0	.05861	.26226
6	1	52	12.20	12.50	0	0	.52873	1	.56654	.33553
7	1	53	13.20	8.90	0	1	.64414	1	.06891	.11090
8	1	54	13.60	7.60	0	1	.67068	1	.05076	.09369
9	1	57	13.10	5.20	1	0	.40937	0	.15298	.18080
10	1	60	13.90	8.00	0	1	.52979	1	.09971	.10100
11	1	61	13.70	5.90	1	0	.26591	0	.05662	.13517
12	1	63	8.50	7.00	1	1	.61525	1	.18374	.22709
13	1	63	9.80	6.10	0	1	.86936	1	.02123	.12379
14	1	64	12.00	10.90	1	0	.13629	0	.01996	.11228
15	1	72	11.80	5.40	0	0	.68379	1	.48329	.18267
16	1	72	11.90	5.80	1	0	.26164	0	.06615	.15732
17	1	73	15.60	6.10	0	1	.29966	0	.65909	.21997
18	1	73	14.10	6.80	1	0	.10416	0	.01335	.10297
19	1	73	7.70	9.10	1	0	.40003	0	.25308	.27514
20	2	34	13.60	3.50	1	0	.63601	1	.94092	.35001
21	2	39	12.70	5.90	0	1	.83680	1	.02497	.11351

例 12.3

⊃ 資料

　　爲了調查藥劑對糖尿病的效果，以預備性的實驗調查白老鼠的血中葡萄糖濃度（mg/dl）與糖尿病發病之有無（未發病：0，發病：1）。結果如表 12.9 所示。針對此資料進行 Logistic 迴歸分析，調查血中葡萄糖濃度（mg/dl）與糖尿病發病的有無之間的量關係。

表 12.9　資料

血中葡萄糖濃度	糖尿病發病	血中葡萄糖濃度	糖尿病發病	血中葡萄糖濃度	糖尿病發病
271.80	1.00	359.50	1.00	320.30	1.00
257.90	1.00	191.20	.00	177.60	.00
213.70	.00	160.50	.00	168.20	.00
283.10	1.00	448.30	1.00	234.50	1.00
212.10	.00	196.10	1.00	189.60	.00
227.50	.00	179.20	.00	268.00	1.00
342.80	1.00	254.20	1.00	105.20	.00
268.00	1.00	303.50	1.00	123.10	.00
319.30	1.00	14120	.00	127.20	.00
370.10	1.00	274.60	1.00	12120	.00
241.60	.00	152.90	.00	89.80	.00
165.10	.00	182.30	.00	105.80	.00

⊃ 資料輸入形式

　　如圖 12.4 所示。

圖 12.4　輸入資料的一部分

⊃ 分析的步驟

　　選擇【分析 (A)】→【迴歸 (R)】→【二元 Logistic (G)】。「因變數 (D)」選擇「糖尿病」，「共變量 (C)」選擇「血中葡萄糖」。

⊃ 結果

　　結果顯示於表 12.10 中。對糖尿病發病率的 Logit 來說，可知血中葡萄糖濃度的參數並非 0。從此參數估計量糖尿病的發病率設為 p 時，可求出 $\ln[p/(1-p)]$ $= 0.071 \times$（血中葡萄糖濃度）$- 16.398$ 的預測式。

$$p = 1/\{1 + \exp[-0.071 \times（血中葡萄糖濃度）+ 16.389]\}。$$

　　將此預測式畫成圖形時，形成 sigmoid 曲線。這是在生物學的反應中經常見到的量反應曲線。其中 $\exp(x)$ 是表示 e 的 x 乘冪。

表 12.10　Logistic 迴歸係數的估計量與檢定

		B	S.E.	Wald	自由度	顯著性	Exp(*B*)

		B	S.E.	Wald	自由度	顯著性	Exp(*B*)
步驟 1ᵃ	血中葡萄糖	.071	.027	6.976	1	.008	1.074
	常數	−16.398	6.248	6.888	1	.009	.000

a. 在步驟 1 中選入的變數：血中葡萄糖。

三、二元 Logistic 迴歸 Q&A

Q1　多元 Logistic 迴歸，要如何決定變數選擇的方法？

A1　多元 Logistic 迴歸模型與複迴歸分析一樣，如引進許多不需要的說明變數到模型時，即可看出變數間的從屬關係，預測值的變動即變大。預測所需的說明變數未引進模型，偏差會變大。以說明變數的選擇方法來說，有依據特定的基準將變數一個一個地追加或刪除的方法，稱為逐步法。

Q2　反應變數是 2 值資料時，2 個類別之中的何者要設成 0 呢？

A2　任一類別設成 0 都沒關係，但解釋時需要注意。譬如，對反應變數分配 0 與 1 時，與某說明變數有關的參數如果是正時，該說明變數在往增加反應變數的類別 1 的方向作用著。另外，類別變數即使不是 0 或 1 而分配 2 個值也是沒有問題的。

Q3　為了求 odds 比，2 值變數的說明變數的可能值必須是 0 或 1 嗎？

A3　分配 2 個類別的 2 個值之差如果是 1 時，計算上 exp(*β*) 即為 odds 比（參本章附錄）。為了避免解釋不易，如果是 2 值變數時，最好設為 0 或 1。

12.2　多元 Logistic 迴歸

一、概要

　　前節對反應變數為 2 值變數時的 Logistic 迴歸有過說明，但類別數也有 3 個以上的情形。3 以上的 Logistic 迴歸模型，稱為多元 Logistic 迴歸模型（multinomial logistic regression model 或 polytomous logistic regression model）。

　　多元 Logistic 迴歸模型中，反應變數的類別數設為 k，說明變數的個數設為

q，對第 i 個類別來說，說明變數的 1 次組合設為 Y_i，反應變數的觀測值是第 i 類的機率，可表示為 $p_i = \exp(Y_i)/\exp(Y_1 + \cdots + Y_k)$。多元 Logistic 迴歸分析，估計 Y_i 的一次組合模型 $Y_i = \beta_{i0} + \beta_{i1}X_1 + \cdots \beta_{iq}X_q$ 的參數 $\beta_{i0}, \beta_{i1}, \cdots, \beta_{iq}$ 是目的所在。參數可利用最大概似法求出。此分析可以調查參照群體中的個體屬於反應變數的特定類的傾向是受哪一說明變數所影響。

二、解析例

例 12.4

⊃ 資料

以 50 位成人為對象，就年齡、性別（男 1，女 2）、興趣（讀書 1，電影 2，音樂 3，運動 4，無所屬 5）的 3 項目進行意見調查。其結果如表 12.11 所示。另外，關於興趣是從 5 者之中選擇最喜歡的一項來回答。

表 12.11　有關興趣的意見調查

年齡	性別	興趣	年齡	性別	興趣
70	1	2	68	1	2
28	2	4	27	2	1
47	1	3	46	1	3
48	1	5	50	1	2
23	1	3	24	1	3
69	2	1	68	2	1
31	2	4	32	2	4
70	2	3	71	2	3
80	2	1	79	2	1
37	2	2	38	2	5
65	2	2	64	2	2
71	2	2	70	2	2
41	2	3	40	2	3
61	1	5	60	1	1
56	2	1	55	2	1
34	2	1	33	2	4
48	2	2	47	2	2
43	2	5	43	2	5

年齡	性別	興趣	年齡	性別	興趣
50	2	2	49	2	2
24	2	4	25	2	3
23	1	4	22	1	3
47	2	3	48	2	3
63	1	1	64	1	1
31	2	2	32	2	2
21	2	2	23	2	4

⊃ 資料輸入形式

如圖 12.5 所示。

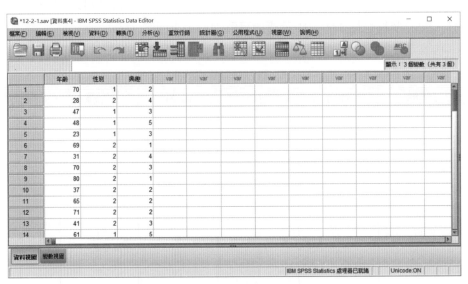

圖 12.5　資料輸入的一部分

⊃ 分析的步驟

分析的步驟選擇【分析 (A)】→【迴歸 (R)】→【多項式 Logistic (M)】。「因變數 (D)」指定「興趣」，「因素 (F)」指定「性別」，「共變量 (C)」指定「年齡」，於「統計資料 (S)」中指定「儲存格機率」。於「儲存」中指定「估計反應機率」與「預測機率」。

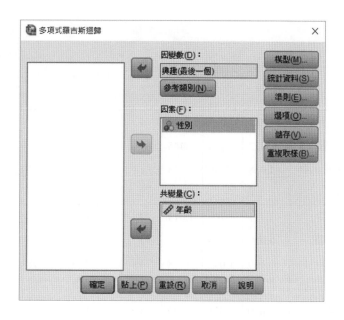

➲ 結果

表 12.12 顯示參數的估計值，譬如，關於興趣 4（運動）來說，年齡的參數
是 –0.173，顯著機率 $p = 0.039$，說明此參數並不為 0。亦即，顯示愈年輕有愈喜
歡運動的傾向。對於年齡與運動以外來說，任一參數均看不出顯著差。表 12.13
說明預測次數的一部分。譬如，就年齡 21 歲的女性來說，興趣是讀書、電影、
音樂、運動的預測比率，分別是 1.5%, 7.6%, 13.0%, 74.4%。

表 12.12　多元 Logistic 迴歸分析的結果

興趣 [a]		B 之估計值	標準誤差	Wald	df	顯著性	Exp(*B*)	EXP(*B*) 的 95% 信賴區間	
								上界	下界
讀書	截距	−2.099	2.040	1.059	1	.304			
	年齡	.058	.038	2.386	1	.122	1.060	.984	1.142
	[性別＝1]	−.672	1.177	.326	1	.568	.511	.051	5.125
	[性別＝2]	0[b]			0				

參數估計值								
興趣[a]	B 之估計值	標準誤差	Wald	df	顯著性	Exp(B)	EXP(B) 的 95% 信賴區間	
							上界	下界
電影　截距	.282	1.733	.026	1	.871			
年齡	.023	.034	.445	1	.505	1.023	.957	1.094
[性別 = 1]	−1.038	1.130	.844	1	.358	.354	.039	3.243
[性別 = 2]	0[b]			0				
音樂　截距	1.711	1.700	1.014	1	.314			
年齡	−.020	.035	.321	1	.571	.980	.915	1.050
[性別 = 1]	.100	1.093	.008	1	.927	1.105	.130	9.418
[性別 = 2]	0[b]			0				
運動　截距	6.680	2.851	5.489	1	.019			
年齡	−.173	.084	4.246	1	.039	.841	.713	.992
[性別 = 1]	−2.045	1.643	1.550	1	.213	.129	.005	3.236
[性別 = 2]	0[b]			0				

a. 參考類別為：無所屬。

b. 由於這個參數重複，所以把它設成零。

表 12.13　預測次數的一部分

觀察和預測次數							
年齡	性別	興趣	次數			百分比	
			觀察次數	預測次數	Pearson 殘差	觀察次數	預測次數
21.00	女性	讀書	0	.015	−.123	.0%	1.5%
		電影	1	.076	3.483	100.0%	7.6%
		音樂	0	.130	−.386	.0%	13.0%
		運動	0	.744	−1.703	.0%	74.4%
		無所屬	0	.036	−.192	.0%	3.6%
22.00	男性	讀書	0	.028	−.168	.0%	2.8%
		電影	0	.094	−.323	.0%	9.4%
		音樂	1	.481	1.039	100.0%	48.1%
		運動	0	.276	−.618	.0%	27.6%
		無所屬	0	.121	−.372	.0%	12.1%

觀察和預測次數							
年齡	性別	興趣	次數			百分比	
			觀察次數	預測次數	Pearson 殘差	觀察次數	預測次數
23.00	男性	讀書	0	.061	−.252	.0%	3.1%
		電影	0	.203	−.475	.0%	10.1%
		音樂	1	.992	.012	50.0%	49.6%
		運動	1	.489	.841	50.0%	24.4%
		無所屬	0	.256	−.541	.0%	12.8%
	女性	讀書	0	.021	−.148	.0%	2.1%
		電影	0	.102	−.337	.0%	10.2%
		音樂	0	.160	−.436	.0%	16.0%
		運動	1	.672	.699	100.0%	67.2%
		無所屬	0	.045	−.218	.0%	4.5%
24.00	男性	讀書	0	.034	−.188	.0%	3.4%
		電影	0	.109	−.349	.0%	10.9%
		音樂	1	.509	.983	100.0%	50.9%
		運動	0	.215	−.523	.0%	21.5%
		無所屬	0	.134	−.393	.0%	13.4%

註：百分比是以每個次母群體中的總觀察次數為準。

表 12.14　預測機率與預測類別

從表 12.14 來看，就第 1 位受訪者來說，讀書的預測機率 EST1_1 是 0.44，電影的預測機率 EST2_1 是 0.27，音樂的預測機率 EST3_1 是 0.18，運動的預測機率 EST4_1 是 0.00，無所屬的機率 EST5_1 是 0.12，以讀書的預測機率最大故預測類別 PRE_1 即為讀書 (1)。

表 12.15　各類的正答率

觀察次數	分類					
	預測分數					
	讀書	電影	音樂	運動	無所屬	百分比修正
讀書	7	3	0	1	0	63.6%
電影	4	7	1	3	0	46.7%
音樂	2	4	5	1	0	41.7%
運動	0	0	2	5	0	71.4%
無所屬	1	3	1	0	0	.0%
概要百分比	28.0%	34.0%	18.0%	20.0%	.0%	48.0%

由表 12.15 知讀書的正答率是 63.6%（7/11）。

整體的正答率是 48.0%（(7 + 7 + 5 + 5)/50）。

三、多元 Logistic 迴歸 Q&A

Q1 在說明變數中混雜著連續量與類別變數可以嗎？

A1 反應變數必須是類別變數，但說明變數不管是類別變數或是量的變數均能應用。但是，就量的變數來說無法估計交互作用。

Q2 多元 Logistic 迴歸與一般的二元 Logistic 迴歸最大不同處是什麼？

A2 多元 Logistic 迴歸的反應變數（依變數）可以取得的類別數不限定 2 個。亦即多元 Logistic 迴歸模型的類別數 = 2 時，即為二元 Logistic 迴歸模型（參本章附錄 4. 多元 Logistic 迴歸模型）。

附　錄

1. Logit

反應變數 Y 是二值變數，當取 0 或 1 之中的任一值時，譬如，樣本全體之中 Y 是 1 的個體的比率設爲 p 時，說明變數的個數只有 1 個時，表示 p 與說明變數 X 之關係的最簡單模型即爲

$$p = \alpha + \beta X \tag{12.3}$$

此處，α, β 是迴歸係數，估計此係數之值是迴歸分析的主要目的之一。可是，此模型無法將 p 之值限制在 0 以上 1 以下。因此，Logistic 迴歸分析是對 p 進行 logit 變換，關於此值與說明變數之間假定線性關係（$\log it(p) = \ln \dfrac{p}{1-p} = \alpha + \beta X$）。將 Logistic 模型變形時，$p$ 可以如下表示：

$$p = \frac{\exp(\alpha + \beta X)}{1 + \exp(\alpha + \beta X)} = \frac{1}{1 + \exp[-(\alpha + \beta X)]} \tag{12.4}$$

X 與 p 之關係即成爲 sigmoid 曲線，在生物學的量反應關係中經常使用。圖 12.6 是表示例 12.3 的糖尿病發病率與血中葡萄糖濃度之關係。又 p 的 logit 以 logit(p) 表示時，則 logit(1) = $+\infty$，logit(0) = $-\infty$，logit(0.5) = 0。

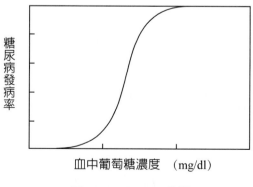

圖 12.6　sigmoid 曲線

2. 最大概似法

設 $P[Y = 1] = p$，$P[Y = 2] = 1 - p$ 時，當得出 Y 的觀測值 $y_1, y_2, \cdots y_n$ 時，對數概似函數即為

$$\ln L(p) = \sum_{i=1}^{n} y_i \ln p + \left(n - \sum_{i=1}^{n} y_i\right)\ln(1 - p) \tag{12.5}$$

$\ln[p/(1 - p)] = \alpha + \beta X$ 時，α, β 是求解 $\partial \ln L(p)/\partial \alpha = 0$，$\partial \ln(p)/\partial \beta = 0$ 即可得出。實測的估計使用 Newton 法等利用數學計算求出估計值。

3. Odds 比

就二值變數來說取各自之值的機率比稱為 Odds（$p/(1 - p)$ = 事件發生之機率 / 事件未發生之機率），2 群的 Odds 之比稱為 Odds 比〈OR；Odds ratio〉，譬如，就某疾病的發病之有無來說，暴露在某原因之群（實驗群）中的發病機率當作 p_1，在非暴露（對照）群中的發病機率設為 p_0 時，則 Odds 比即為

$$\text{OR} = \left(\frac{p_1}{1 - p_1}\right) \Big/ \left(\frac{p_0}{1 - p_0}\right) \tag{12.6}$$

此 Odds 比是表示暴露群的發病風險的大小的一種指標，亦為事件間關聯度之指標，在醫學、生物領域中經常使用。Odds 比如大於 1 時，表示暴露群的風險高，小於 1 時則表示風險低。發病機率與暴露的有無，如果是無關時，則 Odds 比接近 1。

在 logistic 迴歸模型中，發病的有無當作反應變數，暴露在要因之有無當作說明變數（非暴露群 $X = 0$，暴露群 $X = 1$）時，p_0, p_1 的各 logit，使用參數 α, β：

$$\ln\left(\frac{p_0}{1 - p_0}\right) = \alpha + \beta x = \alpha, \ \ln\left(\frac{p_1}{1 - p_1}\right) = \alpha + \beta x = \alpha + \beta \tag{12.7}$$

因之 Odds 比的對數即為如下

$$\ln(\text{OR}) = \ln\left[\left(\frac{p_1}{1 - p_1}\right) \Big/ \left(\frac{p_0}{1 - p_0}\right)\right] = \ln\left(\frac{p_1}{1 - p_1}\right) - \ln\left(\frac{p_0}{1 - p_0}\right) = \beta \tag{12.8}$$

亦即，OR = exp(β)。因此，在 Logistic 迴歸中說明變數如上述設定時，關參數 β 而言，exp(β) 即成爲表示此說明變數與反應變數的 Odds 比。

4. 多元 **Logistic** 迴歸模型

二元 Logistic 迴歸模型的反應變數是二值變數，因之某觀察對象（個體）屬於組 1 的機率，如說明變數的個數是 q 時，則

$$P(G_1) = \frac{\exp(\beta_0 + \beta_1 x_1 + ... + \beta_q x_q)}{1 + \exp(\beta_0 + \beta_1 x_1 + ... + \beta_q x_q)} \tag{12.9}$$

$P(G_1) + P(G_2) = 1$，因之屬於組 2 的機率即爲

$$P(G_2) = \frac{1}{1 + \exp(\beta_0 + \beta_1 x_1 + ... + \beta_q x_q)} \tag{12.10}$$

多元 Logistic 迴歸模型的反應變數的類別數設爲 k，亦即組數有 k 組時，反應變數的觀察值是類別 s 的機率爲

$$P(G_s) = \frac{\exp(\beta_{s0} + \beta_{s1} x_1 + ... + \beta_{sq} x_q)}{\sum_{i=1}^{k} \exp(\beta_{i0} + \beta_{i1} x_1 + ... + \beta_{iq} x_q)} \tag{12.11}$$

因此，對於任意 2 類 r 與 s 的機率爲

$$\frac{P(G_r)}{P(G_s)} = \frac{\exp(\beta_{r0} + \beta_{r1} x_1 + ... + \beta_{rq} x_q)}{\exp(\beta_{s0} + \beta_{s1} x_1 + ... + \beta_{sq} x_q)}$$
$$= \exp[X'(\beta_r - \beta_s)] \tag{12.12}$$

亦即，設 $X' = (x_1, x_2, \cdots, x_q)$ 時，則

$$\ln \frac{P(G_r)}{P(G_s)} = X'(\beta_r - \beta_s) \tag{12.13}$$

如以類別之中的一者即 k 作爲基準時，則 $\beta_k = 0$。

因此，關於類別是 k 以外的組，如設 $s = 1, 2, \cdots, k - 1$ 時，某反應變數是類

別 k 以外（任意的類別 s）的機率為

$$P(G_s) = \frac{\exp(\beta_{s0} + \beta_{s1}x_1 + \ldots + \beta_{sq}x_q)}{1 + \sum_{i=1}^{k-1}\exp(\beta_{io} + \beta_{i1}x_1 + \ldots + \beta_{iq}x_q)} \tag{12.14}$$

因之類別 k 的機率即為

$$P(G_k) = \frac{1}{1 + \sum_{i=1}^{k-1}\exp(\beta_{io} + \beta_{i1}x_1 + \ldots + \beta_{iq}x_q)} \tag{12.15}$$

例 12.4 中是以反應變數（興趣）之中第 5 類（無所屬）作為基準。

第13章　次序迴歸分析

13.1　簡介

標準的線性迴歸分析，會將反應值（依變數）和加權預測（自）變數間差異的平方和最小化。其中，估計係數可反應出預測值的改變，對依變數所造成的影響。因反應值水準之變更在所有依變數範圍內都是相同的，所以依變數係假設為數字的。例如，150 公分高的人及 140 公分高的人之間，身高差距為 10 公分，這與身高 210 公分高及 200 公分高的兩人之間，身高差距的意義是一樣的。但這些關係對次序的變數並非是必要的，因其選擇及依變數類別個數 可能是非常多變的。「次序的迴歸」可用來研究病患對藥物劑量的反應，可能的反應可分為「無」、「輕微」、「溫和」或「嚴重」。但輕微與溫和反應之間的差距是很難量化或無法量化，而且是以感覺為依據的。此外，輕微與溫和反應之間的差距可能會大於或小於溫和與嚴重反應之間的差距。

13.2　解析例

在充滿壓力的社會中，下班後偶爾上酒廊喝一杯的心情是可以體會的。1 杯變成 2 杯，2 杯變成 3 杯地就多喝了幾杯。

此種時候，難道不會想到

「如果有非常有效的醒酒藥的話」？

因此，向 20 位受驗者進行如下的意見調查（表 13.1）。

表 13.1　意見調查問卷

問 1　此醒酒藥非常有效嗎？	
1. 非常有效　2. 略微有效　3. 不太有效	【醒酒藥】
問 2　您喝酒的程度是如何？	
1. 幾乎每日　2. 一週數次　3. 一月數次	【喝酒的次數】
問 3　您的工作是？	
1. 事務職　2. 技術職　3. 管理職	【職種】
問 4　您的年齡是？	
（　）歲	【年齡】

想知道的事情是？

此意見調查的目的是想從喝酒的次數與工作的種類來調查醒酒藥的效果。

譬如，

> 「每日喝酒的人即使喝醒酒藥也不太有效果嗎？」

或者，

> 「身為事務職，每週喝酒數次的人，喝醒酒藥時有效的程度是
> 多少，想預測或區別」

此種時候，可試著進行

　　　　次序迴歸分析。

（註）目的變量是次序數據，所以稱為次序迴歸分析。

　　次序迴歸分析了解的事項！

　　進行次序迴歸分析時，可以了解什麼呢？

　　此分析將說明變量與目的變量之關係，使用下頁的模型來表現。觀察模型的係數時，即可了解哪一個說明變量對目的變量有甚大的影響。

　　將次序迴歸分析的輪廓圖示時，即為如下。

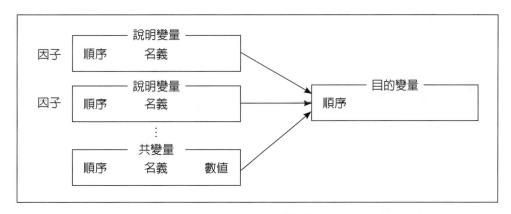

圖 13.1 次序迴歸之輪廓

以意見調查中所列舉的 3 個問題的情形來說，可以調查如下的關係。

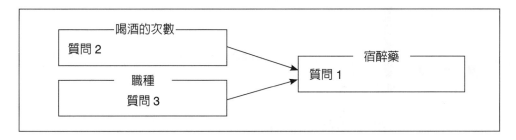

圖 13.2 表 13.1 之意見調查的情形

次序迴歸分析的模型，依應答變數（＝目的變數）的類別之狀態準備有數個。

1. Logit

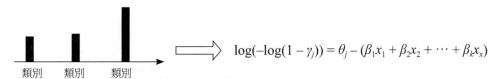

$$\log \frac{\gamma_j}{1 - \gamma_j} = \theta_j - (\beta_1 x_1 + \beta_2 x_2 + \cdots + \beta_k x_x)$$

2. Complementary log-log

$$\log(-\log(1 - \gamma_j)) = \theta_j - (\beta_1 x_1 + \beta_2 x_2 + \cdots + \beta_k x_x)$$

3. Negative log-log

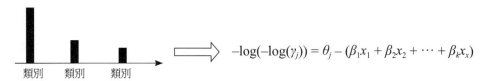

$$-\log(-\log(\gamma_j)) = \theta_j - (\beta_1 x_1 + \beta_2 x_2 + \cdots + \beta_k x_x)$$

4. Probit

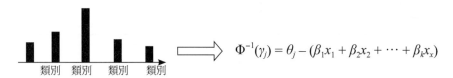

$$\Phi^{-1}(\gamma_j) = \theta_j - (\beta_1 x_1 + \beta_2 x_2 + \cdots + \beta_k x_x)$$

5. Cauchit=inverse Cauchy

$$\tan(\pi(\gamma_j - 0.5)) = \theta_j - (\beta_1 x_1 + \beta_2 x_2 + \cdots + \beta_k x_x)$$

意見調查的結果，如表 13.2 所示。

表 13.2 　意見調查的結果

受驗者	詢問 1	詢問 2	詢問 3	詢問 4
1	略微有效	幾乎每日	事務職	24
2	非常有效	一週數次	事務職	51
3	非常有效	一月數次	事務職	22
4	不太有效	幾乎每日	事務職	35
5	略微有效	一週數次	事務職	42
6	非常有效	一月數次	事務職	28
7	略微有效	幾乎每日	事務職	33
8	非常有效	一週數次	事務職	46
9	不太有效	幾乎每日	技術職	25
10	非常有效	一週數次	技術職	32
11	略微有效	一月數次	技術職	54
12	非常有效	一月數次	技術職	48

受驗者	詢問 1	詢問 2	詢問 3	詢問 4
13	略微有效	一週數次	技術職	34
14	略微有效	幾乎每日	技術職	29
15	略微有效	一週數次	技術職	40
16	不太有效	幾乎每日	管理職	48
17	非常有效	幾乎每日	管理職	54
18	不太有效	幾乎每日	管理職	57
19	非常有效	一週數次	管理職	42
20	非常有效	幾乎每日	管理職	34

↑ 醒酒藥　↑ 喝酒次數　↑ 職種　↑ 年齡

【數據輸入的類型】

表 13.2 的數據，輸入如下。

	調查對象者	詢問1	詢問2	詢問3	詢問4
1	1	2	1	1	24
2	2	1	2	1	51
3	3	1	3	1	22
4	4	3	1	1	35
5	5	2	2	1	42
6	6	1	3	1	28
7	7	2	1	1	33
8	8	1	2	1	46
9	9	3	1	2	25
10	10	1	2	2	32
11	11	2	3	2	54
12	12	1	3	2	48
13	13	2	2	2	34
14	14	2	1	2	29
15	15	2	2	2	40
16	16	3	1	3	48
17	17	1	1	3	54
18	18	3	1	3	57
19	19	1	2	3	42
20	20	1	1	3	34

↑ 醒酒藥　↑ 喝酒次數　↑ 職種　↑ 年齡

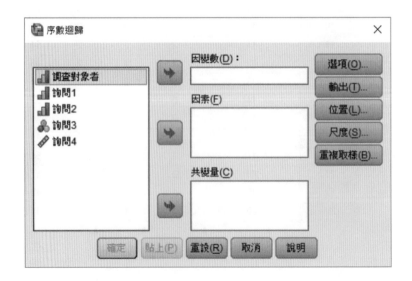

13.3 次序迴歸分析

【統計處理的步驟】

步驟 1 數據的輸入結束後,從【分析 (A)】的清單中選擇【迴歸 (R)】,接著從子清單之中選擇【序數 (D)】。

步驟 2 開啟如下的對話框後,將詢問 1 移到【因變數 (D)】的方框之中。

步驟 3 將詢問 2 與詢問 3 移到【因素 (F)】的方框中，按一下【輸出 (T)】。

註：詢問 4 不移動。

步驟 4 開啓如下對話框後，勾選【顯示】的
【適合度統計資料 (F)】、【摘要統計資料 (S)】、【參數估計值 (P)】。

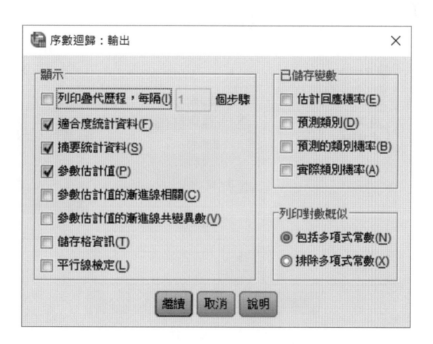

步驟 5 接著勾選【已儲存變數】的
【估計回應機率 (E)】、【預測類別 (D)】、【預測的類別機率 (B)】、
【實際類別機率 (A)】，然後按【繼續】。

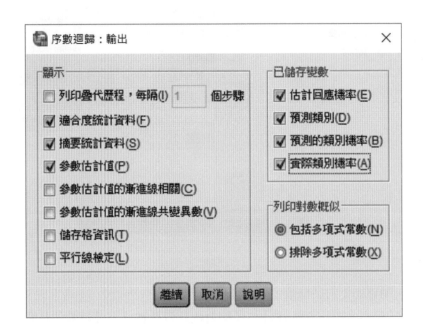

步驟 6 返回如下對話框後，按【確定】。

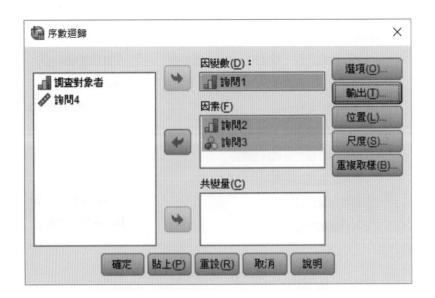

【SPSS 的輸出 1】

PLUM—序數迴歸

警告

有 10(41.7%) 個次數為零的儲存格（即依據觀察到之預測值變數值組合的因變數層級）。　←①

觀察值處理摘要

		N	邊際百分比
詢問 1	不太有效	9	45.0%
	略為有效	7	35.0%
	相當有效	4	20.0%
詢問 2	一月數次	9	45.0%
	一週數次	7	35.0%
	幾乎每日	4	20.0%
詢問 3	事務職	8	40.0%
	技術職	7	35.0%
	管理職	5	25.0%
有效		20	100.0%
遺漏		0	
總計		20	

模式適合度資訊

模型	-2 對數概似值	卡方	df	顯著性
僅限截距	28.998			
Final	19.874	9.124	4	.058

連結函數：Logit。

適合度

	卡方	df	顯著性
相關係數	7.496	10	.678
離差	10.274	10	.417

←②

連結函數：Logit。

假 R- 平方

Cox 及 Snell	.366
Nagelkerke	.418
McFadden	.218

← ③

連結函數：Logit。

【輸出結果的判讀法・1】

① 如考慮所有的組合

　詢問 1 … 3 種　　詢問 2 … 3 種　　詢問 3 … 3 種

　全部有 3×3×3 = 27 種。

　此意見調查的情形是針對以下的 24 種進行分析。

非常有效（酒＝1）

	事務職	技術職	管理職
幾乎每日	0	0	2
一週數次	2	1	1
一月數次	2	1	

略微有效（酒＝2）

	事務職	技術職	管理職
幾乎每日	2	1	0
一週數次	1	2	0
一月數次	0	1	

不太有效（酒＝3）

	事務職	技術職	管理職
幾乎每日	1	1	2
一週數次	0	0	0
一月數次	0	0	

　沒有數據的方格（＝次數 0 的方格）有 10 個，因之

$$\frac{10}{24} \times 100 = 41.7\%$$

② 檢定統計量卡方與顯著機率之關係如下。

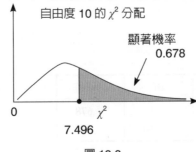

自由度 10 的 χ^2 分配

顯著機率 0.678

7.496

圖 13.3

③ 說明次序迴歸分析的模型配適性的好壞。此值愈接近 1，說明模型的配適性愈好，因之此值與複迴歸分析的決定係數有相同的意義。

【SPSS 的輸出・2】

参數評估

		估計	標準錯誤	Wald	df	顯著性	95% 信賴區間 下限	上限
臨界值	[詢問 1=1]	2.724	1.738	2.455	1	.117	-.684	6.131
	[詢問 1=2]	5.021	2.019	6.186	1	.013	1.064	8.977
位置	[詢問 2=1]	3.673	1.632	5.064	1	.024	.474	6.872
	[詢問 2=2]	.954	1.456	.429	1	.512	-1.899	3.807
	[詢問 2=3]	0[a]	.		0	.		.
	[詢問 3=1]	.844	1.282	.434	1	.510	-1.668	3.356
	[詢問 3=2]	2.072	1.413	2.151	1	.142	-.697	4.841
	[詢問 3=3]	0[a]	.		0	.		.

連結函數：Logit。

a. 此參數設為零，因為這是冗餘的。

【輸出結果的判讀法・2】

④ 關於 Link 函數是 Logit，如觀察 B 的地方時，模型即成為如下。

【詢問 1 = 1】

$$\log \frac{r_1}{1 - r_1} = 2.724 - (3.673 \cdot x_1 + 0.844 \cdot x_2)$$

$$\log \frac{r_1}{1 - r_1} = 2.724 - (3.673 \cdot x_1 + 2.072 \cdot x_2)$$

$$\log \frac{r_1}{1 - r_1} = 2.724 - (3.673 \cdot x_1 + 0.000 \cdot x_2)$$

$$\log \frac{r_1}{1 - r_1} = 2.724 - (0.954 \cdot x_1 + 0.844 \cdot x_2)$$

$$\log \frac{r_1}{1 - r_1} = 2.724 - (0.954 \cdot x_1 + 2.072 \cdot x_2)$$

$$\log \frac{r_1}{1 - r_1} = 2.724 - (0.954 \cdot x_1 + 0.000 \cdot x_2)$$

$$\log \frac{r_1}{1 - r_1} = 2.724 - (0.000 \cdot x_1 + 0.844 \cdot x_2)$$

$$\log \frac{r_1}{1-r_1} = 2.724 - (0.000 \cdot x_1 + 2.072 \cdot x_2)$$

【詢問 1 = 2】

$$\log \frac{r_2}{1-r_2} = 5.021 - (3.673 \cdot x_1 + 0.844 \cdot x_2)$$

$$\log \frac{r_2}{1-r_2} = 5.021 - (3.673 \cdot x_1 + 2.072 \cdot x_2)$$

$$\log \frac{r_2}{1-r_2} = 5.021 - (3.673 \cdot x_1 + 0.000 \cdot x_2)$$

$$\log \frac{r_2}{1-r_2} = 5.021 - (0.954 \cdot x_1 + 0.844 \cdot x_2)$$

$$\log \frac{r_2}{1-r_2} = 5.021 - (0.954 \cdot x_1 + 2.072 \cdot x_2)$$

$$\log \frac{r_2}{1-r_2} = 5.021 - (0.954 \cdot x_1 + 0.000 \cdot x_2)$$

$$\log \frac{r_2}{1-r_2} = 5.021 - (0.000 \cdot x_1 + 0.844 \cdot x_2)$$

$$\log \frac{r_2}{1-r_2} = 5.021 - (0.000 \cdot x_1 + 2.072 \cdot x_2)$$

【SPSS 輸出 · 3】

參數評估

		估計	標準錯誤	Wald	df	顯著性	95% 信賴區間	
							下限	上限
臨界值	[詢問 1=1]	2.724	1.738	2.455	1	.117	-.684	6.131
	[詢問 1=2]	5.021	2.019	6.186	1	.013	1.064	8.977
位置	[詢問 2=1]	3.673	1.632	5.064	1	.024	.474	6.872
	[詢問 2=2]	.954	1.456	.429	1	.512	-1.899	3.807
	[詢問 2=3]	0[a]	.	.	0	.	.	.
	[詢問 3=1]	.844	1.282	.434	1	.510	-1.668	3.356
	[詢問 3=2]	2.072	1.413	2.151	1	.142	-.697	4.841
	[詢問 3=3]	0[a]	.	.	0	.	.	.

←⑤

連結函數：Logit。

a. 此參數設為零，因為這是冗餘的。

⑤ 的擴大圖

	估計	標準誤差	Wald	自由度	顯著機率	95% 信賴區間下限	上限
【詢問 2=1】	3.673	1.632	5.064	1	0.024	0.474	6.872

【輸出結果的判讀法・3】

⑤ 此處是檢定以下的假設。

假設 $H_0 : B$（母集合的【詢問 $2 = 1$】中 x_1 的係數）$= 0$

此檢定統計量是 Wald。

檢定統計量 Wald 5.064 與顯著機率 0.024 的關係，情形如下。

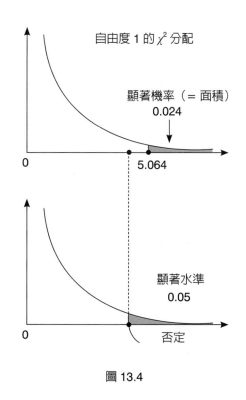

圖 13.4

由圖 13.4 可知，檢定統計量 5.064 位於否定域中。

因此，假設 H_0 被捨棄，所以 $B \neq 0$，換言之，對每日飲酒的人【詢問 2=1】
來說，可知此醒酒藥似乎是有效的。

【SPSS 輸出・4】

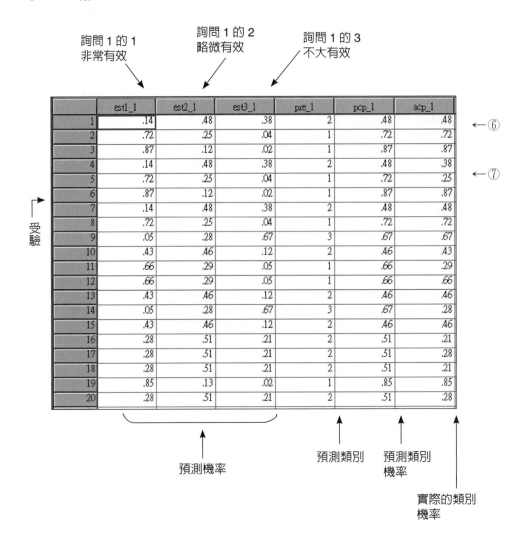

詢問 1 的 1
非常有效

詢問 1 的 2
略微有效

詢問 1 的 3
不大有效

受驗

預測機率

預測類別

預測類別
機率

實際的類別
機率

註：換言之，「預測類別是 1 的人 = 醒酒藥非常有效的人」est 是指
estimator（估計量）！

【輸出結果的判讀法・4】

⑥ 利用〔輸出結果的判讀法・2〕的模型，預測機率　est1-1 ，est2-1，est3-1 如
下求出。

$$\log \frac{r_1}{1-r_1} = 2.724 - (3.673 + 0.844) = -1.793$$

$$\frac{r_1}{1-r_1} = \text{Exp}(-1.793)$$

$$r_1 = \frac{\text{Exp}(-1.793)}{1+\text{Exp}(-1.793)} = 0.142705$$

$\Longrightarrow$　est1-1 $- r_1 = 0.142705 \doteqdot$ 0.14

　　$\log \dfrac{r_2}{1-r_2} = 5.021 - (3.673 + 0.844) = 0.504$

　　$\dfrac{r_2}{1-r_2} = \text{Exp}(0.504)$

　　$r_2 = \dfrac{\text{Exp}(0.504)}{1+\text{Exp}(0.504)} = 0.623399$

$\Longrightarrow$　est2-1 $= r_2 - r_1 = 0.623399 - 0.142705 = 0.480694 \doteqdot 0.48$

$\Longrightarrow$　est3-1 $= 1 -$ est1-1 $-$ est2-1 $= 1 - 0.142705 - 0.480694 \doteqdot 0.38$

⑦ 3 個預測機率 est1-1，est2-1，est3-1 之中機率最高的類別即為預測類。

譬如，以受驗者 5 此人來說，最高的機率是 est1-1 的 0.72，所以受驗者 5 此人被判定為 pre-1 = 1。

如觀察預測類時，此醒酒藥有效的是

事務職，一週喝酒數次者；事務職，一月喝酒數次者，

技術職，一月喝酒數次者；管理者，一週喝酒數次者。

〔註〕複迴歸分析、類別迴歸分析、次序迴歸分析之不同。

　複迴歸分析的模型圖如下：

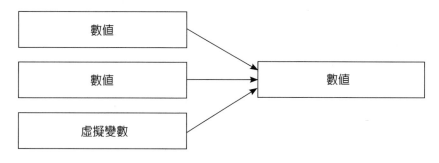

圖 13.5　複迴歸分析

類別迴歸分析的模型圖如下：

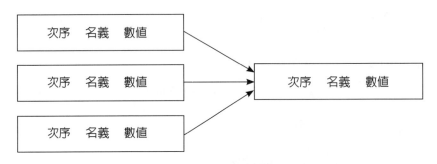

圖 13.6　類別迴歸分析

次序迴歸分析的模型圖如下：

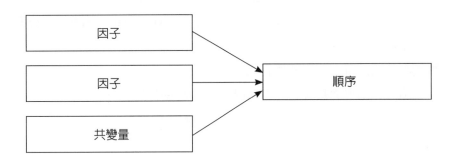

圖 13.7　次序迴歸分析

第14章　對數線性模型

由 3 個以上的類別變數所構成的多元交叉表，並非只是每 2 個變數之關聯，其關聯的程度依其他的變數的各類別而有不同，或者受到其他的變數間之關聯的影響等，可以想到許多種的狀況。關於此種多元的交叉表資料以有系統地進行分析的方法來說，有基於對數線性模型（log-linear model）的解析。本章是針對利用 SPSS Regression Model 的對數線性模型的基本方法，以及數個變數之中的一者被視爲反應變數時的 logit 對數線性模型進行說明。

14.1　基本模型

一、概要

以處理質性資料的統計方法來說，有應用迴歸分析以及依據交叉表的分法，前者已於第 12 章概略說明。本章探討交叉表。在社會調查、免疫學調查、意見調查等方面，依照對於數個詢問項目之回答，可以將回答者分類。此種時候，資料是以多元的交叉表加以累計，一般要因數愈增加，要因間之關聯就變得愈複雜，因之需要有系統地調查這些關聯的方法。對數線性模型是假定交叉表的各方格的次數，服從多項式分配或卜氏分配，將其受試者（回答者或被觀察者）屬於一定方格中的機率的對數，以數個要因的線性組合所表現的模型。

1. 二元交叉表

交叉表的最簡單形式是要因數爲 2，各要因的類別數也是 2 的情形。此交叉表稱爲 2×2 交叉表，2 個要因設爲 A, B，各類別設爲 A_1, A_2, B_1, B_2 時，受試者譬如屬於 A_1, B_2 的機率以 P_{12} 表示時，則屬於 A_i, B_j 的機率 P_{ij}（$i = 1, 2, j = 1, 2$）即可表示爲

$$\ln (P_{ij}) = \mu + \lambda_i^A + \lambda_i^B + \lambda_{ij}^{AB} \tag{14.1}$$

此處 ln 是自然對數，μ 是平均值，λ_i^A, λ_i^B 是要因 A, B 的主效果，λ_{ij}^{AB} 是表示 A

與 B 之交互效果的參數,而 $\mu, \lambda_i^A, \lambda_j^B, \lambda_{ij}^{AB}$ 分別存在有 1 個,2 個,2 個,4 個之值。此種模型一般稱為對數線性模型。譬如,2 元交叉表中 2 個要因 A, B 獨立時,兩者的交互效果即不存在,只有主效果而已。因此,前述的 λ_{ij}^{AB} 均為 0。另外,3 要因間的交互效果稱為 2 次交互效果。

2. 飽和模型與不飽和模型

　　關於一個交叉表包含交互效果在內將所有可能考慮到的參數包含在內的模型稱為飽和模型(Saturated model),從飽和模型刪去一個以上參數後的模型稱為不飽和模型(Unsaturated model)。對數線性模型是使用卡方分配的近似來判定模型的適合度。以統計量來說,可以使用概度比或 Pearson 的卡方統計量。此時的自由度是從交叉表的格數減去模型的參數個數。

3. 階層分析

　　要因數是 3 個,將它們設為 A, B, C 時,主效果的參數是 $\lambda_i^A, \lambda_j^B, \lambda_k^C$,2 要因間的交互效果的參數是 λ_{ij}^{AB}, λ_{jk}^{BC}, λ_{ik}^{AC},3 要因間的交互效果的參數是 λ_{ijk}^{ABC}。為了簡化,分別將它們表示為 A, B, C, AB, BC, AC, ABC。此處對不飽和模型先設假定:模型具有交互效果的參數時,該模型假定具有比所包含之要因還低次元的交互效果或主效果的參數。譬如,具有 2 要因的交互效果 AB,就一定具有 A 與 B 的主效果,設有此種假定的模型稱為階層模型(Hierarchical model)。

二、解析例

例 14.1

➔ **資料**

　　就表 14.1 的資料,將年齡按年代別區分後當作類別變數(20 年代為 1,30 年代為 2,40 年代為 3,50 年代為 4,60 年代以上為 5),就年代、性別、興趣的 3 個變數可以得出交叉表。

表 14.1　5×2×5 交叉表資料

年代	性別（男1,女2）	興趣				
		1（讀書）	2（音樂）	3（電影）	4（運動）	5（無所屬）
1（20年代）	1	0	0	3	1	0
	2	1	1	1	3	0
2（30年代）	1	0	0	0	0	0
	2	1	3	0	3	1
3（40年代）	1	0	0	2	0	1
	2	0	3	4	0	2
4（50年代）	1	0	1	0	0	0
	2	2	1	0	0	0
5（60年代）	1	3	2	0	0	1
	2	4	4	2	0	0

➲ 資料輸入

輸入資料如圖 14.1 所示。

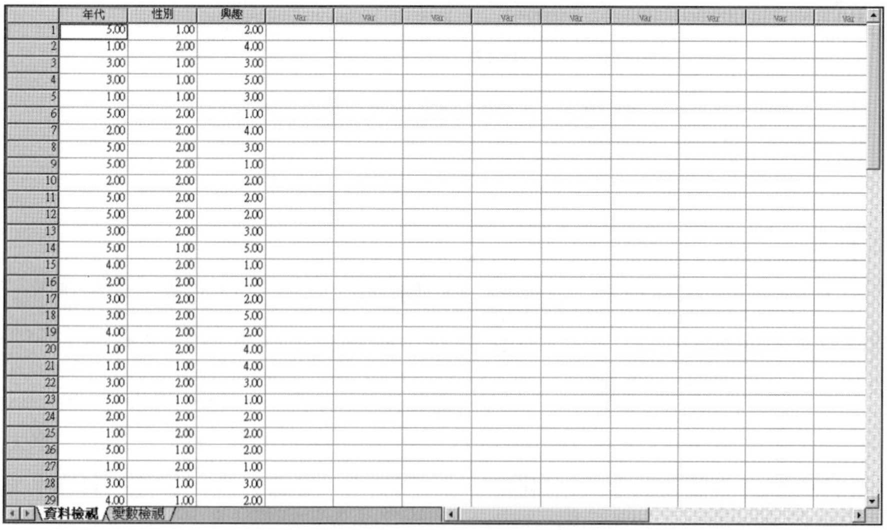

	年代	性別	興趣
1	5.00	1.00	2.00
2	1.00	2.00	4.00
3	3.00	1.00	3.00
4	3.00	1.00	5.00
5	1.00	1.00	3.00
6	5.00	2.00	1.00
7	2.00	2.00	4.00
8	5.00	2.00	3.00
9	5.00	2.00	1.00
10	2.00	2.00	2.00
11	5.00	2.00	2.00
12	5.00	2.00	2.00
13	3.00	2.00	3.00
14	5.00	1.00	5.00
15	4.00	2.00	1.00
16	2.00	2.00	1.00
17	3.00	2.00	2.00
18	3.00	2.00	5.00
19	4.00	2.00	2.00
20	1.00	2.00	4.00
21	1.00	1.00	4.00
22	3.00	2.00	3.00
23	5.00	1.00	1.00
24	2.00	2.00	2.00
25	1.00	2.00	2.00
26	5.00	1.00	2.00
27	1.00	2.00	1.00
28	3.00	1.00	3.00
29	4.00	1.00	2.00

圖 14.1　輸入資料的一部分

○ 分析的步驟

為了套用對數線性模型，選擇【分析 (A)】→【對數線性 (O)】→【一般化 (G)】。如圖 14.2 所示，以「因素 (F)」而言，選擇「年代」、「性別」、「興趣」。以模型而言，選擇飽和模型或自訂之中的任一者。自定時，可以選擇主效果以及至 2 次為止的交互效果。譬如，「年代」與「興趣」的交互效果包含在模型中時，在模型的對話框中選擇「年代」與「興趣」2 者當作交互作用的變數來指定。

圖 14.2　一般的對數線性分析的因素指定

○ 結果

表 14.2 的 (a) 到 (g)，是從飽和模型依從階層模型順次減少參數所表示出各階段的模型的適合度。表 14.2(a) 是表示飽和模型，此模型含有所有可能的參數。飽和模型的自由度是 0，適合度檢定的統計量是不被計算的。表 14.2(b) 是顯示從飽和模型除去 3 要因的交互效果之後的模型的適合度。亦即，興趣、性別、年代的各效果與「性別＊興趣」、「年代＊興趣」、「年代＊性別」的各交互效果包含於模型中。此模型的適合度顯著機率，概度比是 0.908，Pearson 卡方是 0.975，適合度顯著地不低。表 14.2(c) 是從上述的模型除去 3 個交互效果之中

的「年代＊性別」後的模型所表示的適合度，表 14.2(d) 是除去「性別＊興趣」的交互效果後的模型所表示的適合度，表 14.2(e) 是除去「年代＊興趣」後的模型所表示的適合度。其中，只有除去「年代＊興趣」後的模型，其顯著機率變低（0.014, 0.082），概度比是 0.014，Pearson 卡方值是 0.082。因此，可以知道 3 個交互效果之中只有除去「年代＊興趣」時的適合度有降低（概度比呈現有顯著差）之情形。因此，交互效果之中只留下「年代＊興趣」，將「年代＊性別」、「性別＊興趣」2 個交互效果除去後的模型適合度，如表 14.2(f) 所示。顯著機率分別是 0.759 與 0.920，適合度佳。可是，再除去「年代＊興趣」的交互效果時，就表 14.2(g) 所顯示，顯著機率（0.016, 0.045）變小，適合度降低。因此，以模型而言，含有 3 要因的各主效果以及「年代＊興趣」的交互效果的模型顯示出是最適切的；指出興趣的傾向受到年齡的影響。表 14.3 顯示此最適模型的參數估計值。且估計參數時的限制條件有關的幾個參數是被設定成 0（參本章附錄 1. 參數的限制條件）。

(a)

適合度檢定 [a, b]

	數值	df	Sig°
概似比	.000	0	.
Pearson 卡方	.000	0	.

a.模式：Poisson

b.設計\：常數＋年代＋性別＋興趣＋年代*性別＋年代*興趣＋性別*興趣＋年代*性別*興趣

(b)

適合度檢定 [a, b]

	數值	df	Sig°
概似比	9.126	16	.908
Pearson 卡方	6.923	16	.975

a.模式：多項式

b.設計\：常數＋年代＋性別＋興趣＋年代*性別＋年代*興趣＋性別*興趣

表 14.2　模型的適合度檢定

(c)

適合度檢定 [a, b]

	數值	df	Sig^
概似比	16.249	20	.701
Pearson 卡方	12.425	20	.901

a.模式：多項式

b.設計\：常數 + 年代 + 性別 + 興趣 + 年代*興趣 + 性別*興趣

(d)

適合度檢定 [a, b]

	數值	df	Sig∨
概似比	12.199	20	.909
Pearson 卡方	9.413	20	.978

a.模式：多項式

b.設計\：常數 + 年代 + 性別 + 興趣 + 年代*性別 + 年代*興趣

(e)

適合度檢定 [a, b]

	數值	df	Sig^
概似比	52.148	32	.014
Pearson 卡方	43.639	32	.082

a.模式：多項式

b.設計\：常數 + 年代 + 性別 + 興趣 + 年代*性別 + 性別*興趣

(f)

適合度檢定 [a, b]

	數值	df	Sig°
概似比	18.869	24	.759
Pearson 卡方	15.042	24	.920

a.模式：多項式

b.設計\：常數 + 年代 + 性別 + 興趣 + 年代*興趣

(g)

適合度檢定 [a, b]

	數值	df	Sig°
概似比	61.438	40	.016
Pearson 卡方	56.370	40	.045

a.模式：多項式

b.設計\：常數 + 年代 + 性別 + 興趣

表 14.3 不飽和模型的參數估計值

參數估計值 [c,d,e]

參數	估計	標準誤差	Z	Sig。	95% 信賴區間	
					下界	上界
常數	-.329[a]					
[年代 = 1]	-17.004	3469.605	-.005	.996	-6817.306	6783.297
[年代 = 2]	2.668E-8	1.414	.000	1.000	-2.772	2.772
[年代 = 3]	1.099	1.155	.951	.341	-1.165	3.362
[年代 = 4]	-19.124	.816	-23.422	.000	-20.724	-17.523
[年代 = 5]	0[b]	.	.	.	.	.
[性別 = 1]	-.944	.315	-2.999	.003	-1.562	-.327
[性別 = 2]	0[b]	.	.	.	.	.
[興趣 = 1]	1.946	1.069	1.820	.069	-.149	4.041
[興趣 = 2]	1.792	1.080	1.659	.097	-.325	3.909
[興趣 = 3]	.693	1.225	.566	.571	-1.707	3.094
[興趣 = 4]	-17.243	3469.605	-.005	.996	-6817.544	6783.058
[興趣 = 5]	0[b]	.	.	.	.	.
[年代 = 1] * [興趣 = 1]	15.059	3469.605	.004	.997	-6785.243	6815.360
[年代 = 1] * [興趣 = 2]	15.213	3469.605	.004	.997	-6785.089	6815.514
[年代 = 1] * [興趣 = 3]	17.698	3469.605	.005	.996	-6782.604	6817.999
[年代 = 1] * [興趣 = 4]	.000					
[年代 = 1] * [興趣 = 5]	0[b]	.	.	.	.	.
[年代 = 2] * [興趣 = 1]	-1.946	1.773	-1.098	.272	-5.421	1.529
[年代 = 2] * [興趣 = 2]	-.693	1.581	-.438	.661	-3.792	2.406
[年代 = 2] * [興趣 = 3]	.000					
[年代 = 2] * [興趣 = 4]	18.341	3469.605	.005	.996	-6781.960	6818.643
[年代 = 2] * [興趣 = 5]	0[b]					
[年代 = 3] * [興趣 = 1]	.000					
[年代 = 3] * [興趣 = 2]	-1.792	1.354	-1.323	.186	-4.446	.862
[年代 = 3] * [興趣 = 3]	-2.358E-8	1.414	.000	1.000	-2.772	2.772
[年代 = 3] * [興趣 = 4]	.000					

參數	估計	標準誤差	Z	Sig。	95% 信賴區間	
					下界	上界
[年代 = 3] * [興趣 = 5]	0[b]	.	.	.	.	.
[年代 = 4] * [興趣 = 1]	17.871	1.144	15.617	.000	15.628	20.114
[年代 = 4] * [興趣 = 2]	.000	.	.	.	.	.
[年代 = 4] * [興趣 = 3]	.000	.	.	.	.	.
[年代 = 4] * [興趣 = 4]	.000	.	.	.	.	.
[年代 = 4] * [興趣 = 5]	0[b]	.	.	.	.	.
[年代 = 5] * [興趣 = 1]	0[b]	.	.	.	.	.
[年代 = 5] * [興趣 = 2]	0[b]	.	.	.	.	.
[年代 = 5] * [興趣 = 3]	0[b]	.	.	.	.	.
[年代 = 5] * [興趣 = 4]	0[b]	.	.	.	.	.
[年代 = 5] * [興趣 = 5]	0[b]	.	.	.	.	.

a. 在多項式假設下常數不是參數。因此不計算它們的標準誤。

b. 這個參數多餘,因此設為零。

c. 模型:多項式

d. 設計 \:常數 + 年代 + 性別 + 興趣 + 年代 * 興趣

e. 部分參數估計值估計為零,因為 Hessian 矩陣為奇異矩陣,並且無法反轉。因此改為計算 Hessian 廣義逆矩陣。

例 14.2

○ 資料

生物暴露在數個有害因子時,經常出現複合效果。譬如因放射線與某種致癌物質的相乘效果增加了致癌風險是為人所知的。表 14.4 是同時暴露在放射線與某種致癌物質(化學物質)的白老鼠,在一定期間內調查癌發生之有無結果。

表 14.4　資料

放射線	化學物質	致癌	
		0	1
0	0	28	2
0	1	29	1

放射線	化學物質	致癌	
		0	**1**
1	0	24	6
1	1	21	9

⊃ 資料輸入

如圖 14.3 輸入資料。

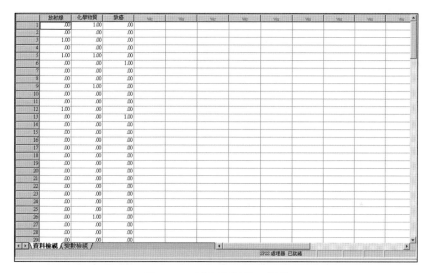

圖 14.3　輸入資料的一部分

⊃ 分析的步驟

套用對數線性模型，選擇【分析 (A)】→【對數線性 (O)】→【一般化 (G)】。在對話框中，因素選擇「放射線」、「化學物質」、「致癌」。模型則選擇「飽和模型」或「自訂」之中的任一者。

⊃ 結果

參照例 14.1 依序讓參數減少調查模型的適合度的結果，保留 3 要因的主效果以及「放射線」與「致癌」的交互效果後的模型，得知是適切的（中途的經過

省略）。表 14.5(a) 顯示此模型的適合度（0.762, 0.765）。並且由此模型除去「放射線」與「致癌」的交互效果時，適合度顯著降低。表 14.5(b) 顯示有其適合度（0.023, 0.030）。表 14.6 是顯示最適切的模型（各主效果與「放射線」與「致癌」的交互效果）的參數估計值。表 14.7 是顯示利用此模型各方格的期待次數。

另外，關於例 14.2 的資料，選擇【分析 (A)】→【對數線性 (O)】→【模型選擇】，即能直接檢討階層的模型。將「放射線」、「化學物質」、「致癌」當作因素。從飽和模型依序減少參數時的輸出中摘錄出概度比、自由度、顯著機率，表示於表 14.8 中。表 14.8 的步驟 3 所表示的模型，與表 14.5(a) 所表示的模型相同。

表 14.5　飽和模型的適合度

(a)

適合度檢定 a, b

	數值	df	Sig°
概似比	1.162	3	.762
Pearson 卡方	1.151	3	.765

a.模式：多項式

b.設計\：常數＋化學物質＋放射線＋致癌＋放射線*致癌

(b)

適合度檢定 a, b

	數值	df	Sig°
概似比	11.310	4	.023
Pearson 卡方	10.719	4	.030

a.模式：多項式

b.設計\：常數＋化學物質＋放射線＋致癌

表 14.6　不飽和模型的參數估計值

參數估計值 c, d

參數	估計	標準誤差	Z	Sig°	95% 信賴區間	
					下界	上界
常數	2.015[a]					
[化學物質 = .00]	1.162E-16	.183	.000	1.000	-.358	.358

參數	估計	標準誤差	Z	Sig°	95% 信賴區間 下界	上界
[化學物質＝1.00]	0[b]	.	.	.	.	.
[放射線＝.00]	-1.609	.632	-2.545	.011	2.849	-.370
[放射線＝1.00]	0[b]					
[致癌＝.00]	1.099	.298	3.685	.000	.514	1.683
[致癌＝1.00]	0[b]					
[放射線＝.00]* [致癌＝.00]	1.846	.663	2.783	.005	.546	3.146
[放射線＝.00]* [致癌＝1.00]	0[b]					
[放射線＝1.00]* [致癌＝.00]	0[b]					
[放射線＝1.00]* [致癌＝1.00]	0[b]					

a. 在多項式假設下常數不是參數。因此不計算它們的標準誤。

b. 這個參數多餘，因此設為零。

c. 模型：多項式

d. 設計＼：常數＋化學物質＋放射線＋致癌＋放射線＊致癌

表 14.7　依據對數線性模型的期待次數

細格計數和殘差 [a, b]

放射線	化學物質	致癌	觀察 個數	%	期望 個數	%	殘差	標準化 殘差	調整 殘差	離差
.00	.00	.00	28	23.3	28.500	23.7	-.500	-.107	-.183	-.996
		1.00	2	1.7	1.500	1.3	.500	.411	.585	1.073
	1.00	.00	29	24.2	28.500	23.7	.500	.107	.183	1.004
		1.00	1	.8	1.500	1.3	-.500	-.411	-.585	-.901
1.00	.00	.00	24	20.0	22.500	18.7	1.500	.351	-.566	1.760
		1.00	6	5.0	7.500	6.2	-1.500	-.566	-.828	-1.636
	1.00	.00	21	17.5	22.500	18.7	-1.500	-.351	-.566	-1.702
		1.00	9	7.5	7.500	6.2	1.500	.566	.828	1.812

a. 模型：多項式

b. 設計＼：常數＋化學物質＋放射線＋致癌＋放射線＊致癌

表 14.8　階層構造的選擇

逐步摘要

步驟 [a]		效應項	卡方統計量 [c]	自由度	顯著性	疊代數量
0	生成組 [b]	放射線 * 化學物質 * 致癌	.000	0	.	
	刪除的作用　1	放射線 * 化學物質 * 致癌	.877	1	.349	3
1	生成組 [b]	放射線 * 化學物質，放射線 * 致癌，化學物質 * 致癌	.877	1	.349	
	刪除的作用　1	放射線 * 化學物質	.022	1	.881	2
	2	放射線 * 致癌	10.170	1	.001	2
	3	化學物質 * 致癌	.284	1	.594	2
2	生成組 [b]	放射線 * 致癌，化學物質 * 致癌	.900	2	.638	
	刪除的作用　1	放射線 * 致癌	10.148	1	.001	2
	2	化學物質 * 致癌	.262	1	.609	2
3	生成組 [b]	放射線 * 致癌，化學物質	1.162	3	.762	
	刪除的作用　1	放射線 * 致癌	10.148	1	.001	2
	2	化學物質	.000	1	1.000	2
4	生成組 [b]	放射線 * 致癌	1.162	4	.884	
	刪除的作用　1	放射線 * 致癌	10.148	1	.001	2
5	生成組 [b]	放射線 * 致癌	1.162	4	.884	

a. 在每個步驟中，如果顯著性水準大於 .050，則在概似比變更具有最大顯著性水準的作用會被刪除。

b. 最佳模型的統計量會顯示於每個步驟的步驟 0 之後。

c. 對於 [刪除的作用]，這是作用於模型中刪除後，卡方所做的變更。

三、基本模型 Q&A

Q1 關於不飽和模型的參數，為什麼要考慮階層式的模型呢？

A1 隨著次元數變多，所要考慮的主效果與交互效果的個數也會變得愈多。譬如，變數的個數是 4 時，所要考慮的效果數合計有 14 個，如未假定階層式

的構造時，從飽和模型一個一個地除去參數的方法也會變得極為複雜。一般而言，有一個效果不存在時，很難認為包含其效果的高次元的效果是存在的，因之被認為是合理的假定。

Q2　何種情形是假定卜氏分配呢？

A2　整體的樣本大小或交叉表的任一個邊際次數事先決定時，即假定多項分配。在許多的實驗與調查中，此種類型的資料甚多。可是，像一定期間中事故的發生件數或機械的故障次數，任一邊際次數或全體的樣本大小並未決定時，則假定卜氏分配。

Q3　方格中如含有 0 時，也可以嗎？

A3　實際的計算中，關於次數是 0 的方格，要加上 0.5 再開始反覆計算。利用最大概似法求參數時，由於以一定的收斂條件進行反覆計算，因之初期狀態並不太有影響。可是，水準數太多時，多數的方格中次數會成為 0，統計量的卡方分配的近似就會降低。

Q4　對數線性模型在何種領域中能應用呢？

A4　在各種的領域中均能應用，譬如，像多重環境要因的複合風險分析，與最近受到社會學、心理學上的注目而應用。

14.2　Logit 對數線性模型

一、概要

在多次元的交叉表中，數個變數之中的其中一個以二值變數的反應變數加以定義，其他則以說明變數定義時，使用對數線性模型即可估計反應變數與說明變數之關係。此種模型稱為 Logit 對數線性模型（Logit log-linear model）。反應變數與說明變數之關係，與第 11 章所說明的 Logistic 迴歸模型相同。此處，反應率 P 取 Logit 時，對 Logit 來說即可以說明變數的線性組合來表示。

譬如 3 變數時，通常的對數線性模型可以如下表示：

$$\ln (P_{ijk}) = \mu + \lambda_i^A + \lambda_j^B + \lambda_k^C + \lambda_{ij}^{AB} + \lambda_{ik}^{AC} + \lambda_{jk}^{BC} + \lambda_{ijk}^{ABC} \tag{14.2}$$

變數 A 是反應變數且是二值資料時，類別 1 的機率是 p_{1jk}，類別 2 的機率是 p_{2jk}，對 p_{1jk} 取 Logit 時，與 A 無關的參數被除去後，可以如下表示：

$$\ln\left(\frac{p_{1jk}}{1-p_{1jk}}\right) = \ln(p_{1jk}/p_{2jk}) = \ln(p_{1jk}) - \ln(p_{2jk})$$

$$= (\lambda_1^A - \lambda_2^A) + (\lambda_{1j}^{AB} - \lambda_{2j}^{AB}) + (\lambda_{1k}^{AC} - \lambda_{2k}^{AC}) + (\lambda_{1jk}^{ABC} - \lambda_{2jk}^{ABC})$$

$$= w_0 + w_j^B + w_k^C + w_{jk}^{BC}$$

二、解析例

例 14.3

➲ 資料

使用例 14.2 的資料，將致癌的有無當作反應變數，放射線與化學物質當作說明變數調查它們的關係。

➲ 分析的步驟

為了套用 Logit 對數線性模型，選擇【分析 (A)】→【對數線性 (O)】→【Logit 分析】。如圖 14.4 所示，選擇「化學物質」、「放射線」當作「因素」，選擇「致癌」當作「因變數」。

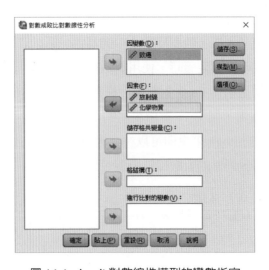

圖 14.4　Logit 對數線性模型的變數指定

⊃ 結果

　　表 14.9 顯示有包含「致癌 * 化學物質」及「致癌 * 放射線」2 個交互效果的模型的適合度（0.349, 0.348）。並且，2 個交互效果之中，就除去「致癌 * 放射線」的模型，以及除去「致癌 * 放射線」的情形來說，表 14.9(b)(c) 中分別顯示有其適合度。除去「致癌*放射線」的情形顯著地降低，除去「致癌 * 化學物質」的情形，並未顯著地降低。因此，由此模型顯示，只有放射線會使致癌的風險增加。另外，有關致癌的主效果，致癌與放射線的交互效果的參數估計值的顯著機率分別是（0.000, 0.005），交互效果的參數可以說都不是 0。

表 14.9　不飽和模型的適合度

(a)

適合度檢定 [a, b]

	數值	df	Sig°
概似比	.877	1	.349
Pearson 卡方	.880	1	.348

a.模式：Logit 多項式

b.設計\：常數 + 致癌 + 致癌*化學物質 + 致癌*放射線

(b)

適合度檢定 [a, b]

	數值	df	Sig°
概似比	11.048	2	.004
Pearson 卡方	9.988	2	.007

a.模式：Logit 多項式

b.設計\：常數 + 致癌 + 致癌*化學物質

(c)

適合度檢定 [a, b]

	數值	df	Sig°
概似比	1.162	2	.559
Pearson 卡方	1.151	2	.562

a.模式：Logit 多項式

b.設計\：常數 + 致癌 + 致癌*放射線

表 14.10　不飽和模型的參數估計值

參數估計值 [c, d]

參數		估計	標準誤差	Z	Sig°	95% 信賴區間	
						下界	上界
常數	[放射線＝.UU]* [化學物質＝.00]	.405[a]					
	[放射線＝.00]* [化學物質＝1.00]	.405[a]					
	[放射線＝1.00]* [化學物質＝.00]	2.015[a]					
	[放射線＝1.00]* [化學物質＝.00]	2.015[a]					
[致癌＝.00]		1.099	.298	3.685	.000	.514	1.683
[致癌＝1.00]		0[b]					
[致癌＝.00]* [放射線＝.00]		1.846	.663	2.785	.005	.547	3.145
[致癌＝.00]* [放射線＝1.00]		0[b]					
[致癌＝1.00]* [放射線＝.00]		0[b]					
[致癌＝1.00]* [放射線＝1.00]		0[b]					

a. 在多項式假設下常數不是參數。因此不計算它們的標準誤。

b. 這個參數多餘，因此設為零。

c. 模型：Logit 多項式

d. 設計＼：常數＋致癌＋致癌＊放射線

三、Logit 對數線性模型 Q&A

Q1　對數線性模型與 Logistic 迴歸分析的不同處在哪裡？

A1　Logistic 迴歸分析中，說明變數不管是類別變數或是量變數均能使用，但對數線性模型的 Logit 模型，原則上是處理說明變數爲類別變數的情形。SPSS 是在說明變數爲量變數時當作共變量引入模型中，而方格中的觀察值是應用共變量的平均值。總之，全部爲類別變數時，以檢出交互效果之有無作爲目的時，對數線性模型可以說是合適的。

Q2　3 要因的交互效果要如何考慮才好？考慮高次元的交互效果雖然困難但有何意義呢？

A2 譬如，就 A, B, C 3 要因的交互效果來說，A 與 B 的交互效果之大小依 C 的類別而有不同 B 與 C 的交互效果之大小對 A 有影響等，可以有幾種的解釋。因此檢出高次元的交互作用時，在解釋上有需要充分注意。可是，對數線性模型將這些的高次交互效果也包含在內以數學的方式統一處理，向多次元的交叉表進行一般化，此點是很重要的。

附　錄

1. 參數的限制條件

以估計參數所需要的限制條件來說，主要是使用兩種方法，譬如，2×2 的交叉表，當作 $\lambda_1^A + \lambda_2^A = 0$，$\lambda_1^B + \lambda_2^B = 0$，$\lambda_{1j}^{AB} + \lambda_{2j}^{AB} = 0$，$\lambda_{i1}^{AB} + \lambda_{i2}^{AB} = 0$，或者當作 $\lambda_2^A = 0$，$\lambda_2^B = 0$，$\lambda_{11}^{AB} = 0$，$\lambda_{12}^{AB} = 0$。SPSS 是使用後者的條件，但使用一個限制條件在數學上並非本質。並且，設定此種限制條件時，譬如 2×2 的交叉表時，參數的個數即為 4。

2. 卜氏分配與多項分配

就多次元交叉表資料的樣本分配來說，可以考慮兩種情形。3 變數時，方格 $(i, j, k)(i = 1, ..., I; j = 1, ..., J; k = 1, ..., K)$ 的觀測次數 f_{ijk} 當作是機率變數 X_{ijk} 的實現值。此時，m_{ijk} 當作是 X_{ijk} 的期待值。首先，全體的樣本大小或任一邊際和均未固定時，假定分別相互獨立地服從卜氏分配。亦即，得出如 f_{ijk} 之資料的機率為

$$P\,(X_{ijk} = f_{ijk}) = \prod_{i=1}^{I} \prod_{j=1}^{J} \prod_{k=1}^{K} \frac{(m_{ijk})^{f_{ijk}}}{f_{ijk}!} \exp\,(-m_{ijk}) \tag{14.3}$$

另一方面，全體的樣本大小（n）或任一邊際和被固定時，$X_{ijk} = f_{ijk}$ 的機率為

$$P\,(X_{ijk} = f_{ijk}) = \frac{n!}{\displaystyle\prod_{i=1}^{I} \prod_{j=1}^{J} \prod_{k=1}^{K} f_{ijk}!} \prod_{i=1}^{I} \prod_{j=1}^{J} \prod_{k=1}^{K} \left(\frac{m_{ijk}}{n}\right)^{f_{ijk}} \tag{14.4}$$

m_{ijk} 是各自分配的參數，上述二式均可視為概似函數。因此，使上述概似函數成為最大求 m_{ijk} 時，即為最大概似估計值。實際計算時是設一定的收斂條件後，進行反覆計算即可求出最大概似估計量，再對此進行對數變換即可求出各參數。

第 15 章　存活分析

15.1　簡介

　　有關生物、機械或系統的一個二值反應（binary response；發生或不發生）來說，從觀察開始的經過時間想成是非負的機率變數時，就該反應發生為止的時間而言，此觀察數據稱為存活時間（survival time）。雖然存活時間意指生物至死亡為止的時間，但基於發生了不理想「反應」的時間之意也有稱之為故障時間（failure time）。存活時間的分析有「無母數」（non-parametric）、「有母數」（parametric）以及「半母數」（semi-parametric）之方法。此處以使用 SPSS（Advanced Models）的分析機能介紹無母數統計的方法，亦即「生命表」與「Kaplan-Meier 法」，以及半母數統計方法的「比例風險模型」。這些方法不只是生物的存活時間，即使相當於機械與其他壽命時間的數據也能廣為應用。

一、生命表概要

　　生命表（Life table method / actuarial method）是由 Halley（1693）所提出。在生命表中出生群體（cohort）的假想規模，稱之為 Radix（基數），通常是十萬人。

表 15.1　生命表的基本構成要素

區間	中央值	寬度	區間開始的存活人數	區間死亡人數	區間中止數	估計值		
						區間死亡機率	區間存活機率	存活函數
$[t_1 = 0, t_2]$	t_{m1}	b_1	n_1	d_1	c_1	$\hat{q}_1$	$\hat{p}_1$	$\hat{s}_1=1$
$[t_2, t_3]$	t_{m2}	b_2	n_2	d_2	c_2	$\hat{q}_2$	$\hat{p}_2$	$\hat{s}_2$
:	:	:	:	:	:	:	:	:
$[t_{k-1}, t_k]$	t_{mk-1}	b_{k-1}	n_{k-1}	d_{k-1}	c_{k-1}	$\hat{q}_{k-1}$	$\hat{p}_{k-1}$	$\hat{s}_{k-1}$
$[t_k, t_\infty]$	－	－	n_k	d_k	c_k	$\hat{q}_k=1$	$\hat{p}_k=0$	$\hat{s}_k$

　　表 15.1 中顯示 Radix 為 n_1 的生命表的基本構成要素 。關於區間 i，（t_i,

t_{i+1}）（$i = 1, 2, \cdots$, k-1；但 $t_1 = 0$）、區間中央值 t_{mi}、以及區間寬度 b_i 來說，區間開始的存活人數設為 n_i，區間中的死亡人數為 d_i 以及區間中的中止數設為 c_i。因此，$n_{i+1} = n_i - d_i - c_i$。區間存活機率是連續性地加上順序的一個二值反應的機率，累積存活函數估計值 $\hat{S}_i = \hat{S}(t_i)$ 可用 $\hat{S}_{i+1} = \hat{S}_i p_i$ ($i = 1, ..., k - 1; \hat{S}_1 = 1$) 來表示。區間中的（附有條件）存活機率 $\hat{p}_i$ 可利用 $\hat{p}_i = 1 - \hat{q}_i$ 來表示。此處 $\hat{q}_i$ 是區間中的（附有條件）死亡機率，以 $\hat{q}_i = \dfrac{d_i}{r_i}$ 來表示。r_i 是風險人口數（population at risk），以 $r_i = n_i - c_i/2$ 表示（中止是假定在區間內形成均一分配）。

二、解析例

例 15.1

⊃ 資料

　　將此稱生命表的想法應用在癌症患者的臨床數據上正是 T 年存活率（Berkson and Gage（1952））。治療結果的指標大多是評估治療後的存活時間。可是與單年度的人口動態統計與基於國勢調查的生命表數據不同，在臨床研究上對象人數不僅少，在追蹤患者至少 T 年以上之期間中，出現出院治療中止或患者轉院等不能追蹤的情形。如前述，作為研究對象之「反應」在發生以前因其他事件觀察被中止時的時間稱為中止（censoring）。譬如，「至 x 年為止雖確認存活，但其後不明」時，存活時間不是「x 年」而是「x 年以上」。

　　表 15.2 是說明包含「中止」之腎臟癌男性患者的存活時間數據（Cutler and Ederer（1958））。區間 [4, 5) 的部分患者，存活時間是視為具有 [5, ∞) 之資訊是有需要注意的。又區間 [0, 1) 是意指 0 年以上一年未滿。

表 15.2　Cutler and Ederer（1958）的 5 年存活數據

區間（年）	區間開始的存活數	區間中發生的死亡數	區間中發生之不能追蹤人數	在區間中發生之追蹤中止人數
[0,1)	126	47	4	15
[1,2)	60	5	6	11
[2,3)	38	2	-	15

區間 (年)	區間開始的存 活數	區間中發生的 死亡數	區間中發生之不能 追蹤人數	在區間中發生之追蹤 中止人數
[3,4)	21	2	2	7
[4,5)	10	-	-	6

⊃ 資料輸入形式

就表 15.2 的數據製作生命表時，有需要輸入各患者的存活時間與死亡或不能追蹤的狀態。以存活時間來說，譬如，就 [0, 1] 為止的死亡或不能追蹤的患者而言輸入 0.5。以下同樣輸入 1.5，2.5 等。以狀態來說，就區間中已死亡的患者來說，輸入 1；就區間中發生不能追蹤者或區間中發生追蹤中止者來說，當作中途不能追蹤的患者，輸入 2。這些數據的設定可以任意，圖 15.1 是顯示一部分所輸入的數據。

	存活時間	狀態
1	.50	1.00
2	.50	1.00
3	.50	1.00
4	.50	1.00
5	.50	1.00
6	.50	1.00
7	.50	1.00
8	.50	1.00
9	.50	1.00
10	.50	1.00
11	.50	1.00
12	.50	1.00

圖 15.1 一部分輸入之數據

⊃ 分析的步驟

製作生命表時，可選擇【分析 (A)】→【存活分析 (S)】→【生命表 (L)】。圖 15.2 是顯示變數的設定，此處，以定義狀態變數的事件來說，死亡的狀態所分配的數據是 1。狀態變數的數值除 1 以外的情形（此情形是 2），當作中途不能追蹤的觀察值來處理。

圖 15.2　變數的設定

⊃ 結果

本事例取自康乃狄克州癌症的登錄數據，從 1946 年至 1951 年為止追蹤被診斷為局限性腎臟癌患者從診斷日算起的存活時間，除了 1946 年被診斷的患者之外，雖是追蹤期間未滿 5 年，但要強調的是此存活時間數據仍可得出有信賴性的 5 年存活率。

將累積存活分配函數 $S(t)$、密度函數 $f(t)$、風險函數 $\lambda(t)$ 三個函數的估計值與其標準差顯示如表 15.3 所示。追蹤開始後，經 4 年以上由於無死亡案例，所以 $\hat{S}_4 = \hat{S}_5$，利用此數據估計 5 年存活率是 0.442（標準誤差 0.06）。又，存活分配時間的中央值可以估計是 3.0545（標準誤差 0.759）。

表 15.3　生命表

存活表格[a]

間隔開始時間	進入間隔的數目	間隔期間撤銷的數目	暴露於風險的數目	終端事件數目	比例終止中	比例存活中
0	126	19	116.500	47	.40	.60
1	60	17	51.500	5	.10	.90
2	38	15	30.500	2	.07	.93
3	21	9	16.500	2	.12	.88
4	10	6	7.000	4	.57	.43

a. 中型存活時間為 3.0545

在間隔結束時存活的累積比例	標準在間隔結束時存活的累積比例錯誤	機率密度	標準可能性密度錯誤	風險率	標準風險率錯誤
.597	.05	.403	.045	.51	.07
.539	.05	.058	.025	.10	.05
.503	.05	.035	.024	.07	.05
.442	.06	.061	.041	.13	.09
.190	.09	.253	.090	.80	.37

⊃ 有關生命表的 Q&A

Q1　日本的生命表中有些什麼？

A1　日本從明治 35 年以來，製作有人口動態統計與基於國勢調查之生命表。日本的生命表有每年發表的簡易生命表以及以確定人口作為基礎資料（完全）的生命表。從出生起的經過時間 T 年想成機率變數，存活函數設為 $S(t)$，已達 t 年歲期待其後仍能存活的年數亦即平均餘命（life expectancy）$LE(t)$ 為

$$LE(t) = E\,(T - t \mid T \geq t) = \frac{\int_t^\infty (x-t)f(x)dx}{s(t)} = \frac{\int_t^\infty s(t)dx}{s(t)} \tag{15.1}$$

特別是出生時 $t = 0$ 的平均餘命 $LE(0) = E(T) = \int_t^\infty xf(x)dx = \int_t^\infty s(t)dx$ 稱為平均壽命（Life expectancy at birth）。通常，生命表的區間的單位是年齡，乳兒

時期與最高齡區間另當別論，區間寬度 h 當作 1 年或 5 年，中止數是 0。表 15.1 的區間 i，$[t_i, t_{i+1}](t_{i+1} = t_i + b_i)$ 的中央值的定常人口當作 $b_i L_{ti}$（$b_i = 1$ 時，表示爲 L_{ti}）時，以如下來計算：$b_j L_{tj}$

$$LE(t_i) = \frac{\sum_{j=i}^{k+1} b_j L_{tj}}{n_i} \quad \left(\text{或} = \frac{\sum_{j=i}^{k+1} L_{tj}}{n_i}\right)$$

表 15.4 是依據日本厚生勞動省大臣官房統計情報編製的第 19 次（完全）生命表所描述的較具代表的平均餘命。這是以 2000 年 1 月 1 日至同年 12 月 31 日的死亡狀況與同年的國勢調查中的確定人口作爲基礎資料所製作而成。

表 15.4　第 19 次（完全）生命表（2000 年）的平均餘命（年）

	年齡							
	0	20	40	60	80	100	112	116
男	77.72	58.33	39.13	17.54	7.96	2.18	1.07	—
女	84.60	65.08	45.52	22.42	10.60	2.74	1.40	1.15

在此生命表中顯示男至 112 歲，女至 116 歲的各歲別的基本數值。在 $t_1 = 0$（1 歲未滿）的情況下，大約 85% 是在最初的半年內死亡，幾乎是 $L_{t1} = n_1 - (4/5)d_1$。在 $t_i = 1 \sim 99$ 歲的情況下，若粗估計是 $L_{ti} = n_i - (1/2)d_i$ 的話，那麼 100 歲以上則是 $\sum_{j=100} L_{tj} = LE(100)n_{101}$。

15.2　Kaplan-Meier Method

一、方法的概要

Kaplan-Meier 法是利用存活時間數據被加上順序的分析方法，其優點是不取決於存活時間的區分方法。將存活時間數據由小依序排列，換言之爲

$$t_1 < t_2 < \cdots < t_i < \cdots < t_k$$

至存活時間 t_i 之前無反應的個數（包中止）設爲 n_i，又死亡數 $d_i(\geq 1)$ 通常

視為已記錄了存活時間 t_i。累積存活函數估計值 $\hat{S}(t_i)$（Kaplan-Meier 估計值）是以（15.2）式表示：

$$\hat{S}(t_i) = \left(\frac{n_1 - d_1}{n_1}\right)\left(\frac{n_2 - d_2}{n_2}\right) \cdots \left(\frac{n_i - d_i}{n_i}\right) \tag{15.2}$$

Kaplan-Meier 稱此估計值為極限估計量（product limit estimator）。

二、解析例

例 15.2

⊃ 資料

　　表 15.5 作為存活時間數據解析例經常是被引用之隨機臨床試驗數據（Gehan (1965)）。在白血病已舒解的 42 例中，以舒解維持療法來說，隨機地投與 placebo（對照群 21 例），及施與 6-MP（治療群 21 例）。至再發為止的時間以週作為單位。

表 15.5　Gehan（1965）的白血病再發時間數據（單位：週）

對照群										
1	1	2	2	3	4	4	5	5	8	8
8	8	11	11	12	12	15	17	22	23	
治療群										
6	6	6	6*	7	9*	10	10*	11*	13	16
17*	19*	20*	22	23	25*	32*	32*	34*	35*	

註：＊表中止（Censoring）

⊃ 數據輸入形式

　　針對各患者輸入存活時間、狀態變數、群變數，如圖 15.3 所示。此處狀態變數是對於死亡當作 1，中途不追蹤時當作 2。群變數是對照群當作 1，治療群當作 2。

	存活時間	狀態	群
1	1.00	1.00	1.00
2	1.00	1.00	1.00
3	2.00	1.00	1.00
4	2.00	1.00	1.00
5	3.00	1.00	1.00
6	4.00	1.00	1.00
7	4.00	1.00	1.00
8	5.00	1.00	1.00
9	5.00	1.00	1.00
10	8.00	1.00	1.00
11	8.00	1.00	1.00
12	8.00	1.00	1.00
13	8.00	1.00	1.00
14	11.00	1.00	1.00

圖 15.3　一部分輸入的數據

⤷ 分析的步驟

執行 Kaplan-Meier 的方法是選擇【分析 (A)】→【存活分析 (S)】→【Kaplan-Meier (K)】。圖 15.4，圖 15.5 是顯示變數的設定與選項的設定。

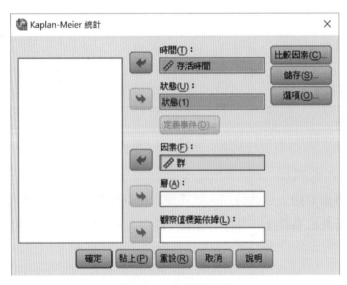

圖 15.4　變數的設定

　　變數的設定是「存活時間」當作「時間 (T)」變數，指定「狀態」當作「狀態 (U)」變數，指定「群」當作「因素 (F)」，在狀態變數的「定義事件 (D)」中，以顯示終結事件之值來指定「單一值」的 1。

圖 15.5　選項的設定

⊃ 結果

　　圖 15.6 是顯示存活函數的 Kaplan-Meier 估計值 。圖中的群 1 是對照群，群 2 是治療群。表 15.6 是顯示存活時間的平均值（計算至最後的觀察值為止）及中央值的估計值。

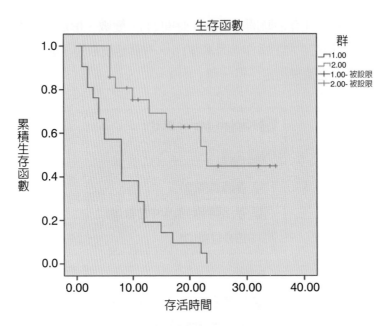

圖 15.6 利用 Kapian-Meier 法所估計的存活時間函數

表 15.6 有關存活時間的估計值

存活時間的平均數與中位數

群	平均數[a]				中位數			
			95% 信賴區間				95% 信賴區間	
	估計	標準誤差	下界	上界	估計	標準誤差	下界	上界
1.00	8.667	1.411	5.900	11.433	8.000	1.669	4.729	11.271
2.00	23.287	2.827	17.746	28.829	23.000	5.255	12.699	33.301
整體	15.339	1.860	11.693	18.985	12.000	1.717	8.636	15.364

a. 估計如果經過設限，則限制為最大的存活時間。

　　在本例中，如圖 15.6 所示，治療群比對照群的存活時間長，對照群的中央值（Q_{50}）是 8 週，但治療群的中央值是 23 週。

　　另外，以檢定 2 群間的存活分配函數之差異來說，可得出如表 15.7 所示的 Log-Rank 檢定以及一般化 Wilcoxon 檢定（generalized Wilcoxon test）之結果。

表 15.7 2 群間的存活時間分配的統計檢定

整體比較

	卡方統計量	自由度	顯著性
Log Rank (Mantel-Cox)	16.793	1	.000
Breslow (Generalized Wilcoxon)	13.458	1	.000

群 不同水準的存活分配等式檢定。

Log-Rank 檢定及 Wilcoxon 檢定是未假定存活時間的分配下進行群間比較的無母數檢定。要比較的 2 個存活分配函數設為 $S_1(t)$, $S_2(t)$ 時，檢定的虛無假設是 $H_0: S_1(t) = S_2(t)$，對立假設是 $H_1: S_1(t) \neq S_2(t)$（$t \leq t_p$，t_p 是所觀察的最大存活時間），Log-Rank 檢定（Peto R. & Peto J. (1972)）是將分割表的 Mantel-Haenszel 法（Mantel & Haenszel (1959)）應用在存活時間數據的檢定方法。另一方面，此處的 Wilcoxon 檢定是擴張至有中止的順序統計量，因之稱為一般化 Wilcoxon 檢定（Gehan (1965)）。此 2 個檢定統計量能合而為一的表現，Wolcoxon 檢定是觀察期間的前半，Log-Rank 檢定是觀察期間的後半，2 群間的分配差異對檢定結果會有影響。

本例如表 15.7 所示，任一檢定統計量在 1% 的顯著水準下，可以否定虛無假設。

此等檢定統計量可以用於 3 群間以上的比較，虛無假設 $H_0: S_1(t) = S_2(t) = \cdots\cdots = S_g(t)(g \geq 3)$，對立假設 H_1：至少有一組的群間是 $S_i(t) \neq S_j(t)(i \neq j)$ 之下，檢定統計量近似地服從自由度 g-1 的 χ^2 分配，應用多重比較的想法可以進行檢定。3 群間以上的比較，也可以考慮傾向性的檢定。

15.3 比例風險模型

一、方法的概要

以存活時間數據的迴歸分析來說，目前經常所使用的 Cox 比例風險模型（Cox's proportional hazard model）是半母數（Semi-parametric）統計方法。這是依據未假定特定分配的部分概似（Partial like lihood）之想法。比例風險模型中，使用說明變數向量將風險函數當作：

$$\lambda(t \mid B'x) = \lambda_0(t)\exp(B'x)$$

將 $\lambda_0(t)$ 當作向量 $x = 0$ 時的風險函數，稱之為基準風險函數或 Baseline（風險）。此種比例風險模型，可視為將線性迴歸分析擴張至存活時間分配之方法，由 Cox（1972）所提出，稱之為 Cox 比例風險模型。

二、解析例

例 15.3

⊃ 數據

將 Cox 比例風險模型應用至如表 15.5 所示的數據中。如圖 15.7 指定變數。

圖 15.7　Cox 迴歸分析的變數指定

⊃ 分析的步驟

為了應用 Cox 比例風險模型，可選擇【分析 (A)】→【存活分析 (S)】→【Cox 迴歸 (C)】。點選「圖形 (L)」，如圖 15.8 設定選項。

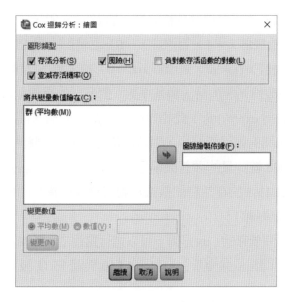

圖 15.8　Cox 迴歸分析的選項設定

➲ 結果

針對表 15.5 的存活時間數據利用 Cox 比例風險模型估計參數之結果，如表 15.8 所示 。且共變量 x 在平均值 (0.5) 中的風險函數之圖形，如圖 15.9 所示。利

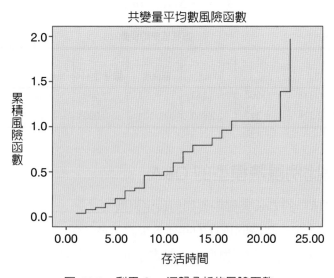

圖 15.9　利用 Cox 迴歸分析的風險函數

用時間依存的 Cox 迴歸模型之分析結果，如表 15.9 所示。表 15.8 是模型使用 1 個說明變數 x（治療群 $x = 1$，對照群 $x = 0$）之情形，表 15.9 是將時間依存的說明變數 $x(t)$（治療群 $x(t) = \ln t$，對照群 $x(t) = 0$）加入模型之情形。後者是將對應 x 與 $x(t)$ 參數分別改為 β_1、β_2 時，與基準線（對照群的風險函數）$\lambda_0(t)$ 相比，治療群的相對風險成為 $\exp(\beta_1)t\beta_2$。此相對風險如 β_2 為正時，隨時間的經過而增加，如為負時，隨時間的經過而減少，對時間依存的 Cox 迴歸模型的虛無假說 H_0：$\beta_2 = 0$ 而言，wald 統計量的顯著機率是 0.558，顯示並無否定虛無假說的依據，這些結果顯示表 15.5 的存活時間數據在觀察時間內將時間依存性說明變數視為需要之證據是很薄弱的。

為了進行時間依存的 Cox 迴歸，可以進行選擇【分析 (A)】→【存活分析 (S)】→【Cox/ 含與時間相依共變量】，如圖 15.10 與圖 15.11 設定。

表 15.8　Cox 迴歸分析的結果

方程式中的變數

	B	SE	Wald	自由度	顯著性。	Exp(B)	Exp(B) 的 95.0% CI 下界	上界
群	-1.509	.410	13.578	1	.000	.221	.099	.493

表 15.9　時間依存的 Cox 迴歸分析的結果

方程式中的變數

	B	SE	Wald	自由度	顯著性。	Exp(B)	Exp(B) 的 95.0% CI 下界	上界
T_COV_	.333	.568	.343	1	.558	1.395	.458	4.251
群	-2.224	1.313	2.869	1	.090	.108	.008	1.418

三、有關比例風險模型的 Q&A

Q1　在時間依存的 Cox 迴歸中要如何設定模型？

A1　在例 15.3 中，以時間依存的共變量來說，為了將 $X(t)$（治療群 $X(t) = \ln t$，對照群 $x(t) = 0$）加入模型中，設定了 ln（存活時間）* 群之模型（參照圖 15.10 及圖 15.11）。

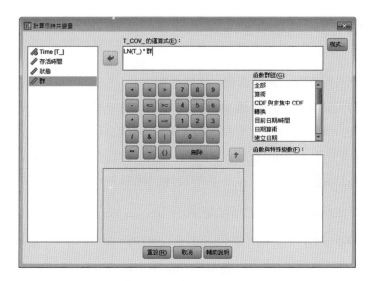

圖 15.10　時間依存之 Cox 迴歸分析的模型指定 (1)

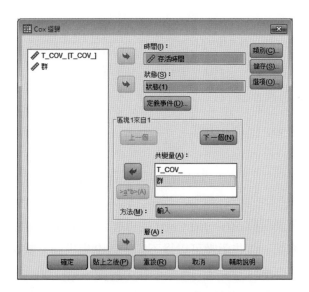

圖 15.11　時間依存之 Cox 迴歸分析的模型指定 (2)

附　錄

1. 累積存活分配函數、密度函數、風險函數

　　表示存活時間的連續性機率變數 T，$T \geq t$（t 是規定的時間，$t > 0$）的機率 $P(T \geq t)$（至 t 為止不發生反應的機率）稱為累積存活分配函數 $S(t)$，與機率變數 T 的機率分配函數（distribution function）$F(t) = P(T \leq t)$ 之關係是 $F(t) = 1 - S(t)$。又，使用在時間區間（$t, t + \Delta t$）內有反應的機率 $P(t < T < t + \Delta t)$ 所定義的機率密度函數（density function）$f(t)$ 是 $f(t) = \lim_{\Delta t \to 0} + \dfrac{P(t < T < t + \Delta t)}{\Delta t}$。於是，$F(t) = \int_0^t f(t)dt$，$f(t) = F'(t) = -S'(t)$，並且 $S(0) = 1$，$F(0) = 0$，$S(\infty) = 0$ 及 $F(\infty) = 1$。

　　存活時間數據的分析中，最重要的是在 $T \geq t$ 的條件下利用時間區間 $[t, t + \Delta t]$ 內有反應的機率 $P(t < T < t + \Delta t \mid T \geq t)$ 所定義的風險函數（hazard function）$\lambda(t)$，亦即

$$\lambda(t) = \lim_{\Delta t \to 0} + \frac{P(t < T < t + \Delta t \mid T \geq t)}{\Delta t}$$

$$= \frac{f(t)}{s(t)} = \frac{-s(t)'}{s(t)} = -\frac{dln\ S(t)}{dt} \tag{15.4}$$

因此，$S(t) = \exp \left[-\int_0^t \lambda(t)\ dt \right]$

$$f(t) = \lambda(t)S(t) = \lambda(t)\exp \left[-\int_0^t \lambda(t)\ dt \right]$$

　　像這樣，三個函數 $S(t)$、$f(t)$、$\lambda(t)$ 均可解讀為同義地決定一個特定的存活時間分配。另一方面，這些函數可以從不同的觀點提供觀察數據的解釋。$\lambda(t)$ 是以時間的函數表示反應發生瞬間的風險形狀，譬如，免疫學研究中癌的發生風險可以想成是從觀察開始的經過時間當作機率變數的風險函數，利用每個觀察人年（person-years）的癌發生數所表現的罹患率或死亡率予以表示，$f(t)$ 是用於評估反應的期間別次數的形狀，$S(t)$ 在所關心的存活機率下推估時間甚為有用。

2. 累積風險函數

　　將 $\int_0^t \lambda(t)dt$ 稱為累積風險函數，將此當作 $H(t)$ 時，從 $S(t) = \exp[-H(t)]$ 得出

$H(t) = -\ln S(t)$。又，$F(t) = 1 - S(t) = 1 - \exp[H(t)]$。$H(t)$ 如十分小時，$F(t) \fallingdotseq H(t)$，譬如，在某觀察期間內年齡別癌罹患率假定是 $\hat{\lambda}(a)$（按 $n = 0, 1, ...84$，以各歲數估計）時，以各國的 65 歲或 75 歲未滿的累積癌罹患率的近似值來說，有時可以用累積風險值 $\Sigma_{a=0}^{64} \hat{\lambda}(a)$ 或 $\Sigma_{a=0}^{74} \hat{\lambda}(a)$。

3. 壽命與時間

只要是生物、機械或系統都有壽命。譬如，決定人類壽命的主要風險之一的癌症發生風險似乎是年齡 (a) 的冪函數（ca^n，c 是常數），但是與固形癌（除了淋巴造血組織之外的惡性腫瘤）中的急速增加（$n = 4 \sim 6$）相比，白血病增加緩慢。爲了說明此年齡別發生風險，可以考慮多階段癌症發生模型（Armitage & Doll, 1954）。因此，如果是歷經長期的觀察期間，癌症發生風險利用從觀察開始起算的經過時間 t 所表現的風險 $\lambda(t)$，將觀察開始的年齡當作 x 及 $a = x + t$，以年齡別發生風險 $\lambda^*(a)$ 來表示是較容易理解的。

4. 風險因子與量、反應關係

研究對象於反應期發生的原因稱爲風險因子，在免疫學研究中，風險因子發生的風險差異，因爲是長期的潛伏期，所以大多列入死亡率或罹患率，也就是風險函數中加以評估。風險因子與反應的因果關係，不光是風險因子在時間上比反應先行，且風險因子的量與反應的發生風險之間能看出量、反應關係是很重要的。

5. 中止與競合風險

觀察開始時點與觀察結束時點可視研究目的加以決定。研究對象的反應發生前是否發生其他的事件，因某種理由而中止觀察時，此稱爲中止（censoring）（通常，此種研究對象的反應是比被中止的時間延後〔右〕，右側中止）。且許多時候，存活時間數據包含直到觀察期間的最後並未發生反應的數據。方便上，研究對象的反應的存活時間設爲 T_r，觀察期間內中止的存活期間內設爲 C，以及解析的觀察期間設爲 t_p 時，觀察的存活時間 T 想成 $T = \min(T_r, C, t_p)$ 是容易理解的。且有關中止的存活時間也可想成是 $C = \min(C_1, C_2)$，風險因子不僅是對存活時間 T_r，對存活時間 C_1 也會有影響。與風險因子的有無無關，除研究對象的反應之外，將特定事件的發生風險稱爲競合風險。

未考慮競合風險時，研究對象的反應其發生的生涯風險（上述機率分配 F(∞)）經常是 1。前述之累積風險函數 $H(t)$，在未假定競合風險的情形下，如此值十分小時，作爲機率分配 $F(t)$ 的近似值是有意義的。譬如，日本白血病的 75 歲未滿的累積罹患率是在 0.42～0.98% 的範圍。此指標不需要調整人口構成。另一方面，考慮競合構成時，譬如，某人的死亡生涯風險，因事故等的外因而死亡的機率約 9%，癌死亡的機率約 29%，以及癌以外的疾病死亡的機率約 62%。

6. 存活時間數據的解析與風險評估

即使是在風險評估的領域中，也利用風險函數（譬如癌症罹患率）的迴歸模型進行解析，此核心的數據可以從人類群體爲對象的免疫學研究（epidemiologic study）特別是長期追蹤固定群體的 cohort 研究（cohort study）中得到（註：具有同性質的群體稱爲 cohort）。cohort 研究的古典解析方法之一是分割表的 Mantel-Haenszel 法的應用。目前，不僅是 Cox 比例風險模型，使用觀察人年的卜氏（Poisson）迴歸模型，也當作 cohort 研究的解析方法予以使用。卜氏迴歸模型是有關指數分配族（expontial family of distributions）的一般化線性模型中的一種，也可用於半母數手法中。總觀察人年在健康影響已發生之個體與中止已發生的個體方面是從觀察開始到那之前的經過年數，未發生個體方面即爲加上觀察間的年數。譬如，從觀察開始的第 t 年的一年間，以男女與年齡所層別的階層 j，說明變數 x 的群體中健康影響已發生的個體數設爲 $O(t \mid x, j)$，對應的觀察人年設爲 $PY(t \mid x, j)$，則卜氏迴歸模型可以表現爲

$$O(t \mid x, j) \sim \text{Poisson}(E(t \mid x, j)) \text{，} E(t \mid x, j) = PY(t \mid x, j)\lambda(t \mid \beta'x, j)$$

另外，可以使用 $\lambda(t \mid \beta'x, j) = \lambda_0((t))RR(\beta'x)$ 或 $\lambda = (t \mid \beta'x, j) = \lambda_0(t) + EAR(\beta'x)$ 的模型。$RR(\beta'x)$ 是表示相對風險。$E(t \mid x, j)$ 因爲只能取正值，因之 $RR(\beta'x)$ 與 Cox 風險模型一樣最好當作 $\exp(\beta'x)$，但當作 $1 + \beta'x$ 的時候也有。後者的優點是，當說明變數 x 是一個風險因子被暴露量時，對應的迴歸係數 β 可以解釋成每單位被暴露量的過剩相對風險（excess relatire risk）。$EAR(\beta'x)$ 表示過剩絕對風險（excess absolute risk）。且與 Cox 風險模型一樣，即使卜氏迴歸模型也有使用時間依存的說明變數 $x(t)$。

　　應用生命表想法的健康指標將整個生涯中發生之機率稱爲生涯風險（*time risk），也有將此當作一個風險指標予以應用。譬如，65 歲或 75 歲爲止的累積癌症罹患率被當作各國癌症罹患的生涯風險的近似值。此情形因不考慮競合風險，所以在所有的部位中理論的生涯風險是 1（= $F(\infty)$，$F(t)$ 是累積分配函數）。另一方面，將因死亡的生涯風險分割成幾個死因的競合風險（k 個風險函數 $\lambda_i(t)$，$i = 1, ..., k$）之方法也有，此時的一個方法是將 t 歲的所有死亡的風險函數視爲 $\lambda(t)$，累積存活分配函數視爲 $S(t)$，死因的風險函數視爲 $\lambda_i(t)$，以及死因的生涯風險視爲 LR_i，則

$$\lambda(t) = \Sigma_{i=1}^{k} \lambda_i(t)，S(t) = \exp\left[-\int_0^t \lambda(t)\,dt\right]$$

$$LR_i = \int_0^{10} \lambda_i(t)S(t)\,dt，\sum_{i=1}^{k} LR_i = 1$$

　　特定的風險因子造成影響的死因也許不是一個。特定的風險因子的被暴露量視爲 x，被暴露時年齡視爲 e，被暴露後的死因的生涯風險是

$$LR_i(x, e) = \int_e^{\infty} \lambda_i(t \mid x, e)S(t \mid x, e)dt，\Sigma_{i=1}^{k} LR_i(x, e) = 1 \tag{15.5}$$

　　另外，死因 i 被暴露誘發死亡（生涯）風險（lifetime risk of exposure – induced death）$RFID_i(x, e)$ 有人提出當作

$$RFID_i(x, e) = \int_e^{\infty} EAR_i(t \mid x, e)S(t \mid x, e)dt$$

$$EAR_i(t \mid x, e) = \lambda_i(t \mid x, e) - \lambda_i(t \mid x = 0, e) \tag{15.6}$$

　　因此，因死亡的自然發生（不因特定的風險）的生涯風險當作 $LR_i(x, e)$ – $RFID_i(x, e)$ 在概念上即可區別。特定的風險因子對風險函數造成的影響，與對平均餘命影響相比，後者較少。因此，作爲特定的風險因子造成壽命損失的指標來說，可以考慮每一死因 i 的風險因子誘發死亡的平均餘命的損失，此壽命損失雖依存於死因的種類 i，被暴露時年齡 e，但幾乎未依存被暴露量 x。此想法不僅是死亡，就是罹病也能應用。

7. 部分概度

　　風險模型一直是將基準線（baseline）$\lambda_0(t)$ 當作未知，進行有關 β 的推測。區間 k, $[t_k, t_{k+1}]$（區間寬度 b_k, $k = 1, ..., m$）中，$\lambda_0(t)$ 在時間上是一定的，當作 $\lambda_0(t) = \lambda_k$。縮小區間寬度，區間內的存活時間雖可將所觀察的個體數當作 1 個體，但 λ_k（及 $\lambda_0(t \mid \lambda_1, ..., \lambda_m)$）的估計值的精度或許會減少。此時 β 的最大概似估計量 $\hat{\beta}$ 是使以下的概似函數成為最大：

$$L(\hat{\beta}) = \frac{1}{e^n \prod_{j=1}^n h_j} \prod_{j=1}^n \frac{\exp(\hat{\beta}' x_{i(j)})}{\sum_{I \in R_j} \exp(\hat{\beta}' x_I)} = \frac{1}{e^n \prod_{j=1}^n h_j} PL(\hat{\beta})$$

　　此處，n 是觀察存活時間的個數，R_j 是第 j 個存活時間當被觀察時的風險群組（risk set），$i(j)$ 是第 j 個存活時間被觀察的個體，h_j 是第 $j-1$ 個與第 j 個被觀察的存活時間的區間寬度，可以理解 $PL(\hat{\beta})$ 是不依存 $\lambda_0(t)$，只依存說明變數。因此，將 $PL(\hat{\beta})$ 稱為部分概似或偏概似，想出使部分概似成為最大的推估 β 的方法。像基準線 $\lambda_0(t)$ 那樣，利用付帶有某種條件的統計推測，從概似函數除去眼前不關心的母數（稱為局外母數（nuisance parameter）），此稱為半母數方法。又，同時點存活時間數據存在數個時，稱為有同數（tie）。以現實問題來說，存活時間數據存在有同數時，其計算處理方法可以想出幾種。此外，Cox 把比例風險模型擴張到說明變數向量依存時間的情形。

本章參考文獻

1. Armitage, P. and Doll. R. (1954):THE age distribution of cancer and a multistage theory of carcinogenesis, British Journal of Cancer,r,1-12.

2. Berkson, J. and Gage. R. P. (1952)Survival curve for cancer patients following Treatment, J. Am. Stat, assoc. 47, 501-515.

3. COX. D. R. (1972) Regression model and Life table (with discussion), J. R. Stat. Soc. B34, 187-220.

4. Culter. S. J. and Ederer. F. (1958) Maximum utilization of the life table in analyzing survival, J. Chronic Dis. 8, 699-712.

5. Gehan, E. A. (1965) A generalized Wilcoxon test for comparing arbitrarily singly-Censored Samples, Biometrika, 52, 203-223.

6. Kaplan, E. L. and Meier. P. (1958) Nor-parametric estimation from incomplete observations, Journal of the American Statistical Association 53, 457-481.

7. Mantel, N. and Haenszel. W. (1959) Statistical aspects of the analytics of data from retrospective studies of disease, J. Natl. Cancer Inst. 22, 719-348.

8. Peto, R. and Peto. J. (1972) Asymptotically efficient rank invariant test procedures (with discussion), J. R. stat. Soc. A135, 185-206.

9. 日本厚生勞動省大臣官房統計情報部編（2002）第 19 回生命表，厚生統計協會。

參考文獻

第16章 典型相關分析

在統計學中，典型相關分析（Canonical Correlation Analysis）是對共變異數矩陣的一種理解。如果有兩個隨機變量向量 $X = (X_1, ..., X_n)$ 和 $Y = (Y_1, ..., Y_m)$ 且它們是相關的，那麼典型相關分析會找出 X_i 和 Y_j 的相互相關最大的線性組合。$T \cdot R \cdot Knapp$ 指出「幾乎所有常見的參數測試的意義可視為特殊情況的典型相關分析，這是研究兩組變量之間關係的一般步驟。這個方法在 1936 年由 Harold Hotelling 首次引進。

16.1 概要

典型相關分析是想分析兩個變量群之間的相關係數，也可以了解各個變量群與各個變量之間的關係。特別是一方的變量群的變量是一個時，即成為複迴歸分析，典型相關係數即成為複相關係數。

使用表 16.1 的數據利用 SPSS 進行典型相關分析。其數據是針對 38 位醫學院醫學系學生的體力，調查從反覆橫跳到持久賽的資料。

16.2 解析例

⮕ 數據型式

為了解醫學院醫學系學生的體力（Set 1）與運動能力（Set 2），針對 38 位學生進行測試，在體力方面選擇反覆橫跳（X_1）、垂直跳（X_2）、背筋力（X_3）、握力（X_4）、踏台升降（X_5）、立位體前屈（X_6）、仰臥起坐（X_7），在運動能力方面選擇 50 米賽跑（X_1）、跳遠（X_2）、投球（Y_3）、拉桿懸垂（X_4）、持久賽（X_5），所蒐集的數據如表 16.1 所示：

表 16.1　醫學系學生 38 人的體力與運動能力測試

No.	體力測試							運動能力測試				
	反覆橫跳（次）	垂直跳（cm）	背筋力（kg）	握力（kg）	踏台升降（指數）	立位體前屈（cm）	仰臥起坐（cm）	50 米賽（秒）	跳遠（cm）	投球（m）	拉桿懸垂（次）	持久賽（秒）
1	46	55	126	51	75.0	25	72	6.8	489	27	8	360
2	52	55	95	42	81.2	18	50	7.2	464	30	5	348
3	46	60	107	38	98.0	18	74	6.8	430	32	9	386
4	49	50	105	48	97.6	16	60	6.8	362	26	6	331
5												
6												
7												
36	44	52	110	37	54.9	14	57	7.5	400	29	2	421
37	52	66	130	47	45.9	14	45	6.8	505	28	11	355
38	48	68	100	45	53.6	23	70	7.2	522	28	9	352

◯ 數據輸入型式

　　表 16.1 的數據如下輸入。輸入後儲存檔名取名為 16.1.1.sav。

資料檢視

變數檢視

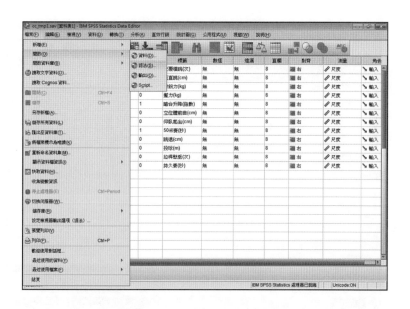

⊃ 分析的步驟

步驟 1　先從【檔案 (F)】點選「開啟 (O)」選擇「語法 (S)」。

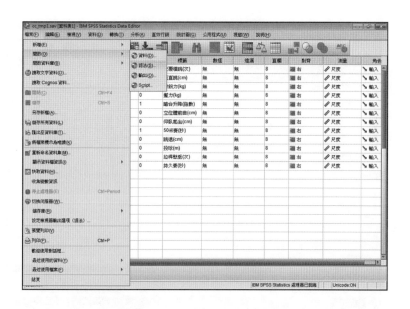

步驟 2 於 C:\program files\IBM\SPSS\statistics\22\samples\English 的檔案中點選
【Canonical correlation.sps】按「開啟 (O)」。

步驟 3 從【檔案 (F)】清單中選擇「新增 (E)」再點選「語法 (S)」

步骤 4　輸入以下指令。

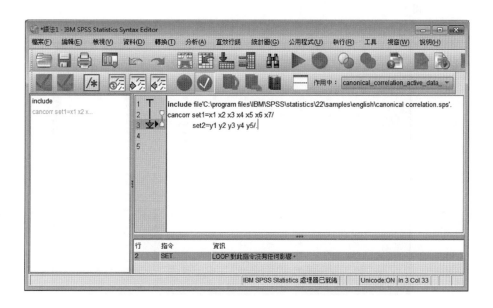

步骤 5　從【檔案 (F)】清單中點選「開啟 (O)」選擇「資料 (D)」即出現「開啟資料」的視窗。

步驟 6 從桌面中尋找所儲存的檔案 16.1.1.sav，按「開啟 (O)」即可得出數據畫面。

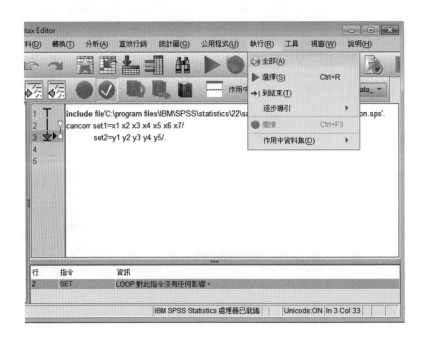

步驟 7 從開啟的視窗【Canonical correlation】的語法中先點選【執行 (R)】，從子清單中再按「全部 (A)」，接著於開啟的視窗「新語法」中選擇「執行 (R)」從子清單中再按「全部 (A)」，即開始執行。

⊃ 輸出結果

　　資料輸出結果如表 16.2 所示。

表 16.2　輸出結果 1

```
Correlations for Set-1
         X1      X2      X3      X4      X5      X6      X7
X1   1.0000   .3005   .1643  -.0286   .2463   .0722  -.1703
X2    .3005  1.0000   .3872   .0092  -.1012   .4561   .2276
X3    .1643   .3872  1.0000   .3190  -.2427   .1931  -.0291
X4   -.0286   .0092   .3190  1.0000  -.0370   .0524   .2421
X5    .2463  -.1012  -.2427  -.0370  1.0000   .0517   .3350
X6    .0722   .4561   .1931   .0524   .0517  1.0000   .2527
X7   -.1703   .2276  -.0291   .2421   .3350   .2527  1.0000
Correlations for Set-2
         y1      y2      y3      y4      y5
y1   1.0000  -.4429  -.2647  -.4629   .0662
y2   -.4429  1.0000   .4989   .6067  -.4653
y3   -.2647   .4989  1.0000   .3562  -.5194
y4   -.4629   .6067   .3562  1.0000  -.4177
y5    .0662  -.4653  -.5194  -.4177  1.0000
Correlations Between Set-1 and Set-2
         y1      y2      y3      y4      y5
X1   -.4005   .3609   .4116   .2797  -.4657
X2   -.3003   .6400   .5082   .5596  -.2400
X3   -.3026   .5590   .5538   .3215  -.4793
X4   -.2834   .2711  -.0414   .2470  -.0988
X5   -.4295  -.1843  -.0116   .1415  -.0167
X6   -.0800   .2596   .3310   .2359  -.2844
X7   -.2507   .1702   .0362   .0882   .1581
Canonical Correlations
1        .853
2        .733
3        .617
4        .390
5        .309
```

←①

←②

由表 16.2 的輸出結果 1 可以判讀如下。

① 表示已標準化的變量的變異共變異矩陣。

② 為了解釋所得到的典型變量，可以利用已標準化變量的係數或典型負荷量。所謂典型負荷量是由典型變量與構成它的變量之間的相關係數所定義，表示各變量可由它的典型變量來代表多少。各準變量的解釋與因子分析的情形相同，只要注視標準化係數或典型負荷量的符號與大小即可。特徵值（典型相關係數的平方）$\lambda_1^2 = 0.7250$（$\lambda_1 = 0.853$），$\lambda_2^2 = 0.53058$（$\lambda_2 = 0.733$），$\lambda_3^2 = 0.37321$，$\lambda_4^2 = 0.15461$，$\lambda_5^2 = 0.10540$，由於第 3 以下較小，因之列舉第 1～第 2 典型變量。

由體力（Set 1）與運動能力（Set 2）的變量之間分別所合成的典型變量間的相關係數（典型相關係數）在第 1 典型變量之間是 0.853〔$r(z_1, z_2)$〕，在第 2 典型變量之間是 0.733〔$r(w_1, w_2)$〕，呈現相當高的值。

表 16.3　輸出結果 2

Standardized Canonical Coefficients for Set-1					
	1	2	3	4	5
X1	.462	-.173	.528	.525	.145
X2	.251	.618	-1.015	-.479	-.014
X3	.594	-.188	.490	-.002	-.384
X4	.047	-.049	-.588	.359	.866
X5	.179	-.793	-.716	-.452	-.239
X6	.081	-.141	.411	-.448	.317
X7	.076	.284	.299	.878	-.709
X7	.109	.107	-.194	.195	-.159
Standardized Canonical Coefficients for Set-2					
	1	2	3	4	5
y1	-.419	.862	.259	-.616	.300
y2	.272	1.057	.222	.837	.275
y3	.373	.204	.255	-.664	-.945
y4	-.020	.151	-.969	-.878	.311
y5	-.339	.775	-.571	.000	-.785

←③

```
Canonical Loadings for Set-1
         1      2      3      4      5
X1     .671   -.271   .123   .077   .138
X2     .656   .573   -.343  -.277  -.104
X3     .752   .164   .241   .011   .051
X4     .241   -.008  -.336   .545   .593
X5     .151   -.763  -.459  -.016  -.362
X6     .375   .120   .089   -.411   .101
X7     .128   .146   -.314   .502   -.516
Cross Loadings for Set-1
X1     .572   -.199   .076   .030   .042
X2     .560   .420   -.212  -.108  -.032
X3     .642   .120   .149   .004   .016
X4     .206   -.006  -.207   .212   .183
X5     .128   -.559  -.283  -.006  -.112
X6     .319   .088   .055   -.160   .031
Canonical Loadings for Set-2
y1     -.652   .321   .504  -.405   .233
y2     .789   .508   -.088   .246   .224
y3     .789   .154   .248   -.396  -.369
y4     .614   .142   -.625  -.321   .330
y5     -.679   .171   -.384   .281  -.532
Cross Loadings for Set-2
y1     -.556   .236   .311   -.158   .072
y2     .673   .372   -.054   .096   .069
y3     .672   .113   .153   -.154  -.114
y4     .523   .104   -.386  -.125   .102
y5     -.579   .126   -.237   .109  -.164
```

←④

由表 16.3 的輸出結果 2 可以判讀如下。

③在體力測試方面,第 1～第 2 典型變量的關係式爲

$$Z_1 = 0.671X_1 + 0.656X_2 + \cdots + 0.128X_7$$

$$Z_2 = -0.271X_1 + 0.573X_2 + \cdots + 0.146X_7$$

在運動能力測試方面,第 1～第 2 典型變量的關係式爲

$$W_1 = -0.652Y_1 + 0.789Y_2 + \cdots + -0.679Y_5$$

$$W_2 = 0.321Y_1 + 0.508Y_2 + \cdots + 0.171Y_5$$

④對於第 1 典型變量來說，第 1 變量群（set 1）之中，反覆橫跳、背筋力的係數（負荷量）大，第 2 變量群（set 2）之中，50 米賽跑、投球、持久賽的係數（負荷量）大，因之這些可以解釋為代表這些能力的高低。

對於第 2 典型變量來說，在第 1 變量群（set 1）中，x_2 與 x_5，在第 2 變量群（set 2）中，x_9 與 x_8、x_{12} 形成對比的形式，大體來說，整體的能力是同屬於中等，跳的能力高呢或跑的能力高呢？詳細來說，在體力測試方面，垂直跳 vs. 跳台升降，在運動能力測試方面，跳遠 vs. 50 米賽跑、持久賽可以解釋為表示對比的典型變量。

由表 16.4 的輸出結果 3 可以判讀如下。

⑤所謂典型負荷量（canonical loading）是指利用典型變量與構成它的原來的變量之間的相關係數來定義，典型負荷量愈大，代表變數對因素的貢獻度愈高。

求出某一變量群的變量與另一變量群的變量所合成的典型變量之間的相關係數（因為已標準化，所以等於共變異數），稱此為交叉負荷量（cross loading）。

典型負荷量也稱為群內負荷量，交叉負荷量也稱為群內負荷量。

第 1～第 2 典型變量的累積貢獻率，在體力與運動能力測試上，分別是 39.0%、59.4%。

在體力測試（Set 1）方面，

貢獻率對第 1 典型變量而言是 0.241

貢獻率對第 2 典型變量而言是 0.150

第 1 與第 2 的典型變量的累積貢獻率是 0.391

在運動能力測試（Set 2）方面，

貢獻率對第 1 典型變量而言是 0.501

貢獻率對第 2 典型變量而言是 0.087

第 1 與第 2 典型變量的累積貢獻率是 0.588

⑥重疊係數（redundancy index）如同複迴歸中的判定係數是衡量典型相關中被解釋的變異量，它計算預測變數之變量可被準則變數之變異所解釋的程度。累積重疊係數對體力測試來說是 25.3%，對運動能力測試而言是 41.3%，此意謂由體力測試說明（預測）運動能力測試的比例是 41.3%，

表 16.4 輸出結果 3

```
Redundancy Analysis:
Proportion of Variance of Set-1 Explained by Its Own Can. Var.
                   Prop Var
CV1-1                .241
CV1-2                .150
CV1-3                .089                              ←⑤
CV1-4                .114
CV1-5                .113
Proportion of Variance of Set-1 Explained by Opposite Can.Var.
                   Prop Var
                                                       ←⑥
CV2-1                .175
CV2-2                .080
CV2-3                .034
CV2-4                .017
CV2-5                .011
Proportion of Variance of Set-2 Explained by Its Own Can. Var.
                   Prop Var
CV2-1                .501
CV2-2                .087
CV2-3                .173
CV2-4                .113
CV2-5                .126
Proportion of Variance of Set-2 Explained by Opposite Can. Var.
                   Prop Var
CV1-1                .365
CV1-2                .047
CV1-3                .066
CV1-4                .017
CV1-5                .012
```

是屬於較高的,相對地,由運動能力測試說明(預測)體力測試的比例
是 25.3%,是屬於較低的。

在體力測試(Set 1)方面,

重疊係數對第 1 典型變量而言是 0.175

重疊係數對第 2 典型變量而言是 0.080

第 1 與第 2 的典型變量的累積重疊係數是 0.254。

在運動能力測試（Set 2）方面，

重疊係數對第 1 典型變量而言是 0.365

重疊係數對第 2 典型變量而言是 0.047

第 1 與第 2 的典型變量的累積重疊係數是 0.413。

第17章 多元尺度法

多元尺度法（Multidementional scaling; MDS）是探討對象之間類似的程度，將類似度數據適切地變換成對象之間的距離，然後在空間亦即圖形上描畫出來的一種方法，在多元性分析消費者的知覺或價值觀上是非常有效的。

17.1 簡介

此 MDS 是類似度數據的探討，不需要一開始就討論商品所具有的屬性（評價項目），製作問卷是很簡單的。可是在往後的軸的解釋上就變得很困難。

不過它和主成分分析是不同的。主成分分析法是先將數據矩陣的列（代表事物）點在一相關變數的空間中，然後再找出一條在該空間的軸，使投影在該軸上的各點的變異數爲最大，接著再找出與第一條垂直的第二條軸，並使剩餘的變異數爲最大，如此繼續下去，最後將原來的 n 個變數的空間縮減至 r 個（r 比 n 小）成分或次元。多元尺度法則是以點與點之間的距離矩陣作爲輸入資料，然後找出一個具有較少維度（dimension）的空間，以及在此空間中各點（每一點代表一個事物）的一個圖形，並使在此特定圖形（configuration）中各點之間的距離，和原始輸入數據兩者之間有良好的一致性。

一、概要

1. 多元尺度法種類

非計量多元尺度法：只基於類似度的大小順序（次序尺度）。

計量多元尺度法：依據類似度之值（比率尺度）。

2. 問卷的製作

詢問的方式有兩種：將對象配成對讓對方回答類似度，另一是讓對方回答類似順序。

任一方法最終都要改成順位數據，這是因爲數值本身的可靠性並不太高，只有活用有關順序的資訊比較妥當。使用此種數據的 MDS 稱爲非計量多元尺度法，像 MDSDAL、LINMAP 等的分析模型甚爲有名，一般經常使用。

MDS 中為了使解釋容易，對象數 n 最少需要 7～8。另外，如對象數增多時，回答者的負擔會加重，但甚少時結果的解釋甚為困難，因之 7～11 左右是適當的。為了說明起見，以下對象數設為 4。

(1) 回答類似度的方法

就所有組合 $_nc_2 = n(n-1)/2$ 之配對來說，以圖 17.1(a) 的方式讓回答者回答類似度為一種方法。

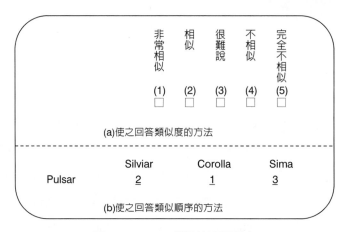

圖 17.1　MDS 所需的意見調查

將這些得分在回答者之間平均，做成如表 17.1(a) 的類似度矩陣。將此改成如表 17.1(b) 的順位數據。譬如，得分最低的配對 A～C 最相似，類似度的順位即為 1。

表 17.1　回答類似度的 MDS 數據

(a) 類似度矩陣					(b) 改成順位的數據			
	A	B	C	D		A	B	C	D
A					A				
B	3.2				B	2			
C	1.7	3.9			C	1	4		
D	5.1	3.3	4.7		D	6	3	5	

(2) 回答類似順序的方法

　　將某對象當作基點，剩餘的所有對象將類似的順序以如圖 17.1(b) 的形式讓回答者回答，此 D 順位設定要進行 (*n* – 1) 次。

　　將所回答的順位改成如表 17.2(a) 的矩陣形式。接著取對象要素的平均值，做成如表 17.2(b) 的下三角矩陣，再由小的一方按 1, 2, 3, …予以順位化。

表 17.2　回答類似順序的 MSD 數據

(a) 基點順序數據					(b) 類似性數據			
	A	B	C	D		A	B	C	D
A		2	1	3	A				
B	1		3	2	B	1.5			
C	1	2		3	C	1	2.5		
D	3	1	2		D	3	1.5	2.5	

3. 分析的實施

　　在此 MDS 方面，將次元（dimension）當作二次元，將表 17.2(b) 的數據如圖 17.2 描畫在平面上，各個點之間的距離為了能滿足數據的順序關係即 (A～D) > (C～D) > … > (A-C) 採取了使之一點一點的移動，以接近最佳圖形的方法。分析通常從二次元開始，如配適（Fit）不佳時，即一個一個地增加次元數。

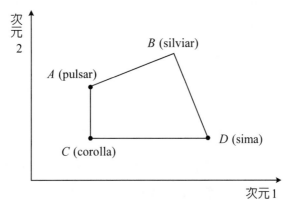

圖 17.2　利用 MDS 的知覺圖

此 MDS 的軟體最近似乎也包含在主要的多變量分析的套裝中。因此，利用此套裝軟體，將上記數據輸入並執行之，即可獲得結果。

4. 結果的解析：座標軸的數目

再進行 MDS 的分析方面，有需要決定次元數，亦即軸數。可是，次元數與配適的良好與否，仍然在於取捨（Traade-off）的關係上。如使配適良好即會增加次元數，在視覺上的解釋變得困難。因之最多不要超過三次元為宜。如果對象數在 12 個左右，大多以二次元來表現。

5. 單調迴歸

假定輸入之類似順序（S_{ij}）及距離資料如表 17.3 所示。我們要找出 $\hat{d}_{ij}$，使之與 d_{ij} 相似，而其順序又與輸入之類似順序（S_{ij}）相同。

表 17.3　類似順序及距離

類似順序（S_{ij}）	距離（d_{ij}）
1	0.5
2	0.8
3	1.2
4	1.9
5	1.5
6	2.5
7	4.5
8	4.0
9	3.5
10	6.0
11	7.5
12	9.2
13	9.0
14	10.5
15	17.0

對第 1、第 2 及第 3 個相似組而言，因為其 d_{ij} 之順序與 S_{ij} 相同，因此可將 $\hat{d}_{ij}$ 之值設定為與 d_{ij} 之值相等。但第 4 和第 5 個相似的組 d_{ij} 的次序和 S_{ij} 正好相反，根據平方誤差（Squared-error）的準則，最好以這兩個 d_{ij}（1.9 與 1.5）的平

均值作為第 4 和第 5 個 $\hat{d}_{ij}$ 之值。利用同樣的步驟，可得到 15 個 $\hat{d}_{ij}$ 的數值，如表 17.4 所示。

表 17.4　$S_{ij}, d_{ij}, \hat{d}_{ij}$ 及 S 的計算

S_{ij}	d_{ij}	$\hat{d}_{ij}$	$(d_{ij})^2$	$(d_{ij} - \hat{d}_{ij})^2$
1	0.5	0.5	0.25	0
2	0.8	0.8	0.64	0
3	1.2	1.2	1.44	0
4	1.9	1.7	3.61	0.04
5	1.5	1.7	2.25	0.04
6	2.5	2.5	6.25	0
7	4.5	4.0	20.25	0.25
8	4.0	4.0	16.00	0
9	3.5	4.0	12.25	0.25
10	6.0	6.0	36.00	0
11	7.5	7.5	56.25	0
12	9.2	9.1	84.64	0.01
13	9.0	9.1	81.00	0.01
14	10.5	10.5	110.25	0
15	17.0	17.0	225.00	0.6

依據表 17.4 的資料，可得應力值為

$$S = \left[\frac{\sum\sum (d_{ij} - \hat{d}_{ij})^2}{\sum\sum (d_{ij})^2} \right]^{1/2} = \left[\frac{0.6}{656.08} \right]^{1/2} = 0.0302$$

根據 Kruskal 的解釋（表 17.5），$S = 0.0302$ 介於 0.025 和 0.05 之間，故其適合度可解釋為好。

表 17.5　Kruskal 應力值的解釋

應力值	適合度
0.200	不好（poor）
0.100	還可以（fair）
0.050	好（good）
0.025	非常好（excellent）
0.000	完全適合（perfect）

6. 多元尺度法步驟

(1) 規定 n 個對象在 t 次元空間內的佈置。

(2) 就所給予的點的佈置，計算各個體間歐幾里得距離 d_{ij}。

(3) 進行 d_{ij} 在 δ_{ij} 上的迴歸（δ_{ij}：個體 i 與個體 j 之間的類似度 $\rightarrow 2, 3, \cdots, 5$ 分）

$$\hat{d}_{ij} = a + b\delta_{ij}$$（由迴歸式所得到之距離 $\hat{d}_{ij}$，稱爲不一致度）。

(4) 點的佈置距離 d_{ij} 與不一致度 $\hat{d}_{ij}$ 之間的適合度，可利用統計量加以測量。Kruskal 應力愈接近 0 適配的程度愈好。

$$S(stress) = \left\{ \sum \sum \left(d_{ij} - \hat{d}_{ij} \right)^2 / \sum \sum d_{ij}^2 \right\}^{\frac{1}{2}}$$

(5) 讓各對象的座標稍許改變，使應力減少。

(6) 一直重複，直到應力無法再減少爲止，此時所出現之解析，即爲 n 個個體在 t 次元內的座標。使用這些座標，即可描繪出表示各個體之間關係的佈置圖。

二、解析例

多元尺度法是將類似者配置在近處，不類似者配置在遠處的手法。因之將類似度當作距離來思考。

使用表 17.6 的數據，利用 SPSS 進行多元尺度法。

表 17.6 的數據是針對美國 10 大都市之間調查飛行距離所得。

想知道的是，當然是數據所潛藏的資訊，而此處爲了解「多元尺度法到底是何種的方法？」

首先，將表 17.6 的數據輸入電腦。會反應何種的結果呢？

表 17.6　美國 10 大都市之間的飛行距離

	亞特蘭大	芝加哥	丹佛	休士頓	洛杉磯	邁阿密	紐約	舊金山	西雅圖	華盛頓
亞特蘭大	0	587	1212	701	1936	604	748	2139	2182	543
芝加哥	587	0	920	940	1745	1188	713	1858	1737	597
丹佛	1212	920	0	879	831	1726	1631	949	1021	1494
休士頓	701	940	879	0	1374	968	1420	1645	1891	1220
洛杉磯	1936	1745	831	1374	0	2339	2451	347	959	2300
邁阿密	604	1188	1726	968	2339	0	1092	2594	2734	923
紐約	748	713	1631	1420	2451	1092	0	2571	2408	205
舊金山	2139	1858	949	1645	347	2594	2571	0	678	2442
西雅圖	2182	1737	1021	1891	959	2734	2408	678	0	2329
華盛頓	543	597	1494	1220	2300	923	205	2442	2329	0

註：數量化 III 類、IV 類可以想成是多元尺度法的一種。

【資料輸入的類型・1】—基本的多元尺度數據—

如表 17.6 所示，數據以對稱的形式表示時，只要輸入左下半部的數據就夠了！因此，變成下三角形矩陣，如表 17.7 所示。

表 17.7　輸入左半部數據

【資料輸入的類型・2】—意見調查時的多元尺度數據—

針對 100 人（受驗者）進行意見調查，如表 17.8 所示。

表 17.8　意見調查

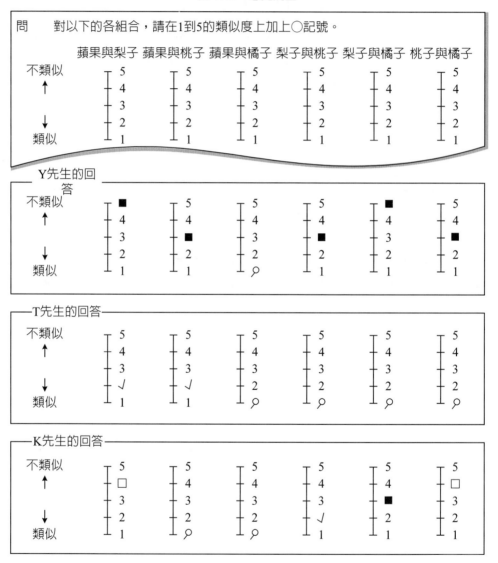

得到此意見調查的結果，數據輸入如圖 17.3 所示。

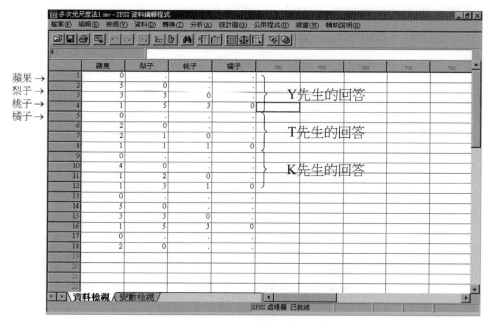

圖 17.3　三人對水果相似度的評斷

然後執行【分析 (A)】→【量尺法 (A)】→【多元尺度法 (M)】。

17.2 多元尺度法

【統計處理的步驟】

步驟 1 點選【分析 (A)】，從清單選擇【尺度】，【多維度方法 (ALSCAL) (M)】。

步驟 2　開啓【多維度方法 (M)】對話框。將變數按數據檔案的順序一個一個地
　　　　移至〔變數 (V)〕的方框中。

步驟 3　數據檔案依亞特蘭大→芝加哥→丹佛→休士頓，像下圖那樣與數據相同
　　　　的順序排列。

步驟 4 從數據製作「距離」矩陣時，點選對話框左下的「資料為歐基里得直線
距離 (A)」。

步驟 5 選擇【模型 (M)】，如下圖所示，點選「測量層級」的「比例量數 (R)」。
接著，按「繼續」，返回步驟 4 的對話框…

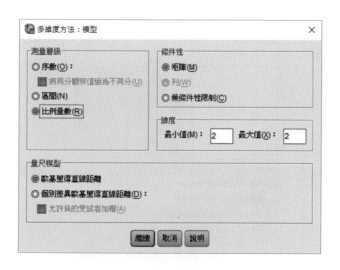

步驟 6 再按一次【選項 (O)】，開啓如下視窗。勾選「顯示」欄的「組別圖形 (G)」，再於「準則」欄如下圖所示輸入變更條件，接著按「繼續」。

步驟 7 返回如下對話框後，按「確定」即告完成。

【SPSS 輸出 · 1】

```
ALSCAL



Iteration history for the 2 dimensional solution (in squared distances)
              Young's S-stress formula 1 is used.

     Iteration     S-stress        Improvement
         1          .00308
         2          .00280           .00029          ←①

               Iterations stopped because
        S-stress improvement is less than    .001000


       Stress and squared correlation (RSQ) in distances
  RSQ values are the proportion of variance of the scaled data (disparities)
          in the partition (row, matrix, or entire data) which
          is accounted for by their corresponding distances.
          Stress values are Kruskal's stress formula 1.



           For  matrix
   Stress  =   .00231    RSQ =  .99998                         ←②
```

【輸出結果的判讀方法 · 1】

① S-stress 的圖形，將表 17.6 的數據套在二次元平面（＝幾何模型）時表示適配的值，愈接近 0 適配性愈好。

第 1 次計算的 S－stress 是 0.00308

第 2 次計算的 S－stress 是 0.00280

此差如比基準小時計算即終止。

此處是以 0.001 為基準，因之第 1 次與第 2 次之差 0.00029 比基準 0.001 小之後，反覆計算即停止。

② 此 Stress 是 Kruskal 的應力，與 S-stress 相同，愈接近 0，適配的程度愈好。

Stress = 0.00231，因之利用□的圖來表現非常不錯。

RSQ 是決定係數，愈接近 1，適配愈好。

RSQ＝0.99998，可知適配非常好。

【SPSS 輸出 · 2】

Stimulus Coordinates			
		Dimension	
Stimulus Number	Stimulus Name	1	2
1	亞特	.9587	-.1913
2	芝加	.5095	.4537
3	丹佛	-.6435	.0330
4	休士	.2150	-.7627
5	洛杉	-1.6042	-.5161
6	邁阿	1.5104	-.7733
7	紐約	1.4293	.6907
8	舊金	-1.8940	-.1482
9	西雅	-1.7870	.7677
10	華盛	1.3059	.4465

衍生刺激配置

歐幾里德距離模型

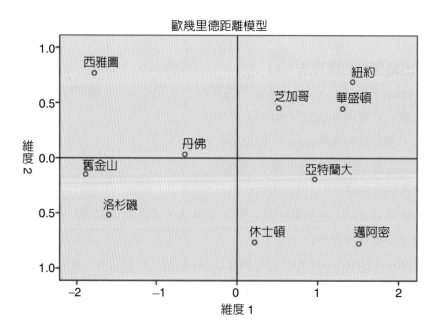

【輸出結果的判讀方法・2】

由表 17.7 的數據求此值是多元尺度法的主要部分。

此處是形成 Dimension 1, Dimension 2，因之在二次元平面（幾何學模型）上可以表現 10 大都市。

將此次元數放大到四次元或五次元時，適合度雖然變好，譬如，即使在四次元空間（＝ 幾何學模型）上表現 10 大都市，也無法解讀它的意義。二次元或三次元左右難道不是妥當的幾何學模型嗎？

將表中所求出的 2 個值當作二次元平面上的座標來表現。

譬如，亞特蘭大是 (0.9587, −0.1913)

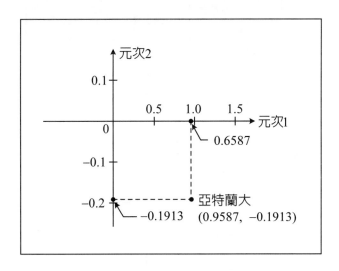

將上圖與實際的美國地圖比較看看。

從表 17.6 的飛行距離來看，可以驚奇地發現適切重現原來的 10 大都市的位置！

附　錄

多元尺度法可以說是難以理解的手法。如簡單地表現此多元尺度法時，為了可以最適切地表示數據間的類似性，即為「決定數據之點的位置（＝布置）的手法」。

亦即，從表 17.1 的類似性的對稱矩陣數據，求■的座標與□的圖形雖然是多元尺度法，但此處逆向探討多元尺度法。

步驟 1　4 位漫畫人物的座標，假定如下表示。

座標	座標 1	座標 2
陳　一	2	2
林　二	1	–2
張　三	–2	2
李　四	–1	–1

步驟 2　試將此座標描畫在二次元平面上。

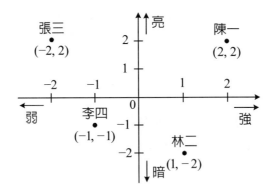

步驟 3 分別連結 4 點。

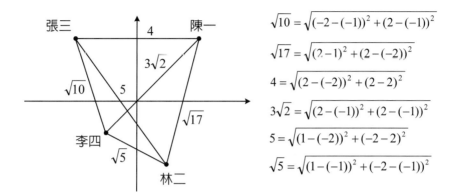

$$\sqrt{10} = \sqrt{(-2-(-1))^2 + (2-(-1))^2}$$

$$\sqrt{17} = \sqrt{(2-1)^2 + (2-(-2))^2}$$

$$4 = \sqrt{(2-(-2))^2 + (2-2)^2}$$

$$3\sqrt{2} = \sqrt{(2-(-1))^2 + (2-(-1))^2}$$

$$5 = \sqrt{(1-(-2))^2 + (-2-2)^2}$$

$$\sqrt{5} = \sqrt{(1-(-1))^2 + (-2-(-1))^2}$$

步驟 4 求各自的距離。

	陳一	林二	張三	李四
陳　一	0	$\sqrt{17}$	4	$3\sqrt{2}$
林　二	$\sqrt{17}$	0	5	$\sqrt{5}$
張　三	4	5	0	$\sqrt{10}$
李　四	$3\sqrt{2}$	$\sqrt{5}$	$\sqrt{10}$	0

此步驟 4 的表與表 17.1 完全相同類型。

進行步驟如下：

步驟 4 → 步驟 3 → 步驟 2 → 步驟 1

而事實上即為多元尺度法，因此，可知多元尺度法是從「步驟 4 的距離（＝類似）的數據，求原來的座標」的一種手法。

第 18 章 **多變量變異數分析**

多變量變異數分析是一種統計分析技術，也是一種屬於多變量統計（multivariate statistics）的分析方法。多變量變異數分析的目的，主要在評量一個或多個實驗變項中眾多實驗處理水準（treatment levels），對一個或多個效標變項之影響效果，以檢定這些效果是否達顯著水準，作為推論實驗處理效果之依據。當多變量變異數分析達顯著水準後，即表示自變項對至少一個以上的依變項產生顯著的影響，此時，研究者可以進一步分析個別依變項的單變量變異數分析，看看到底是在哪一個依變項上產生影響。

18.1　多變量變異數分析

一、簡介

單變量變異數分析（ANOVA）是檢定某單變量 x 的 k 組平均數是否相等的問題，而多變量變異數分析（MANOVA）是檢定 k 組多變量 x 的平均數向量是否相等的問題。以下分別就一組、二組及 k 組多變量平均數的檢定問題分述如下。

1. 一組母體多變量平均數之檢定問題，亦即檢定

$$\begin{cases} H_0 : \mu = \mu_0 \\ H_1 : \mu \neq \mu_0 \end{cases}$$

其中 μ, μ_0 是向量

$$\mu = \begin{bmatrix} \mu_1 \\ \mu_2 \\ \vdots \\ \mu_p \end{bmatrix}, \mu_0 = \begin{bmatrix} \mu_{10} \\ \mu_{20} \\ \vdots \\ \mu_{p0} \end{bmatrix}$$

Hotelling 提出 T^2 統計量如下：

$$T^2 = n(\overline{x} - \boldsymbol{\mu}_0)' \boldsymbol{S}^{-1} (\overline{x} - \boldsymbol{\mu}_0)$$

其中$\overline{x}$是樣本平均數向量，S是樣本變異數矩陣

$$\boldsymbol{S} = \frac{1}{n-1} \sum_{j=1}^{n} (x_j - \overline{x})(x_j - \overline{x})'$$

T^2 經轉換可變成 F 分配，即 $\dfrac{n-p}{(n-1)p} T^2 \sim F(p, (n-p))$

當 $\dfrac{n-p}{(n-1)p} T^2 > F_\alpha(p, (n-p))$ 時，則否定 H_0。

2. 二組母體多變量平均數之檢定問題，亦即檢定

$$\begin{cases} H_0 & : \ \mu_1 = \mu_2 \\ H_1 & : \ \mu_1 \neq \mu_2 \end{cases}$$

其中 μ_1, μ_2 是平均數向量，

$$\boldsymbol{\mu}_1 = \begin{bmatrix} \mu_{11} \\ \mu_{21} \\ \vdots \\ \mu_{p1} \end{bmatrix}, \boldsymbol{\mu}_2 = \begin{bmatrix} \mu_{12} \\ \mu_{22} \\ \vdots \\ \mu_{p2} \end{bmatrix}$$

Hotelling 提出 T^2 統計量如下：

$$T^2 = \left[\frac{1}{\frac{1}{n_1} + \frac{1}{n_2}} \right] (\overline{x}_1 - \overline{x}_2)' \boldsymbol{S}^{-1} (\overline{x}_1 - \overline{x}_2)$$

其中 $\overline{x}_1, \overline{x}_2$ 是樣本平均數向量，S 是綜合樣本變異數矩陣，

$$\boldsymbol{S} = \frac{(n_1 - 1)\boldsymbol{S}_1^2 + (n_2 - 1)\boldsymbol{S}_2^2}{n_1 + n_2 - 2}$$

其中 S_1^2, S_2^2 分別是第一組與第二組的樣本共變異數矩陣，T^2 經轉換可變成 F

分配，即 $\dfrac{(n_1 + n_2 - p - 1)}{(n_1 + n_2 - 2)p} T^2 \sim F(p, (n_1 + n_2 - p - 1))$

當 $\dfrac{(n_1 + n_2 - p - 1)}{(n_1 + n_2 - 2)p} T^2 > F_\alpha(p, (n_1 + n_2 - p - 1))$ 時，則否定 H_0。

3. 檢定 k 組母體的平均數是否相等，即檢定

$$\begin{cases} H_0 : \mu_1 = \mu_2 = \cdots = \mu_k \\ H_1 : \text{不是所有 } \mu_l \text{ 皆相等} \end{cases}$$

其中，$\boldsymbol{\mu}_l = \begin{bmatrix} \mu_{1l} \\ \mu_{2l} \\ \vdots \\ \mu_{pl} \end{bmatrix}$，$l = 1, \cdots, k$

將 μ_l 表示成總平均 μ 與主效果 α_l 之和，其中主效果之和設爲 0，

即 $\sum\limits_{l=1}^{k} \alpha_l = 0$，則假設檢定可改寫爲

$$\begin{cases} H_0 : \alpha_1 = \alpha_2 = \cdots = \alpha_k = 0 \\ H_1 : \text{不是所有的 } \mu_l \text{ 皆爲 } 0 \end{cases}$$

令第 l 組的樣本平均向量爲 $\overline{\boldsymbol{x}}_l$，共變異數矩陣 $\boldsymbol{S}_l$ 分別爲

$$\overline{\boldsymbol{x}}_l = \frac{1}{n_l} \sum_{j=1}^{n_l} x_{lj} \text{，} l = 1, \cdots, k$$

$$\boldsymbol{S}_l = \frac{1}{n_l - 1} \sum_{j=1}^{n_l} (x_{lj} - \overline{\boldsymbol{x}})(x_{lj} - \overline{\boldsymbol{x}})' \text{，} l = 1, \cdots, k$$

全體資料的平均數向量與共變異數矩陣分別爲

$$\overline{\boldsymbol{x}} = \sum_{l=1}^{k} \sum_{j=1}^{n_l} \frac{x_{lj}}{N}$$

$$S = \sum_{l=1}^{k} \sum_{j=1}^{n_l} \frac{(x_{lj} - \overline{x})(x_{lj} - \overline{x})'}{N-1} \text{,其中} N = \sum_{l=1}^{k} n_l \text{是總樣本數}$$

(1) 組內平方和與交叉相乘矩陣 **W** 為

$$W = \sum\sum (x_{lj} - \overline{x})(x_{lj} - \overline{x})'$$

(2) 組間平方和與交叉相乘矩陣 **B** 為

$$B = \sum_{l=1}^{k} \sum_{j=1}^{n_l} (\overline{x}_l - \overline{x})(\overline{x}_l - \overline{x})'$$

(3) 總平方和與交叉相乘矩陣 **T** 為

$$T = \sum_{l=1}^{k} \sum_{j=1}^{n_l} (x_{lj} - \overline{x})(x_{lj} - \overline{x})'$$

可以證明 $T = B + W$。

- Wilks 提出的統計量是 Λ

  $$\Lambda = \frac{|W|}{|B+W|} = \frac{1}{|I + W^{-1}B|} = \prod_{i=1}^{p} \frac{1}{1 + \lambda_i} \text{其中} \lambda_i \text{是} W^{-1}B \text{的特徵值。}$$

- 又，Pillai 的跡統計量為 $V = trace\left(B(W+B)^{-1}\right) = \sum_{i=1}^{p} \frac{\lambda_i}{1+\lambda_i}$

- Hotelling 的跡統計量為 $U = trace(W^{-1}B) = \sum_{i=1}^{p} \lambda_i$

- Roy 最大特徵值統計量為 $\theta = \lambda_{\max}$，其中 $\lambda_{\max}$ 為 $W^{-1}B$ 的最大特徵值

二、解析例

例 18.1

⊃ 資料

使用表 18.1 的數據，利用 SPSS 進行多變量變異數分析。

以下的數據是針對非洲爪蛙背鰭寬度的比率、筋肉部分寬度的比率、腹鰭寬度的比率，從 55 期到 63 期，4 個期所調查的結果。

表 18.1　蝌蚪各部分的長度

發生期	背鰭寬度	筋肉部分寬度	腹鰭寬度
55 期	2.6	2.6	1.9
	2.2	2.4	1.4
	2.4	2.8	1.9
	2.7	3.5	2.6
59 期	2.3	2.2	1.3
	2.6	2.8	1.8
	2.5	2.9	2.3
	2.2	2.4	1.9
61 期	2.4	2.6	1.5
	1.8	2.2	1.1
	1.4	2.1	1.3
	1.2	1.8	0.8
63 期	1.2	1.2	0.9
	1.8	2.0	1.4
	1.1	1.7	1.0
	1.8	2.1	1.3

● 資料輸入形式

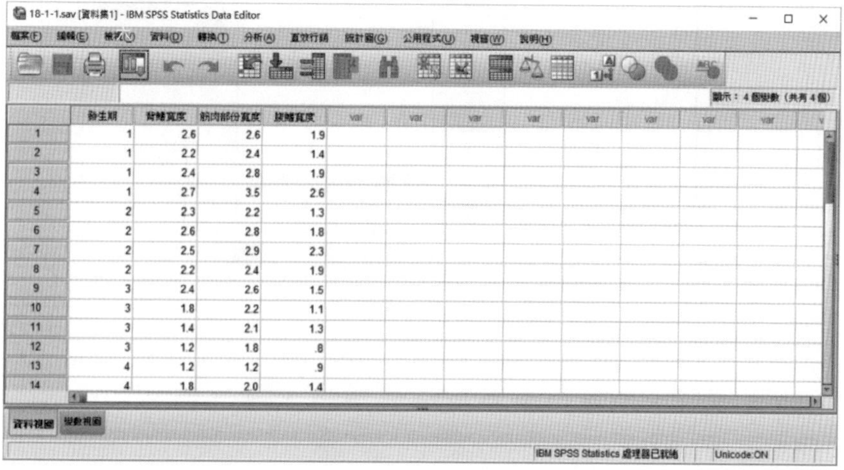

○ 分析的步驟

步驟 1 點選【分析 (A)】，從【一般線性模型 (G)】選擇【多變量 (M)】。

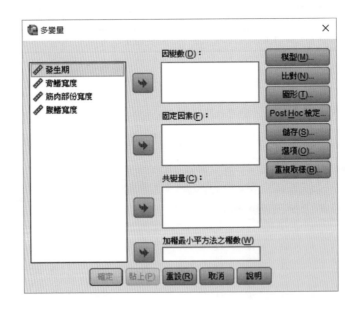

步驟 2 開啟【多變量】對話框，將「筋肉部份寬度」、「背鰭寬度」、「腹鰭寬度」移到「因變數 (D)」的方框中，「發生期」移到「固定因素 (F)」。

步驟 3　一同點選「背鰭寬度」、「筋肉部份寬度」、「腹鰭寬度」，再按一下
「因變數 (D)」左側的 ⇨ 。

步驟 4　其次，點選「發生期」，按一下「固定因素 (F)」左側的 ⇨ 。

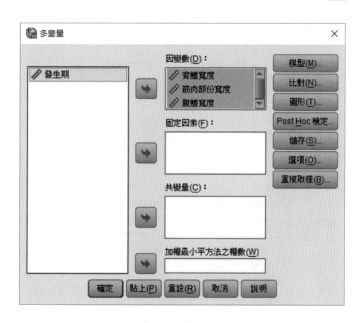

步驟 5 點選右方的「選項 (O)」按鈕。

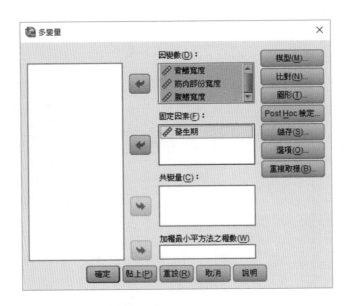

步驟 6 開啟【多變量：選項】對話框，勾選「同質性檢定 (H)」，進行 Box 的 M 檢定。

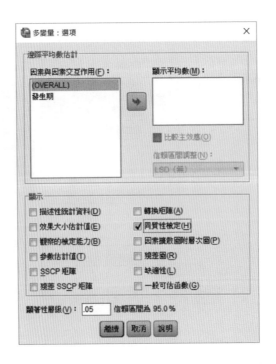

步驟 7 按一下「繼續」，返回【多變量】對話框，按「確定」。

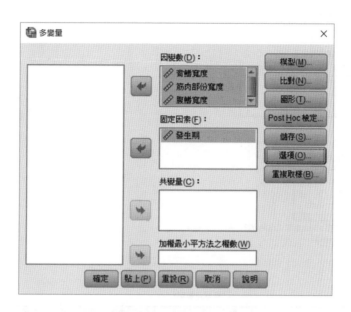

註：一元配置的變異數分析或二元配置的變異數分析是處理針對 1 變量的數據。相對地，
　　若數據如下以向量 (x, y, z) 提供時，稱為多變量變異數分析（Multivariate Analysis of
　　Variance）。

因子	數 據
水準 A_1	$(x_{11}, y_{11}, z_{11}), (x_{12}, y_{12}, z_{12}) \cdots, (x_{1n_1}, y_{1n_1}, z_{1n_1})$
水準 A_2	$(x_{21}, y_{21}, z_{21}), (x_{22}, y_{22}, z_{22}) \cdots, (x_{2n_2}, y_{2n_2}, z_{2n_2})$
水準 A_3	$(x_{31}, y_{31}, z_{31}), (x_{32}, y_{32}, z_{32}) \cdots, (x_{3n_3}, y_{3n_3}, z_{3n_3})$

⊃ SPSS 輸出 · 1

一般線性模型

受試者間因子

		數值註解	個數
期	1	55期	4
	2	59期	4
	3	61期	4
	4	63期	4

◀─①

共變量矩陣等式的 Box 檢定 [a]

Box's M	54.113
F 檢定	1.543
分子自由度	18
分母自由度	508.859
顯著性	.071

檢定依變數的觀察共變量矩陣 之虛無假設，等於交叉 組別。

a. 設計: Intercept+期

多變量檢定 [c]

效應項		數值	F檢定	假設自由度	誤差自由度	顯著性
Intercept	Pillai's Trace	.983	194.628[a]	3.000	10.000	.000
	Wilks' Lambda 變數選擇法	.017	194.628[a]	3.000	10.000	.000
	多變量顯著性檢定	58.389	194.628[a]	3.000	10.000	.000
	Roy的最大平方根	58.389	194.628[a]	3.000	10.000	.000
期	Pillai's Trace	1.198	2.660	9.000	36.000	.018
	Wilks' Lambda 變數選擇法	.158	3.083	9.000	24.488	.013
	多變量顯著性檢定	3.123	3.007	9.000	26.000	.013
	Roy的最大平方根	2.126	8.504[b]	3.000	12.000	.003

◀─②

誤差變異量的 Levene 檢定等式 [a]

	F檢定	分子自由度	分母自由度	顯著性
背鰭	2.875	3	12	.080
筋肉部分	.209	3	12	.888
腹鰭	.251	3	12	.859

◀─③

檢定各組別中依變數誤差變異量的虛無假設是 相等的。

a. 設計: Intercept+期

受試者間效應項的檢定

來源	依變數	型 III 平方和	自由度	平均平方和	F 檢定	顯著性
校正後的模式	背鰭	3.002ᵃ	3	1.001	7.927	.004
	筋肉部分	2.662ᵇ	3	.887	5.810	.011
	腹鰭	2.135ᶜ	3	.712	5.099	.017
Intercept	背鰭	64.803	1	64.803	513.287	.000
	筋肉部分	86.956	1	86.956	569.423	.000
	腹鰭	37.210	1	37.210	266.579	.000
期	背鰭	3.003	3	1.001	7.927	.004
	筋肉部分	2.662	3	.887	5.810	.011
	腹鰭	2.135	3	.712	5.099	.017
誤差	背鰭	1.515	12	.126		
	筋肉部分	1.832	12	.153		
	腹鰭	1.675	12	.140		
總和	背鰭	69.320	16			
	筋肉部分	91.450	16			
	腹鰭	41.020	16			
校正後的總數	背鰭	4.517	15			
	筋肉部分	4.494	15			
	腹鰭	3.810	15			

← ④

a. R 平方 = .665 (調過後的 R 平方 = .581)
b. R 平方 = .592 (調過後的 R 平方 = .490)
c. R 平方 = .560 (調過後的 R 平方 = .450)

⊃ 結果 · 1

① Box 的 M 檢定是檢定變異共變異矩陣的相等性，亦即檢定

假設 $H_0 : \Sigma^{(1)} = \Sigma^{(2)} = \Sigma^{(3)} = \Sigma^{(4)}$

其中，

$\Sigma^{(1)} = 55$ 期的母變異共變異矩陣，…，$\Sigma^{(4)} = 63$ 期的母變異共變異矩陣。

觀察輸出結果時，顯著機率 = 0.071 比顯著水準 $\alpha = 0.05$ 大，因之假設 H_0 無法被捨棄。亦即，可以假定 4 個母變異共變異矩陣互為相等。

② 多變量檢定的假設成為如下

假設 H_0：

$(\mu_1^{(1)}, \mu_2^{(1)}, \mu_3^{(1)}) = (\mu_1^{(2)}, \mu_2^{(2)}, \mu_3^{(2)}) = (\mu_1^{(3)}, \mu_2^{(3)}, \mu_3^{(3)}) = (\mu_1^{(4)}, \mu_2^{(4)}, \mu_3^{(4)})$

其中，

$(\mu_1^{(i)}, \mu_2^{(i)}, \mu_3^{(i)}) =$ 第 I 期（背鰭的母平均，筋肉部分的母平均，腹鰭的母平均）

Pillai, Wilks, Hotelling, Roy 的 4 個顯著機率，分別比顯著水準 $\alpha = 0.05$ 小，因之，不管採用哪一個方法，假設 H_0 均可捨棄。

因此，可知 55 期、59 期、61 期、63 期之間有差異。

③ 是指各變數 Levene 的等變異性檢定。

④ 按各變數進行單因子變異數分析。

譬如,只列舉背鰭,進行單因子變異數分析時,得出如下的輸出結果。

變異數同質性檢定

背鰭

Levene 統計量	分子自由度	分母自由度	顯著性
2.875	3	12	.080

變異數分析

背鰭

	平方和	自由度	平均平方和	F檢定	顯著性
組間	3.003	3	1.001	7.927	.004
組內	1.515	12	.126		
總和	4.518	15			

此 F 值與顯著機率,可知是與④之中的背鰭的 F 值或顯著機率一致。

註:多變量檢定中,以下的 4 種統計量經常出現。

Pillai 的 trace,Wilks 的 Lambda,Hotelling 的 trace,Roy 的最大限。

此 4 個統計量設 H = 假設平方和積和矩陣,E = 誤差平方和積和矩陣時,將 $E^{-1}H$ 的特徵值(eigen values)$\lambda_1 \geq \lambda_2 \geq \cdots \geq \lambda_s$ 代入下式時,即可求得。

$$\begin{cases} Pillai的trace \cdots V = \sum_{i=1}^{s} \frac{\lambda_i}{1+\lambda_i} \\ Wilks的Lambda \cdots \Lambda = \sum_{i=1}^{s} \frac{1}{1+\lambda_i} \\ Hotelling的trace \cdots U = \sum_{i=1}^{s} \lambda_i \\ Roy的最大限 \cdots \theta = \lambda_{max} \end{cases}$$

可是,為此必須計算特徵值,但以電算機難以求出。

因此,試利用以下的 SPSS Syntax Command。

表 18.1 數據的情形…

```
MANOVA
X1  X2  X3  BY  Y（1  4）
/METHOD UNIQUE
/ERROR WITHIN+RESIDUAL
/PRINT SIGNIF（MULTIV AVERF EIGEN）
/NOPRINT PARAMETERS（ESTIM）.
```

← X1= 背鰭
  X2= 筋肉部分
  X3= 腹鰭
  Y = 發生期

執行指令時，得出如下的輸出結果。

```
* * * * * *A n a l y s i s   o f   V a r i a n c e -- design   1 * * * * *:

EFFECT .. Y
Multivariate Tests of Significance (S = 3, M = -1/2, N = 4 )

Test Name        Value    Approx. F Hypoth. DF   Error DF  Sig. of F

Pillais        1.19828    2.66029      9.00      36.00      .018
Hotellings     3.12251    3.00686      9.00      26.00      .013
Wilks           .15820    3.08348      9.00      24.49      .013
Roys            .68010

- - - - - - - - - - - - - - - - - - - - - - - - - - - - - - - - - -
Eigenvalues and Canonical Correlations

Root No.    Eigenvalue       Pct.     Cum. Pct.   Canon Cor.

   1          2.126         68.086     68.086        .825
   2           .970         31.067     99.153        .702
   3           .026          .847     100.000        .161
```

Pillais$\cdots 1.19828 = \dfrac{\lambda_1}{1+\lambda_1} + \dfrac{\lambda_2}{1+\lambda_2} + \dfrac{\lambda_3}{1+\lambda_3} = \dfrac{2.126}{1+2.126} + \dfrac{0.970}{1+0.970} + \dfrac{0.026}{1+0.026} = 1.198$

Hotelling$\cdots 3.12251 = \lambda_1 + \lambda_2 + \lambda_3 = 2.126 + 0.970 + 0.026 = 3.122$

Wilks$\cdots 0.15820 = \dfrac{1}{1+\lambda_1} \cdot \dfrac{1}{1+\lambda_2} \cdot \dfrac{1}{1+\lambda_3} = \dfrac{1}{1+2.126} \cdot \dfrac{1}{1+0.970} \cdot \dfrac{1}{1+0.026} = 0.158$

多重比較

⊃ 分析的步驟

步驟 1 按「Post Hoc 檢定 (H)」。

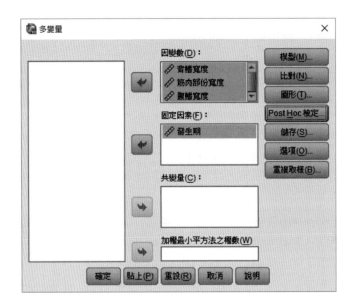

步驟 2 點選「因素 (F)」方框之中的「發生期」，變成藍色之後，按一下 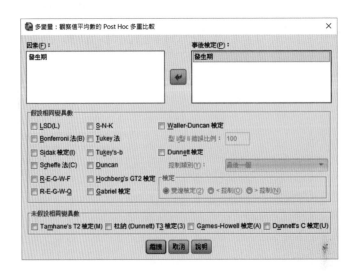，
頁面的文字變黑。

步驟 3 從各種多重比較之中，選擇適於研究的手法。以滑鼠勾選 Tukey 的方法—「Tukey 法」。接著，按「繼續」。

步驟 4 返回【多變量】對話框，按一下「確定」即告完成。

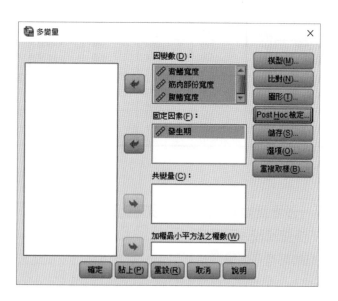

⊃ SPSS 輸出─多變量變異數分析的多重比較

Post Hoc 檢定

多重比較

Tukey HSD

依變數	(I) 期	(J) 期	平均數差異 (I-J)	標準誤	顯著性	95% 信賴區間	
						下限	上限
背鰭	55期	59期	7.500E-02	.251	.990	-.671	.821
		61期	.775*	.251	.041	2.907E-02	1.521
		63期	1.000*	.251	.009	.254	1.746
	59期	55期	-7.500E-02	.251	.990	-.821	.671
		61期	.700	.251	.068	-4.593E-02	1.446
		63期	.925*	.251	.014	.179	1.671
	61期	55期	-.775*	.251	.041	-1.521	-2.907E-02
		59期	-.700	.251	.068	-1.446	4.593E-02
		63期	.225	.251	.807	-.521	.971
	63期	55期	-1.000*	.251	.009	-1.746	-.254
		59期	-.925*	.251	.014	-1.671	-.179
		61期	-.225	.251	.807	-.971	.521
筋肉部分	55期	59期	.250	.276	.803	-.570	1.070
		61期	.650	.276	.140	-.170	1.470
		63期	1.075*	.276	.010	.255	1.895
	59期	55期	-.250	.276	.803	-1.070	.570
		61期	.400	.276	.496	-.420	1.220
		63期	.825*	.276	.049	4.617E-03	1.645
	61期	55期	-.650	.276	.140	-1.470	.170
		59期	-.400	.276	.496	-1.220	.420
		63期	.425	.276	.447	-.395	1.245
	63期	55期	-1.075*	.276	.010	-1.895	-.255
		59期	-.825*	.276	.049	-1.645	-4.617E-03
		61期	-.425	.276	.447	-1.245	.395
腹鰭	55期	59期	.125	.264	.964	-.659	.909
		61期	.775	.264	.053	-9.336E-03	1.559
		63期	.800*	.264	.045	1.566E-02	1.584
	59期	55期	-.125	.264	.964	-.909	.659
		61期	.650	.264	.118	-.134	1.434
		63期	.675	.264	.101	-.109	1.459
	61期	55期	-.775	.264	.053	-1.559	9.336E-03
		59期	-.650	.264	.118	-1.434	.134
		63期	2.500E-02	.264	1.000	-.759	.809
	63期	55期	-.800*	.264	.045	-1.584	-1.566E-02
		59期	-.675	.264	.101	-1.459	.109
		61期	-2.500E-02	.264	1.000	-.809	.759

◀⑤ ◀⑥ ◀⑦

⊃ 輸出結果─多變量變異數分析的多重比較

① 就背鰭進行多重比較。

以下的輸出結果是只列舉背鰭利用 Tukey 方法進行多重比較。

多重比較

依變數: 背鰭
Tukey HSD

(I) 期	(J) 期	平均差異 (I-J)	標準誤	顯著性	95% 信賴區間 下界	95% 信賴區間 上界
1	2	7.500E-02	.251	.990	-.671	.821
	3	.775*	.251	.041	2.907E-02	1.521
	4	1.000*	.251	.009	.254	1.746
2	1	-7.500E-02	.251	.990	-.821	.671
	3	.700	.251	.068	-4.593E-02	1.446
	4	.925*	.251	.014	.179	1.671
3	1	-.775*	.251	.041	-1.521	-2.907E-02
	2	-.700	.251	.068	-1.446	4.593E-02
	4	.225	.251	.807	-.521	.971
4	1	-1.000*	.251	.009	-1.746	-.254
	2	-.925*	.251	.014	-1.671	-.179
	3	-.225	.251	.807	-.971	.521

*. 在 .05 水準上的平均差異很顯著。

此平均值之差與顯著機率之值，與⑤的平均值之差與顯著機率一致。

② 就筋肉部分的多重比較。

③ 就腹鰭的多重比較。

18.3 兩因子 MANOVA

一、簡介

若有 A、B 兩因子分別有 a、b 個水準，依變量是 p 維的多變量 $\boldsymbol{x} = \begin{bmatrix} x_1 \\ \vdots \\ x_p \end{bmatrix}$，設在 $A = i$, $B = j$ 下第 k 個實驗觀測值向量寫成 x_{ijk}，則兩因子有交互作用的模型設為

$$x_{ijk} = \mu + \alpha_i + \beta_j + (\alpha\beta)_{ij} + e_{ijk}, (i = 1, \cdots, a, j = 1, \cdots, b, k = 1, \cdots, n)$$

其中 μ 為總平均向量，α_i 為 A 在 i 水準的主效果向量，β_j 為 B 在 j 水準的主效果，$(\alpha\beta)_{ij}$ 為 A 在 i 水準，B 在 j 水準下的交互作用，誤差項假設是多變量常態分配，即 $e_{ijk} \sim N(0, \Sigma)$，主效果與交互作用有下列限制：$\sum_{i=1}^{a} \alpha_i = 0$，$\sum_{j=1}^{b} \beta_j = 0$，

$\sum_{i=1}^{a} (\alpha\beta)_{ij} = 0$，對任何 j，$\sum_{j=1}^{b} (\alpha\beta)_{ij} = 0$，對任何 i。利用等式

$$x_{ijk} = \bar{x} + (\bar{x}_{i..} - \bar{x}) + (\bar{x}_{.j.} - \bar{x}) + (\bar{x}_{ij.} - \bar{x}_{i..} - \bar{x}_{.j.} + \bar{x}) + (x_{ijk} - \bar{x}_{ij.})$$

其中

$$\bar{x}_{i..} = \sum_{j=1}^{b} \sum_{k=1}^{n} x_{ijk} / bn$$
$$\bar{x}_{.j.} = \sum_{j=1}^{a} \sum_{k=1}^{n} x_{ijk} / an$$
$$\bar{x}_{ij.} = \sum_{j=1}^{a} x_{ijk} / n$$
$$\bar{x} = \sum_{i=1}^{a} \sum_{j=1}^{b} \sum_{k=1}^{n} x_{ijk} / abn$$

可得如下各平方和與交叉相乘矩陣：

$$SSPA = \sum \sum \sum (\bar{x}_{i..} - \bar{x})(\bar{x}_{i..} - \bar{x})'$$
$$SSPB = \sum \sum \sum (\bar{x}_{.j.} - \bar{x})(\bar{x}_{.j.} - \bar{x})'$$
$$SSPAB = \sum \sum \sum (\bar{x}_{ij.} - \bar{x}_{i..} - \bar{x}_{.j.} + \bar{x})(\bar{x}_{ij.} - \bar{x}_{i..} - \bar{x}_{.j.} + \bar{x})'$$
$$SSPT = \sum \sum \sum (x_{ijk} - \bar{x})(x_{ijk} - \bar{x})'$$

而且可證得下面的平方和分解等式：

$$SSPA + SSPB + SSPAB + SSPE = SSPT$$

上式必須在平衡設計下方可成立。

對兩因子檢定問題除了兩個主效果外尚需關心是否有交互作用。一般先檢定交互作用，如果交互作用不顯著，則接著檢定兩個主效果。

1. 檢定 *A, B* 的交互作用

H_0：$(\alpha\beta)_{11} = (\alpha\beta)_{12} = \cdots = (\alpha\beta)_{ab}$

H_1：不是所有 $(\alpha\beta)_{ij}$ 皆為 0

則 Wilks 統計量是 $\Lambda = \dfrac{|SSPE|}{|SSPE + SSPAB|}$

2. 檢定 *A* 的主效果

$H_0：\alpha_1 = \alpha_2 = \cdots = \alpha_a = 0$

$H_1：$不是所有 α_i 皆為 0

則 Wilks 統計量是 $\Lambda = \dfrac{\mid SSPE \mid}{\mid SSPE + SSPA \mid}$

3. 檢定 *B* 的主效果

$H_0：\beta_1 = \beta_2 = \cdots = \beta_b = 0$

$H_1：$不是所有 β_j 皆為 0

則 Wilks 統計量是 $\Lambda = \dfrac{\mid SSPE \mid}{\mid SSPE + SSPB \mid}$

二、解析例

例 18.2

⊃ 資料

　　甲、乙、丙三種教學法（*B* = 1 表甲教學法，*B* = 2 表乙教學法，*B* = 3 表丙教學法），在男、女（*A* = 1 表女生，*A* = 2 表男生）二種學校進行英文教學，各有 10 位學生參加期末考試（包括字彙、聽力、文法）資料如下：

	性別	教學法	字彙	聽力	文法
1	1	1	38	33	34
2	1	1	57	46	24
3	1	1	39	24	47
4	1	1	48	18	27
5	1	1	50	45	16
6	1	1	60	49	56
7	1	1	39	60	34
8	1	1	28	43	52
9	1	1	56	18	68
10	1	1	53	28	36
11	1	2	69	47	25
12	1	2	33	52	29
13	1	2	78	15	46
14	1	2	46	34	33
15	1	2	62	55	37
16	1	2	67	38	60
17	1	2	56	40	45
18	1	2	69	26	33
19	1	2	75	50	26
20	1	2	57	34	40

21	1	3	63	25	19	41	2	2	48	54	30
22	1	3	56	18	30	42	2	2	37	62	26
23	1	3	69	47	29	43	2	2	58	47	18
24	1	3	80	32	17	44	2	2	36	51	33
25	1	3	46	28	42	45	2	2	47	50	49
26	1	3	62	38	48	46	2	2	28	26	35
27	1	3	60	40	44	47	2	2	67	43	52
28	1	3	58	26	39	48	2	2	38	27	60
29	1	3	72	53	42	49	2	2	43	55	33
30	1	3	48	60	51	50	2	2	26	39	43
31	2	1	66	40	25	51	2	3	55	30	40
32	2	1	60	36	38	52	2	3	49	25	25
33	2	1	57	48	68	53	2	3	37	20	21
34	2	1	39	33	26	54	2	3	68	40	44
35	2	1	48	48	38	55	2	3	33	37	49
36	2	1	70	69	33	56	2	3	26	41	37
37	2	1	63	23	37	57	2	3	44	30	30
38	2	1	80	37	59	58	2	3	37	38	27
39	2	1	54	19	66	59	2	3	71	24	33
40	2	1	72	35	25	60	2	3	36	22	45

⊃ 分析步驟

　　依如下步驟進行。

步驟 1【分析 (A)】→【一般線性模型 (G)】→【多變量 (M)】。

步驟 2　將「字彙」、「聽力」、「文法」輸入「依變數 (D)」，將「教學法」、「性別」輸入到「固定因子 (F)」中，按「選項 (O)」。

步驟 3 開啟【多變量：選項】對話框，將「教學法」、「性別」、「教學法 * 性別」輸入到「顯示平均數 (M)」下的方格中，勾選「同質性檢定 (H)」、「SSCP 矩陣」，按「繼續」，再按「確定」。

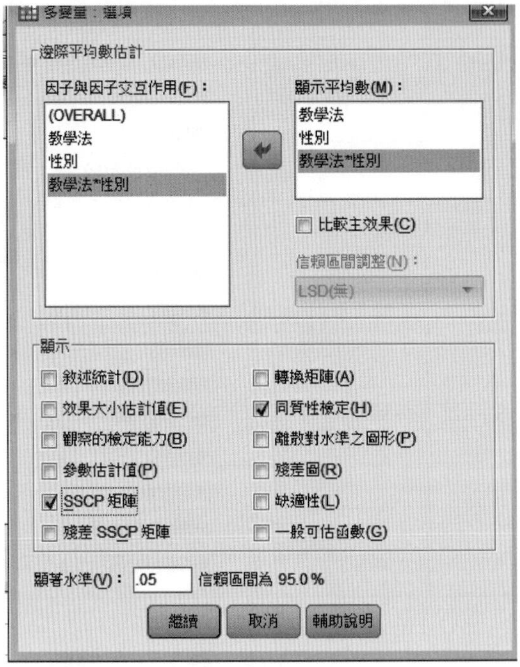

○ SPSS 輸出

Box's 共變異數矩陣等式檢定ᵃ

Box's M 共變異等式檢定	29.292
F	.835
df1	30
df2	6589.960
顯著性	.723

檢定因變數的觀察到的共變異數矩陣在群組內相等的空假設。

a. 設計：截距 + 性別 + 教學法 + 性別 * 教學法

Levene's 錯誤共變異等式檢定[a]

	F	df1	df2	顯著性
字彙	.462	5	54	.803
聽力	.730	5	54	.604
文法	1.284	5	54	.285

檢定因變數的錯誤共變異在群組內相等的空假設。

a. 設計：截距 + 性別 + 教學法 + 性別 * 教學法

受試者間效果檢定

來源	因變數	第 III 類平方和	df	平均值平方	F	顯著性
修正的模型	字彙	3973.683[a]	5	794.737	5.077	.001
	聽力	1140.150[b]	5	228.030	1.454	.220
	文法	265.400[c]	5	53.080	.305	.908
截距	字彙	169282.817	1	169282.817	1081.487	.000
	聽力	85957.350	1	85957.350	548.178	.000
	文法	86184.600	1	86184.600	494.682	.000
性別	字彙	673.350	1	673.350	4.302	.043
	聽力	12.150	1	12.150	.077	.782
	文法	4.267	1	4.267	.024	.876
教學法	字彙	38.633	2	19.317	.123	.884
	聽力	732.900	2	366.450	2.337	.106
	文法	237.100	2	118.550	.680	.511
性別 * 教學法	字彙	3261.700	2	1630.850	10.419	.000
	聽力	395.100	2	197.550	1.260	.292
	文法	24.033	2	12.017	.069	.933
錯誤	字彙	8452.500	54	156.528		
	聽力	8467.500	54	156.806		
	文法	9408.000	54	174.222		
總計	字彙	181709.000	60			
	聽力	95565.000	60			
	文法	95858.000	60			

來源	因變數	第 III 類平方和	df	平均值平方	F	顯著性
校正後總數	字彙	12426.183	59			
	聽力	9607.650	59			
	文法	9673.400	59			

a. R 平方 = .320（調整的 R 平方 = .257）
b. R 平方 = .119（調整的 R 平方 = .037）
c. R 平方 = .027（調整的 R 平方 = −.063）

多變數檢定 [a]

效果		數值	F	假設 df	錯誤 df	顯著性
截距	Pillai's 追蹤	.977	751.024[b]	3.000	52.000	.000
	Wilks' Lambda (λ)	.023	751.024[b]	3.000	52.000	.000
	Hotelling's 追蹤	43.328	751.024[b]	3.000	52.000	.000
	Roy's 最大根	43.328	751.024[b]	3.000	52.000	.000
性別	Pillai's 追蹤	.075	1.408[b]	3.000	52.000	.251
	Wilks' Lambda (λ)	.925	1.408[b]	3.000	52.000	.251
	Hotelling's 追蹤	.081	1.408[b]	3.000	52.000	.251
	Roy's 最大根	.081	1.408[b]	3.000	52.000	.251
教學法	Pillai's 追蹤	.113	1.055	6.000	106.000	.394
	Wilks' Lambda (λ)	.889	1.048[b]	6.000	104.000	.399
	Hotelling's 追蹤	.122	1.040	6.000	102.000	.404
	Roy's 最大根	.100	1.770[c]	3.000	53.000	.164
性別 * 教學法	Pillai's 追蹤	.328	3.462	6.000	106.000	.004
	Wilks' Lambda (λ)	.685	3.605[b]	6.000	104.000	.003
	Hotelling's 追蹤	.440	3.742	6.000	102.000	.002
	Roy's 最大根	.392	6.921[c]	3.000	53.000	.001

a. 設計：截距 + 性別 + 教學法 + 性別 * 教學法
b. 確切的統計資料
c. 統計資料是 F 的上限，會產生顯著層次上的下限。

1. 教學法

因變數	教學法	平均數	標準錯誤	95% 信賴區間	
				下限	上限
字彙	甲教學法	53.850	2.798	48.241	59.459
	乙教學法	52.000	2.798	46.391	57.609
	丙教學法	53.500	2.798	47.891	59.109
聽力	甲教學法	37.600	2.800	31.986	43.214
	乙教學法	42.250	2.800	36.636	47.864
	丙教學法	33.700	2.800	28.086	39.314
文法	甲教學法	40.450	2.951	34.533	46.367
	乙教學法	37.650	2.951	31.733	43.567
	丙教學法	35.600	2.951	29.683	41.517

2. 性別

因變數	性別	平均數	標準錯誤	95% 信賴區間	
				下限	上限
字彙	女生	56.467	2.284	51.887	61.046
	男生	49.767	2.284	45.187	54.346
聽力	女生	37.400	2.286	32.816	41.984
	男生	38.300	2.286	33.716	42.884
文法	女生	37.633	2.410	32.802	42.465
	男生	38.167	2.410	33.335	42.998

3. 性別 * 教學法

因變數	性別	教學法	平均數	標準錯誤	95% 信賴區間	
					下限	上限
字彙	女生	甲教學法	46.800	3.956	38.868	54.732
		乙教學法	61.200	3.956	53.268	69.132
		丙教學法	61.400	3.956	53.468	69.332
	男生	甲教學法	60.900	3.956	52.968	68.832
		乙教學法	42.800	3.956	34.868	50.732
		丙教學法	45.600	3.956	37.668	53.532
聽力	女生	甲教學法	36.400	3.960	28.461	44.339
		乙教學法	39.100	3.960	31.161	47.039
		丙教學法	36.700	3.960	28.761	44.639
	男生	甲教學法	38.800	3.960	30.861	46.739
		乙教學法	45.400	3.960	37.461	53.339
		丙教學法	30.700	3.960	22.761	38.639
文法	女生	甲教學法	39.400	4.174	31.032	47.768
		乙教學法	37.400	4.174	29.032	45.768
		丙教學法	36.100	4.174	27.732	44.468
	男生	甲教學法	41.500	4.174	33.132	49.868
		乙教學法	37.900	4.174	29.532	46.268
		丙教學法	35.100	4.174	26.732	43.468

⊃ 結果

在 Box's M 多變量的變異數同質性檢定結果，Box's M 值 = 29.292，轉換成 F 值 0.835，$p = 0.723 > 0.05$，接受虛無假設，表示未違反多變量同質性的假定。

又，Levene 檢定表是單變量的變異數同質性檢定結果，三個依變量的 F 值均未達顯著水準，表示未違反單變量的變異數同質性的假定。

在受試者間效應向的檢定即單變量的顯著性檢定，由檢定結果可知，性別與教學法只有在字彙的交互作用上達到顯著，而在聽力及文法的交互作用上均未達到顯著。

在多變量檢定表中，教學法與性別的交互作用是顯著的（Wilks' Lambda = 0.685，$p = 0.003 < 0.05$），因此不再討論教學法與性別的主效果，因之教學法與性別的邊緣平均數可以省略不看，但由教學法與性別的交互作用的邊緣平均數可知，在字彙方面，女生以甲教學法表現較差，而男生則以甲教學法較佳。

第 19 章　多變量共變數分析

　　共變異數分析（Analysis of covariance, ANCOVA）其實可以看作是變異數分析（ANOVA）與迴歸分析的結合。傳統的 ANOVA 主要是用來比較兩組以上樣本的平均值是否有差別，比如醫師要研究不同的治療組合對肝癌患者的預後是否有不同的效果，因此比較：(1) 單純手術切除腫瘤；(2) 單純進行化療；(3) 以上兩種治療方式結合的病患三年存活率。ANOVA 能用來比較這三組病患三年存活率的平均值是否有明顯不同，讓研究人員了解這三種治療組合的效果。不過，ANOVA 通常必須搭配隨機控制實驗來進行會比較好，因為隨機分配比較能夠提供研究人員相同的比較基準（比如使得這三組病人的病情分布情況大致上是相近的，不致於有某一組都是病情偏重的病人，其他組病人病情卻都較輕），這樣我們才能客觀地比較治療方式的效果差異。可是在此例中，這三組病人並不是透過隨機分配的方式去決定採用哪一種治療組合，醫師是依照每一位病人的病情（肝腫瘤的大小、期數、病人的健康情況等），建議採取的治療方式，而這些病情變數都會對肝癌病人的存活率造成影響，因此在此情況下直接用 ANOVA 並不恰當，最理想的方式是 ANCOVA，因為 ANCOVA 在比較這三組病人的存活率時，可以同時考慮或控制其他對病人存活率有影響的病情變數，使我們在相同的背景或基礎上去比較這三組治療方式的效果。而控制其他變數對應變數的影響也是迴歸分析的基本功能，因此 ANCOVA 可以說是結合了 ANOVA 與迴歸分析的功能。

　　多變量共變數分析（MANCOVA）其實就是多變量變異數分析（MANOVA）與共變異數分析（ANCOVA）的結合，不僅可以同時比較多個應變數，還可以考慮或控制多個會影響應變數的變數。因此，我們可以使用 MANCOVA，在考量病人的病情並將這些變數的影響消除後，去同時比較這三組肝癌病人治療後的三年存活率與生活品質。事實上，在這種情況下，MANOVA 不僅在分析手續上比較省事，也比較準確，因為若肝癌病人治療後三年存活率與生活品質這兩個指標之間有某種相關性的話（譬如生活品質較高對存活率有所幫助），則分開單獨分析（ANOVA）所得到的結果會有偏差。而用 MANOVA 可以考慮這兩個指標

之間的關聯性，提供我們較準確的結果。

在執行多變量共變數分析前，也要符合如下基本假設：

1. 迴歸線平行的假設：即檢定 r 個組內迴歸線之間是否平行。其虛無假設是

$$H_0 : \Gamma_1 = \Gamma_2 = \cdots = \Gamma_r = \Gamma$$

接受 H_0，即表示各組的迴歸線斜率相同，顯示各組控制變數影響的情形都是相同的。

2. 共同斜率為 0 的假設：依變數與共變數的關係如何？共同斜率是否為 0？其虛無假設為 $H_0 : \Gamma = 0$

當拒絕 H_0，即表示共同斜率不是 0，亦即依變數與共變數的關係是不可忽視的，因此必須用共變數來調整才行。

假如以上假設均能符合要求，才可進行各組主效果是否相等的假設，也就是排除了控制變數（共變數）之影響後，各組的主效果是否相等呢？此時的虛無假設是 $H_0 : \alpha_1 = \alpha_2 = \cdots = \alpha_r$。

19.2　獨立樣本單因子多變量共變數分析（一個共變量）

其模型如下：

$$x_{ij} = \mu + \alpha_i + \beta z_{ij} + \varepsilon_{ij}$$

以下以例子來說明。

例 1

30 位學生分成 3 組，在甲、乙、丙三種英文教學法（$B = 1$ 表甲教學法，$B = 2$ 表乙教學法，$B = 3$ 表丙教學法）之下參加期末考試，其字彙、聽力、文法的各項成績資料如下：另外假設能收錄到每位學生的高中英文成績。惟恐高中英文成績會影響各項成績，在排除高中英文成績之後，以共變數分析檢定三種教學法是否有所不同？

● 資料

英文教學法	1	1	1	1	1	1	1	1	1	1	2	2	2	2	2
英文	62	64	67	70	73	75	77	80	85	88	63	64	66	69	72
字彙	38	57	49	48	55	60	69	68	76	83	19	33	28	46	52
聽力	18	18	24	28	45	47	49	43	50	60	15	16	23	34	38
文法	34	24	47	27	16	56	34	52	68	36	25	29	46	33	37

英文教學法	2	2	2	2	2	3	3	3	3	3	3	3	3	3	3
英文	76	78	81	84	90	60	65	68	71	75	77	79	80	85	88
字彙	58	56	60	60	65	23	27	35	36	39	42	46	50	55	58
聽力	40	35	42	43	50	15	16	28	25	30	32	35	38	50	55
文法	60	45	33	28	43	26	40	19	30	29	17	42	48	43	60

⊃ 數據輸入形式

	英文教學法	英文	字彙	聽力	文法
1	1	62	38	18	34
2	1	64	57	18	24
3	1	67	49	24	47
4	1	70	48	28	27
5	1	73	55	45	16
6	1	75	60	47	56
7	1	77	69	49	34
8	1	80	68	43	52
9	1	85	76	50	68
10	1	88	83	60	36
11	2	63	19	15	25
12	2	64	33	16	29
13	2	66	28	23	46
14	2	69	46	34	33
15	2	72	52	38	37
16	2	76	58	40	60
17	2	78	56	35	45
18	2	81	60	42	33
19	2	84	60	43	28
20	2	90	65	50	43
21	3	60	23	15	26
22	3	65	27	16	40
23	3	68	35	28	19
24	3	71	36	25	30
25	3	75	39	30	29
26	3	77	42	32	17
27	3	79	46	35	42
28	3	80	50	38	48
29	3	85	55	50	43
30	3	88	58	55	60

⊃ 統計處理步驟

1. 各組迴歸平行的假設檢定

步驟 1【分析 (A)】→【一般線性模型 (G)】→【多變量 (M)】。

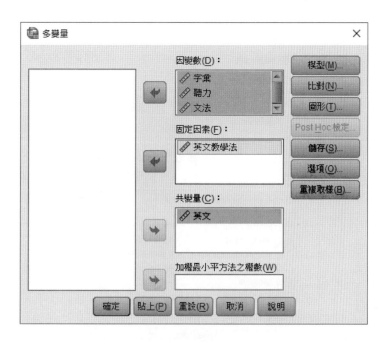

步驟 2　將「字彙」、「聽力」、「文法」選入「因變數 (D)」，將「英文教學法」
　　　　選入「固定因素 (F)」中，將「英文」選入「共變量 (C)」中。按「模型
　　　　(M)」。

步驟 3　開啓【多變量：模型】對話框，勾選「自訂 (C)」，將「英文教學法」、
　　　　「英文」、「英文 * 英文教學法」交互作用三個效果項選入「模型 (M)」
　　　　中，按「繼續」。

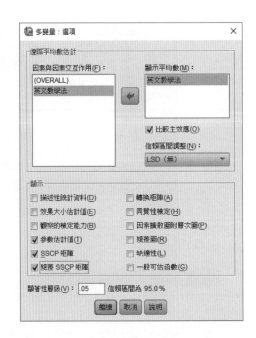

步驟 4　返回步驟 2 的【多變量】對話框後，接著按「選項 (O)」鈕，開啓如下視
　　　　窗，將「英文教學法」選入「顯示平均數 (M)」的方框中，再勾選「比
　　　　較主效果 (C)」、「參數估計值 (P)」、「SSCP 矩陣」、「殘差 SSCP 矩
　　　　陣」，按「繼續」，返回到主視窗，最後按「確定」。

⊃ SPSS 輸出與結果

多變量檢定[v]

效果		數值	F	假設自由度	誤差自由度	顯著性
截距	Pillai's Trace	.799	29.077[a]	3.000	22.000	.000
	Wilks' Lambda 變數選擇法	.201	29.077[a]	3.000	22.000	.000
	多變量顯著性檢定	3.965	29.077[a]	3.000	22.000	.000
	Roy的最大平方根	3.965	29.077[a]	3.000	22.000	.000
英文教學法	Pillai's Trace	.203	.867	6.000	46.000	.526
	Wilks' Lambda 變數選擇法	.799	.873[a]	6.000	44.000	.522
	多變量顯著性檢定	.250	.875	6.000	42.000	.521
	Roy的最大平方根	.241	1.847[b]	3.000	23.000	.167
英文	Pillai's Trace	.915	78.634[a]	3.000	22.000	.000
	Wilks' Lambda 變數選擇法	.085	78.634[a]	3.000	22.000	.000
	多變量顯著性檢定	10.723	78.634[a]	3.000	22.000	.000
	Roy的最大平方根	10.723	78.634[a]	3.000	22.000	.000
英文教學法 * 英文	Pillai's Trace	.221	.951	6.000	46.000	.468
	Wilks' Lambda 變數選擇法	.786	.941[a]	6.000	44.000	.476
	多變量顯著性檢定	.265	.928	6.000	42.000	.485
	Roy的最大平方根	.230	1.765[b]	3.000	23.000	.182

a. 精確的統計量

　　三種迴歸線平行假設的三種多變量檢定，其中 Wilks Lambda = 0.786，$p > 0.05$，未達顯著水準，表示各組迴歸線的斜率相同（即迴歸線是平行的），結果顯示三組受試者受共變數影響的程度相同。故可放心進一步執行共變異數分析。

2. 共同斜率為 0 的假設檢定

步驟 5　於【多變量】對話框，按一下「比對 (C)」，點選「英文教學法」，由「比對 (N)」下拉式選單選擇「重複」，再按「變更 (C)」。按「繼續」。返回到主視窗。

步驟 6 於步驟 3 的【多變量：模型】對話框中，將「模型 (M)」中的「英文 *
英文教學法」移出後，按「繼續」，再按「確定」。

◯ SPSS 與輸出結果

多變量檢定[c]

效果		數值	F	假設自由度	誤差自由度	顯著性
截距	Pillai's Trace	.789	29.867[a]	3.000	24.000	.000
	Wilks' Lambda 變數選擇法	.211	29.867[a]	3.000	24.000	.000
	多變量顯著性檢定	3.733	29.867[a]	3.000	24.000	.000
	Roy 的最大平方根	3.733	29.867[a]	3.000	24.000	.000
英文教學法	Pillai's Trace	.757	5.080	6.000	50.000	.000
	Wilks' Lambda 變數選擇法	.247	8.094[a]	6.000	48.000	.000
	多變量顯著性檢定	3.029	11.610	6.000	46.000	.000
	Roy 的最大平方根	3.023	25.188[b]	3.000	25.000	.000
英文	Pillai's Trace	.911	81.891[a]	3.000	24.000	.000
	Wilks' Lambda 變數選擇法	.089	81.891[a]	3.000	24.000	.000
	多變量顯著性檢定	10.236	81.891[a]	3.000	24.000	.000
	Roy 的最大平方根	10.236	81.891[a]	3.000	24.000	.000

a. 精確的統計量

b. 統計量為在顯著水準上產生下限之 F 的上限。

c. Design: 截距 + 英文教學法 + 英文

Wilks Lambda = 0.089，其 $p < 0.05$，達顯著水準，表示共同迴歸線的斜率並非是 0。以高中英文成績作為共變量是有效的。換句話說，高中英文成績必須予以考慮才行。

1.

參數估計值

依變數	參數	B 之估計值	標準誤差	t	顯著性	95% 信賴區間	
						下界	上界
字彙	截距	-67.029	8.575	-7.816	.000	-84.655	-49.402
	[英文教學法=1]	20.212	2.316	8.728	.000	15.452	24.972
	[英文教學法=2]	7.323	2.315	3.163	.004	2.564	12.081
	[英文教學法=3]	0ᵃ					
	英文	1.446	.113	12.845	.000	1.214	1.677
聽力	截距	-72.439	8.055	-8.993	.000	-88.996	-55.881
	[英文教學法=1]	6.781	2.175	3.117	.004	2.310	11.252
	[英文教學法=2]	1.901	2.175	.874	.390	-2.569	6.371
	[英文教學法=3]	0ᵃ					
	英文	1.402	.106	13.259	.000	1.184	1.619
文法	截距	-16.765	20.464	-.819	.420	-58.829	25.300
	[英文教學法=1]	4.488	5.526	.812	.424	-6.871	15.847
	[英文教學法=2]	2.849	5.524	.516	.610	-8.507	14.204
	[英文教學法=3]	0ᵃ					
	英文	.697	.269	2.597	.015	.145	1.249

a. 由於這個參數重複，所以把它設成零。

高中英文成績在各變項迴歸係數的估計值分別是 1.446, 1.402, 0.697。

2.

多變量檢定

	數值	F	假設自由度	誤差自由度	顯著性
Pillai's 跡	.757	5.080	6.000	50.000	.000
Wilks' Lambda 變數選擇法	.247	8.094ᵃ	6.000	48.000	.000
多變量顯著性檢定	3.029	11.610	6.000	46.000	.000
Roy 的最大平方根	3.023	25.188ᵇ	3.000	25.000	.000

各 F 檢定 英文教學法 的多變量效果。這些檢定根據所估計邊緣平均數的線性獨立成對比較而定。

a. 精確的統計量

b. 統計量為在顯著水準上產生下限之 F 的上限。

Wilks Lambda = 0.247，p 值 < 0.05，表示三種教學法在英文教學效果上有顯著差異。

3.

受試者間效應項的檢定

來源	依變數	型 III 平方和	df	平均平方和	F	顯著性
校正後的模式	字彙	6322.015[a]	3	2107.338	78.690	.000
	聽力	4341.496[b]	3	1447.165	61.244	.000
	文法	1110.107[c]	3	370.036	2.426	.088
截距	字彙	1262.405	1	1262.405	47.139	.000
	聽力	1824.389	1	1824.389	77.208	.000
	文法	77.343	1	77.343	.507	.483
英文教學法	字彙	2092.063	2	1046.031	39.060	.000
	聽力	244.480	2	122.240	5.173	.013
	文法	103.030	2	51.515	.338	.716
英文	字彙	4418.815	1	4418.815	165.003	.000
	聽力	4154.029	1	4154.029	175.797	.000
	文法	1028.440	1	1028.440	6.743	.015
誤差	字彙	696.285	26	26.780		
	聽力	614.371	26	23.630		
	文法	3965.260	26	152.510		
總數	字彙	81121.000	30			
	聽力	41148.000	30			
	文法	47413.000	30			

英文教學法的三組受試者在字彙（p = 0.000）及聽力（0.013）方面有顯著差異（p < 0.05），在文法上並無顯著差異。故只需進一步再看三組在字彙及聽力方面，到底哪兩組間有顯著差異存在。

4.

成對比較

依變數	(I) 英文教學法	(J) 英文教學法	平均差異 (I-J)	標準誤差	顯著性[a]	差異的 95% 信賴區間[a]	
						下界	上界
字彙	甲教學法	乙教學法	12.889[*]	2.314	.000	8.132	17.646
		丙教學法	20.212[*]	2.316	.000	15.452	24.972
	乙教學法	甲教學法	-12.889[*]	2.314	.000	-17.646	-8.132
		丙教學法	7.323[*]	2.315	.004	2.564	12.081
	丙教學法	甲教學法	-20.212[*]	2.316	.000	-24.972	-15.452
		乙教學法	-7.323[*]	2.315	.004	-12.081	-2.564
聽力	甲教學法	乙教學法	4.880[*]	2.174	.034	.412	9.349
		丙教學法	6.781[*]	2.175	.004	2.310	11.252
	乙教學法	甲教學法	-4.880[*]	2.174	.034	-9.349	-.412
		丙教學法	1.901	2.175	.390	-2.569	6.371
	丙教學法	甲教學法	-6.781[*]	2.175	.004	-11.252	-2.310
		乙教學法	-1.901	2.175	.390	-6.371	2.569
文法	甲教學法	乙教學法	1.639	5.523	.769	-9.713	12.992
		丙教學法	4.488	5.526	.424	-6.871	15.847
	乙教學法	甲教學法	-1.639	5.523	.769	-12.992	9.713
		丙教學法	2.849	5.524	.610	-8.507	14.204
	丙教學法	甲教學法	-4.488	5.526	.424	-15.847	6.871
		乙教學法	-2.849	5.524	.610	-14.204	8.507

根據估計的邊緣平均數而定

在字彙中，各教學法之間均有顯著差異，在聽力方面，除乙與丙教學法無差異外，其他均有差異。

19.3 獨立樣本單因子多變量共變數分析（兩個共變量）

例 2

某公司針對生產線產品的重量與厚度進行測試。用隨機抽樣與隨機分派的方法將產品分為三組，接受不同的實驗處理。第一組產品是使用舊方法 A，第二組使用某一種新方法 B 及第三組使用另一種新方法 C。下表是實驗前之重量（w1）與厚度（t1）的原數據，以及實驗 6 個月後之重量（w2）與厚度（t2）的新數據，試以 $\alpha = 0.05$ 檢定三種不同方法的效果是否有所不同？

⊃ 資料

方法	1	2	3	1	2	3	1	2	3	1	2	3	1	2	3
重量新	4	6	6	5	5	6	5	6	7	5	6	7	5	6	7
厚度新	5	6	7	5	7	7	6	7	6	6	6	7	6	7	7
重量舊	3	5	5	4	5	5	5	5	5	5	6	5	5	6	6
厚度舊	5	5	5	5	5	5	5	6	6	5	6	6	5	6	6
方法	1	2	3	1	2	3	1	2	3	1	2	3	1	2	3
重量新	6	5	7	6	6	7	6	5	7	5	6	7	4	6	7
厚度新	6	7	7	6	7	7	6	6	7	5	6	7	5	6	7
重量舊	5	5	5	5	6	6	5	5	5	4	6	6	4	6	6
厚度舊	5	6	5	5	6	6	6	5	5	5	6	5	5	6	6

⊃ 數據輸入形式

	方法	重量新	厚度新	重量舊	厚度舊
1	1	4.1	5.3	3.2	4.7
2	2	5.5	6.2	5.1	5.1
3	3	6.1	7.1	5.0	5.1
4	1	4.6	5.0	4.2	4.5
5	2	5.0	7.1	5.3	5.3
6	3	6.3	7.0	5.2	5.2
7	1	4.8	6.0	4.5	4.6
8	2	6.0	7.0	5.4	5.6
9	3	6.5	6.2	5.3	5.6
10	1	5.4	6.2	4.6	4.8
11	2	6.2	6.1	5.6	5.7
12	3	6.7	6.8	5.4	5.7
13	1	5.2	6.1	4.9	4.9
14	2	5.9	6.5	5.7	5.7
15	3	7.0	7.1	5.8	5.9
16	1	5.7	5.9	4.8	5.0
17	2	5.2	6.8	5.0	5.8
18	3	6.5	6.9	4.8	5.1
19	1	6.0	6.0	4.9	5.1
20	2	6.4	7.1	6.0	5.9

21	3	7.1	6.7	5.9	6.1
22	1	5.9	6.1	5.0	6.0
23	2	5.4	6.1	5.0	4.9
24	3	6.9	7.0	5.0	4.8
25	1	4 6	5.0	4.2	4.5
26	2	6.1	6.0	5.5	5.6
27	3	6.7	6.9	5.6	5.1
28	1	4.2	5.2	3.6	4.8
29	2	5.8	6.4	5.6	5.5
30	3	7.2	7.4	5.7	6.0

● 統計處理步驟

1. 各組迴歸線平行的假設檢定

步驟 1【分析 (A)】→【一般線性模型 (G)】→【多變量 (M)】。

步驟 2 將「重量新」、「厚度新」選入「因變數 (D)」中,「方法」選入「固定
　　　因素 (F)」中,將「重量舊」、「厚度舊」選入「共變量 (C)」中。

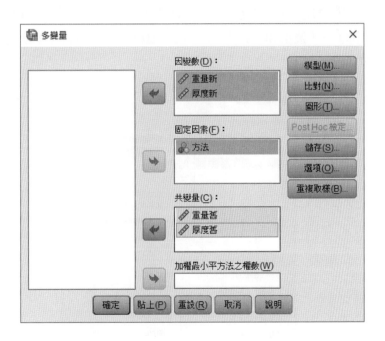

步驟 3　按一下「模型 (M)」，將「方法」、「重量舊」、「厚度舊」、「方法 *
　　　　重量舊」、「厚度舊 * 方法」選入「模型 (M)」中。按「繼續」。

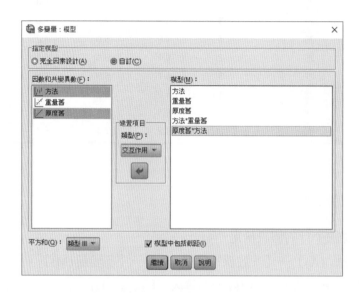

步驟 4　返回【多變量】對話框後，按一下「選項 (O)」，將「方法」移入「顯示
　　　　平均數 (M)」中，勾選「比較主效果 (C)」、「參數估計值 (P)」、「SSCP
　　　　矩陣」、「殘差 SPSS 矩陣」，按「繼續」，返回到【多變量】對話框，
　　　　按「確定」。

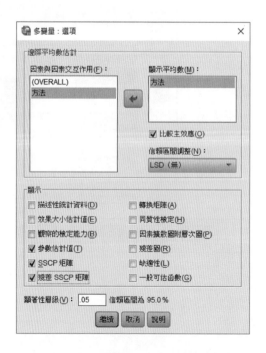

⊃ SPSS 輸出與結果

多變量檢定[c]

效果		數值	F	假設自由度	誤差自由度	顯著性
截距	Pillai's Trace	.415	7.082[a]	2.000	20.000	.005
	Wilks' Lambda 變數選擇法	.585	7.082[a]	2.000	20.000	.005
	多變量顯著性檢定	.708	7.082[a]	2.000	20.000	.005
	Roy 的最大平方根	.708	7.082[a]	2.000	20.000	.005
方法	Pillai's Trace	.320	2.002	4.000	42.000	.112
	Wilks' Lambda 變數選擇法	.681	2.116[a]	4.000	40.000	.097
	多變量顯著性檢定	.466	2.214	4.000	38.000	.086
	Roy 的最大平方根	.462	4.848[b]	2.000	21.000	.019
重量舊	Pillai's Trace	.457	8.427[a]	2.000	20.000	.002
	Wilks' Lambda 變數選擇法	.543	8.427[a]	2.000	20.000	.002
	多變量顯著性檢定	.843	8.427[a]	2.000	20.000	.002
	Roy 的最大平方根	.843	8.427[a]	2.000	20.000	.002
厚度舊	Pillai's Trace	.097	1.078[a]	2.000	20.000	.359
	Wilks' Lambda 變數選擇法	.903	1.078[a]	2.000	20.000	.359
	多變量顯著性檢定	.108	1.078[a]	2.000	20.000	.359
	Roy 的最大平方根	.108	1.078[a]	2.000	20.000	.359
方法 * 厚度舊	Pillai's Trace	.117	.652	4.000	42.000	.628
	Wilks' Lambda 變數選擇法	.886	.623[a]	4.000	40.000	.649
	多變量顯著性檢定	.125	.594	4.000	38.000	.669
	Roy 的最大平方根	.083	.870[b]	2.000	21.000	.433
方法 * 重量舊	Pillai's Trace	.072	.393	4.000	42.000	.812
	Wilks' Lambda 變數選擇法	.929	.377[a]	4.000	40.000	.824
	多變量顯著性檢定	.076	.361	4.000	38.000	.835
	Roy 的最大平方根	.061	.637[b]	2.000	21.000	.539

a. 精確的統計量

b. 統計量為在顯著水準上產生下限之 F 的上限

c. Design：截距＋方法＋重量舊＋厚度舊＋方法 * 厚度舊＋方法 * 重量舊

　　不管是在重量（舊 * 方法）方面，Wilks Lambda = 0.929，$p > 0.05$，或在厚度（舊 * 方法）方面，Wilks Lambda = 0.886，$p > 0.05$，未達顯著水準，表示各組迴歸線在重量或厚度方面的斜率是相同（或迴歸線是平行的），顯示三組受共變數（控制變數）影響的程度是相同的。

2. 共同斜率為 0 的假設

步驟 5　按一下「比對 (C)」，點選「方法」，由「比對 (N)」下拉式選單選擇「重複」，再按「變更 (C)」。按「繼續」。

步驟 6　於步驟 3 之視窗中，將「重量舊 * 方法」、「厚度舊 * 方法」從模型中移出。

多變量檢定結果

	數值	F	假設自由度	誤差自由度	顯著性
Pillai's 跡	.904	10.302	4.000	50.000	.000
Wilks' Lambda 變數選擇法	.217	13.758[a]	4.000	48.000	.000
多變量顯著性檢定	3.051	17.546	4.000	46.000	.000
Roy 的最大平方根	2.857	35.711[b]	2.000	25.000	.000

a. 精確的統計量

b. 統計量為在顯著水準上產生下限之 F 的上限。

　　此 Wilks Lambda = 0.217，$p < 0.05$，達顯著水準，表示共同迴歸線的斜率並不是 0，換言之，重量舊及厚度舊（共變數）的影響必須予以考慮才行。

各組主效果相等的假設檢定

(1)

多變量檢定[c]

效果		數值	F	假設自由度	誤差自由度	顯著性
截距	Pillai's Trace	.406	8.213[a]	2.000	24.000	.002
	Wilks' Lambda 變數選擇法	.594	8.213[a]	2.000	24.000	.002
	多變量顯著性檢定	.684	8.213[a]	2.000	24.000	.002
	Roy 的最大平方根	.684	8.213[a]	2.000	24.000	.002
方法	Pillai's Trace	.904	10.302	4.000	50.000	.000
	Wilks' Lambda 變數選擇法	.217	13.758[a]	4.000	48.000	.000
	多變量顯著性檢定	3.051	19.546	4.000	46.000	.000
	Roy 的最大平方根	2.857	35.711[b]	2.000	25.000	.000
重量舊	Pillai's Trace	.579	16.508[a]	2.000	24.000	.000
	Wilks' Lambda 變數選擇法	.421	16.508[a]	2.000	24.000	.000
	多變量顯著性檢定	1.376	16.508[a]	2.000	24.000	.000
	Roy 的最大平方根	1.376	16.508[a]	2.000	24.000	.000
厚度舊	Pillai's Trace	.064	.816[a]	2.000	24.000	.454
	Wilks' Lambda 變數選擇法	.936	.816[a]	2.000	24.000	.454
	多變量顯著性檢定	.068	.816[a]	2.000	24.000	.454
	Roy 的最大平方根	.068	.816[a]	2.000	24.000	.454

a. 精確的統計量

b. 統計量為在顯著水準上產生下限之 F 的上限

c. Design：截距＋方法＋重量舊＋厚度舊

此 Wilks Lambda $= 0.217$，$p < 0.05$，達顯著水準，表示排除共變數的影響後各組之間仍然有顯著差異。

(2)

受試者間效應項的檢定

來源	因變數	型 III 平方和	df	平均平方和	F	顯著性
校正後的模型	重量新	18.979[a]	4	4.745	57.935	.000
	厚度新	8.943[b]	4	2.236	14.803	.000
截距	重量新	.053	1	.053	.646	.429
	厚度新	2.497	1	2.497	16.532	.000
方法	重量新	5.189	2	2.595	31.680	.000
	厚度新	2.023	2	1.012	6.698	.005
重量舊	重量新	2.557	1	2.557	31.222	.000
	厚度新	.511	1	.511	3.385	.078
厚度舊	重量新	.130	1	.130	1.583	.220
	厚度新	.019	1	.019	.126	.726
誤差	重量新	2.047	25	.082		
	厚度新	3.776	25	.151		
總數	重量新	1041.860	30			
	厚度新	1231.300	30			
校正後的總數	重量新	21.027	29			
	厚度新	12.719	29			

a. R 平方 = .903（調過後的 R 平方 = .887）
b. R 平方 = .703（調過後的 R 平方 = .656）

不論重量新（$F = 31.680$，$p < 0.05$）、厚度新（$F = 6.698$，$p < 0.05$）在方法上均有差異。

進行各組平均數差異的多重比較。

(3)

成對比較

依變數	(I) 方法	(J) 方法	平均差異 (I-J)	標準誤差	顯著性[a]	差異的 95% 信賴區間[a]	
						下界	上界
重量新	方法A	方法B	.295	.178	.111	-.072	.663
		方法C	-.706*	.174	.000	-1.065	-.347
	方法B	方法A	-.295	.178	.111	-.663	.072
		方法C	-1.001*	.128	.000	-1.265	-.737
	方法C	方法A	.706*	.174	.000	.347	1.065
		方法B	1.001*	.128	.000	.737	1.265
厚度新	方法A	方法B	-.413	.242	.100	-.913	.086
		方法C	-.816*	.237	.002	-1.303	-.328
	方法B	方法A	.413	.242	.100	-.086	.913
		方法C	-.402*	.174	.029	-.761	-.044
	方法C	方法A	.816*	.237	.002	.328	1.303
		方法B	.402*	.174	.029	.044	.761

根據估計的邊緣平均數而定

a. 調整多重比較：最低顯著差異 (等於未調整值)。

*. 平均差異在 .05 水準是顯著的。

　　在重量方面，方法 A 與方法 C 有顯著差異存在，方法 B 與方法 C 亦有顯著差異存在。在厚度方面，也是有同樣的結果。

19.4　獨立樣本二因子多變量共變數分析（交互作用不顯著）

例 3

　　研究者想探討教法：傳統法（$B = 1$），個案教學法（$B = 2$）之間；以及男（$A = 1$）女（$A = 2$）之間，教學效果有無顯著差異，因變數取大一英文（$Y = 1$）與大一國文（$Y = 2$）的考試成績，因擔心聯考的成績會影響受試者的分數，聯考的英文成績（$Z = 1$）、聯考的國文成績（$Z = 2$）以及智力測驗（$Z = 3$）為控制變數，以 32 位學生為對象進行觀察。要如何分析與解釋結果？此三個共變數納入共變數模型是否為最佳？若否，應選擇哪些共變數為宜？試分析之。

⊃ 資料

性別	1	1	1	1	1	1	1	1	1	1	1	1	1	1	1	1
教學法	1	2	1	2	1	2	1	2	1	2	1	2	1	2	1	2
大一英文	13	14	9	9	7	10	8	12	12	13	9	8	14	13	7	11
大一國文	15	13	5	8	7	11	7	13	8	13	6	9	12	14	5	12
聯考英文	12	16	7	13	9	9	6	13	8	12	7	11	9	13	4	9
聯考國文	14	15	8	12	7	8	7	10	9	13	7	9	10	12	4	11
智力測驗	11	14	7	13	6	7	7	12	8	16	9	10	10	13	6	10

性別	2	2	2	2	2	2	2	2	2	2	2	2	2	2	2	2
教學法	1	2	1	2	1	2	1	2	1	2	1	2	1	2	1	2
大一英文	11	10	14	11	13	13	9	9	12	12	6	14	13	15	9	12
大一國文	12	12	15	9	12	15	10	10	13	14	7	15	11	16	10	14
聯考英文	15	8	14	10	13	15	8	13	13	12	6	14	10	15	9	13
聯考國文	13	8	14	9	12	14	9	12	10	10	8	13	12	14	8	13
智力測驗	11	11	13	11	15	15	12	9	12	13	7	14	11	14	9	12

⊃ SPSS 數據輸入形式

	性別	教學法	大一英文	大一國文	聯考英文	聯考國文	智力測驗
1	1	1	13	15	12	14	11
2	1	2	14	13	16	15	14
3	1	1	9	5	7	8	7
4	1	2	9	8	13	12	13
5	1	1	7	7	9	7	6
6	1	2	10	11	9	8	7
7	1	1	8	7	6	7	7
8	1	2	12	13	13	10	12
9	1	1	12	8	8	9	8
10	1	2	13	13	12	13	16
11	1	1	9	6	7	7	9
12	1	2	8	9	11	9	10
13	1	1	14	12	9	10	10
14	1	2	13	14	13	12	13

15	1	1	7	5	4	4	6
16	1	2	11	12	9	11	10
17	2	1	11	12	15	13	11
18	2	2	10	12	8	8	11
19	2	1	14	15	14	14	13
20	2	2	11	9	10	9	11
21	2	1	13	12	13	12	15
22	2	2	13	15	15	14	15
23	2	1	9	10	8	9	12
24	2	2	9	10	13	12	9
25	2	1	12	13	13	10	12
26	2	2	12	14	12	10	13
27	2	1	6	7	6	8	7
28	2	2	14	15	14	13	14
29	2	1	13	11	10	12	11
30	2	2	15	16	15	14	14
31	2	1	9	10	9	8	9
32	2	2	12	14	13	13	12

⊃ 統計處理步驟

步驟 1【分析 (A)】→【一般線性模型 (G)】→【多變量 (M)】。

步驟 2 將「大一英文」、「大一國文」選入「因變數 (D)」中，將「性別」、「教學法」選入「固定因素 (F)」中，將「聯考英文」、「聯考國文」、「智力測驗」選入「共變量 (C)」中。再按「比對 (C)」。

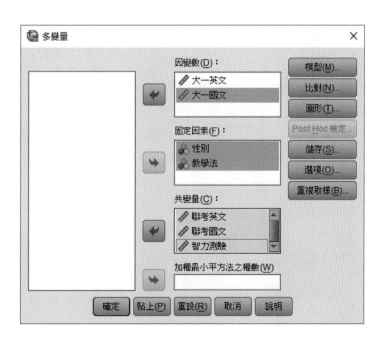

步驟 3 點選「性別」，由「比對 (N)」下拉式選單選擇「重複」，再按「變更 (C)」，教學法亦同。按「繼續」。

步驟 4 返回【多變量】對話框後，按「模型 (M)」，點選「自訂 (C)」，於「模型 (M)」中如下輸入。按「繼續」。

步驟 5　返回【多變量】對話框後，接著按「選項 (O)」，如想輸出各效果的平均
　　　　數及調整平均數（即排除共變數影響之後的平均數），則如下選入，並
　　　　勾選「比較主效果 (C)」，也一併勾選「SSCP 矩陣」、「殘差 SSCP 矩
　　　　陣」及「缺適性 (L)」（模型適合度檢定），按「繼續」，再按「確定」。

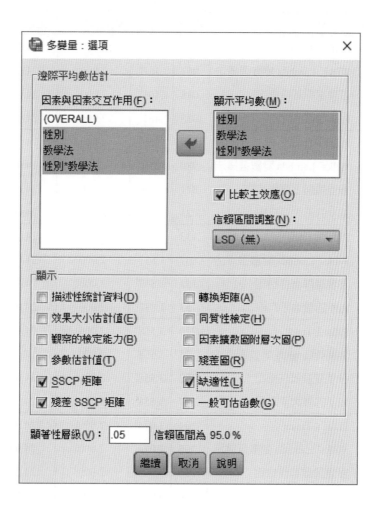

● SPSS 輸出與結果

1. 共同迴歸線的斜率為 0 的假設檢定

多變量檢定[b]

效果		數值	F	假設自由度	誤差自由度	顯著性
截距	Pillai's Trace	.037	.461[a]	2.000	24.000	.636
	Wilks' Lambda 變數選擇法	.963	.461[a]	2.000	24.000	.636
	多變量顯著性檢定	.038	.461[a]	2.000	24.000	.636
	Roy 的最大平方根	.038	.461[a]	2.000	24.000	.636
聯考英文	Pillai's Trace	.020	.250[a]	2.000	24.000	.781
	Wilks' Lambda 變數選擇法	.980	.250[a]	2.000	24.000	.781
	多變量顯著性檢定	.021	.250[a]	2.000	24.000	.781
	Roy 的最大平方根	.021	.250[a]	2.000	24.000	.781
聯考國文	Pillai's Trace	.133	1.837[a]	2.000	24.000	.181
	Wilks' Lambda 變數選擇法	.867	1.837[a]	2.000	24.000	.181
	多變量顯著性檢定	.153	1.837[a]	2.000	24.000	.181
	Roy 的最大平方根	.153	1.837[a]	2.000	24.000	.181
智力測驗	Pillai's Trace	.229	3.558[a]	2.000	24.000	.044
	Wilks' Lambda 變數選擇法	.771	3.558[a]	2.000	24.000	.044
	多變量顯著性檢定	.297	3.558[a]	2.000	24.000	.044
	Roy 的最大平方根	.297	3.558[a]	2.000	24.000	.044
性別	Pillai's Trace	.204	3.074[a]	2.000	24.000	.065
	Wilks' Lambda 變數選擇法	.796	3.074[a]	2.000	24.000	.065
	多變量顯著性檢定	.256	3.074[a]	2.000	24.000	.065
	Roy 的最大平方根	.256	3.074[a]	2.000	24.000	.065
教學法	Pillai's Trace	.173	2.514[a]	2.000	24.000	.102
	Wilks' Lambda 變數選擇法	.827	2.514[a]	2.000	24.000	.102
	多變量顯著性檢定	.210	2.514[a]	2.000	24.000	.102
	Roy 的最大平方根	.210	2.514[a]	2.000	24.000	.102

效果		數值	F	假設自由度	誤差自由度	顯著性
性別 * 教學法	Pillai's Trace	.141	1.967[a]	2.000	24.000	.162
	Wilks' Lambda 變數選擇法	.859	1.967[a]	2.000	24.000	.162
	多變量顯著性檢定	.164	1.967[a]	2.000	24.000	.162
	Roy 的最大平方根	.164	1.967[a]	2.000	24.000	.162

a. 精確的統計量

b. Design：截距＋聯考英文＋聯考國文＋智力測驗＋性別＋教學法＋性別 * 教學法

　　共變數中只有智力測驗的 Wilks Lambda = 0.771（$p < 0.05$）達顯著水準，表示共同迴歸線的斜率並非是 0，本例題三個共變數只有一個共變數的影響必須予以考慮。

2.

受試者間效應項的檢定

來源	因變數	型 III 平方和	df	平均平方和	F	顯著性
校正後的模型	大一英文	129.935[a]	6	21.656	10.399	.000
	大一國文	224.368[b]	6	37.395	10.795	.000
截距	大一英文	1.973	1	1.973	.947	.340
	大一國文	1.655	1	1.655	.478	.496
聯考英文	大一英文	.008	1	.008	.004	.950
	大一國文	1.261	1	1.261	.364	.552
聯考國文	大一英文	7.512	1	7.512	3.607	.069
	大一國文	8.291	1	8.291	2.394	.134
智力測驗	大一英文	15.191	1	15.191	7.294	.012
	大一國文	6.844	1	6.844	1.976	.172
性別	大一英文	2.633	1	2.633	1.264	.272
	大一國文	4.043	1	4.043	1.167	.290
教學法	大一英文	3.252	1	3.252	1.562	.223
	大一國文	1.838	1	1.838	.530	.473
性別 * 教學法	大一英文	6.943	1	6.943	3.334	.080
	大一國文	.692	1	.692	.200	.659

來源	因變數	型 III 平方和	df	平均平方和	F	顯著性
誤差	大一英文	52.065	25	2.083		
	大一國文	86.600	25	3.464		
總數	大一英文	4054.000	32			
	大一國文	4205.000	32			
校正後的總數	大一英文	182.000	31			
	大一國文	310.969	31			

a. R 平方 = .714（調過後的 R 平方 = .645）
b. R 平方 = .722（調過後的 R 平方 = .655）

對大一英文來說，只有智力測驗的影響有顯著差異，其餘均無顯著差異，所以可考慮將兩個共變數捨棄不用。

3.

多變量檢定[b]

效果		數值	F	假設自由度	誤差自由度	顯著性
截距	Pillai's Trace	.037	.461[a]	2.000	24.000	.636
	Wilks' Lambda 變數選擇法	.963	.461[a]	2.000	24.000	.636
	多變量顯著性檢定	.038	.461[a]	2.000	24.000	.636
	Roy 的最大平方根	.038	.461[a]	2.000	24.000	.636
聯考英文	Pillai's Trace	.020	.250[a]	2.000	24.000	.781
	Wilks' Lambda 變數選擇法	.980	.250[a]	2.000	24.000	.781
	多變量顯著性檢定	.021	.250[a]	2.000	24.000	.781
	Roy 的最大平方根	.021	.250[a]	2.000	24.000	.781
聯考國文	Pillai's Trace	.133	1.837[a]	2.000	24.000	.181
	Wilks' Lambda 變數選擇法	.867	1.837[a]	2.000	24.000	.181
	多變量顯著性檢定	.153	1.837[a]	2.000	24.000	.181
	Roy 的最大平方根	.153	1.837[a]	2.000	24.000	.181
智力測驗	Pillai's Trace	.229	3.558[a]	2.000	24.000	.044
	Wilks' Lambda 變數選擇法	.771	3.558[a]	2.000	24.000	.044
	多變量顯著性檢定	.297	3.558[a]	2.000	24.000	.044
	Roy 的最大平方根	.297	3.558[a]	2.000	24.000	.044

效果		數值	F	假設自由度	誤差自由度	顯著性
性別	Pillai's Trace	.204	3.074[a]	2.000	24.000	.065
	Wilks' Lambda 變數選擇法	.796	3.074[a]	2.000	24.000	.065
	多變量顯著性檢定	.256	3.074[a]	2.000	24.000	.065
	Roy 的最大平方根	.256	3.074[a]	2.000	24.000	.065
教學法	Pillai's Trace	.173	2.514[a]	2.000	24.000	.102
	Wilks' Lambda 變數選擇法	.827	2.514[a]	2.000	24.000	.102
	多變量顯著性檢定	.210	2.514[a]	2.000	24.000	.102
	Roy 的最大平方根	.210	2.514[a]	2.000	24.000	.102
性別 * 教學法	Pillai's Trace	.141	1.967[a]	2.000	24.000	.162
	Wilks' Lambda 變數選擇法	.859	1.967[a]	2.000	24.000	.162
	多變量顯著性檢定	.164	1.967[a]	2.000	24.000	.162
	Roy 的最大平方根	.164	1.967[a]	2.000	24.000	.162

a. 精確的統計量

b. Design：截距＋聯考英文＋聯考國文＋智力測驗＋性別＋教學法＋性別 * 教學法

　　性別 * 教學法的 Wilks Lambda = 0.859，$p > 0.05$，未達顯著水準，結果顯示排除三個共變異數的影響後，性別與教學法的交互作用並未達到顯著水準。

　　在性別方面，Wilks Lambda = 0.796，$p > 0.05$，未達顯著水準，結果顯示排除三個共變異數的影響後，男女平均數之間並無差異。

　　在教學法方面，Wilks Lambda = 0.827，$p > 0.05$，未達顯著水準，結果顯示排除三個共變異數的影響後，傳統教學法與個案教學法之間也無顯著差異。

步驟 6 將不顯著的共變量聯考英文及聯考國文從模型中移除，只留下智力測驗。
其餘同前，最後再按確定。

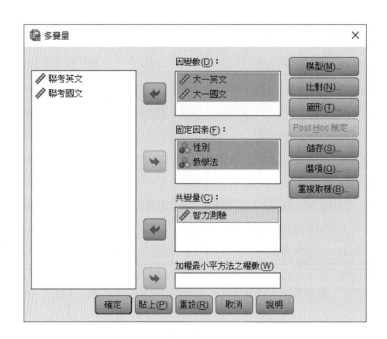

4.

多變量檢定 [b]

	效果	數值	F	假設自由度	誤差自由度	顯著性
截距	Pillai's Trace	.090	1.281[a]	2.000	26.000	.295
	Wilks' Lambda 變數選擇法	.910	1.281[a]	2.000	26.000	.295
	多變量顯著性檢定	.099	1.281[a]	2.000	26.000	.295
	Roy 的最大平方根	.099	1.281[a]	2.000	26.000	.295
智力測驗	Pillai's Trace	.581	18.008[a]	2.000	26.000	.000
	Wilks' Lambda 變數選擇法	.419	18.008[a]	2.000	26.000	.000
	多變量顯著性檢定	1.385	18.008[a]	2.000	26.000	.000
	Roy 的最大平方根	1.385	18.008[a]	2.000	26.000	.000
性別	Pillai's Trace	.218	3.633[a]	2.000	26.000	.041
	Wilks' Lambda 變數選擇法	.782	3.633[a]	2.000	26.000	.041
	多變量顯著性檢定	.279	3.633[a]	2.000	26.000	.041
	Roy 的最大平方根	.279	3.633[a]	2.000	26.000	.041

效果		數值	F	假設自由度	誤差自由度	顯著性
教學法	Pillai's Trace	.210	3.451[a]	2.000	26.000	.047
	Wilks' Lambda 變數選擇法	.790	3.451[a]	2.000	26.000	.047
	多變量顯著性檢定	.265	3.451[a]	2.000	26.000	.047
	Roy 的最大平方根	.265	3.451[a]	2.000	26.000	.047
性別 * 教學法	Pillai's Trace	.133	1.997[a]	2.000	26.000	.156
	Wilks' Lambda 變數選擇法	.867	1.997[a]	2.000	26.000	.156
	多變量顯著性檢定	.154	1.997[a]	2.000	26.000	.156
	Roy 的最大平方根	.154	1.997[a]	2.000	26.000	.156

a. 精確的統計量

b. Design：截距＋智力測驗＋性別＋教學法＋性別 * 教學法

　　智力測驗的 Wilks Lambda = 0.419，表示共同迴歸線的斜率不是 0，表示此共變數可列入共變數分析模型中。

　　性別的 Wilks Lambda = 0.782，$p < 0.05$，達顯著水準，男女平均數之間有顯著差異。若將三個共變數全部排除，則男女平均數之間並無差異可言，此說明愼選共變數進入共變數分析模型中甚爲重要。

　　教學法的 Wilks Lambda = 0.790，$p < 0.05$，亦達顯著水準。教學法平均數之間有顯著差異。

　　在性別 * 教學法的 Wilks Lambda = 0.867，$p > 0.05$，顯示排除智力測驗此共變數的影響後，性別與教學法可知交互作用並未達到顯著水準。

5.

多變量檢定

因變數		數值	F	假設自由度	誤差自由度	顯著性
大一英文、大一國文	Pillai's Trace	1.341	.857	38.000	16.000	.664
	Wilks' Lambda 變數選擇法	.107	.756[a]	38.000	14.000	.760
	多變量顯著性檢定	4.136	.653	38.000	12.000	.844
	Roy 的最大平方根	2.384	1.004[b]	19.000	8.000	.530
大一英文	Pillai's Trace	.701	.986[a]	19.000	8.000	.542
	Wilks' Lambda 變數選擇法	.299	.986[a]	19.000	8.000	.542
	多變量顯著性檢定	2.343	.986[a]	19.000	8.000	.542
	Roy 的最大平方根	2.343	.986[a]	19.000	8.000	.542

因變數		數值	F	假設自由度	誤差自由度	顯著性
大一國文	Pillai's Trace	.686	.921[a]	19.000	8.000	.587
	Wilks' Lambda 變數選擇法	.314	.921[a]	19.000	8.000	.587
	多變量顯著性檢定	2.186	.921[a]	19.000	8.000	.587
	Roy 的最大平方根	2.186	.921[a]	19.000	8.000	.587

a. 精確的統計量

b. 統計量為在顯著水準上產生下限之 F 的上限

執行「模型不適合度」檢定之結果，「大一英文、大一國文」所對應的 Wilks Lambda = 0.107（$p > 0.05$），表示「模型不適合度」未達顯著水準，可放心執行多變量共變數分析。

6.

受試者間效應項的檢定

來源	因變數	型 III 平方和	df	平均平方和	F	顯著性
校正後的模型	大一英文	113.470[a]	4	28.368	11.176	.000
	大一國文	194.664[b]	4	48.666	11.298	.000
截距	大一英文	6.422	1	6.422	2.530	.123
	大一國文	8.240	1	8.240	1.913	.178
智力測驗	大一英文	94.720	1	94.720	37.319	.000
	大一國文	88.820	1	88.820	20.619	.000
性別	大一英文	2.616	1	2.616	1.031	.319
	大一國文	4.987	1	4.987	1.158	.291
教學法	大一英文	3.350	1	3.350	1.320	.261
	大一國文	3.387	1	3.387	.786	.383
性別 * 教學法	大一英文	6.888	1	6.888	2.714	.111
	大一國文	.460	1	.460	.107	.746
誤差	大一英文	68.530	27	2.538		
	大一國文	116.305	27	4.308		
總數	大一英文	4054.000	32			
	大一國文	4205.000	32			

來源	因變數	型 III 平方和	df	平均平方和	F	顯著性
校正後的總數	大一英文	182.000	31			
	大一國文	310.969	31			

a. R 平方 = .623（調過後的 R 平方 = .568）
b. R 平方 = .626（調過後的 R 平方 = .571）

在 4. 的分析中，若只排除智力測驗此項共變數的影響，則男女整體平均數之間有顯著差異，若分別來看男女在大一英文、大一國文的成績，均無顯著差異。

若分別來看教學法在大一英文、大一國文的成績，亦無顯著差異。

19.5　獨立樣本二因子多變量共變數分析（交互作用顯著）

例 4

某研究人員想了解實施新教材與舊教材在學習上的差異，以及不同班級之間有無差異，因變數是大一國文（$Y = 1$）、大一英文（$Y = 2$）、大一微積分（$Y = 3$），為了防止智商的影響，乃以智商作為共變數，針對 24 位學生進行觀察，得出數據如下。

⮕ 資料

教材	1	1	1	1	2	2	2	2	1	1	1	1
班級	1	1	1	1	1	1	1	1	2	2	2	2
大一國文	30	26	32	31	51	44	52	50	41	44	40	42
大一英文	31	26	34	37	34	35	41	42	24	25	22	22
大一微積分	34	28	33	31	36	37	30	33	36	31	33	27
智商	31	27	33	32	36	34	41	42	36	31	34	30

教材	2	2	2	2	1	1	1	1	2	2	2	2
班級	2	2	2	2	3	3	3	3	3	3	3	3
大一國文	57	68	58	62	30	32	29	28	52	50	50	53
大一英文	20	30	25	50	74	71	69	67	91	89	90	95
大一微積分	31	35	34	39	35	30	27	29	33	28	28	41
智商	30	34	29	59	36	40	36	38	46	37	42	54

⊃ SPSS 輸入形式

	教材	班級	大一國文	大一英文	大一微積分	智商
1	1	1	30	31	34	31
2	1	1	26	26	28	27
3	1	1	32	34	33	33
4	1	1	31	37	31	32
5	2	1	51	34	36	36
6	2	1	44	45	37	44
7	2	1	52	41	30	41
8	2	1	50	42	33	42
9	1	2	41	24	36	36
10	1	2	44	25	31	31
11	1	2	40	22	33	34
12	1	2	42	22	27	30
13	2	2	57	20	31	30
14	2	2	68	30	35	34
15	2	2	58	25	34	29
16	2	2	62	50	39	59
17	1	3	30	74	35	36
18	1	3	32	71	30	40
19	1	3	29	69	27	36
20	1	3	28	67	29	38
21	2	3	52	91	33	46
22	2	3	50	89	28	37
23	2	3	50	90	28	42
24	2	3	53	95	41	54

◑ 統計處理步驟

1. 交互效果檢定

步驟 1【分析 (A)】→【一般線性模型 (G)】→【多變量 (M)】。

步驟 2　將「大一國文」、「大一英文」、「大一微積分」選入「因變數 (D)」中，
將「教材」、「班級」選入「固定因素 (F)」中，將「智商」選入「共變量 (C)」中。再按「比對 (C)」。

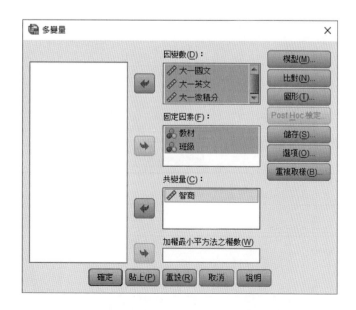

步驟 3　點選「教材」，由「比對 (N)」下拉式選單選擇「重複」，再按「變更 (C)」，「班級」亦同。按「繼續」。

步驟 4　返回【多變量】對話框後，按「模型 (M)」，開啟如下視窗，由於是完全二因子共變數分析，因之依照預設。按「繼續」。

步驟 5　返回【多變量】對話框後，按「選項 (O)」，如想輸出各效果的平均數及調整平均數（即排除共變數影響之後的平均數），則要選入各效果並勾選「比較主效果」，另外也一併勾選「SSCP 矩陣」、「殘差 SSCP 矩陣」，按「繼續」，再按「確定」。

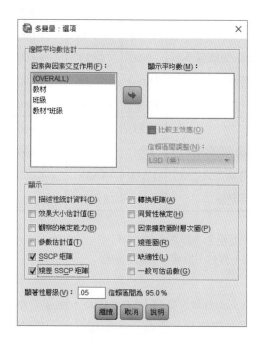

⊃ SPSS 輸出與結果

1.

多變量檢定[c]

	效果	數值	F	假設自由度	誤差自由度	顯著性
截距	Pillai's Trace	.883	37.909[a]	3.000	15.000	.000
	Wilks' Lambda 變數選擇法	.117	37.909[a]	3.000	15.000	.000
	多變量顯著性檢定	7.582	37.909[a]	3.000	15.000	.000
	Roy 的最大平方根	7.582	37.909[a]	3.000	15.000	.000
智商	Pillai's Trace	.813	21.756[a]	3.000	15.000	.000
	Wilks' Lambda 變數選擇法	.187	21.756[a]	3.000	15.000	.000
	多變量顯著性檢定	4.351	21.756[a]	3.000	15.000	.000
	Roy 的最大平方根	4.351	21.756[a]	3.000	15.000	.000

效果		數值	F	假設自由度	誤差自由度	顯著性
教材	Pillai's Trace	.916	54.330[a]	3.000	15.000	.000
	Wilks' Lambda 變數選擇法	.084	54.330[a]	3.000	15.000	.000
	多變量顯著性檢定	10.866	54.330[a]	3.000	15.000	.000
	Roy 的最大平方根	10.866	54.330[a]	3.000	15.000	.000
班級	Pillai's Trace	1.720	32.796	6.000	32.000	.000
	Wilks' Lambda 變數選擇法	.004	75.823[a]	6.000	30.000	.000
	多變量顯著性檢定	71.097	165.894	6.000	28.000	.000
	Roy 的最大平方根	68.328	364.418[b]	3.000	16.000	.000
教材 * 班級	Pillai's Trace	.628	2.443	6.000	32.000	.047
	Wilks' Lambda 變數選擇法	.388	3.030[a]	6.000	30.000	.019
	多變量顯著性檢定	1.538	3.589	6.000	28.000	.009
	Roy 的最大平方根	1.511	8.057[b]	3.000	16.000	.002

a. 精確的統計量

b. 統計量為在顯著水準上產生下限之 F 的上限

c. Design：截距＋智商＋教材＋班級＋教材 * 班級

　　在智商中 Wilks Lambda = 0.187，$p < 0.05$，達顯著水準，表示共同迴歸線的斜率不是 0，換言之，智商（共變數）的影響必須予以檢定才行。

　　在教材 * 班級中 Wilks Lambda = 0.388，$p < 0.05$，達顯著水準，結果顯示排除智商的影響後，教材與班級可知交互作用達顯著水準。故以下要分別就班級在不同的教材上，以及教材在不同的班級上進行效果的檢定。此處先以班級在「舊教材」之效果檢定來說明，至於班級在「新教材」之效果檢定，以及其他情形（教材在不同的班級上進行效果的檢定），方法相同，不予贅述。

2. 班級在「舊教材」之效果檢定

步驟 6 【資料】→【選擇觀察值】→點選「如果滿足設定條件(C)」→按「若(I)」。

步驟 7 將教材按住並拖曳至方框並設為 1，按「繼續」，返回到前視窗，按「確定」。

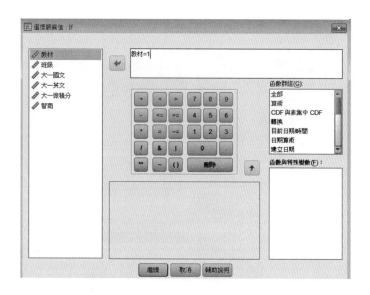

步驟 8 在視窗內新增一個變數 filter_$，被選出的觀察值以 1 表示，未被選出的觀察值以 0 表示。

	教材	班級	大一國文	大一英文	大一微積分	智商	filter_$
1	1	1	30	31	34	31	1
2	1	1	26	26	28	27	1
3	1	1	32	34	33	33	1
4	1	1	31	37	31	32	1
5	2	1	51	34	36	36	0
6	2	1	44	45	37	44	0
7	2	1	52	41	30	41	0
8	2	1	50	42	33	42	0
9	1	2	41	24	36	36	1
10	1	2	44	25	31	31	1
11	1	2	40	22	33	34	1
12	1	2	42	22	27	30	1
13	2	2	57	20	31	30	0
14	2	2	68	30	35	34	0
15	2	2	58	25	34	29	0
16	2	2	62	50	39	59	0
17	1	3	30	74	35	36	1
18	1	3	32	71	30	40	1
19	1	3	29	69	27	36	1
20	1	3	28	67	29	38	1
21	2	3	52	91	33	46	0
22	2	3	50	89	28	37	0
23	2	3	50	90	28	42	0
24	2	3	53	95	41	54	0

步驟 9 接著，「固定因素 (F)」中只留下「班級」。按「選項 (O)」。

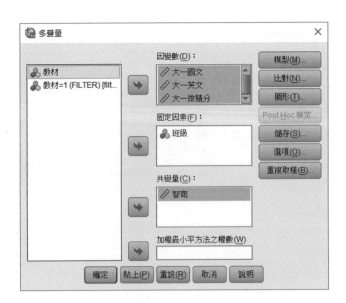

步驟 10 將「班級」選入「顯示平均數 (M)」中並勾選「SSCP 矩陣」、「殘差 SSCP 矩陣」，按「繼續」，返回到主視窗再按「確定」。

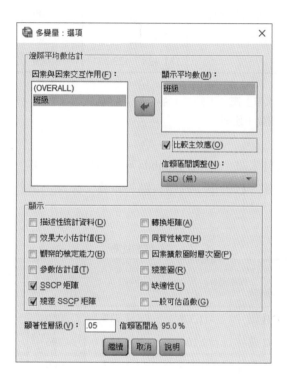

● SPSS 輸出與結果

1.

多變量檢定 ^c

	效果	數值	F	假設自由度	誤差自由度	顯著性
截距	Pillai's Trace	.462	1.721[a]	3.000	6.000	.262
	Wilks' Lambda 變數選擇法	.538	1.721[a]	3.000	6.000	.262
	多變量顯著性檢定	.860	1.721[a]	3.000	6.000	.262
	Roy 的最大平方根	.860	1.721[a]	3.000	6.000	.262
智商	Pillai's Trace	.412	1.404[a]	3.000	6.000	.330
	Wilks' Lambda 變數選擇法	.588	1.404[a]	3.000	6.000	.330
	多變量顯著性檢定	.702	1.404[a]	3.000	6.000	.330
	Roy 的最大平方根	.702	1.404[a]	3.000	6.000	.330

效果		數值	F	假設自由度	誤差自由度	顯著性
班級	Pillai's Trace	1.679	12.197	6.000	14.000	.000
	Wilks' Lambda 變數選擇法	.002	46.079[a]	6.000	12.000	.000
	多變量顯著性檢定	183.595	152.996	6.000	10.000	.000
	Roy 的最大平方根	181.428	423.331[b]	3.000	7.000	.000

a. 精確的統計量

b. 統計量為在顯著水準上產生下限之 F 的上限

c. Design：截距＋智商＋班級

　　班級對舊教材來說，Wilks Lambda = 0.002，$p < 0.05$，達顯著水準，表示舊教材對 A 班、B 班、C 班學生整體有顯著差異，因之仍需觀察其事後比較。

2.

成對比較

因變數	（I）班級	（J）班級	平均差異（I-J）	標準誤差	顯著性 [a]	差異的 95% 信賴區間 [a]	
						下界	上界
大一國文	A 班	B 班	-11.376[*]	1.537	.000	-14.920	-7.832
		C 班	2.106	2.346	.396	-3.304	7.515
	B 班	A 班	11.376[*]	1.537	.000	7.832	14.920
		C 班	13.482[*]	1.940	.000	9.008	19.956
	C 班	A 班	-2.106	2.346	.396	-7.515	3.304
		B 班	-13.482[*]	1.940	.000	-19.956	-9.008
大一英文	A 班	B 班	9.878[*]	2.427	.004	4.283	15.474
		C 班	-34.442[*]	3.704	.000	-42.983	-25.900
	B 班	A 班	-9.878[*]	2.427	.004	-15.474	-4.283
		C 班	-44.320[*]	3.064	.000	-51.385	-37.255
	C 班	A 班	34.442[*]	3.704	.000	25.900	42.983
		B 班	44.320[*]	3.064	.000	37.255	51.385

因變數	（I）班級	（J）班級	平均差異（I-J）	標準誤差	顯著性 [a]	差異的 95% 信賴區間 [a]	
						下界	上界
大一微積分	A 班	B 班	1.319	2.158	.558	-3.657	6.295
		C 班	6.545	3.294	.082	-1.051	14.140
	B 班	A 班	-1.319	2.158	.558	-6.295	3.657
		C 班	5.226	2.724	.091	-1.057	11.508
	C 班	A 班	-6.545	3.294	.082	-14.140	1.051
		B 班	-5.226	2.724	.091	-11.508	1.057

根據估計的邊緣平均數而定

*. 平均差異在 .05 水準是顯著的。

a. 調整多重比較：最低顯著差異（等於未調整值）。

　　採舊教材在大一國文方面，除 A 班與 B 班、B 班與 C 班有顯著差外，其他情形無顯著差。

　　採舊教材在大一英文方面，A 班與 B、C 班；B 班與 C 班有顯著差外，其他情形無顯著差。

　　採舊教材在大一微積分方面，A 班、B 班、C 班之間均無顯著差。

3. 班級

因變數	班級	平均數	標準誤差	95% 信賴區間	
				下界	上界
大一國文	A 班	30.660[a]	1.293	27.678	33.642
	B 班	42.036[a]	1.046	39.625	44.447
	C 班	28.554[a]	1.463	25.181	31.928
大一英文	A 班	33.646[a]	2.042	28.937	38.355
	B 班	23.767[a]	1.651	19.960	27.574
	C 班	68.087[a]	2.310	62.760	73.414
大一微積分	A 班	33.788[a]	1.816	29.600	37.976
	B 班	32.469[a]	1.468	29.084	35.855
	C 班	27.243[a]	2.054	22.506	31.980

a. 使用下列值估計出現在模型的共變量：智商 =33.67。

從調整後平均數可知，在大一國文方面以 B 班較好，在大一英文方面以 C 班表現較好，在大一微積分方面以 A 班表現較好。

以下可類推其他效果檢定，此處省略不予贅述。讀者可自行練習。

4. 班級在「新教材」之效果檢定

5. 教材在 A 班之效果檢定

6. 教材在 B 班之效果檢定

7. 教材在 C 班之效果檢定

第 20 章　廣義線性模型

　　我們都知道一般線性模型（General Linear Model, GLM）的依變項（反應變數）是連續變數，但 McCullagn and Nelder（1989）在其著作提出廣義線性模型（Generalized Linear Model, GedLM）的方法來擴充 GLM。對於反應變數的尺度限制，在 GedLM 透過「Probability distribution」與「Link function」將反應變數尺度擴充至連續、類別、順序、計數（count）等資料型態，以連續依變項來說，則可選擇「Normal distribution」與「Identity Link function」，以二元依變項來說，則可選擇「Binomial distribution」與「Log / Logit Link function」，以計數依變項來說，則可選擇「Poisson distribution」與「Log Link function」等等。因此可知 GedLM 將 GLM 擴充至各種反應變數尺度的應用。

20.1　廣義線性模型

一、概要

　　當研究設計是「重複測量」（Repeated measure, rm）或「鑲套」（nested）時，前者譬如一個受訪者有 3 次以上的時間點，後者是每個醫生負責 10-30 位病患，此時 GedLM 雖然仍提供正確的係數估計（estimated coefficient），但卻會提供了錯誤的標準誤（standard error），因此會導致錯誤的統計推論，可能會更容易達到顯著，也可能會更難達到顯著。

　　為何不直接使用傳統的重複測量變異數分析（rm ANOVA）來估計呢？傳統 rmANOVA 無法解決的問題有二點：

　　第一點為無法容納遺漏值的存在，當有遺漏值資料時，傳統 rmANOVA 僅能完全將此受試者的資料刪除（list-wise delete），此時使用 GEE（Generalized Estimating Equation）不會把遺漏值資料刪除，因此儘管受試者 k 少了某 1 次資料，GEE 還是可以分析受試者 k 的其他次資料。

　　第二點是傳統 rmANOVA 假設各個測量時間點依變項（例如每個人都有 3 次資料）的「相關」，ρ 相同，這種統計術語叫做「複合對稱」（Compound symmetry）工作相關矩陣，然而在一般套裝統計軟體叫做「Exchangeable」工作

相關矩陣，也就是說研究者假設受試者的每一對（pair）時間的依變項相關係數是一樣的，這個假設在某些情形是明顯不適用的，譬如說一共蒐集三次資料且每一次都間隔一年之久，這時候若再假設第一年與第二年的依變項相關係數（ρ_{12}）跟第一年與第三年的依變項相關係數（ρ_{13}）相同，這是很明顯不適當的，因為隨著時間變化應該（$\rho_{12} > \rho_{13}$），此時可考慮設定 First-order autoregressive（AR1）工作相關矩陣會比較適當，AR1 是假設若第一次與第二次的依變項相關係數譬如為 0.7，則此時第一次與第三次的依變項相關係數則為（0.7*0.7 = 0.49）。這樣的工作相關矩陣（Working correlation matrix）共有數十種，研究者可適時地先將自己的資料執行各個時間點的相關矩陣圖，再根據資料型態自行指定合適的工作相關矩陣代入 GEE。

GEE 另一個強勢之處為穩健標準誤（Robust standard error），簡單來說就是在建立迴歸方程式的時候由於代入工作相關矩陣（視為自變項）來估計參數，因此會有殘差（residual），此時受試者內殘差（Within-subject residual）拿來估計標準誤，因此推論效果不限於工作相關矩陣，儘管選擇了不適當的工作相關矩陣仍然能得到有效的統計推論。

其實以上提到的 GEE 應用，也都以 HLM（Generalized Linear Mixed Model / Multilevel Model / Multilevel Regression）或條件式羅吉斯迴歸（Conditional logistic regression, CLR）作替代，但近來研究開始在比較此三種方式（GEE, HLM, CLR）的優劣，目前以國內而言比較少見到 CLR 的研究，但已經有一些模擬研究指出在小樣本研究以 CLR 的模型表現比較理想。

總之，廣義線性模型是一般線性模型的擴充，依變數可透過特定的連結函數，與因子和共變量呈現線性相關。此外，此模型允許依變數具有非常態分配。其涵蓋廣泛使用的統計模型，例如，常態資料的線性迴歸、二元資料的 Logistic 模型、計數資料的對數線性模型、區間受限存活資料的互補對數存活函數的對數模型，加上其他透過更一般模型化的其他統計模型等。

二、解析例

例 20.1

➲ 資料

表 20.1 的資料是觀察某新藥有無服用以及患者發病後在 1 年之內的生存或死亡。就此資料，使用 Logistic 迴歸分析調查新藥服用的有無，以及在 1 年以內生存 ・ 死亡的關係，想知道此藥有無延長壽命的效果。

表 20.1 資料

		1 年以內的生死		計
		生存（0）	死亡 (1)	
新藥服用	無（0）	7	13	20
	有 (1)	13	6	19
計		20	19	39

➲ 資料輸入形式

以變數檢視顯示如下。

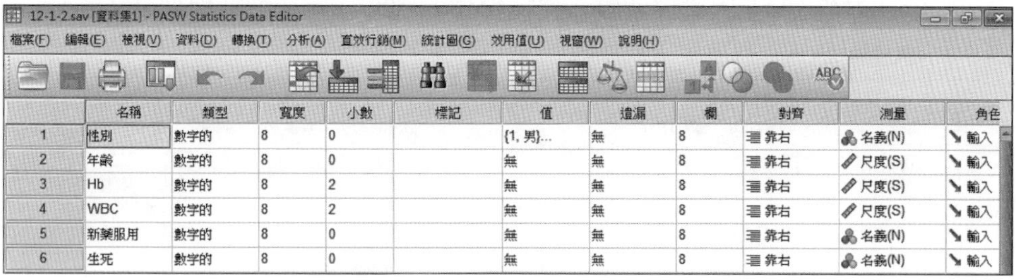

	名稱	類型	寬度	小數	標記	值	遺漏	欄	對齊	測量	角色
1	性別	數字的	8	0		{1, 男}...	無	8	靠右	名義(N)	輸入
2	年齡	數字的	8	0		無	無	8	靠右	尺度(S)	輸入
3	Hb	數字的	8	2		無	無	8	靠右	尺度(S)	輸入
4	WBC	數字的	8	2		無	無	8	靠右	尺度(S)	輸入
5	新藥服用	數字的	8	0		無	無	8	靠右	名義(N)	輸入
6	生死	數字的	8	0		無	無	8	靠右	名義(N)	輸入

以資料檢視顯示如下：

⊃ 分析的步驟

從【分析 (A)】中選擇【廣義線性模型】中的【廣義線性模型 (G)】。

於【模式類型】視窗中點選「二元 Logistic(B)」。

於【回應 (E)】視窗中將生死引進「依變數 (D)」中。

於【預測】視窗中，將「性別」、「新藥服用」引進「因子(F)」方框中，「年齡」、「Hb」、「Wbc」當作「共變量 (C)」引進共變量的方框中。

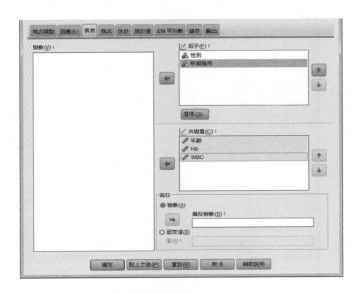

於【模式】視窗中將以下因子與共變量引進「模式 (M)」中。

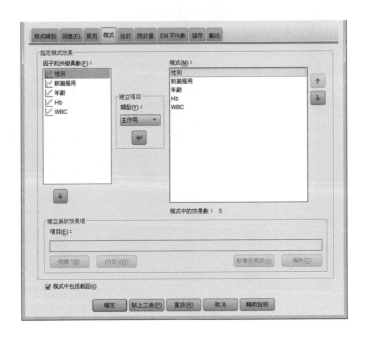

於【估計】視窗中，「尺度參數方法 (C)」選擇「固定值」。

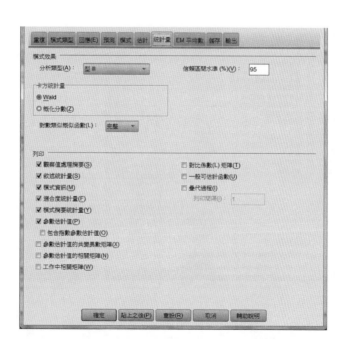

於【統計量】視窗中，「卡方統計量」欄位點選「Wald」，「分析類型 (A)」
選「型Ⅲ」。

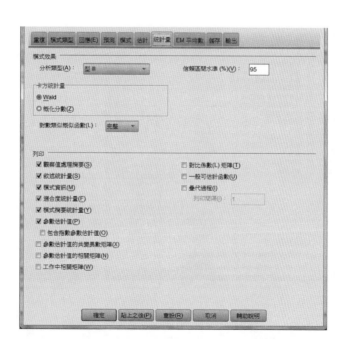

於【EM 平均數】視窗中將所有變數移入「顯示平均數 (M)」中。

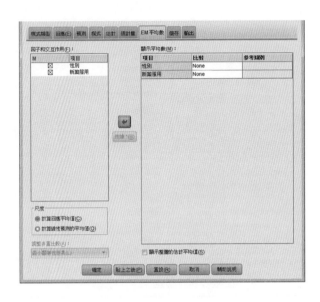

於【儲存】視窗中，視需要勾選儲存項目。此處勾選「預測類別 (P)」。再按「確定」。

⊃ 結果

模型資訊

依變數	生死[a]
機率分配	二項式
連結函數	Logit

a. 程序將 0 視為回應，將 1 視為參考類別。

觀察值處理摘要

	個數	百分比
包含	39	100.0%
排除	0	.0%
總數	39	100.0%

依變數：生死生死
模式: (截距), 性別, 新藥服用, 年齡, Hb, WBC

a. 比較合適模式與僅含截距模式。

適合度[b]

	數值	df	值/自由度
離差	43.641	33	1.322
尺度偏差	43.641	33	
Pearson 卡方	38.152	33	1.156
尺度 Pearson 卡方	38.152	33	
對數概似值[a]	-21.821		
Akaike 的資訊準則 (AIC)	55.641		
有限樣本修正 AIC (AICC)	58.266		
Bayesian 資訊準則 (BIC)	65.623		
一致 AIC (CAIC)	71.623		

依變數：生死生死
模式: (截距), 性別, 新藥服用, 年齡, Hb, WBC

a. 完整的對數概似函數是在計算資訊條件中顯示和使用。

b. 以越小越好的形式顯示資訊條件。

Omnibus 檢定[a]

概似比率卡方	df	顯著性
10.399	5	.065

依變數：生死生死
模式: (截距), 性別, 新藥服用, 年齡, Hb, WBC
a. 比較合適模式與僅含截距模式。

Omnibus 檢定是對「虛無假設 H_0：所求出的 Logistic 迴歸式對預測無幫助」進行檢定，顯著機率 0.065 小於 0.1，否定此假設；換言之，有幫助。

模式效應的檢定

來源	類型 III		
	Wald 卡方	df	顯著性
(截距)	4.652	1	.031
性別	.767	1	.381
新藥服用	4.390	1	.036
年齡	2.716	1	.099
Hb	3.093	1	.079
WBC	1.437	1	.231

依變數：生死生死
模式: (截距), 性別, 新藥服用, 年齡, Hb, WBC

參數估計值

參數	B 之估計值	標準誤差	95% Wald 信賴區間		假設檢定		
			下界	上界	Wald 卡方	df	顯著性
(截距)	-8.545	4.2045	-16.786	-.305	4.131	1	.042
[性別=1]	-.787	.8989	-2.549	.975	.767	1	.381
[性別=2]	0[a]	.	.	.	.	.	.
[新藥服用=0]	-1.672	.7979	-3.236	-.108	4.390	1	.036
[新藥服用=1]	0[a]	.	.	.	.	.	.
年齡	.064	.0387	-.012	.140	2.716	1	.099
Hb	.363	.2066	-.042	.768	3.093	1	.079
WBC	.251	.2098	-.160	.663	1.437	1	.231
(尺度)	1[b]						

依變數：生死生死
模式: (截距), 性別, 新藥服用, 年齡, Hb, WBC
a. 設定為零，因為這個參數是冗餘的。
b. 固定為顯示值。

邊際平均數估計 1：性別

估計值

性別	平均數	標準誤差	95% Wald 信賴區間	
			下界	上界
男	.44	.139	.16	.71
女	.63	.141	.35	.90

出現在這個模式中的共變量固定為以下值：年齡=58.28；
Hb=12.1103；WBC=7.1385

邊際平均數估計 2：新藥服用

估計值

新藥服用	平均數	標準誤差	95% Wald 信賴區間	
			下界	上界
0	.33	.112	.11	.55
1	.73	.116	.50	.95

出現在這個模式中的共變量固定為以下值：年齡=58.28；
Hb=12.1103；WBC=7.1385

於資料檢視中最後一欄出現預測值，與生死之數值幾乎雷同。

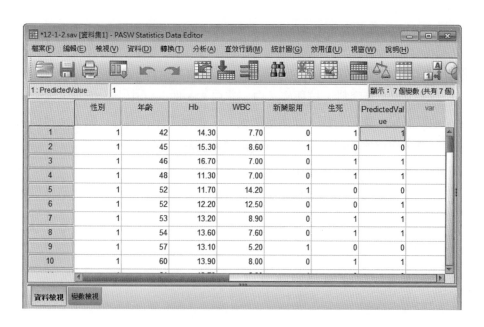

接著，按【分析 (A)】選擇【敘述統計】中的【交叉表】進行正答率分析。
將生死當作列，預測機率當作欄製作交叉表。完成後按【確定】。

交叉表

【資料集 1】C:\Users\chen\Desktop\12-1-2.sav

觀察值處理摘要

	觀察值					
	有效的		遺漏值		總和	
	個數	百分比	個數	百分比	個數	百分比
生死 * 預測的類別值	39	100.0%	0	.0%	39	100.0%

生死 * 預測的類別值 交叉表

個數

		預測的類別值		總和
		0	1	
生死	0	14	6	20
	1	4	15	19
總和		18	21	39

生存的正答率大約是 0.8（14/18），死亡的正答率大約是 0.7（15/21）。

例 20.2

針對 9,097 筆資料，按種族（白、非白）、收入（中上、低）、大麻使用與
否、地區居民（南部居民、非南部居民）、全職工作者與否、職業為銷售、建設
或其他等，使用廣義線性模型進行使用藥物測試類型分析。

首先說明廣義線性模型中各索引標籤的內容。

在「模型類型」索引標籤中，指定分配和連結函數。

模型類型分成以下幾種：

1. 尺度反應值

(1) 線性。將分配指定為「常態」，並將連結函數指定為「單元」。

(2) 含對數連結的 Gamma。將分配指定為「Gamma」，並將連結函數指定為「對數」。

2. 次序反應值

(1) 次序 Logistic。將分配指定為「多項式（次序）」，並將連結函數指定為「累積 Logit」。

(2) 次序 Probit。將分配指定為「多項式（次序）」，並將連結函數指定為「累積 Probit」。

3. 個數

(1) Poisson 對數線性。將分配指定為「Poisson」，並將連結函數指定為「對數」。

(2) 含對數連結的負二項式。將分配指定為「負二項式」（輔助參數的值為 1），並將連結函數指定為「對數」。若要使程序估計輔助參數的值，請指定含有「負二項式分配」的自訂模型，並在「參數」組別中選擇估計值。

4. 二元反應值或事件／試驗資料

(1) 二元 Logistic。將分配指定為「二項式」，並將連結函數指定為「Logit」。

(2) 二元 Probit。將分配指定為「二項式」，並將連結函數指定為「Probit」。

(3) 區間受限存活。將分配指定為「二項式」，並將連結函數指定為「互補對數存活函數的對數」。

5. 混合

(1) 含有對數連結的 Tweedie。將分配指定為「Tweedie」，並將連結函數指定為「對數」。

(2) 含有單元連結的 Tweedie。將分配指定為「Tweedie」，並將連結函數指

定為「單元」。

6. 自訂。指定您自己的分配與連結函數組合。

在「回應」索引標籤中，選取一個依變數。不過，需要特別注意僅採用兩個值的變數和記錄試驗中事件的反應值。

(1) 二元反應值。當依變數僅採用兩個值時，您可以為參數估計指定參考類別。二元反應變數可以是字串或數字。

(2) 在一組試驗中發生的事件數。當反應值是在一組試驗中發生的事件數時，依變數即會包含事件數，而您可以選擇包含試驗數的其他變數。或者，若所有受試者的試驗數都相同，則或許可使用固定值來指定試驗。試驗數應大於或等於每個觀察值的事件數。事件應為非負數的整數，而試驗應為正整數。

對於次序多項式模型，您可以指定回應的類別順序：遞增、遞減或資料（資料順序表示資料中出現的第一個值會定義第一個類別，最後出現的值會定義最後一個類別）。

尺度加權。尺度參數是與回應的變異數有關的估計模型參數。尺度加權是可能依據不同觀察值而有所不同的已知值。若指定尺度加權變數，則會針對每個觀察值將尺度參數（與回應的變異數有關）除以尺度加權變數。若觀察值的尺度加權值小於或等於零或遺漏，則此觀察值不會用於分析中。

在「預測值」索引標籤中，可讓您指定用於建立模型效果和指定選用偏移的因子與共變量。

因子。因子是類別預測值；它們可以是數字或字串。共變量是尺度預測值；它們必須是數字。

在「模型」索引標籤中，指定所選的因素和共變量的模型效應。

➲ 資料輸入形式

	drugtest	age	educate	fulltime	gender	race	married	income	south	sales	construc	othwork	mjuser	var
9079	4	30	14	1	1	0	1	0	0	0	1	0	1	
9080	1	27	11	1	0	0	0	0	0	0	0	1	0	
9081	1	26	12	1	0	0	0	0	0	0	0	1	0	
9082	1	32	16	1	1	0	0	0	0	0	0	1	0	
9083	4	30	12	1	0	0	0	0	0	0	0	1	1	
9084	1	38	12	1	0	0	1	0	0	0	0	1	1	
9085	1	42	12	0	1	0	0	0	0	0	0	1	0	
9086	2	20	12	0	1	0	0	0	0	0	0	1	0	
9087	1	49	12	1	0	0	0	0	0	0	0	1	0	
9088	1	61	10	1	0	0	1	0	0	0	0	1	0	
9089	1	35	12	1	1	0	1	0	0	0	0	1	0	
9090	1	49	14	1	0	0	0	0	0	0	0	1	0	
9091	1	30	11	1	1	0	1	0	0	1	0	0	0	
9092	1	33	17	1	0	0	1	0	0	0	0	1	0	
9093	1	37	9	1	1	0	1	0	0	0	1	0	0	
9094	1	41	12	1	0	0	0	0	0	0	0	1	0	
9095	1	25	12	0	0	0	1	0	0	0	0	1	0	
9096	1	30	14	0	0	0	0	0	0	0	0	1	1	
9097	2	28	10	1	1	0	0	1	0	0	0	1	1	
9098														

	名稱	類型	寬度	小數	標記	值	遺漏	欄	對齊	測量	角色
1	drugtest	數字的	9	0	type of drug tes...	{1, no testin...	無	7	靠右	次序的(O)	輸入
2	age	數字的	9	0	age in years	無	無	4	靠右	尺度(S)	輸入
3	educate	數字的	9	0	education in ye...	無	無	5	靠右	尺度(S)	輸入
4	fulltime	數字的	9	0	full-time worker	{0, no}...	無	5	靠右	名義(N)	輸入
5	gender	數字的	9	0	gender	{0, female}...	無	5	靠右	名義(N)	輸入
6	race	數字的	9	0	race/ethnicity	{0, non-whit...	無	5	靠右	名義(N)	輸入
7	married	數字的	9	0	marital status	{0, not marri...	無	5	靠右	名義(N)	輸入
8	income	數字的	9	0	low income level	{0, medium ...	無	5	靠右	名義(N)	輸入
9	south	數字的	9	0	resident of sout...	{0, no}...	無	4	靠右	名義(N)	輸入
10	sales	數字的	9	0	employed in sal...	{0, no}...	無	4	靠右	名義(N)	輸入
11	construc	數字的	9	0	employed in co...	{0, no}...	無	6	靠右	名義(N)	輸入
12	othwork	數字的	8	0	employed in ot...	{0, construc...	無	5	靠右	名義(N)	輸入
13	mjuser	數字的	8	0	used marijuana...	{0, no}...	無	5	靠右	名義(N)	輸入

圖 20.1　輸入資料的一部分

⊃ 分析的步驟

從【分析 (A)】中選擇【廣義線性模式 (G)】。

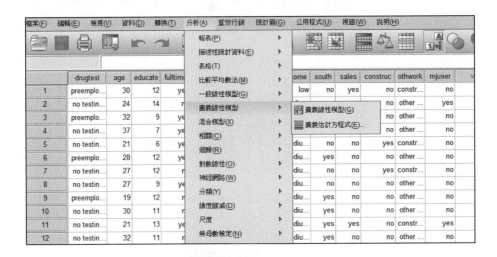

於【模型類型】視窗中，點選「次序 Logistic(O)」。

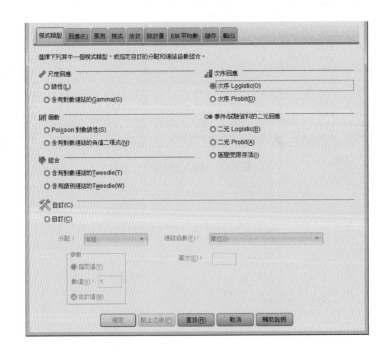

於【回應 (E)】視窗中將 type of drug testing program 引進「依變數 (D)」中。

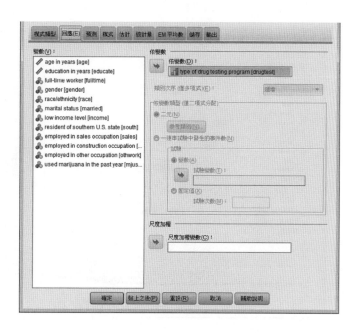

　　於【預測】視窗中，除其他職業會與銷售、建設等形成線性相依，故不引進其他職業，其餘之名義變數均當作因子引進「因子 (F)」方框中，將 2 個量尺變數當作共變量引進「共變量 (C)」的方框中。

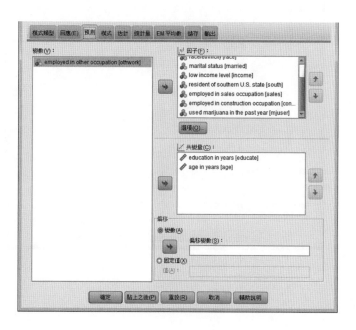

於【模式】視窗中,將以下因子與共變量引進「模型 (M)」的方框中。

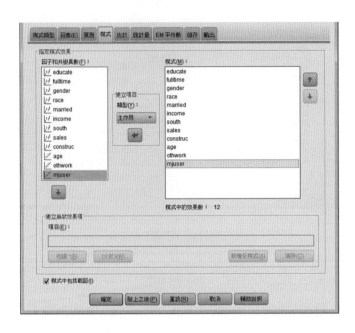

於【估計】視窗中,「尺度參數方法 (C)」選擇最大概似估計值。

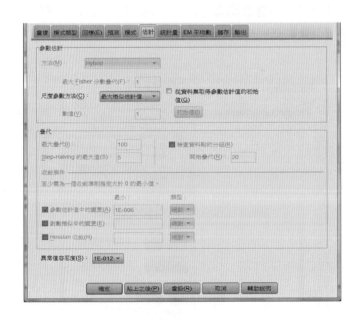

於【統計量】視窗中，「卡方統計量」欄位點選「Wald」，「分析類型 (A)」選「型 III」。

於【EM 平均數】視窗中，將所有變數移入「顯示平均數 (M)」中。

於【儲存】視窗中,視需要勾選儲存項目。此處勾選「預測類別 (P)」。再按「確定」。

⊃ 輸出結果

模型資訊

依變數	type of drug testing program
機率分配	常態
連結函數	識別

觀察值處理摘要

	個數	百分比
包含	9097	100.0%
排除	0	.0%
總數	9097	100.0%

適合度[b]

	數值	df	值/自由度
離差	11640.979	17525	.664
尺度偏差	11640.979	17525	
Pearson 卡方	17383.065	17525	.992
尺度 Pearson 卡方	17383.065	17525	
對數概似值[a]	-6864.487		
Akaike 的資訊準則 (AIC)	13754.974		
有限樣本修正 AIC (AICC)	13755.014		
Bayesian 資訊準則 (BIC)	13847.478		
一致 AIC (CAIC)	13860.478		

依變數：type of drug testing programtype of drug testing program
模式: (臨界), fulltime, gender, race, married, south, sales, construc, mjuser, age, educate

a. 完整的對數概似函數是在計算資訊條件中顯示和使用。

b. 以越小越好的形式顯示資訊條件。

Omnibus 檢定[a]

概似比率卡方	df	顯著性
448.629	11	.000

依變數：type of drug testing programtype of drug testing program
模式: (截距), fulltime, gender, race, married, income, south, sales, construc, mjuser, age, educate

a. 比較合適模式與僅含截距模式。

模式效應的檢定

來源	類型 III		
	Wald 卡方	df	顯著性
(截距)	320.182	1	.000
fulltime	101.428	1	.000
gender	51.912	1	.000
race	3.694	1	.055
married	.002	1	.963
income	19.584	1	.000
south	153.735	1	.000
sales	29.727	1	.000
construc	9.182	1	.002
mjuser	13.899	1	.000
age	1.419	1	.234
educate	.024	1	.877

依變數：type of drug testing programtype of drug testing program
模式：(截距), fulltime, gender, race, married, income, south, sales, construc, mjuser, age, educate

參數估計值

參數	B 之估計值	標準誤差	95% Wald 信賴區間		假設檢定		
			下界	上界	Wald 卡方	df	顯著性
(截距)	1.285	.1009	1.087	1.483	161.992	1	.000
〔fulltime=0〕	-.284	.0282	-.340	-.229	101.428	1	.000
〔fulltime=1〕	0ᵃ	.	.	.	.	.	.
〔gender=0〕	-.166	.0230	-.211	-.121	51.912	1	.000
〔gender=1〕	0ᵃ	.	.	.	.	.	.
〔race=0〕	.044	.0230	-.001	.089	3.694	1	.055
〔race=1〕	0ᵃ	.	.	.	.	.	.
〔married=0〕	.001	.0235	-.045	.047	.002	1	.963

參數	B 之估計值	標準誤差	95% Wald 信賴區間		假設檢定		
			下界	上界	Wald 卡方	df	顯著性
〔married=1〕	0[a]	.	.	.	.	.	.
〔income=0〕	.199	.0449	.111	.287	19.584	1	.000
〔income=1〕	0[a]	.	.	.	.	.	.
〔south=0〕	-.282	.0227	-.326	-.237	153.735	1	.000
〔south=1〕	0[a]	.	.	.	.	.	.
〔sales=0〕	.194	.0356	.124	.264	29.727	1	.000
〔sales=1〕	0[a]	.	.	.	.	.	.
〔construc=0〕	.168	.0554	.059	.277	9.182	1	.002
〔construc=1〕	0[a]	.	.	.	.	.	.
〔mjuser=0〕	.112	.0301	.053	.171	13.899	1	.000
〔mjuser=1〕	0[a]	.	.	.	.	.	.
age	.002	.0013	-.001	.004	1.419	1	.234
educate	.001	.0043	-.008	.009	.024	1	.877
(尺度)	1.096[b]	.0162	1.064	1.128			

依變數：type of drug testing program type of drug testing program

模型：(截距), fulltime, gender, race, married, income, south, sales, construc, mjuser, age, educate

a. 設定為零，因為這個參數是冗餘的。

b. 最大概似估計值。

邊際平均數估計 1：full-time worker

估計值

full-time worker	平均數	標準誤差	95% Wald 信賴區間	
			下界	上界
no	1.19	.042	1.11	1.27
yes	1.48	.039	1.40	1.55

出現在這個模式中的共變量固定為以下值：age=32.01; educate=12.75

成對比較

(I) full-time worker	(J) full-time worker	平均差異 (I-J)	標準誤差	df	顯著性	差異的 95% Wald 信賴區間	
						下界	上界
no	yes	-.28[a]	.028	1	.000	-.34	-.23
yes	no	.28[a]	.028	1	.000	.23	.34

根據依變數 type of drug testing program 原始尺度的估計邊緣平均成對比較

a. 平均差異在 .05 水準是顯著的。

整體檢定結果

Wald 卡方	df	顯著性
101.428	1	.000

Wald 卡方會檢定 full-time worker
的效應項。這個檢定是根據所估計
邊緣平均數的線性獨立成對比較而
定。

20.2 廣義估計方程式

一、概要

廣義線性模型（Generalized Linear Model, GzLM）與廣義估計方程式（Generalized Estimating Equation, GEE）是現今研究過程中最常使用的統計方法。前者是針對單一時間點的資料進行分析，而後者是針對同一對象之不同時間點所蒐集到的資料一起分析。GzLM 整合了傳統的線性模型，並利用連結函數簡化了轉換尺度時所遭遇的問題，但它僅適用於獨立性樣本，對相依樣本並不能提供有效的分析。因此，Zeger 和 Liang（1986）延伸了 GzLM，進一步地發表廣義估計方程式以提升相依樣本分析的準確性，生物醫學領域多用以追蹤評估藥物對人體的長期療效。

回應可以是尺度、個數、二元或試驗事件。因子假設為類別。共變量、尺度加權和偏移假設為尺度。用來定義受試者或受試者內重複測量的變數不可用來定義回應，但可作為模型中的其他角色。

假設受試者內的觀察值具有相依性，在受試者之間的觀察值具有獨立性。代表受試者內相依性的相關矩陣會被當成模型的一部分來進行估計。有關 GEE 可參閱 McCullagh（1983）的 *Generalized Linear Models* 一書。

二、解析例

例 20.3

數據是蒐集 128 個觀測值，針對年齡、IQ、焦慮、憂鬱、睡眠、性別（sex）、生活滿意度（lifesat）等進行體重（weight）之分析，此處將體重、IQ、age 改成 Z 分數，取成 Weight in Z score、newiq、newage，將 Weight in Z score 當成依變數，另外，性別、睡眠（sleep）、lifesat 轉換成虛擬變數，分別

當成 gender、sleep1、satlife。採用廣義估計方程式進行分析。

➲ 資料

特定變數的數值組合必須唯一定義資料集內的受試者。例如，單一的「病患 ID」變數必須足以定義單一醫院中的受試者，如果病患的識別碼不是所有醫院中的唯一識別碼，就可能會需要「醫院 ID」和「病患 ID」的組合。在重複量數設定中，會爲每個受試者記錄多重觀察值，因此每個受試者可能會位於資料集內的多個觀察值。受試者間效應（between-subject effects）指的是對同一受試者而言不會改變的變數，如身高、性別等。受試者內效應（within-subject effects）則是指同一受試者的不同量測時間或狀況下所產生的差異，如治療的前後時間。

在「模型類型」索引標籤上，指定分配和連結函數。在「模型」索引標籤中，指定使用所選因子和共變量的模型效應。在「預測值」索引標籤上指定用於建立模型效果和指定選用偏移的因子與共變量。關於此請參前節說明。

➲ 資料輸入形式

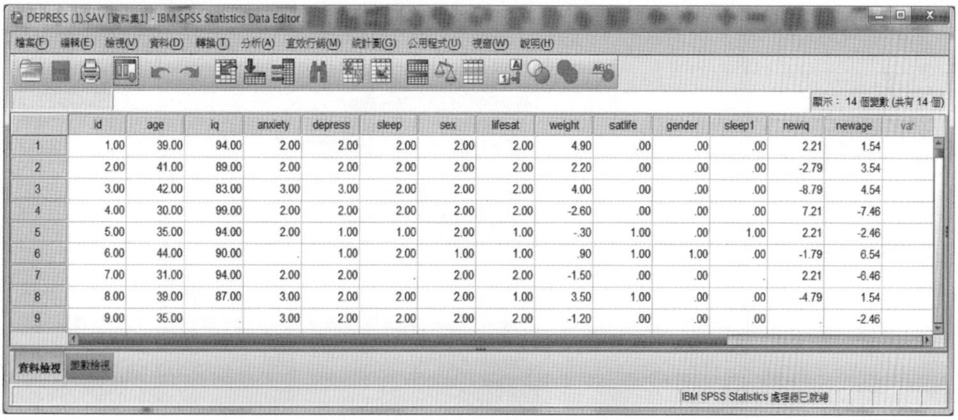

	id	age	iq	anxiety	depress	sleep	sex	lifesat	weight	satlife	gender	sleep1	newiq	newage	var
1	1.00	39.00	94.00	2.00	2.00	2.00	2.00	2.00	4.90	.00	.00	.00	2.21	1.54	
2	2.00	41.00	89.00	2.00	2.00	2.00	2.00	2.00	2.20	.00	.00	.00	-2.79	3.54	
3	3.00	42.00	83.00	3.00	3.00	2.00	2.00	2.00	4.00	.00	.00	.00	-8.79	4.54	
4	4.00	30.00	99.00	2.00	2.00	2.00	2.00	2.00	-2.60	.00	.00	.00	7.21	-7.46	
5	5.00	35.00	94.00	2.00	1.00	1.00	2.00	1.00	-.30	1.00	.00	1.00	2.21	-2.46	
6	6.00	44.00	90.00	.	1.00	2.00	1.00	1.00	.90	1.00	1.00	.00	-1.79	6.54	
7	7.00	31.00	94.00	2.00	2.00	.	2.00	2.00	-1.50	.00	.00	.	2.21	-6.46	
8	8.00	39.00	87.00	3.00	2.00	2.00	2.00	1.00	3.50	1.00	.00	.00	-4.79	1.54	
9	9.00	35.00	.	3.00	2.00	2.00	2.00	2.00	-1.20	.00	.00	.00	.	-2.46	

圖 20.2　輸入資料的一部分

➲ 分析的步驟

從【分析 (A)】中選擇【廣義估計方程式 (E)】。

於【重複】視窗中，「受試者變數 (S)」引進 ID，「受試者內變數 (W)」引進 anxiety, depress, sleep1, satlife, genger, newage, newiq。

於【模型類型】視窗中，點選「線性 (L)」。

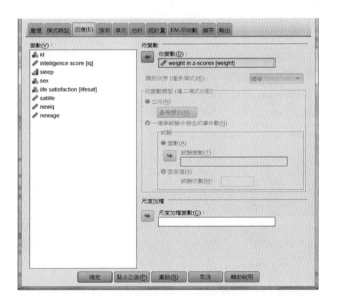

於【回應】視窗中，將「weight in Z-scores」引進「依變數 (D)」中。

於【預測】視窗中，將 gender 引進「因子 (F)」方框中，將 newages, anxiety, depress, sleep1, newiq, satlife 引進「共變量 (C)」的方框中。

於【模型】視窗中，將以下因子與共變量引進「模型 (M)」的方框中。

於【估計】視窗中，「尺度參數方法 (C)」選擇最大概似估計值。

於【統計量】視窗中，「卡方統計量」欄位點選「Wald」，「分析類型 (A)」
選「型Ⅲ」。

於【EM 平均數】視窗中，將 gender 移入「顯示平均數 (M)」中。

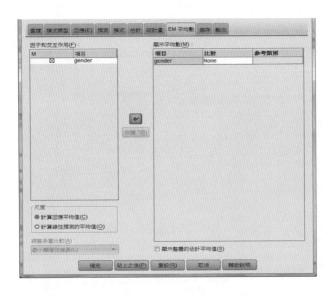

於【儲存】視窗中，視需要勾選儲存項目。最後按「確定」。

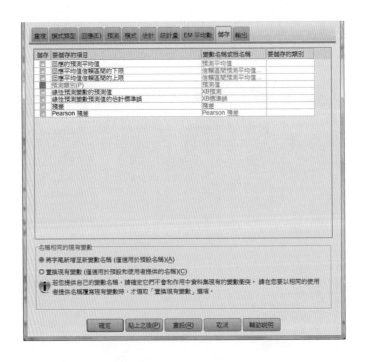

➲ 結果

　　首先顯示模型資訊。受試者效應項有 1 個，受試者內效應項有 7 個。觀察值共有 118 個，排除遺漏值後共有 89 個。

模型資訊

依變數		weight in z-scores
機率分配		常態
連結函數		識別
受試者效應項	1	id
受試者內效應項	1	anxiety
	2	depress
	3	satlife
	4	gender
	5	newage
	6	sleep1
	7	newiq
工作中相關矩陣結構		自變數

觀察值處理摘要

	個數	百分比
包含	89	75.4%
排除	29	24.6%
總數	118	100.0%

　　接著出現模型效應之檢定。

模式效應的檢定

來源	類型 III		
	Wald 卡方	df	顯著性
(截距)	6.272	1	.012
gender	9.514	1	.002
anxiety	.009	1	.925
depress	2.639	1	.104
sleep1	.001	1	.973
newage	6.145	1	.013
newiq	2.978	1	.084
satlife	.343	1	.558
gender * anxiety	7.170	1	.007
gender * depress	.904	1	.342

依變數：weight in z-scoresweight in z-scores
模式：(截距), gender, anxiety, depress, sleep1, newage, newiq, satlife, gender * anxiety, gender * depress

發現 gender*depress 交互作用不顯著，因之將之移除後按【確定】。

重新執行後得出如下「參數估計值」。

參數估計值

參數	B 之估計值	標準誤差	95% Wald 信賴區間		假設檢定		
			下界	上界	Wald 卡方	df	顯著性
(截距)	5.543	1.9260	2.376	9.926	10.199	1	.001
[gender=.00]	-5.886	2.1678	-10.134	-1.637	7.371	1	.007
[gender=1.00]	0ᵃ	.	.	.	.		.
anxiety	-1.689	.8497	-3.354	-.023	3.949	1	.047
depress	-.769	.5099	-1.769	.230	2.276	1	.131
sleep1	.173	.9717	-1.732	2.077	.032	1	.859
newage	.150	.0591	.034	.266	6.446	1	.011
newiq	-.093	.0521	-.195	.009	3.208	1	.073
satlife	-.341	.6113	-1.539	.857	.312	1	.577
[gender=.00] * anxiety	3.068	.9690	1.169	4.968	10.026	1	.002
[gender=1.00] * anxiety	0ᵃ	.	.	.	.		.

依變數：weight in z-scoresweight in z-scores
模式：(截距), gender, anxiety, depress, sleep1, newage, newiq, satlife, gender * anxiety

a. 設定為零，因為這個參數是冗餘的。

從參數中發現性別與年齡是顯著的因子。Anxiety 雖不顯著但隨年齡之增長會使 anxiety 產生。

邊際平均數估計：gender

估計值

gender	平均數	標準誤差	95% Wald 信賴區間 下界	上界
.00	1.8247	1.27583	-.6759	4.3253
1.00	.7462	1.33434	-1.8690	3.3615

出現在這個模式中的共變量固定為以下值: anxiety=2.2697; depress=1.9326; sleep1=.1236; newage=.2053; newiq=-.2057; satlife=.4607

女性的平均數是高於男性。

但從整體的檢定結果可知男性與女性的差異不顯著。

整體檢定結果

Wald 卡方	df	顯著性
1.916	1	.166

Wald 卡方會檢定 gender 的效應項。這個檢定是根據所估計邊緣平均數的線性獨立成對比較而定。

三、Q&A

Q1　GEE 只能用在重複測量（Repeated measure）的研究嗎？

A1　只對了一半，GEE 是用在處理叢集資料（Clustered data）或是多階層資料（Multilevel data）的一種估計方法，而重複測量只是一種叢集資料的特殊型態，若是以重複測量來說，重複測量的多次時間點是鑲套（Nested）在人之下；倘若我們現在是橫斷面資料（Cross-sectional data），研究病人的預後，而每位病人各自有不同的主治醫師，每位主治醫師的治療方針多多少少略有差別，我們必須將主治醫師所造成的差異也納入考量，此時病人是鑲套在醫師之下。

Q2　GEE 的依變項只能是連續變項嗎？

A2　GEE 的依變項（反應變數）至少可以是連續、二元、計數的分布，除了這三種常見的分布之外還有一些，但是比較少看到。

Q3　只有 2 個時間點的分析不能夠使用 GEE 嗎？

A3　這個問題很常被問，許多人都有刻板印象：GEE 是用在 3 個時間點以上的統計分析。但事實上疑惑一的解答已經說明過，GEE 是一種估計叢集資料的方法，因此不管是 2 個時間點或 200 個時間點都是屬於叢集資料，因此都可以使用 GEE。

Q4　工作相關矩陣選獨立矩陣（Independent）也可以嗎？

A4　GEE 絕不可使用獨立相關矩陣，大家會有這個疑問是因為 SPSS 的工作相關矩陣預設選項就是獨立矩陣，而很多人都以為預設的就是最好的，最好不要更動它。然而，獨立相關矩陣的意思是說叢集資料之間是無相關的，以重複測量的例子來說，就是每個人底下的多次時間點之間的相關係數為零，也就是說某人若有 3 次時間點會被當成是獨立的 3 個人，這是完全不合理的假設。因此建議還是盡量選擇可交換（Exchangeable）或者是 AR1（First-order auto-regressive）的工作相關矩陣。

Q5　分析重複測量資料或叢集資料時，GEE 是唯一選擇嗎？

A5　尤其是護理領域會有這個迷思，因為護理領域使用 GEE 的比例非常高，有可能不清楚仍有其他可以處理叢集資料的統計方法。分析叢集資料仍有其他選擇，其中最具代表性的為階層線性模型（Hierarchical linear modeling, HLM），又稱做線性混合模型（Linear mixed model, LMM）或多層次模型或多層次迴歸（Multilevel model / Multilevel regression）。事實上，GEE 在某些假設上甚至比 HLM 還要嚴格，例如 GEE 對於遺漏值（Missing value）的假設是完全隨機（Missing completely at random, MACR），而 HLM 的假設只是隨機（Missing at random, MAR），此顯示其實 GEE 對於資料分析的條件是比較嚴格的。

　　另外一點，一般套裝軟體（例如 SPSS）執行的 GEE 都是 population average（PA-GEE），簡單來說就是假設是固定效果（Fixed effect），以重複測量的資料來說，PA-GEE 假設每一個個案的成長軌跡（Trajectory）皆為相同的，這也是不貼近事實的一種假設，反之 HLM 可以允許每個個案都有自己的成長軌跡。

第21章 卜瓦松（Poisson）迴歸

21.1 簡介

在醫學、公共衛生及流行病學研究領域中，除了常用邏輯斯（Logistic regression）及線性迴歸（linear regression）模型外，卜瓦松（Poisson）迴歸模型也常應用在各類計數資料（count data）的模型建立上，例如，估計疾病死亡率或發生率、細菌或病毒的菌落數及了解與其他相關危險因子之間的關係等，然而，這些模型都是廣義線性模型（generalized linear models）的特殊情形。

研究目的想探討像是因愛滋病死亡人數是否逐年增加，相較於母體以整個臺灣而言，死於愛滋病人數為罕見事件，我們以卜瓦松迴歸模型來分析這樣的計數資料。

第 i 週期愛滋病死亡人數 y_i（$i = 1, 2, \cdots$）的機率分配是卜瓦松分配，其發生機率為

$$P\,(Y = y_i) = \frac{\mu_i^{y_i} \exp(-\mu_i)}{y_i!} \, , \; y_i = 0, 1, 2 \cdots$$

其中時間週期內的平均發生次數為參數 $\mu_i > 0$。

現在我們加入風險因子（例如週期）探討其影響平均發生次數之間的關係，由於愛滋病人隨著週期呈現「指數」遞增的現象，因此平均發生次數的參數 在對數轉換後經常使用線性函來描述與風險因子之間的關係：

$$\log(\mu_i) = \beta_0 + \beta_1 x_i$$

這就是卜瓦松迴歸模型。

和簡單線性迴歸模型及羅吉斯迴歸模型相似，卜瓦松迴歸模型中的風險因子 x_i，可以是連續型的變項，也可以是類別型的變項。

假設 $x = 1$ 表示暴露於風險，$x = 0$ 表示不暴露，卜瓦松迴歸模型顯示暴露相對於基準（非暴露）的發生率比值（incidence rate ratio, IRR）為

$$\mu(x = 1) \,/\, \mu(x = 0) = \exp(\beta_1)$$

檢定暴露是否有風險的虛無假設可以寫成 $H_0 : \beta_1 = 0$

愛滋病死亡人數的案例資料是每三個月因病死亡人數的資料，觀察週期的時間長度是相同的，但很多應用問題中觀察週期的時間長度不一定相同。

根據卜瓦松分配的特性，平均發生次數與時間成正比，如果觀察死亡人數週期的時間長度不同，則模型應該調整為：

$$\log\frac{\mu_i}{t_i} = \beta_0 + \beta_1 x_i$$

卜瓦松迴歸模型如下：

$$\log(\mu_i) = \log(t_i) + \beta_0 + \beta_1 x_i$$

通常我們稱 $\log(t_i)$ 為平移調整項（offset），當每筆資料的觀測時間不同時，且我們想探討的是每筆資料觀測時間內平均發生次數時，必須使用平移調整項 $\log(t_i)$ 來做調整。愛滋病死亡人數的案例因觀測週期相同，可以不使用平移調整項。

平移調整項的使用與否，僅會造成截距項估計的改變，不會影響斜率項參數的估計。

21.2　Poisson 迴歸模型

一、概要

本節將介紹如何使用卜瓦松迴歸模型來建立危險因子與疾病發生率的關係。

假設隨機變數 Y 的機率分配服從參數為 μ 的卜瓦松分配，其中 μ 為特定期間內平均發生次數且同時為卜瓦松分配的平均數和變異數，今我們想針對此平均發生次數利用解釋變數 x 來建立以下迴歸模型

$$g(\mu) = \alpha + \beta x$$

此處 g 為連結（link）函數，一般使用自然對數，則可寫為以下模型

$$\log(\mu) = \alpha + \beta x$$

不過，經常在實際模型使用上發生次數是指在某段時間（天數、年或人一年 person-year），因故我們想針對發生率來建立與解釋變數的模型。舉例來說，假設臺灣女性乳癌年發生率（incidencerate, λ）為

$$\mu = L \times \lambda = 20{,}000 \times [0.34/1000] = 6.8$$

現有一追蹤研究調查 5,000 位女性，總共觀察人一年（L）為 20,000，研究期間發現有 2 位乳癌案例，則期望發生乳癌案例（μ）為

$$\mu = 20{,}000 \times [0.34/1000] = 6.8$$

假設今有 p 個危險因子（X1, X2, ⋯, Xk），利用卜瓦松迴歸模型可建立與發生率（λ）的關係如下：

$$\begin{aligned} \log(\mu) &= \log(L) + \log(\lambda) \\ &= \log(L) + \beta_0 + \beta_1 x_1 + \beta_2 x_2 + \cdots + \beta_k x_k \end{aligned}$$

通常我們稱 log（L）為平移調整項（offset）。所以發生率的對數函數為危險因子的線性迴歸模型，取指數函數後可得

$$\lambda = \exp(\beta_0 + \beta_1 x_1 + \beta_2 x_2 + \cdots + \beta_k x_k)$$

假設 x_1 為二元變數代表抽菸情形（0 和 1），當其他因子維持相同情形下，在卜瓦松迴歸模型下可得發生率比值（Incidence Rate Ratio, IRR）為

$$\text{IRR (1 vs. 0)} = \frac{\exp(\beta_0 + \beta_1 1 + \beta_2 x_2 + \cdots + \beta_k x_k)}{\exp(\beta_0 + \beta_1 0 + \beta_2 x_2 + \cdots + \beta_k x_k)} = \exp(\beta_1)$$

以上的迴歸模型中平移調整項為一固定常數，不隨著其他因子變動，換句話說，在各暴露因子下的觀察人一年是相同的，但在實際觀察資料可能是會根據某些組別下（如年齡）計算人一年資料（L_i），假設 s 個彼此獨立的年齡分群，每個年齡群的暴露因子為 Xi = $(x_{i1}, x_{i2}, \cdots, x_{ip})$，則模型可推廣至更一般的寫法：

$$\log(\mu_i) = \log(L_i) + \beta_0 + \beta_1 x_{i1} + \beta_2 x_{i2} + \cdots + \beta_k x_{ik}，i = 1, 2, \cdots, s$$

假設每組觀察的案例數為 n_i，則可以廣義線性模型來配適此資料，通常寫為

$$\log(\mu) = \log(L_i) + \beta_0 + \beta_1 x_{i1} + \beta_2 x_{i2} + \cdots + \beta_k x_{ik} + \varepsilon_i$$

其中誤差項 ε_i 服從參數為 μ_i 的卜瓦松分配。

二、解析例

例 21.1

表 21.1 為一筆有關 1969-1971 年美國男性皮膚癌（melanoma）資料，研究中調查二個地區（Northern and Southern）及六個年齡層的男性新發的皮膚癌案例（nhi），其中 Total（Nhi）為各分群中風險（hazard）人數（或人一年），研究目的是想知道是否不同的年齡層及地區會影響皮膚癌的發生率（n_{hi} / N_{hi}），h = 1, 2，i = 1, 2, $\cdots$, 6。

表 21.1　New Melanoma casee among white males: 1969-1971

Region	Age Group	Cases	Total
Northern	< 35	61	2880262
Northern	35-44	76	564535
Northern	45-54	98	592983
Northern	55-64	104	450740
Northern	65-74	63	270908
Northern	> 75	80	161850

Region	Age Group	Cases	Total
Southern	< 35	64	1074246
Southern	35-44	75	220407
Southern	45-54	68	198119
Southern	55-64	63	134084
Southern	65-74	45	70708
Southern	> 75	27	34233

資料來源：Stokes, M. E., Davis, C. S., & Koch, G. G. (1995). Categorical data analysis using the SAS System. Cary, NC: SAS Institute, Inc.

　　利用 SPSS 統計分析軟體進行卜瓦松迴歸模型分析，首先將以上資料輸入並計算各分群平移調整項，因卜瓦松迴歸模型爲廣義線性模型的一種，可以廣義線性模型來進行分析。

⊃ 資料輸入型式

1. 資料視圖

2. 變數視圖

	名稱	類型	寬度	小數	標籤	數值	遺漏	直欄
1	region	數值型	8	0		{1, south}...	無	8
2	age	數值型	8	0		{1, 75~}...	無	8
3	case	數值型	8	0		無	無	8
4	total	數值型	8	0		無	無	8
5	lntotal	數值型	8	2		無	無	10
6								
7								
8								
9								
10								

21.3 Poisson 迴歸分析的步驟

⊃ 統計處理的步驟

步驟 1 先對地區與組變數設定標籤如下：

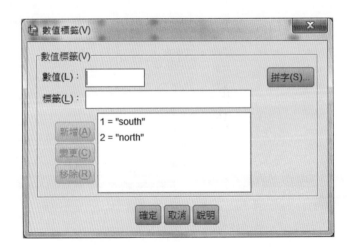

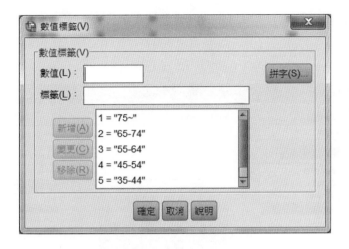

步驟 **2**　從【轉換】選擇「計算變數 (C)」。

步驟 3 「目標變數 (T)」輸入 lntotal，「數值表示式 (E)」輸入 LN（total）後按「確定」。

步驟 4 得出輸出如下。

步驟 5　從【分析 (A)】中選擇「廣義線性模型 (G)」。

步驟 6　於「模型類型」視窗中，點選「Poisson 對數線性 (S)」。

步驟 7 於「回應」視窗中，將 case 移入「因變數 (D)」中。

步驟 8 於「預測」視窗中，將 region，age 移入「因素 (F)」中，將 lntotal 移入「偏移變數 (S)」中。

步驟 9　於「模型」視窗中，將 region 與 age 移入「模型 (M)」中。

步驟 10　於「估計」視窗中，參數估計欄「方法 (M)」選擇 Fisher，「尺度參數方法 (C)」，選擇「皮爾森（Pearson）卡方」。

步驟 11 「統計資料」視窗如預設。

步驟 12 於「EM 平均數」視窗中,將 region 與 age 移入「顯示平均數 (D)」中。

步驟 13 於「儲存」視窗中，如下勾選。

步驟 14 於「匯出」視窗中，視需要勾選，此處不勾選。最後按「確定」。

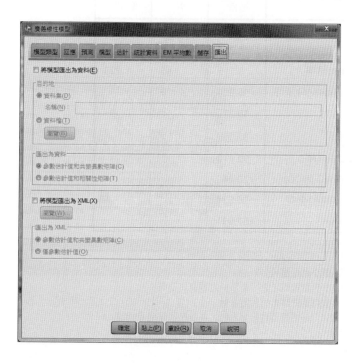

◆ SPSS 輸出 .1

模型資訊

因變數	case
機率分佈	Poisson 機率分配
連結函數	對數
偏移變數	lntotal

觀察值處理摘要

	N	百分比
已併入	12	100.0%
已排除	0	0.0%
總計	12	100.0%

此表顯示機率分布為 Poisson 機率分配，連結函數為對數。偏移變數（offset）為 lntotal。在模型中我們考慮以 LOG 為連結函數及 LOG（Nhi）為平移調整項的卜瓦松迴歸模型。

適合度[a]

	數值	df	值/df
離差	6.215	5	1.243
比例離差	5.082	5	
皮爾森 (Pearson) 卡方	6.115	5	1.223
比例皮爾森 (Pearson) 卡方	5.000	5	
對數概似[b,c]	-39.220		
調整的對數概似[d]	-32.068		
Akaike 資訊準則 (AIC)	92.440		
最終樣本修正 AIC (AICC)	120.440		
Bayesian 資訊準則 (BIC)	95.834		
一致 AIC (CAIC)	102.834		

因變數：case
模型：（截距），region, age，偏移 = lntotal
a. 資訊準則為越小越好格式。
b. 即會顯示完整對數概似函數，並用於計算資訊準則中。
c. 對數概似是根據固定為 1 的尺度參數。
d. 調整的對數概似是根據預估尺度參數，並在模型固定 Omnibus 檢定中使用。

在表中首先針對模型適合度檢定，由於 Deviance 及 Pearson Chi-Square 的 Value/DF 值皆很靠近 1.00，所以可得知模型對於此筆資料有很高的配適度。

Omnibus 檢定[a]

概似比卡方	df	顯著性
727.384	6	.000

因變數：case
模型：（截距），region, age，偏移
= lntotal

a. 根據僅含截距模型比較適用的模型。

模型係數的 Omnibus 檢定裡，模型的卡方值為 727.384，顯著性 p<.05，表示本模型所選取的自變項能有效地解釋依變項。

參數評估

參數	B	平均數的錯誤	95% Wald 信賴區間		假設檢定		
			下限	上限	Wald 方卡	df	顯著性
（截距）	-10.658	.1053	-10.865	-10.452	10252.032	1	.000
[region=1]	.819	.0785	.666	.973	108.840	1	.000
[region=2]	0[a]	.	.	.	.		.
[age=1]	2.945	.1460	2.658	3.231	406.615	1	.000
[age=2]	2.366	.1454	2.081	2.651	264.561	1	.000
[age=3]	2.242	.1309	1.985	2.498	293.444	1	.000
[age=4]	1.913	.1310	1.656	2.170	213.327	1	.000
[age=5]	1.797	.1337	1.535	2.059	180.635	1	.000
[age=6]	0[a]	.	.	.	.		.
（尺度）	1.223[b]						

因變數：^1
模型：[%1:, case:

a. 設為零，因為此參數是冗餘的。

b. 根據皮爾森 (Pearson) 卡方計算。

表為模型參數的估計及檢定，由表中可知年齡層及地區對於皮膚癌的發生率皆有顯著影響，且隨著年齡增加發生率也隨之遞增，男性 45-54 歲相對於 35 歲以下的 IRR 為

$$IRR = e^{1.9131} = 6.744$$

南部地區比北部地區有較高的發生率，其 IRR 爲

$$IRR = e^{0.8195} = 2.269$$

從地區的成對比較中可知，兩地區間有顯著差異。

成對比較

(I) region	(J) region	平均差異 (I-J)	平均數的錯誤	df	顯著性	95% Wald 差異的信賴區間 下限	95% Wald 差異的信賴區間 上限
south	north	.00[a]	.000	1	.000	.00	.00
north	south	.00[a]	.000	1	.000	.00	.00

預估邊緣平均數的配對比較根據因變數 case 的原始尺度

a. 平均值差異在 .05 層級顯著。

從年齡的成對比較中可知，65-74 歲與 55-64 歲之間無顯著差異外，其餘均有顯著差異。

成對比較

(I) age	(J) age	平均差異 (I-J)	平均數的錯誤	df	顯著性	95% Wald 差異的信賴區間 下限	95% Wald 差異的信賴區間 上限
75～	65-74	.00a	.000	1	.000	.00	.00
	55-64	.00a	.000	1	.000	.00	.00
	45-54	.00a	.000	1	.000	.00	.00
	35-44	.00a	.000	1	.000	.00	.00
	～35	.00a	.000	1	.000	.00	.00
65-74	75～	.00a	.000	1	.000	.00	.00
	55-64	.00	.000	1	.372	.00	.00
	45-54	.00a	.000	1	.002	.00	.00
	35-44	.00a	.000	1	.000	.00	.00
	～35	.00a	.000	1	.000	.00	.00

（I） age	（J） age	平均差異 （I-J）	平均數的錯誤	df	顯著性	95% Wald 差異的信賴區間	
						下限	上限
55-64	75～	.00a	.000	1	.000	.00	.00
	65-74	.00	.000	1	.372	.00	.00
	45-54	.00a	.000	1	.008	.00	.00
	35-44	.00a	.000	1	.001	.00	.00
	～35	.00a	.000	1	.000	.00	.00
45-54	75～	.00a	.000	1	.000	.00	.00
	65-74	.00a	.000	1	.002	.00	.00
	55-64	.00a	.000	1	.008	.00	.00
	35-44	.00	.000	1	.352	.00	.00
	～35	.00a	.000	1	.000	.00	.00
35-44	75～	.00a	.000	1	.000	.00	.00
	65-74	.00a	.000	1	.000	.00	.00
	55-64	.00a	.000	1	.001	.00	.00
	45-54	.00	.000	1	.352	.00	.00
	～35	.00a	.000	1	.000	.00	.00
～35	75～	.00a	.000	1	.000	.00	.00
	65-74	.00a	.000	1	.000	.00	.00
	55-64	.00a	.000	1	.000	.00	.00
	45-54	.00a	.000	1	.000	.00	.00
	35-44	.00a	.000	1	.000	.00	.00

預估邊緣平均數的配對比較根據因變數 case 的原始尺度

a. 平均值差異在 .05 層級顯著。

本章參考文獻

1. 蔡政安，中國醫藥大學生物統計中心，2010。

2. Long, J. S. and Freese, J. (2006), Regression Models for Categorical Dependent Variables Using Stata, 2th Edition, College Station, TX: Stata Press.

3. Cameron, A. C. and Trivedi, P. K. (1998), Regression Analysis of Count Data. New York: Cambridge Press.

4. Stokes, M. E., Davis, C. S. & Koch, G. G. (1995), Categorical Data analysis using SAS System, Cary, NC: SAS Institute, Inc.

5. IBM SPSS Statistics V22 guide, 2015.

第 22 章　機率單位（Probit）分析

22.1　Probit 分析簡介

　　本方法是廣義線性模型（GLM）的一種特例，係當連結函數為機率單位（probit）連結函數時經常用的分析方法。probit 是 probability-unit 的簡寫。假設依變數的期望值為 μ，則 probit 連結函數為 $g(\mu) = \Phi^{-1}(\mu)$，式中 Φ^{-1} 為累積標準常態（cumulative standard normal）分配的反函數（inverse function），使用此種連結函數的 GLM 概稱為機率單位模型（probit model）。此模型中的依變數限制使用類別（categorical）資料，可為順序（ordinal）尺度或名目（nominal）尺度，資料所服從的分配可為二項式或多項式，而自變數部分則無限制，可為任何種類。

　　機率單位分析（Probit analysis）可測量刺激強度及表示對該刺激某項反應的觀察值比例之間的關係。當出現認為是由一些自變數水準所影響或引起的二分輸出時，它就會很好用，而且特別適合實驗性資料。本程序將可讓您估計引起某種反應比例（如有效劑量中位數）所需的刺激強度。新殺蟲劑殺螞蟻的效果如何，以及合適的使用濃度為何？您可能會想執行一項實驗，讓螞蟻暴露在不同濃度的殺蟲劑之下，然後記錄殺死的及被暴露的螞蟻數量。將機率單位分析應用在這些資料上，您就可以確定濃度及殺死螞蟻之間的關係強度；而如果您想要確保殺死 95% 被暴露的螞蟻的話，還可以確定合適的濃度為何。

　　所謂 probit 分析是在共變量 $x_1, x_2, \cdots, x_p$ 與目的變數 y 之間建立如下關係式之方法，即

$$probit\,(y) = \beta_1 x_1 + \beta_2 x_2 + \cdots, + \beta_p x_p + \beta_0$$

以 probit 分析的目的變數來說，大多列舉比率，因之模型變成：

$$probit\,(比率) = \beta_1 x_1 + \beta_2 x_2 + \cdots, + \beta_p x_p + \beta_0$$

以下以事例進行說明。

22.2 解析例

例 22.1

表 22.1 的數據是就牙膏中所含的氟化物之濃度與刷牙時間、蛀牙之關係所調查的結果。

註：雖與分析並無直接關係，但作為分析的輔助所使用的變量稱為共變量（covariate），亦即間接利用的變量。

表 22.1　氟素配方的牙膏與蛀牙

NO.	公司名	濃度	時間	總齒數	蛀牙數
1	L	950	1	26	3
2	L	970	3	27	0
3	L	970	5	22	0
4	L	955	4	24	1
5	L	960	1	24	2
6	S	900	5	25	0
7	S	920	5	26	2
8	S	950	1	21	2
9	S	950	2	22	3
10	S	925	1	23	2
11	K	850	2	20	4
12	K	850	4	21	1
13	K	880	5	24	2
14	K	880	2	23	4
15	K	850	4	22	1

因此，此資料的情形，模型是

$$\text{probit}\left(\frac{蛀牙數}{總齒數}\right) = \beta_1 \times 氟化物濃度 + \beta_2 \times 刷牙時間 + \beta_0$$

由此式即可調查

「要將氟化物濃度變成多少時，蛀牙率會減少多少？」

或者

「將蛀牙率控制在 5% 時，要將刷牙時間設定成多少才好？」

【數據輸入類型】

表 22.1 的數據如下輸入。

	公司名	濃度	時間	總齒數	蛀蟲數	var
1	1	950	1	26	3	
2	1	970	3	27	0	
3	1	970	5	22	0	
4	1	955	4	24	1	
5	1	960	1	24	2	
6	2	900	5	25	0	
7	2	920	5	26	2	
8	2	950	1	21	2	
9	2	950	2	22	3	
10	2	925	1	23	2	
11	3	850	2	20	4	
12	3	850	4	21	1	
13	3	880	5	24	2	
14	3	880	2	23	4	
15	3	850	4	22	1	

	公司名	濃度	時間	總齒數	蛀蟲數	var
1	L公司	950	1	26	3	
2	L公司	970	3	27	0	
3	L公司	970	5	22	0	
4	L公司	955	4	24	1	
5	L公司	960	1	24	2	
6	S公司	900	5	25	0	
7	S公司	920	5	26	2	
8	S公司	950	1	21	2	
9	S公司	950	2	22	3	
10	S公司	925	1	23	2	
11	K公司	850	2	20	4	
12	K公司	850	4	21	1	
13	K公司	880	5	24	2	
14	K公司	880	2	23	4	
15	K公司	850	4	22	1	

22.3 probit 分析的步驟

【統計處理之步驟】

步驟 1 數據輸入結束後，點選【分析 (A)】，選擇【迴歸 (R)】之中的【機率值 (P)】。

步驟 2 之後就很簡單！將蛀牙數移到【回應次數 (S)】的方框中，將總齒數移到【觀測值總和 (T)】的方框中。

其次，將公司名移到【因素 (F)】的方框中，形成「公司名（？？）」，按一下【定義範圍 (E)】。

步驟 3 於是，出現一個小型對話框，在【最小值 (N)】的地方輸入 1，在【最大值 (X)】的地方數入 3。接著，按【繼續】。

步驟 4　最後，將濃度與時間移到【共變量 (C)】的方框中即告完成。

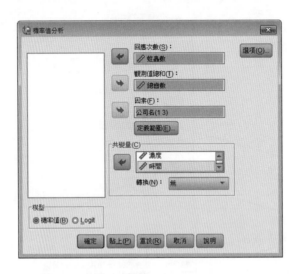

步驟 5　試在步驟 2 所顯示的「機率值分析」對話框按一下【選項 (O)】。
　　　　勾選【平行假設檢定 (P)】。按【繼續】。

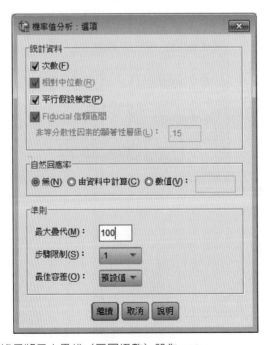

（註）此數據是將最大疊代（反層級數）設為 100。

步驟 6 返回到以下的對話框，之後只要按「繼續」。

【SPSS 輸出 · 1】— probit 分析 —

參數評估

	參數		估計	標準錯誤	Z	顯著性	95% 信賴區間	
							下限	上限
PROBIT[a]	濃度		.002	.007	.298	.766	-.012	.017
	時間		-.190	.073	-2.585	.010	-.334	-.046
	截距[b]	L公司	-3.330	7.124	-.467	.640	-10.454	3.794
		S公司	-3.001	6.947	-.432	.666	-9.948	3.946
		K公司	-2.516	6.439	-.391	.696	-8.955	3.922

←①

←②

a. PROBIT 模型：PROBIT(p) = 截距 + BX

b. 對應於分組變數 公司名。

參數估計值的共變異數及相關性

PROBIT		濃度	時間
PROBIT	濃度	.000	.212
	時間	.000	.005

共變異數（下方）及相關性（上方）。

卡方測試

		卡方	dfª	顯著性	
PROBIT	皮爾森 (Pearson) 適合度測試	7.526	10	.675	←④
	平行化測試	4.331	2	.115	←③

a. 基於個別觀察值的統計資料不同於基於聚集觀察值的統計資料。

【輸出結果的判讀法 · 1】

① + ②針對 3 組的 probit 模型是

L 公司 probit（蛀牙率）= 0.0022× 氟化物濃度 – 0.1899× 刷牙時間 – 3.330

S 公司 probit（蛀牙率）= 0.0022× 氟化物濃度 – 0.1899× 刷牙時間 – 3.001

K 公司 probit（蛀牙率）= 0.0022× 氟化物濃度 – 0.1899× 刷牙時間 – 2.516

Coeff./S.E. 是以下的假設的檢定統計量，當此值的絕對值比 1.96（=Z(0.025)）時，

「假設 H_0：probit 模型的係數為 0」

即可否定。譬如，觀察刷牙時間由於是 –2.585，所以刷牙時間的係數不是 0。亦即，刷牙時間對蛀牙是有意義的。

③平行性檢定如觀察① + ②的 probit 模型時，3 個組的係數均相同，其理由是依據此處的平行性檢定。

「假設 H_0：3 個組的模型係數相等」。

亦即，平行性的檢定統計量 4.331 的顯著機率 0.115 比顯著水準 $\alpha = 0.05$ 大，因之無法否定假設 H_0。

因此，3 個組的係數即可當作相同。

④模型的適合度檢定

此乃檢定

「假設 H_0：所求出的 probit 模型非常適配」。

因顯著機率 $p = 0.675$ 比顯著水準 $\alpha = 0.05$ 大，因之此假設 H_0 無法否定。因之，可以想成所求出的模型之配適性佳。

【SPSS 輸出 · 2】— probit 分析—

儲存格個數及殘差

	數字	公司名	濃度	時間	受試者數	觀察的回應	預期的回應	殘差	機率
PROBIT	1	1	950.000	1.000	26	3	1.994	1.006	.077
	2	1	970.000	3.000	27	0	1.051	-1.051	.039
	3	1	970.000	5.000	22	0	.353	-.353	.016
	4	1	955.000	4.000	24	1	.564	.436	.023
	5	1	960.000	1.000	24	2	1.918	.082	.080
	6	2	900.000	5.000	25	0	.613	-.613	.025
	7	2	920.000	5.000	26	2	.706	1.294	.027
	8	2	950.000	1.000	21	2	2.856	-.856	.136
	9	2	950.000	2.000	22	3	2.173	.827	.099
	10	2	925.000	1.000	23	2	2.860	-.860	.124
	11	3	850.000	2.000	20	4	3.058	.942	.153
	12	3	850.000	4.000	21	1	1.684	-.684	.080
	13	3	880.000	5.000	24	2	1.519	.481	.063
	14	3	880.000	2.000	23	4	3.888	.112	.169
	15	3	850.000	4.000	22	1	1.764	-.764	.080

←—⑤

■ **Probit 分析最重要的事情**

Probit 分析也可以考慮如下的問題。

問題

蛀牙率想控制在 5%，此時的刷牙時間是？

此問題的答案如下。

【輸出結果的判讀法 · 2】

⑤probit = 是求預測機率，譬如

$$0.0767 = \frac{1.994}{26}$$

$$0.0389 = \frac{1.051}{27}$$

答　想調查是 5% 時的刷牙時間，此時要如何求解呢？

事實上，由於有 probit 變換

probit(0.05) = −1.64

因之，求解如下的方程式即可，

-1.64 = 0.0022× 氟化物濃度 -0.1899× 刷牙時間 -2.516

譬如，以 K 公司的氟化物濃度是 880 來說，

-1.64 = 0.0022×880 - 0.1899× 刷牙時間 -2.516

$$刷牙時間 = \frac{0.0022 \times 880 - 2.516 + 1.64}{0.1899}$$

$$= 5.58$$

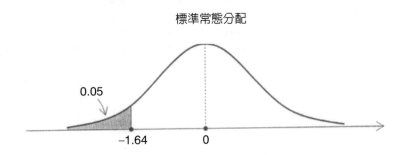

標準常態分配

本章參考文獻

1. Bliss, C. I. (1934), "The Method of Probit", Science, 79 (2037): 38-39.

2. Davidson, R. and J. G. MacKinnon (1984), Convenient Specification Tests for Logit and Probit Models, Journal of Econometrics, 25, 241-262.

3. IBM SPSS Statistics V22 guide, 2015.

4. Rajulton Fernando (2011), Lgit, probit and Tobit: Models for Categorical and Limited Dependent Variables, PLCS/RDC Statistics and Data Series at Western.

5. Hosmer, D. & Lemeshows, S. (2000), Applied Logistic Regression (2th Edition), New York: John Wiley & Sons, Inc.

6. Long, J. Scott (1997), Regression Method for Categorical and Limited Dependent Variables. Thousand Oaks, CA: Sage Publications.

第23章　神經網路──多層感知器

23.1　簡介

　　人類大腦的結構，根據解剖資料的顯示，屬於層狀結構，成熟的大腦皮質層共有六層。所有高階的知覺（cognition）也產生於大腦，這種複雜功能的產生，應部分歸功於層狀的結構，當然，神經元的數目、種類以及聯結型式亦功不可沒。在類神經網路中，多層的架構是爲了增加非線性，因爲所要處理的問題通常是非線性問題。以「多層感知器」（multilayer perceptrons; MLP）或稱爲「倒傳遞類神經網路」（backpropagation networks）最爲著稱。

　　多層感知器的網路學習方式是採用「監督式學習」（supervised learning），網路的訓練演算法是由屬於錯誤更正學習法則的「倒傳遞演算法」來訓練網路的權值，也可以視爲是最小均方法（LMS 演算法）的一種推廣。

　　多層感知器具有以下三個特性：

1. 每個類神經元的輸出端都包含了一個非線性元件。

2. 網路包含了一層以上的隱藏層。

3. 網路具有高度的聯結性（connectivity）。

　　「倒傳遞演算法」的網路訓練方式包含兩個階段：前饋階段以及倒傳遞階段。

　　前饋階段：輸入向量由輸入層引入，以前饋方式經由隱藏層傳導至輸出層，並計算出網路輸出值，此時，網路的權值都是固定的。

　　倒傳遞階段：網路的權值根據錯誤更正法則來進行修正，藉由權值的修正，以使網路的輸出值趨向於期望輸出值。更明確地說，我們以期望輸出值減去網路輸出值以得到誤差信號，然後將此誤差信號倒傳回網路中。

神經網路是一門重要的機器學習技術。它是目前最爲火熱的研究方向—深度學習的基礎。學習神經網路不僅可以讓你掌握一門強大的機器學習方法，同時也可以更好地幫助你理解深度學習技術。

倒傳遞演算法的學習過程應於何時終止呢？通常我們可以設定倒傳遞演算法的終止條件爲：

1. 當權值向量的梯度向量小於一事先給定之閾值時則予以終止。
2. 在學習循環裡的均方差值小於一事先給定之誤差容忍值時則予以終止。
3. 每當一個學習循環結束，則對網路進行測試，以了解其推廣能力是否達到所要求的目標，若其推廣能力達到目標則予以終止。
4. 我們也可以結合上述各種方式，當網路的學習達到其中一種的要求則予以終止。或是當學習循環的次數達到一最大值時終止，以避免權值向量趨於振盪無法收斂以至於無法停止學習過程。

倒傳遞演算法的第一步是設定網路的初始值（圖 23.4），一個好的初始值設定對網路的設計是很有幫助的。假若我們不知道訓練資料的資訊時，一個典型的作法就是將網路的參數以隨機的方式設定在一個均勻分布的小範圍中。

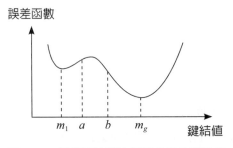

圖 23.1　倒傳遞演算法網路的初始值設定

神經網路是一種模擬人腦的神經網路以期能夠實現類人工智慧的機器學習技術。人腦中的神經網路是一個非常複雜的組織。成人的大腦中估計有 1,000 億個神經元。

讓我們來看一個經典的神經網路。這是一個包含三個層次的神經網路（圖23.2）。左方的是輸入層，右方的是輸出層，中間的是隱藏層。輸入層有 3 個輸入單元，隱藏層有 4 個單元，輸出層有 2 個單元。後文中，我們統一使用此種方式來表達神經網路的結構，若有兩層隱藏層的多層感知器其架構圖參圖 23.3。

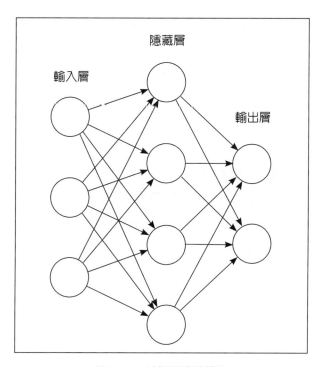

圖 23.2　神經網路結構圖

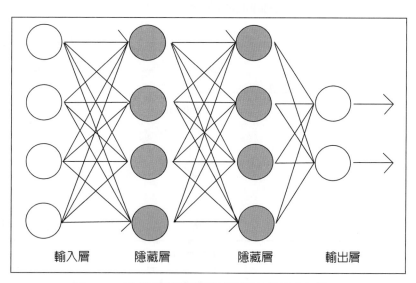

圖 23.3　具有兩層隱藏層的多層感知機網路架構圖

結構圖裡的關鍵不是圓圈（代表「神經元」），而是連接線（代表「神經元」之間的連接）。每個連接線對應一個不同的權重（其值稱為權值），這是需要訓

練得到的。一個神經網絡的訓練算法就是讓權重的值調整到最佳，以使得整個網絡的預測效果最好。

　　1958 年，計算科學家 Rosenblatt 提出了由兩層神經元組成的神經網路。他給它起了一個名字叫「感知器」（Perceptron），感知器是當時最先可以學習的人工神經網路。Rosenblatt 現場演示了其學習識別簡單圖像的過程，在當時的社會引起了轟動。

　　1986 年，Rumelhar 和 Hinton 等人提出了倒傳遞（Backpropagation, BP）演算法，解決了兩層神經網路所需要的複雜計算量問題，從而帶動了業界使用兩層神經網路研究的熱潮。目前，許多的神經網路教材，都是重點介紹兩層（帶一個隱藏層）神經網路的內容。

　　我們使用 a 來表示輸入，用 w 來表示權值。一個表示連接的有向箭頭可以這樣理解即在初端，傳遞的信號大小仍然是 a，端中間有加權參數 w，經過這個加權後的信號會變成 a*w，因此在連接的末端，信號的大小就變成了 a*w（圖23.4）。

　　在其他繪圖模型裡，有向箭頭可能表示的是值的不變傳遞。而在神經元模型裡，每個有向箭頭表示的是值的加權傳遞。

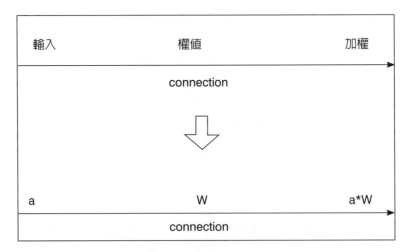

圖 23.4　連接（connection）

　　如果我們將神經元圖中的所有變量用符號表示，並且寫出輸出的計算公式，如圖 23.5 所示。

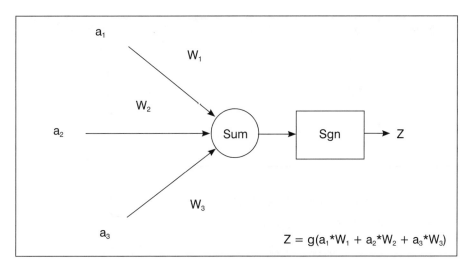

圖 23.5　神經元計算

　　由圖 23.5 可知，z 是在輸入和權值的線性加權和中再附加了一個函數 g 的值。在 MP 模型裡，函數 g 是 sgn 函數（一般用 sign(x) 表示）是很有用的符號函數，此符號函數能夠把函數的符號析離出來 。在數學和電腦運算中，其功能是取某個數的符號（正或負）：當 $x > 0$，$sign(x) = 1$；當 $x = 0$，$sign(x) = 0$；當 $x < 0$，$sign(x) = -1$。

23.2　解析例

　　以下的數據是 60 位受試者針對腦中風與幾項要因所調查的結果。

表 23.1　腦中風與幾項要因

受試者 No.	腦中風	肥胖	喝酒	抽菸	血壓
1	無危險性	肥胖	不喝酒	抽菸	正常
2	無危險性	正常	不喝酒	抽菸	正常
3	有危險性	肥胖	喝酒	抽菸	高
4	有危險性	肥胖	不喝酒	抽菸	高
5	有危險性	正常	喝酒	抽菸	高
6	無危險性	肥胖	喝酒	抽菸	正常
7	有危險性	正常	喝酒	抽菸	高

受試者 No.	腦中風	肥胖	喝酒	抽菸	血壓
8	有危險性	肥胖	不喝酒	抽菸	高
9	有危險性	正常	喝酒	抽菸	高
10	有危險性	肥胖	喝酒	抽菸	正常
⋮	⋮	⋮	⋮	⋮	⋮
59	無危險性	正常	不喝酒	抽菸	高
60	無危險性	正常	不喝酒	抽菸	正常

想分析的是，從肥胖、喝酒、抽菸、血壓的條件預測腦中風的可能性。
此時想利用階層神經網路分析看看。

階層神經網路如前述是由輸入層、隱藏層、輸出層所構成。模型如下。

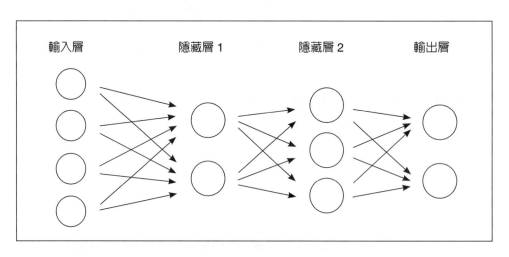

圖 23.6　隱藏層有 2 個的模型

表 23.1 的數據其階層型神經網路表示下圖。

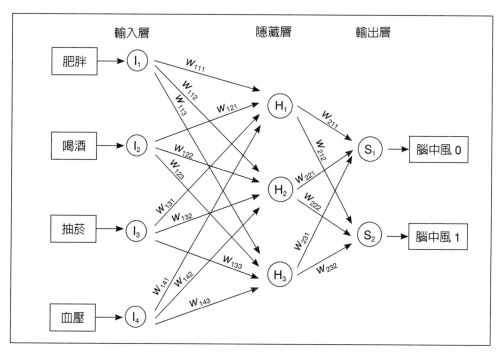

圖 23.7　有 1 個隱藏層，有 3 個單元

在隱藏層單元 H_1 中，如以下與門檻值比較後送出信號。

$$W_{111} \times \square + W_{121} \times \square + + W_{131} \times \square + W_{141} \times \square \geq 門檻值 \rightarrow 1$$
$$W_{111} \times \square + W_{121} \times \square + + W_{131} \times \square + W_{141} \times \square < 門檻值 \rightarrow 0$$

在隱藏層單元 H_2 中，如以下與門檻值比較後送出信號。

$$W_{112} \times \square + W_{122} \times \square + + W_{132} \times \square + W_{142} \times \square \geq 門檻值 \rightarrow 1$$
$$W_{112} \times \square + W_{122} \times \square + + W_{132} \times \square + W_{142} \times \square < 門檻值 \rightarrow 0$$

在隱藏層單元 H_3 中，如以下與門檻值比較後送出信號。

$$W_{113} \times \square + W_{123} \times \square + + W_{133} \times \square + W_{143} \times \square \geq 門檻值 \rightarrow 1$$
$$W_{113} \times \square + W_{123} \times \square + + W_{133} \times \square + W_{143} \times \square < 門檻值 \rightarrow 0$$

送出此隱藏層信號的傳達函數，成為如下。

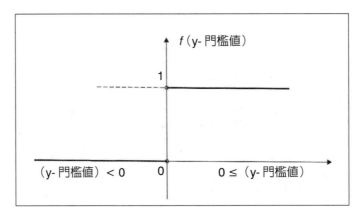

圖 23.8　Heaviside step function

在輸出層 S_1 中，如以下與門檻值比較後送出信號。

$$W_{211} \times \square + W_{221} \times \square + + W_{231} \geq 門檻值 \rightarrow 1$$
$$W_{211} \times \square + W_{221} \times \square + + W_{231} < 門檻值 \rightarrow 0$$

在輸出層 S_2 中，如以下與門檻值比較後送出信號。

$$W_{212} \times \square + W_{222} \times \square + + W_{232} \geq 門檻值 \rightarrow 1$$
$$W_{212} \times \square + W_{222} \times \square + + W_{232} < 門檻值 \rightarrow 0$$

在 SPSS 是使用如下的 sigmoid 函數與雙曲正切函數 tanh 當作傳達函數。

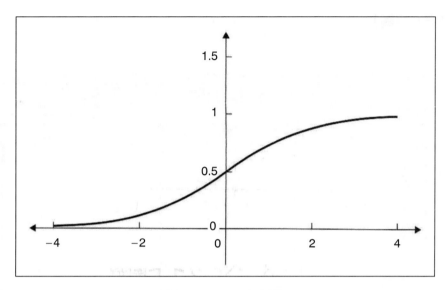

圖 23.9　sigmoid 函數

〔註〕

sigmoid function 表示如下：

$$y = \frac{e^x}{1+e^x} = \frac{1}{1+e^{-x}}$$

● 數據輸入類型

　　表 23.1 的數據如下輸入後，將想預測的受試者的數據，追加於最後的觀察值的下方。

【資料視圖】

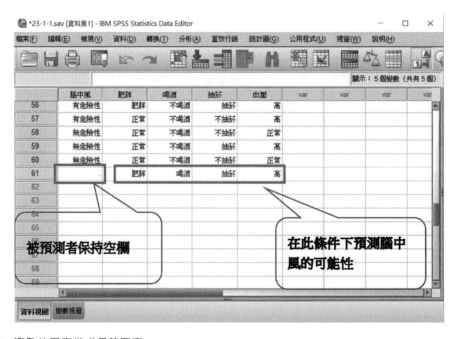

【變數視圖】

註：變數的尺度當成名義尺度。

　　腦中風有危險性當成 1，無危險性當成 0；肥胖當成 1，正常當成 0；有喝酒當成 1，不喝酒當成 0；有抽菸當成 1，不抽菸當成 0；血壓高當成 1，血壓正常當成 0。

23.3　階層型神經網路的分析步驟

【統計處理步驟】

步驟 1　數據輸入後，按一下【分析 (A)】，從清單中選擇【神經網路 (W)】點選
　　　　　【多層感知器 (M)】。

步驟 2　開啟以下對話框,將腦中風移入「因變數 (D)」中,將肥胖、喝酒、抽菸、血壓移入「共變量 (C)」中。

註:共變量也稱為自變數。

步驟 3 開啟「分割」對話框,如下圖點選輸入。

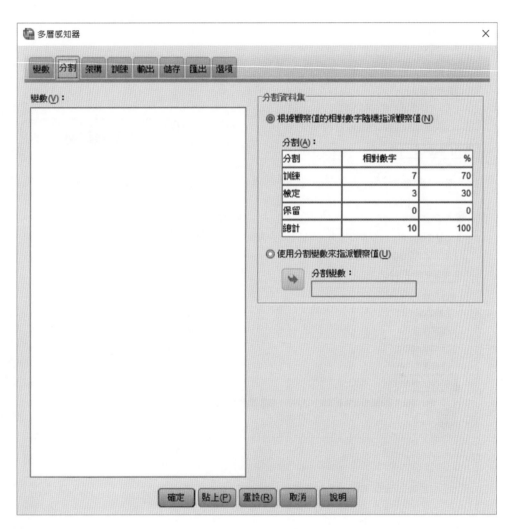

註:

訓練:為了學習神經網路所使用的數據。

檢定:為了防止過度學習追蹤學習中的預測誤差所使用的數據。

保留:為了評價最終的神經網路所使用的數據。

步驟 4　開啓「架構」對話框，如下圖點選。

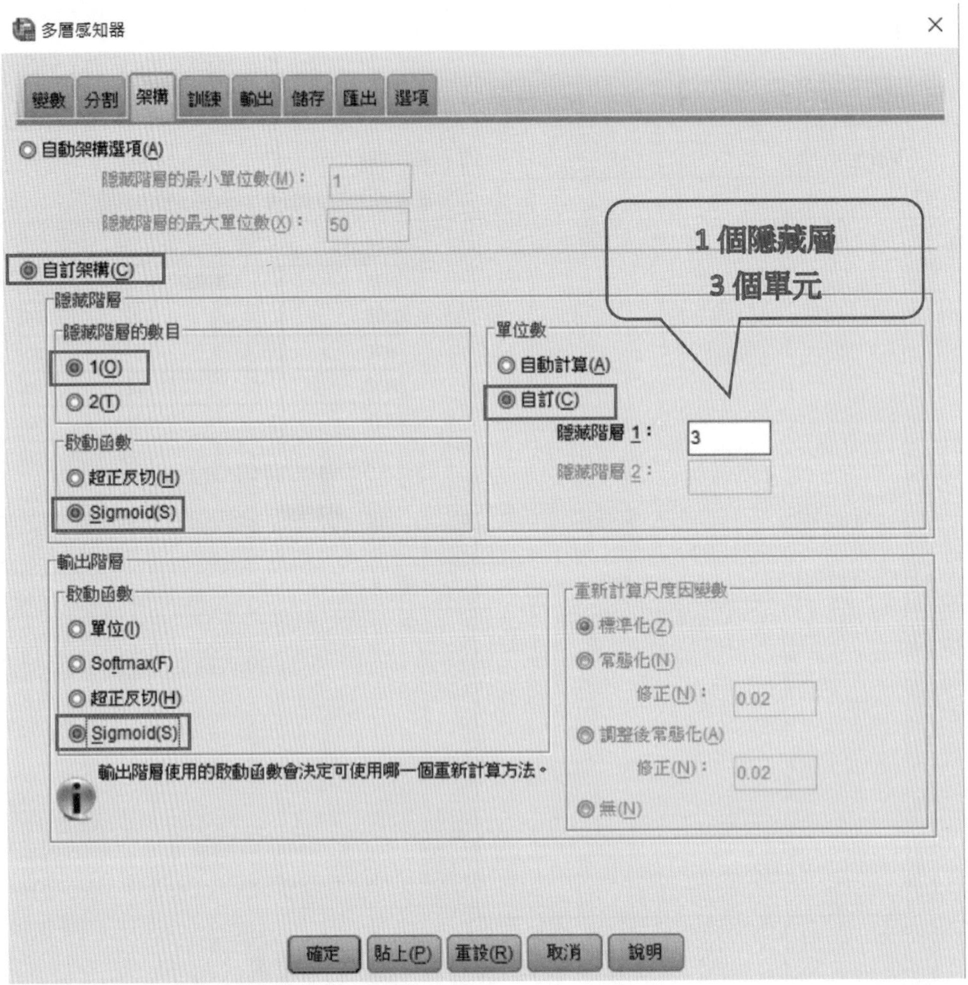

註：雙曲正切曲線是指 Hyperbolic 與 Tangent。

步驟 5　開啓「輸出」對話框，勾選「加權連結值 (S)」。

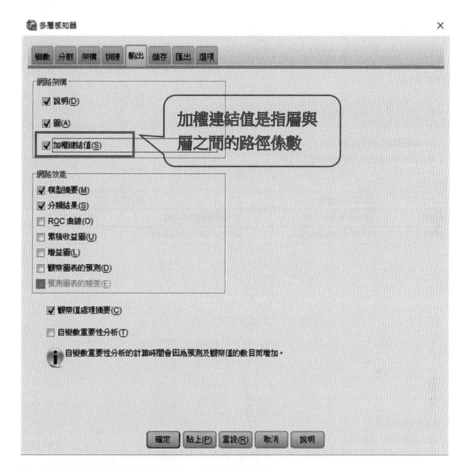

註：若勾選自變數重要性分析時，出現如下輸出。

自變數的重要性

	重要性	常態化重要性
肥胖	.131	35.8%
喝酒	.268	73.1%
抽菸	.367	100.0%
血壓	.233	63.5%

步驟 6 開啓「儲存」對話框。

　　　　勾選「儲存每個因變數的預測值或類別 (S)」與「儲存每個因變數的預測
　　　　虛擬機率 (E)」，最後按「確定」。

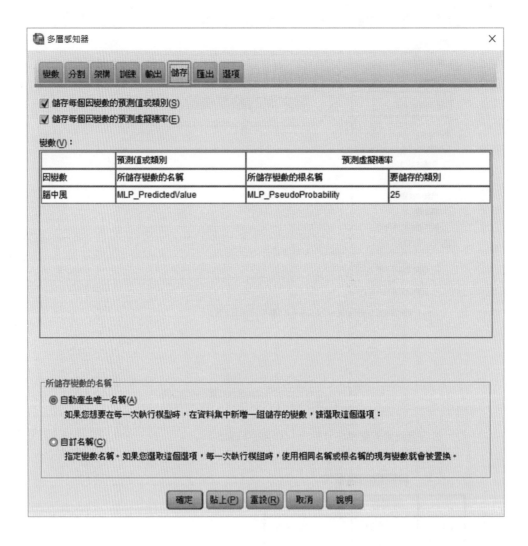

【SPSS 輸出—1】

網路資訊

輸入階層	共變量	1	肥胖	
		2	喝酒	
		3	抽菸	
		4	血壓	
	單位數 [a]			4
	共變量的重新計算方法		標準化	
隱藏階層	隱藏階層的數目			1
	隱藏階層 1 的單位數 [a]			3
	啓動函數		Sigmoid	
輸出階層	因變數	1	腦中風	
	單位數			2
	啓動函數		Sigmoid	
	錯誤函數		平方和	

a. 排除偏差單位

參數評估

		預測值				
		隱藏階層 1			輸出階層	
預設值		H(1:1)	H(1:2)	H(1:3)	[腦中風 = 0]	[腦中風 = 1]
輸入階層	（偏差）	-.799	-.492	-.103		
	肥胖	-.911	.655	-1.625		
	喝酒	-1.267	1.013	-1.890		
	抽菸	-2.058	1.387	-3.083		
	血壓	-1.291	1.620	-2.610		
隱藏階層 1	（偏差）				-2.298	1.774
	H(1:1)				3.011	-2.725
	H(1:2)				-2.02	-.341
	H(1:3)				1.819	-1.229

【SPSS 判讀─1】

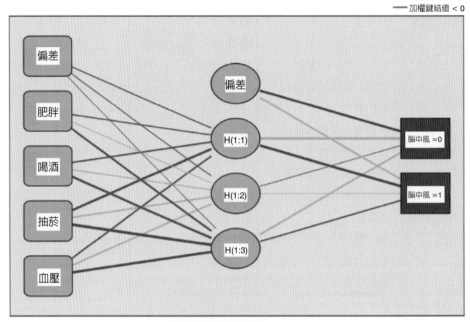

隱藏的階層啓動函數：Sigmoid

輸出階層啓動函數：Sigmoid

〔注意〕

每執行一次，所輸出的參數估計值會改變。

參數評估

預設值		預測值				
		隱藏階層 1			輸出階層	
		H(1:1)	H(1:2)	H(1:3)	[腦中風 = 0]	[腦中風 = 1]
輸入階層	（偏差）	-.142	-.150	-.333		
	肥胖	-.728	-1.110	-.922		
	喝酒	1.027	-1.945	-.949		
	抽菸	1.313	-2.159	-1.047		
	血壓	1.050	-1.798	-1.017		
隱藏階層 1	（偏差）				-.853	.811
	H(1:1)				-2.062	1.973
	H(1:2)				2.210	-2.394
	H(1:3)				1.854	-1.501

【spss 輸出—2】

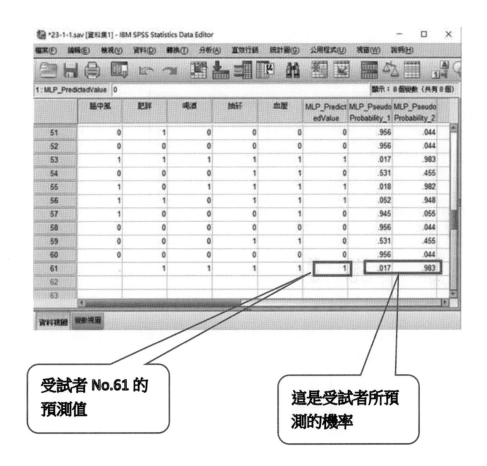

【輸出結果的判讀—2】

受試者 No.61 的預測值是 1。

因此腦中風的可能性高。

【spss 輸出—3】

模型摘要

訓練	平方和錯誤	3.093
	不正確預測數百分比	10.3%
	已使用中止規則	1 連結步驟（含錯誤縮減）[a]
	訓練時間	0:00:00.01
Testing	平方和錯誤	.257
	不正確預測數百分比	0.0%

應變數：腦中風
a. 錯誤計算是以測試樣本為基礎。

分類

樣本	觀察值	預測值 無危險性	有危險性	正確百分比
訓練	無危險性	14	1	93.3%
	有危險性	3	21	87.5%
	整體百分比	43.6%	56.4%	89.7%
Testing	無危險性	11	0	100.0%
	有危險性	0	10	100.0%
	整體百分比	52.4%	47.6%	100.0%

應變數：腦中風

【輸出結果的判讀—3】

　　預測值的正確百分比在訓練後愈接近檢定的結果。

本章參考文獻

1. 神經網路淺講

   https://read01.com/Pgz7y.html

2. 什麼是神經網路—IBM

   http://www.ibm.com/support/knowledgecenter/zh-tw/SSLVMB_23.0.0/spss/neural_

   network/nnet_whatis.html

第 24 章 神經網路
——放射狀基底函數

24.1 簡介

RBF 神經網路運作概念是利用隱藏層所設定的放射狀基底函數（Radial Basis Function; RBF），將具有非線性分割特質的樣本資料，透過 RBF 映射到較高維度的特徵空間，使其具備線性可分割的特質，再利用線性分類模型進行分類。因此 RBF 神經網路的學習概念分為兩個階段：決定 RBF（即：找出中心點（Mean）和其他相關參數）及線性分類模型（即：倒傳遞／感知機模型之 weight 調整）。

放射狀基底函數網絡（Radial basis function network, RBF network）在架構上是一種 3 層前饋（Feedforward）網路。雖然輸入層到輸出層的映射是非線性的（即：隱藏層的函數），但是隱藏層到輸出層的映射卻是線性的（即：輸出層的函數），所以可以加快網路的學習速度。放射狀基底函數網路和倒傳遞網路（backpropagation networks）相似，為監督式學習網路，適用於分類型應用。

理論上，具有 1 層以上隱藏層之倒傳遞神經網路可以逼近任何一個非線性函數。但是，由於倒傳遞網路在學習過程中要重新調整所有連結的權重值，而且隱藏層與輸出層皆採用非線性函數作為其啟動函數。所以網路的學習速度慢，很難滿足控制系統的即時性要求。

放射狀基底函數網路於 SPSS 中稱為半徑基底函數網路，是指 k 個被稱為放射狀基底函數（Radial Basis Function）的函數 $f_1(x), f_2(x), \cdots f_k(x)$ 的線性和所定義的模型，式子表示如下：

$$H(x) = \sum_{k=1}^{k} u_k f_k(x)$$

此即針對輸入 x 學習輸出的一種學習模型。此處所謂的放射基底函數，是取決於中心 μk 與 x 的距離所決定的函數。在數學建模領域，放射狀基底函數網絡

是一種使用放射狀基底函數作爲啓動函數的人工神經網絡。放射狀基底函數網絡的輸出是輸入的放射狀基底函數和神經元參數的線性組合。放射狀基底函數網絡具有多種的用途，包括函數近似法、時間序列預測、分類和系統控制。最早是由布魯姆赫德（Broomhead）和洛維（Lowe）在 1988 年建立。

放射狀基底函數網絡通常有三層：輸入層、隱藏層和一個非線性啓動函數和線性放射狀基底神經網絡輸出層。輸入可以被建模爲實數向量。輸出是輸入向量的一個純量函數。基底函數可以爲線性函數、三次函數、薄平面曲線函數、Duchon 多變數函數、二次多變數函數、二次多變數倒函數、高斯函數等。

RBF 網路與多層感知器（MLP）網路的異同比較如下：

1. 相同點：

(1) 皆爲非線性前饋式（Non-linear Feed-forward）網路。

(2) 皆爲處理全域近似解。

(3) 可用於相似應用領域。

2. 相異點：

(1) RBF 網路僅有一層隱藏層；MLP 網路可能有多於一層的隱藏層。

(2) MLP 網路在隱藏層和輸出層所有處理單元使用相同的啓動函數（Activity Function，如 Sigmoid 函數）；RBF 網路所使用的啓動函數皆有所不同（隱藏層各單元的基底函數之中心點皆不同）。

(3) RBF 網路僅在隱藏層從事非線性函數運算，輸出層爲線性函數運算；MLP 網路在隱藏層與輸出層皆從事非線性函數運算。故 RBF 網路的訓練速度比 MLP 網路快。

(4) RBF 網路部分參數是採無監督式演算法來初始化；MLP 網路所有參數皆以隨機方式初始化。MLP 網路利用超平面（Hyper-planes）來分割樣本資料；RBF 網路利用徑向基底函數轉換來對樣本資料進行超球面（Hyper-sphere）分割。

(5) MLP 是採全域性 sigmoid 函數，RBF 是採局部性高斯型基底函數。

RBF 神經網絡通常有三層：輸入層、隱藏層和輸出層。RBF 類神經網路每一層所扮演的角色各有不同。

(1) 輸入層→輸入資料與網路連結的介面層。

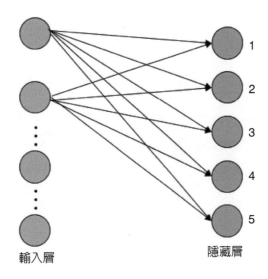

輸入層　　　　　　　　隱藏層

(2) 隱藏層→僅一層，將輸入經非線性轉換至隱藏層。（將輸入空間進行非
　　線性映射到隱藏空間）

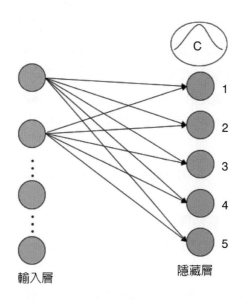

輸入層　　　　　　　　隱藏層

(3) 輸出層→扮演著將隱藏層的輸出進行線性組合（或線性映射）獲得輸出
　　值的角色。

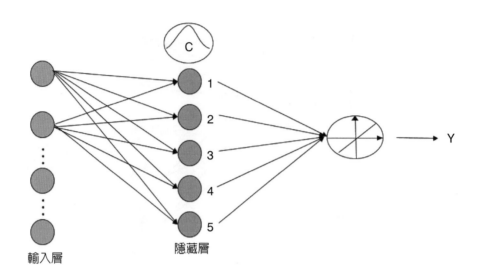

高維度空間的範例分類（pattern-classification）問題，比低維度空間更符合線性分離趨勢，因此我們經常會建構高維度隱藏空間的 RBFNN（Radial basis function neural network），即隱藏層神經元個數較多。另一方面，由於隱藏層神經元的個數，會直接影響網路建構輸入與輸出間映射關係的能力，愈高維度的隱藏層空間將可帶來愈精確的近似推估值（Mhaskar, 1996; Niyogi & Girosi, 1996）。

當訓練範例資料輸入網路後，直接由輸入層將輸入向量傳給隱藏層中的每個放射狀基底函數，也就是計算輸入向量與隱藏層各神經元中心點的距離後，經函數轉換獲得隱藏層各神經元的輸出。式子表示如下：

$$z_j(x) = \phi(\|x - c_j\|) \quad j = 1, 2, \cdots, M$$

$\phi(\cdot)$ 表放射狀基底函數
c_j 表隱藏層第 j 個神經元中心點
$\|x - c_j\|$ 表示 x 與 c_j 間之歐式距離。
將隱藏層的輸出值經加權傳至輸出層即可求得網路輸出值。式子表示如下。

$$y = \sum_{j=0}^{M} w_j \cdot z_j(x)$$

y 為輸出層的輸出值

w_j 為輸出層第 j 個神經元至輸出層的權重值

z_j 為隱藏層第 j 個神經元的輸出值

亦即，放射狀基底函數網路屬於基本的前饋式類神經網路，除了輸入層與輸出層外，RBF 神經網路只有一層隱藏層，其網路主要概念是在隱藏層上的每個神經元建立放射狀基底函數，扮演著將輸入空間透過非線性映射至隱藏空間的功能，再藉由輸出層的權重，將隱藏空間經線性映射至輸出空間。在網路的建構上，重點在於決定放射狀基底函數的中心點個數與位置，以及參數調整的學習演算法。隱藏層放射狀基底函數的中心點選取方法有隨機選取法與垂直最小平方法。如前所述，需預先確認中心點的個數（M）及位置，其後推估各權重值（wj）。採兩階段式的混合學習策略，架構 RBF 神經網路及其推估參數。於前階段中，輸入層至隱藏層的學習過程中，採用垂直最小平方法（Orthogonal Least-Squares, OLS）來決定適當的隱藏層大小；後階段中，為隱藏層至輸出層則由序率坡降法（Stochastic Gradient Approach, SGA）調整其相關參數權重值。架構流程如下圖。

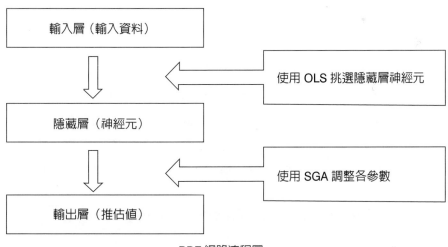

RBF 網路流程圖

RBF 網路演算流程整理如下：

1. 處理資料（輸入項與目標輸出項）。

2. 決定類神經網路架構。

3. 決定初始中心點位置（類神經元）。

4. 利用 RBFANN 學習演算法修正：(1) 中心點位置；(2) 連結權重；(3) 放射狀基底半徑。

5. 驗證與測試階段。

RBF 網路的缺點是求取 RBF 網路隱藏層處理單元的中心點、標準差…等參數，是一個困難的問題。放射狀基底函數有許多種，如何選擇合適的放射狀基底函數、如何確定隱藏層處理單元數目，以使網路學習達到所要求的精確度，是尚未解決的問題。RBF 網路可能遇到嘗試各種學習參數、網路架構、演算法，網路皆無法收斂。原因包括有訓練範例的輸入向量與輸出向量根本無充分關聯可供學習，訓練範例對整個問題領域而言，代表性不足。嘗試各種網路架構，其收斂迭代檔皆不收斂。解決方法有增刪輸入變數，以更適合問題的輸入變數來替換。增加訓練範例，使範例更具代表性。

RBF 的應用範圍有許許多多，像是語音處理、非線性控制處理、圖案辨識、洪水預測及河口水位預測、電力系統故障分析、股價預測、病原體篩選等，詳情請參相關文獻。

24.2 解析例

半徑式函數（RBF）程序會產生根據預測變數值的一或多個依變數（目標變數）預測模型。以下使用半徑式函數分類銀行行員的職種。

以下的數據是針對任職於美國銀行的 265 位銀行員調查目前的薪資、性別、工作的熟悉度、就學年數、就業年數、年齡、學歷等所調查的結果。想知道的是，任職的職種與其他變數之間有何關係，想利用這些變數來分類職種。

No	薪資	性別	婚姻	學歷	熟悉度	就學年數	就業年數	年齡	職種
1	32302	女性	未婚	高中	75	15	6.1	34	事務職
2	35616	女性	已婚	高中	80	12	9.7	47	事務職
3	78940	男性	已婚	大學以上	90	16	12.5	40	技術職
4	75535	男性	已婚	大學	87	19	13	52	技術職
5	53768	男性	未婚	大學	85	15	5.2	32	管理職

No	薪資	性別	婚姻	學歷	熟悉度	就學年數	就業年數	年齡	職種
6	33018	女性	已婚	高中	70	8	16.2	46	事務職
7	62450	男性	已婚	大學	86	18	6.2	44	技術職
8	87400	男性	已婚	大學以上	90	19	16.6	50	技術職
9	35610	男性	已婚	大學	82	15	5.5	32	管理職
10	30790	女性	未婚	高中	80	12	5.5	31	事務職
11	71116	男性	已婚	大學以上	88	15	8.1	35	技術職
12	36082	男性	已婚	大學	75	15	6.2	36	管理職
13	53012	男性	未婚	大學	84	15	8	34	管理職
14	38648	女性	已婚	高中	80	12	22	54	事務職
…	…	…	…	…	…	…	…	…	…
…	…	…	…	…	…	…	…	…	…
263	30782	女性	未婚	高中	74	12	4.3	32	事務職
264	65498	男性	已婚	大學	88	12	19	51	管理職
265	35514	女性	已婚	大學	76	12	10.6	39	管理職

【SPSS 統計分析步驟】

步驟 1　若要執行半徑式函數分析，請從功能表中選擇【分析 (A)】→【神經網路 (W)】→【半徑式函數 (R)】，開啟「變數」對話框，選擇「職種」作為「因變數 (D)」。選擇「婚姻」、「性別」、「學歷」作為「因素 (F)」。選擇「年齡」、「薪資」、「熟悉度」、「就學年數」、「就業年數」作為「共變量 (C)」。選擇「調整後常態化」作為「重新計算共變量 (S)」的方法。

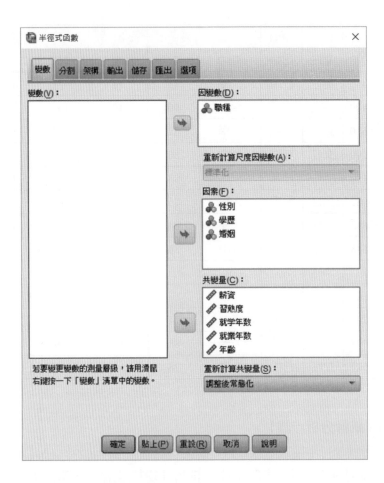

步驟 2 開啓「分割」對話框，指定觀察值的相對數字之後，便可以輕鬆建立不易指定百分比的分數分割。

註：假設您要將 2/3 的資料集指定給訓練樣本，並且將剩餘觀察值的 1/3 指定給測試樣本與保留樣本。輸入 6 作為訓練樣本的相對數字。輸入 2 作為測試樣本的相對數字。輸入 1 作為保留樣本的相對數字。總共指定 9 個相對觀察值。6/9 = 2/3 或約 66.67% 是指定給訓練樣本；2/9 或約 22.22% 是指定給測試樣本；1/9 或約 11.11% 是指定給保留樣本。

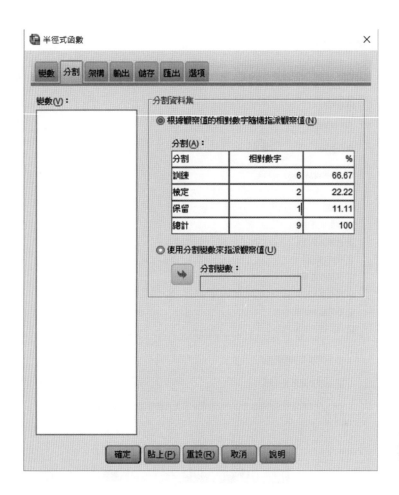

步驟 3　開啓【輸出】對話框。取消選擇「網路架構」組別中的「圖」。勾選「網路效能」組別中的「ROC 曲線」、「累積收益圖」、「增益圖」、「觀察圖表的預測」，以及下方的「觀察值處理摘要」、「自變數重要性分析」。

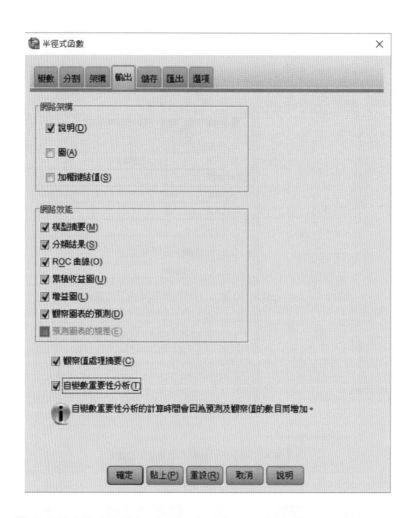

步驟 4 開啓【儲存】對話框。勾選「儲存每個因變數的預測值或類別」和「儲存每個因變數的預測虛擬機率」。按一下「確定」。

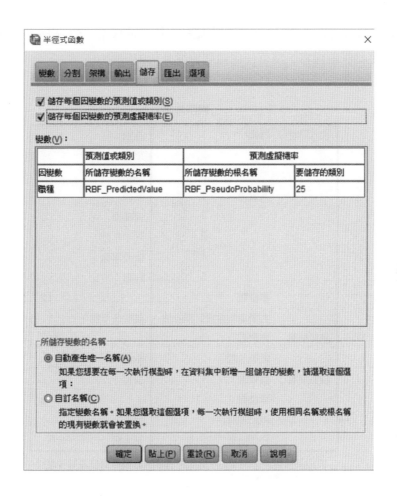

【SPSS 輸出】

觀察值處理摘要

		N	百分比
樣本	訓練	178	67.2%
	Testing	53	20.0%
	保留	34	12.8%
有效		265	100.0%
已排除		0	
總計		265	

觀察值處理摘要顯示 178 個觀察值指定給訓練樣本，53 個指定給測試樣本，34 個指定給保留樣本。沒有任何觀察值從分析中排除。

網路資訊

輸入階層	因素	1	性別	
		2	學歷	
		3	婚姻	
	共變量	1	薪資	
		2	習熟度	
		3	就學年數	
		4	就業年數	
		5	年齡	
	單位數			12
	共變量的重新計算方法		調整後常態化	
隱藏階層	單位數			10[a]
	啟動函數		Softmax	
輸出階層	因變數	1	職種	
	單位數			3
	啟動函數		單位	
	錯誤函數		平方和	

a. 由測試資料準則確定：最佳隱藏單位數目是測試資料中產生錯誤最少的數目。

網路資訊表顯示神經網路的相關資訊，可用於確認規格是否正確。其中必須特別注意：

輸入階層的單位個數等於共變量個數加上因素水準總數；對於「婚姻」、「學歷」和「性別」的各個類別，會建立個別的單位，而且不會比照許多模型化程序中，將任何類別視為「冗餘」單位。同樣地，對於「職種」的各個類別，會建立個別的輸出單位，輸出階層中總共會有 3 個單位。共變量會以調整後常態化方法進行調整。

自動架構選擇已在隱藏階層中選擇 10 個單位。由於隱藏層神經元的個數，會直接影響網路建構輸入與輸出間映射關係的能力，愈高維度的隱藏層空間將可帶來愈精確的近似推估值。其他所有網路資訊都預設用於程序中。

模型摘要

訓練	平方和錯誤	17.207
	不正確預測數百分比	14.0%
	訓練時間	0:00:00.41
Testing	平方和錯誤	7.411[a]
	不正確預測數百分比	22.6%
保留	不正確預測數百分比	8.8%

應變數：職種

a. 隱藏單位數由測試資料準則確定：最佳隱藏單位數目是測試資料中產生錯誤最少的數目。

模型摘要顯示訓練、測試和套用最終網路於保留樣本的結果資訊。

顯示平方和錯誤，因為這經常用於 RBF 網路。這是網路嘗試在訓練和測試時最小化的錯誤函數。

不正確預測的百分比是從分類表中取得，保留樣本可協助驗證模型。

分類

樣本	觀察值	預測值			
		事務職	技術職	管理職	正確百分比
訓練	事務職	104	0	10	91.2%
	技術職	0	14	6	70.0%
	管理職	6	3	35	79.5%
	整體百分比	61.8%	9.6%	28.7%	86.0%
Testing	事務職	28	0	1	96.6%
	技術職	0	9	6	60.0%
	管理職	3	2	4	44.4%
	整體百分比	58.5%	20.8%	20.8%	77.4%
保留	事務職	18	0	0	100.0%
	技術職	0	3	1	75.0%
	管理職	1	1	10	83.3%
	整體百分比	55.9%	11.8%	32.4%	91.2%

應變數：職種

分類表顯示使用網路的實際結果。對於每個觀察值,預測反應是最高預測虛擬機率的類別。

對角線上的儲存格為正確預測。不在對角線上的儲存格為不正確預測。

結果顯示訓練樣本的正確率是 86.0%,測試樣本的正確率是 77.4%。

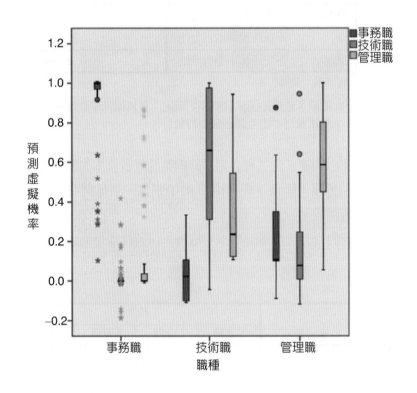

對於類別依變數,觀察值對預測值圖表會顯示結合訓練樣本和測試樣本的預測虛擬機率集群盒形圖。x 軸對應於觀察反應類別,而圖註對應於預測類別。因此:

對於具有觀察類別「事務職」的觀察值,最左邊的盒形圖顯示屬於類別「事務職」的預測虛擬機率。

對於具有觀察類別「技術職」的觀察值,右邊第二個盒形圖顯示屬於類別「技術職」的預測虛擬機率。

對於具有觀察類別「管理職」的觀察值,第三個盒形圖顯示屬於類別「管理職」的預測虛擬機率。

　　由於目標變數中超過兩個類別，因此前三個盒形圖與 0.5 處或任一處的水平線都不保持對稱。因此，不容易針對含有兩個類別以上的目標解釋此圖，因為，檢視其中一個盒形圖的一部分觀察值時，無法判斷其他盒形圖的觀察值相對位置。

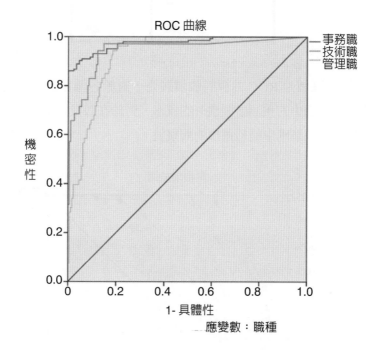

　　ROC 曲線能夠以目視方式，呈現所有可能分割的具體性和機密性。其中顯示的圖表有三條曲線，分別表示目標變數的各個類別。

　　請注意，這張圖表是根據合併的訓練樣本和測試樣本而得。若要產生保留樣本的 ROC 圖表，請將分割變數上的檔案分割，然後在預測虛擬機率上執行 ROC 曲線程序。

曲線下的區域

		區域圖
職種	事務職	.975
	技術職	.947
	管理職	.924

曲線下的區域是 ROC 曲線的數值摘要，對於各個類別而言，表中的值表示：出現在該類別中的預測虛擬機率的機率，對於在該類別中隨機選擇的觀察值而言，高於不在該類別中隨機選擇的觀察值。

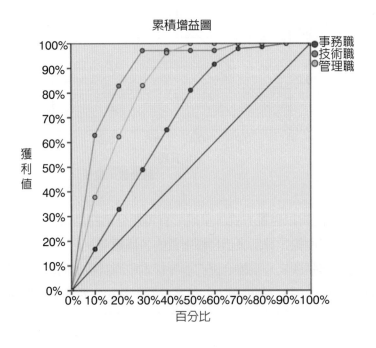

累積增益圖

累積增益圖與提升圖是測試模型性能的視覺指標。兩者是由提升區線與基準線所購成。累積增益圖是以觀察值總數的百分比為目標，顯示指定類別在觀察值的總數中其「增益」的百分比。提升曲線與基準線的面積愈大模型愈好。對角線是「基準線」曲線，曲線在基準線上方的距離愈遠，則增益愈大。如果您從評分

資料中隨機選擇 10% 的觀察值，則會「增益」10% 實際具有指定類別的所有觀察值。例如，在「事務職」類別的曲線上，第一個點大約位在（10%, 20%），這表示，如果您使用網路評定資料集，並且依照預測虛擬機率「事務職」將所有觀察值排序，則前 10% 會包含大約 20% 實際具有類別「事務職」的觀察值。累積增益圖與提升圖是對於應呈現哪一職種為了有所選擇而使用此預測模型為其優點。

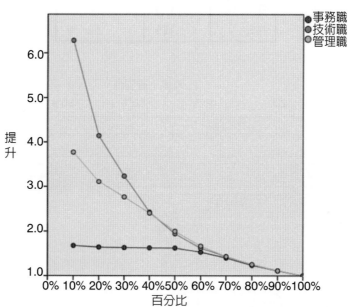

提升圖衍生自累積增益圖，y 軸上的值對應於各曲線與基準線（等於 1 的水平線）的累積增益比例。因此類別「管理職」提升 10%，使用無模型得到的是 10% 的反應者，但使用預測模型得到的是 40%，因此，類別「管理職」提升 10% 便大約是 40%/10% = 4.0。這是另一種檢視累積增益圖資料的方式。

注意：累積增益圖和提升圖是根據合併的訓練樣本和測試樣本而得。

自變數的重要性

	重要性	常態化重要性
性別	.080	36.7%
學歷	.194	89.0%
婚姻	.061	28.2%
薪資	.218	100.0%
習熟度	.091	41.8%
就學年數	.115	52.8%
就業年數	.113	52.0%
年齡	.129	59.1%

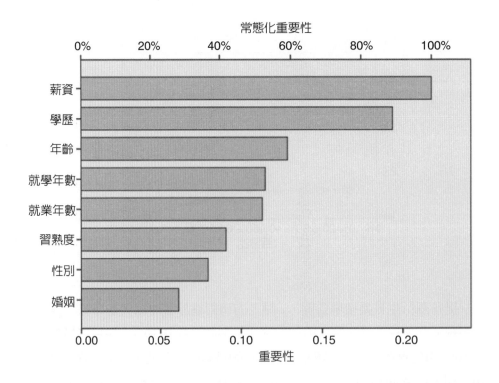

職種分類的變數是以薪資、學歷為主要考量，性別、婚姻的影響則較小。

第 25 章　路徑分析

25.1　簡介

　　路徑分析（Path analysis）是一種用來分析變項間因果關係（causal relation）的統計方法。其中，能夠引發其他變項發生改變的變項稱作是「因」（causes），被其他變項影響而產生改變的變項稱作是「果」（effects），因此，「因」與「果」之間便會產生許多「直接」影響（direct effects）和「間接」影響（indirect effects）的效果；路徑分析即是於研究者事前對於文獻的考量所提出的一種因果模型，用多元迴歸分析中的標準化迴歸方程式的估計方法，找出並驗證能夠符合模型假設的路徑係數（path coefficient），以求出「因」對「果」之影響力的直接效果和間接效果，並以量化的數據來解釋這些因果關係的假設，以達到驗證研究者所提出之因果模型的存在與否。

　　路徑分析通常具有下列幾項基本假定，在應用時，不得不先考慮所蒐集的資料是否能滿足這些假定：

1. 所提的因果模型中之變項間的關係，必須是直線的、可加的，以及具有因果的關係。
2. 該因果模型中，每個殘差值與其「因」變項間不具有任何關聯；亦即，假定每個殘差值間是沒有關聯存在。
3. 在該因果模型中，只具有單向的因果關係（one-way causal）；雙向的因果關係暫不考慮。
4. 所測量的變項都是屬於等距量尺變項。
5. 變項沒有測量誤差（measurement error）存在。

在這些假定前提下，路徑分析的方法可以縮減成一個或多個線性迴歸的估計問題，可以使用標準化迴歸分析法來求解其標準化迴歸係數值，此處的標準化迴歸係數值即代表解釋「因」與「果」間之直接效果量，稱作「路徑係數」。路徑分析通常是指根據研究者所提之因果模型圖進行驗證性分析，該模型圖稱作「路徑圖」（path diagrams），所分析之變項若是其他變項的「因」者，則稱作「外因變項」（exogenous variables），如果是其他變項或內因變項的「果」者，則

稱作「內因變項」（endogenous variables）。所以，路徑分析即是利用標準化迴歸分析法，估計未知的路徑係數值，並考驗整個因果模型圖是否存在，以進行因果關係詮釋的一種統計分析方法。

　　路徑分析是一種研究多個變數之間因果關係及其強度的統計方法。由美國遺傳學家 Sewll Wright 於 1921 年首創。路徑分析的主要目的是檢驗一個假想的因果模型的準確和可靠程度，測量變數間因果關係的強弱。常用軟體有 AMOS、Lisrel、Mplus 等。路徑分析主要步驟如下。選擇變數和建立因果關係模型 > 檢驗假設 > 估計參數 > 評估因果模型（根據模型擬合指標進行判斷，如卡方值是否限制，GFI，RMSE 等），路徑分析結果解釋：路徑係數，經過標準化的估計值，單向箭頭上的數位表示路徑係數，即標準化迴歸係數。單向箭頭由引數指向因變數，其路徑系數值表示了引數對因變數的直接效應的方向和大小。

　　路徑分析是多元迴歸分析模型的拓展，可以同時包含幾個迴歸模型，解決傳統迴歸模型只能分析單個因變數的局限。由於同時包含多個迴歸模型，路徑分析處理的變數關係更加複雜。

25.2　解析例

　　使用表 25.1，利用 Amos 進行路徑分析。

　　以下的數據是針對平均壽命、醫療費用的比率、蛋白質攝取量進行調查。

> 想知道的事情是？
> 在此 3 個變量之間潛藏著何種的關係呢？

　　試考慮以下的路徑圖。

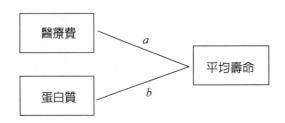

表 25.1 長壽的秘訣

No.	平均壽命	醫療費用的比率	蛋白質攝取量
1	65.7	3.27	69.7
2	67.8	3.06	69.7
3	70.3	4.22	71.3
4	72.0	4.10	77.6
5	74.3	5.26	81.0
6	76.5	6.18	78.8

【數據輸入類型】

表 25.1 的數據，如下輸入。

	平均壽命	醫療費	蛋白質	var	var
1	65.7	3.27	69.7		
2	67.8	3.06	69.7		
3	70.3	4.22	71.3		
4	72.0	4.10	77.6		
5	74.3	5.26	81.0		
6	76.2	6.18	78.7		
7					
8					
9					
10					

事實上，路徑分析對以下的複雜模型是最拿手的。

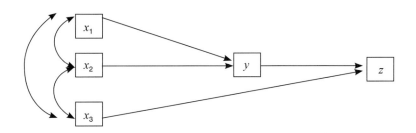

25.3 　路徑分析

Amos 是為了路徑分析與共變異數構造分析所開發的統計軟體。

雖然難以相信，卻完全不需要預備知識。

總之，使用 Amos 看看。

【統計處理步驟】

步驟 1　Amos 的統計處理是從前面的狀態，從按一下【分析 (A)】開始的。

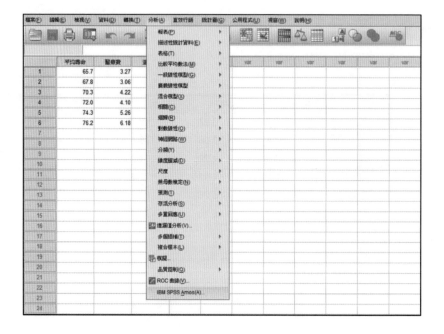

步驟 2 開啓以下的視窗。

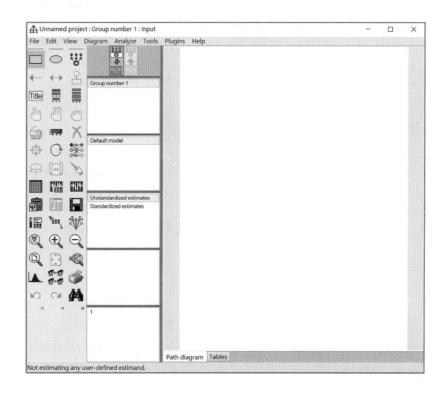

在此大的方框中描畫「變數（＝變量）間似乎成立的關係圖（＝路徑圖）」，
如此就行了。

　　如表 25.1 所示，談到「平均壽命、醫療費用的比率、蛋白質攝取量之間的因果關係」時，譬如想調查「醫療費用的比例與蛋白質攝取量對平均壽命之影響」立刻想到的模型即為複迴歸模型，即

$$平均壽命 = b_1 \times 醫療費用 + b_2 \times 蛋白質 + b_0$$

此時，路徑分析是將此模型以如下圖形來表現：

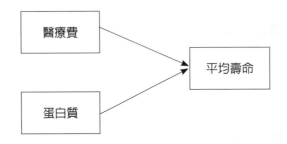

換言之，將此路徑圖描畫在 Amos 的大方框之中就可以了。

要移動的只是滑鼠而已，因之必須利用 Amos 視窗左側的工具列才行。

那麼一面想像

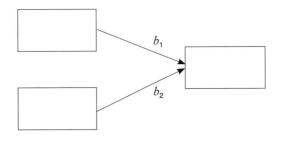

一面製作路徑圖。

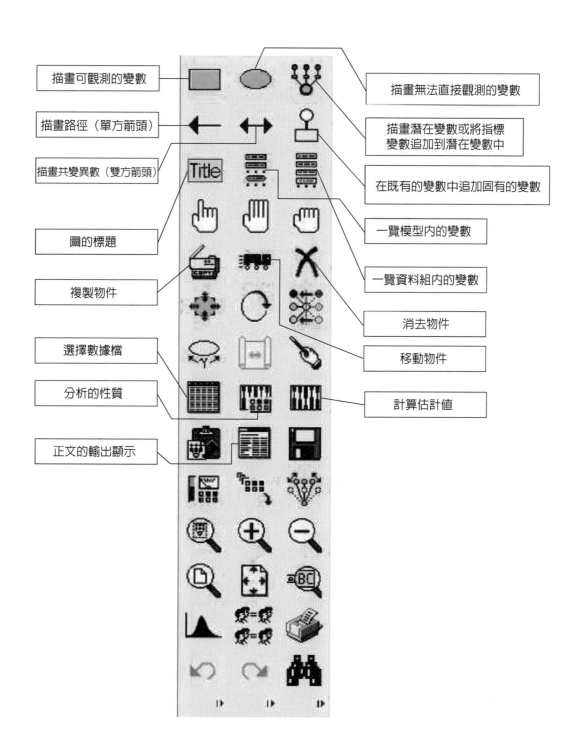

描畫可觀測的變數

描畫路徑（單方箭頭）

描畫共變異數（雙方箭頭）

圖的標題

複製物件

選擇數據檔

分析的性質

正文的輸出顯示

描畫無法直接觀測的變數

描畫潛在變數或將指標變數追加到潛在變數中

在既有的變數中追加固有的變數

一覽模型內的變數

一覽資料組內的變數

消去物件

移動物件

計算估計值

步驟 3 首先，將滑鼠移到工具列的 █████（可觀測的變數）圖示，進行點選。於是，滑鼠的游標就變成如下的 ⌐□。

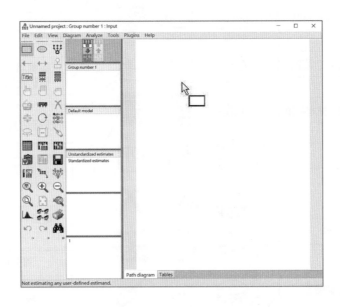

步驟 4 將此指標移到畫面上（譬如左上）適當地點，稍許拖移滑鼠時，即會出現左方的長方形。

步驟 5 變數有 3 個，試著同樣做做看。

註：於適當的地方點擊數次，即可出現數個。

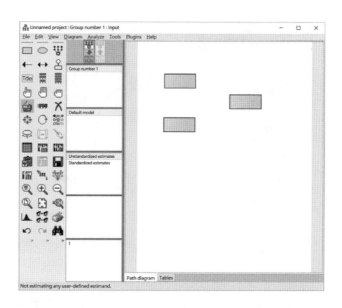

步驟 6 其次，在 3 個 □□ 之中輸入變數名。

按一下工具列的 ▦ （一覽模型內的變數）圖示，如下，即會出現數據組所含有的變數名。

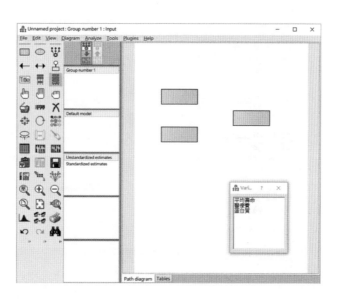

步驟 7　一直按著醫療費不放，拖移到路徑圖左上的▭為止。其餘的 2 個變數也同樣移到▭之中。

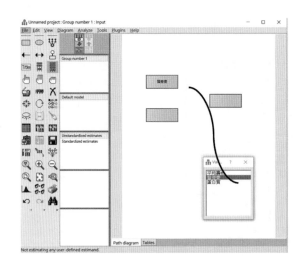

步驟 8　必須畫入單方向的箭頭（路徑）。按一下工具列的◀— （路徑）圖示。點一下醫療費，一直按著不放，拖移到平均壽命，即可如下圖畫出路徑線條。
　　　　以同樣的方式也從蛋白質到平均壽命加上路徑線條。
　　　　註：想消去時，在路徑線條的上方按一下。即可出現【消去】。

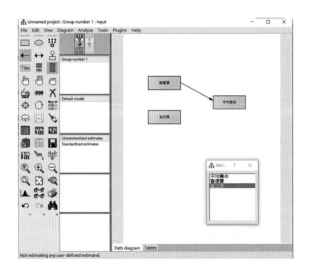

步驟 9 視窗中變成如下圖所示後,按一下工具列 ▓▓ (計算估計值)圖示,開
始計算。2 個參數 b_1, b_2 可以順利求出嗎?

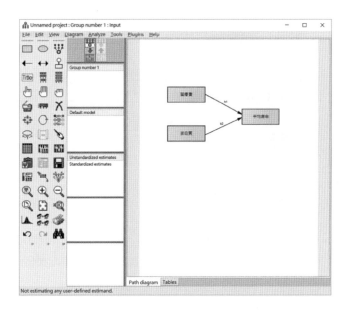

步驟 10 出現警告!

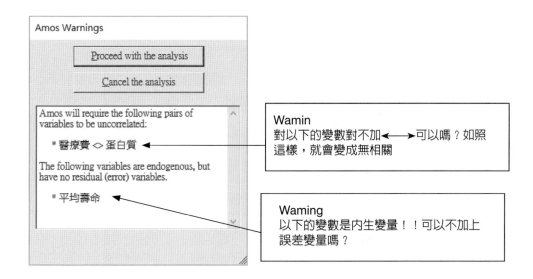

步驟 11　按一下工具列的 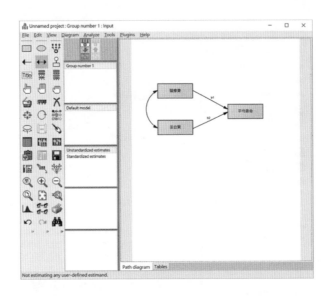（共變異數）圖示。將指標移到蛋白質的上方，一直按著試著拖移到醫療費。即會出現雙方向的箭頭線段。

步驟 12　再按一下工具列的 （在既有的變數中追加固有的變數）圖示。將指標移到平均壽命上按一下。如下圖所示，按一下 圖示。再度開始計算。

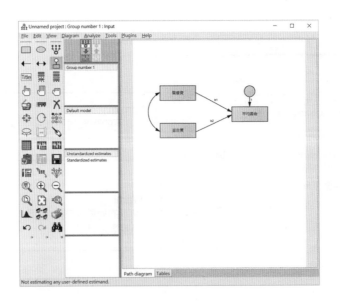

步驟 13 ???再度失敗！！亦即，有未加名稱的變數。因此，在誤差變量的
 之中填入名稱。

按一下下圖的確定，此對話框即關閉。

步驟 14 在 ⬭ 的上方按兩下，即出現物件的內容。在文字（Text）標籤的變數
名（Variable name）中輸入 e。

註：誤差變量是 error 故當作 *e*。

步驟 15 關閉步驟 14 的視窗。變成左方那樣時再次按一下 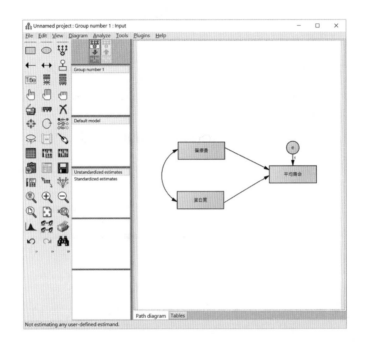 圖示。即開始計
算。

步驟 16 由於詢問檔案名，因之輸入 "wine"。

接著按「存檔 (S)」鈕。回到步驟 15 的視窗，如按一下  （正文的
輸出顯示）圖示時…。

步驟 17 開啟正文輸出的視窗，按一下估計值（Estimates）。

【SPSS 輸出 1】

最大概度（ML）法估計值◀①　　②　　③

Regression Weights: (Group number 1 - Default model)

	Estimate	S.E.	C.R.	P	Label
平均壽命 <--- 醫療費	2.077	.623	3.332	***	
平均壽命 <--- 蛋白質	.304	.148	2.056	.040	

Covariances: (Group number 1 - Default model)

	Estimate	S.E.	C.R.	P	Label
醫療費 <--> 蛋白質	4.103	2.883	1.423	.155	

Variances: (Group number 1 - Default model)

	Estimate	S.E.	C.R.	P	Label
醫療費	1.181	.747	1.581	.114	
蛋白質	20.942	13.245	1.581	.114	
e	.733	.463	1.581	.114	

註：路徑分析的特徵在於因果係數（＝標準偏迴歸係數）與相關係數之間的關係。

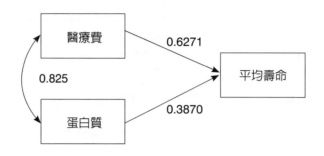

譬如，平均壽命與醫療費用之相關係數 0.9464 與標準偏迴歸係數 0.6271 之間成立如下的等號。

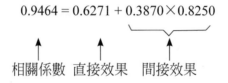

$$0.9464 = 0.6271 + 0.3870 \times 0.8250$$

↑　　　↑　　　　↑
相關係數　直接效果　間接效果

【輸出結果的判讀方法 1】

① 知此計算是使用最大概似法。複迴歸分析是使用最小平方法，雖然平均值是一致的，但變異數與標準差之值卻略有不同。

② 在估計值的地方，輸出有想知道的參數之值。換言之，$b_1 = 2.077$, $b_2 = 0.304$。

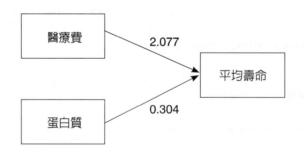

③ 檢定統計量的地方是檢定

"假設 H_0：參數之值爲 0"

此值如在 1.96 以上時，假設 H_0 即被捨棄，參數之值即不爲 0。

亦即，因果係數並非是 0，可知該處存在著有意義的關係。譬如，參數 b_2 是

$$\frac{0.304}{0.148} = 2.056 \geq 1.96$$

假設 H_0 被捨棄，可知蛋白質攝取量對平均壽命有影響。

【標準化參數的輸出方法】

想求標準化之參數的值時，要如何做才好？首先，按一下工具列的 ▦（分析的性質）圖示，即出現如下方的視窗，點選輸出（Output）標籤，勾選標準化估計值（Standardized estimates）。

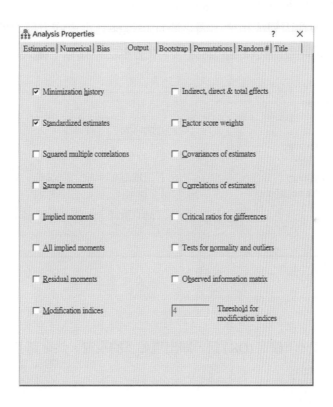

視窗關閉後，按一下 ▦ 圖示，開始計算，按一下 ▦ 圖示即如下方輸出標準化之參數之值。

Standardized Regression Weights: (Group number 1 - Default model)

	Estimate
平均壽命 <--- 醫療費	.627
平均壽命 <--- 蛋白質	.387

【GFI 與 AIC 在畫面上輸出的方法】

按一下工具列的 Title （圖的標題）圖示。

滑鼠的游標因變成指標，因之將此指標移到視窗的方框之間的地方，按一下。於是，即開啓圖的標題的對話框，在方框之中如以下輸入。

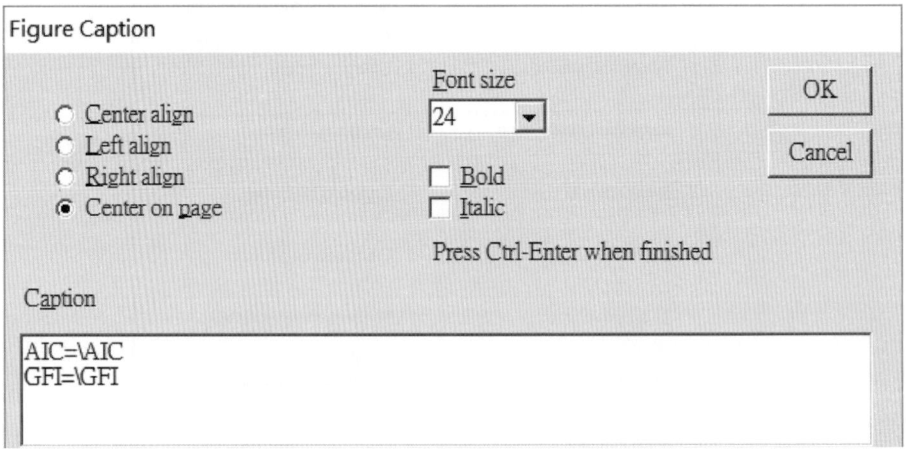

之後，按一下確定 (OK) 鈕，即出現如下的視窗。然後到下一頁。

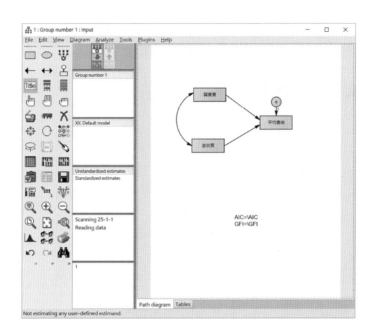

【路徑圖上可填寫參數值的方法】

首先，按一下 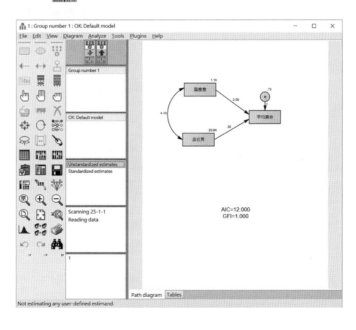 圖示先行計算。在視窗左方正中的地方，先確認成為

OK: Default mode

在畫面左上的 圖示右側按一下。

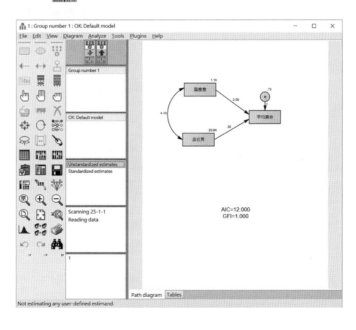

於是在視窗上出現如下的圖形。此模型由於是飽和模型，因之 GFI 經常成為 1。因此，以此數據來說，最好讓 AGFI 輸出為宜。

【未標準化參數的情形】

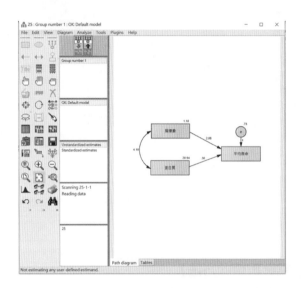

圖形上出現參數之值。

【標準化參數的情形】

想輸出已標準化之參數時，於計算結束後，按一下視窗左方之方框中的標準估計值。

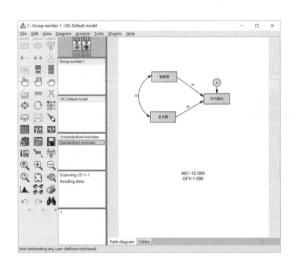

第 26 章　結構方程模型

26.1　結構方程模型基本概念

一般線性模型乃是假定每一對變數間存在著線性關係，且兩者之間的關係可以使用直線方程式來表示，而結構方程模型（Structural Equation Modeling, SEM）則是基於線性關係的假設來建構變數之間的結構關係。結構方程模型結合了多元迴歸與因素分析，可同時分析互為關聯之依變數之間的關係，其步驟簡述如下：

1. 發展理論基礎模型。
2. 建構變數間之因果關係路徑圖。
3. 將路徑圖轉化成結構模型，並指定其測量模型。
4. 選擇輸入矩陣類型為相關係數矩陣（Correlation Matrix）或共變異數係數矩陣（Variance-Covariance Matrix），並對所提出的理論模型進行鑑定與研究假設的驗證。

結構方程模型最大的功用為探討多變數與單變數之間的因果關係，在其基本理論中認為潛在變項是無法直接量測的，必須藉由觀察變數來間接推測得知，所以理論架構包含結構模型（Structure Model）與測量模型（Measurement Model）兩個部分。結構模型是用來界定潛在自變數與潛在依變數間的線性關係，而測量模型則是用來界定變數與觀察變數之間的線性關係。結構方程模型的相關名稱有共變異數構造分析（Covariance structure analysis）、潛在變數分析（Latent variable analysis）、驗證式因素分析以及線性結構關係分析。

26.2　應用結構方程模型的理由

由於本研究在驗證因果模型，因此必須利用有關因果分析的統計分析方法與程序，有關多個變數關係架構的分析方法，基本上屬於路徑分析。路徑分析是一種將觀察變項之間的關係以模型化的方式來進行分析的一種統計技術。傳統的路徑分析是由一系列的迴歸分析所組成的，將不同的方程式加以組合，形成結構化的模型。

傳統的路徑分析與結構方程模型分析的不同處：

1. 傳統的路徑分析無法處理潛在變項的問題；結構方程模型分析則可以處理潛在變項的同時，也進行因果關係的檢測。

2. 傳統的路徑分析用來解釋或預測其他變項的解釋性變項，通常被假設是沒有測量誤差，或其測量誤差可以被忽略，僅有被解釋或被預測的變相的被解釋殘差可以被估計出來，而結構方程模型分析則可以處理測量誤差。

3. 傳統的路徑分析多為遞迴模型（Recursive Model）（殘差並未存在有意義的殘差相關）；結構方程模型分析可為非遞迴模型（Nonrecursive Model）（有相關的殘差假設，或是變項間具有回溯關係）。

26.3 模型驗證的前提假設

在應用驗證性因素分析時，Hatcher 指出有一些必要條件是需要注意的，這些必要條件包括：

1. 所有的指標變數必須是等距尺度（Interval-level）或比率尺度（Ratio-level）的方式測量。

2. 所有的指標變數必須為連續且至少有四個數值。

3. 資料必須為常態分配。

4. 變數間的關係為線性與附加的（Additive）。若為非線性關係則需要另外假設關係函數。

5. 變數間避免多重共線性。

6. 模型內應包含所有重要的因果關係。

7. 模型必須為過度鑑定。

8. 最小可接受的樣本數至少要超過 150 個，或者五倍的估計參數個數。

9. 每一個潛在變數至少要有三個指標變數。

10. 指標變數最多不可超過 30 個。

26.4 模型架構與理論

一個完整的結構方程模型包含了結構模型與測量模型兩個部分，測量模型實際測量變項與潛在特質的相互關係，而結構模型說明潛在變項間的關係，如圖 26.1 所示。圖 26.1 中測量變項 V_1、V_2、V_3 受到同一個潛在變項 F_1 的影響，形成獨立的測量模型，同樣的測量變項 V_4、V_5、V_6 受到另一個潛在變項 F_2 的影響，形成另一個獨立的測量模型，並且兩潛在變項之間有因果關係假設，以單向的箭頭來表示。而 F_1 到 F_2 則是一個結構模型，D（Disturbance）為內生潛在變項在 F_2 無法被 F_1 解釋的干擾部分。

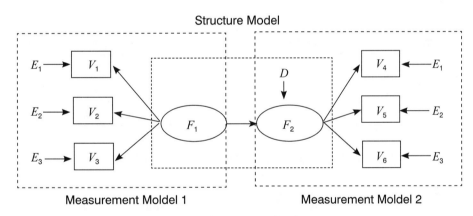

圖 26.1　典型的 SEM 模型圖示

26.5 SEM 建構流程

關於 SEM 建構流程主要參考 Hair 等人所提出的七個步驟，流程如圖 26.2 所示：

1. 發展理論基礎模型，設定其因果關係，並避免設定上的錯誤。
2. 建立路徑圖，轉換為一組結構與測量模型，定義內生與外生變數，連結路徑途中各變數的關係。
3. 選擇輸入矩陣的類型（相關係數矩陣或共變異係數矩陣）與估計所提出的模型，還需考量 SEM 的假設、遺漏值處理、決定樣本數大小與模型估

計方法的選擇。

4. 進行模型的鑑定。

探討因果分析模型的基本原理是依假設限制條件將相關矩陣或共變異數矩陣再製，若原來的矩陣與再製矩陣相差（殘差矩陣）經評估很小，在兩個標準差之內（±1.96），表示所提出的研究架構是可接受的，表示資料擬合不錯。計算路徑係數過程中造成無意義或不正確的結果，便是模型的鑑定（Identification）問題，可分為剛好鑑定（Just Identified）、過度鑑定（Over Identified）與不足鑑定（Under Identified）三種，如表 26.1 所示：

表 26.1　三種鑑定比較表

鑑定種類	$K=1/2\ (p+q)\ (p+q+1)\ -\ t$	解的種類
剛好鑑定	$=0$	有唯一解
過度鑑定	>0	有唯一解
不足鑑定	<0	無解

註：p 為外生顯性變數個數、q 為內生顯性變數個數、t 為自由的參數個數

若為剛好鑑定模型（飽和模型，Saturated Model）時，其 $k=0$，會無法判斷模型好壞。若為過度鑑定時，其 k 大於 0，表示模型合適（與飽和模型相比），即模型可接受，但仍需評估是否可以再做簡化（刪除幾條路徑）；若 k 小於 0 表示模型不合適，則要增加路徑。不足鑑定則是方程式個數少於自由參數個數，模型必定不能被鑑定。此即為 Bollen 所提出的模型鑑定規則。

5. 評估適度（Goodness-of-fit）的標準，包含不合理估計（Offending Estimate）的鑑定與修正與整體模型、測量模型及結構模型適合度的測量與比較。不合理估計的鑑定包含任何構面不可有負的或不顯著的誤差變異、標準化係數超過或非常接近 1 或任何估計係數的標準誤非常大。

6. 解釋和修正模型，檢查標準化殘差矩陣與修正指標（Modification Indices）以鑑定模型是否還需要改變。一般來說，若標準化殘差矩陣中有絕對值

大於 2，便可視為有問題。一般來說，最常用的兩種修正方式為解放估計
參數（增加新的因果路徑或共變異數）或使參數為 0（刪除因果路徑或共
變異數）。

第一種 Lagrange multiplier test 為利用增加新的路徑或共變異數到所提出的
理論架構中來改善 χ^2 值，其原理為每增加一路徑或共變異數減少一個自由度，
而每一個自由度的 χ^2 值為 3.84，若所增加的路徑能造成 χ^2 值變化大於 3.84，則
表示能顯著地改善模型適合度（Model's fit）。第二種 Wald test 為刪除某一因果
路徑或共變異數可造成 χ^2 值很小並且不顯著的增加。

Hatcher 建議在進行繪製測量模型與結構模型分析時，需考慮下列規則：

1. 一般來說，只有外生變數間允許有共變異數。
2. 模型中每個內生變數都有殘差項。
3. 外生變數沒有殘差項。
4. 模型中每個外生變數都需要估計其變異數，包含殘差項。
5. 在大部分的案例中，外生變數兩兩之間的共變異數都必須要估計，但內
   生變數則不用。
6. 在簡單遞迴模型（Simple Recursive Model）中，殘差項的共變異數不需要
   估計。
7. 每個內生變數需要有個別的方程式，且外生變數位於等號左邊。
8. 位於等號右邊的變數對內生變數有直接的影響。
9. 外生變數（包含殘差項）不可出現在等號左邊。
10. 將內生變數的殘差項列於各方程式的最後一項。
11. 限制兩個或多個參數相等時，這些參數需使用相同的名稱。

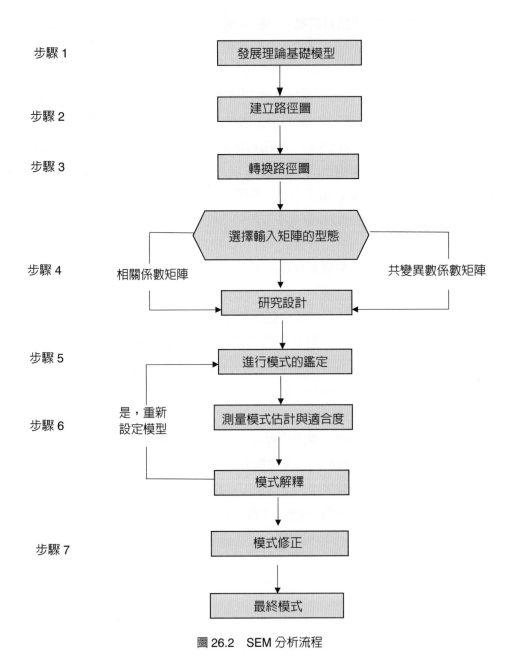

步驟 1　發展理論基礎模型

步驟 2　建立路徑圖

步驟 3　轉換路徑圖

選擇輸入矩陣的型態

步驟 4　相關係數矩陣　　共變異數係數矩陣　研究設計

步驟 5　進行模式的鑑定

步驟 6　是，重新設定模型　測量模式估計與適合度

模式解釋

步驟 7　模式修正

最終模式

圖 26.2　SEM 分析流程

26.6　分析結果的評估

　　在判斷模型配適度時，首先要先對整個模型進行配適度的判斷，接者，再進行測量模型與結構模型的配適度判斷。在整體模型方面提供了一些模型評鑑指標，這些指標可分爲三種型態：絕對擬合指標、增量擬合指標與精簡擬合指標。絕對擬合指標只評估整體模型但不對過程擬合作修正；增量擬合指標是以提出模型與研究者指定的對比模型做比較；精簡擬合指標則是對自由度作調整。由於沒有一個或一組指標是公認最好的，所以最好就這三種類型各選一個或兩個作爲指標。以下依序分別說明整體模型、測量模型與結構模型的結果評估標準。

一、整個模型的評估

1. 卡方檢定（χ^2 test）

　　卡方值愈小表示模型的適合情形愈好，但在運算中，卡方值對樣本大小極爲敏感，較大的樣本容易產生較大的卡方值。爲了彌補這項缺失，於是產生卡方自由度比。

2. 卡方自由度比（χ^2/df）

　　卡方自由度比愈小，表示模型配適度愈高；一般而言，卡方自由度比小於 5 時，表示模型具有理想之配適度，最好小於 3。

3. 配適度指標（Goodness of Fit Index, GFI）

　　GFI 類似迴歸分析中的可解釋變異量（R^2），其表示假設模型可解釋觀察變數資料之變異數與共變數的比例。GFI 值愈接近 1，表示模型配適度愈高；反之，則表示模型配適度愈低。通常採用 GFI ＞ 0.9。

4. 調整之配適度指標（Adjusted-Goodness-of-Fit Index, AGFI）

　　AGFI 則類似於迴歸分析中的調整後可解釋變異量（adjusted R^2），在計算GFI 時，將自由度納入考慮之後所設計出來的模型配適度指數，當參數愈多時，AGFI 指數數值將愈大，愈有利得到理想之配適度。通常採用 AGFI ＞ 0.9。

5. 比較性配適指標（Comparative Fit Index, CFI）

　　CFI 可反映出假設模型與無任何共變關係的獨立模型之差異程度，同時亦考慮到被檢驗模型與中央卡方分配的離散性。CFI 指數愈接近 1 代表模型契合度愈理想，表示能夠有效改善中央性的程度。通常採用 CFI ＞ 0.9。

6. 標準配適度指標（Normed-Fit Index, NFI）

　　NFI 指標的原理是計算假設模型的卡方值與虛無假設的卡方值的差異量，可視為是某個假設模型與最差模型的改善情形。通常採用 NFI ＞ 0.9。

7. 殘差均方根指數（Root Mean square Residual, RMR）

　　這是用來反應理論假設模型的整體殘差。當 RMR ＜ 0.05 表示模型配適度佳。

8. 模型契合指標（Parsimonious Goodness-Fit-Index, PGFI）

　　PGFI 指數考慮到了模型當中估計參數的多寡，可以用來反應 SEM 假設模型的簡約程度（degree of parsimony）。PGFI 指數愈接近 1，顯示模型愈簡單，Mulaik 等人（1989）指出，一個良好的模型，PGFI 指數大約在 0.5 以上都是可能的。

表 26.2　模型配適度指標彙整表

指標類型	指標名稱	判斷值	適用情形
絕對擬合指標	χ^2/df	＜ 5	不受模型複雜度影響
絕對擬合指標	GFI	＞ 0.9	說明模型解釋能力
增量擬合指標	AGFI	＞ 0.9	不受模型複雜度影響
增量擬合指標	CFI	＞ 0.9	說明模型較虛無模型的改善程度
增量擬合指標	NFI	＞ 0.9	說明模型較虛無模型的改善程度
絕對擬合指標	RMR	＜ 0.05	了解殘差特性
精簡擬合指標	PGFI	＞ 0.5	反應 SEM 假設模型的簡約程度

二、測量模型的評估

　　測量模型分析係基於檢定模型中兩種重要的建構效度：一是收斂效度

（convergent validity）另一是區別效度（discriminant validity）。本研究根據 Hair 建議的四項指標來評鑑測量模型，各指標分述如下：

1. 因素負荷量（Factor Loadings）：此指標是評估每個負荷量是否具有統計顯著性，並要大於 0.5。

2. 潛在變項的組成信度（composite reliability）：以 CR 表示，潛在變項的 CR 值爲測量變項信度的組成，表示構念指標的內部一致性，信度愈高顯示這些指標的一致性愈高，在 0.6 和 0.7 之間的信度是可接受的，代表研究模型內部一致性良好。測量誤差爲 1 －指標標準化負荷量的平方。一般要求組合信度最好超過 0.7 以上（但至少要超過 0.6）。

3. 潛在變項的變異抽取量（variance extracted）：以 VE 表示，VE 值是計算潛在變項各測量變項對該潛在變項的變異解釋力。若 VE 值愈高，則表示潛在變項有愈高的信度與收斂效度，一般建議其標準值需大於 0.5。

4. 在區別效度的部分，本研究以 χ^2 差異檢定法（chi-square different test）與 t 檢定進行檢定。首先，進行 χ^2 差異檢定法需將欲檢視的潛在變項間之相關係數設爲 1，稱爲受限模型（constrained model），接著檢視兩模型自由度之差距，若 χ^2 差值大於顯著水準之 χ^2 值，則表示檢視的潛在變數間具有區別效度。t 檢定法爲 1 減去未受限模型兩個成對因素間相關係數的估計除以標準誤。當 $|t| > 2$，就表示構面間不是完全相關，也就是兩構面之間是有區別的。

三、結構模型的評估

評估方式如同複相關係數平方 R^2 爲指標，值愈大愈好，對每一個方程式做的個別評估與對整體結構的評估。

【註】

結構方程模型教學網站：http://people.chu.edu.tw/~m9203078/

26.7　解析例

「共變異數構造分析（Covariance Structure Analysis, CSA）是非常難的手法，對初學者來說簡直是霧煞煞」的時代已經過去了。

　　使用 Amos 的共變異數構造軟體時，誰都會感到吃驚，竟然可以如此簡單地進行共變異數構造分析。

　　以下的數據是有關醫療的意識調查數據。

　　想在壓力，健康行動，……，醫療機關的許多要因之間找出潛藏的因果關係。

表 26.3　提高生涯生活的品質

No.	壓力	健康行動	健康習慣	社會支援	健康度	生活環境	醫療機關
1	3	0	5	4	3	2	3
2	3	0	1	2	3	2	2
3	3	1	5	8	3	3	3
4	3	2	7	7	3	2	3
5	2	1	5	8	2	2	4
6	7	1	2	2	4	5	2
7	4	1	3	3	3	3	3
8	1	3	6	8	2	3	2
9	5	4	5	6	3	3	3
.	.	.	.	.	.	.	.
.	.	.	.	.	.	.	.
.	.	.	.	.	.	.	.
91	4	0	1	4	3	2	2

註：共變異數構造分析與結構方程模型分析是相同的。

【數據輸入類型】

　　表 26.3 的數據，如下輸入。以下所顯示的只是其中的一部分。

	壓力	健康行為	健康習慣	社會支援	健康度	生活環境	醫療機關
326	6	1	7	3	5	3	3
327	1	0	7	8	1	3	3
328	5	1	2	8	2	3	3
329	5	1	2	5	4	4	4
330	3	2	5	5	3	3	3
331	3	2	3	7	3	3	3
332	3	1	2	8	3	3	3
333	6	1	4	8	2	2	3
334	5	0	4	5	3	3	4
335	1	1	5	8	3	4	3
336	5	1	2	6	2	3	2
337	2	1	4	8	2	2	3
338	6	0	0	2	5	4	3
339	5	1	7	8	3	3	3
340	7	1	2	2	5	5	3
341	5	1	4	7	2	3	3
342	6	1	4	2	4	4	3
343	2	0	0	7	3	3	3
344	3	0	0	8	3	3	2
345	6	2	3	8	4	4	4
346	5	1	5	5	2	2	2
347	5	1	4	7	2	2	3
348							

26.8　結構方程模式分析

結構方程模式分析與路徑分析相同，是從自己建立模型開始。譬如，像以下的情形：

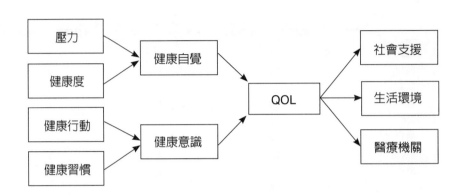

$\boxed{\text{觀賞變數}}$……當作數據，一開始所設定的變量。

$\boxed{\text{潛在變數}}$……由於不是一開始即設定，因之像因子分析那樣自己考慮變量的名稱。

此路徑圖如作成的話，那麼立即執行 Amos 看看。

但是，此潛在變量如下，大多利用因子分析來找出。對所抽出的因子加上名稱。

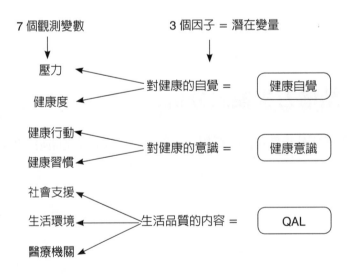

【統計處理步驟】

步驟 1　統計處理是從前面的狀態，點選【分析 (A)】開始。清單之中按一下
【IBM SPSS Amos (A)】。

步驟 2　在以下的視窗中，描畫路徑圖。路徑的畫法參照第 25 章的步驟 3 到步驟
16。

步驟 3　使用 ▭ 圖示，如下配置觀測變量的 7 個長方形。此時，如利用複製 圖示時，剩餘的 6 個即可簡單配置。

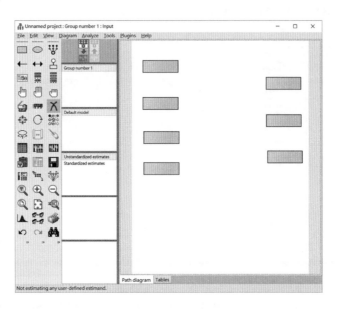

步驟 4　使用 ⬭ 圖示，將潛在變量的 3 個橢圓如下配置。

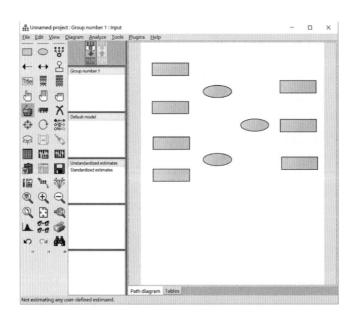

步驟 5　一面觀察 26.8 節的路徑圖，一面填入箭線（＝路徑），而它可以使用 ⬅ 圖示。請不要弄錯箭線的方向。

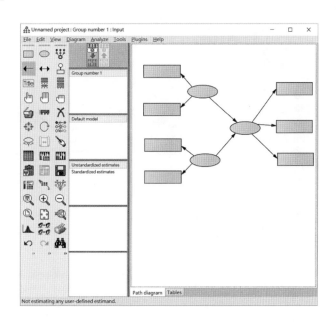

步驟 6　填入共變異數的雙方向的箭線。使用 ↔ 圖示，拖移滑鼠從上方的橢圓到下方的橢圓時，即成為下圖。相反的，拖移滑鼠從下方的橢圓到上方的橢圓時，在另一側即成為隆起的曲線。

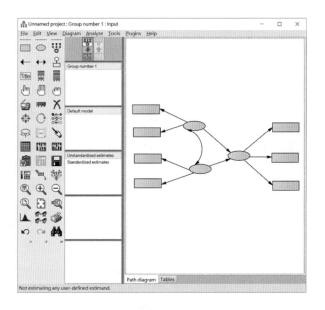

步驟 7　由於誤差變量也是需要的，因之按一下 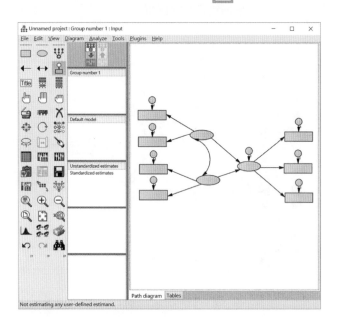 圖示，成為如下。

步驟 8　在觀測變量的長方形 圖示之中，填入變數名。如按一下 圖示時，變數名即出現，按住各個變數名拖移至 圖示之中。

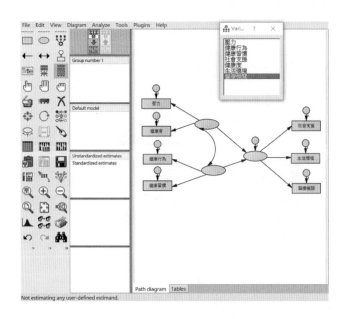

步驟 9 在潛在變數的橢圓 ⬭ 圖示內，填入變數名。

在 ⬭ 圖示的上方按兩下，即出現物件內容，填入變數名。

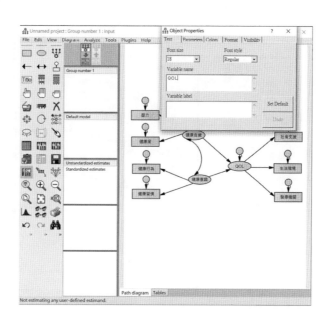

步驟 10 在誤差變量的○之中，填入變數。在○的上面按兩下。如果出現物件的內容時，即填入變數名。

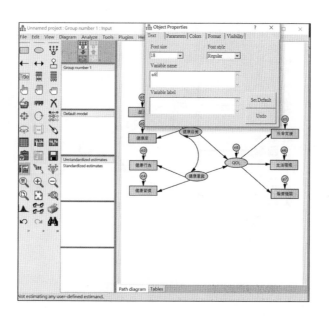

步驟 11　在健康自覺→壓力，健康意識→健康行動，QOL →社會支援的箭線上
　　　　填入 1 即完成！在箭線的上方按兩下。即出現物件的內容，在參數的係
　　　　數的地方填入 1。

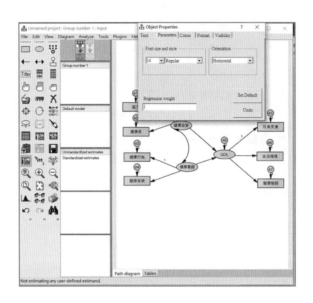

步驟 12　按一下 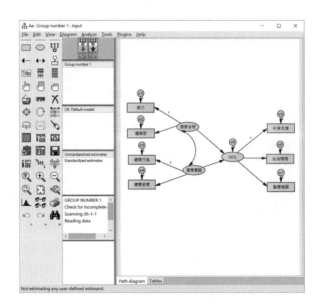 圖示即開啟儲存視窗，檔案命名後即被儲存，儲存後即開
　　　　始計算。如顯示 OK: Default mode，計算即為正常完成。

步驟 **13** 按一下 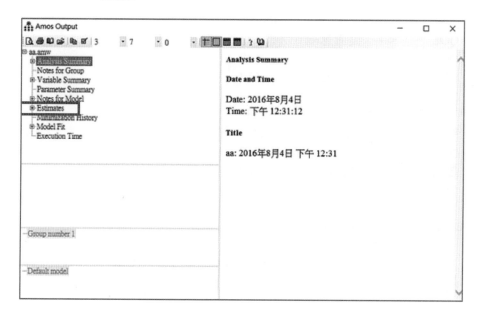 圖示，即開啓如下視窗。按一下估計值（Estimates）。

【Amos 輸出 1】

Maximum Likelihood Estimates ←①

Regression Weights: (Group number 1 – Default model)

			Estimate	S.E.	C.R.	P	Label
QOL	<---	健康意識	.879	.446	1.973	.049	
QOL	<---	健康自覺	-.336	.133	-2.533	.011	
健康度	<---	健康自覺	.453	.091	4.958	***	
健康行為	<---	健康意識	1.000				
社會支援	<---	QOL	1.000				
醫療機關	<---	QOL	-.197	.076	-2.598	.009	
生活環境	<---	QOL	-.409	.113	-3.623	***	
壓力	<---	健康自覺	1.000				
健康習慣	<---	健康意識	2.839	1.042	2.724	.006	

←②

Standardized Regression Weights: (Group number 1 - Default model)

			Estimate
QOL	<---	健康意識	.533
QOL	<---	健康自覺	-.587
健康度	<---	健康自覺	.617
健康行為	<---	健康意識	.334
社會支援	<---	QOL	.336
醫療機關	<---	QOL	-.210
生活環境	<---	QOL	-.362
壓力	<---	健康自覺	.667
健康習慣	<---	健康意識	.582

← ③

Covariances: (Group number 1 - Default model)

	Estimate	S.E.	C.R.	P	Label
健康自覺 <--> 健康意識	-.201	.080	-2.511	.012	

Correlations: (Group number 1 - Default model)

	Estimate
健康自覺 <--> 健康意識	-.455

【輸出結果判讀 1】

① 以最大概似法求參數。

② 路徑係數估計值，標準誤差，檢定統計量。

$$檢定統計量 = \frac{估計值}{標準誤差}$$

檢定統計值之值比 1.96 大時，該路徑係數才有意義。譬如，

$$|-2.533| = \left| \frac{-0.336}{0.133} \right| \geq 1.96 = Z(0.025) \text{ 時，}$$

以下的假設

" 假設 H_0：QOL 與健康自覺的因果關係是 0"。

由於被捨棄，因之此因果關係不是 0。

③ 標準化的路徑係數。一面觀察此值的絕對值的大小、正負,一面解讀因果關係。

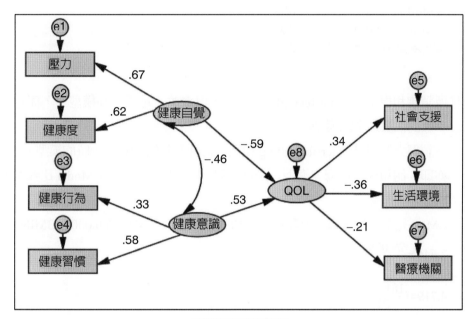

標準化的路徑係數

此處即為共變異構造分析的醍醐味。

【Amos 輸出 2】

Model Fit Summary

CMIN

←④

Model	NPAR	CMIN	DF	P	CMIN/DF
Default model	17	29.099	11	.002	2.645
Saturated model	28	.000	0		
Independence model	7	181.075	21	.000	8.623

RMR, GFI

Model	RMR	GFI	AGFI	PGFI
Default model	.056	.977	.941	.384
Saturated model	.000	1.000		
Independence model	.277	.849	.799	.637

←⑤

④ 所謂飽和模型是指 perfect fitting 模型，但這並非是「良好模型」，而是估計參數的個數最多的模型。

所謂獨立模型是指 terrible fitting 模型，估計參數的個數最少時的模型。

亦即，飽和模型或獨立模型，是為了與介於中間的 Default Model 比較所準備的極端模型。

CMIN 是不一致之值，飽和模型由於完全一致，因之成為 0.000。CMIN /DF

$$2.646 = \frac{29.099}{11}$$

$$4.719 = \frac{181.075}{21}$$

⑤ RMR = root mean square residual。RMR 愈接近 0，模型的配適愈好。

GFI = goodness-of-fit index = 適合度指數。GFI 愈接近 1，該模型的配適愈佳。

AGFI = adjusted goodness-of-fit index = 調整適合度指數

$0.941 = 1 - (1 - 0.977) \times 28 /11$

28 = 飽和模型的參數個數

11 = Default model 的自由度

PGFI = parsimony goodness-of-fit index

$0.384 = 0.977 \times 11 /28$

【Amos 輸出 3】

Baseline Comparisons

Model	NFI Delta1	RFI rho1	IFI Delta2	TLI rho2	CFI
Default model	.839	.693	.894	.784	.887
Saturated model	1.000		1.000		1.000
Independence model	.000	.000	.000	.000	.000

← ⑥

註：3 個信賴係數

$$NFI = 1 - \frac{29.099}{181.075} = 0.839$$

改良版 →

$$TLI = \frac{\frac{181.075}{21} - \frac{29.099}{11}}{\frac{181.075}{21} - 1} = 0.784 = NNFI$$

改良版 →

$$CFI = 1 - \frac{\max\{29.099 - 11.0\}}{\max\{181.075 - 21.0\}} = 0.887$$

$$= 1 - \frac{18.099}{160.075} \cdots\cdots 1 - \frac{NCP}{NCP_b}$$

⑥ NFI = normal fit index

飽和模型的配適良好度當作 100%，獨立模型的配適良好度當作 0% 時，Default model 的配適良好度是 83.9%。

$$0.839 = \frac{181.075 - 29.099}{181.075}$$

RFI = relative fit index. RFI 愈接近 1 愈是良好模型。

IFI = Incremental fit index. IFI 愈接近 1 愈是良好模型。

TLI = Tacker-Lewis index = non-normal fit index = NNFI TLI 愈接近 1 愈是良好模型，模型的信賴係數。

CFI = comparative fit index. CFI 愈接近 1 愈是良好模型。

【Amos 輸出 4】

Parsimony-Adjusted Measures

Model	PRATIO	PNFI	PCFI
Default model	.524	.440	.465
Saturated model	.000	.000	.000
Independence model	1.000	.000	.000

⑦

⑦ PATIO = parsimony ratio（節約比）

PATIO 是計算 PNFI 與 PCFI 時所使用。

$0.524 = 11/21$

11 = Default model 的 D.F.

21 = 獨立模型的 D.F.

PNFI = parsimony NFI

PNFI = NFI×PRATIO

$0.440 = 0.839×0.524$

PCFI = parsimony CFI

PCFI = CFI×PRATIO

$0.465 = 0.887×0.524$

【Amos 輸出 5】

NCP

Model	NCP	LO 90	HI 90
Default model	18.099	5.793	38.054
Saturated model	.000	.000	.000
Independence model	160.075	120.786	206.840

⑧

FMIN

Model	FMIN	F0	LO 90	HI 90
Default model	.084	.052	.017	.110
Saturated model	.000	.000	.000	.000
Independence model	.523	.463	.349	.598

⑨

RMSEA

Model	RMSEA	LO 90	HI 90	PCLOSE
Default model	.069	.039	.100	.136
Independence model	.148	.129	.169	.000

← ⑩

⑧ NCP = noncentrality parameter = 非必要參數

$18.099 = 20.099 - 11$

$0.000 = 0.000 - 0$

$160.075 = 181.075 - 21$

LO 90 = Lower limit of 90% 區間估計

HI 90 = 90% 區間估計的 upper limit

⑨ FMIN = minimum of the discrepancy F.

$F0 = NCP / n$

$0.052 = \dfrac{18.099}{347 - 1}$

⑩ RMSEA = root mean square error of approximation

RMSEA 比 0.05 小時，該模型的配適佳。

RMSEA 比 0.1 大時，最好不要採用該模型。

RMSEA = 0.063，因之 Default model 適配不壞。

PCLOSE 是檢定以下假設 "假設 H_0：RMSEA ≤ 0.05" 的顯著機率（= p 值）。

Default model 的 PCLOSE 是顯著機率 0.136 > 顯著機率，$\alpha = 0.05$ 因之假設 H_0 不能捨棄。

【Amos 輸出 6】

AIC

Model	AIC	BCC	BIC	CAIC
Default model	63.099	63.904	128.538	145.538
Saturated model	56.000	57.325	163.781	191.781
Independence model	195.075	195.407	222.020	229.020

← ⑪

ECVI

Model	ECVI	LO 90	HI 90	MECVI
Default model	.182	.147	.240	.185
Saturated model	.162	.162	.162	.166
Independence model	.564	.450	.699	.565

← ⑫

HOELTER

Model	HOELTER .05	HOELTER .01
Default model	234	294
Independence model	63	75

← ⑬

⑪ AIC = Akaike's information criterion = 赤池資訊量基準

AIC 愈小模型愈好。

BCC = Browne-cudeck criterion. BBC 取比 AIC 稍大之值。

BIC = Bayes Information criterion.

CAIC = Consistent AIC

⑫ ECVI = AIC/n

$$0.182 = \frac{63.099}{347 - 1}$$

MECVI = BCC / n

$$0.581 = \frac{63.904}{347 - 1}$$

⑬ HOELETER = Hoelter's critical N

= 接受模型是正確，可知假設時的最大樣本數 N

0.05 = 顯著水準 5% 時，Default model 是　$N = 234$

0.01 = 顯著水準 1% 時，Default model 是　$N = 294$

【Amos 輸出 7】

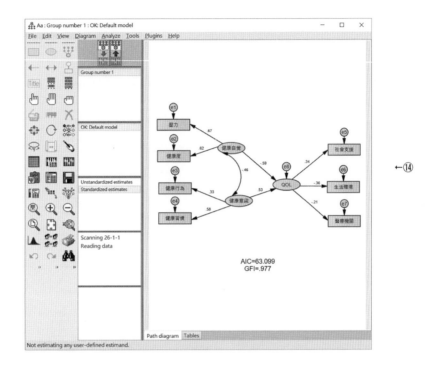

⑭這是共變異數構造分析的路徑係數在路徑圖上的表現。

註：Amos 所具備的主要手法有

　　1. 最大概似法，2. 無加權的最小平方法，3.Browne 的漸近行分配非依存法，4. 尺度不變最小平方法，5. 貝氏估計 .6. 數個母體的數據的同時分配，7. 迴歸方程式中的平均值與截距項的估計，8. 未取得標準誤差的估計值的 Bootstap，9. 探索行模型特定化，10. 遺漏值的代入，11. 中止數據的分析，12. 順序與類別數據的分析，13. 混合模型。

　　此外，一般線性模型或共通因素分析等廣受使用的方法也包含在內。

　　有關共變異數構造分析的進一步探討，請參考五南圖書出版的《醫護統計與 Amos》一書。

第 27 章 決策樹

27.1 簡介

　　決策樹（decision tree）是一種用於監督學習的層次模型，通過這種特殊的層次模型，局部區域可以通過少數幾步遞歸分裂予以確定。決策樹由一些內部決策節點和終端樹葉組成。所謂決策節點，即運行某個判斷／測試函數，來確定數據是否符合條件，從而進行選擇分支地輸出。樹葉節點一般用來存放最終不可再分的數據集合，一個決策節點可以分支出一個樹葉節點，也可以分支出一個新的決策節點，從而繼續遞歸分裂。一個簡單的決策樹模型如下：

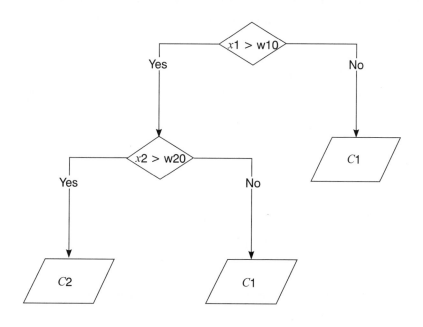

　　其中 $C1$、$C2$ 表示數據集，也可以說是我們的分類，而菱形流程表示測試／判斷函數。每個測試函數的輸入可以是一個 d- 維向量。如果我們考慮的是一個數值數據，那麼分支一般是兩分的，比如這裡使用 $X1 > W10$ 對數據進行兩分，一般最好的情況下每次都可以將數據集二分，因此如果存在 b 個區域／類別，那麼最好的情況可以透過對 b 求以 2 為底的對數次找到正確的區域，即 LOG2(b)。

　　決策樹學習也是資料探勘中一個普通的方法。在這裡，每個決策樹都表述了

一種樹型結構，它是由它的分支來對該類型的對象依靠屬性進行分類。每個決策樹可以依據被分割的來源數據庫進行數據測試。這個過程可以遞歸式地對樹枝進行修剪。當不能再進行分割或一個單獨的類可以被應用於某一分支時，遞歸過程就完成了。另外，隨機森林（random decision forests）分類器將許多決策樹結合起來以提升分類的正確率。在機器學習中，隨機森林由許多的決策樹組成，因為這些決策樹的形成採用了隨機的方法，所以叫做隨機森林。隨機森林中的決策樹之間是沒有關聯的，當測試資料進入隨機森林時，其實就是讓每一顆決策樹進行分類看看這個樣本應該屬於哪一類，最後取所有決策樹中分類結果最多的那類為最終的結果（每棵樹的權重要考慮進來）。所有的樹訓練都是使用同樣的參數，但是訓練集是不同的，分類器的錯誤估計採用的是袋外數據（OOB: out of bag）的辦法。因此隨機森林是一個包含多個決策樹的分類器，且其輸出的類別是由個別樹輸出的類別的眾數而定。隨機森林既可以處理屬性為離散值的量，如 ID3 演算法，也可以處理屬性為連續值的量，比如 C4.5 演算法。另外，隨機森林還可以用來進行無監督學習聚類和異常點檢測。

決策樹同時也可以依靠計算條件概率來建構。決策樹如果依靠數學的計算方法可以取得更加理想的效果。數據庫如下所示：

$$(x, y) = (x_1, x_2, x_3, \cdots, x_k, y)$$

相關的變量 Y 表示我們嘗試去理解，分類或者更一般化的結果。其他的變量 x_1, x_2, x_3 等則是幫助我們達到目的的變量。

決策樹有幾種產生方法：

1. 分類樹分析的輸出為離散類型（例如三個種類的花，輸贏等）使用的概念。

2. 迴歸樹分析的輸出為實數（例如房價，患者住院時間等）使用的概念。

3. CART 分析是結合了上述二者的一個概念。CART 是 Classification And Regression Trees 的縮寫。

4. CHAID（Chi-Square Automatic Interaction Detector）：卡方自動互動偵測器。CHAID 會在每個步驟中，選擇與因變數具有最強交互作用的自（預測）變數。如果每個預測變數的種類相對於應變數沒有明顯不同，則會

合併這些種類。

決策樹的建立方法可從以下幾點著手。

1. 以資料母群體為根節點。

2. 進行單因子變異數分析，找出變異量最大的變項作為分割準則（決策樹每個葉節點即為一連串法則的分類結果）。

3. 若判斷結果的正確率或涵蓋率未滿足條件，則再依最大變異量條件長出分岔。

「決策樹狀結構」程序會建立樹狀結構的分類模型。它會根據自（預測值）變數的值，或依變數（目標）的預測值，將觀察值分成組別。這個程序會提供用於解釋與確認分類分析的驗證工具。

27.2 解析例

以下的數據是 60 位受試者針對腦中風與幾項要因所調查的結果。

表 27.1　腦中風與幾項要因

受試者 No.	腦中風	肥胖	喝酒	抽菸	血壓
1	無危險性	肥胖	不喝酒	抽菸	正常
2	無危險性	正常	不喝酒	抽菸	正常
3	有危險性	肥胖	喝酒	抽菸	高
4	有危險性	肥胖	不喝酒	抽菸	高
5	有危險性	正常	喝酒	抽菸	高
6	無危險性	肥胖	喝酒	抽菸	正常
7	有危險性	正常	喝酒	抽菸	高
8	有危險性	肥胖	不喝酒	抽菸	高
9	有危險性	正常	喝酒	抽菸	高
10	有危險性	肥胖	喝酒	抽菸	正常
⋮	⋮	⋮	⋮	⋮	⋮
59	無危險性	正常	不喝酒	抽菸	高
60	無危險性	正常	不喝酒	抽菸	正常

　　想分析的是從肥胖、喝酒、抽菸、血壓的條件預測腦中風的可能性。利用決策樹分析看看。

　　利用數據所繪製的決策樹如圖 27.1 所示。

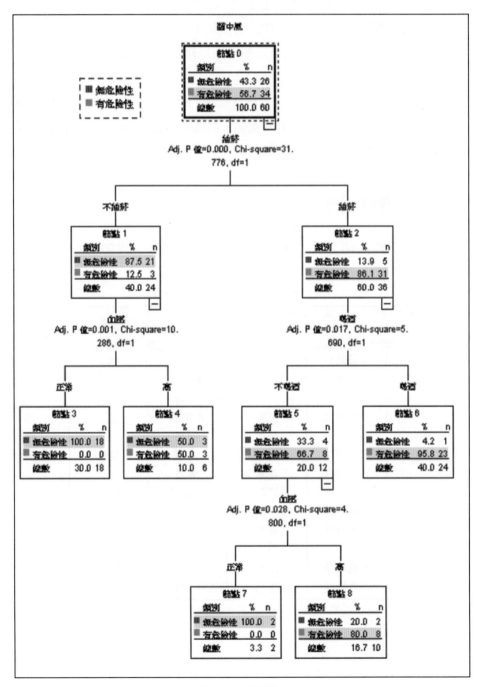

圖 27.1　決策樹

【數據輸入類型】

表 27.1 的數據如下輸入後，將想預測的受試者的數據，追加於最後的觀察值的下方。

【資料視圖】

*23-1-1.sav [資料集1] - IBM SPSS Statistics Data Editor

檔案(F) 編輯(E) 檢視(V) 資料(D) 轉換(T) 分析(A) 直效行銷 統計圖(G) 公用程式(U) 視窗(W) 說明(H)

顯示：5 個變數 (共有 5 個)

	腦中風	肥胖	喝酒	抽菸	血壓	var	var	var	var
1	0	1	0	0	0				
2	0	0	0	0	0				
3	1	1	1	1	1				
4	1	1	0	1	1				
5	1	0	1	1	1				
6	0	1	1	0	0				
7	1	0	1	1	1				
8	1	1	0	1	1				
9	1	0	1	1	1				
10	1	1	1	1	0				
11	1	1	1	1	1				
12	1	1	1	1	0				
13	1	1	1	0	1				
14	1	0	1	0	1				

資料視圖 變數視圖

【變數視圖】

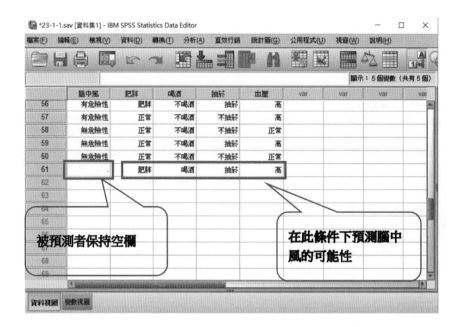

註：變數的尺度當成名義尺度。

脑中風有危險性當成 1，無危險性當成 0；肥胖當成 1，正常當成 0；有喝酒當成 1，不喝酒當成 0；有抽菸當成 1，不抽菸當成 0；血壓高當成 1，血壓正常當成 0。

24.3　決策樹的分析步驟

【統計處理步驟】

步驟 1　數據輸入後，按一下【分析 (A)】，從清單中選擇【分類 (Y)】點選【樹 (R)】。

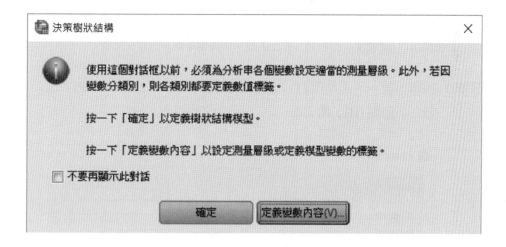

註：出現以下視窗按「確定」。

步驟 2 開啟【決策樹狀結構】對話框，將腦中風移入「因變數 (D)」中，將肥胖、喝酒、抽菸、血壓移入「自變數 (I)」中。

註：此處是將變數的尺度當作名義 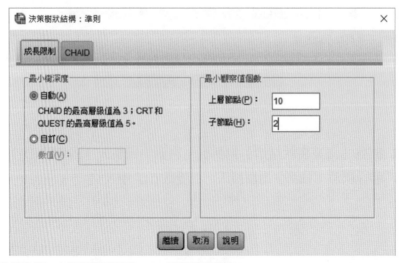 名義(N) 。

若照樣當作 尺度 分析時，輸出的是平均與標準差，而非交叉表。

步驟 3 接著，按一下「準則 (T)，開啟如下視窗。於「上層節點 (P)」輸入 10，於「子節點 (H)」輸入 2。

註：節點較少時，上層節點設定為 10，子節點設定為 2。

步驟 4　按一下 CHAID 標籤頁，顯示如下視窗。按「繼續」。

步驟 5　返回【決策樹狀結構】對話框後，按一下「驗證 (L)」，顯示如下視窗。
　　　　按「繼續」。

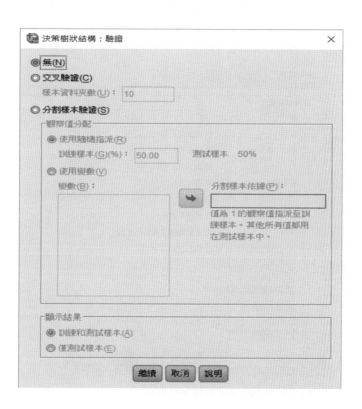

步驟 6　返回【決策樹狀結構】對話框後，按一下「儲存 (S)」，顯示如下視窗，
　　　　勾選「預測值 (P)」與「預測機率 (R)」。按「繼續」。

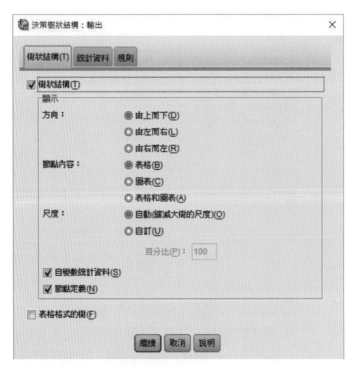

步驟 7　返回【決策樹狀結構】對話框後，按一下「輸出 (U)」，顯示如下視窗。

註：此處可以控制或不顯示樹狀結構的初期狀態。

步驟 8　按一下「統計資料」標籤頁，勾選「分類表 (C)」。

步驟 9　按一下「規則」標籤頁，顯示如下視窗，勾選「產生分類規則 (G)」，按「繼續」。

步驟 10 返回【決策樹狀結構】對話框後，按「確定」。

【SPSS 輸出 1】

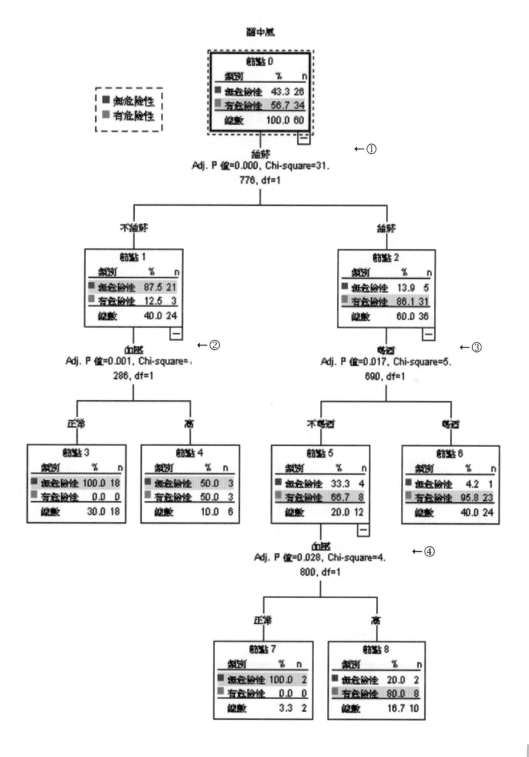

【輸出結果判讀 1】

① 觀察決策樹時，腦中風的下方有抽菸，因此可知與腦中風最有關聯的要因是抽菸。

② 在抽菸的下方有抽菸組與不抽菸組。

在不抽菸組的下方即為血壓。調查以下事項：

在不抽菸組中，與腦中風有關聯的變數是肥胖、喝酒、血壓中的何者呢？

因此，從中可知，在不抽菸組中，與腦中風最有關聯的要因是血壓。

③ 在右側抽菸組的下方有喝酒。調查以下事項：

在抽菸組中，與腦中風有關聯的變數是肥胖、喝酒、血壓中的何者呢？

因此，從中可知在抽菸組中，與腦中風最有關聯的要因是喝酒。

④ 在不喝酒組的下方有血壓。調查以下事項：

在抽菸＋不喝酒組中，與腦中風有關聯的變數是肥胖、血壓中的何者呢？

因此，從中可知，在抽菸＋不喝酒組中，與腦中風最有關聯的要因是血壓。

【SPSS 輸出 2】

模型摘要

規格	成長方法	CHAID	
	因變數	腦中風	
	自變數	肥胖, 喝酒, 抽菸, 血壓	
	驗證	無	
	最小樹深度		3
	母節點中的觀察值數目下限		10
	子節點中的觀察值數目下限		2
結果	包括自變數	抽菸, 血壓, 喝酒	
	節點數目		9
	終端機節點數目		5
	厚度		3

　　「終端機節點數目」是 5，此即無法再向下展開的節點數目共有 5 個。「節點數目」是 9，指輸出中所有的節點數包含因變數與自變數在內。「厚度」是 3，指展開的層次是 3。

	腦中風	肥胖	喝酒	抽菸	血壓	PredictedValue	PredictedProbability_1	PredictedProbability_2
52	0	0	0	0	0	0	1.00	.00
53	1	1	1	1	1	1	.04	.96
54	0	0	0	1	1	1	.20	.80
55	1	0	1	1	1	1	.04	.96
56	1	1	0	1	1	1	.20	.80
57	1	0	0	0	0	0	.50	.50
58	0	0	0	0	0	0	1.00	.00
59	0	0	0	1	1	1	.20	.80
60	0	0	0	0	0	0	1.00	.00
61	.	1	1	1	1	1	.04	.96
62								
63								

【輸出結果的判讀 2】

　　No.61 的預測值是 1，預測機率是 0.96，說明腦中風機率高。

本章參考文獻

1. 決策樹─維基百科

   https：//zh.wikipedia.org/wiki/%E5%86%B3%E7%AD%96%E6%A0%91

2. 建立決策樹結構 -IBM

   http：//www.ibm.com/support/knowledgecenter/zh-tw/SSLVMB_22.0.0/com.ibm.
   spss.statistics.help/spss/tree/idh_idd_treegui_main.htm

第 28 章　類別迴歸分析

28.1　簡介

類別迴歸乃是利用替類別指定數值的方式將類別資料量化，以替轉換後的變數，產生最佳線性迴歸方程式。類別迴歸也稱為 CATREG（categorical regression）。

標準的線性迴歸分析，會將回應值（因變數）和加權預測（自）變數間平方差總和最小化。一般而言，變數都是數值的，而（名義的）類別資料則編碼成二元變數，或者對比變數。結果就變成：類別變數被用來區分觀察值組別；而此方法為每一組別估計個別的參數集。其中，估計係數可反映出預測值的改變，對回應值所造成的影響。各種預測值組合皆有可能進行回應值的預測。

或者，還有別種方法，就是將回應值迴歸到類別預測變數值本身。因此，每個變數都會有一個估計係數。然而，對類別變數而言，類別值是任意的。以不同的方式類別編碼會產生不同的係數，使得相同變數的分析難以比較。

CATREG 藉由同時製作名義、序數、和數值變數的尺度，來延伸其標準程序。此程序會將類別變數量化，以反映出原始類別的特性。此程序會將量化的類別變數，以與數值變數相同的方式處理。所以如果使用非線性轉換，就能以各種不同的層級來分析變數，以找出最合適的模型。

28.2　解析例

SPSS 公司每年舉辦各種統計處理的講習會，為了使此講習會更為充實，在講習會結束後，對參與人員進行意見調查。

表 28.1　意見調查問卷

問 1　您已經理解此講習會的內容嗎？
1. 完全無法理解　2. 不太理解　3. 有一點理解　4. 非常理解

【內容理解度】

問 2　您對講習會的教材覺得滿意嗎？
1. 不滿意　2. 尚可　3. 滿意

【教材滿意度】

問 3　您對講習會的設施覺得如何？
1. 差　2. 尚可　3. 好

【設施充實度】

問 4　您對講習會的講師覺得如何？
1. 不好　2. 尚可　3. 好

【講師滿意度】

問 5　您對講習會覺得滿意嗎？
1. 不滿意　2. 尚可　3. 滿意

【綜合滿意度】

想知道的事情？
從此意見調查想知道的事情是有關

【綜合滿意度】　　與　　【內容理解度】【教材滿意度】
【設施充實度】【講師滿意度】

意見調查的結果，得出如表 28.2 所示。

表 28.2　意見調查的結果

受試者	詢問 1	詢問 2	詢問 3	詢問 4	詢問 5
1	非常理解	滿意	尚可	好	滿意
2	完全無法理解	尚可	尚可	不好	尚可
3	有一點理解	滿意	好	好	尚可
4	非常理解	滿意	好	好	滿意
5	不太理解	尚可	尚可	尚可	尚可
6	非常理解	滿意	好	好	滿意
7	完全無法理解	滿意	差	尚可	不滿意
8	有一點理解	不滿意	好	好	尚可
9	不太理解	尚可	尚可	尚可	尚可
10	非常理解	滿意	好	好	滿意
11	不太理解	尚可	尚可	尚可	尚可
12	不太理解	滿意	好	尚可	尚可
13	完全無法理解	不滿意	尚可	尚可	不滿意
14	非常理解	滿意	好	好	滿意
15	完全無法理解	尚可	尚可	不好	不滿意
16	有一點理解	滿意	好	好	滿意
17	完全無法理解	尚可	尚可	不好	尚可
18	非常理解	滿意	好	好	滿意

內容理解度　　教材滿意度　　設施充實度　　講師滿意度　　綜合滿意度

類別迴歸分析了解事項

類別迴歸分析最重要的事情是：

以下各種詢問類別的數量化以及從此數量化所求出的迴歸式。

表 28.3

詢問 1 的類別	順序		數量化
完全無法理解	1		− 1.040
不太理解	2		− 0.872
有一點理解	3		0.456
非常理解	4		1.220

* SPSS 是交互使用最小平方法進行類別的數量化。具體來說，

$$\boxed{數量化} \Rightarrow \boxed{求解} \Rightarrow \boxed{數量化} \Rightarrow \boxed{求解}$$

一直重複直到滿足基準為止。
所求的迴歸式表示如下。

$$\begin{bmatrix} 目的變數 \\ 詢問 5 \end{bmatrix} = b_1 \times \begin{bmatrix} 說明變數 \\ 詢問 1 \end{bmatrix} + b_2 \times \begin{bmatrix} 說明變數 \\ 詢問 2 \end{bmatrix}$$

$$+ b_3 \times \begin{bmatrix} 說明變數 \\ 詢問 3 \end{bmatrix} + b_4 \times \begin{bmatrix} 說明變數 \\ 詢問 4 \end{bmatrix}$$

因此，係數 b_1，b_2，b_3，b_4 如果可以如下求出時，從係數的大小可以了解詢問 1，詢問 2，詢問 3，詢問 4 對詢問 5 的影響大小。

$$\boxed{綜合滿意度} = 1.212 \times \boxed{內容理解度} + 0.227 \times \boxed{教材滿意度}$$

$$+ 0.150 \times \boxed{設施充足度} - 0.428 \times \boxed{講師滿意度}$$

將類別迴歸分析的形象予以圖示時，即如圖 28.1 所示。

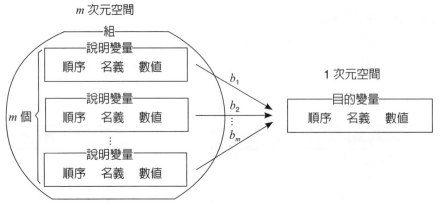

圖 28.1

　　換言之，調查 m 個說明變量與 1 個目的變量之關係。

【表 28.1 意見調查的情形】

　　從意見調查中所列舉的｛詢問 1，詢問 2，詢問 3，詢問 4｝與｛詢問 5｝的相關係數使之成為最大的前提下，求出係數 b_1，b_2，b_3，b_4。因此，係數的絕對值大的詢問 4，應該與詢問 5 有密切的關係。

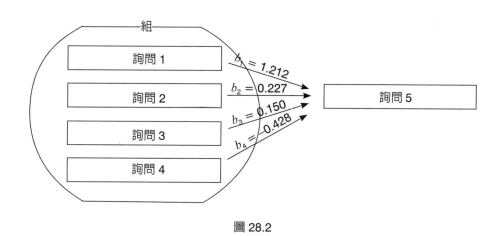

圖 28.2

【數據輸入的類型】

　　表 28.2 的數據，輸入如下。

調查對象者	詢問1	詢問2	詢問3	詢問4	詢問5
1	4	3	2	3	3
2	1	2	2	1	2
3	3	3	3	3	2
4	4	3	3	3	3
5	2	2	2	2	2
6	4	3	3	3	3
7	1	3	1	2	1
8	3	1	3	3	2
9	2	2	2	2	2
10	4	3	3	3	3
11	2	2	2	2	2
12	2	3	3	2	2
13	1	1	2	2	1
14	4	3	3	3	3
15	1	2	2	1	1
16	3	3	3	3	3
17	1	2	2	1	2
18	4	3	3	3	3

〔內容理解度〕　　〔設施充實度〕　　〔綜合滿意度〕

〔教材滿意度〕　　〔講師滿意度〕

28.3 類別迴歸分析

【統計處理的步驟】

步驟 1　數據的輸入結束後，點選【分析 (A)】。從清單之中選擇【迴歸 (R)】。接著，從子清單之中選擇【最適尺度 (O)】。

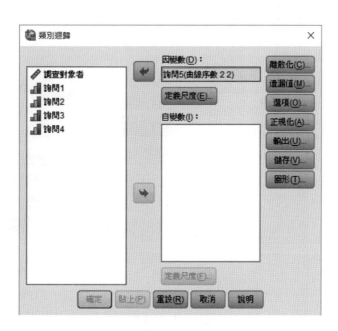

步驟 2 開啟【類別迴歸】對話框後，將詢問 5 移動到【因變數 (D)】的方框中。
出現「詢問 5(曲線序數 22)」，按一下【定義尺度 (E)】。

步驟 3 開啓以下視窗後，「最適尺度層級」點選【序數 (O)】，再按「繼續」。

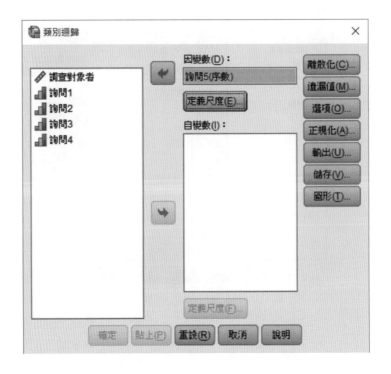

步驟 4【因變數 (D)】的方框即顯示「詢問 5(序數)」。

步驟 5 按一下左方方框的詢問 1，再移到【自變數 (I)】的方框中。出現「詢問 1(曲線 22)」，然後按一下【定義尺度 (F)】。

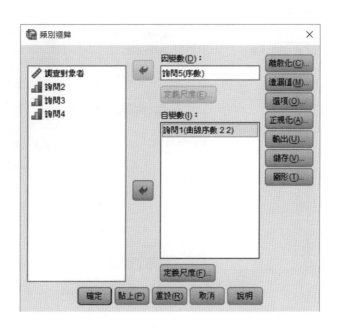

步驟 6 開啟以下視窗後，「最適尺度層級」點選【序數(O)】，然後按「繼續」。

步驟 7【自變數 (I)】的方框中即顯示「詢問 1(序數)」。

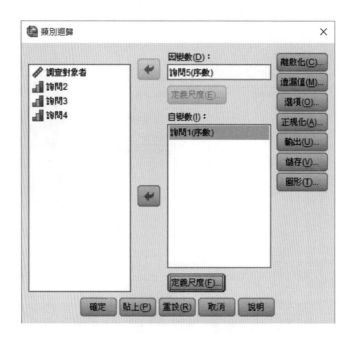

步驟 8 以同樣的作法，將剩下的變數移到【自變數 (I)】的方框之中。

步驟 9　返回【類別迴歸】對話框後，按一下「離散化 (C)」，開啓如下視窗，
「方法 (T)」選擇「分等級」後按「變更 (H)」，之後再按「繼續」。

步驟 10 返回【類別迴歸】對話框後，按一下【遺漏值 (M)】，「策略」欄點選「排除帶有此變數中之遺漏值的物件 (B)」。

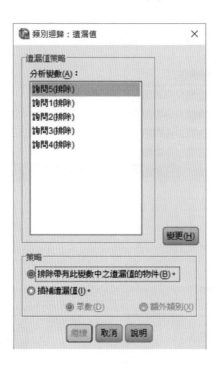

步驟 11 返回【類別迴歸】對話框後，按一下【選項 (O)】，顯示如下視窗，「起始圖形」點選「數值 (U)」，按「繼續」。

＊有名義變數時在起始情形的地方換成「隨機 (D)」。

步驟 12 返回【類別迴歸】對話框後，按【輸出 (U)】。

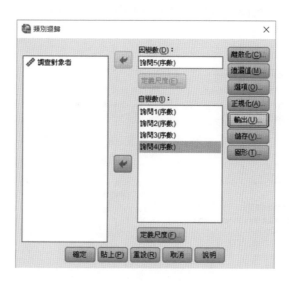

步驟 13 勾選【表格】的【複相關係數 (R)】、【係數 (O)】、【變異數分析 (N)】，並將 5 個分析變數移到【類別量化 (T)】的方框中。接著按「繼續」。

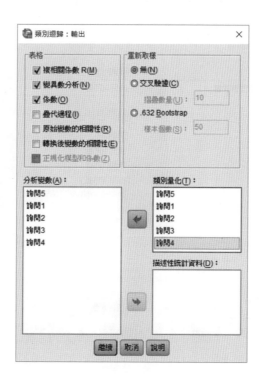

步驟 14 返回【類別迴歸】對話框後，按一下【儲存 (V)】，於「轉換變數」中
勾選「將轉換後變數儲存至作用中資料集 (V)」。按「繼續」。

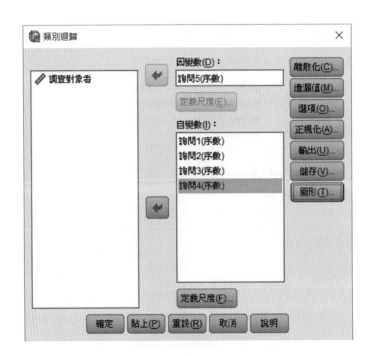

步驟 15 返回【類別迴歸】對話框後，按一下【圖形 (T)】。

步驟 16　顯示以下視窗後，將詢問 5 移到【轉換圖 (T)】的方框中，接著，按「繼續」。

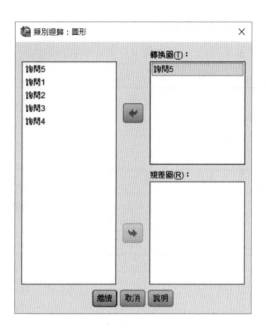

步驟 17　返回【類別迴歸】對話框後，按「確定」。

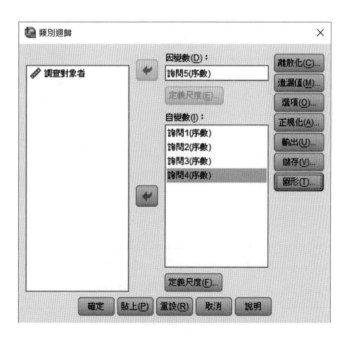

【SPSS 輸出 · 1】

利用最適尺度法的迴歸分析

模型摘要

複相關係數 R	R 平方	調整後 R 平方	明顯預測錯誤
.943	.890	.812	.110

← ①

應變數：詢問 5
預測值：詢問 1 詢問 2 詢問 3 詢問 4

變異數分析

	平方和	df	平均值平方	F	顯著性
迴歸	16.013	7	2.288	11.510	.000
殘差	1.987	10	.199		
總計	18.000	17			

← ②

應變數：詢問 5
預測值：詢問 1 詢問 2 詢問 3 詢問 4

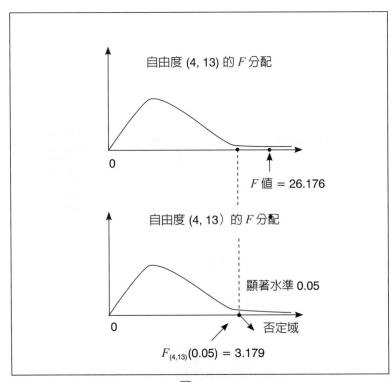

圖 28.3

【輸出結果的判讀法‧1】

① 複相關係數（＝多重 R）0.943 由於接近 1，所以可以認為適配佳。

決定係數（R 平方）0.890 與複相關係數 0.943 之間成立有

$0.890 = (0.943)^2$ 之關係。

決定係數的解釋與複相關係數相同，愈接近 1 可以認為適配佳。

R^2 與修正 R^2 之關係是，$R^2 \geqq$ 修正 R^2。

雖然 R^2 與修正 R^2 之差被認為小較好，但小到多少才是好呢？卻沒有基準。

② 變異數分析是檢定以下的假設。

假設 H_0：所求出的關係式對預測沒有幫助

觀察輸出結果時，由於

顯著機率 0.000 ＜ 顯著水準 0.05

因之，檢定統計量（＝ F）26.176 包含在自由度 (4, 13) 的 F 分配的否定域中。

因此，假設 H_0 被捨棄，所以所求出的關係式似乎對預測有幫助。

【SPSS 輸出‧2】

係數

	標準化係數		df	F	顯著性
	Beta	重複取樣 (1000) 估計 標準錯誤			
詢問 1	1.230	.466	3	6.957	.008
詢問 2	.227	.256	2	.787	.481
詢問 3	.149	.243	1	.375	.554
詢問 4	-.449	.480	1	.875	.372

應變數：詢問 5 ↑ ③

相關性及容差

	相關性			重要性	允差	
	零階	部分	部分		轉換之後	轉換之前
詢問 1	.869	.655	.288	1.239	.055	.129
詢問 2	.465	.513	.199	.119	.766	.645
詢問 3	.319	.389	.140	.053	.887	.453
詢問 4	.916	-.310	-.109	-.411	.058	.184

應變數：詢問 5

【輸出結果的判讀法・2】

③ 此 Beta（β）是標準化係數。迴歸式得出如下。

$$\boxed{\text{詢問 5}} = 1.230 \times \boxed{\text{詢問 1}} + 0.227 \times \boxed{\text{詢問 2}}$$

$$+ 0.149 \times \boxed{\text{詢問 3}} - 0.449 \times \boxed{\text{詢問 4}}$$

將類別迴歸分析的輪廓予以圖示時即爲…

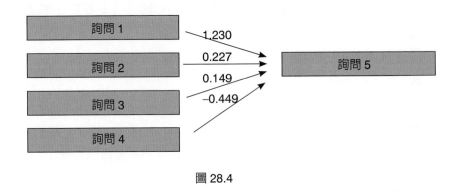

圖 28.4

標準化係數最大的詢問是對詢問 5 影響最大。因此，對講習會的「綜合滿意度」有最大影響的是「內容理解度」。

相反地，「詢問 1（設施充實度）」似乎對「綜合滿意度」不太有影響。

【SPSS 輸出・3】

詢問 5[a]

類別	次數	量化
不滿意	3	-1.314
尚可	8	-.566
滿意	7	1.210

④

a. 最適尺度層級：序數。

詢問 1ᵃ

類別	次數	量化
全然無法理解	5	-1.034
不太能理解	4	-.881
有一點理解	3	.459
非常理解	6	1.219

a. 最適尺度層級：序數。

詢問 2ᵃ

類別	次數	量化
不滿意	2	-2.743
尚可	6	.009
滿意	10	.543

a. 最適尺度層級：序數。

詢問 3ᵃ

類別	次數	量化
差	1	-4.123
尚可	8	.243
好	9	.243

a. 最適尺度層級：序數。

詢問 4ᵃ

類別	次數	量化
不好	3	-1.000
尚可	6	-1.000
好	9	1.000

a. 最適尺度層級：序數。

TRA1_1	TRA2_1	TRA3_1	TRA4_1	TRA5_1
1.21	1.22	.54	.24	1.00
-.57	-1.03	.01	.24	-1.00	← ⑤
-.57	.46	.54	.24	1.00
1.21	1.22	.54	.24	1.00
-.57	-.88	.01	.24	-1.00
1.21	1.22	.54	.24	1.00
-1.31	-1.03	.54	-4.12	-1.00
-.57	.46	-2.74	.24	1.00
-.57	-.88	.01	.24	-1.00
1.21	1.22	.54	.24	1.00
-.57	-.88	.01	.24	-1.00
-.57	-.88	.54	.24	-1.00
-1.31	-1.03	-2.74	.24	-1.00
1.21	1.22	.54	.24	1.00
-1.31	-1.03	.01	.24	-1.00
1.21	.46	.54	.24	1.00
-.57	-1.03	.01	.24	-1.00
1.21	1.22	.54	.24	1.00

↑	↑	↑	↑	↑
詢問 5	詢問 1	詢問 2	詢問 3	詢問 4

【輸出結果的判讀法 · 3】

④ 將詢問 5 的 3 個類別如下進行數量化。

不滿意	尚可	滿意	←類別
↓	↓	↓	
-1.314	-0.566	1.210	←數量化

此值如下標準化為平均數 0，變異數 1。

$$3 \times (-1.314) + 8 \times (-0.566) + 7 \times (1.210) = 0 \quad \leftarrow 平均$$

$$\frac{3 \times (-1.314 - 0)^2 + 8 \times (-0.566 - 0)^2 + 7 \times (1.210 - 0)^2}{18} = 1 \quad \leftarrow 變異數$$

⑤ 將④的數量化套用在意見調查的受試者時，即成為⑤。

譬如，像受試者 1 的情形是

表 28.3

受試者	詢問 5	詢問 1	詢問 2	詢問 3	詢問 4	
1	3 ↓ 1.207	4 ↓ 1.220	3 ↓ 0.527	2 ↓ 0.243	3 ↓ 1.000	← 詢問的回答 ← 數量化

類別迴歸分析與線性複迴歸分析之不同

【類別迴歸分析的輸出】

係數

	標準化係數		df	F	顯著性	
	Beta	重複取樣 (1000) 估計 標準錯誤				
詢問 1	1.239	.470	1	6.957	.020	
詢問 2	.105	.186	1	.317	.583	← ①
詢問 3	.091	.196	1	.213	.652	
詢問 4	.530	.437	1	1.467	.247	

應變數：詢問 5

　　表 28.2 的資料當作如數值數據進行類別迴歸分析。與【SPSS 的輸出‧2】的標準化係數比較看看。

【（線性）複迴歸的輸出】

係數 [a]

模型	非標準化係數		標準化係數	T	顯著性	
	B	標準錯誤	Beta			
1　（常數）	1.000	.491		2.037	.063	
詢問 1	.722	.174	1.230	4.160	.001	
詢問 2	.111	.137	.107	.810	.433	← ②
詢問 3	.111	.187	.093	.593	.564	
詢問 4	-.500	.236	..524	-2.115	.054	

a. 應變數：詢問 5

　　表 28.2 的資料當作如數值數據進行複迴歸分析。與【SPSS 的輸出·2】的標準化係數比較看看。

① 將表 28.2 的數據當作如〔數據輸入類型〕那樣的數值數據，進行了類別迴歸分析。觀察標準化係數時，變成如下。

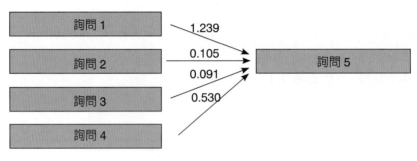

圖 28.5　類別迴歸分析

② 將表 28.2 的數據當作如〔數據輸入類型〕那樣的數值數據，進行了複迴歸分析。注意標準化係數時，變成如下。

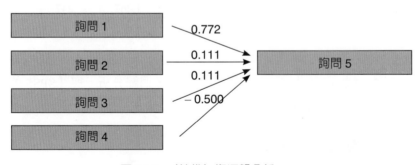

圖 28.6　（線性）複迴歸分析

　　從以上可知，當作數值數據時，類別迴歸分析與複迴歸分析是有不同的。

第29章　PROCESS
——調節變數與中介變數

29.1　調節變數與中介變數簡介

　　干擾變數（moderator）又稱為調節變數，為一種外生變數，是因果關係的第三者，被定義為一個變數可以有系統性的改變自變數與依變數之間的相關形式或強度。

　　干擾變數有兩種形態：

　　1. 在傳統模型中影響自變數與依變數之間相關的強度。

　　2. 改變了自變數與依變數之間相關的形式。

　　在一個模型中，任一個變數，本身既有自（因）變數（IV）的特性，又有依（果）變數（DV）的特性，那麼就必有「干擾」或「中介（Mediator）」的現象存在。

　　干擾變數一般圖示如下。干擾變數也會影響 IV(X) 和 DV(Y) 之間的關係。IV 和 DV 之間的關係會因為干擾變數的值而改變，有可能是干擾變數是 0 的時候，IV 跟 DV 的關係很強，但干擾變數是 1 的時候，IV 跟 DV 的關係就不顯著了。

　　要選擇中介變數或是干擾變數呢？Baron and Kenny（1986）的文章提供了很實務的建議。如果 IV 與 DV 之間的關係很強，你可能想要用中介變數解釋 IV 是如何影響 DV 的；如果 IV 到 DV 之間的關係沒那麼強或是不一致，你可能會想要看干擾變數，來看 IV 對 DV 的影響是不是受到其他變數的影響。

　　干擾變數的一個特點是它可以是質性的（如：性別、種族、階級），也可以是量性的（譬如：得到不同程度的獎勵）。干擾變數可能會影響到 IV 對 DV 影響的方向（譬如，男生則有影響，女生則無影響）或是強度（譬如，IV 對 DV 的影響來說，男生比女生大）。如果熟悉 ANOVA 的話，干擾變數就是變異數分析中所看到的交互作用（interaction）。

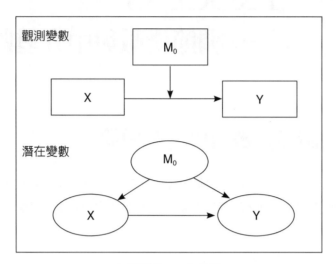

干擾變數 M_0 之圖解

另一特點是干擾變數與 IV 是在同一個層級的，也就是干擾變數其實也可以當作是一個 IV 來看待。

交互作用與干擾效果雖然是同樣的檢定方式，但其統計意義是完全不同的，干擾效果隱藏著因果關係的存在而交互作用是沒有的。

在階層式迴歸分析中，可以從自變數和干擾變數的交互作用項顯著與否來判斷是否存在干擾變數。

另外，中介變數（mediator）顧名思義，指的是 IV 對 DV 的影響，這個影響（一部分）是透過中介變數的。換言之，中介變數可解釋一部分 IV 對 DV 的影響。這三個變數的關係如下圖所顯示。要測試是否有中介效果，必須用複迴歸（multiple regression）或路徑分析（path analysis）。

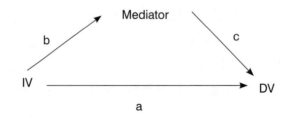

中介變數（mediator）關係圖

驗證中介效果之三部曲：

1. 以 IV 預測 DV

2. 以 IV 預測 Me

3. 以 IV 和 Me 同時預測 DV

我們解釋如下：

1. 第一步驟：以 X（IV）預測 Y（DV）

　　迴歸方程式表示如下：

$$Y = \beta_{10} + \beta_{11}X$$

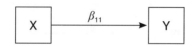

β_{10} 為常數，β_{11} 為迴歸係數

　　檢定：β_{11} 要達顯著，執行第二步驟，否則中止中介效果分析。

2. 第二步驟：以 IV 預測 Me

　　迴歸方程式表示如下：

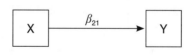

$$M = \beta_{20} + \beta_{21}X$$

β_{20} 為常數，β_{21} 為迴歸係數

　　檢定：β_{21} 要達顯著，執行第三步驟，否則中止中介效果分析

3. 第三步驟：以 IV 和 Me 同時預測 DV

　　迴歸方程式表示如下：

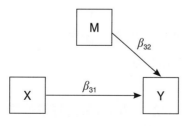

$$Y = \beta_{30} + \beta_{31}X + \beta_{33}M$$

β_{30} 為常數，為 X 的迴歸係數，β_{32} 為 Me 的迴歸係數

檢定：β_{31} 若爲不顯著 且接近於 0 → 結果爲完全中介。

β_{31} 若爲顯著，且係數小於第一步驟的 β_{11} → 結果爲部分中介。

Me 爲中介成立的條件爲：

(1) β_{11}、β_{21} 要顯著

(2) β_{33} 要顯著

(3) β_{31} 要小於 β_{11}

最好 β_{31} 的中介效果爲接近於 0 且不顯著。

以下是中介效果檢定流程圖。

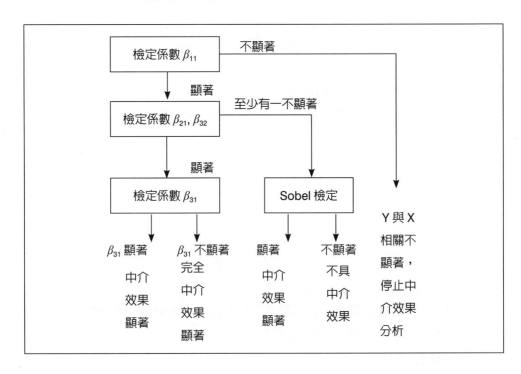

中介效果的計算：

1. Judd & Kenny（1981）的係數相差法

2. Sobel（1982）的係數相乘法

$B_{indirect} = \beta_{21}\beta_{32}$

以下介紹驗證中介效果與調節效果的專業軟體——PROCESS，此軟體可外掛於 SPSS 中。PROCESS 是由 Andrew F. Hayes 撰寫。目前使用的版本是 v2.16。有興趣的讀者可參閱其所寫的書：*Introduction to Mediation, Moderation, and Conditional Process Analysis: A Regression-Based Approach*。

PROCESS 簡介

　　PROCESS 是使用一般的最小二乘法或以邏輯迴歸爲基礎的路徑分析架構來估計單個和多個中介變項模型（並列和直列）中的直接和間接影響，在調節模型中的兩元和三元的交互作用連同簡單的斜率與顯著的區間用以探測交互作用，以及探測具有單個與多個中介和調節變項的調節中介模型（moderated mediation models）中的條件間接效果，同時也探測具有單個與多個中介變項在中介調節模型（mediated moderation model）中交互作用的間接效果。重抽樣法（Bootstrap）和蒙特卡羅信賴區間（Monte Carlo confidence intervals）被用來推斷間接效果，包括效果大小的各種測量方法。PROCESS 可以估計具有多個調節變項的調節中介模型（moderated mediation models），個別路徑的多個調節變項，個別路徑上調節變項的的交互作用的效果，以及具有二分型結果變項（dichotomous outcomes）的模型。

一、PROCESS 軟體的下載

　　以下介紹 PROCESS 軟體的下載方法。

步驟 1　首先點選以下網站。

　　http://www.processmacro.org/index.html

　　出現以下畫面。

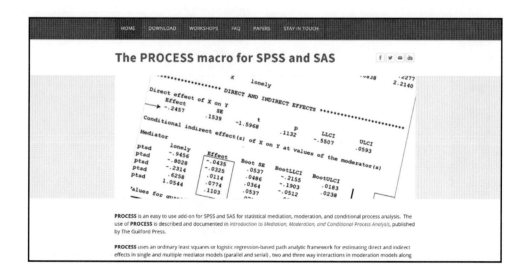

步驟 2 於上方清單中點選「download」。出現以下畫面。

步驟 3 按一下 Click to download process v2.16。以壓縮檔先下載於桌面。

　　經解壓縮後,開啓 SPSS,由【公用程式 (V)】點選【自訂對話框 (D)】選擇安裝自訂對話框。

步驟 4　從桌面中點選「process.spd」檔案。

步驟 5　從【分析 (A)】再點選【迴歸 (R)】，於序數的下方出現 PROCESS,by Andrew F. Hayes，表示此軟體已外掛在 SPSS 中。

註：解壓縮後的 Templates（PDF）檔中提供有 76 種使用中介變數與干擾變數的模型可供參考選擇。

以下只介紹 Templates 中的 2 個模型供讀者參考。其他請參考相關書籍。

二、解析例

⊃ 範例 1

此處想驗證「健康意識」對「生活品質」的影響中，「生活環境」是否有中介效果（參數據檔 29-3-1）。

此處以模型 4 進行說明。

1. 資料輸入

	意識	環境	品質	var	var	var	var
1	4	4	4				
2	4	5	5				
3	3	5	4				
4	4	4	4				
5	3	5	4				
6	4	4	5				
7	3	4	4				
8	3	4	4				
9	4	5	4				
10	4	4	4				
11	4	3	4				
12	3	4	4				
13	4	4	4				
14	4	5	4				
15	4	5	5				
16	5	5	5				
17	3	4	4				
18	3	5	5				
19	3	4	4				
20	2	4	3				
21	3	2	4				
22	3	3	3				
23	3	5	5				
24	2	4	4				
25	3	4	5				

註：變數名稱不可以打超過 8 個英文字母（中文也不行），但標籤即無限定。

2. 分析步驟

步驟 1 首先確定自己的模型。再參考 Templates 選擇所需的模式。

此處以模型 4 進行說明。其概念模型與統計模型表示如下。

Model 4

Conceptual Diagram

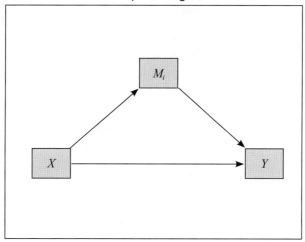

Statistical Diagram

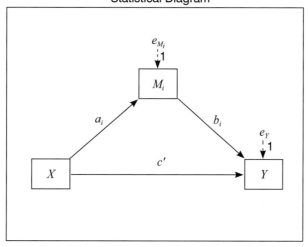

Indirect effect of X on Y through $M_i = a_i b_i$

Direct effect of X on $Y = c'$

Note: Model 4 allowa up to 10 mediators operating in parallel.

步驟 2 選擇【分析 (A)】→【迴歸 (R)】→【PROCESS,by Andrew F. Hayes】。

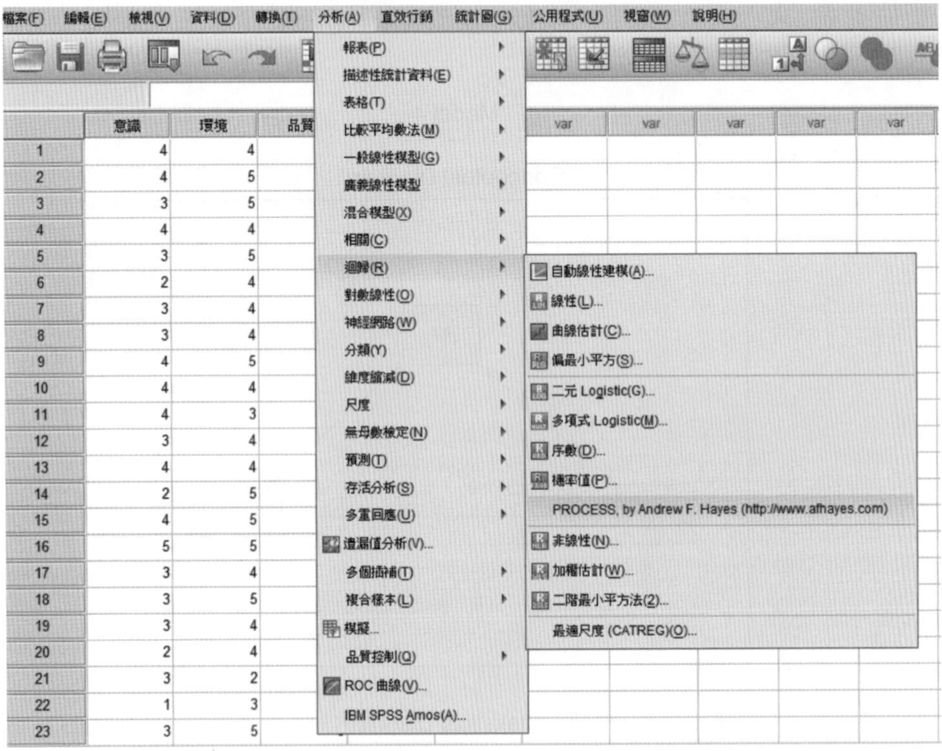

步驟 3　將品質、意識、環境分別移到「Outcome Variable（Y）」、「Independent
　　　　　 Variable（X）」、「M Variable（M）」的方框中。

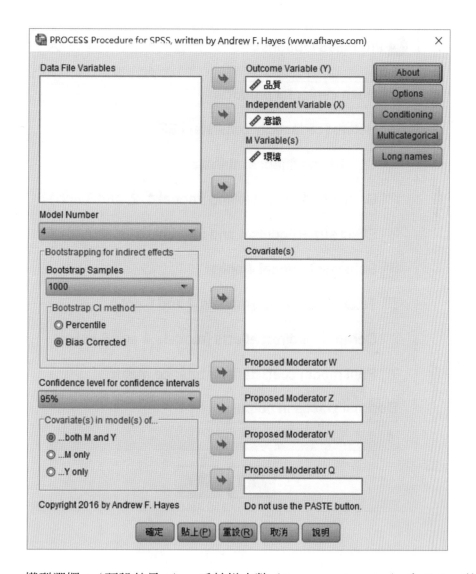

　　　　模型選擇 4（預設就是 4）。重抽樣本數（Bootstrap Samples）為 1000。其
他如預設。

註：PROCESS 強大的功能：M 可以一次放很多個。
　　左下的重抽樣（bootstrap）可以選擇 1000 以上（數值越大跑越久）。

步驟 4 點選【options】，出現以下畫面，點選【OLS/ML confidence intervals】。
按「繼續」。

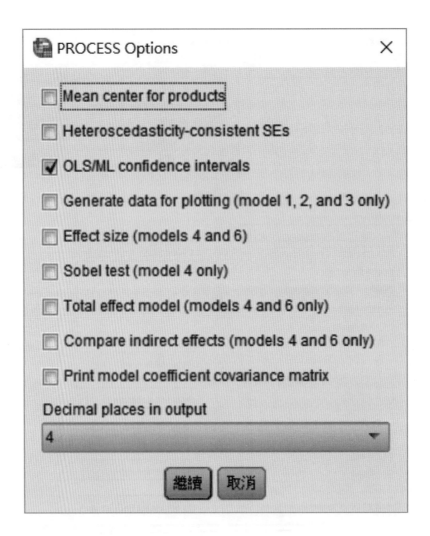

步驟 5　點選【Conditioning】。出現以下畫面，按照預設選擇【Mean and ±1SD from Mean】。按「繼續」。

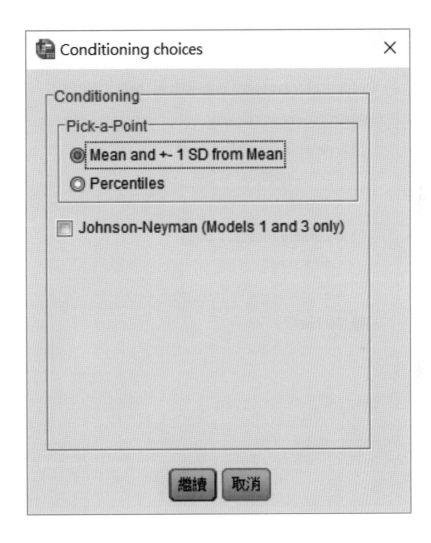

步驟 6 按一下【Multicategorical】，因此為多重類別變數所需的指定，此處並無
類別變項，因之點選【Neither】。按「繼續」，最後按「確定」。

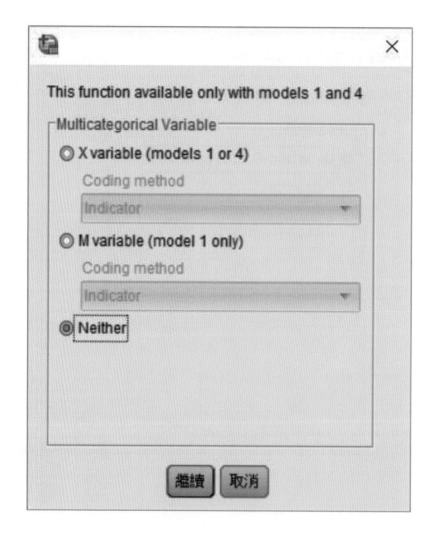

3. SPSS 輸出

得出輸出如下。

```
**********************************************************************
Model = 4
    Y = 品質
    X = 意識
    M = 環境


Sample size
      350


**********************************************************************
Outcome: 環境

Model Summary
          R        R-sq       MSE         F         df1        df2          p
      .3001       .0900      .5633     34.4371     1.0000    348.0000       .0000

Model
              coeff        se         t          p        LLCI        ULCI
constant     2.8236      .1639    17.2259      .0000      2.5012      3.1459
意識          .2784      .0474     5.8683      .0000       .1851       .3717


**********************************************************************
```

以生活環境為結果變數時，上表說明健康意識（X）對生活環境（M）有顯著的影響（p=0.000）。

```
********************************************************************
Outcome: 品質

Model Summary
          R        R-sq       MSE         F        df1        df2          p
       .4311      .1858      .4126     39.6019     2.0000    347.0000      .0000

Model
               coeff        se          t          p        LLCI        ULCI
constant       2.2100     .1910     11.5735      .0000      1.8344      2.5856
環境            .3384     .0459      7.3761      .0000       .2482       .4287
意識            .1080     .0426      2.5367      .0116       .0243       .1917

******************** DIRECT AND INDIRECT EFFECTS *************************

Direct effect of X on Y
     Effect        SE          t          p        LLCI        ULCI
      .1080      .0426      2.5367      .0116       .0243       .1917
```

```
Indirect effect of X on Y
          Effect     Boot SE    BootLLCI    BootULCI
環境        .0942      .0212       .0594       .1458
```

```
******************** ANALYSIS NOTES AND WARNINGS *************************
```

以生活品質為結果變數時，發現健康意識（X）對生活品質（Y）的影響呈現顯著，並且，健康意識（X）對生活環境（M）的影響是顯著的，生活環境（M）對生活品質（Y）的影響也是顯著的，。

接著，看 Indirect 那一列，即所謂的中介效果。

我們只要看 BootLLCI～BootULCI 數值，.00594～.01458，並沒有經過 0，此即否定虛無假設：中介效果為 0。所以存在有中介效果。

⊃ 範例 2

想驗證「數學」對「科學」的影響中，「閱讀」是否有中介效果，同時想了解「寫作」是否具有調節作用（參數據檔 29-3-2）。

此處以模型 8 進行說明。

1. 數據輸入型式

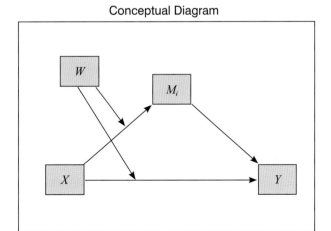

（此處為 SPSS 數據表，包含 id, female, ses, prog, read, write, math, science, socst, honors, awards, cid, hiread, hiwrite, hisci, himath 等欄位）

2. 分析步驟

步驟 1　首先確定自己的模型。再參考 Templates 選擇所需的模式。

此處以模型 8 進行說明。

Model 8

Conceptual Diagram

Statistical Diagram

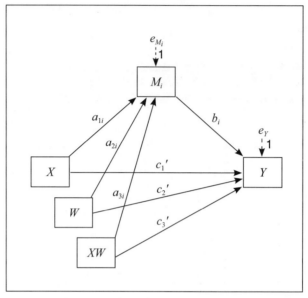

Conditional indirect effect of X on Y through $M_i = (a_{1i} + a_{3i}W)b_i$
Conditional indirect effect of X on $Y = c_1' + c_3'W$

步驟 2 如下圖將變項輸入到方框中。將「寫作（write）」輸入到建議的調節方框【Proposed Moderator W】中。

其他步驟如前述，最後再按「確定」。

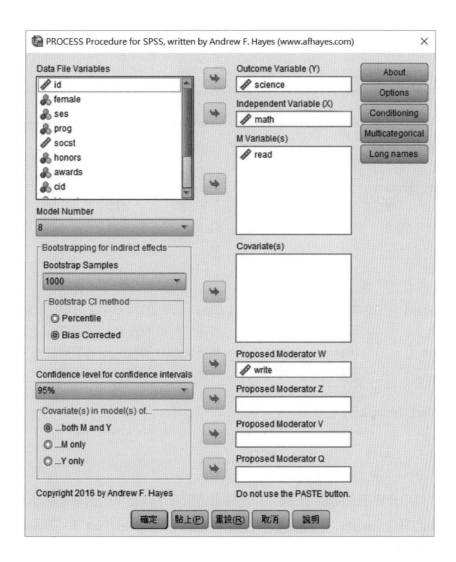

2. SPSS 輸出

　　得出輸出如下。

```
**************************************************************************
Model = 8
    Y = science
    X = math
    M = read
    W = write
```

```
Sample size
      200


**********************************************************************

*********************************************************************
Outcome: read

Model Summary
         R        R-sq         MSE           F          df1          df2            p
     .7048       .4968     53.7100     64.4961       3.0000     196.0000        .0000

Model
               coeff          se           t           p         LLCI         ULCI
constant     19.7711     18.7266      1.0558       .2924     -17.1604      56.7025
math           .2707       .3818       .7090       .4791       -.4823       1.0238
write          .1042       .3452       .3018       .7631       -.5766        .7849
int_1          .0045       .0068       .6633       .5079       -.0089        .0178

Product terms key:

 int_1    math         X     write
```

　　以中介變項的閱讀（read）作為結果變數時，自變項的數學（math）、調節變項的寫作（write）、以及數學與寫作兩元的交互作用（int_1）對閱讀的影響是不顯著的。

```
**********************************************************************
Outcome: science

Model Summary
         R        R-sq         MSE           F          df1          df2            p
     .7102       .5043     49.5874     49.5991       4.0000     195.0000        .0000
```

```
Model
                   coeff         se          t          p        LLCI        ULCI
constant        -14.8875    18.0446      -.8250      .4104    -50.4752     20.7002
read              .3058       .0686     4.4555      .0000       .1704        .4411
math              .7903       .3674     2.1512      .0327       .0657       1.5148
write             .6317       .3317     1.9041      .0584      -.0226       1.2859
int_2            -.0085       .0065    -1.3116      .1912      -.0214        .0043


Product terms key:

 int_2     math        X      write
```

以科學為結果變數時，發現數學、閱讀對科學有顯著的影響，但寫作本身以及數學與寫作的交互作用（int_2）對科學的影響則不顯著

```
******************** DIRECT AND INDIRECT EFFECTS *************************

Conditional direct effect(s) of X on Y at values of the moderator(s):
     write       Effect         SE          t          p        LLCI        ULCI
   43.2964       .4208       .1090     3.8604      .0002       .2058        .6358
   52.7750       .3399       .0782     4.3481      .0000       .1858        .4941
   62.2536       .2591       .0891     2.9060      .0041       .0832        .4349
```

數值型的調節變數（write）是採平均加減 1 個標準差，若是 2 分型的調節變數則採 2 個數值（0,1）。本例，寫作是數值型變項，以寫作當作調節變數時，發現數學對科學的直接效果呈現顯著。

```
Conditional indirect effect(s) of X on Y at values of the moderator(s):

Mediator
          write     Effect     Boot SE    BootLLCI    BootULCI
read     43.2964     .1422      .0492       .0652       .2664
read     52.7750     .1552      .0421       .0830       .2529
read     62.2536     .1682      .0426       .0914       .2557


Values for quantitative moderators are the mean and plus/minus one SD from mean.
Values for dichotomous moderators are the two values of the moderator.
```

　　當間接效果的大小取決於另一個變量的值時，我們稱之為條件間接效果。基本上，模型中存在影響間接效果的交互作用。總的來說，我們將這些類型的模型稱為調節型中介（moderated mediation）。中介變項（此處是閱讀）在調節變項（寫作）的作用下呈現顯著，隨著其值的增加，閱讀的間接效果也呈現增加。因此，當閱讀（read）增加，數學對科學的影響即增加。

註：mediated moderation（中介調節）與 moderated mediation（調節中介）

　　中介調節為獨立變項和調節變項間的交互作用效果，透過中介變項，進而影響結果變項。

　　調節中介為調節變項作用於獨立變項至中介變項進而至依變項中的路徑。

```
-----
Indirect effect of highest order product:

Mediator
          Effect    SE(Boot)    BootLLCI    BootULCI
read       .0014      .0020      -.0024        .0057


******************** INDEX OF MODERATED MEDIATION ************************

Mediator
          Index    SE(Boot)    BootLLCI    BootULCI
read       .0014      .0020      -.0024        .0057
```

　　意指透過閱讀（中介變數）之影響，數學（自變項）與寫作（調節變項）的交互作用之影響並不顯著，亦即高次項的交互作用之影響是不顯著的。

參考文獻

1. Andrew F.Hayes (2013): Introduction to Mediation, Moderation, and Conditional Process Analysis: A Regression-Based Approach
2. Reuben M. Baron and David A. Kenny :The Moderator-Mediator Variable Distinction in Social Psychological Research: Conceptual, Strategic, and Statistical Considerations, Journal of Pe~nality and Social Psychology，1986, Vol. 51, No. 6, 1173-1182

本書參考文獻

1. 柳井晴夫，緒方裕光，「利用 SPSS 的統計數據解析」，現代數學社，2006年。

2. 楊秋月，陳耀茂，「醫護統計與 SPSS」，五南圖書，2016。

3. 楊秋月，陳耀茂，「醫護統計與 AMOS」，五南圖書，2016。

4. 陳耀茂，「工程統計學」，五南圖書，2016。

5. 陳淑齡，陳耀茂，「醫護統計與整合分析」，五南圖書，2016。

6. 石村貞夫，「多變量解析導論」，東京圖書，1987年。

7. 石村貞夫，「統計解析導論」，東京圖書，1989年。

8. 酒井麻衣子，「SPSS 完全活用法」，東京圖書，2001年。

9. 石村貞夫，「變異數分析與多重比較」，東京圖書，1992年。

10. 永田靖，吉田道弘，「統計的多重比較法的基礎」，科學社，2001年。

11. 陳耀茂，「多變量解析──導論與應用」，新頁圖書，2012年。

12. 陳耀茂，「統計學筆記」，新頁圖書，2011年。

13. 石村貞夫，「利用 SPSS 的變異數分析與多重比較的步驟」，東京圖書，1997年。

14. 石村貞夫，「利用 SPSS 的多變量數據分析的步驟」，東京圖書，1998年。

15. 石村貞夫，「利用 SPSS 的時系列分析的步驟」，東京圖書，1999年。

16. 石村貞夫，「利用 SPSS 的統計處理的步驟」，東京圖書，2001年。

17. 石村貞夫，「利用 SPSS 的類別分析的步驟」，東京圖書，2001年。

18. 對馬榮輝，「利用 SPSS 醫療系統多變量數據解析」，東京圖書，2008年。

19. 對馬榮輝，「利用 SPSS 醫療系統統計數據解析」，東京圖書，2008年。

20. 石村貞夫，「利用 SPSS 的醫學、齒學、藥學的統計分析」，東京圖書，2006年。

21. 石村貞夫，「利用 SPSS 的臨床心理、精神醫學的統計處理」，東京圖書，2006年。

22. 石村貞夫，「利用 SPSS 的建築設計、福祉心理的統計處理」，東京圖書，2005年。

23. Anderson, T.W., A introduction to Multivariate Statistical method, 1984.

24. Cooley, W.W., Lohn, P.R., Multivariate Data analysis, New York Wiley, 1971.

25. Dilon, W.R., Goldstein, M., Multivariate Data analysis, New York Wiley, 1984.

26. Spss Inc.,「Spss Base for Windows User's Guide」, Spss Inc. 1997.

27. IBM SPSS statistics V22 guide., 2015.

國家圖書館出版品預行編目資料

醫護研究與資料分析—SPSS的應用／楊秋
月,陳耀茂著. --初版. --臺北市：五南,
2017.08
　　面；　公分
ISBN 978-957-11-9224-6(平裝)
1.統計套裝軟體　2.統計分析
512.4　　　　　　　　　　106009067

5J78

醫護研究與資料分析—SPSS的應用

作　　者 — 楊秋月、陳耀茂（270）

發 行 人 — 楊榮川

總 經 理 — 楊士清

副總編輯 — 王俐文

責任編輯 — 金明芬

封面設計 — 曾黑爾

出 版 者 — 五南圖書出版股份有限公司

地　　址：106台北市大安區和平東路二段339號4樓

電　　話：(02)2705-5066　　傳　　真：(02)2706-6100

網　　址：http://www.wunan.com.tw

電子郵件：wunan@wunan.com.tw

劃撥帳號：01068953

戶　　名：五南圖書出版股份有限公司

法律顧問　林勝安律師事務所　林勝安律師

出版日期　2017年8月初版一刷

定　　價　新臺幣1000元